Martin Erdmann

SIEGESZUG DES FORTSCHRITTSGLAUBENS

Mystizismus als Nährboden des amerikanischen Postmillennialismus

Band 1

VOX MEDIA

Verax Vox Media
780 Morning St. • Worthington, OH 43085 • United States of America
VeraxVoxMedia.com

Siegeszug des Fortschrittsglaubens
Bd.1: Mystizismus als Nährboden des amerikanischen
Postmillennialismus

Copyright ©: 2020 by Martin Erdmann
ISBN: 978-1-7347541-0-0
Erscheinungsdatum: März 2020
Bildnachweis: Estelle Chérie Erdmann

Widmung

Dieses Buch ist allen Freunden gewidmet, die mich in der Durchführung dieses Buchprojekts in vielerlei Weise unterstützt haben. Ohne ihre Hilfe hätte ich dieses umfangreiche Werk nicht erstellen können. Einen besonderen Dank gilt Pastor Johann Schoor und Beate Gesell, die die Kapitel akribisch redigiert haben, und Jörg Schwagmeier, der die druckreife Formatierung der Texte vorgenommen hat. Die Liebe und Ermutigung meiner Ehefrau Joy und Kinder Estelle und Johannes sowie meiner Mutter Alide Erdmann, Schwester Beate Gsell und Schwager Felix Gsell gaben mir immer wieder Antrieb, um dieses Projekt zu einem guten Ende zu bringen. In allem, was ich zu tun vermag, gilt Gott, wie er sich uns in seinem Sohn Jesus Christus offenbart hat, die alleinige Ehre.

Offenbarung 19,6-9.11-16 (Hermann Menge-Übersetzung)

Dann hörte ich ein Getön, das klang wie der Jubel einer großen Volksmenge und wie das Rauschen vieler Wasser und wie das Krachen starker Donnerschläge, als sie riefen: „Halleluja! Der Herr, unser Gott, der Allmächtige, hat die Herrschaft angetreten! Laßt uns fröhlich sein und jubeln und ihm die Ehre geben! Denn die Hochzeit des Lammes ist gekommen, und seine Braut hat sich gerüstet, und ihr ist verliehen worden, sich in glänzend weiße Leinwand zu kleiden"; die Leinwand nämlich, die bedeutet die Rechttaten der Heiligen. Dann sagte er zu mir: „Schreibe: Selig sind die, welche zum Hochzeitsmahl des Lammes geladen sind!" Weiter sagte er zu mir: „Dies sind die wahrhaftigen Worte Gottes."
Dann sah ich den Himmel offenstehen und erblickte ein weißes Roß; der auf ihm sitzende Reiter heißt „Treu und Wahrhaftig"; er richtet und streitet mit Gerechtigkeit. Seine Augen aber sind (wie) eine Feuerflamme; auf seinem Haupt hat er viele Königskronen, und er trägt an sich einen Namen geschrieben, den niemand außer ihm selbst kennt; bekleidet ist er mit einem in Blut getauchten Gewande, und sein Name lautet „das Wort Gottes". Die himmlischen Heerscharen folgten ihm auf weißen

Rossen und waren mit glänzend weißer Leinwand angetan. Aus seinem Munde geht ein scharfes Schwert hervor, mit dem er die Völker (nieder)schlagen soll, und er wird sie mit eisernem Stabe weiden, und er ist es, der die Kelter des Glutweins des Zornes des allmächtigen Gottes tritt. An seinem Gewande, und zwar an seiner Hüfte, trägt er den Namen geschrieben: „König der Könige und Herr der Herren".

Autor

Dr. Martin Erdmann studierte Theologie an der Columbia International University (Master of Divinity), Universität Basel und Universität Aberdeen (Master of Theology). Die Brunel University London verlieh ihm 2000 den Doktorgrad in Kirchengeschichte. In Dogmatik habilitierte er 2017 an der Gáspár-Károli-Universität in Budapest, Ungarn. 1996 gründete er Online Communication Systems in Columbus, Ohio. An der Staatsunabhängigen Theologischen Hochschule Basel war er vier Jahre lang Fachbereichsleiter für Neues Testament. Von 2003 bis 2010 lehrte er als Assistenzprofessor für Theologie (Fernstudium) am Patrick Henry College, Virginia. Für das Universitätsspital Basel verfasste er als Senior Scientist in einem fünfjährigen Forschungsprojekt eine Studie über die ethischen Fragen der Nanotechnologie. Seit 2003 ist er Direktor des Verax Instituts.

Dr. Erdmann ist mit Joy verheiratet und hat zwei Kinder, Estelle Chérie und Johannes Luc.

Vorwort

Schneller, höher, stärker – das Motto der Olympischen Spiele gilt inzwischen für die ganze Welt. Wer etwas erreichen will, gibt sich fortschrittlich. Der Fortschritt hat der Menschheit grandiose Errungenschaften gebracht und treibt diese zugleich in den Abgrund. Die junge Generation bäumt sich dagegen auf und versucht, „fünf vor zwölf" mit weltweiten Protestwellen das Ruder umzureißen. Spätestens wenn Maschinen durch Künstliche Intelligenz menschliche Züge und Stimmen bekommen, überkommt jeden ein unheimliches Gefühl. Wir fragen uns: Wo führt das noch hin?

Wo kommt das Streben nach Fortschritt überhaupt her? Dies ist eine ebenso wichtige Frage. Dr. Martin Erdmann zeichnet einen Bogen vom Beginn der Fortschrittsidee, wie religiöser Eifer hinzukam und sich diese in Politik und Wirtschaft zu einer Zivilreligion weiterentwickelt hat. Der Autor entschied sich, den Fortschrittsglauben hauptsächlich am Beispiel der USA darzustellen, weil diese Linie in der 500-jährigen Geschichte dieses Landes vortrefflich aufgezeigt werden kann, und nimmt immer wieder Bezug auf die Lage in Europa. Er lässt den Leser nicht im Unklaren darüber, wie die Bibel die Ambitionen des Menschen bewertet, in eigener Anstrengung sein Wesen zu vervollkommnen und die Gesellschaft seinen Idealvorstellungen entsprechend umzugestalten. Der unter der Autorität Gottes stehende Christ hingegen ist sich bewusst, dass ein göttlicher Plan der menschlichen Geschichte zugrunde liegt. Dieser gute Plan ist in der Bibel beschrieben und gibt all jenen Trost und Zuversicht, die an Gott glauben.

Im ersten Band des dreiteiligen Buches *Siegeszug des Fortschrittsglaubens* gibt der promovierte Kirchenhistoriker in einer flüssigen und anschaulichen Sprache einen Überblick über die Entstehung des Fortschrittsglaubens in der griechischen Philosophie und wie sich dieser seit dem 17. Jahrhundert konkret ausgestaltet. Um klar zu erkennen, wo die Abweichungen von der biblischen Botschaft liegen, widmet der Autor ein ganzes Kapitel der Darlegung des Evangeliums aus Sicht der Reformatoren. Allein diese komprimierte Zusammenfassung ist für sich genommen schon ein Schatz. Dr. Erdmann, der neben Kirchengeschichte auch Spezialist auf dem Gebiet der Dogmatik (Systematische Theologie) ist, präsentiert messerscharf die unterschiedlichen Auslegungen. Welche Auswirkungen die Abweichungen vom Evangelium hatten, schildert der Autor anhand der Geschichte der europäischen Einwanderer auf dem nordamerikanischen Kontinent und die anschließende Verweltlichung der biblischen Lehre des Tausendjährigen Reiches, die zu einem esoterischen Fantasiegebilde von einem Paradies auf Erden geführt hat.

Im zweiten Band erläutert der Theologe, wie die Amerikaner in ihrem Fortschrittsglauben durch die Lehre des Postmillennialismus inspiriert wurden, wonach es kein wörtliches Tausendjähriges Reich gibt, sondern zunächst eine Periode der weltweiten Erneuerung erfolgt, bis Christus wiederkommen wird. Der Autor zeigt auf, wie die Amerikaner nach menschlicher Vervollkommnung gestrebt haben und sich über andere Menschen, wie Indianer, Sklaven und andere Völker, erhoben haben, um eine totalitäre Gesellschaft zu errichten.

Im dritten Band wird dargelegt, wie der Fortschrittsglaube die Triebfeder für den weltweiten amerikanischen Imperialismus wurde. Die katastrophalen Auswirkungen des Ersten Weltkrieges brachten die eigentlichen Folgeerscheinungen der Fortschrittsidee zum Vorschein. Das in Aussicht stehende Endresultat ist die Einführung einer zentral gesteuerten technokratischen Weltordnung.

In einer gut recherchierten Geschichtsstudie schildert Dr. Martin Erdmann Fakten, die im Geschichtsunterricht und in Spielfilmen nicht vermittelt werden, und belegt diese mit zahlreichen Quellenangaben. Die detailliert herausgearbeitete Zusammenschau von biblischen Aussagen und politischen Entwicklungen machen dieses Buch so wertvoll. Ein Pluspunkt sind die Erklärungen von Fachbegriffen in den Fußnoten und zusätzlich im Anhang eines jeden Bandes.

Diese Ausarbeitung zeigt die geistesgeschichtlichen Hintergründe und manipulativen Mechanismen der verführerischen Strategien auf, die auf jede Kultur und auf jedes Land zu jeder Zeit übertragen werden können. Darum ist dieses Buch eine große Hilfe, die antigöttliche Vorgehensweise und

Zielsetzung des Fortschrittsglaubens – leider oftmals im Namen des Christentums – im eigenen Land zu erkennen. Wer weiß, wo die Gefahren lauern, kann sich darauf vorbereiten.

Beate Gsell
Journalistin

Inhalt

Kapitel 1

Fortschreitender Prozess der zivilisatorischen Aufwärtsentwicklung

1. Fortschreitender Prozess der zivilisatori- schen Aufwärtsentwicklung

In jeder Zeitperiode, die die westliche Zivilisation durch- laufen hat, traten gewisse Ideen in Erscheinung, die charakteristische Merkmale aufwiesen. Die Nachwelt wurde dadurch nachhaltig geprägt. Sie stellten eine dominante Erscheinungsform des gesellschaftlichen Zeitgeistes einer bestimmten historischen Epoche dar. Unterschiedliche Einflüsse trugen zu ihrem Aufkommen bei. Solange diese Ideen in einer offenkundigen und dominanten Weise auftraten, konnte ihre einzigartige Bedeutung nicht völlig erkannt werden. Ohne dass man viele Gedanken darüber verlor, wurden diese Ideen als Prinzip der absoluten Wahr- heit akzeptiert, die allgemeine Gültigkeit besaß. Nicht viele kamen auf den Gedanken, in ihnen lediglich gängige Meinungen zu sehen, die sich von einem Augenblick zum anderen verändern konnten. Man betrachtete sie als die Konkretisierung einer ewig gültigen Wahrheit, die sich dem rationalen Denken aufschloss.

Die Idee des Fortschrittes – der Glaube, dass sich die Menschheit in der Vergangenheit bis in die Gegenwart kontinuierlich weiterentwickelt habe und diesen fort- schreitenden Prozess in der voraussehbaren Zukunft weiter- führen wird – ist eine Weltsicht, die sich ausschließlich im Westen ausgebildet hat. Diese Idee nimmt seit der Aufklärung des späten 17. Jahrhunderts bis in unsere Zeit eine zentrale Stellung im Denken der modernen Zivilisation ein. Sie war weit mehr als eine philosophische Theorie. In ihrer Blütezeit hat sie das gesamte gesellschaftliche Leben durchdrungen. Niemand konnte sich ihrem penetranten Einfluss entziehen. Selbst diejenigen, die abstrakten Ideen negativ gegenüber- standen, erlagen ihrem unwiderstehlichen Charme. Aus ihr setzte sich die tonangebende Zivilreligion der westlichen Zivilisation – Phänomene einer allgemeinen Religiosität im politischen Bereich – zusammen. Sie wurde Teil des modernen Denkens, dass jeder Versuch der Kritik fast wie ein Akt der Treulosigkeit erschien.

Tatsächlich ist nichts schwieriger, als sich selbst aus dem Zeitalter herauszunehmen, in dem man lebt, um objektiv die grundlegenden Ideen, die die Zivilisation bestimmen, konzeptionell zu erfassen. Sobald man beginnt, die Idee des Fortschrittes zu analysieren, tritt ein Problem auf, das eigentlich nicht gelöst werden kann. Wie ist es möglich, dem allgegenwärtigen Einfluss des eigenen sozialen Umfeldes zu entrinnen, das diese Idee völlig durchdrungen hat. Sowenig sich das Auge dem Licht verschließen kann, wodurch es alles andere sieht, so unmöglich ist es, die Idee des Fortschritts aus den eigenen Vorstellungen zu verdrängen. Sobald man sich der Idee des Fortschrittes zuwendet, um ihre Konsequenzen zu verstehen, die sie auf die Gesellschaft ausgeübt hat, stellt man fest, wie schwierig es ist, sie gedanklich zu erfassen. Jedenfalls ist diese intellektuelle Aufgabe viel schwieriger zu meistern, als man sich dies zunächst vorstellen kann.

Ist die Idee des Fortschrittes eine echte Beschreibung der Wirklichkeit? Stimmt sie mit den Aufzeichnungen der Geschichte überein? Haben sich die Begebenheiten der Geschichte tatsächlich kontinuierlich und zwangsläufig verbessert? Diese wichtigen Fragen lassen sich nicht generell beantworten. Was ein Mensch unter „verbesserten Lebensumständen" versteht, ist von seiner subjektiven Einschätzung abhängig, die oft von einer emotionalen Neigung zum Optimismus oder Pessimismus bestimmt wird. Es ist unmöglich, einen wissenschaftlichen Beweis zu erbringen, ob die Einführung einer inflationären Wirtschaftspolitik oder die Erfindung der Atombombe als Fortschritt angesehen werden können, solange man nicht über die langzeitlichen Auswirkungen Bescheid weiß. Dies ist deshalb so, weil man nicht alle relevanten Faktoren objektiv überprüfen oder berechnen kann. Wertvorstellungen unterscheiden sich drastisch von einer Person zur anderen. Deshalb ist rein menschlich gesehen eine Rangordnung von individuellen Präferenzen bedeutungslos. Man sollte sich darüber keine Gedanken machen. Aber es gibt eine volkstümliche Meinung über das, was man gemeinhin unter Fortschritt versteht, die einen tiefgreifenden Einfluss auf Sozialwissenschaftler und viele andere ausgeübt hat. Im 19. Jahrhundert sah man es als gegeben an, dass der Verlauf der Geschichte von einem erkennbaren Fortschritt gekennzeichnet sei. Diese von vielen für richtig gehaltene These entsprang der ethischen Forderung, dass man der Nachkommenschaft eine bessere Welt überlassen sollte. Schon 1905 schrieb Thomas N. Carver, dass das Studium der Soziologie kaum ihre Existenz rechtfertigen könne, wenn sie nicht eine Theorie des Fortschrittes liefere. Der Mensch müsse dazu befähigt werden, die Sozialpolitik so zu gestalten, dass sie eine bessere Zukunft hervorbringt.[1]

1.1. Metaphysisches Erklärungsmodell der Fortschrittsidee

Ein englischer Historiker der griechischen und römischen Geschichte legte 1920 eine geniale Darstellung der geschichtlichen Entwicklung des Fortschrittsglaubens vor, die sich bis in die heutige Zeit als die einflussreichste erweisen sollte. John B. Bury (1861-1927) meinte, dass die Idee des Fortschrittes eine verhältnismäßig junge Vorstellung sei.[2] Wenngleich man in der griechischen Literatur Passagen finden könne, die auf einen allgemeinen Fortschritt hindeuten, lasse sich daraus nicht schließen, dass diese Idee in der Antike allgemein verbreitet war. Solche Passagen seien lediglich Samen einer bestimmten Weltsicht gewesen, die erst im fruchtbaren Boden des Humanismus Ende des 16. Jahrhunderts aufgehen und gedeihen konnten. Wenn alle wichtigen Fakten der Geschichte in Betracht gezogen würden, sei es einleuchtend, so Bury, dass die Idee des Fortschrittes erst dann aufkommen konnte, als das christliche Weltbild an Einfluss verloren hatte.

Burys Darstellung der Geschichte des „Dogmas" einer stets voranschreitenden Verbesserung der Gesellschaft ist zwar eine der besten, aber er gab sich keine Mühe, den

---

1 Thomas N. Carver, *Sociology and Social Progress* (New York City, NY: Ginn & Company, 1905) 7; https://archive.org/details/sociologysocialp-00carviala/page/6

2 John Bagnell Bury, *The Idea of Progress: An Inquiry into its Origin and Growth* (London: Macmillan, 1920); https://archive.org/details/b29981311

großen Fundus an Literatur über die sozialen Veränderungen seit zirka 1880 in Erwägung zu ziehen. Sein Hauptinteresse an der Entwicklung des Fortschrittsglaubens galt dem Kulturraum Westeuropas. Neben England und Frankreich betrachtete er kaum andere Länder. Große Zurückhaltung übte er im Beantworten der Frage, inwieweit philosophische Gedanken des 20. Jahrhunderts die unterschiedlichen Theorien des Fortschrittes beeinflusst haben. Außerdem nahm er keinen Bezug auf die neuesten Erkenntnisse der Anthropologie oder die radikalen Veränderungen im allgemeinen menschlichen Bewusstsein als Folge des katastrophalen Ersten Weltkrieges. Andere Historiker und Theologen, wie Francis M. Cornford[3] (1912), Wiliam R. Inge[4] (1920), Harry Emerson Fosdick[5] (1922), Charles A. Beard[6] (1932), Robin G. Collingwood[7] (1946), John Baillie[8] (1950), die ebenfalls behaupteten, dass diese Idee relativ modern sei, belegten ihre Thesen substantieller durch zahlreiche Hinweise auf historisches Quellenmaterial und philosophische Zeitströmungen. Fosdick, Baillie und Inge nahmen dabei eine Sonderstellung ein, denn sie gaben vor, ihre Studien aus der Perspektive des liberalen beziehungsweise neo-orthodoxen Christentums unternommen zu haben.

3 Francis Macdonald Cornford, *From Religion to Philosophy: A Study in the Origins of Western Speculation* (London: Arnold, 1912); https://archive.org/details/in.ernet.dli.2015.179784/page/n3

4 William Ralph Inge, *The Idea of Progress* (Oxford: The Clarendon Press, 1920); https://archive.org/details/cu31924007897725/page/n4

5 Harry Emerson Fosdick, *Christianity and Progress* (London: Nisbet, 1922).

6 Charles A. Beard, "Introduction to J. B. Bury," *The Idea of Progress: An Inquiry into its Origin and Growth* (London: Macmillan, 1932) ix-xl; Charles A. Beard, Hrsg., *A Century of Progress* (New York City, NY: Books for Libraries Press, [1932] 1970).

7 Robin George Collingwood, *The Idea of History: With lectures, 1926-1928* (Oxford: Oxford Univ. Press, [1946] 2005); https://archive.org/details/in.ernet.dli.2015.168203/page/n9

8 John Baillie, *The Belief in Progress* (New York City, NY: Charles Scribner's Sons, 1950); https://archive.org/details/beliefinprogress00bail

Um ein richtiges Verständnis über den Fortschrittsglauben zu gewinnen, wird es notwendig sein, seinen
Ursprung und seine Entwicklung näher zu betrachten.[9]
Dabei wird es wichtig sein, die verschiedenen Ansichten der
Geisteswissenschaftler, die sich mit der in der Geschichte
ausgestaltenden Idee des Fortschrittes näher befasst haben,
unter die Lupe zu nehmen. Erst dann wird es möglich sein,
zu einer gefestigten Meinung zu kommen, die nicht nur
tendenziös den aufklärerischen Kanon der modernen
Geschichtsforschung widerspiegelt, sondern zu einer
abgerundeten Sichtweise führt. Die Voreingenommenheit
der akademischen Geschichtsschreibung gegen das
Christentum, wie sie seit Ende des 19. Jahrhunderts immer
deutlicher zutage getreten ist, hat die allgemeine Vorstellung
des Fortschrittsglaubens verzerrt. Es ist an der Zeit, sich
darüber bewusst zu werden, dass die Ideologie einer
kontinuierlichen Vorwärtsentwicklung der Gesellschaft und
Vervollkommnung des Menschen in ihrem tiefsten Kern
eine eigenständige Religion ist, die besonders dadurch
gekennzeichnet ist, dass sie sich mit aller Entschiedenheit –
allerdings oftmals im Namen des Christentums – gegen den
biblischen Glauben gestellt hat.

---

9 Wichtige Studien über die Idee des Fortschrittes neben den schon
genannten sind unter anderem die folgenden: Carl L. Becker, *Progress and
Power* (New York City, NY: Vintage Books, [1949] 1965); Carl L. Becker,
"Progress," in *Encyclopedia of Social Sciences*, XII (1949), 495-499; Rein-
hold Niebuhr, *The Nature and Destiny of Man: A Christian interpretation*
(New York City, NY: Charles Scribner's Sons, [1941] 1964); Reinhold
Niebuhr, *Faith and History: A Comparison of Christian and Modern Views
of History* (New York City, NY: C. Scribner's Sons,, 1949); Stow Person,
Hrsg., *Evolutionary Thought in America* (Princeton, NJ: Princeton Univer-
sity Press, [1950] 2015); Frederick J. Teggart, Hrsg., *The Idea of Progress: A
Collection of Readings*, rev. Ausgabe von G. H. Hildebrand (Berkeley, CA:
University of California Press, 1949); Morris Ginsberg, *The Idea of
Progress: A Revaluation* (Boston, MA: Beacon Press, 1953); Sidney Pollard,
The Idea of Progress: History and Society (London: Watts, 1968); W. Warren
Wagar, *Good Tidings: The Belief in Progress from Darwin to Marcuse* (Bloo-
mington, IN: Indiana University Press, 1972); Karl Löwith, *Meaning in
History* (Chicago, IL: University of Chicago Press [1949] 2016).

1.1.1. Idee eines vormaligen Goldenen Zeitalters

Historiker des 20. Jahrhunderts, wie W. K. C. Guthrie[10] (1957), Ludwig Edelstein[11] (1967), Eric R. Dodds[12] (1973), Moses I. Findley[13] (1977) und Robert A. Nisbet[14] (1980), die sich der These Burys entgegenstellten, gingen davon aus, dass die Idee des Fortschrittes auf die frühen Griechen zurückgehe, in der Antike weitreichend im Umlauf gewesen sei und über den gesamten Verlauf der aufgezeichneten Geschichte bestanden habe. Am Anfang ihrer Darlegungen wiesen sie meistens auf Hesiod hin, der sich als Landwirt und Philosoph darüber schon im 8. Jahrhundert v.Chr. Gedanken gemacht habe, obgleich er zu einem gegenteiligen Schluss – einer Degeneration der Gesellschaft – kam. Der einzige Lichtblick auf eine aussichtsvollere Zukunft, den er zu erblicken meinte, war die Legende des Prometheus.

Das durchgängige Thema, dem sich Hesiods Schrift *Werke und Tage*[15] widmet, ist die Beschreibung der

---

10 W. K. C. Guthrie, *In the Beginning: Some Greek views on the origins of life and the early state of man* (Ithaca, NY: Cornell University Press, [1957] 1965); https://archive.org/details/inbeginningsomeg00guth_0/page/n5

11 Ludwig Edelstein, *The Idea of Progress in Classical Antiquity* (Baltimore, MD: Johns Hopkins Press, 1967); https://archive.org/details/ideaofprogressin00edel/page/n5

12 Eric Robertson Dodds, *The Ancient Concept of Progress and Other Essays on Greek Literature and Belief* (Oxford: Clarendon Press, [1973] 1974); https://archive.org/details/ancientconceptof0000dodd/page/n5

13 Moses I. Finley, "Progress in Historiography," *Dœdalus*, Vol. 106, No. 3, Discoveries and Interpretations: Studies in Contemporary Scholarship, Volume I (Summer, 1977), 125-142; https://www.jstor.org/stable/20024497; Der in Amerika geborene Moses I. Finley (1912-1986) war der bekannteste Historiker der Alten Geschichte seiner Generation und lehrte an der Cambridge Universität. 1979 wurde er von der britischen Königin zum Knight Bachelor geschlagen. Im selben Jahr nahm ihn die American Academy of Arts and Sciences als Mitglied auf, zuvor war er schon der British Academy beigetreten.

14 Robert Alexander Nisbet, *History of the Idea of Progress* (New York City, NY: Basic Books, 1980); https://archive.org/details/historyofideaofp-0000nisb/page/n5

15 *Werke und Tage* (griechisch Ἔργα καὶ ἡμέραι) ist ein episches Lehrgedicht des Hesiod und entstand etwa um 700 v.Chr. Es umfasst 828

Geschichtsepoche, die sich dem Ende des Goldenen Zeitalters unmittelbar anschloss. Eines der herausstechenden Merkmale jener Zeit war die sich verschlechternden Lebensbedingungen der Menschen. Als eine antike Zivilisation die Vormachtstellung gegenüber anderen Völkern einnahm, stieg die Bedeutung ihrer Heere im Vergleich zu anderen Mitteln der politischen Einflussnahme stark an. Entsprechend ihrer militärischen Macht wies Hesiod einzelnen Zivilisationen bestimmte Metalle zu, um sie voneinander zu unterscheiden.[16] Das goldene Geschlecht, ein Geschlecht von Helden, habe am Anfang des Zeitgeschehens existiert, als Kronos[17] die Welt beherrschte: Die Menschen lebten damals in unschuldiger Glückseligkeit, ohne dass sie in Streit gerieten, Arbeit verrichteten oder Ungerechtigkeit erlitten, während die Erde völlig von sich aus Früchte im Überfluss hervorbrachte. Die erste Generation der Menschheit wusste nichts über die Kunst des Handwerks, tat sich jedoch im sittlichen Zusammenleben hervor. Während Hesiod von einem „goldenen Geschlecht" sprach, hat sich diese Vorstellung im Volksmund zu einem „goldenen Zeitalter" gewandelt. Dieser Grundgedanke hielt Einzug in einer weltweiten Tradition von literarischen Werken, wie zum Beispiel Virgils *Eclogue* (IV), Horaces' *Epode* (XVI), Chaucers' *Aetas Prima* und Miltons' *Hymn of the Nativity*.

Im Weiteren berichtete Hesiod über das Aufkommen einer Rasse aus Silber, die wiederum von einer aus Bronze verdrängt wurde. Schlussendlich vernichtete die Rasse aus Eisen die aus Bronze. Die Abfolge der „metallischen" Rassen und die Verwandlung eines Edelmetalls (Gold) in ein Basismetall (Eisen) stellte deutlich seine Ansicht heraus, dass er von einer rückläufigen Entwicklung (Regression) der Zivilisationen ausging. Der dänische Archäologe C. J. Thomsen veränderte diese Kategorisierung 1836, als er behauptete, dass die Menschheit aus der Steinzeit zur Bronzezeit überging und schließlich in der Eisenzeit ankam.

Hexameter.

16 Hesiod, *Werke und Tage*: „Die Geschichte der Geschlechter", Zeilen 106-200 und „Das goldene Geschlecht", Zeilen 110-126.

17 In der römischen Mythologie wird aus Kronos Saturn.

Obgleich Hesiods Erwartungshaltung über die zukünftige Entwicklung der Menschheitsgeschichte von einem pessimistischen Grundton gekennzeichnet war, enthält seine Erzählung einen Hoffnungsschimmer. Der griechischen Legende zufolge habe der Titan Prometheus in einer Trotzhandlung gegenüber dem tyrannischen Sohn des Kronos, Zeus, Feuer vom Berg Olympus gestohlen und es den Menschen gegeben. Somit ermöglichte er es ihnen, die Furcht vor den Göttern zu überwinden, die sie daran gehindert hatten, eine Zivilisation aufzubauen. Anschließend gelang es ihnen, die Grenzen einer primitiven Existenz zu überwinden, die ihnen seit dem ursprünglichen Absturz aufgezwungenen worden waren. Der rebellische Akt des Prometheus gegen die willkürliche Herrschaft der Götter diente demnach dazu, dass sich etwas Gutes unter all das Böse mischte. Der sich im Laufe der Zeit immer deutlicher bemerkbar machende duale Charakter des Guten und Bösen stand Hesiod unmittelbar vor Augen. Deshalb stellte er besonders das Bedürfnis nach Gerechtigkeit in einem tyrannischen Zeitalter heraus.

Die von Hesiod kurz angesprochene Geschichte des Prometheus machte der im 5. vorchristlichen Jahrhundert lebende griechische Dramatiker Aeschylus zum Hauptthema seines tragischen Schauspiels „Der entfesselte Prometheus". Prometheus war einer der Lieblingsgötter der Griechen. In dem Schauspiel wird der unsterbliche Titan vom tyrannischen Zeus dazu verdammt, für immer an einen fernabliegenden Felsen gekettet zu sein. Der Grund seiner Verdammung lag darin, dass er dem Menschen die Kenntnis verliehen hatte, aus seiner Furcht und Unwissenheit befreit zu werden und in den vollen Gebrauch seiner Intelligenz zu erlangen. Wie kein anderer vermittelte dieses Thema den Griechen eine Vorahnung auf die Möglichkeiten des menschlichen Fortschrittes. Obgleich Aeschylus den Rückgang des Menschen aus den am Anfang herrschenden idealen Bedingungen beschrieb, vermittelte die Prometheus-Legende dennoch die Hoffnung, dass der Mensch mittels seiner eigenen Bemühungen und Anstrengung erneut das gute Leben ergreifen könne. Der Dramaturg ignorierte völlig die Vorstellung des Goldenen Zeitalters und hob einzig den primitiven Lebensstandard des Menschen hervor.[18]

Historiker stimmen im Allgemeinen darin überein, dass Platon (428/427-348/347 v.Chr.) seinen Lesern einen Schöpfungsbericht des Sophisten[19] Protagoras (490-411 v. Chr.) in der gleichnamigen Schrift vorlegte. Darin wird Folgendes berichtet: Aus einer Mixtur von Erde und Feuer entstanden zuerst die Tiere und dann die Menschen. Aus Versehen kümmerte sich niemand um den Menschen, bis der Halbgott Prometheus ihn als ein nacktes Geschöpf erblickte, das weder Schuhe noch ein Bett hatte. Auch fehlten ihm Arme zur Selbstverteidigung.[20] Von Mitleid ergriffen, stahl er die eisernen Geschmeide des Hephaistos und überreichte sie dem Menschen. Damit dieser selbst das Handwerk eines Schmieds ausüben konnte, überreichte ihm der Titan auch das notwendige Feuer. Somit empfing der Mensch die Erkenntnis darüber, wie er sich selbst am Leben erhalten konnte. Protagoras fügte dieser Erzählung einen ausführlichen Bericht über den Fortschritt in der Kultur, den Künsten und den Wissenschaften an: Als der Mensch seine Lebensumstände verbessert hatte, wurde er zunächst von den Tieren und später von seinen Zeitgenossen angegriffen, die ihn berauben wollten. Von seinem Götterberg blickte Zeus auf die Erde herab und erkannte zu seinem Schrecken, dass das gesamte Menschengeschlecht nun die Möglichkeit besaß, sich in einem Krieg selbst zu vernichten. Daraufhin entsandte er Hermes, um allen Menschen einen Gerechtigkeitssinn zu verleihen, der sie dazu anhielt, sich gegenseitig zu respektieren. Platon schmückte diesen Bericht in seinen

---

18 Aeschlyus, *Der entfesselte Prometheus*, Zeilen 442-471.

19 Sophisten waren Philosophen aus der griechischen Antike, die über besondere Kenntnisse auf theoretischem (Mathematik und Geometrie) oder praktischem Gebiet (Handwerk, Musik, Dichtung) verfügten, im engeren Sinne vor allem Didaktiker und Rhetoriker, die mit dem Vermitteln ihrer Kenntnisse ihren Lebensunterhalt verdienten. Sie wirkten von etwa 450 v.Chr. bis etwa 380 v.Chr. Der Terminus Sophist bezeichnete ursprünglich „alle, die für ihre Weisheit berühmt waren: Pythagoras, Thales, Staatsmänner, Kulturbringer, Dichter und andere ,weise Männer'". https://de.wikipedia.org/wiki/Sophisten

20 Plato, *The Dialogues of Plato*, trans. by Benjamin Jowett (New York City, NY: Random House, 1937) Protagoras, Vol. 1, line 321.

Dialogen *Nomoi*[21] (Gesetze) und *Politikos*[22] (Der Staatsmann) weiter aus. In diesen Schriften begegnet uns erneut dasselbe Thema, das schon Hesiod angesprochen hatte, dass sich auf Erden immer das Gute mit dem Bösem vermischt.

Progressivisten gehen oftmals in die Irre, weil sie im technologischen Fortschritt ausschließlich etwas Gutes sehen, ohne das damit einhergehende Böse in Betracht zu ziehen. In dem humanistischen Credo des Protagoras, „der Mensch ist das Maß aller Dinge", tritt schon in der Antike ein wesentlicher Aspekt des Fortschrittsglaubens ins Rampenlicht. Die Bedeutung des Ausspruchs war, dass der Mensch dank eigener Bemühungen seine Lebenslage über alle Maße hinaus verbessern könne. Die Zeit, wo er nackt und ohne Schuhe dastand, liege schon weit in der Vergangenheit. Vom 8. bis zum 3. Jahrhundert v.Chr. stellten einige griechische Philosophen demnach den frühen Glauben an eine kulturelle Rückentwicklung (Regression) auf den Kopf.

John B. Bury erkennt in diesen Berichten, die ein Verständnis antiker Denker über die Idee des Fortschrittes anzudeuten scheinen, lediglich Samen, die inmitten des Gefildes ausgestreut worden waren, wo sonst der allgemeine Glaube an eine Regression das Feld behauptete. Anscheinend war sich Thucydides des sozialen Fortschrittes der alten Griechen durchaus bewusst und die maßgeblichen griechischen Philosophen deuteten auf eine allmähliche Lebensverbesserung des Menschen hin. Aber im Allgemeinen hätten die alten Griechen kein Verständnis für die Idee des Fortschrittes im modernen Sinne besessen. Ihnen habe vielmehr ein vormaliges Goldenes Zeitalter vor Augen gestanden, wo die Menschen keine mühselige Arbeit verrichten, in verheerende Kriege ziehen und schlimme Krankheiten auskurieren mussten. Anschließend folgte eine Periode des Niederganges und Zerfalls. Hesiods Darstellung des Überganges von einem Zeitalter des Goldes zu einem des Eisens hielt die Antike stets im Gedächtnis. Platon vermittelte die Ansicht einer allmählichen Verschlechterung der sozialen Ordnung in den nacheinander sich ablösenden

---

21 Griechische Schreibweise: Νόμοι

22 Griechische Schreibweise: Πολιτικός

Regierungsformen der Aristokratie[23], Timokratie[24], Oligarchie[25], Demokratie und dem Despotismus[26]. Die Griechen glaubten an wiederkehrende Zyklen des Geschichtsablaufes, die sich sowohl besser als auch schlechter entwickeln konnten. Diese zyklische Schau machte es ihnen unmöglich, an eine permanente Verbesserung gesellschaftlicher Verhältnisse zu glauben. Platon schlug die Dauer von 72'000 Sonnenjahren für den Gesamtverlauf eines Zyklus vor. Die Gottheit habe die Welt in die richtige Richtung gewiesen. Deshalb sei alles in der ersten Hälfte des Zyklus, dem Goldenen Zeitalter, in guten Bahnen verlaufen. In der zweiten Hälfte desselben habe die Gottheit die Kontrolle über die Weltmaschine verloren. Das politische und soziale Gesellschaftsgefüge sei dadurch in Unordnung geraten und der zivilisatorische Untergang endete beinahe im völligen Chaos. Anschließend habe die Gottheit die aus dem Ruder geratene Situation wieder unter ihre Gewalt gebracht und die ehemals paradiesischen Zustände wiederhergestellt. Von da an habe der Zyklus von neuem begonnen.[27] Aristoteles (384-322 v.Chr.) hatte keine Vorstellung von der Idee des Fortschrittes. Er sprach über die Boshaftigkeit des menschlichen Wesens, dachte, dass fast alles bekannt sei, und meinte, dass Veränderungen der traditionellen Ordnung nicht erwünscht seien. Und wenn sie tatsächlich notwendig seien, dann eben so wenig wie möglich.[28] Die griechische Mythologie lehrte, dass Sterbliche nicht versuchen sollten,

---

23 Aristokratie: Herrschaft der Besten; Herrschaft des Adels

24 Timokratie: Herrschaft der Angesehenen; Herrschaft der Besitzenden

25 Oligarchie: Herrschaft von Wenigen

26 Despotismus: Herrschaft der Tyrannen

27 Plato, *Republic*, hrsg. v. James Adam (Cambridge: Cambridge University Press, 1900), Bk. VIII; https://archive.org/details/republicplato01adamgoog; Plato, *The Dialogues of Plato: Statesman*, 269-275; http://oll.libertyfund.org/titles/plato-the-dialogues-of-plato-in-5-vols-jowett-ed

28 Aristotle, *Politics*, trans. by Benjamin Jowett (Oxford: Oxford University Press, 1885) II, 5; https://archive.org/details/politicsaristot09arisgoog/page/n198

den Göttern gleich zu kommen, um so ihren Neid und ihre Missgunst auf sich zu ziehen. Prometheus fiel unter die furchtbare Strafe der Götter, weil er das Feuer von den Olympiern stahl und den Menschen die Kunst der Zivilisation lehrte.[29] Ikarus stürzte in den Tod, weil er in seiner Vermessenheit versucht hatte, am Himmel hoch aufzusteigen. Das Wachs in seinen Flügeln schmolz, als er der Sonne zu nahekam. Entsprechend der griechischen Idee des Schicksals (Moira) besteht eine feste Ordnung im Universum, die die Sterblichen respektieren müssten, indem sie sich davor hüten, es zu verändern oder zu überwinden. Das menschliche Streben nach Fortschritt sei ein zu stolzes und gefährliches Unterfangen, um die Scheidewand zwischen den unterschiedlichen Bereichen des Menschlichen und Göttlichen zu durchdringen.

Die Römer ließen sich in ihrem Denken von der griechischen Philosophie eingehend prägen. Sicherlich war sich Seneca (ca. 1-65 n.Chr.) der Zunahme einer gesicherten Erkenntnis bewusst, aber die Schlussfolgerung, die er daraus zog, klammerte die Möglichkeit einer besseren Welt aus, denn jede Verbesserung der Künste und Erfindungen fördere den zivilisatorischen Verfall, indem sie das Streben nach Luxus und das Frönen der Laster begünstigt. In seinem großartigen Panorama des menschlichen Aufstieges von der Barbarei zur Zivilisation verwendet Lucretius (99/94 v.Chr.-55/53 v.Chr.) erstmalig den Begriff „Fortschritt". Er nimmt dabei Bezug auf all die Vergnügungen des Lebens, die Verwendung des Feuers, die Entdeckung der Edelmetalle, die Umwallung der Städte, das Praktizieren der Gesetze und vieles mehr. „Diese in die Praxis umgesetzten Dinge und die Erfahrung des ruhelosen Geistes haben den Menschen allmählich belehrt, indem sie einen Schritt nach dem anderen vorwärts marschieren."[30] Aber selbst Lucretius blickte nicht in die Zukunft, um eine Verbesserung der

---

29 Vgl. Arnold Joseph Toynbee, *The Study of History: The Growths of Civilizations*, 12 vols. (Oxford: Oxford University Press, [1934] 1979) vol. 3, 112-122.

30 Lucretius, *De Rerum Natura*, hrsg. v. H. A. J. Munro (London: Novi Eboraci Apud Harperos fratres 1883) Buch V, II. 1452-1453; https://archive.org/details/dli.bengal.10689.17921/page/n261

menschlichen Lage zu erkennen. Seiner Vorstellung des Fortschrittes fehlte demnach ein entscheidender Aspekt im Vergleich zu seiner modernen Version: seine sich automatisch vollziehende geschichtliche Notwendigkeit. Bury resümiert deshalb folgerichtig, dass die Idee des Fortschrittes in den griechischen und römischen Zivilisationen der Antike fast keine Rolle gespielt habe.

1.1.2. Christlicher Einfluss auf die Geschichtsphilosophie

Es gibt eine beachtliche Anzahl an christlichen Zeugnissen zur Ausbildung der Idee des Fortschrittes im Westen. Sicherlich hielten manche Historiker des Christentums die Vision eines immerwährenden Fortschrittes der Menschheit für abwegig. Dennoch zeugte eine Reihe von substantiellen Studien über dieses Thema, dass die Idee bei renovierten Gelehrten der Geisteswissenschaften auf hohes Interesse gestoßen war, die den Beitrag des Christentums in ihrer Konzipierung herausstellten. Eindrückliche Monographien entstammten der Feder von Gerhard B. Ladner, Charles N. Cochrane, Karl Löwith und Marjorie Reeves. Die von ihnen verfassten Titel lauten wie folgt: 1) *The Idea of Reform: Its Impact on Christian Thought and Action in the Age of the Fathers*[31], 2) *Christianity and Classical Culture*[32], 3) *Meaning in History*[33] und 4) *The Influence of Prophecy in the Later Middle Ages*[34]. Die in diesen Studien dokumentierten Sachverhalte ermöglichen das Ziehen eines vorläufigen Schlusses: Die christliche Theologie stand von Anfang an einer wie

---

31 Gerhard B. Ladner, *The Idea Of Reform: Its Impact On Christian Thought And Action In The Age Of The Fathers* (Cambridge, MA: Harvard University Press, 1959).

32 Charles Norris Cochrane, *Christianity and Classical Culture* (New York City, NY: Oxford University Press, 1957); http://archive.org/details/christianityclas00incoch

33 Karl Löwith, *Meaning in History: The Theological Implications of the Philosophy of History* (Chicago, IL: University of Chicago Press, 1949); https://archive.org/details/in.ernet.dli.2015.234312/page/n3

34 Marjorie Reeves, *The Influence of Prophecy in the Later Middle Ages* (Oxford: Clarendon Press, 1969).

auch immer gearteten Philosophie des Fortschrittes positiv gegenüber. Sicherlich wäre es falsch, von einer voll entwickelten Philosophie zu sprechen, die die kontinuierliche Verbesserung der menschlichen Lebenssituation als ein unumstößliches Gesetz der Geschichte postulierte. Erste Ansätze einer solchen Geisteshaltung, wie sie im 18. und 19. Jahrhundert zur vollen Reife gelangte, lassen sich aber in den Schriften Eusebius', Tertullians und Augustinus' entdecken. Christliche Autoren nahmen bis zum 17. Jahrhundert regelmäßig darauf Bezug und führten den Gedanken der Entwicklung entsprechend ihrer eigenen Lebensumstände und Zukunftserwartungen weiter.

Augustinus (354-430) bestimmte die christliche Theologie über einen Zeitraum von 1000 Jahren. Seiner Lehre gemäß waren die zersetzenden Auswirkungen der Erbsünde und Weltlichkeit auf die christliche Moral allgegenwärtig. Der gesamte Geschichtsverlauf zielte darauf ab, die Glückseligkeit der wenigen Erwählten in einer zukünftigen Welt zu sichern. Es lag ihm ferne, die These aufzustellen, dass sich die Menschen auf dieser Erde in ihrer moralischen Fassung und ihren kulturellen Errungenschaften immer höher entwickeln würden. Die Geschichte bestehe aus einer Reihe von Ereignissen, die durch das göttliche Eingreifen ihre ureigene Ordnung erhalten. Die göttliche Vorsehung sei eine virulente Kraft, die alles irdische Geschehen bestimme. Der Tag des Gerichts könne jeden Augenblick Wirklichkeit werden. Diese aus der biblischen Offenbarung gewonnenen Ansichten stellten sich gegen die Konzipierung und Verbreitung einer Idee des Fortschrittes, die sich darin auszeichnete, dass die menschlichen Lebensumstände entweder durch eine unbewusste Evolution oder durch ein bewusstes Agieren kontinuierlich verbessert würden.

Augustinus' Meisterwerk *De Civitate Dei* (Vom Gottesstaat) identifizierte den Stolz und die Demut als die gegensätzlichen Gründungsprinzipien der Menschenstadt und der Gottesstadt.[35] Indem er zwei Zeilen aus Vergils *Aeneis*[36] zitiert, lässt er keinen Zweifel über die Identität der Menschenstadt aufkommen, wie sie sich zu seiner Zeit in ihrer ganzen Arroganz darstellte. Im Weiteren weist er auf eine berühmte Passage in derselben Epik hin, die die Vervollkommnung der imperialen Macht Roms zelebrierte. Die Prahlerei der Römer bestand hauptsächlich in ihrem Selbstverständnis, von den Göttern dazu auserkoren worden zu sein, die einzigartige Bestimmung zu erfüllen, die stolzen Barbaren mittels militärischer Eroberungsfeldzüge zu demütigen. In der *Aeneis* bekräftigte Vergil von Anfang bis Ende diese historische Mission Roms. Vater Jupiter selbst habe Rom dazu auserwählt, ein universales, ewig währendes Königreich des Friedens, des Rechts und der Gerechtigkeit zu gründen, um die Geschichte ihrer endgültigen Vorherbestimmung, einem neuen Zeitalter des Saturns, zuzuführen, auf dass der Tempel des Krieges geschlossen und in aller Welt Gesetz und Ordnung vorherrschen würde.[37] In der Abfassung seines Buches *De Civitate Dei*[38] versuchte Augustinus in aller ersten Linie, diese Anmaßungen Roms zu untergraben. Gottes Vorrecht, nicht Roms, sei es, den Stolzen zu demütigen. Es ist eine Mission, die Rom fälschlicherweise als ihre eigene ergriffen habe.[39] Solch grandiose Ziele stellten Rom als betrügerische Stadt dar, eine ewige Stadt des Schwindels, indem sie sich selbst eine ihr nicht zustehende Mission auferlegt habe, die in der Zukunft nur dem Königtum Christi zustehe, dessen Gründer nicht Aeneas, sondern Gott ist. Augustinus' tiefgreifende theologische Analyse zeigt auf, dass die Anbetung der imperialen Macht Roms nichts weiter als gröbster Götzendienst war. Die römischen Bürger würden in ihrer Glorifizierung der

---

35 Augustinus, *Vom Gottesstaat* (München: dtv Verlagsgesellschaft, 2007; vollständige Ausgabe in einem Band. Buch 1-10, Buch 11-22).

36 Gian Biagio Conte, Hrsg., *P. Vergilius Maro. Aeneis* (New York City, NY: De Gruyter, 2009).

37 Ebd., passim.

38 Lateinische Ausgabe: https://archive.org/details/bub_gb_F0BwJ-ZOlBTQC/page/n3

39 Augustinus, *Vom Gottesstaat*, 5.

Erhabenheit des Weltreiches Liebe und Ehre einer menschlichen Institution darbringen, die alleine Gott zustehen.

Rom war natürlich nicht die einzige Nation, die dem Götzendienst des Imperiums erlegen war, noch war die Idee einer nationalen Mission den nachfolgenden Imperien im Westen unbekannt. Die verschiedensten Zivilisationen seit der Antike ließen sich von der Überzeugung leiten, in der Ausgestaltung ihrer imperialistischen Ambitionen einem göttlichen Ruf oder dem Schicksal zu folgen. Es spielte dabei keine Rolle, ob sie nun europäisch, asiatisch oder amerikanisch waren, christlich oder nichtchristlich. Vielfältige Variationen dieser Eingebung erschienen in unterschiedlichen Kulturen, wie dem konfuzianischen China, dem hellenistischen Griechenland oder dem augusteischen Rom. Zusätzlich können unter anderem noch die osmanische Türkei, das romanov'sche Russland, das napoleonische Frankreich, das viktorianische Britannien und das wilson'sche Amerika hinzugefügt werden.

Man bezeichnete Augustinus' *De Civitate Dei* oft als eine abgerundete Philosophie der Weltgeschichte. Dies zu bestreiten, dürfte nur schwerlich gelingen. Selbst John B. Bury gesteht ein, dass Augustinus der erste war, der mit großem Nachdruck die Richtigkeit des ökumenischen Ideals vortrug, die Menschheit als Einheit anzusehen. Dem Christentum lag die Vorstellung einer menschlichen Geschichtsentwicklung zugrunde, die, obgleich Gott ihren Verlauf von Anfang an bestimmt hatte, doch dank immanenter Kräfte eine allmähliche Entfaltung, eine Realisation ihrer Essenz, ein Streben nach Vollkommenheit durchlaufen würde. Augustinus fusionierte die griechische Idee der Entwicklung mit der jüdischen Vorstellung einer Heilsgeschichte. Somit ist es möglich geworden, die Entfaltung der Menschheitsgeschichte nicht nur in den Begriffen eines etappenmäßigen Voranschreitens darzustellen, wie es die Griechen taten, sondern auch in den Epochen der alttestamentlichen Geschichte, wie sie die Juden unterteilt hatten. In einer bekannten Passage schrieb Augustinus Folgendes:

Die Erziehung der menschlichen Rasse, die durch das Volk Gottes repräsentiert wird, ist wie die eines Individuums durch bestimmte Epochen oder Zeitalter vorangeschritten, sodass sie sich allmählich von irdischen zu himmlischen Dingen erhebt und von den sichtbaren zu den unsichtbaren.[40]

Der Ausdruck „Erziehung der menschlichen Rasse" und die Analogie der Entwicklung der Menschheit mit dem Wachstum eines Individuums setzten sich im westlichen Denken durch. Sie lassen sich in den aufklärerischen Schriften der Philosophen des 18. und 19. Jahrhunderts finden, die zweifellos erstaunt sein würden, wäre ihnen der wirkliche Ursprung dieses Ausdruckes und die Analogie zu ihrem säkularen Verständnis bewusst geworden. Augustinus ist jedoch nicht völlig konsequent in seiner zeitlichen Aufteilung der Geschichte. In einem Abschnitt ist sie zweigeteilt: Die Zeit vor und nach Christus. In einem anderen scheint der große Kirchenvater, die erste Verwendung einer dreistufigen Menschheitsgeschichte in groben Zügen vorweggenommen zu haben, die zweifellos die populärste Version in der Geschichte des Fortschrittes werden sollte. Im 19. Jahrhundert pries Auguste Comte sein „Gesetz der drei Perioden" einer großen Öffentlichkeit an. In einem anderen Abschnitt gegen Ende des Buches bezieht sich Augustinus auf die sieben Entwicklungsstadien der irdischen Geschichte. Das letzte Stadium, die Zeitepoche der Glückseligkeit und des Friedens auf Erden, stehe noch aus. Eine genaue Dauer misst er dieser nicht zu. Doch er lässt keinen Zweifel daran aufkommen, dass sich die Menschheit oder mindestens die Gläubigen *vor* dem Endgericht und der Zerstörung der Erde eines irdischen Paradieses erfreuen werden. Eine solche Zukunftserwartung sei nur konsequent im Hinblick auf die geschichtliche Entwicklung.

Die augustinische Vorstellung von der abschließenden Zeitperiode auf Erden ist die bemerkenswerteste im gesamten Korpus der christlichen Literatur. Bezeichnend ist

---

40 Philip Schaff, *St. Augustine's City of God and Christian Doctrine* (Nicene and Post-Nicene Fathers [NPNF] 1-02) Chap. 14; http://www. ccel.org/ccel/schaff/npnf102.iv.X.14.html

ihr utopischer Charakter, der jedoch eine geschichtliche Umsetzung zweifelhaft erscheinen lässt. Zwei wesentliche Aspekte der Idee des Fortschrittes, nämlich die historische Notwendigkeit und die utopische Ausgestaltung, wurden im ausgehenden 18. Jahrhundert säkularisiert. Zu jener Zeit meinte man, am Höhepunkt des menschlichen Fortschrittes auf Erden angekommen zu sein. Es sollte sich jedoch schnell herausstellen, dass sich dieser voreilige Wunschgedanke in der Realität nicht bewahrheiten würde. Dennoch ebnete er dem Aufkommen moderner Ansichten über das Millennium die Bahn. Persönlichkeiten, wie St. Simon, Comte und Marx treten auf der Bildfläche der Geschichte auf und hinterlassen in ihren Werken neue Konzepte einer der Vollkommenheit zustrebenden Welt. Die von Augustinus konzipierte Struktur des Fortschrittes beruhte auf der christlichen Lehre der Allmacht Gottes. Nur von dieser Perspektive aus betrachtet, konnte sich der Bischof von Hippo die Möglichkeit vorstellen, dass sich die menschliche Gesellschaft weiter-entwickeln würde. Eine lineare Zeitabfolge von Geschehnissen würde die wesentlichen Daten des Fortschrittes aufzeigen. Zwei Merkmale ragen besonders hervor: 1) Die Einheit der Menschheit würde sich allmählich in festgesetzten und regelmäßigen Abschnitten verwirklichen, und 2) die Erwartung eines zukünftigen Glückszustandes würde sich zusehends über einen langen Zeitraum hinweg konkretisieren. Zu beachten sei die Tatsache, dass alle vergangenen und zukünftigen Geschehnisse einer gewissen Notwendigkeit unterliegen würden, weil sich dadurch der ewige Ratschluss Gottes kontinuierlich verwirklichen würde.

Die sich mit der Zeit einstellende Neukonzipierung der Idee des Fortschrittes beschränkte sich im Grunde auf die säkulare Vorstellung, dass sie nichts mit der Realisierung des göttlichen Ratschlusses zu tun habe. Interessanterweise sollte sich dabei die Struktur der Idee, nämlich ein Verlassen auf eine von außen auf die Welt einwirkende Kraft, nicht grundsätzlich ändern.

Schließlich muss betont werden, dass Augustinus in seiner frühen Erziehung, während der er die Werke griechischer und römischer Denker mit Begeisterung gelesen hatte, einen tief gegründeten Sinn für die Wunder des materiellen Fortschrittes in der Welt bekam. Herausragende Passagen in *De Civitate Dei* XXII, 24, sind nur den wenigsten noch bekannt. Es sind Passagen, die an Sprachgewalt alles von Protagoras, Aeschylus oder Sophocles Geschriebene hinsichtlich der durch die Menschheit gewirkten Wunderwerke überbieten. Augustinus bezieht sich in diesen Passagen auf den „Genius des Menschen". Seine Wertschätzung der physischen Schönheit und mentalen Potenz des Menschen ist völlig heidnischer Herkunft, aber es ist deshalb um Nichts weniger ein Teil des augustinischen Beitrags zur westlichen Philosophie des Fortschrittes.

Der direkte Einfluss und die Hinterlassenschaft Augustinus' sind so immens, dass sie nicht adäquat beschrieben werden können. Die Geschichtsphilosophie des christlichen Autors Orosius, einem Schüler Augustinus', ragt vor allen anderen zeitgenössischen Erzeugnissen heraus. Das Gesamtwerk umfasst sieben Bücher der Geschichte gegen die Heiden. Im 12. Jahrhundert verfasste Otto von Freising[41] die zwei Geschichtsbücher *Chronica sive Historia de duabus civitatibus*[42] und *Gesta Frederici seu rectius Cronica*[43], die Augustinus' und Orosius' Werke zur Grundlage haben. Bischof Jacques-Benigne Bossuet widmete sein im 17. Jahrhundert äußerst einflussreiches Geschichtswerk *Discours sur l'Histoire Universelle*[44] (Einleitung in die

---

41 Bischof von Freising und Geschichtsschreiber, geb. um 1112, gest. 22. September 1158 in Morimund. S. dazu: Fabian Schwarzbauer, *Geschichtszeit. Über Zeitvorstellungen in d. Universalchroniken Frutolfs von Michelsberg, Honorius' Augustodunensis u. Ottos von Freising* (Berlin 2005 [=Orbis nediaevalis; 6]).

42 Otto von Freising, *Chronica sive Historia de duabus civitatibus*, Hrsg. v. Adolf Hofmeister, MGH SS rer. Germ. (45), Hannover/Leipzig ²1912; mit deutscher Übersetzung hrsg. von Walther Lammers (Darmstadt, ³1974, ausgewählte Quellen zur deutschen Geschichte des Mittelalters 17).

43 Otto von Freising, *Gesta Frederici seu rectius Cronica*, hrsg. von Franz-Josef Schmale (Darmstadt, ²1974, ausgewählte Quellen zur deutschen Geschichte des Mittelalters 17, mit deutscher Übersetzung).

44 Jacques-Benigne Bossuet, *Discours sur l'Histoire Universelle* (Paris: Christophe David, 1754).

Allgemeine Geschichte der Welt[45]) seinem großen Vorbild Augustinus. Der überzeugte Christ Bossuet konzipierte seine Geschichte auf Grundlage einer Abfolge von Zeitepochen, die Gott geplant und allmählich zur Ausführung gebracht hat.

Weitere Elemente der Hinterlassenschaft Augustinus' sind die folgenden: Die Vorstellung, dass sich die Weltgeschichte in bestimmte Zeitalter aufteilen lässt; die Doktrin der historischen Notwendigkeit, die sich zur wichtigsten Vorstellung der wissenschaftlichen Historiker und sozialen Evolutionisten entwickelte, nachdem sie von ihrer Beziehung zum Göttlichen befreit worden war; und die begeisternde, verführerische Vision einer irdischen Zukunft, in der die Menschen von den Mühen und Beschwerden des Daseins befreit werden und erstmals nach dem Sündenfall in einem irdischen Paradies leben würden.

1.1.3. Zerteilung der Menschheitsgeschichte in drei Epochen

Der außergewöhnliche Joachim de Fiore lebte und schrieb in der zweiten Hälfte des 12. Jahrhunderts. Wenigstens drei Päpste ermutigten ihn zu deklarieren, dass die menschliche Geschichte als ein Aufstieg durch drei Abschnitte angesehen werden muss, jeder von diesen würde von einer Person der Trinität repräsentiert werden. Das Zeitalter des Vaters oder des Gesetzes komme zuerst, das Zeitalter des Sohnes oder des Evangeliums als nächstes, und das Zeitalter des Geistes würde noch in der Zukunft liegen, wenn die Menschen von ihren physisch animalischen Begierden befreit werden und eine kontemplative Ruhe und Glückseligkeit des Sinnes kennenlernen würden, die sich jeglicher Beschreibung verwehrt. Joachims Lehre des dritten Zeitalters hätte fast nicht radikaler sein können. Nicht nur würden alle säkularen Regierungen während dieses Zeitalters verschwinden, sondern auch alle Kirchenorganisationen und Staatshierarchien. Sie seien nicht länger nötig. Die Menschheit

---

45 Jacques-Benigne Bossuet, *Einleitung in die Allgemeine Geschichte der Welt*, 7 Bde. (Leipzig: Verlag Bernhard Christoph Breitkopf, 1757).

würde vor dem Aufstieg in den Himmel ein ganzes Millennium hindurch absoluten Frieden, Sicherheit, Freiheit und Zufriedenheit kennen.

In ihrem gelehrsamen Werk *The Influence of Prophecy in the Late Middle Ages* (Der Einfluss der Prophetie im späten Mittelalter) hat Marjorie Reeves nicht nur maßgebende Einblicke in diesen bemerkenswerten Propheten gegeben, sondern auch dank sorgfältiger Dokumentation den tiefen, weitläufigen und andauernden Einfluss der Lehre Joachims aufgezeigt, wie sie viele spätere Denker aufgegriffen haben.[46] Ein ausgeprägtes Interesse an Theologie war nur selten ein Grund für das Rezipieren der historischen Dreiteilung. Joachim war sich sicher, dass sich vor dem Erscheinen des dritten Zeitalters, dem Zeitalter des Geistes, ein Vorspiel der Zerstörung und des Konflikts ereignen würde. Die skurrile Meinung verbreitete sich, dass man das Eintreffen des Zeitalters des Geistes beschleunigen könne, indem die Menschen durch Feuer und Schwert das Werk der Zerstörung selbst beginnen würden.

Melvin J. Lasky hat in seinem ausgezeichneten Buch *Utopia and Revolution*[47] darauf hingewiesen, wie die Lehren Joachims die Quelle der Inspiration nicht nur der Renaissance-Propheten und Reformationsrebellen wurden, sondern auch der maßgeblichen Navigatoren und Entdecker. Kolumbus, so meint Lasky, wurde auf seinen Überquerungen des Atlantiks größtenteils von der Erwartung getragen, er würde die „Otro Mundo", die andere Welt, das irdische Paradies, wo alle Landmasse und Inseln enden würden, und die verheißene „Revovatio Mundi", die wiedergeborene Welt, entdecken. Und wie Reeves deutlich macht, waren die Franziskanischen Entdecker, die ein substantielles Erbe in der Neuen Welt hinterlassen sollten, erfüllt von den Verheißungen Joachims.

---

46 Marjorie Reeves, *The Influence of Prophecy in the Late Middle Ages* (New York City, NY: Oxford University Press, [1969] 2000).

47 Melvin J. Lasky, *Utopia and Revolution* (London: Macmillan and Company, 1977) 19; https://archive.org/details/utopiarevolution00lask/page/18/

Einer der einflussreichen Nachfolger Joachims war der dominikanische Gelehrte Tommaso Campanella (1568-1639). Sein Name wird gewöhnlich mit dem bekannten Buch *La città del Sole*[48] (lateinisch *Civitas solis,* deutsch *Der Sonnenstaat*) in Verbindung gebracht. Dieses Werk beschreibt eine säkulare Utopie, in der alle Menschen unter der Herrschaft der Vernunft und Wissenschaft stehen und in einer sozialistischen Gütergemeinschaft leben. Die Abfassung fiel in die Zeit seiner Gefangenschaft. Aber lange vor dem Schreiben dieser klassischen Utopie aus dem Jahre 1602 hatte Campanella andere von tiefer Religiosität erfüllten Werke verfasst, die utopisches Gedankengut in Hülle und Fülle enthielten. Deutlich erkennbar ist der dominante Einfluss der joachimitischen Lehre auch in diesen Schriften.

1.1.4. Fortwährende Zunahme der Erkenntnis

Die Renaissance, die im Allgemeinen so ergiebig in ihrer Entdeckung der wesensmäßigen Eigenschaften des Menschen und seiner Umgebung war, ging mit einer Neubelebung der Gelehrsamkeit einher. Die Erhöhung der griechischen und römischen Antike zu einer Position unerreichbarer Vorzüglichkeit stellte die angebliche[49] Barbarei der Jahrhunderte des finsteren Mittelalters in einen klaren Kontrast. Die den klassischen Autoren entgegengebrachte Hochachtung war so stark ausgeprägt, dass die grenzenlose Verehrung antiker Philosophie das potentielle Erscheinen einer Idee des Fortschrittes verhinderte.

---

48 Tommaso Campanella, *La città del Sole* (Roma: Newton & Compton [1995] 2018; edizione digitale); https://archive.org/details/CampanellaTommaso.LaCittaDelSole2018/page/n1; La città del Sole oder auch Civitas solis (deutsch „Sonnenstadt", in der ersten deutschen Ausgabe von 1623 „Anhang" zu dem Werk „Politik") ist ein 1602 von dem Dominikaner Tommaso Campanella verfasstes und 1623 publiziertes Werk, das den wirtschaftlichen und politischen Aufbau eines idealen Staates darstellt. Es handelt sich um eine der ersten politischen Utopien. https://de.wikipedia.org/wiki/La_città_del_Sole

49 Der Autor dieser Studie schließt sich nicht der abschätzigen Meinung der Renaissance-Gelehrten über das Mittelalter an.

John B. Bury machte im Weiteren deutlich, dass eine Anzahl logischer Voraussetzungen vorhanden sein musste, um die Idee des Fortschrittes überhaupt gedanklich erfassen zu können. Eine solche theoretische Grundlage bildete sich in der europäischen Zivilisation zuerst am Anfang der modernen Ära aus. Als erstes musste eine lineare Geschichtsauffassung die zyklische Vorstellung der Geschichte des spätgriechischen und römischen Zeitalters verdrängen. Diese Aufgabe erfüllte die hebräischen und christlichen Annahmen einer Teleologie[50] des Geschichtswandels, die die Bedeutsamkeit historischer Ereignisse über einen langen Zeitraum hinweg herausstellte. Die zweite Voraussetzung, die sich herauskristallisieren musste, war die Bereitschaft, sich vermehrt den Fakten der Natur als den antiken Klassikern zuzuwenden, nachdem die erste Begeisterung über den Renaissance-Klassizismus verflogen war. Es setzte sich allmählich die Erkenntnis durch, dass man nur so die gegenwärtige Welt verstehen könne. Mit der Zeit stellte eine derartige Bereitschaft einen Gesinnungswandel unter Beweis, der sich darin auszeichnete, dass man der Gegenwart die gleiche Bedeutung zumaß als der Vergangenheit. Man wagte sogar den Schluss zu ziehen, dass die Erkenntnisfülle der modernen Welt den antiken Fundus an Wissen überragte. Ein dritter Faktor – ebenso eine Auswirkung der Renaissance – war die Säkularisierung des Denkens, die letztlich dem Menschen die Freiheit zugestand, sich von der christlichen Geschichtsauffassung zu lösen. Das Desinteresse des Christentums am Fortschritt in dieser Welt wurde als Grund genannt, wieso man dieser Religion den Rücken zukehrte. Die Wichtigkeit des Übergangs ins Jenseits, ob als Gläubiger in den Himmel oder Ungläubiger in die Hölle, wurde entsprechend abgewertet. Damit aufs Engste verbunden war die wachsende Überzeugung an die Unveränderlichkeit der Naturgesetze, die das, wie man abschätzig meinte, willkürliche Wirken einer göttlichen Vorsehung auf die geschichtliche Entwicklung ausschloss. Der Fortschritt,

---

50 Teleologie: Auffassung, nach der Ereignisse oder Entwicklungen durch bestimmte Zwecke oder ideale Endzustände im Voraus bestimmt sind und sich darauf zubewegen. https://www.duden.de/node/180837/revision/180873

wenn es ihn überhaupt gab, war ein integraler Bestandteil des Geschichtsverlaufs selbst.

Im Laufe des 16. Jahrhunderts begannen die Menschen, die staunend vor der Fülle neuer Entdeckungen standen, zunächst zaghaft und vorsichtig gegen die Tyrannei der Antike zu rebellieren. Nikolaus Kopernikus (1473-1543) untergrub die Autorität des ptolemäischen Weltbildes. Andreas Vesalius[51] (1514-1564) verminderte das Prestige des antiken Arztes Galen[52] (128/131-199/216). Aristoteles' (384 v.Chr.-322 v.Chr.) Philosophie wurde von verschiedenen Seiten aus angegriffen. Unter seinen Kritikern befanden sich Männer wie Bernardino Telesio, Gerolamo Cardano[53] und Giordano Bruno. Petrus Ramus, der sein Leben in der Bartholomäusnacht[54] (23.-24. August 1572) verloren hatte, erhielt 1536 seinen Hochschulabschluss nach Einreichung einer Dissertation über das Thema „Alles, was Aristoteles' lehrte, ist falsch".

Nur 30 Jahre später veröffentlichte Jean Bodin (1529/1530-1596) ein in Latein geschriebenes Werk mit der Bezeichnung *Methodus ad facilem historiarum cognitionem*[55] (Die Methode zum leichten Begreifen der Geschichte). Dreizehn Auflagen des Werkes erschienen in den Jahren 1566-1650. Bodin verwarf die klassische Lehre der Degeneration, die sich auf die Vorstellung eines urzeitigen Goldenen Zeitalters der Tugend und Glückseligkeit stützte. Die Naturmächte, so meinte er, seien immer dieselben gewesen; es sei unlogisch anzunehmen, dass die Natur in der Vergangenheit nahezu vollkommene Menschen und Lebensbedingungen

---

51 Auch Andreas Vesal, latinisiert aus dem flämischen Namen Andries van Wezel, eigentlich Andreas Witinck bzw. Andries Witting van Wesel.

52 Galenos von Pergamon, auch (Aelius) Galenus (altgriechisch Γαληνός, deutsch Galen, in mittelalterlichen Handschriften und frühneuzeitlichen Drucken auch Galienus.

53 Auch Geronimo oder Girolamo, lateinisch Hieronymus Cardanus.

54 französisch *Massacre de la Saint-Barthélemy*

55 Jean Bodin, *Methodus ad facilem historiarum cognitionem* (Paris: Martin Juven, 1566; Jaccobum Stoer, 1610); https://archive.org/details/bub_gb_CfOYnGbhNSAC; englisch: *Method for the easy comprehension of History*, übers. v. Beatrice Reynolds (New York City, NY: Columbia University Press, 1945).

hervorgebracht habe, so wie sie von der Theorie des Goldenen Zeitalters vorausgesetzt wird, aber nicht noch einmal zu einem späteren Zeitpunkt. Darüber hinaus behauptete er, dass seine eigene Ära dem Zeitalter der klassischen Antike völlig ebenbürtig sei, ja sogar in bestimmter Hinsicht vortrefflicher. Die Geschichte sei größtenteils vom Willen des Menschen abhängig, der sich ständig ändert; jeden Tag würden neue Sitten, bessere Gesetze und glorreichere Institutionen in Erscheinung treten, wie auch neue Irrtümer, die zu einer wiederkehrenden Serie von Höhen und Tiefen führen. Einem Emporsteigen folge unwillkürlich ein Hinabfallen. Aber im Großen und Ganzen habe es doch einen allmählichen Aufstieg gegeben seit der Zeit, als die Menschen wie wilde Tiere lebten bis zum Erscheinen der europäischen Sozialordnung des 16. Jahrhunderts. Seine Idee des Fortschrittes war jedoch unvollständig, weil er wie auch Lucretius kaum die Zukunft in Betracht gezogen hatte.

Francis Bacon (1561-1626) ging einen großen Schritt weiter als Jean Bodin. Die beeindruckenden Erfindungen des Schwarzpulvers, der Druckkunst, des Kompasses und die Entdeckungen neuer Länder in Übersee stellten unter Beweis, so meinte er, wie schnell die Erkenntnis sich weiterentwickeln werde. „Es gibt deshalb viel Grund zur Hoffnung, dass im Schoß der Natur immer noch viele Geheimnisse von ausgezeichnetem Verwendungszweck liegen [...], die noch nicht gefunden worden sind."[56]

Obgleich sich Bodin und Bacon der modernen Idee des Fortschrittes etwas angenähert hatten, besaßen sie dennoch eine zu große Ehrfurcht vor der Erkenntnis der Klassik, als dass sie sich gänzlich dafür ausgesprochen hätten. Auch ihr Glaube an die Lehre der göttlichen Vorsehung, die ständig in die Belange der Menschen eingreift, stand der Konzeption einer kontinuierlichen Verbesserung der menschlichen Lebensbedingungen durch den Menschen selbst entgegen. Ohne darüber zu zweifeln, akzeptierten sie das biblische Wunder des Sonnenstillstandes am Himmelszelt in der Zeit

---

56 Francis Bacon, *Novum Organum,* hrsg. v. Joseph Devey (New York City, NY: P. F. Collier, 1902) Bk. I, par. 109, 129; https://oll.libertyfund.org/titles/bacon-novum-organum

Josuas (Jos. 10,12-13). René Descartes (1596-1650) hatte für solch ein ihm unmöglich erscheinendes Naturphänomen kein Verständnis mehr. Indem er die absolute Unabänderlichkeit der Naturgesetze und der Vorrangstellung der Vernunft forderte, teilte der französische Philosoph einen niederschmetternden Schlag gegen die Autorität der Tradition und der Lehre der Vorsehung aus, die bis dahin immer noch in hohem Ansehen standen. Stolz gab er bekannt, dass er das in jungen Jahren gelernte Griechisch vergessen habe. Sein bedeutendes Werk sah er selbst in der vollständigen Abkehr von der Vergangenheit und im Konzipieren eines Systems, das nichts von den inzwischen verstorbenen Gelehrten der Antike übernahm. Völlig überzeugt davon, dass die Zunahme der Erkenntnis künftig auf der Grundlage seiner eigenen analytischen Methode und wissenschaftlichen Forschungen beruhen werde, blickte er zuversichtlich in die Zukunft. Keine Zweifel kamen in ihm hoch, die ihn davon abbringen hätten können, der Meinung zu sein, dass nachkommende Generationen große Vorteile aus dem fortwährenden Aufbau der Wirtschaft ziehen werden. Der von ihm ursprünglich vorgeschlagene Titel seines Werkes *Discours de la méthode pour bien conduire sa raison et chercher la vérité dans les sciences*, lautete in deutscher Übersetzung „Das Projekt einer universalen Wissenschaft, die unsere Natur zur höchsten Vollkommenheit erheben kann". Es gefiel ihm aber, die Errungenschaften der Vergangenheit herunterzuspielen oder sie sogar lächerlich zu machen. Deshalb misslang es ihm, eine Lehre des Fortschrittes zu entwickeln. Denn eine solche muss nicht nur die Gegenwart, sondern auch die Vergangenheit und Zukunft in Betracht ziehen. Sein Vermächtnis war es jedoch, eine intellektuelle Atmosphäre geschaffen zu haben, die es erlaubte, den Gedanken freien Lauf zu lassen. Einige ihm folgende Gelehrte, die vom Geiste seiner rationalistischen Philosophie ergriffen waren, fiel es nicht schwer, die Idee des Fortschrittes nur einige Jahre nach Descartes Tod vollumfänglich zu artikulieren.

Robert A. Nisbet machte in seinem Buch *History of the Idea of Progress* deutlich, dass die Puritaner des 17. Jahrhunderts eine weitere Dimension der Idee des Fortschrittes hinzufügten, indem sie meinten, einer vollkommenen Gesellschaft entgegenzugehen, die in der fernen Zukunft auf Erden Wirklichkeit werden würde.[57] Die in England ansässigen Puritaner drängten darauf, wissenschaftliche Prinzipien zu formulieren, die in der Entwicklung nützlicher Technologien hilfreich sein würden. Diesem Anliegen lag eine zweifache Motivation zugrunde: 1) Die Verherrlichung Gottes mittels einer Erforschung seiner Schöpfung, 2) die Beschleunigung der Ankunft einer glorreichen Utopie mittels einer erweiterten Erkenntnis.

1.1.5. Auseinandersetzung zwischen den „Alten" und „Modernen"

Die gegensätzlichen Geschichtsanschauungen, die aus verschiedenen Kulturkreisen und Zeitepochen stammen, haben nicht das Konzept einer systematischen und kontinuierlichen Höherentwicklung von selbst hervorgebracht. Zunächst einmal war die Idee des Fortschrittes in ihrer frühen Erscheinungsform nur von nebensächlicher Bedeutung verglichen mit einigen anderen Ansichten über den Verlauf der Geschichte. Es genügte beispielsweise zu behaupten, dass der Fortschritt möglich sei, um sich im 17. Jahrhundert auf die Seite der „Modernen" im Kampf der Bücher zu stellen. Im Weiteren war die Idee im Laufe der Kontroverse zwischen den „Alten" und den „Modernen" lediglich ein Kommentar über den damaligen Stand der menschlichen Erkenntnis. Solange die Erkenntnis nicht unmittelbar mit konkreten Geschichtsereignissen in Beziehung gestellt werden konnte, würden die Folgen, die sich aus dem vermeintlichen Fortschritt ergaben, bedeutungslos bleiben.

Im Zeitalter des Sonnenkönigs Ludwig XIV. polarisierten Charles Perrault (1628-1703) und Bernard le Bovier de Fontenelle[58] (1657-1757) die Vorstellung des Fort-

---

57 Robert A. Nisbet, *History of the Idea of Progress* (New York City, NY: Basic Books, 1980) 124.

58 Auch bekannt unter dem Namen Bernard le Bouyer de Fontenelle

schrittes in der berühmten Auseinandersetzung zwischen den „Alten" und „Modernen" (Querelle des Anciens et des Modernes). Richard F. Jones *Ancients and Moderns*[59] und Hippolyte Rigault, *Histoire de la querelle des anciens et des modernes*[60] legten die vollständigsten Studien über diese Episode vor.[61] Die Formulierung der Fortschrittsidee in säkularen Begrifflichkeiten fand während dieses intellektuellen Kampfes statt. Auf der einen Seite standen diejenigen, die glaubten, dass keine intellektuelle Leistung in der Moderne an die Qualität der philosophischen, dramaturgischen und historischen Schriften der klassischen Antike heranreichen würde. Kein moderner Homer, Aeschylus, Platon, Lucretius oder Seneca könne gefunden werden, meinten die „Alten", unter denen der Gebildetste zweifellos Boileua und der sinnreichste Jonathan Swift (1667-1745) dank seines bemerkenswerten Buches *The Battle of the Books*[62] (1704) war. Fontenelles *Digression sur les anciens et les modernes*[63] (1688) kann exemplarisch genannt werden als ein beredtes Erzeugnis der Überlegenheit der „Modernen" über die „Alten". Seiner Meinung nach sei die Menschheit über die zurückliegenden Jahrtausende nicht der Degeneration verfallen. Descartes Prinzip der Unwandelbarkeit der Naturgesetze, das dieser in seinem Werk *Discours*

---

59 Richard Foster Jones, *Ancients and Moderns: A study in the Rise of the Scientific Movement in Seventeenth-Century England* (Berkeley, CA: University of California Press, [1961] 1965).

60 Hippolyte Rigault, *Histoire de la querelle des anciens et des modernes* (Paris: Librairie De L. Hachettet et Cie, 1856; Nachdruck: New York City, NY: B. Franklin, [1856] 1965); https://archive.org/details/histoiredelaque-01rigagoog/page/n8.

61 S. dazu: Joseph M. Levine, *Between the Ancients and the Moderns: Baroque Culture in Restoration England* (New Haven, CT: Yale University Press, 1999).

62 Jonathan Swift, *The Battle of the Books*, hrsg. v. Sir Henry Craik (Oxford: Clarendon Press, [1704] 1928); https://archive.org/details/in.ernet.dli.2015.159547/page/n3.

63 Bernard LeBovier de Fontenelle, *Poesies Pastorales De M.D.F.: Avec Un Traïté sur la Nature de l'Eglogue, & une Digression sur les Anciens & Modernes* (Paris: Guerout, 1688); https://archive.org/details/bub_gb_e6z9tvzQrBoC/page/n8; *Dialogen über die Mehrheit der Welten* (Berlin: C.F. Himburg, 1780); https://archive.org/details/b28757051/page/n8.

de la méthode[64] (1637) aufgestellt hatte, diente ihm als grundlegende Prämisse. Wenn Löwen heute noch so wild sind und Eichen und Buchen so groß, wie in den Tagen Perikles, müsse man dann nicht annehmen, dass die Natur in der Gegenwart so dynamisch sei wie in der Vergangenheit? Und wenn sie tatsächlich so vital ist, könne sie nicht jetzt Menschen von derselben Intelligenz und Fähigkeit hervorbringen wie zu vorherigen Zeiten? Es gebe keinen Hinweis darauf, dass die menschliche Vernunft seit der Zeit der Griechen weder in ihrer Denkfähigkeit noch Vorstellungskraft degeneriert sei. Erfreuen sich die „Modernen", die dieselbe Intelligenz besitzen, nicht einfach deshalb schon eines gewissen Vorteils, weil sie mehr Zeit zur Verfügung hätten? Die „Alten" lebten Jahrhunderte vor der jetzigen Zeit; deshalb waren sie die Initianten der ersten Erfindungen. Allein aufgrund dieser Tatsache könnten sie nicht als diejenigen angesehen werden, die den „Modernen" überlegen sind. Wenn wir an ihrer Stelle gestanden hätten, wären wir wie sie die Erfinder gewesen; wenn sie sich an unserem Platz befunden hätten, wären diesen Erfindungen andere hinzugefügt worden, so wie sie es vollbracht hatten. Mit der Zeit vermehre sich die Erkenntnis, die falsche Theorien beseitigt und Lernprozesse verbessert.

Fontenelle berief sich auf eine im 17. Jahrhundert bekannte Analogie. Es ist unwahrscheinlich, dass er über ihren Ursprung in Augustinus' *De Civitate Dei* Bescheid wusste. Die Geschichte der Menschheit kann in ihrer fortlaufenden Geschichtsentwicklung mit einem Individuum verglichen werden, das alle Lebensstadien durchläuft. Der Säugling wächst zum Jugendlichen heran, bevor er das Alter des Erwachsenen und schließlich des Greisen erreicht. Zu allen Zeiten verbessere er seine mentalen Fähigkeiten dank einer kontinuierlichen Bildung. Ein wesentlicher Unterschied im Gebrauch der Analogie besteht jedoch zwischen

---

64 René Descartes, *Discours de la méthode pour bien conduire sa raison et chercher la vérité dans les sciences. Plus la dioptrique, les météores et la géométrie, qui sont des essais de cette méthode* (Leyden: Maire, 1637); deutsche Übersetzung: Stephan Meier-Oeser, Hrsg., *Descartes* (München: Eugen Diederichs Verlag, 1997): Von der Methode des richtigen Vernunftgebrauchs und der wissenschaftlichen Forschung.

Augustinus und Fontenelle. Der springende Punkt der Analogie lag für Augustinus darin, dass sich die Menschheit zu seiner Zeit im Endstadium befunden habe. Eine Degeneration der Denkfähigkeit müsse demnach kurz vor dem Tod erwartet werden. Fontenelle hingegen verwarf diesen wesentlichen Aspekt teilweise in seiner Ansicht. Obgleich er bereit war, sie für den menschlichen Entwicklungsverlauf in der Vergangenheit und Gegenwart heranzuziehen, hielt er sie für ungeeignet, das zukünftige Schicksal der Menschheit vorzuzeichnen. Die Menschheit würde nie das senile Stadium erreichen. Eine Degeneration ihrer mentalen Fähigkeiten sei demnach undenkbar. Deshalb übertrumpften die „Modernen" die „Alten" und diese müssten gleichfalls erwarten, dass ihre Nachkommen sie überflügeln werden. Die Zeit muss als Freund des Menschen, nicht als dessen Feind angesehen werden, wie es schon Horaz (Quintus Horatius Flaccus; 65 v.Chr.- 8 v.Chr.) und die „Alten" aussprachen. Indem Fontenelle sowohl auf die Zukunft als auch auf die Vergangenheit blickte, legte er eine vollständigere Auffassung über den Fortschritt der Erkenntnis vor.

In *Les Illusions de progrès*[65] bezeichnete Georges Eugène Sorel (1847-1922) nicht nur die Folgerung Fontenelles, sondern auch dessen gesamtes Argument als ein schäbiges Beispiel der Bourgeois-Betrügereien. Die argumentative Beweisführung der „Modernen", so Sorel, sei gänzlich zirkular. Molière, Racine und andere würden zuerst als diejenigen proklamiert, die Aeschylus und Sophocles intellektuell überlegen gewesen seien. Anhand dieser Überlegenheit könne der Fortschritt als ein in der menschlichen Geschichte wirksames Prinzip abgeleitet werden. Aber wie könne man sicher sein, dass ein Molière Aeschylus überlegen war? Er sei es deshalb, weil die Menschheit ihre Erkenntnis mit der Zeit immer mehr verbessere. Spätere Generationen seien die zwangsläufigen Nutznießer der früheren gewesen. Die heutige Menschheit wisse mehr als

---

65 Georges Sorel, *Les Illusions de progrès* (Paris: Marcel Riviere, [1908] 1927); ins Englische übersetzt v. John & Charlotte Stanley, *The Illusions of Progress* (Oakland, CA: University of California Press, 1969); https://archive.org/details/illusionsofprogr00sore

ihre primitiven Vorfahren: deshalb müsse ein Dramatiker des 17. Jahrhunderts zweifellos intelligenter sein als einer des 5. Jahrhunderts v.Chr.

Sicherlich erblickt man in dieser Argumentation den Zirkelschluss. Die Schlussfolgerung ist gleichfalls verwirrt und oberflächlich; aber nichtsdestotrotz waren es die „Modernen", die in dieser akademischen Schlacht, gemessen an ihren eigenen Wertmaßstäben, die Oberhand behielten. Zu Beginn des 18. Jahrhunderts war die moderne Ansicht die vorherrschende unter einer wachsenden Anzahl von Intellektuellen, die unverbrüchlich an der Meinung festhielten, dass sich die Menschheit im Laufe der Zeit kulturell weiterentwickelt habe und sich in Zukunft weiterentwickeln werde. Dieser Fortschritt sei das ausschließliche Ergebnis natürlicher und menschlicher Faktoren.

Fontenelle kam 1657 auf die Welt. Es war ihm gegönnt, ein volles Jahrhundert zu leben. Während seiner Lebenszeit hatten sich viele Dinge verbessert, nicht zuletzt die Naturwissenschaft. Man muss sich nur vergegenwärtigen, dass Fontenelle ein Zeitgenosse von Boyle, Newton und Leibnitz war. Die Bedeutung der Wissenschaft erhielt eine enorme Aufwertung ihres Prestiges, als königliche Akademien der Wissenschaft in verschiedenen europäischen Ländern gegründet wurden. Die Theologie hingegen musste immer mehr ihre vormalige Vorrangstellung als Königin der Wissenschaften abtreten. Die Errungenschaften der Naturwissenschaft hatten großen Anteil an einer allgemeinen Ausbildung der Idee des Fortschrittes. Die mit einer großen Vorstellungskraft ausgestatteten Personen, wie Abbé de Saint Pierre, Turgot und die Enzyklopädisten, wandten sich einem weiteren Aspekt dieser Ideen zu, dem Fontenelle kaum Beachtung geschenkt hatte: die Kunst des Zusammenlebens oder der soziale Fortschritt. Welchen Wert besaß der Fortschritt in der Wissenschaft, wenn die Lebensbedingungen selbst nicht verbessert werden konnten? Der Triumph der Freiheit in Amerika nach dem Unabhängigkeitskrieg und in der ersten Phase der Französischen Revolution brachte zunächst nur eine Welle des optimistischen Enthusiasmus hervor.

1.2. Säkularisiertes Erklärungsmodell der Fortschrittsidee

1.2.1. Darstellung einer Universalgeschichte

Betrachtet man den Verlauf der Menschheitsgeschichte aus dem Blickwinkel des Fortschrittsglaubens, wie ihn John B. Bury als eine sich in der Vergangenheit, Gegenwart und Zukunft positiv entwickelnde Zivilisation definierte, tritt eine Forderung deutlich hervor: die Verwerfung der traditionellen Autorität, besonders der biblischen Offenbarung Gottes. Nur so können – wie Befürworter des Fortschrittsglaubens behaupten – in der Zukunft viel bessere Lebensbedingungen geschaffen werden. Die Wahrheit würde sich den Menschen in einem kontinuierlichen Prozess mehr und mehr aufschließen, solange man sich auf eine wissenschaftliche Sichtweise besinnt. Im Universum seien gleichförmige und unveränderliche Gesetze am Wirken, die entdeckt und angewandt werden können, um den Menschen eine glückliche Existenz auf Erden zu ermöglichen. Neben diesen Artikeln des Fortschrittsglaubens, die Wissenschaftler und Philosophen des 17. und 18. Jahrhunderts aufgestellt hatten, deklarierten seine späteren Schlüsselpersonen, besonders Turgot, Condorcet und Comte, dass der Mensch den Gang der Geschichte in die eigene Hand nehmen könne, wenn er über die Gesetze informiert sei, die die Gesellschaftsabläufe bestimmen. Damit eröffne sich ihm die Chance, die Zukunft so zu gestalten, dass die eigenen Bedürfnisse und Wünsche restlos erfüllt werden können.[66]

Französische Reformer bescherten der Idee des Fortschrittes die strategische Rolle, die sie viele Jahrzehnte hinweg hatte und die sie letztlich nicht gänzlich verloren hat. Im frühen 18. Jahrhundert trat ein Mann in den vornehmen Salons in Paris auf, der die revolutionären Gedanken des damals vorherrschenden Zeitgeistes in Worte zu fassen vermochte. In einer sich aufgeklärt wähnenden Ära des Westens gelang es ihm, wie nur wenigen anderen, die wohl-

---

66 S. dazu: Vannevar Bush, "Science and Progress?", *American Scientist*, 43:2 (April, 1955), 241-258; Edgar Zilsel, "The Genesis of the Concept of Scientific Progress," *this Journal*, VI:3 (June, 1945), 325-349.

habende Elite in der französischen Metropole mit seinen fantasiereichen Theorien des Fortschrittes in Atem zu halten. Sie hing geradezu am Munde des Sozialphilosophen Charles Irénée Castel de Saint-Pierre, bekannt als Abbé de Saint-Pierre (1658-1743). Einige Jahrhunderte später ist sein Name fast völlig in Vergessenheit geraten. Nur noch wenige Historiker der Philosophie, die sich mit der Epoche der Aufklärung in Europa befassen, nehmen von ihm mit einem leichten Lächeln auf dem Gesicht Kenntnis. Dennoch verdient er namentlich genannt zu werden, weil er eine neu aufkommende Idee im Westen in eine Richtung wies, die sie zu einem bleibenden Phänomen werden ließ. Es entwickelte sich daraus eine Philosophie, die das Potenzial in sich trug, sowohl viel Positives als auch Negatives hervorzubringen. Saint-Pierre utilitaristische[67] Gesinnung drängte alle anderen Erwägungen in den Hintergrund. Eine seiner populären Vorschläge war die Gründung einer politischen Akademie in Frankreich, deren hauptsächliche Aufgabe die Planung und Durchführung der gesellschaftlichen Höherentwicklung in allen Bereichen sein sollte. Gerade zu jener Zeit als Saint-Pierre begann, in den Pariser Salons der prominenten Geistesgrößen jener Ära als eine Art Kuriosum aufzutreten, war die Idee des Fortschrittes Gegenstand der Diskussionen französischer Intellektueller. Man war besonders darauf bedacht, die Entwicklung der menschlichen Erkenntnis und wissenschaftlichen Forschung in den Gesprächen hervorzuheben. Es stand jedermann vor Augen, dass sich die menschliche Erkenntnis, besonders das Wissen über die Naturwissenschaft, über die Jahre enorm vergrößert hatte. Niemand war dazu genötigt, einen Glaubenssprung zu wagen, der sich nur auf unbewiesene Hypothesen berufen konnte. Die mannigfaltigen Ergebnisse der wissenschaftlichen Forschung türmten sich bereits auf, sodass sich eine logische Folgerung förmlich aufdrängte. Dieser Trend des sich exponentiell anwachsenden Wissensstandes werde aus Sicht der damaligen Geistesgrößen bis weit in die Zukunft

---

67 Utilitarismus: Lehre, die im Nützlichen die Grundlage des sittlichen Verhaltens sieht und ideale Werte nur anerkennt, sofern sie dem Einzelnen oder der Gemeinschaft nützen; Nützlichkeitsprinzip. https://www.duden.de/node/192791/revision/192827

hinein ungemindert anhalten. Die vielen vor Augen stehende Wirklichkeit eines modernen Zeitalters hatte das westliche Bewusstsein völligen in Beschlag genommen, nachdem der Cartesianismus[68] eine zunehmende Anhängerschaft für sich gewinnen konnte. Die physikalischen Theorien eines Keplers, Newtons und Leibnizens erfüllte gleichfalls das Denken der Gebildeten jener Zeit. Die sich allmählich ausgestaltende Idee des Fortschrittes, auch wenn sie anfänglich nur auf die Erweiterung der Erkenntnis gerichtet war, versetzte nicht wenige in Erregung, wenn sie über die schier unendlichen Möglichkeiten einer Neugestaltung der Welt nachdachten, die sich um sie herum zutrug. Die in dieser Form propagierte Idee des Fortschrittes ist eine moderne Erscheinung. Man begegnet ihr nur selten, wenn überhaupt, vor der ersten Dekade des 18. Jahrhunderts; dann aber tritt sie in deutlichen Konturen in der westlichen Geistesgeschichte auf.[69]

In der zweiten Hälfte des 18. Jahrhunderts wendeten sich Philosophen der Aufgabe zu, die Gesetze des Fortschrittes zu ergründen. Nachdem Jacques Turgot[70] Bossuets

---

68 Der Ausdruck „Cartesianismus" (auch Kartesianismus; von Cartesius, lateinisch für Descartes) wird verwendet sowohl für die Philosophie René Descartes' (Cartesianismus im engeren Sinn), die Philosophie seiner Anhänger (Cartesianismus im weiteren Sinn), die Philosophie Descartes' wie die seiner Anhänger. Darüber hinaus spricht man vom Cartesianismus auch in Bezug auf einzelne charakteristische Positionen: die Lehre von dem Dualismus von Leib/Körper einerseits und Seele/Geist andererseits sowie die erkenntnistheoretische Position, dass Erkenntnis nur auf unbezweifelbaren Einsichten gründen soll. Als Prinzipien der Cartesianismus im weitesten Sinn gelten Selbstgewissheit des Ichbewusstseins (cogito ergo sum), Klarheit und Deutlichkeit als Kriterium der Wahrheit, Materie als Raumerfüllung, Dualismus, Korpuskulartheorie, methodischer Zweifel, Rationalismus und die Wertschätzung der Mathematik. https://de.wikipedia.org/wiki/Cartesianismus

69 S. dazu: Charles Van Doren, *The Idea of Progress* (New York City, NY: F. A. Praeger, 1967); Frederick John Teggart, Hrsg., *The Idea of Progress: A Collection of Readings*, rev. Ausgabe von G. H. Hildebrand (Berkeley, CA: University of California Press, 1949).

70 Vollständiger Name: Anne Robert Jacques Turgot, baron de l'Aulne (1727–1781)

Werk *Discours sur l'Histoire Universelle*[71] (Einleitung in die Allgemeine Geschichte der Welt[72]) gelesen hatte, fasste er den Plan, seine eigene Universalgeschichte zu schreiben. Bald darauf legte er eine diesbezügliche Abhandlung *Les avantages que la religion chrétienne a procurés au genre humain* (Über die Vorzüge, die das Christentum der Menschheit verliehen hat) vor, die die entscheidende Bedeutung des christlichen Glaubens im Fortschritt der Menschheit zum Inhalt hatte. Turgot begann seine Karriere als gewissenhafter Theologiestudent an der Sorbonne. Sein ehrgeiziges Ziel, ein einflussreiches Amt in der Römisch-Katholischen Kirche zu ergattern, sollte sich jedoch nicht erfüllen, denn er schwor dem christlichen Glauben aus Gründen ab, die er anschließend größtenteils für sich behielt. Gegenüber Pierre Samuel du Pont de Nemours erwähnte er lediglich, dass er es nicht ertragen könne, zeitlebens eine Maske tragen zu müssen.

Wahrscheinlich war die erste vollständige Darlegung der Idee des Fortschrittes Turgots Abhandlung *„Discours sur les progrès successifs de l'esprit humain"*[73] (Über die Fortschritte des menschlichen Geistes[74]), die er einer bewundernden Hörerschaft an der Pariser Universität Sorbonne am 11. Dezember 1750 vortrug. Der Autor sah die Ausbildung des Fortschrittes nicht nur in den Künsten und Wissenschaften, sondern auch in allen anderen kulturellen Errungenschaften, einschließlich den Verhaltensnormen, Sittengesetzen, Institutionen, Gesetzesbestimmungen und

---

71 Jacques-Benigne Bossuet, *Discours sur l'Histoire Universelle* (Paris: Christophe David, 1754).

72 Jacques-Benigne Bossuet, *Einleitung in die Allgemeine Geschichte der Welt*, 7 Bde. (Leipzig: Verlag Bernhard Christoph Breitkopf, 1757).

73 Anne Robert Jacques Turgot, *„Discours sur les progrès successifs de l'esprit humain"*. Der Diskurs wurde ursprünglich in Latein vorgelesen und ist vollständig abgedruckt in Gustave Schelle, Hrsg., *Oeuvres de Turgot* (Paris: Librairie Felix Alcan, 1913-1923) Bd. 1, 214-238; https://www.institutcoppet.org/turgot-discours-sur-les-progres-successifs-de-lesprit-humain-1750/

74 Anne Robert Jacques Turgot, *Über die Fortschritte des menschlichen Geistes* (1750), Johannes Rohbeck & Lieselotte Steinbrügge, Hss. (Frankfurt am Main: Suhrkamp Verlag, 1990).

der Ökonomie.[75] Wenn die Menschheitsgeschichte so verfasst sei, dass sie dem Menschen garantiert, er könne seine Lebenssituation kontinuierlich verbessern, dann seien gelegentliche Fehlentscheidungen in der Wahl der Erzieher, Gesetzgeber, Psychologen und Genetiker unbedeutsam. In der fernen Zukunft werde der lange Prozess der menschlichen Vervollkommnung das erwünschte Ende finden. An dieser Bestimmung würden keine Rückschläge, die infolge von ungünstigen Entwicklungen eintreten werden, etwas ändern können. Turgot bestand hartnäckig darauf, dass selbst dort, wo der Fortschritt nicht deutlich zu erkennen war, er sich dennoch, wenn auch unmerklich, zugetragen habe. Nur so meinte er, das kontinuierliche Fortschreiten rechtfertigen zu können.

Noch umfassender ist Turgots *Plan de deux discours sur l'histoire universelle* (Grundriss für zwei Abhandlungen über die Universalgeschichte), den er 1751 kurz vor seinem Eintritt in den Staatsdienst als Finanzminister schrieb. Darin legte der Autor ein säkularisiertes Verständnis über den Fortschritt der Menschheit dar. Die Anordnung und Darlegung der Fortschrittsidee, selbst der Umfang einer Schrift über dieses Thema, war zu jener Zeit etwas Einzigartiges. Nur die 42 Jahre später abgefasste Schrift Condorcets, *Esquisse d'un tableau historique des progrès de l'esprit humain*[76]

---

75 „Doch inmitten der Verwüstungen werden Verhaltensweisen allmählich milder, die menschliche Vernunft wird erleuchtet, eigenständige Nationen treten miteinander in Kontakt, Handel und Politik verbinden zu guter Letzt jeden Erdteil, und die gesamte Masse der menschlichen Rasse bewegt sich fortwährend, ob gelassen oder erregt, auf eine größere Vollkommenheit zu. Es spielt keine Rolle, wie langsam dies geschieht." Eine englische Übersetzung dieser Passage findet sich in W. W. Stephens, Hrsg., *The Life and Writings of Turgot* (London: Longmans, Green, and Co., 1895) 160; https://archive.org/details/lifewritingsoftu01stepuoft/page/160

76 Marie Jean Antoine Nicolas Caritat, Marquis de Condorcet, *Esquisse d'un tableau historique des progrès de l'esprit humain* (chez Agasse, 1793); *Outlines of an historical view of the progress of the human mind, being a posthumous work of the late M. de Condorcet.* (übersetzt aus dem Französischen) (Philadelphia, PA: M. Carey, 1796); http://oll.libertyfund.org/titles/condorcet-outlines-of-an-historical-view-of-the-progress-of-the-human-mind

(Entwurf einer historischen Darstellung der Fortschritte des menschlichen Geistes[77]) stand als Meisterwerk ebenbürtig daneben.

Die Enzyklopädisten[78] legten zunächst eine andere Theorie vor, wonach sich die glänzenden Errungenschaften menschlicher Genialität gegenüber dem toten Ballast althergebrachter Institutionen in der Balance hielten. Schließlich meinten sie jedoch, im Prozess der menschlichen Vervollkommnung eine unwiderstehliche Dynamik entdeckt zu haben. Aus dieser geänderten Meinung heraus entwickelte sich ein revolutionäres Dogma, das sich mit nichts weniger zufrieden gab, als einer völligen Neugestaltung der Gesellschaft. Die Antwort auf die sozialen Probleme, egal wie komplex sie auch sein mögen, lag in der Vernichtung bestehender Institutionen, von denen die Missstände angeblich hervorgerufen worden waren. Dabei war es nebensächlich, welche Mittel zur Hand genommen werden würden, um mit zerstörender Gewalt ans Werk zu gehen. Nur dann, wenn alle sozialen Einrichtungen von Grund auf einer Umgestaltung unterzogen werden, könne man die Ausbildung einer idealen Gesellschaft garantieren. Führt man sich den Fortschritt aus dieser radikalen Perspektive vor Augen, bedeutet er nicht nur eine Vorwärtsbewegung in der Menschheitsentwicklung, sondern ein großer Schritt in höhere Sphären des Sozialwesens. Die unabdingliche Voraussetzung hierfür war ein konkreter Bruch mit der Vergangenheit und den aus der Vergangenheit überkommenen Institutionen. Im Grunde bedeutet dies, dass die Aufklärer den christlichen Millennialismus[79] säkularisiert

---

77 Marie Jean Antoine Nicolas Caritat, Marquis de Condorcet, *Entwurf einer historischen Darstellung der Fortschritte des menschlichen Geistes*, 1. Aufl. (Frankfurt am Main: Suhrkamp-Taschenbuch Wissenschaft Bd. 175, Suhrkamp, 1976).

78 Als die Enzyklopädisten werden die 144 Beiträger der Encyclopédie ou Dictionnaire raisonné des sciences, des arts et des métiers bezeichnet. Die Encyclopédie ist die wohl berühmteste frühe Enzyklopädie (Nachschlagewerk) nach heutigem Verständnis. Sie erschien zwischen 1751 und 1765 in Paris in siebzehn Textbänden. https://de.wikipedia.org/wiki/Enzyklopädist_(Encyclopédie)

79 Die Lehre über das Tausendjährige Reich in Offenbarung 20,1-6.

hatten und ihre eigenen utopischen Vorstellungen in die Diagnose der zeitgenössischen Situation einfügten. An dieser Feststellung ändert sich grundsätzlich nichts, selbst wenn man die zahlreichen Aufforderungen in Betracht zieht, die darauf bestanden, dass utopische Verhältnisse nur dann entstehen können, wenn man sich zurück zur Natur begeben würde. Trotz einem damit verbundenen kulturellen Rückgang lag dieser Sicht dennoch eine Vorstellung zugrunde, die auf die Verbesserung der Verhältnisse abzielte. Als Schlüssel zum Erfolg wurde die permanente Vergrößerung der rationalen Erkenntnis angesehen, die die notwendigen Erneuerungen des gesellschaftlichen Miteinanders hervorbringen würde, solange man dieser Aufgabe beharrlich nachgehe.

Entwicklung im Sinne eines allgemeinen Fortschrittes schien zu jeder Zeit die alles bestimmende Idee in der Geschichtsschreibung zu sein. Oft als Auguste Comtes Vorläufer angesehen, personifizierte Turgot diese Einstellung am besten. Obgleich der französische Aufklärer auf einen allgemeinen gesellschaftlichen Rückgang vom augusteischen Zeitalter[80] bis zum Ende des römischen Imperiums hindeutete, nahm der allmähliche Fortschritt der Menschheit seinen entscheidenden Anfang mit dem wirtschaftlichen Aufstieg der mittelalterlichen Städte. Selbst vor der Wiedergeburt des antiken Geistes haben die Städte Italiens, zumindest im politischen Sinne, das Bildnis Griechenlands reflektiert; und mit dem Aufkommen der Renaissance erklang der enthusiastische Ausruf Turgots in einer ähnlichen Weise wie der Montesquieus: „Der Zeitpunkt ist gekommen; wache auf, O Europa, von der Nacht, die dich bedeckt hat [...] Gegrüßt seist du, Italien [...] Zum zweiten Mal Vaterland der Gelehrsamkeit und der Vorahnung (wörtlich: Vorgeschmack)." Schließlich bezeichnete er das Jahrhundert des Sonnenkönigs Louis XIV. als das Zeitalter der großen Gestalten, das Zeitalter der Vernunft. Newtons Physik lieferte den Schlüssel zum Verständnis des Universums. Turgot zufolge hatten sich die Schatten einer

---

80 Regierungszeit des ersten römischen Kaisers Augustus von 30 v. Chr. bis 14 n.Chr.

dunklen Vergangenheit verflüchtigt. Seine unbändige Freude brachte er mit dem jubilierenden Ausspruch zur Geltung: „Welche Vollkommenheit hat die menschliche Vernunft [nun] erreicht!"[81]

Obgleich es ihm so erschien, als ob sich die Künste (Techniken) nicht über einen bestimmten Punkt hinaus weiterentwickeln könnten, sei das augusteische Zeitalter das Modell einer vollkommenen Gesellschaft der Zukunft.[82] Selbst Voltaire konnte sich zu einer solch spezifischen Aussage über die zu erwartenden Zustände in einer künftigen Welt nicht durchringen.

Laut Turgot unterliegen die Wissenschaften unmittelbar dem unaufhaltbaren Vorwärtsdrang des Fortschrittes. Deshalb meinte er, dass sich die Menschheit langsam aber sicher immer weiter vervollkommne. Da es eine unendliche Vielfalt von Umständen gebe, gestand er bereitwillig ein, dass der Fortschritt in einzelnen Nationen unterschiedlich voranschreitet. Dieser sei aber das Ergebnis der Errungenschaften einiger der wenigen begabten Genies. Unleugbar sei auch die Tatsache, dass über den bisherigen Verlauf der Menschheitsgeschichte böse Mächte am Werk gewesen seien. Doch plötzlich, „wie der Sturm, der die Wellen des Meeres aufwühlt, ist das mit den Revolutionen untrennbar verbundene Böse verschwunden".[83] Das Gute sei bestehen geblieben und die Menschheit habe sich weiter verbessern können. Turgot erinnerte daran, dass außerhalb der Mathematik die menschliche Vernunft bei der Natur, so wie sie ist, beginnen müsse. Dabei sei der Mensch in die Pflicht genommen, die unendliche Variabilität der Ergebnisse in Betracht zu ziehen. Aber Turgot bestand unverbrüchlich darauf, dass alle Dinge miteinander verbunden seien. „Trotz der unterschiedlichen Richtungen, die alle Wissenschaften einschlagen, unterstützten sie sich doch gegenseitig."[84] Der Fortschritt bewege sich entlang des Pfades einer fast über-

---

81 Anne Robert Jacques Turgot, baron de l'Aulne, *Œuvres de Turgot et documents le concernant* (Paris: F. Alcan, 1913-1923) Bd. 2, 610.

82 Ebd., 605.

83 Ebd., 598.

84 Ebd., 600.

geschichtlichen Gleichförmigkeit. „Dieselben Sinneseindrücke", so Turgot, „dieselben Organe, die Tatsache desselben Universums haben überall dieselben Ideen in den Menschen hervorgebracht, gerade so wie sie in der Entwicklung der Künste von denselben Bedürfnissen und denselben Neigungen geleitet worden sind."[85]

Die damalige Tendenz, weitere Entwicklungsstufen des Fortschrittes darin wahrzunehmen, dass das Interesse an empirischer Forschung[86] allmählich schwindet, verlief sich mit der Zeit im Sand. Der Grund für diese paradoxe Einstellung lag darin, dass es eine Zeit der allgemeinen, umfassenden Betrachtungen des Geschichtsablaufes war. Die Bedeutung der analytischen Untersuchung konkreter Einzelaspekte musste somit in den Hintergrund treten. Die abstrakten Thesen der klassischen Mathematik schwangen sich zur Idealmethode selbst für die Geschichtsforschung auf. Die Hoffnung machte sich breit, dass es vielleicht gelingen könne, historische Probleme mittels einer deduktiven Methode[87] zu lösen. Turgot stellte die entsprechende Frage, die er beabsichtigte, in seinem Buch definitiv zu beantworten: „Warum ist der Gang der Menschheit, der seinen sicheren Anfang im Studium der Mathematik

---

85 Ebd.

86 Der Ausdruck „Empirismus" wird bei Klassifikationen erkenntnistheoretischer Ansätze für Theorien gebraucht, welchen zufolge Wissen, verstanden als gerechtfertigte wahre Erkenntnis, zuerst oder ausschließlich auf Sinneserfahrung beruht (einschließlich der Verwendung wissenschaftlicher Instrumente). https://de.wikipedia.org/wiki/Empirismus

87 Die Deduktion (lateinisch deductio ‚Abführen, Fortführen, Ableitung'), auch deduktive Methode oder deduktiver Schluss, ist in der Philosophie und der Logik eine Schlussfolgerung gegebener Prämissen auf die logisch zwingenden Konsequenzen. Deduktion ist schon bei Aristoteles als „Schluss vom Allgemeinen auf das Besondere" verstanden worden, d. h. der Vererbung von Eigenschaften, die alle Mitglieder einer Gruppe teilen, auf echte Untermengen und einzelne Elemente. Dem stellt Aristoteles die Induktion als Gewinnung von allgemeinen Aussagen aus der Betrachtung mehrerer Einzelfälle, und die Abduktion oder Apagoge gegenüber, die feststellt, dass bestimmte Einzelfälle unter eine gegebene oder noch zu entdeckende allgemeine Regel fallen. https://de.wikipedia.org/wiki/Deduktion

nimmt, im weiteren Verlauf so ungewiss, so anfällig, in die Irre zu gehen."[88]

1.2.2. Fortschritt des menschlichen Geistes

Der Freimaurer[89] Marie-Jean-Antoine-Nicolas Caritat, Marquis de Condorcet (1743-1794) stellte unverkennbar die Tatsache heraus, ein glühender Verehrer von Turgot gewesen zu sein, als er das oben genannte Werk *Esquisse d'un tableau historique des progrès de l'esprit humain* (Entwurf einer historischen Darstellung der Fortschritte des menschlichen Geistes) innerhalb von wenigen Wochen während des schlimmsten Terrors der Französischen Revolution schrieb. In dieser Schreckenszeit blieb ihm nichts anderes übrig, als sich vor der Polizei der Jakobiner auf einem Dachboden zu verstecken. Obgleich er ein begeisterter Befürworter der Revolution war, war er bei Robespierre in Ungnade gefallen. Sein mysteriöser Tod am 27. März 1794 kurz nach seiner Verhaftung in Clamart und Einkerkerung stand im krassen Widerspruch zu seinem übersteigerten Optimismus über die unaufhaltsam fortschreitende Vervollkommnung des menschlichen Wesens, die in jeder Hinsicht absolut unbegrenzt sei.

In seiner weit ausholenden Übersicht über die Entwicklungsstufen der Welt, die auch eine lange Zeitepoche des Rückgangs beinhaltet, befinden sich kaum Erwähnungen einzelner Personen. Sogar einzelne Nationen werden nicht als Kollektive von Individuen angesehen, wie dies Montesquieu, ein Mitglied der berühmten Horn Tavern Freimaurerloge[90], noch herausgestellt hatte. Dennoch widmete Condorcet der Geschichte einzelner Länder eine größere

---

88 Turgot, *Œuvres de Turgot et documents le concernant*, 600.

89 Eugen Lennhoff, Oskar Posner, Dieter A. Binder, Hss., *Internationales Freimaurer-Lexikon* (Wien: Amalthea-Verlag; Graz: Akademische Druck- und Verlagsanstalt, 1965; München: Herbig, 2015) 191.

90 Montesquieu trat 1730 der Horn Tavern Loge in Westminster bei, die 1717 einer der vier Gründungslogen der englischen Großloge der Freimaurerei war.

Aufmerksamkeit als dies Voltaire, Turgot oder Hume für notwendig erachteten. Bezeichnend war jedoch seine Herausstellung eines „allgemeinen Geistes", der sich in den jeweiligen Epochen bemerkbar machte. Tatsächlich ging er noch weiter als Montesquieu, indem er den Glauben an den Fortschritt als gemeinsamer Nenner seines Zeitalters benannte. Aber diese Reduzierung auf einen Hauptnenner, durch welchen sich jede Epoche in den allgemeinen Gegebenheiten besonders auszeichnet, diente lediglich dazu, um den Verlauf des allgemeinen Fortschrittes aufzuzeigen.

Laut Condorcet ist die menschliche Aufwärtsentwicklung nichts anderes als „Fortschritte des menschlichen Geistes"; deshalb tauchen einzelne Nationen in *Esquisse d'un tableau historique des progrès de l'esprit humain*[91] nur dann auf, wenn sie zu dieser intellektuellen Weiterentwicklung etwas Wesentliches beigetragen haben. Politik sei von geringem Wert. Diese Betrachtungsweise beeinflusste Condorcets Beurteilung der Bedeutsamkeit einzelner Personen. In seiner Weltgeschichte sind die großen Männer weder Caesar noch Karl V., weder Aristoteles noch Newton. Nicht einmal die großen Poeten und Kunstmaler der Vergangenheit, wie Dante und Michelangelo, werden der illustren Gruppe herausragender Persönlichkeiten hinzugerechnet.

Im ausgehenden 18. Jahrhundert steigerte sich das Bedürfnis des Menschen, sich selbst zu vervollkommnen, zu einer alles verzehrenden Sehnsucht. Die höchste Bestimmung der Wissenschaft wurde nun darin gesehen, das Erreichen dieses Ziels zu ermöglichen. Die Heilkunst nahm eine immer zentralere Stellung ein, denn sie sei dazu verpflichtet, die menschliche Lebenszeit über das natürliche Maß hinaus zu verlängern, wie es Condorcet in einem Anflug spekulativer Phantasie exemplarisch formulierte:

> Wäre es jetzt absurd anzunehmen, dass die Verbesserung der menschlichen Rasse so angesehen

---

91 Marquis de Condorcet, *Esquisse d'un tableau historique des progrès de l'esprit humain*; https://oll.libertyfund.org/titles/1669

werden sollte, dass sie fähig ist, den unbegrenzten Fortschritt zu verwirklichen? Dass eine Zeit kommen wird, wo der Tod nur die Folge außerordentlicher Unfälle sein wird oder das allmähliche Abnehmen der Vitalität und das schließlich die Dauer der durchschnittlichen Zeitspanne zwischen Geburt und Lebensverlust überhaupt keine spezifische Grenze mehr besitzt? Zweifellos wird der Mensch nicht unsterblich werden, aber kann die Lebensdauer nicht kontinuierlich verlängert werden zwischen dem Moment, wo er zu leben beginnt, und der Zeit, wenn er, ohne krank zu werden oder einem Unfall zu erleiden, das Leben als eine Last empfindet?[92]

In ernsthafter Überzeugung diskutierte Concorcet den Anbruch einer neuen Ära in der Menschheitsgeschichte. Neun Epochen lägen in der Vergangenheit; die zehnte – die gesellschaftliche Vollkommenheit herbeiführende – Epoche sei nun angebrochen. Selbst die Tatsache, dass ihn Robespierre bis aufs Blut verfolgte und ihn schlussendlich durch seine Schergen umbrachte, minderte nicht im Geringsten seinen Enthusiasmus über diese glorreiche Zukunftsvision.

Einen Erstentwurf des materialistischen Weltbildes legte 1750 der französische Arzt und Philosoph Julien Offray de La Mettrie in *L'Homme Machine* vor, indem er unter anderem behauptete, „der Mensch ist nur ein Tier oder eine Ansammlung von Sprungfedern, die sich gegenseitig aufdrehen".[93] Wenn die Menschen einzig durch die Materie konstituiert seien, die den gleichen Gesetzen der Physik gehorchen, die außerhalb seiner selbst wirksam sind, dann sollte es im Prinzip möglich sein, das menschliche Wesen so zu manipulieren, wie man die Brauchbarkeit von Gegenständen den eigenen Bedürfnissen entsprechend anpasst.

---

92 Marquis de Condorcet, *Outlines of an historical View of the Progress of the human Mind*; https://oll.libertyfund.org/ titles/1669#Condorcet_0878_686

93 Julien Offray de La Mettrie, *Machine Man and other Writings* (Cambridge: Cambridge University Press, 1996).

Benjamin Franklin (1706-1790), einer der Gründer-
väter der USA, sehnte sich wehmütig nach einer
Konservierungsmethode, die es ihm erlauben würde, einen
Verstorbenen nach langer Zeit wiederzubeleben.

> Ich wünschte mir, es sei möglich [...] eine Methode der
> Einbalsamierung ertrunkener Personen zu erfinden,
> sodass sie jederzeit ins Leben zurückgerufen werden
> [...] könnten, egal zu welchem entfernten Zeitpunkt;
> da ich ein brennendes Verlangen verspüre, den Zustand
> Amerikas in 100 Jahren zu sehen und zu beobachten,
> würde ich es anstatt eines gewöhnlichen Todes bevor-
> zugen, mit wenigen Freunden in einem Sarg auf
> Madeira bis zu der Zeit versunken zu sein, wenn mich
> die Sonnenwärme meines geliebten Landes wieder zum
> Leben zurückruft! Aber [...] in aller Wahrscheinlich-
> keit leben wir in einem Jahrhundert, dass zu wenig ent-
> wickelt ist, und zu nahe am Beginn der Wissenschaft
> steht, damit eine solche Kunst in unserer Zeit zur Voll-
> kommenheit gebracht werden wird.[94]

Die meisten Vorkämpfer des Fortschrittes waren noch
nicht dazu bereit, das zivilisatorische Emporsteigen des
Menschen als einen zwangsläufigen Geschichtsprozess
anzusehen. Selbst solch ein optimistischer Befürworter des
Fortschrittsglaubens, wie Condorcet, bestand darauf, dass
die Verwirklichung wünschenswerter Verbesserungen der
Lebenslage von der Freiheit des Menschen abhängig sei, so
zu denken und zu handeln, wie es ihm gefällt. Nur dann,
wenn der Mensch von der Last der Unwissenheit, des Aber-
glaubens und der Tyrannei befreit sein wird, könne sich der
Fortschritt des menschlichen Geistes tatsächlich vollziehen.
Es sei deswegen notwendig, die Türen veralteter Institutionen,
die nicht mehr in die Zeit passten, für immer zu schließen.
Das allmähliche Erscheinen einer philosophischen Ära in

---

94 Benjamin Franklin, "Letter to Jacques Dubourg, April 1773", zit. in
Phillips Russell, *Benjamin Franklin: The First Civilized American* (New
York City, NY: Brentano's Blue Ribbon Books, 1926; Neuauflage: New
York City, NY: Cosimo, Inc., 2006) 235; https://archive.org/details/in.
ernet.dli.2015.503393/page/n245

der Weltgeschichte, die anfänglich in einem primitiven Stadium der allgemeinen Unwissenheit begann, sei die Geschichte der menschlichen Erlösung.

1.2.3. Verknüpfung von moderner Wissenschaftlichkeit mit antiker Mythologie

Der Arzt und Freimaurer[95] Erasmus Darwin (1731-1802) übt eine besondere Anziehungskraft auf diejenigen aus, die sein Interesse an heidnischen Mythen teilen. Die Poesie diente ihm als geeignetes Ausdrucksmittel, um esoterisches Gedankengut teils verschlüsselt, teils offenkundig zu vermitteln.

Mythologie und Naturglaube vereinen sich harmonisch in Darwins Gedicht *The Temple of Nature, or, The Origin of Society*[96] (Der Tempel der Natur, oder, Der Ursprung der Gesellschaft). Der Mythos ist keineswegs nur dekoratives Beiwerk, sondern dient dem Autor gleichzeitig als Gegenstand und Methode, um die wortgewaltige Dynamik des Gedichts so richtig zur Geltung zu bringen. Darwin ließ sich von dem Gedanken leiten, Wissenschaft und Poesie seien sich gegenseitig befruchtende Aspekte einer wirklichkeitsnahen Naturbeschreibung. Dem Mythos komme dabei die besondere Rolle zu, die auftretende Gegensätzlichkeit phantasievoll zu überbrücken, um so eine übergeordnete Harmonie zu erzeugen. Die Wissenschaft verliere ihre abstrakten Züge, werde fast „menschlich", um sich so der Poesie einfühlsam zur Seite zu stellen. Die Poeten des Orpheus unterschieden nie zwischen den Welten der Wissenschaft und der Poesie; stets sahen sie in beiden ein

---

95 Erasmus Darwin war Mitglied der Time Immemorial Lodge of Canongate Kilwinning No. 2, Edinburgh, Scotland. S. dazu: Albert G. Mackey, Robert Ingham Clegg, H. L. Haywood, *Encyclopedia of Freemasonry and Kindred Sciences, Supplement* (Chicago, IL: Masonic History Company, 1946; Richmond, VA: Macoy Publishing and Masonic Supply, 1966) 1198.

96 Erasmus Darwin, *The Temple of Nature, or, The Origin of Society* (London: Johnson, 1803; New York City, NY: Garland Pub., 1978); https://archive.org/details/templenatureoro02darwgoog/page/n6.

und dasselbe Phänomen. Unübersehbar durchzieht ein orphischer Strang die Poesie Darwins. In seinem wohl berühmtesten Gedicht zielte Darwin darauf ab, die Verbindung zwischen moderner Wissenschaftlichkeit und antiker Mythologie zu knüpfen. Es war ihm besonders wichtig, die – wie es ihm schien – tiefen Einsichten der urgeschichtlichen Weisen in das Denken seiner Zeitgenossen zu übertragen. Paradoxerweise führten ihn seine Ideen über Fortschritt und Evolution in die geheimnisvolle Welt des Mythos zurück.

In seinem Gedicht bemühte sich Darwin eine populäre Exposition der bekannten metaphysischen Vorstellung der „Großen Kette der Wesen"[97] zu geben, wobei er sich häufig an Pope, Thomson, Akenside und anderen Schriftstellern orientierte, die sich eingehend mit der Physikotheologie[98] beschäftigt hatten. Pope sah beispielsweise in der „Weiterreichung der Lebensflamme" von einer Generation zur anderen immer noch eine Art statische Kontinuität – für ihn gab es kein Übergriff von einer Gattung zur anderen.

In Darwins Gedicht besitzen wir das beste Exemplar des von Arthur O. Lovejoy beschriebenen Phänomens einer Temporalisierung der Großen Kette des Wesens oder einer Entwicklungshypothese. Alan D. McKillop zeichnete in seinem Buch *The Background of Thomson's Seasons* die

---

97 Die große Kette der Wesen: Auf den Gedanken ihrer Vorgänger aufbauend, entwickelten Denker und Naturphilosophen des 17. und vor allem des 18. Jahrhunderts ihre Vorstellung von der „großen Kette der Wesen". Der Gedanke war verwurzelt in den, vor allem in England entwickelten, Vorstellungen des Deismus und der natürlichen Theologie. Ihnen zufolge war es ein Ausfluss von Gottes Güte, dass er jedem Wesen, das existieren kann, auch dem geringsten und niedersten unter ihnen, die Gnade der Existenz geschenkt hat. Jedes Wesen hat so seinen natürlichen Platz in der Ordnung der Dinge. Es kann diesen Platz nicht verändern, da es dann den Platz anderer Wesen einnehmen würde, und Leer- oder Zwischenräume zwischen ihnen undenkbar sind. Damit ist die Welt so vollkommen geordnet, wie es überhaupt möglich ist. https://de.wikipedia.org/wiki/Scala_Naturae#Die_große_Kette_der_Wesen

98 Die Physikotheologie (auch Naturtheologie) ist eine theologische Richtung, in der der rationalistische Erweis der Existenz Gottes in den Wundern seiner Schöpfung (der Natur, griech. physis) erblickt wird; zur Entwicklung siehe: Theologischer Rationalismus. https://de.wikipedia.org/wiki/Physikotheologie

unscharfen Konturen der frühesten Entstehung der poetischen Betrachtung des Gedankens, wie die einzelnen Lebensarten entstanden seien.[99] Die sich mit dieser Fragestellung befassenden Dichter waren die Gründer einer schicksalsträchtigen Bewegung, die im 18. Jahrhundert ihren Anfang nahm und bis heute andauert. McKillop fasste diese Diskussion unter der Rubrik „empirische Immortalität" (auf Erfahrung beruhende Unsterblichkeit) zusammen; eine Idee, die er in James Thomsons Gedichten gefunden hatte.

Die in den Schriften Fontenelles und anderer Schriftsteller des späten 17. Jahrhunderts enthaltene Idee des Fortschrittes schrieb man nicht nur den sich höher entwickelten Tieren, im Besonderen dem vernunftbegabten Menschen, zu, sondern auch der Welt und dem Kosmos. Die Vorstellung der Großen Kette der Wesen fand ihre Anwendung in der Ausgestaltung der Idee des Fortschrittes, die man anschließend in den konzeptionellen Entwurf einer temporalisierten Kette umformte.

Erasmus Darwin war der große Prophet des Fortschrittes. In einem Anflug spekulativer Fantasie meinte er, vorhersagen zu können, dass der Mensch wahrscheinlich in der Mitte des 19. Jahrhunderts mithilfe der Dampfkraft fliegen könne. Noch bedeutsamer waren seine antizipierenden Gedanken über die Evolution, die allgemein die Formulierung der evolutionären Hypothese seines Enkels Charles ein halbes Jahrhundert vorwegnahmen.[100]

---

99 Alan Dugald McKillop, *The Background of Thomson's Seasons* (Minneapolis, MN: University of Minnesota Press, 1942) 21-22; s. dazu: James Thomson, *The Seasons; with His Life, an Index, and Glossary*, A Dedication to the Earl of Buchan and Notes to The Seasons, by Percival Stockdale (London: printed by T. Chapman for A. Hamilton, Gray's Inn Gate, Holborn, 1793); http://archive.org/details/seasonsbyjamest00thomgoog

100 Sein Einfluss auf Charles Darwin wird dargelegt in Ernst Ludwig Krause, *Erasmus Darwin*, übers. v. W. S. Dallas (New York City, NY: D. Appleton, [1879] 1880); http://archive.org/details/erasmusdarwin00krau; Ernst Ludwig Krause, *Erasmus Darwin und seine Stellung in der Geschichte der Descendenz-Theorie* (Leipzig: Ernst Günther's Verlag, 1880); http://darwin-online.org.uk/converted/pdf/1880_ErasmusDarwinGerman_F1323.pdf; Samuel Butler, *Evolution, old & new; or, The theories of Buffon, Dr. Erasmus Darwin and Lamarck, as compared with that of Charles*

Zweifellos war dies seine Meinung. Dennoch ist es bemerkenswert, dass seine lebhafte Vorstellungskraft über die Entwicklung des Lebens keine neue Theorie ersann. Erasmus wendet sich seltsamerweise nicht der „modernen" Hypothese eines unendlichen Fortschrittes zu, sondern dem zyklischen Weltbild des Heidentums der Antike. Wie in Thomsons „Seasons" treten in seinem Gedicht die Naturzyklen in Konkurrenz mit der linearen Vorstellung der menschlichen Vervollkommnung. So paradox es auch erscheinen mag, blickt Erasmus sowohl auf den Zyklus als auch auf den Fortschritt als maßgebende Elemente im Plan der universalen Entwicklung. Dennoch gelingt es ihm nicht, beide Elemente miteinander in Einklang zu bringen. Gegen Ende des Gedichts *The Temple of Nature* kommt die Konfrontation zwischen Zyklus und Fortschritt deutlich zum Vorschein, obgleich sich der Dichter Mühe gibt, an der vermeintlichen Kompatibilität zwischen dem reproduzierenden Zyklus und der kontinuierlichen Weiterentwicklung des Lebens festzuhalten.[101] Der Zeile "How Life increasing [...]" (wie das Leben zunimmt) fügt Darwin seine im ganzen Gedicht wichtigste Fußnote hinzu. An dieser Stelle fasst er vieles zusammen, das er zuvor in Versen und in Fußnoten angesprochen hat. Nun geht er in seinen Gedanken zu einem höheren Rhythmus des kosmischen Prozesses über:

> Mögen alle Sonnen und die Planeten, die um sie herumkreisen, in ein zentrales Chaos versinken; und Explosionen mögen erneut eine neue Welt hervorbringen; die im Laufe der Zeit der gegenwärtigen ähnlich sein wird, und schließlich wieder derselbe

---

Darwin (New York City, NY: E. P. Dutton & Company, [1914] 1959); http://archive.org/details/cu31924017507637; Charles Darwin, *The Autobiography of Charles Darwin, 1809-1882: With original omissions restored*, hrsg. v. Lady Nora Barlow (New York City, NY: Norton, [1959] 2005); https://archive.org/details/TheAutobiographyOfCharlesDarwin1809-1882. Diese Literaturhinweise sind nur einige von vielen Werken über dieses weit erforschte Thema.

101 "Shout round the glob, how Reproduction strives; With vanquish'd Death, - and Happiness survives; How Life increasing people every clime, And young renascent Nature conquers Time [...]" (IV, 451-454)

Katastrophe verfallen wird? Diese großen Ereignisse mögen das Ergebnis der unveränderlichen Gesetze sein, die der Materie durch den Großen Grund der Gründe, das Elternteil der Eltern, Ens Entium aufgezwungen worden sind![102]

In Gedanken versunken, versucht sich Darwin die ferne Zukunft vorzustellen, um schließlich zu resümieren, dass letzten Endes die zyklische Natur der Geschichte über die Linearität[103] des Fortschrittes und der Vernunft die Oberhand gewinnen wird. Zu guter Letzt überwindet der Autor – so erscheint es zumindest – die Vorstellung der konsekutiven Linearität einer progressiven Teleologie[104] zugunsten des frühzeitlichen Mythos. Was ihn am meisten begeistert, ist die für ihn realisierbare Chance einer „palingenetischen Vision"[105] in der Art eines Henry More, Plotinus und Platon. Der Versuch der Maximierung des Lebens und der Glückseligkeit endet schließlich im Versagen und löst sich in dem Schema der unendlichen Aufeinanderfolge der Weltzyklen von Geburt, Wachstum, katastrophischem Auslöschen und Wiedergeburt auf. Dieser Mythos der ewigen Wiederbringung markiert einen weiteren Beziehungspunkt mit den wissenschaftlichen Spekulationen der Antike; Spekulationen, die sich oft im Bereich des Mythischen ansiedelten. Dass Darwin weit zurückgreift in die Gefilde des Mythos, anstatt sich mit dem Gedanken der höchsten Entwicklung des linearen Fortschrittes zu befassen, sollte nicht als eine Verwerfung des Fortschrittes als solchem verstanden werden. Das ideale Weltbild, das ihm vorschwebt, beinhaltet nicht nur „moderne" Vorstellungen über den allmählichen Entwicklungsgang der Natur, sondern sieht einen großen Wert im Festhalten an heidnischen Mythen,

---

102 *The Temple of Nature* (1803), 166-167n.

103 Gradlinigkeit

104 Teleologie: Auffassung, nach der Ereignisse oder Entwicklungen durch bestimmte Zwecke oder ideale Endzustände im Voraus bestimmt sind und sich darauf zubewegen. https://www.duden.de/node/180837/revision/180873

105 Palingenese: Wiedergeburt durch Seelenwanderung

die eine ganz andere Dimension der Wirklichkeit aufschließen – eine Wirklichkeit, die dem menschlichen Verstand sonst verschlossen geblieben wäre. In der Zuwendung zum Mythos gibt er sich als Primitivist aus. Es gelingt ihm jedoch, dies so zu tun, dass man ihn nicht der gleichen Kategorie zuweisen kann, die gewöhnlich diesem Begriff in den Studien des 18. Jahrhunderts anhaftet. Weder chronologischer Primitivismus (das Begehren, die selige Einfachheit der Arkadien oder des Paradieses zurückzuholen) noch der kulturelle Primitivismus (das Begehren, von der verderblichen Zivilisation an einen unbefleckten Ort, wie Atlantis oder die Arkadien, zu entfliehen) kann als dominanter Gedanke in Darwin erkannt werden.[106]

1.2.4. Wiedergewinnung eines neuen Paradieses

Die Vorstellung der Wiedergewinnung eines neuen Paradieses zog im 19. Jahrhundert weite Kreise. Die biblische Ansicht eines Tausendjährigen Reiches nahm ganz andere Formen in der Erwartung selbst rechtgläubiger Theologen ein. Man glaubte, dass die prophetischen Bücher der Bibel die unaufhaltsame Aufwärtsentwicklung der Menschheit vorhersagten und dass sich die Lebensumstände in der natürlichen und kulturellen Umgebung enorm verbessern würden. Diese Vorstellung stellte ein grundsätzliches Umdenken der Idee des Fortschrittes, wie sie während der Renaissance aufgefasst wurde, dar, denn sie machte die Weiterentwicklung der Menschheit als Ganzes nicht nur möglich, wie es Bodin, Hakewill und Bacon angedeutet hatten, sondern unumgänglich – wurde dies nicht im Wort Gottes prophezeit? „Gottes Methode ist progressiv",

---

106 Diese Unterscheidungen werden entwickelt in der Einleitung zu Arthur O. Lovejoy, George Boas, et al., *A Documentary History of Primitivism and Related Ideas*, Baltimore, MD: Johns Hopkins University Press, 1935; Neuauflage: New York City, NY: Octagon Books, 1965) vol. I: *Primitivism and Related Ideas in Antiquity*); https://archive.org/details/primitivismrelat00love

behauptete der Millennialist John Edwards[107] (1637-1716) auf Grundlage vieler Bibeltexte; und er fuhr fort aufzuzeigen, dass sich dieses Prinzip auf alle Aspekte der Geschichte anwenden ließ, ob nun moralisch, geistlich, kulturell oder natürlich.[108]

Es liegt jedoch auf der Hand, dass die Idee des Fortschrittes als Erlösung einen großen Wandel im traditionellen christlichen Denken über das Wesen des Menschen und seine Zukunft verursachte. Charles Renouvier, einem tiefsinnigen Gegner des Positivismus, der sich besonders als Gegner deterministischer Geschichtstheorien hervortat, verfolgte die Spur des modernen Glaubens an den Fortschritt bis auf Leibniz zurück.

> Der Glaube an den allgemeinen und nicht näher spezifizierten Fortschritt […] ist in den Augen jedes scharfsinnigen, von den Vorurteilen des Jahrhunderts befreiten Kritikers eine Sache, die jeglicher Übereinstimmung mit christlichen Idealen entbehrt.[109]

Seit frühester Zeit habe das Christentum seinen Blick auf eine jenseitige Welt gerichtet; der moderne Glaube aber fasse nur das Zeitliche und Irdische ins Auge. Renouvier hatte in seiner Behauptung völlig recht, dass die moderne Idee des Fortschrittes geradezu eine neue Art der Religion forderte. Allmählich wurde die göttliche Vorsehung als ein Vorgang des direkten Eingreifens Gottes in den Geschichtsverlauf nur noch als das unpersönliche Wirken von Natur-

---

107 John Edwards sollte nicht mit Jonathan Edwards verwechselt werden, dem kongregationalistischen Prediger und Theologen, der eine der wichtigen Persönlichkeiten der Ersten Großen Erweckung in Nordamerika war.

108 John Edwards, *A compleat history or survey of all the dispensations and methods of religion, from the beginning of the world to the consummation of all things, as represented in the Old and New Testament* (London: Daniel Brown, Jonath. Robinson, Andrew Bell, John Wyat, and E. Harris, 1699) Vol. II, 631-632. S. dazu: R. S. Crane, "Anglican Apologetics and the Idea of Progress, 1699-1745," *Modern Philology* 31, no. 4 (Chicago, IL: The University of Chicago Press, May, 1934), 273-306.

109 Charles Renouvier, *Introduction à la philosophie analytique de l'histoire* (Paris: E. Leroux, 1896-1897) III, 359.

gesetzen in dieser Welt angesehen. Ein derartiger konzeptioneller Wechsel war natürlich die Folge der cartesianischen und newtonschen Betonung der Unveränderlichkeit mathematischer Prinzipien und ihrer Allgemeingültigkeit. Trotz alledem wurde die Idee der göttlichen Vorsehung lediglich verdeckt, nicht verworfen.

Der in die Fußstapfen von Charles Fourier und Henri St. Simon tretende Auguste Comte (1798-1857) rückte in der Ausformulierung seiner Philosophie von dem Schema einer allmählich in Erscheinung tretenden Ära der Philosophie in der Weltgeschichte nur insoweit ab, dass er andere Begriffe, die dasselbe besagten, verwendete, und viele weitere Details hinzufügte. Obgleich Comte eine tiefe Ernüchterung über die schrecklichen Ereignisse empfand, die sich während der Französischen Revolution zugetragen hatten, formulierte er in seiner Philosophie des Positivismus das berühmte Gesetz der drei Entwicklungsstufen der intellektuellen Evolution. Somit wies er indirekt auf die ursprünglich joachimitische Theorie[110] der drei Zeitalter der Menschheitsgeschichte als der eigentliche Grund hin, wieso der Fortschritt ein dauerhaftes Phänomen sei. Trotz aller Desillusionierung über den blutigen Ausgang der Revolution habe sie den Fortschrittsglauben nicht als haltlos entlarvt, sondern nur die damit einhergehende Begeisterung abgeschwächt. Die Herausforderung bestand hauptsächlich

---

110 Siehe Details in Kap. 1.1: Als Geschichtstheologe bedeutend ist der Abt und Ordensgründer in Kalabrien, Joachim von Fiore (auch: Joachim von Fiori, Gioacchino da Fiore, Joachim von Flore oder von Floris, de Flore, of Flora; um 1130/1135-1202). Die Geschichte wird in drei Zeitalter gegliedert, welche er mit der Trinität in Verbindung bringt: Die Zeit des Vaters (Altes Testament), des Sohnes (beginnt mit dem Neuen Testament und endet nach seiner Vorhersage 1260) und die des Heiligen Geistes. Dieses dritte, glückliche Zeitalter werde von der intelligentia spiritualis erleuchtet sein und alle Freuden des Himmlischen Jerusalem (Offenbarung 21) bieten. Das letzte, das Dritte Zeitalter, steht im Zentrum des joachimitischen Geschichtsbildes. Dieses Zeitalter wird auch Drittes Reich genannt. Dem Dritten Zeitalter gehe die Ankunft des Antichristen voraus, welcher dann von einer kirchlichen Persönlichkeit besiegt werde. So identifizierten einige joachimitische Franziskaner den Heiligen Franziskus auf Grund seiner Stigmata als Alter-Christus (d.h., der andere Christus). Seine Lehre wird auch mit dem Begriff der „Drei-Zeiten-Lehre" bezeichnet. https://de.wikipedia.org/wiki/Joachim_von_Fiore#Lehre

darin, eine geeignete Sozialwissenschaft zu verfassen, die parallel mit den Entdeckungen der Naturwissenschaften einhergehen würde, um den tatsächlich stattfindenden Werdegang des Fortschrittes gedanklich nachvollziehen zu können. Bald danach entstand daraus die neue Wissenschaft der Soziologie. Für Positivisten des 19. Jahrhunderts war es möglich, gänzlich darauf zu bestehen, dass ihre Gedanken einen völlig wissenschaftlichen Charakter besaßen und dennoch am grundlegenden Muster der progressiven Millennialisten festzuhalten. Reinhold Niebuhr bemerkte zurecht, dass

> die vorherrschende Note in der modernen Kultur nicht so sehr das Verlassen auf den Verstand, sondern der Glaube an die Geschichte sei. Die Vorstellung einer erlösenden Geschichte beseelt die unterschiedlichsten Formen der modernen Kultur. […] Trotz dem Vorhandensein unbedeutender Dissonanzen lernte der ganze Chor der modernen Kultur in bemerkenswerter Harmonie, das neue Lied der Hoffnung zu singen. Die Erlösung der Menschheit würde sich in der Zukunft einstellen, ungeachtet dessen, wie sie zustande kommen würde. Tatsächlich würde die Zukunft dafür als Garant dastehen.[111]

Zahlreiche andere Schriftsteller, die sich über den historischen Ablauf der Zivilisationen Gedanken gemacht hatten, gingen von der Selbstständigkeit des Fortschrittes aus. Unter ihnen befanden sich Franzosen, Deutsche, Engländer und Amerikaner, die sich dafür aussprachen, die Gesellschaft entsprechend wissenschaftlicher Prinzipien umzugestalten. Im Volk erhielt diese Idee einen starken Impuls durch den bis dahin beispiellosen Entwicklungsgang der Wissenschaft und Technologie, durch die industrielle Revolution und überseeische Expansion sowie den wachsenden Wohlstand. Das Zeitalter der Dampfkraft und

---

111 Reinhold Niebuhr, *Faith and History: A Comparison of Christian and Modern Views of History* (New York City, NY: Charles Scribner's Sons, 1949) 3, 6; https://archive.org/details/faithandhistorya027348mbp/page/n17

Eisenbahn ermöglichte nicht nur einen schnellen Transport von Industriegütern, sondern auch ein bequemes Reisen von Personen. Die Anhäufung eines persönlichen Vermögens blieb für viele nicht nur im Bereich des Möglichen stecken, sondern nahm konkrete Züge der Wirklichkeit an. Elektrizität fand vielfachen Gebrauch in der industriellen Fertigung und Beleuchtung, die das Produktionsvolumen von Konsumgütern um ein Vielfaches erhöhte. Die Chemie und Biologie bereiteten den Weg vor, um neue Verfahren in der Medizin zu erforschen und anzuwenden. Erst im 19. Jahrhundert konnte sich demnach der Fortschrittsglaube so weit etablieren, dass er in der allgemeinen Gesellschaft nicht mehr hinterfragt wurde.

1.3. Divergierende Ansichten über die Fortschrittsidee

1.3.1. Absoluter Glaube an den Fortschritt

Die Gründung der amerikanischen Nation ereignete sich zu einer Zeit, als die feudalen Institutionen in Europa ihren Zenit bereits überschritten hatten. Deshalb schlugen die veralteten Bräuche der europäischen Kultur, die die Einwanderer nach Amerika mitgebracht hatten, kaum Wurzeln im Erdboden der neuen Welt. Im Gegensatz zu Europa mussten sich die Vereinigten Staaten nie gegen ihre eigene Vergangenheit stellen, um dem Fortschritt die Möglichkeit zu eröffnen, alle Dinge neu zu gestalten. Die Amerikaner glaubten, dass der Fortschritt in einer fortwährenden Zunahme der günstigen Bedingungen erkannt werden konnte, die alleine in den Vereinigen Staaten in dieser Weise existieren. Demnach sei der Fortschritt eine kontinuierliche Verbesserung der gegenwärtigen Lebenssituation auf einer horizontalen Ebene, nicht ein außergewöhnlicher Sprung auf eine höhere Wirklichkeitssphäre. Somit konnte sich der Fortschritt nur im Rahmen der bestehenden Sozialordnung vollziehen. Die einzige Anforderung bestand darin, die Entwicklungslinien zu erweitern und zu verbessern, die von Anfang an dagewesen waren.[112] Diese besondere Betrachtungsweise der Idee des Fortschrittes rührte von der Tatsache her, dass viele Amerikaner mehr in einer englischen als einer kontinentalen Denkweise unterwiesen worden waren. Wie Ronald S. Crane bewiesen hat, war die englische Vorstellung des Fortschrittes von Anfang an hauptsächlich ein Denkkonstrukt konservativer Anglikaner, die sich gegen moderne Tendenzen im Religionsleben und Sozialwesen stellten, indem sie den Fortschritt als ein sich fast unmerklich von der Gegenwart abhebendes Phänomen darstellten.[113] Die Existenz einer sozialen Ordnung in Amerika, die größtenteils von einer wohlhabenden Mittelschicht eingerichtet worden war, hat unweigerlich dazu beigetragen, dass der Glaube an eine Verbesserung des Wirtschafts- und Sozialbereichs vornehmlich dadurch gefördert wurde, dass sich die einzelnen Bürger darum bemühten, ihr Schicksal selbstständig zu gestalten. Man war darauf bedacht, dass die individuelle Autonomie über alle anderen Erwägungen hinaus aufrechterhalten blieb.

Dieses Verständnis der kulturellen Vorwärtsbewegung stand der europäischen Vorstellung des Fortschrittes entgegen. Nicht die Zerstörung traditioneller Beziehungen innerhalb des Gesellschaftsverbundes, wie auf dem Kontinent propagiert wurde, war das Ziel der Amerikaner, sondern die Verbesserung der gegenwärtigen Situation in der Ausgestaltung des materiellen Wohlstandes eines jeden Bürgers. Auf dem amerikanischen Kontinent gab es wertvolle Rohstoffe im Überfluss, die man für den Aufbau der eigenen Industrie nutzbar machen konnte, um einen hohen Lebensstandard zu erzielen. Tatsächlich wuchs der materielle Wohlstand vieler Amerikaner in der Folgezeit dank kosten-

---

112 S. dazu: Ralph Henry Gabriel, *The Course of American Democratic Thought* (New York City, NY: The Ronald Press Co., [1940] 1956); https://archive.org/details/courseofamerica000gabr/page/n5; Merle E. Curti, *The Growth of American Thought* (New York City, NY: Harper & Brothers Publishers, [1943] 1951); https://archive.org/details/in.ernet.dli.2015.206048

113 Ronald S. Crane, "Anglican Apologetics and the Idea of Progress, 1609-1745," *Modern Philology*, 31 no. 4 (Chicago, IL: The University of Chicago Press, May, February, 1934), 273-306, 349-382.

günstiger Massenproduktion von Konsumgütern und ausreichender Verfügbarkeit von Energiequellen enorm an. Niemand verspürte ein Bedürfnis danach, revolutionäre Umwälzungen auszulösen, die die wirtschaftlichen Grundpfeiler zum Einsturz gebracht hätten. Die Auswanderer verbanden die Atlantiküberquerung mit einer starken Hoffnung, dass die neuen Bedingungen einen ständig zunehmenden Lebensstandard ermöglichen würden. Der Prozess einer radikalen Veränderung der sozialen Umgebung war bereits eine Erfahrung, welche die aus Übersee eingewanderten Amerikaner bereits hinter sich gelassen hatten. Der Historiker Charles Austin Beard, ein feuriger Exponent der Idee des Fortschrittes, legte genau diese konservative Interpretation der nach vorne gerichteten Entwicklung der amerikanischen Gesellschaft vor, wenn er auf dieses Thema in seinen zahlreichen Büchern zu sprechen kam.[114]

Viele Festansprachen an den Nationalfeiertagen des 4. Julis dienten dazu, dass die Redner – sicherlich mit einer gewissen inneren Genugtuung – ihre Überzeugung kundgaben, dass die ursprünglichen Revolutionäre einen bedeutsamen Schritt nach vorne unternommen hatten, indem sie ihre politische Unabhängigkeit vom Britischen Imperium deklariert und diese anschließend mit Waffengewalt durchgesetzt hatten. Am wichtigsten war ihnen jedoch die Hervorhebung des Gedankens, dass sich die Bevölkerung Amerikas im Anschluss an den Unabhängigkeitskrieg auf ein soziales und politisches Experiment der individuellen Freiheit eingelassen hatte. Die Einzigartigkeit ihrer nationalen Existenz erzeugte in ihnen einen tiefgreifenden Patriotismus, der als die innere Triebfeder des Fortschrittes angesehen wurde.

In Amerika begünstigte also das kulturelle Milieu das Aufkommen des absoluten Glaubens an den Fortschritt als ein unausweichliches Phänomen des historischen Ablaufs, ohne dass man selbst viel darüber nachdachte. Rein intuitiv

---

114 S. dazu besonders: Charles A. Beard, "Introduction" to J. B. Bury, *The Idea of Progress: An Inquiry into Its Origin and Growth* (London: Macmillan, 1932) ix–xl; https://archive.org/details/in.ernet. dli.2015.187286/page/n9

meinten viele, dass die Zukunft von einem gehobenen Lebensstandard gekennzeichnet sein werde. Die gesamte Geschichte Amerikas schien den untrüglichen Beweis zu erbringen: Eine nie endende Aufwärtsentwicklung, die eine Verbesserung des irdischen Daseins zwangsläufig mit sich bringen werde.[115]

Das 19. Jahrhundert, welches die Vorkämpfer des Fortschrittes als das großartigste der Menschheitsgeschichte ansahen, war ein Zeitalter des Friedens, in dem nur begrenzte Kriege von kurzer Dauer ausgefochten wurden, die unter Beweis zu stellen schienen, dass der siegreiche Nationalismus das untrügliche Kennzeichen einer Zivilisation im Vorwärtsmarsch war. Es war zudem ein Zeitalter, in dem sich die westliche Welt in der Verwirklichung all jener humanitären Ziele auszeichnete, die es einem objektiven Beobachter ermöglichte, die wahren Errungenschaften des Fortschrittes quantitativ zu erfassen. Deshalb ist es völlig einleuchtend, dass sich aus dem verhaltenen Glauben an die Möglichkeit des Fortschrittes die feste Überzeugung an dessen Zwangsläufigkeit entwickelte. Die Gründe für diese Gesinnungswandlung lagen nicht nur an der internen Logik der Idee selbst, sondern auch an den gesellschaftlichen Konstellationen des 19. Jahrhunderts, die das Unternehmertum der westlichen Zivilisation ansporrte, mit einer gehörigen Portion Begeisterung die unterschiedlichsten Vorhaben sozialer und wirtschaftlicher Art in Angriff zu nehmen. In voller Gewissheit, dass der Fortschritt nicht nur eine zufällige Erscheinung war, sondern eine geschichtliche Notwendigkeit, konnte jede Herausforderung überwunden werden, so unmöglich dies auch zunächst erscheinen mochte. Der Cornell-Historiker Carl L. Becker bemerkte dazu, dass der Fortschritt für Europäer des 19. Jahrhunderts eigentlich nicht eine Theorie war, die verteidigt werden

---

115 S. dazu: Hugo A. Meier, "Technology and Democracy, 1800-1860," *Mississippi Valley Historical Review*, XXXVII:4 (March, 1957), 618-640; Boyd C. Shafer, "The American Heritage of Hope, 1865-1940," *Mississippi Valley Historical Review*, XXXVII:3 (December, 1950), 427-450.

musste, sondern eine Tatsache, die wahrgenommen werden konnte.[116]

Der Triumph des industriellen Kapitalismus diente als Gegenstandslektion, um die Vorzüge des Fortschrittes konkret zu veranschaulichen. Die messbaren Komponenten dieser Entwicklung nahmen eine noch nie dagewesene Bedeutung an. Die unzähligen Meilen der Eisenbahnlinien und die gigantische Tonnage der Handelsmarine neben vielen anderen Erfolgsmeldungen der amerikanischen Wirtschaft waren untrügliche Anzeichen einer auf die Steigerung des Wohlstandes bedachten Industrienation. Maschinen betrachtete man als Motoren der Demokratie[117] und Symbole des Fortschrittes. In seinem Buch *Highways of Progress*[118] deutete Transportunternehmer James J. Hill auf das sich immer mehr ausweitende Netz der Eisenbahnlinien als untrügliches Indiz und Symbol des nationalen Fortschrittes hin. Obgleich Amerika von den Erschütterungen der Großen Depression infolge des Börsencrashs an der Wall Street im Oktober 1929 gebeutelt wurde, gab es dennoch genügend Gründe, wieso die Chicagoer Weltausstellung der Jahre 1933 und 1934 ein „Jahrhundert des Fortschrittes" (Century of Progress) zelebrierte. In diesem Slogan erkannte man keinen Widerspruch zur darben Alltagssituation der breiten Masse, die in die Abgründe der Armut und Hoffnungslosigkeit hinabgesunken war, während die Organisatoren dem staunenden Publikum die unterschiedlichsten Maschinerien des Industriezeitalters präsentieren konnten.[119]

---

116 Carl L. Becker, *Progress and Power* (New York City, NY: Vintage Books, 1949) 4-5; https://archive.org/details/progresspower00beck/page/4

117 Roger Burlingame, *Engines of Democracy: Inventions and Society in America* (New York City, NY: Charles Scribner's Sons, 1940; New York City, NY: Arno Press, 1976); https://archive.org/details/in.ernet.dli.2015.228946

118 James J. Hill, *Highways of Progress* (Garden City, NY: Doubleday, Page & Co. 1910); https://archive.org/details/highwaysprogres03hillgoog/page/n5

119 S. dazu: Lowell Tozer, "A Century of Porgress, 1833-1933, Technology's Triumph over Man," *American Quarterly*, IV:1 (Spring,

Außer in Zeiten der Wirtschaftsdepression konnte Amerika seiner Bevölkerung Chancen des sozialen Aufstieges in Hülle und Fülle darbieten, von denen tatsächlich viele Gebrauch machten. Der populäre Glaube an die Wirklichkeit des Fortschrittes nahm solch übermäßige Formen an, wie es niemand 1776 zu träumen gewagt hätte. Die Amerika auferlegte Mission schien darin zu bestehen, der Welt ein Vorbild zu sein, wie man den Gang der Geschichte, die vom Fortschritt ganz und gar geprägt zu sein schien, zum eigenen Nutzen verwenden könne. Es nimmt nicht Wunder, dass der Historiker Edward Perkins Channing[120] (1856-1931), als er sich das Schicksal Amerikas vor Augen hielt, „in den Annalen der Vergangenheit die Geschichte der lebendigen Kräfte zu sehen meinte, die immer vorwärts und aufwärts strebten, um die Ziele zu erreichen, die der Mensch für besser und höher erachtete".[121]

Der Fortschrittsglaube war für den gewöhnlichen Amerikaner des 19. Jahrhunderts ein absolutes Gesetz des Geschichtsablaufes, dessen Gültigkeit zweifellos feststand. Der ideologische Inhalt dieser Idee wurde von dem Glauben an die Rationalität und Güte des Menschen sowie der Überzeugung an die kontinuierliche Verbesserung der Lebens-

---

1952), 78-81.

120 Edward Perkins Channing, der Sohn des transzendentalistischen Poeten William Ellery Channing, Jr., Großneffe des Predigers und Theologen William Ellery Channing sowie Neffe der Frauenrechtlerin Margaret Fuller, nahm 1883 den Ruf als Professor an der Harvard University an und lehrte dort 46 Jahre lang bis zu seiner Emeritierung 1929. Daneben war er 1919 bis 1920 Präsident der American Historical Association. 1911 wurde er in die American Academy of Arts and Sciences sowie in die American Academy of Arts and Letters gewählt. Neben seiner Lehrtätigkeit war er auch Verfasser zahlreicher Fachbücher, wobei er sich schwerpunktmäßig mit der Geschichte der Vereinigten Staaten befasste. Für seine zwischen 1905 und 1925 erschienene *A History of the United States* in sechs Bänden wurde er 1926 mit dem Pulitzer-Preis in der Kategorie Geschichte   ausgezeichnet. https://de.wikipedia.org/wiki/Edward_Channing

121 Edward Perkins Channing, *A History of the United States*, Vol. 1: *The Planting of a Nation in the New World, 1000-1660* (New York City, NY: The Macmillan Company, 1905) vi; https://archive.org/details/historyofuniteds01chanuoft/page/vi

umstände gefüllt.[122] Während der ersten eineinhalb Jahrzehnte des 20. Jahrhunderts erreichte diese tiefverwurzelte Ansicht einen Höhepunkt der Intensität, der einen emotionalen und intellektuellen Enthusiasmus ohnegleichen hervorrief. Die Idee des Fortschrittes hat sogar einer Ära in der amerikanischen Geschichte den Namen gegeben, Progressivismus, die ungefähr von 1896 bis 1921 dauerte.

Wie Richard Hofstadter, Charles A. Beard, Merle E. Curti und viele andere Historiker aufgezeigt hatten, akzeptierte die amerikanische Bevölkerung die Idee des Fortschrittes vorbehaltlos. Die Gründe dafür lagen in der weiten Ausdehnung des Landes, den reichen Naturschätzen, der politischen Freiheit, dem allgemeinen Schulwesen und den unbegrenzten Möglichkeiten des einfachen Mannes, seinen Status in der Gesellschaft zu verbessern. Die Amerikaner glaubten zuversichtlich an ihr „Offenkundiges Schicksal" (Manifest Destiny). Sie bejahten bereitwillig die Ansichten der Reformer, die im optimistischen Pragmatismus eines William James und der progressiven Philosophie eines John Dewey rege Unterstützung fanden. Als ein Glaubenspostulat nahm es in verschiedenen Ländern jedoch mehrere Variationen an. Von Person zu Person gab es ebenfalls eine Reihe von unterschiedlichen Meinungen darüber. Je entschiedener sich der Westen dem Osten zuwandte, desto mehr verflüchtigte sich die Gewissheit über die Zwangsläufigkeit des Fortschrittes.

In England glaubten die meisten Briten weiterhin an den Ausspruch von Rudyard Kipling, dass auf ihnen „die Bürde des weißen Mannes"[123] liege. Daran änderte die

---

122 Die Bedeutung der Idee des Fortschrittes im amerikanischen Denken wird detailliert dargelegt in Gabriel, *The Course of American Democratic Thought*; https://archive.org/details/courseofamericangab-00gabr; Curti, *The Growth of American Thought*; https://archive.org/details/in.ernet.dli.2015.190916; Merle E. Curti, *The Roots of American Loyalty* (New York City, NY: Russell & Russell [1946] 1967); Alice Felt Tyler, *Freedom's Ferment: Phases of American Social History to 1860* (Minneapolis, MN: University of Minnesota Press 1944); https://archive.org/details/freedomsfermentp00tyle

123 Rudyard Kipling, "The White Man's Burden," in *McClure's Magazine* 12 (February, 1899). The White Man's Burden (dt.: „Die Bürde des

Tatsache nichts, dass sich Deutschland geradezu bedrohlich als ein industrieller und kommerzieller Konkurrent entwickelt hatte. Die grauenhaften Berichte über den blutigen Fortgang des Zweiten Burenkrieges[124] und die problematische Abwendung von der Politik der „Splendid Isolation"[125] machten sich zwar in der öffentlichen Meinung bemerkbar, hinterließen aber keine erkennbaren negativen Auswirkungen auf den Glauben an den Fortschritt.

Die Liberalen hatten gerade ihre größte parlamentarische Mehrheit gewonnen. Herbert G. Wells (1866-1946) stand bereit, seine Aufklärungskampagne über den sozialen Aufstieg zu beginnen. Obwohl es auch kritische Stimmen an Herbert Spencers Philosophie des Sozialdarwinismus gab, verbreitete sich ein zuversichtlicher Optimismus in der Gesellschaft, der in Geschichtswerken seinen Niederschlag fand, so zum Beispiel in Henry D. Traills *Social England: A Record of the Progress of the People in Religion, Laws, Learning, Arts, Industry, Commerce, Science, Literature, and Manners*[126], und in Lord Actons *Cambridge Modern*

---

weißen Mannes") ist ein Gedicht, das Kipling unter dem Eindruck der US-amerikanischen Eroberung der Philippinen und anderer ehemaliger spanischer Kolonien verfasste. Das Gedicht gilt als eines der wesentlichen Zeugnisse des Imperialismus. https://de. wikipedia.org/wiki/The_White_Man's_Burden

124 Der Zweite Burenkrieg (auch Südafrikanischer Krieg; Englisch auch Second Anglo-Boer War, „Zweiter Englisch-Burischer Krieg", Afrikaans: Tweede Vryheidsoorlog, „Zweiter Freiheitskrieg") von 1899 bis 1902 war ein Konflikt zwischen Großbritannien und den beiden Burenrepubliken Oranje-Freistaat und Südafrikanische Republik (Transvaal), der mit deren Eingliederung in das britische Imperium endete. Ursachen waren einerseits das Streben Großbritanniens nach den Bodenschätzen der Region sowie nach einem territorial geschlossenen Kolonialreich in Afrika und andererseits die ausländerfeindliche Gesetzgebung der Burenrepubliken. https://de.wikipedia.org/wiki/Zweiter_Burenkrieg

125 großartige Abschottungspolitik

126 Henry D. Traill, *Social England: A record of the progress of the people in religion, laws, learning, arts, industry, commerce, science, literature, and manners, from the earliest times to the present day* (London: Cassell and Company, 1894; New York City, NY: Greenwood Press, [1903] 1969); https://archive.org/details/in.ernet.dli.2015.173313/page/n1

History[127]. Mandell Creighton schrieb in der Einleitung dieses letztgenannten Werkes Folgendes: „Wir sind zur Annahme verpflichtet [...], dass sich ein Fortschritt in den menschlichen Begebnissen vollzieht."[128]

1.3.2. Vorspiegelungen eines angeblichen Fortschrittes

In Frankreich schwächte die Dreyfus-Affäre[129] den Militarismus und verhalf der Gerechtigkeit zum Triumph, hinterließ aber einen bitteren Beigeschmack in der Gesellschaft, der die Bevölkerung entzweite. Einige Schriftsteller, wie Huysmans und Rémy de Gourmont, beschäftigten sich mit der Idee der Dekadenz. Georges E. Sorel (1847-1922) schrieb ein Buch über *Die Illusionen des Fortschrittes*, dem aber kein großer literarischer Einfluss gegönnt war.[130] Der gefürchtete

---

127 John Emerich Edward Dalberg-Acton, 1st Baron Acton, *The Cambridge Modern History* (London: Macmillan and Co., 1902); https://archive.org/details/in.ernet.dli.2015.172514/page/n2

128 Ebd., 4; https://archive.org/details/in.ernet.dli.2015.172514/page/n35

129 Als Dreyfus-Affäre bezeichnet man die Verurteilung des französischen Artillerie-Hauptmanns Alfred Dreyfus 1894 durch ein Kriegsgericht in Paris wegen angeblichen Landesverrats zugunsten des Deutschen Kaiserreichs und die dadurch ausgelösten, sich über Jahre hinziehenden öffentlichen Auseinandersetzungen und weiterer Gerichtsverfahren. Die Verurteilung des aus dem Elsass stammenden jüdischen Offiziers basierte auf rechtswidrigen Beweisen und zweifelhaften Handschriftengutachten. Der Justizirrtum weitete sich zum ganz Frankreich erschütternden Skandal aus. Höchste Kreise im Militär wollten die Rehabilitierung Dreyfus' und die Verurteilung des tatsächlichen Verräters Major Ferdinand Walsin-Esterházy verhindern. Antisemitische, klerikale und monarchistische Zeitungen und Politiker hetzten Teile der Bevölkerung auf, während Menschen, die Dreyfus zu Hilfe kommen wollten, ihrerseits bedroht, verurteilt oder aus der Armee entlassen wurden. Am 12. Juli 1906 hob schließlich das zivile Oberste Berufungsgericht das Urteil gegen Dreyfus auf und rehabilitierte ihn vollständig. https://de.wikipedia.org/wiki/Dreyfus-Affäre

130 Georges Eugène Sorel, *Les Illusions du Progrès* (Paris: M. Rivière et cie, 1908); https://archive.org/details/lesillusionsdupr00soreuoft/page/n7; ins Englische übersetzt v. John & Charlotte Stanley, *The Illusions of Progress* (Berkeley, CA: University of California Press, 1969); https://archive.org/details/illusionsofprogr00sore

Militarismus Deutschlands stand wie eine finstere Wolke am östlichen Horizont. Die Weltausstellung in Paris 1900 wie auch schon die London Exhibition 1851 stellten unter Beweis, dass ein großartiger materieller Fortschritt im Gang war und schien die Hoffnung zu wecken, dass noch lange Frieden zwischen den Nationen der westlichen Hemisphäre herrschen werde. Die erste Haager Friedenskonferenz[131] (1899) war kurz zuvor zu Ende gegangen. Das Erlernen neuer internationaler Sprachen, wie Esperanto und Volapük, kam in Mode. Henri Bergsons „Creative Evolution" und „élan vital" stimulierten bald den gleichen Optimismus in Frankreich wie William James' Pragmatismus in Amerika.

Maximilian Hardens schrille Kommentare über die ungesunde Atmosphäre am Hofe Kaiser Wilhelms II. und Reichskanzler Bernhard von Bülows Fassade eines falschen Optimismus versetzten die Deutschen in Unruhe. Trotz gewaltiger industrieller und kommerzieller Expansion begannen die Deutschen, sich von Feinden umzingelt zu fühlen. Als die Zahl der Immatrikulierten an den deutschen Universitäten stieg, verschlechterte sich die Qualität des allgemeinen Bildungswesens dramatisch. Das akademische Niveau an den deutschen Gymnasien ließ ebenfalls viel zu wünschen übrig.[132] Friedrich Nietzsches nihilistische Philosophie übte einen großen Einfluss auf die intellektuelle Elite aus, die immer mehr die unmittelbare Beziehung zu den

---

131 Die Haager Friedenskonferenzen wurden aufgrund der Anregung des russischen Zaren Nikolaus II. und auf Einladung der niederländischen Königin Wilhelmina 1899 und 1907 in Den Haag einberufen und sollten der Abrüstung und der Entwicklung von Grundsätzen für die friedliche Regelung internationaler Konflikte dienen. Der Anlass dieser Entwicklung hin zu den Konferenzen war das Ergebnis einer pazifistischen Bewegung im 19. Jahrhundert, die mit der Aufklärung begonnen hatte. Die Konferenzen waren der erste Versuch der Staatengemeinschaft, den Krieg als Institution abzuschaffen. Man wollte den Waffengang verbieten und stattdessen den Rechtsweg verbindlich vorschreiben. https://de.wikipedia.org/wiki/Haager_Friedenskonferenzen

132 Hubertus zu Loewenstein, *The Germans in History* (New York City, NY: Columbia University Press, 1945) Kap. 29. S. dazu: F. C. Sell, "Intellectual Liberalism in Germany about 1900," *Journal of Modern History*, XV (September, 1943), 227-236.

deutschen Massen verlor. Der Glaube an die Idee des Fort-schrittes hatte seine Dynamik verloren.[133]

In Russland war die Idee des Fortschrittes bei weitem keine kulturbestimmende Größe. Sicherlich verkündigte der im Ausland lebende Prinz Kropotkin den sozialen Fort-schritt mittels gegenseitiger Hilfeleistungen. Doch er hatte nichts für den Sozialdarwinismus Herbert Spencers übrig, der den Wettbewerb und Existenzkampf als die zwei wesent-lichen Antriebskräfte des Fortschrittes ansah.[134]

1.3.3. Synkretistische Einflüsse auf den Fortschrittsglauben

Wie andere Religionen war auch der Fortschrittsglaube nicht gegen die negativen Konsequenzen eines um sich greifenden Synkretismus (Vermischung von Religionen) gefeit. Über Generationen hinweg öffnete sich der Progressivismus verschiedenen religiösen Einflüssen, die seine Glaubensartikel von innen heraus einer radikalen Revision unterwarfen. Folglich verlor der sich an der Aufklärungsphilosophie orientierende ideelle Inhalt dieses Glaubens nach und nach an Bedeutung, bis er zugunsten neuer Religionsentwürfe größtenteils verworfen wurde. Infolge dessen verwendeten die Progressivisten oftmals Begriffe, die sie den populären Aussprüchen des Darwinis-mus und Pragmatismus entlehnt hatten. Bisweilen kam es auch vor, dass sie sich auf traditionelle Lehrsätze politischer Ideologien beriefen, ohne darüber besorgt zu sein, wie verwirrend ihre Darstellung des sozialistischen Progressivis-mus, des Klassischen Liberalismus oder des patriotischen Konservatismus anderen erscheinen musste, die sich damit noch nicht näher oder nur oberflächlich befasst hatten.[135]

---

133 S. dazu: Hans Thomas, „Das Ende des Fortschrittes", in *Die Tat*, XXV (August, 1933), 354-364.

134 Pjotr Alexejewitsch Kropotkin, *Mutual Aid: A Factor of Evolution* (London: Freedom Press, [1902] 2009); https://archive.org /details/al_Petr_Kropotkin_Mutual_Aid_A_Factor_of_Evolution_a4

135 S. dazu: Cushing Strout, "The Twentieth Century Enlightenment," *American Political Science Review*, XLIX:2 (June, 1955), 321-339.

Vielleicht waren sie sich auch der Widersprüchlichkeit ihrer Aussagen nicht bewusst. Dem rationalistischen Glauben des 18. Jahrhunderts an die menschliche Güte sowie an die Existenz einer alles umfassenden Sittenordnung gesellte sich der romantische Glaube des 19. Jahrhunderts an die Vortrefflichkeit der menschlichen Gefühle hinzu.

Das Ziel vieler Reformer der Social Gospel-Bewegung war, das Leben so weit zu verbessern, dass in der Zukunft himmlische Zustände auf Erden herrschen werden. Deshalb setzte sich als der wichtigste Grundsatz des religiösen Progressivismus die Überzeugung durch, dass sich der Mensch selbst vervollkommnen könne, um befähigt zu sein, die Gesellschaft auf der ganzen Welt einer kollektiven Utopie entgegenzuführen. Der liberale Theologe Walter Rauschenbusch verfasste ganze Bücher über dieses Thema. In *Christianity and the Social Crisis* (1907) schrieb er Folgendes:

> Das Königreich Gottes ist weiterhin eine kollektive Vorstellung[136], die das gesamte soziale Leben der Menschheit umfasst. Es dreht sich nicht um die Rettung menschlicher Atome, sondern um die Errettung des sozialen Organismus. Es hat nichts damit zu tun, dass einzelne Menschen in den Himmel kommen, sondern dass das Leben auf Erden in die Harmonie des Himmels umgewandelt wird.[137]

An den Glaubensäußerungen William Allen Whites kann man die verschiedenen Ideen erkennen, aus denen sich der Progressivismus zusammensetzte. In einer 1908 gehaltenen Rede an die Phi Beta Kappa Society[138] der

---

136 Aus dem Textzusammenhang wird ersichtlich, was Rauschenbusch wirklich meinte. Er deutet auf die Vorstellung hin, dass das „Königreich Gottes" ein sozialistisches Kollektiv sei.

137 S. dazu: Walter Rauschenbusch, *Christianity and the Social Crisis* (New York City, NY: Association Press, [1907] 1917) 65; https://archive.org/details/in.ernet.dli.2015.48040/page/n83

138 Phi Beta Kappa ist eine US-amerikanische akademische Ehrengesellschaft, die im Jahr 1776 am College of William and Mary in Williamsburg in Virginia gegründet wurde. Sie gilt als älteste Honor Society bzw. studentische Vereinigung in den Vereinigten Staaten. Die Aufnahme wird

Columbia University sprach er über die Theorie des geistlichen Fortschrittes.[139] Die Wissenschaft habe erst jetzt begonnen, den Schleier über die Geheimnisse der Natur zu lüften, die die Wahrheiten des Lebens verdunkelten; aber die Wissenschaft könne bereits mit Sicherheit bestätigen, dass das Leben in eine bestimmte Richtung gehe und dass eine vorherbestimmte und zielgerichtete Veränderung in der modernen Gesellschaft eine normale Erscheinung sei.[140] Vergleiche man das Leben mit einem Schiff auf hoher See, das auf einen unbekannten Hafen zusteuert[141], sei das Ziel, das die Zivilisation als nächstes erreicht, gewiss die Vergrößerung des seelischen Empfindungsvermögens und der rationalen Erkenntnis. Gute Charaktereigenschaften, wie die Sorge um das Wohlergehen des Nächsten und die Erleichterung seiner Bürden, würden immer deutlicher die animalischen Leidenschaften der Menschheit übertrumpfen. Dank vieler Erfindungen habe sich das Leben der meisten erleichtert. Die breite Akzeptanz der sozialen Gerechtigkeit in der Bevölkerung habe für die gleichmäßige Verteilung der Früchte technologischer Neuerungen gesorgt. Als sich das Leben „in den Wegen des Herrn" weiterentwickelt habe, hätten Barmherzigkeit und Liebe über Grausamkeit und Selbstsucht gesiegt.[142] In der modernen Ära könne sich die biologische und materielle Evolution im geistlichen Bereich

---

von der Phi-Beta-Kappa-Gesellschaft der jeweiligen Hochschule geregelt. In der Regel werden nicht mehr als zehn Prozent der College-Studenten (vor der Graduierung als „Undergraduates") aufgenommen. Dem betreffenden Studenten wird die Mitgliedschaft angeboten, die fast ausnahmslos angenommen wird. Phi Beta Kappa hat zurzeit rund 500.000 lebende Mitglieder. Zu den ehemaligen Mitgliedern der Vereinigung zählen 17 U.S. Präsidenten, 40 Richter am Obersten Gerichtshof sowie 136 Nobelpreisträger. https://de.wikipedia.org/wiki/Phi_Beta_Kappa

139 William Allen White, *A Theory of Spiritual Progress* (Emporia, KS: The Gazetto Press, 1910); https://archive.org/details/cu31924030238665/page/n9

140 Ebd., 4-5; https://archive.org/details/cu31924030238665/page/n17

141 Ebd., 3; https://archive.org/details/cu31924030238665/page/n15

142 Ebd., 9; https://archive.org/details/cu31924030238665/page/n21

auswirken.[143] Indem man die moralischen Verbesserungen des gegenwärtigen Zeitalters betrachte, gebe es keinen anderen Schluss als die Feststellung, dass das menschliche Streben nach höheren Idealen die gesichertste Tatsache der Geschichte sei.[144] Zu diesen Idealen gehörten unter anderem die direkte Demokratie[145], das öffentliche Schulwesen, das allgemeine Wahlrecht, die etablierten Kirchen, das Ruhestandsgeld und die Parkanlagen.

White verwarf die weitläufige Meinung, dass die Reichen befähigt seien, die Nation zum wahren Fortschritt zu leiten. Wie die Propheten des Alten Testamentes rief er aus, dass diese ihre Besitztümer lediglich zum eigenen Schaden anhäufen würden. Aufgrund ihrer materiellen Gesinnung seien sie verflucht und würden sich unheiliger Vorhaben zuwenden. Sie ständen als korrupte Betrüger da, die sich feige aus den Affären der Menschheit zurückziehen, wenn sie daraus keinen persönlichen Nutzen ziehen können.[146] Vielmehr sei die Nation durch der Herrschaft der Demütigen und Selbstlosen erhöht worden, die alleine den Kurs des Volkes auf die Wege der Gerechtigkeit gelenkt hatten. Die Bevölkerung folge nur den auf das Allgemeinwohl bedachten Politikern bereitwillig nach, die sich der Verwirklichung des Fortschrittes verpflichtet sehen:

> Der göttliche Funke wohnt in jeder Seele. In einer Krise kann der charakterloseste Mann ein Held werden[147] [...] Dieser Heilige Geist ist in allen Herzen anwesend[148] [...] Im Laufe der Äonen ist der Funke in unzähligen Milliarden von Herzen immer wieder aufs Neue eingepflanzt worden; und so langsam wie sich unser Empfindungsvermögen ausweitet, verändern sich die

---

143 Ebd., 23; https://archive.org/details/cu31924030238665/page/n35

144 Ebd., 28; https://archive.org/details/cu31924030238665/page/n41

145 Ebd., 17; https://archive.org/details/cu31924030238665/page/n29

146 Ebd., 39-40; https://archive.org/details/cu31924030238665/page/n51

147 Ebd., 50; https://archive.org/details/cu31924030238665/page/n63

148 Ebd., 51; https://archive.org/details/cu31924030238665/page/n63

Gewohnheiten. So erscheint der Fortschritt, und das Feuer vergrößert sich in unserem gemeinsamen Leben.[149]

In dieser aufschlussreichen Rede, die sich völlig gegen die christliche Lehre über die Sündhaftigkeit des menschlichen Wesens und das ausschließliche Innewohnen des Heiligen Geistes in den Herzen der wiedergeborenen Christen stellte, wurde das bunte Gewand des Progressivismus mit den unterschiedlichsten Fäden gesponnen, aus denen sich der Fortschrittsglaube im 19. Jahrhundert zusammensetzte. Es handelte sich dabei unter anderem um die Wissenschaft und Technologie, den Unitarismus und Transzendentalismus, den Klassischen Liberalismus und Sozialdarwinismus. Das Aufkommen des Pragmatismus trug ebenfalls einen Großteil zur Ausgestaltung dieses humanistischen Glaubens bei.

1.3.4. Zunehmende Ablehnung des Fortschrittsglaubens

Die Progressivisten waren hinsichtlich der Zukunft überaus zuversichtlich. Sie ließen sich von dem Glauben begeistern, das sich wohlmeinende Menschen gegenüber anderen Menschen behaupten werden. Aber es kamen auch andere Stimmen zu Wort, wie der amerikanische Gesellschaftskritiker irischer Abstammung, Finley Peter Dunne, der unter dem Pseudonym des fiktiven Büfettier Mr. Dooley mit trockenem Humor folgenden Sachverhalt herausstellte:

> Ich frage mich manchmal, ob der Fortschritt nur ein dünnes Furnier ist [...] oder ein Karussell. Wir besteigen ein besprenkeltes Holzpferd, das sich in Bewegung setzt, wenn das automatische Klavier eine Melodie zu spielen beginnt. Wir denken, dass wir so schnell wie ein Teufel reiten, aber der Mann, der kein Interesse daran hat, auf dem Karussell zu sitzen, weiß, dass wir an den Ort zurückkehren, von dem wir losgegangen sind. Uns wird schwindelig, wir werden krank und schnappen auf dem Gras liegend nach Luft.

---

149 Ebd., 52; https://archive.org/details/cu31924030238665/page/n65

Wo bin ich? Ist das das Millennium? Und er antwortet: Nein, dies ist die Arrchey Straße.[150]

Wenn es heute gelingt, zumindest ansatzweise die Geschichte dieser Idee nachzuzeichnen und ihren Einfluss zu verstehen, die sie auf die Entwicklung der modernen Gesellschaft ausgeübt hat, liegt es dran, dass sie im Begriff steht, allmählich ihre einst unangefochtene Popularität im Westen zu verlieren. In jedem Lebensbereich machen sich Anzeichen bemerkbar, dass eine Zeitepoche, die zirka eintausend Jahren in die Vergangenheit zurückreicht, scheinbar einem Ende entgegengeht.

Eine hinreichende Erklärung für die Veränderung der Idee des Fortschrittes im 20. Jahrhundert ist nicht leicht zu finden. Inmitten des mächtigen Stromes einer neuen Zivilisation, die sich ihrer kulturellen Errungenschaften erfreute, stießen die Amerikaner zwar auf unvorhergesehene Hindernisse, die das geradlinige Vorwärtskommen beeinträchtigten, aber nicht am Weitergehen hindern konnten. Das 19. Jahrhundert war für viele von ihnen lediglich die Fortsetzung der beschwerlichen Bürden früherer Jahrhunderte. In jener Zeitepoche kennzeichnete eine Beschäftigung auf dem Land entweder als Siedler, Rancher oder Cowboy den allgemeinen Lebensverlauf vieler US-Bürger. Als sich nach dem Sezessionskrieg die ersten Anzeichen der Industrialisierung und Urbanisierung ankündigten, wurden diese mit Begeisterung aufgenommen. Nur die wenigsten begriffen, wie komplex und schwierig die moderne Existenz werden würde. Zuerst vermittelten sie die Vision eines nie endenden Fortschrittes. Erst später, Anfang des 20. Jahrhunderts, nahmen die Industrialisierung und Urbanisierung überdimensionale Ausmaße an, welche die allgemeinen Umstände für viele radikal veränderten. Der Vorhang der Zeit hob sich etwas an, um der Bevölkerung einen Einblick in die unausweichlichen Probleme zu geben, die hinter der Kulisse zum Vorschein kamen. Die einfachen Begebenheiten einer ländlichen und kleinstädtischen

---

150 Finley Peter Dunne, *Dr. Dooley at His Best*, hrsg. v. Elmer Ellis (New York City, NY: C. Scribner's, 1938) 32.

Existenz, die den Fortschrittsglauben genährt hatten, verschwanden allmählich, und mit ihrem Entschwinden löste sich der naive Glaube an die Zwangsläufigkeit des Fortschrittes nahezu ins Nichts auf. Denkt man darüber nach, wie sich die Amerikaner ihres blinden Vertrauens auf die positive Entfaltung der göttlichen Vorsehung entledigten, ist es sicherlich angebracht, den Ersten Weltkrieg als einen symbolischen Eröffnungsakt in der Einführung einer völlig neuen Lebenseinstellung anzusehen.

Der Große Krieg, wie die Amerikaner sagen, war sozusagen der erste Akt des Dramas, der mit einem gewaltigen Paukenschlag eine tiefgreifende Kulturwende von immenser Bedeutung und Tragweite ankündigte. Dieser ideologische Umschwung kann nicht als eine allgemeine Erosion von Ideen angesehen werden, die plötzlich ihre vormals überragende Bedeutung im Bestimmen des Ethos einer ganzen Generation verloren hatten. Vielmehr ist es so, dass sich hiermit ein rasches und sofortiges, ja totales Zerschlagen eines gängigen Gedankenmusters einstellte. Infolge der katastrophalen Auswirkungen des Ersten Weltkrieges in Europa und den USA, der schweren Nachkriegsjahre, die von Arbeitslosigkeit und Wirtschaftsdepression gekennzeichnet waren, und dem Versagen des Völkerbundes, den Weltfrieden zu bewahren, kollabierte der Fortschrittsgedanke zumindest vorübergehend in der westlichen Hemisphäre, so wie er ursprünglich konzipiert worden war. Die herkömmliche Variante dieses Glaubens an die letztendliche Vervollkommnung des Menschen verlor sich zunächst im düsteren Gefilde einer schrecklichen Realität menschenverachtender Zerstörungswut.[151] Grausame Gewaltanwendungen waren während des weltweiten Militärkonflikts zu einem alltäglichen Geschehen geworden, an dem sich außer den Leidtragenden niemand mehr störte. Innerhalb zweier Jahre vom 1917 bis 1919 hatte sich die allgemeine Volksstimmung in Amerika grundsätzlich und anhaltend gewandelt. Das Hochhalten humaner Werte wurde nur noch mit einem müden Lächeln bedacht. Zynis-

---

151 S. dazu: Henry Stuart Hughes, *Consciousness and Society: The Reorientation of European Social Thought, 1890-1930* (New York City, NY: Vintage, 1958); https://archive.org/details/consciousnesssoc00hugh

mus, Rücksichtslosigkeit und Bedeutungslosigkeit kenn-
zeichneten die Einstellung einer Generation, die Harold E.
Stearns als die verlorene Generation bezeichnete.[152] Ähnliche
Empfindungen drücken in jener Zeit bekannte Historiker
und Schriftsteller, wie Carl Lotus Becker[153] und Michael
Straight[154], in vielgelesenen Essays und Büchern aus.
Progressive Gesellschaftserneuerer waren einst so hoffnungs-
voll wie Präsident T. Woodrow Wilson, dass der schreckliche Weltkrieg hauptsächlich deswegen geführt wurde, um
ein für alle Mal das Mittel des Krieges im zerstörerischen
Umgang der Nationen miteinander selbst abzuschaffen. Zu
ihrem Schrecken mussten sie sich jedoch eingestehen, dass
die Welt der 1920er-Jahre ihre hohen Erwartungen nicht
erfüllte. Sie hatten sich in den Jahren zuvor einem
illusorischen Traum hingegeben, der sich anschließend
völlig auflöste. Ihr pessimistisches Resümee hatte eine
resignative Grundstimmung angenommen, die sich zwangsläufig mit der rauen Wirklichkeit arrangiert hatte: „Eine
liberale Blume konnte man nicht in der Einöde der Gewalt
und des Irrationalismus pflücken."[155] Die Amerikaner
hielten zwar weiterhin an der Möglichkeit des Fortschrittes
fest, aber die Gewissheit und die Zuversicht auf bessere
Lebensbedingungen und die Identifikation dieser Idee mit
einer moralischen Regeneration der gesamten Bevölkerung
trat mehr und mehr in den Hintergrund.

Verbittert durch den Krieg und den Zusammensturz
der sozialistischen Reformbewegung bekannte Frederick C.
Howe, ein Progressivist der alten Garde, reumütig seine

---

152 S. dazu: Harold E. Stearns, Hrsg., *America Now: An Inquiry into
Civilization in the United States* (New York City, NY: Charles Scribner's
Sons, 1938) 162; https://archive.org/details/in.ernet.dli.2015.150893/
page/n173

153 Carl Lotus Becker, „Liberalism – a Way Station," In *Everyman His
Own Historian* (New York City, NY: Appleton-Century-Croft, 1935)
91-100; https://archive.org/details/in.ernet.dli.2015.57893/page/n101

154 Michael Straight, "The Ghost at the Banquet," *New Republic*,
131:21 (November 22, 1954), 11-16.

155 Harold E. Stearns, *The Street I Know* (New York City, NY: Lee
Furman, inc. 1935) 162; https://archive.org/details/streetiknow0000stea/
page/n5

eigene Enttäuschung. Wilson habe den internationalen Idealismus verraten. Reaktionäre Bewegungen und Korruption würden die allgemeine Stimmung in der Gesellschaft bestimmen. Tatsachen besäßen keinen Wert mehr; die Menschen hätten ihren moralischen Kompass verloren. Keiner frage mehr nach Wahrheit. In Amerika wie in Europa drehe sich alles nur noch um die Frage, wie man an die Macht kommen kann, um dem Gebot der Stunde Folge zu leisten: Die Verfügungsgewalt in Händen zu halten, um sich mittels einer systematischen Plünderung des Gemeinwesens maßlos zu bereichern. Der Wunsch vieler Amerikaner, sich am Wirtschaftsleben zu beteiligen, um sich nicht nur mühsam durchs Leben schlagen zu müssen, sondern den eigenen Lebensstandard zu erhöhen, habe seinen Anreiz verloren, denn die Regierenden beraubten jeden um die Früchte seiner Arbeit.[156] Desillusioniert über das Versagen der Mittelklasse, eine groß angelegte Sozialreform durchzuführen, wandte sich Howe der Arbeiterklasse zu, um von ihr Wegweisung in eine bessere Zukunft zu erhalten. Von Zweifeln erfüllt, fehlte ihm jedoch der nötige Enthusiasmus, der ihn in seinen jungen Jahren ausgezeichnet hatte. Ähnlich erging es dem Redakteur des progressiven Politmagazins *The Nation*, Oswald G. Villard, der im Alter bekennen musste, dass sein jugendlicher Idealismus am Felsen der Realität zerschmettert war:

> Oft wurde mir vorgehalten, eine fehlgeleitete Begeisterung für Staatsmänner zu empfinden und zu meinen, in diesem oder jenem die Ankunft eines politischen Erretters erblickt zu haben – bis mich Woodrow Wilson und Ramsey MacDonald von dieser [schlechten] Angewohnheit geheilt hatten.[157]

---

156 Frederic Clemson Howe, *The Confessions of a Reformer* (New York City, NY: Quadrangle, 1925) 196, 318; https://archive.org/details/confessionsofref0000howe

157 Oswald Garrison Villard, *Fighting Years: Memoirs of a Liberal Editor* (New York City, NY: 1939) 183; https://archive.org/details/fightingyearsmem0000vill/page/n5

In seinem Essay "After Religion, What?" schrieb der Journalist Frank Snowden Hopkins seine Gedanken in der Nachkriegszeit nieder und fasste die Desillusionierung seiner Generation wie folgt zusammen:

Nach den kolossalen Torheiten des 20. Jahrhunderts: welche einsichtige und nachdenkliche Person kann noch an die natürliche Güte des Menschen glauben? [...] Die Amerikaner hatten an dem demokratischen Ideal, dem humanitären Evangelium und der romantischen Schwärmerei jede Art von Kritik geübt.[158]

So meinten entzauberte, enttäuschte, ja entrüstete Amerikaner, dass es ihnen gelingen könnte, dem Zeitalter Rousseaus mitsamt seiner Chimäre (Fantasiegebilde) einer vollkommenen Gesellschaft der Freiheit, Gleichheit und Brüderlichkeit zu entrinnen. In seiner ganzen Verzweiflung ließ Hopkins seinem Unmut freien Lauf: „Weit entfernt davon, tugendhaft zu sein, ist der Mensch egoistisch, irrational und absurd, ohne dass er es selbst weiß. Eine zivilisierte Kultur ließ ihn zügellos werden."[159]

Vorherrschende, kulturbestimmende Ideen lösen sich nicht von heute auf morgen im Nebel der Zeitgeschichte aufgrund eines einzigen Geschehnisses auf – so schlimm der Erste Weltkrieg auch gewesen ist –, dennoch muss festgehalten werden, dass viele einflussreiche Denker der progressiven Bewegung ihre Anhängerschaft in der kurzen Zeit von 1914 bis 1920 verloren hatten. Die Gruppe von führenden Progressivisten, wie die Herausgeber des Nachrichtenmagazins *The New Republic* Herbert Croly, Walter Weyl und Walter Lippmann, die vor dem Ersten Weltkrieg meinte, sie übe die völlige Kontrolle über das Denken ihrer Mitmenschen aus, wurde sechs Jahre später von einer fast unerklärlichen Verunsicherung und Bestürzung ergriffen, als sie vor die ernüchternde Realität gestellt wurde, dass ihr

---

158 Frank Snowden Hopkins, "After Religion, What?", zit. in, William H. Cordell, Hrsg., *Molders of American Thought, 1933-1934* (New York City, NY: Doubleday, Doran, 1934) 222-223.

159 Ebd.

die geniale Fähigkeit, das kulturelle Ambiente der sie umgebenden Welt zu verstehen und in ihrem Sinne zu interpretieren, abhandengekommen war.

Die Umstände, die dieses in den Augen vieler seltsam erscheinende Phänomen hervorgerufen haben, müssen näher betrachtet werden. Rein faktisch ist festzuhalten, dass die Männer, die bis zum Ausbruch des Krieges als Koryphäen die öffentliche Meinung geformt hatten, in den Nachkriegsjahren weder in der Lage waren, die neue Generation zu verstehen, noch sie mit ihren sozialistischen Idealen zu erreichen. Das Suchen nach einer probaten Erklärung dieses prinzipiellen Unverständnisses der progressiven Meinungsmacher über die kulturellen Veränderungen, die sich in der amerikanischen Gesellschaft eingestellt hatten, beginnt dort, wo man realisiert, dass nach Kriegsende eine ganz neue Welt entstanden war. Zwei wichtige Aspekte sind dabei zu beachten: die Schnelligkeit und die Vollständigkeit dieses gesellschaftlichen Umschwungs.

Was unter dem liberalen Bürgertum noch an progressiven Erwartungen für die Gegenwart und Zukunft übriggeblieben war, wurde durch die politischen Erfolge der Faschisten und Nationalsozialisten in Italien, Spanien und Deutschland bis ins Innerste erschüttert. Die fürchterlichen Schrecken des Zweiten Weltkrieges schienen die westliche Zivilisation einige Jahrhunderte zurückversetzt zu haben. Es gab wenig Grund zur Annahme, dass der Fortschritt weiterhin unablässig voranschreiten würde. Die Vorstellung einer unabänderlichen Verbesserung der menschlichen Lebensbedingungen als Ziel und Zweck der Geschichte hatte einen gewaltigen Dämpfer erhalten. Geschichtsforscher wendeten ihre Aufmerksamkeit den Zeitepochen zu, die Indizien einer Rückwärtsentwicklung aufwiesen. Die Theorie eines zyklischen Geschichtsverlaufes, wie er in der antiken Welt vorherrschte, stand plötzlich wieder hoch im Kurs. Bestimmte Anzeichen machten sich bemerkbar, dass selbst die viel gepriesene und traditionsträchtige westliche Zivilisation im Niedergang begriffen war. Edward A. Ross, ein im frühen 20. Jahrhundert bekannter Soziologe, beantwortete diese Fragen, wie sich die Idee des Fortschrittes verändert habe, nachdem das katastrophale Zeitalter der

Weltkriege über die Menschheit hereingebrochen war, kurz und bündig wie folgt: „Die vor einer Generation hoch im Kurs stehende, rosige Lehre, dass der soziale Fortschritt der Menschheit unumstößlich sei, weil ihn unpersönliche Kräfte zuwege gebracht haben, die sich in seinem Sinne auswirken, wird bald verschwunden sein."[160] Selbst Arnold J. Toynbee (1889-1975), der für seine meisterhafte Studie über sterbende und erloschene Zivilisationen bekannt geworden war, sagte, dass unsere eigene viel gelobte westliche Zivilisation vielleicht schon den Zenit überschritten habe: „Wir können nicht mit Sicherheit sagen, dass unser Untergang bevorsteht; und doch besitzen wir keine Berechtigung zur Annahme, dass es nicht so ist."[161]

1.3.5. Verwerfung des Ideals der Vollkommenheit

Der Pessimismus der progressiven Intellektuellen seit Ende des Ersten Weltkrieges und besonders nach Abschluss des Zweiten Weltkrieges schöpft aus verschiedenen Quellen. Seine Intensität und Verschiedenartigkeit treten besonders deutlich in den so genannten Dystopien[162] hervor, wie beispielsweise in Aldous Huxleys *Brave New World*[163] und

---

160 Edward A. Ross, "The Post-war Intellectual Climate," *American Sociological Review*, X (October, 1945), 650.

161 Arnold J. Toynbee, *The Study of History*, 12 vols. (Oxford: Oxford University Press, 1934-1961) IV, 122; https://archive.org/details/in.ernet. dli.2015.460109/page/n137; ebd., VI, 320: "We cannot say for certain that our doom is at hand; and yet we have no warrant for assuming that it is not; for such would be to assume that we are not as other men are; and any such assumption would be at variance with everything that we know about human nature either by looking around us or by introspection. [...] And, inasmuch as it cannot be supposed that God's nature is less constant than Man's, we may and must pray that a reprieve which God has granted to our society once will not be refused if we ask for it again in a contrite spirit and with a broken heart."

162 Dystopie: fiktionale, in der Zukunft spielende Erzählung o. Ä. mit negativem Ausgang. Gegenbildung zu: utopia (Utopie); https://www. duden.de/node/36163/revision/36192

163 Aldous Huxley, *Brave New World* (London: Chatto & Windus, 1932; New York City, NY: HarperCollins, 2017); https://archive.org/ details/1932BraveNewWorld

George Orwells *Nineteen Eighty-Four*[164]. Sie nehmen eine noch erschreckendere Form in Jewgeni Samjatins *Wir*[165] an, sodass der russische Autor, der das Werk 1920 in der Sowjetunion geschrieben hatte, es nur im Ausland veröffentlichen konnte. Bemerkenswert ist jedoch, dass die Dystopien eigentlich nicht erst im 20. Jahrhundert erschienen sind. Bernard de Mandevilles *Fable of the Bees*[166] ist ein herausstechendes Beispiel dieses Genre im 18. Jahrhundert. Die *Fable of the Bees: or, Private Vices, Publick Benefits*, das 1705 erschien, bestand aus einem Gedicht *The Grumbling Hive, or Knaves Trun'd Honest*, dem sich ein ausführlicher prosaischer Kommentar anschloss. Mandeville beschreibt darin eine Gesellschaft, die sich das Ideal moralischer Vollkommenheit zum Ziel setzt, aber in dessen Umsetzung ihre eigene Zivilisation zerstört. Im 20. Jahrhundert erfreute sich das Genre der Dystopie einer ungeheuren Popularität.[167]

Das von Huxley in *Brave New World* verwendete Zitat Nicolas Berdyaevs ist ein dieses Werk besonders charakterisierendes Statement.

> Utopien scheinen jetzt viel umsetzbarer zu sein, als wir zuvor gedacht hatten. Wir sehen uns einer Frage gegenübergestellt, die in einer anderen Weise qualvoll ist: Wie können wir ihre endgültige Verwirklichung vermeiden? – Vielleicht beginnt ein neues Jahrhundert, ein Jahrhundert, in dem Intellektuelle und kultivierte Männer anfangen werden, über Methoden zu träumen, um Utopie zu vermeiden und zu einer Gesellschaft

---

164 George Orwell, *Nineteen Eighty Four* (London: Secker & Warburg, 1949); https://archive.org/details/NineteenEightyFour1984ByGeorgeOrwell/page/n1

165 Jewgeni Samjatin, *Wir* (Köln: Kiepenheuer & Witsch [1958] 1984; aus dem Russischen von Gisela Drohla).

166 Bernard de Mandeville, *Fable of the Bees* (London: Penguin Books, [1705] 1989); https://archive.org/details/MandevilleTheFableOfTheBees/page/n1

167 S. dazu: Chad Walsh, *From Utopia to Nightmare* (New York City, NY: Harper & Row, 1962).

zurückkehren, die nicht utopisch ist, weniger „vollkommen" und freier.[168]

Berdyaev verwirft die Vollkommenheit als Ideal. Seiner Meinung nach stehen sich die Vollkommenheit und die Freiheit antithetisch gegenüber. Diesem grundsätzlichen Thema widmeten Huxley und Samjatin ihre Dystopien.

1.3.6. Wiederbelebter Fortschrittsglaube in neuer Form

Die klassischen Utopien, wie Platons *Der Staat*, kritisierten bestehende Gesellschaften, indem sie sie mit einer theoretisch realisierbaren idealen Gesellschaft verglichen. Die konventionelle Kritik an solchen Utopien seit Aristophanes *Ecclesiazusae* wirft ihnen eine nicht vorhandene Praktikabilität vor, die dem menschlichen Wesen entgegenstehe. Moderne Dystopien schlagen eine andere Richtung ein. Sie kritisieren bestehende, einem Albtraum gleichende Gesellschaften, indem sie behaupten, dass sie das unausweichliche Resultat existierender sozialer Tendenzen seien. Die klassischen Utopisten ermahnen die Menschen, die ihnen übertragene Aufgabe zu erfüllen. Die modernen Dystopisten geben zu bedenken, dass die Menschen den gegenwärtigen Gang der Dinge nicht aufhalten können. Der Tatbestand bleibt bestehen, dass sich ihre literarischen Werke inhaltlich nicht grundlegend von den klassischen Utopien unterscheiden. In ihrem innersten Kern sind sie nichts weiter als Variationen der platonischen Utopie, dem sich als charakteristisches Merkmal die moderne Technologie hinzugesellt hat. In der einen oder anderen Weise zollen sie ihren Tribut der Vorstellungskraft Platons. Die Utopie einer idealen Gesellschaft beeinflusst das Denken des modernen Menschen immer noch nachhaltig. Es ist dabei nebensächlich, ob dies nun als wünschenswert oder verwerflich angesehen wird.

---

168 Nicholas Berdyaev, *The End of Our Time* (London: Sheed & Ward, 1933; San Rafael, CA: Semantron Press, 2009) Kap. IV, §11, 187; https://archive.org/details/endofourtime0000berd/page/n5

Samjatin und Huxley schienen sich mit Schrecken von der Tyrannei abzuwenden, weil sie ohne Vorbehalt von vielen akzeptiert wurde. Aber letzten Endes befürworteten diese Autoren nur eine Situation, in der die Opfer der Gewaltherrschaft die Unterdrückung des menschlichen Freiheitsdranges nicht bewusst wahrnehmen, sondern bereitwillig akzeptieren. Diesen Zustand nannte der Psychologe John B. Watson in einem seiner Bücher „behavioristische Freiheit"[169] (behavioristic freedom). Gerade diese Art der Freiheit wird in der fiktiven Alleinherrschaft, die Huxley in *Brave New World* beschreibt, realisiert. In einem solch ausgeklügelten Totalitarismus darf jeder frei seine Meinung äußern. Dies ist deshalb möglich, weil niemand dem Gruppenkonsens widersprechen würde. „Das ist das Geheimnis des Glücks und der hochgeschätzten Tugendhaftigkeit; dies zu bewirken, ist deine Aufgabe", behauptet der Diktator im Roman.[170] Alles dreht sich nur darum, das freudig zu befürworten, was man verpflichtet ist zu tun. Jede Konditionierung zielt darauf ab, die Menschen dazu zu bringen, ihr unausweichliches soziales Schicksal der Unterdrückung und Ausbeutung freudig willkommen zu heißen. Gegen Ende des berühmten Romans *Nineteen Eighty-Four*, den George Orwell 1949 der Welt vorlegte, überwindet die totalitäre Partei gänzlich den Willen des rebellischen Winston.

1.4. Ideologische Umkehrung der Fortschrittsidee

1.4.1. Geistliche Entwicklung der Menschheit

Der Ursprung und die Geschichte der Idee des Fortschrittes war dem amerikanischen Soziologe Robert A. Nisbet (1913-1996) zufolge weder modern noch säkular, zumindest nicht

---

169 John Broadus Watson, *Behaviorism* (New Brunswick, NJ: Transaction Publishers [1924] 2009) 248.

170 Huxley, *Brave New World*, 17; https://archive.org/details/1932BraveNewWorld/page/n37

im absoluten Sinne. Sie diente den Griechen und Römern dazu, ihre eigene Geschichte eingehender zu verstehen. Der Schlüssel zum Verständnis des Fortschrittes in der antiken Welt war die Vorstellung über die Natur beziehungsweise das Wesen eines Objektes („natura" oder „physis") gewesen. Ein „Objekt" konnte zum Beispiel ein Tier, eine Pflanze, eine Person oder sogar eine Zivilisation sein. Es war „einfach das Muster des Wachstums und der Veränderung, von dem man meinte, dass es ein wesentlicher Bestandteil der Struktur oder des Wesens eines Objektes war".[171] Die Aufgabe der klassischen Wissenschaft war, das Wesen eines Objektes zu identifizieren und seine Entwicklung über einen bestimmten Zeitraum zu beobachten. Philosophen, wie Platon, Aristoteles und Seneca, schrieben ihre Gedanken über die menschliche Entwicklung nieder, die sich über mehrere Generationen hinweg vollzogen hat.[172]

Christliche Theologen und Philosophen vereinigten die klassische Vorstellung des Wesens mit der biblischen Idee einer Heilsgeschichte, um historische Ereignisse zu beschreiben, die nicht anders geschehen konnten, als sie es tatsächlich taten.[173] Man ging davon aus, dass Gott den menschlichen Fortschritt bestimmte, der sich in der Geschichte zugetragen hatte. Nisbet beschrieb diese Vorstellung wie folgt:

> Alle wichtigen Ideen, aus denen sich die Philosophie des Fortschrittes zusammensetzt – langsamer, allmählicher und kontinuierlicher Fortschritt der gesamten Menschheit über einen bestimmten Zeitraum hinweg entsprechend einem Schema von aufeinanderfolgenden höheren Entwicklungsstufen, wobei deutlich wird, dass

171 Robert A. Nisbet, *The Making of Modern Society* (New York City, NY: New York University Press, 1986) 39-40.

172 Robert A. Nisbet, *Social Change and History* (New York City, NY: Oxford University Press, 1969) 15-61; Nisbet, *History of the Idea of Progress* (New York City, NY: Basic Books, 1980) 13-26; https://archive.org/details/historyofideaofp0000nisb

173 Robert A. Nisbet, *The Social Philosophers: Community and Conflict in Western Thought* (New York City, NY: Washington Square Press, 1982) 221ff; https://archive.org/details/socialphilosophe00nisb

der gesamte Prozess notwendig ist und auf ein bestimmtes Ziel zugeht –, finden sich in der christlichen Geschichtsphilosophie.[174]

Das Besondere an dieser Geschichtsdeutung bezog sich jedoch nicht auf vergangene Ereignisse, die in ihrer Bedeutung sowieso unverständlich waren, sondern auf die geistliche Entwicklung der Menschheit. Die christliche Geschichtsphilosophie stand Nisbet in ihrer augustinischen Konzeption vor Augen, die die Grundgedanken der geschichtlichen Notwendigkeit und der geistlichen Zweckdienlichkeit zu einer Einheit verband.[175] Die Idee des Fortschrittes konnte nicht in der „Stadt des Menschen", sondern nur in der „Stadt Gottes" entdeckt und verwirklicht werden.[176] In diesem Sinne erreichte diese Idee als eine geistliche Erfahrung, die den Christen zugänglich war, ihre konzeptionell höchste Ausdeutung in der christlichen Geschichtsphilosophie.

1.4.2. Ausgestaltung der menschlichen Beziehung zur Natur

Die moderne Philosophie beging einen konzeptionellen Fehler darin, dass sie die Idee des Fortschrittes ausschließlich in den Bereich der historischen Notwendigkeit verschob. Obgleich sich der Übergang von der christlichen Idee des Fortschrittes zur modernen in relativ kurzer Zeit vollzog und praktisch ungehindert vonstattenging, machte sich dieser monumentale Wechsel nach und nach in den Werken Turgots, Lessings und Kants immer deutlicher bemerkbar. Diese Geistesgrößen gingen davon aus, dass der menschliche Fortschritt nicht durch die Gnade Gottes bestimmt war, sondern durch natürliche Ursachen.[177] Die Philosophen der Aufklärung meinten, so Nisbet, dass nicht mehr Gott,

---

174 Ebd.

175 Nisbet, *History of the Idea of Progress*, 59-76

176 Nisbet nimmt Bezug auf die Unterscheidung zwischen der „Stadt Gottes" und der „Stadt des Menschen" in Augustinus' *De Civitate Dei*.

177 Nisbet, *The Social Philosophers*, 240

sondern nur noch die Natur dem Menschen die Richtung des Fortschrittes aufzeige. Obgleich manche Aufklärer weiterhin an die Existenz eines Gottes glaubten, sahen sie ihn lediglich als einen weit entfernten Schöpfer an, der kein Interesse mehr hatte, in die Angelegenheiten der Menschen einzugreifen, nachdem er den Kosmos erschaffen und in Gang gesetzt hatte. Darin gleiche er einem Uhrenmacher, der nicht mehr über das Werk seiner Hände nachdachte, sobald er es verkauft hatte. Außerdem wiesen sie der menschlichen Vernunft eine Bedeutung zu, die im Vergleich mit dem Glauben einen überlegenen Anspruch auf die Möglichkeit der Naturerkenntnis erheben konnte. Gott sei zwar noch durch den Glauben zugänglich, aber die Geheimnisse der Natur schließen sich nur der Vernunft auf. Der Gegenstand der Erkenntnis, nämlich die Natur, bezog sich nicht auf das Wesen des Menschen, wie in der antiken Philosophie, sondern auf die externen Ursachen und Beziehungen der menschlichen Umgebung. Dementsprechend sah man Natur und Vernunft als epistemologische[178] und metaphysische Realitäten an, die Gott und dem Glauben nicht nur ebenbürtig, sondern sogar überlegen seien. Der Fortschritt besaß jetzt nicht mehr die Bedeutung der geistlichen Entwicklung des Menschen, sondern die Ausgestaltung seiner Beziehung zur externen Natur und ihrer Ursachen.

1.4.3. Immanente Weiterentwicklung der Welt

Im 19. Jahrhundert war die Idee des Fortschrittes zu einem Bestandteil des allseits populären Progressivismus geworden, von dem der Bezug zum Göttlichen völlig verschwunden war. Die Theoretiker der sozialen Evolution bestimmten das Zeitalter mit ihrer Vorstellung des Fortschrittes als einer immanenten Weiterentwicklung der Welt, die als eine völlig natürliche und notwendige Erscheinung ablaufen würde, ohne dabei ins Stocken zu geraten.[179] Der Fortschritt vollzog sich demnach in der Geschichte als ein notwendiges

---

178 erkenntnistheoretisch

179 Nisbet, *Social Change and History*, 168-169.

Phänomen, das nur mittels der Vernunft gedanklich erfasst werden konnte. Diese musste sich allerdings der wissenschaftlichen Methode der Geschichtsforschung bedienen, um zu einem richtigen Ergebnis zu kommen. Die richtige Vorgehensweise habe darin bestanden, dass man die westliche Zivilisation mit ihrer eigenen Vergangenheit sowie mit anderen Zivilisationen verglich, um den Fortschritt der menschlichen Entwicklung beurteilen zu können. Die bestimmenden Kriterien, die zu der Bewertung herangezogen wurden, entnahm man dem Meinungsklima, das zu jener Zeit in der westlichen Zivilisation vorherrschte. Am deutlichsten stachen dabei die Entfremdung des Individuums, die Zentralisierung des Staates und die Säkularisierung der Ideologie hervor. Anfang des 20. Jahrhunderts meldeten sich jedoch Zweifel an, ob diese Beurteilungskriterien angemessen waren, um zu einem objektiven Resultat zu kommen. Nachdem sie erneut in der Untersuchung der geschichtlichen Folgen des Ersten Weltkrieges zum Einsatz kamen, stellte man fest, wie unzureichend sie letztlich waren, um das Ausmaß dieser bis dahin größten aller Katastrophen in der Menschheitsgeschichte analytisch erfassen zu können. Anschließend wurden sie größtenteils für nutzlos erklärt und verworfen.

Nisbet zweifelte selbst an der Richtigkeit der evolutionären Theorien des 19. Jahrhunderts:

> Die Veränderung ist nicht natürlich, nicht normal und noch viel weniger allgegenwärtig und konstant. Die Beständigkeit ist es […], wenn wir uns das tatsächliche Sozialverhalten, wie es sich an Ort und Stelle im zeitlichen Ablauf abspielt, ansehen, entdecken wir immer wieder, dass die Beständigkeit über einen gewissen Zeitraum hinweg ein weit üblicherer Zustand der Dinge ist.[180]

Im Weiteren verläuft die Veränderung dort, wo sie auftritt, nicht nur in eine bestimmte Richtung:

---

180 Ebd., 270.

Muster, Rhythmen, Trends sind zwangsläufig subjektiv. Es gibt keine Beziehung zu den Fakten, die ihnen eigen sind. Egal wie überzeugend eine eingeschlagene Richtung für die Interessen und Wertmaßstäbe, die wir uns angeeignet haben, sein mag, besitzt sie keine unabhängige und objektive Aussagekraft.[181]

Folglich sind Theorien, die davon ausgehen, dass der Fortschritt eine geschichtliche Notwendigkeit ist, grundsätzlich falsch. Nisbet zufolge gab es keinen dem geschichtlichen Geschehen selbst innewohnenden Fortschritt, denn die aufeinanderfolgenden Ereignisse befinden sich immer in einem Zustand des kontinuierlichen Wandels, ohne dass es dem Menschen konkret möglich sei, bestimmen zu können, ob sich nun das eine oder andere Geschehen positiv oder negativ entwickelt. Im Gegensatz dazu sei das menschliche Wesen eine konstante Größe.[182]

Wenn man sich dem klassischen Verständnis der Natur zuwendet, das darauf bedacht war, das Eigentliche am menschlichen Wesen zu entdecken, wird deutlich, dass sich der Fortschritt im Sinne einer Entwicklung zu einer vollkommenen Gesellschaft nur in der christlichen Heilsgeschichte, nicht in der säkularen Historie abspielt. Der Bibel entsprechend wird im Neuen Jerusalem, also im Himmel, alles vollkommen sein, weil es keine Sünde mehr gibt.

> Nein, ihr seid zu dem Berge Zion und zur Stadt des lebendigen Gottes, dem himmlischen Jerusalem, herangetreten und zu vielen Tausenden von Engeln, zu einer Festversammlung und zur Gemeinde der im Himmel aufgeschriebenen Erstgeborenen und zu Gott, dem Richter über alle, und zu den Geistern der vollendeten Gerechten, und zu Jesus, dem Mittler des neuen Bundes, und zum Blute der Besprengung, das Besseres (oder: wirksamer) redet als (das Blut) Abels.

---

181 Ebd., 285.

182 Ebd., 298.

Hütet euch, daß ihr den nicht ablehnt (d.h. euch nicht weigert, den anzuhören), der (zu euch) redet! Denn wenn jene nicht ungestraft geblieben sind, die den ablehnten, der sich ihnen auf Erden kundgab: wieviel weniger werden wir dann davonkommen, wenn wir uns von dem abwenden, der vom Himmel her (zu uns redet)! Seine Stimme hat damals die Erde erschüttert; jetzt aber hat er diese Verheißung gegeben (Hag. 2,6): „Noch einmal werde ich nicht nur die Erde, sondern auch den Himmel erbeben machen." Das Wort „noch einmal" weist auf die Umwandlung dessen hin, das erschüttert wird, weil es etwas Geschaffenes ist; es soll eben etwas Bleibendes entstehen, das nicht erschüttert werden kann. Darum wollen wir, weil wir ein unerschütterliches Reich empfangen sollen, dankbar dafür sein; denn dadurch dienen wir Gott so, wie es ihm wohlgefällig ist, mit frommer Scheu und Furcht; denn auch unser Gott ist ein verzehrendes Feuer. (Heb. 12,22-29; Menge-Übersetzung)

Die Behauptungen der das Christentum ablehnenden Theoretiker der sozialen Evolution waren deshalb irreführend, nicht nur metaphysisch im Bekräftigen der geschichtlichen Notwendigkeit, sondern auch epistemologisch im Leugnen der religiösen Komponente. Trotz dieser monumentalen Fehleinschätzung blieb die Idee des Fortschrittes eine mächtige intellektuelle Größe, die sich auf die spektakulären Errungenschaften der westlichen Zivilisation berief, um in ihrer Meinung bestätigt zu werden, dass alle Geschehnisse der Vergangenheit, Gegenwart und Zukunft im Strom der Zeit miteinander verbunden seien und auf eine vollkommene Gesellschaftsordnung zulaufen würden.[183]

---

183 Ebd., 241.

1.4.4. Tiefes Empfinden der göttlichen Bestimmung

Die konzeptionelle Veränderung der Idee des Fortschrittes, die sich allmählich einstellte, verursachte eine Krise in der modernen Gesellschaft. Die immer deutlicher werdenden Widersprüchlichkeiten in der durch den vermeintlichen Fortschritt erzeugten Erwartungshaltung haben zentrifugale Kräfte freigesetzt, die genau die Elemente zerstören, die das Eigentliche einer gut funktionierenden Gesellschaft ausmachen.[184] Die negative Folge davon ist laut Nisbet das Aufkommen einer Gesellschaft, die ständig die minimalen Voraussetzungen verliert, die notwendig sind, um den egoistischen und hedonistischen Einflüssen entgegenzutreten, die die westliche Kultur heute beherrschen und zerstören.[185]

Als die religiöse Dimension der menschlichen Existenz aus dem Denken der westlichen Menschen verbannt worden war, konnten sie den vermeintlichen Fortschritt nur noch in zeitlichen und materiellen Begriffen fassen. Dieses moderne Verständnis des Fortschrittes hat demnach jede Bedeutung, die über die irdische Existenz hinausgeht, verloren. Es gelingt ihr deshalb nur noch, die Menschen auf der Grundlage nicht zielführender Ideologien miteinander zu vereinigen, wie etwa dem Individualismus, Säkularismus oder Etatismus.

Aus der Perspektive eines konservativen Soziologen wie Nisbet besitzt die moderne Idee des Fortschrittes folglich keinen praktischen Nutzen mehr. Dennoch meinte er, dass die Wiederentdeckung der religiöse Komponente hinter der Idee durchaus im Bereich des Möglichen liege, denn gewisse Anzeichen würden sich bemerkbar machen, die darauf hindeuten, dass sich eine christliche Erweckung in der westlichen Gesellschaft, besonders in Amerika, bald

---

184 Nisbet, *History of the Idea of Progress*, 356. Der Autor veröffentlichte 1980 sein Buch über die Geschichte des Fortschrittsglaubens. Seine optimistische Erwartung einer christlichen Erweckung hat sich in Amerika nicht in dem Maße erfüllt, wie er sie erhofft hatte.

185 Ebd.

einstellen werde.[186] Falls dieser geistliche Aufbruch Realität werden würde, sei es wahrscheinlich, eine westliche Kultur wiederzugewinnen, in der der eigentliche Kern ein tiefes Empfinden der göttlichen Bestimmung sei, die die geschichtlichen Ereignisse in die richtigen Bahnen lenkt. Nur so könnten die wichtigen Bedingungen des Fortschrittes selbst und eines Glaubens an ihn, der sich auf die lineare Entwicklung der Vergangenheit, Gegenwart und Zukunft bezieht, wiedergewonnen werden.[187] Der Fortschritt ist in diesem Sinne nicht eine Angelegenheit der geschichtlichen Notwendigkeit, sondern die unerlässliche Voraussetzung, um den menschlichen Egoismus zu überwinden. Somit liefert die Idee des Fortschrittes die einzig brauchbare Grundlage zur Bildung einer Gesellschaft, die den utopischen Glauben aufgibt, das Heil alleine im Bereich der Politik zu suchen.

1.4.5. Beständigkeit des menschlichen Wesens

Das wachsende Bewusstsein über eine fehlende Gesetzmäßigkeit, die den Gang der Geschichte unabänderlich bestimmt, untergrub den Glauben an den Fortschritt als einen richtungsweisenden Vorgang des geschichtlichen Wandels, den die Befürworter einer etatistischen Gesellschaftsordnung proklamiert hatten. Anstatt sich auf erkenn- und verstehbare Gesetze, die angeblich dem zeitlichen und materiellen Geschichtsvorgang innewohnten, verlassen zu können, besteht gemäß Nisbet die Geschichte aus einer Reihe von Ereignissen, die größtenteils voneinander unabhängig sind. Der Wandel der Zeit war zufällig, episodisch und variabel.[188] Sicherlich gab es im menschlichen Wesen etwas Bleibendes. Im Verstehen des historischen Wandels waren die konstanten Elemente aber nur von geringem Nutzen gegenüber den variablen Komponenten. Die Vielzahl der Faktoren, die den

---

186 Ebd.

187 Ebd., 357.

188 Nisbet, *Social Change and History*, 98.

Geschichtsprozess hervorriefen, war zu groß, als dass sie ein Progressivist zugunsten des Staates hätte manipulieren können. So wenig wie die Gesetze des Fortschrittes in eine bestimmte Richtung gelenkt werden konnten, so groß war das Unvermögen einer progressiven Elite, den Verlauf der Geschichte so zu beeinflussen, dass sie die alleinige Macht des Staates in Händen hätten halten können. Jeder Versuch, dies zu tun, brachte Krieg, Revolution, Kriminalität und andere schlimme Konsequenzen mit sich. Dieses negative Resultat würde sich auch in der Zukunft nicht ändern, wenn man dieselbe Handlungsweise mit derselben Zielsetzung ins Spiel bringt. Man kann Nisbet nur zustimmen.

Nisbet sah das Konstante im menschlichen Wesen, seinem eigentlichen Kern, in dessen Gedankenwelt verankert:

> Alles, was in der Geschichte wichtig ist, kann letztlich auf Ideen reduziert werden, die die antreibenden Kräfte sind [...] Der Mensch überragt alles andere dadurch, dass er über moralische Werte nachdenkt, die er und die ihn umgebenden Menschen dem Bereich der Transzendenz [Religion?] entnommen haben.[189]

Nisbet gestand ein, dass soziale, wirtschaftliche und politische Faktoren geschichtliche Ereignisse beeinflussen können, aber er hielt daran fest, dass Ideen, die zu ethischem Handeln führen, die wichtigsten Faktoren sind, um ein harmonisches Zusammenleben zu ermöglichen. Dasselbe kann über die Bedingungen gesagt werden, die gewährleistet sein müssen, um eine Nation zu regieren. In einem gewissen Sinne weisen diese Erwägungen Ähnlichkeiten mit neokonservativen Ansichten auf. Es gebe jedoch – so die Einschätzung Nisbets – zwei wichtige Unterscheidungsmerkmale zum Neokonservatismus, die entsprechend seiner Sichtweise so beschrieben werden können: 1) Andere Faktoren, wie die Volkswirtschaft, Kultur und Religion, die historische Ereignisse entscheidend beeinflussen können,

---

189 Robert A. Nisbet, *Twilight of Authority* (New York City, NY: Oxford University Press, 1975) 233.

werden anerkannt. 2) Die Vorstellung einer auf ein Ziel zusteuernde Geschichte, die nur temporäre Gültigkeit besaß, wird verworfen. Es gibt weder eine Ursache noch einen Mechanismus, die dafür verantwortlich sind, richtungsweisend auf die Geschichtsentwicklung einzuwirken und so ihren Verlauf minuziös zu bestimmen. Deshalb ist jeder Versuch, solch eine Ursache oder einen Mechanismus zu entdecken, vergebliche Mühe. Das einzig Bleibende, von dem man mit Sicherheit ausgehen kann, ist die Beständigkeit des menschlichen Wesens.

1.4.6. Triumpf des politischen Monismus im Westen

Robert A. Nisbet schrieb 1953 das Buch *The Quest for Community*[190], indem er die Ursprünge des europäischen Totalitarismus darlegte. Seine These war, dass der Verlust des Gesellschaftssinnes, wie er sich in der ersten Hälfte des 20. Jahrhunderts in Westeuropa zugetragen hatte, unweigerlich zu einem diktatorischen System führen werde. Der Verlauf der Geschichte unterstreicht die Richtigkeit dieser Annahme.

Der politische Monismus[191] und der soziale Pluralismus sind laut Nisbet die beiden gegensätzlichen Positionen in den Traditionsströmen der sozialen und politischen Philosophien des Westens. Platon stand Pate für die Entstehung der ersten Tradition und Aristoteles für die der zweiten. Der soziale Pluralismus zog eine klare Trennungslinie zwischen dem Staat und der Gesellschaft. Sein hervorstechendes Merkmal war die Beziehung zwischen dem politischen Staat und den verschiedenen Institutionen des

---

190 Robert A. Nisbet, *The Quest For Community: A Study in the Ethics of Order and Freedom* (New York City, NY: Oxford University Press, 1953; San Francisco, CA: Institute for Contemporary Studies, 1990); http://archive.org/details/RobertNisbetTheQuestForCommunity

191 Der Monismus ist die philosophische oder metaphysische Position, wonach sich alle Vorgänge und Phänomene der Welt auf ein einziges Grundprinzip zurückführen lassen. Der Monismus bezieht damit die Gegenposition zum Dualismus und Pluralismus, die zwei oder viele Grundprinzipien annehmen. https://de.wikipedia.org/wiki/Monismus

sozialen Bereiches.[192] Die jeweilige Regierungsform ist von geringerer Bedeutung als die Beziehung zu den intermediären Institutionen[193], denn „selbst eine Regierung, die ihrer Struktur nach monarchisch oder oligarchisch ist, kann eine auf die Freiheit seiner Bürger bedachte Regierung sein, wenn sie – wie oftmals in der Geschichte geschehen – die anderen Institutionen der Gesellschaft respektiert und deshalb autonome Sphären in sozialen und wirtschaftlichen Bereichen zulässt".[194] Im Gegensatz dazu stellt der politische Monismus die Vorrangstellung des Staates heraus. Die klassische Artikulation dieser Vorstellung, meinte Nisbet, finde sich in den Schriften Platons, einem der ersten politischen Monisten des Westens:

> Es ist unmöglich, die politischen Schriften Platons zu lesen, ohne das echte Interesse [des Philosophen] zu erkennen, das er dem Individuum und dem Staat gleichermaßen schenkte. Das Problem, dem Platon, so wie Rousseau zweitausend Jahre später, gegenüberstanden, war die Frage, welche Bedingungen erfüllt werden müssen, um die absolute Freiheit des Individuums und das absolute Recht des Staates miteinander in Einklang zu bringen.

> Platon legte eine radikale Lösung des Problems vor. Er schlug vor, dass nichts weniger ausreichen würde, als die Abschaffung aller Formen der sozialen und geistlichen Loyalität, die alleine dadurch, dass sie vorhanden sind, disparate Wirkungen auf die Individuen ausübten und innerhalb der gesamten Gesellschaft des Staates selbst eine geteilte Loyalität verursachten. Ernest Barker schrieb, dass ein Eifern für die Belange des Staates Platon ergriffen habe, das wie ein Feuer alles verzehren

---

192 Nisbet, *Twilight of Authority*, 245-246.

193 Damit sind eben gerade die verschiedenen Institutionen des sozialen Bereiches, wie zum Beispiel Familie, Nahbarschaft und Kirche, gemeint. Im Idealfall befinden sich diese autonomen Sphären in den sozialen und wirtschaftlichen Bereichen.

194 Nisbet, *Twilight of Authority*, 246.

würde, was nicht zum Staat gehörte. Ein brennendes Feuer macht vor nichts halt und deshalb konnten Ausnahmen zur organischen Einheit des Staates nicht toleriert werden.[195]

Thomas Hobbes und Jean-Jacques Rousseau folgten Platon als moderne Repräsentanten der monistischen Tradition konsequent nach. Sie definierten das eigentliche Wesen des Staates, „nicht als Macht oder Unterdrückung, sondern als Gerechtigkeit, Freiheit und Friede, die dem Einzelnen zugutekommen".[196] Laut Hobbes lag die größte Autorität des absoluten Staates in seiner Macht, ein Umfeld zu schaffen, das dem Einzelnen die Möglichkeit eröffnet, seine persönlichen Ziele zu verfolgen.[197] Rousseau ging einen entscheidenden Schritt weiter als Hobbes, indem er proklamierte, dass es keine Moral, keine Freiheit, keine Gemeinschaft außerhalb der Struktur des Staates gebe.[198] Wohingegen Hobbes sich damit zufrieden gab, dem Einzelnen zu gestatten, sein Leben innerhalb eines Staates entsprechend seiner eigenen Vorstellungen zu gestalten, erblickte Rousseau als erster moderner Philosoph im Staat das geeignete Mittel, Konflikte nicht nur zwischen Institutionen zu lösen, sondern auch im Inneren des Menschen selbst.[199] Die Zugehörigkeit zum Staat sollte das oberste Kriterium der Identität eines Bürgers sein, nicht seine Beziehung zu irgendeiner anderen Institution. Der Staat sei absolut, unteilbar und allmächtig. Eine Zivilreligion könne alle sozialen und individuellen Streitigkeiten schlichten.[200]

---

195 Nisbet, *The Quest For Community*, 115; https://archive.org/details/RobertNisbetTheQuestForCommunity/page/n137

196 Nisbet, *The Social Philosophers*, 10.

197 Nisbet, *The Quest for Community*, 137-138; https://archive.org/details/RobertNisbetTheQuestForCommunity/page/n159

198 Ebd., 140; https://archive.org/details/RobertNisbetTheQuestForCommunity/page/n163

199 Ebd.

200 Nisbet, *The Social Philosophers*, 37-45.

Der Ursprung der neuen etatistischen Ideologie sei Rousseaus Idee des Gemeinwillens (frz. volonté générale), die nichts anderes als das fiktive Konstrukt einer politischen Abstraktion ist. Die Französische Revolution habe den Beginn der konkreten Umsetzung dieser politischen Philosophie markiert, als die ehemaligen Untertanen des Bourbonenkönigs nur noch als Bürger angeredet werden durften. Anstatt aber natürliche oder soziale Gemeinschaften zu begünstigen, schuf Rousseaus Gesellschaftsvertrag die Grundlage der politischen Souveränität: Die Individuen sollten ihre Zweckbestimmung nicht in lokalen Gruppen oder traditionellen Gemeinschaften erfüllen, sondern im Staat. Der einzelne Bürger könne angeblich nur unter der unmittelbaren Aufsicht und Leitung des Staates, ungeachtet seiner oft willkürlichen Bürokratie, ein freies Leben führen.

> Um dies tun zu können, müssen die autonomen Gemeinschaften, wie Familie, Nachbarschaft und Kirche, zuerst auf ihre individuelle Komponente reduziert werden, damit sie alle fast gleichförmig aussehen, um anschließend wieder in einheitliche Konglomerate zusammengefügt zu werden. Der Staat erteilt die Erlaubnis, ob sie existieren dürfen oder [in ihrer Handlungsfreiheit] anderweitig eingeschränkt werden.[201]

Die Ideologie des Etatismus räumte dem Menschen nur dann eine Existenzberechtigung ein, wenn er eine Staatsbürgerschaft besaß. Die Zugehörigkeit zu einer traditionellen Volksgemeinschaft, wie zum Beispiel Familie, Kirche, Verein oder Bruderschaft, galt nicht mehr als ausreichend, um das Wesentliche am Menschsein zu definieren, war sie doch ein Produkt der verpönten feudalistischen Gesellschaft. Nisbet benennt diese Volksgemeinschaften intermediäre (dazwischenliegende, vermittelnde) Institutionen.

Dieselbe Illusion der obersten Souveränität des Staates als politisches Ideal hat die Vorstellungskraft der

---

201 Nisbet, *Twilight of Authority*, 245.

amerikanischen Progressivisten seit Mitte des 19. Jahrhunderts ergriffen. Befürworter des amerikanischen Wohlfahrtsstaates, der mit der Einführung des öffentlichen Schulsystems in Massachusetts begann, bestehen hartnäckig darauf, dass der Staat alleine die Institution sei, die das Wohlergehen innerhalb seiner Grenzen garantiere. Im Weiteren beschweren sie sich darüber, dass er bislang noch nicht die einzige Quelle der Fürsorge sei. Dass der postdarwinsche Sozialismus die Staatsloyalität eines von allen anderen gesellschaftlichen Bindungen losgelösten Individuum hervorhob, sollte sich im Nachhinein als Fluch erweisen. Ein katastrophaler Zusammenbruch des allgemeinen Zugehörigkeitsempfindens stellte sich ein, der seit Ende des Zweiten Weltkrieges in der westlichen Zivilisation ein kulturelles Phänomen geworden ist. Der an der Harvard Universität lehrende Politikwissenschaftler Robert D. Putnam[202] schrieb ein viel beachtetes Buch zu diesem Thema mit dem Titel *Bowling Alone*[203] (2001). Ein besseres Buch veröffentlichte Charles Murray 2012 unter der Bezeichnung *Coming Apart*[204].

1.4.7. Überlegenheit der traditionellen Gesellschaft

Moderne Befürworter der Tradition des sozialen Pluralismus, die die persönliche Lebenssphäre der lokalen Gemeinschaften gegenüber der unpersönlichen Macht des Staates betonten, waren Burke, Acton, Tocqueville, Lammenais, Proudhon und Kropotkin. Nisbet zollte Edmund Burkes[205]

---

202 Robert D. Putnam ist der Peter and Isabel Malkin Professor of Public Policy an der Harvard University.

203 Robert D. Putnam, *Bowling Alone: The Collapse and Revival of American Community* (New York City, NY: Touchstone Books by Simon & Schuster, 2001).

204 Charles Murray, *Coming Apart: The State of White America, 1960-2010* (New York City, NY: Crown Forum; Penguin Random House, [2012] 2013).

205 Edmund Burke (1729-1797) war ein irisch-britischer Schriftsteller, früher Theoretiker der philosophischen Disziplin der Ästhetik, Staats-

Reflections on the Revolution in France[206] besondere Beachtung und wertete es als das wichtigste Werk, das den modernen sozialen Pluralismus und politischen Konservatismus begründete. Burkes Widerstand gegen die Französische Revolution war „in seinem tiefgründigen Glauben an die Überlegenheit der traditionellen Gesellschaft verwurzelt […] und dem ihr innewohnenden organischen Veränderungsprozess gegenüber der zentralisierten politischen Macht".[207] Burke verabscheute die „rationalistische Schlichtheit" der Französischen Revolution wegen ihres zerstörerischen Einwirkens auf die intermediären Institutionen der traditionellen Gruppen und örtlichen Gemeinschaften.[208] Gefühle, wie Liebe und Loyalität, kann man am besten in kleinen Gruppen statt in einer nationalen Gesellschaft kultivieren. Tatsächlich sei es einer realen nationalen Gesellschaft nur dann möglich zu existieren, wenn die einzelnen Bürger ihre lokale Verbundenheit zum Wohle eines übergeordneten Staates nicht aufgeben würden.[209] Gibt es aber keine intermediären Institutionen in der Gesellschaft, dann besitzen die Bürger nichts, wofür sie sich aufopfernd einsetzen können. Dann verliert auch das übergeordnete Wohl der nationalen Gesellschaft ihre konkrete Verankerung und Bedeutung im lokalen Beieinander der Bevölkerung. Die traditionellen Gruppen und örtlichen Gemeinschaften sind notwendige Bestandteile einer nationalen Gesellschaft, denn sie liefern dem Bürger eine solide Existenzgrundlage.

---

philosoph und Politiker in der Zeit der Aufklärung. Er gilt als geistiger Vater des Konservatismus. https://de.wikipedia.org/wiki/Edmund_Burke

206 Edmund Burke, *Reflections on the revolution in France: and on the proceedings of certain societies in London relative to that event, in a letter intended to have been sent to a gentleman in Paris* (London: Apollo Press, [1790] 1814); https://archive.org/details/in.ernet.dli.2015.45683/page/n1; Edmund Burke, *Über die Französische Revolution. Betrachtungen und Abhandlungen* (Zürich: Manesse, 1987; Akademie, Berlin 1991).

207 Nisbet, *The Social Philosophers*, 53.

208 Ebd., 56.

209 Robert A. Nisbet, "The French Revolution and the Rise of Sociology in France," *The American Journal of Sociology* 49 (November, 1943), 158.

1.4.8. Entstehung des Staates als Folge des Krieges

Die Idee des Fortschrittes ist ein wichtiger Bestandteil der Ideologie des Krieges, die der Staat dazu verwendete, um die Zentralisierung seiner Macht zu Ungunsten der intermediären Institutionen zu rechtfertigen. Die Bürger gaben erst dann freiwillig ihre Privilegien und Freiheiten auf, wenn der Staat sie überzeugen konnte, dass ihnen die Zukunft mehr Vorteile bringen würde als die Vergangenheit. Der Aufruf T. Woodrow Wilsons, die Welt mittels der Teilnahme Amerikas am Ersten Weltkrieg für die Demokratie zu sichern, überzeugte die US-Bevölkerung erst dann, als er ihnen eine bessere Welt nach dem Friedensschluss versprach. Ansonsten gab es für sie keinen triftigen Grund, sich den Maßnahmen des Staates, Soldaten an die Front nach Frankreich zu entsenden und immense Steuern für die Kriegsausgaben zu erheben, vorbehaltlos unterzuordnen. Angesichts dieser Tatsache überrascht es nicht, dass die in Diensten des Staates stehenden Intellektuellen den Bürgern unablässig und eindringlich die Vorteile des Fortschrittes darlegten. Wie Nisbet bemerkte, hat die Idee des Fortschrittes im Verständnis des Westens in der Gegenwart ihren Höhepunkt erreicht. Von einer der wichtigsten Ideen im Westen hat sie sich zur vorherrschenden Ideologie etabliert.[210]

Nisbet sieht den Staat als ein künstliches Konstrukt an, das den traditionellen Gesellschaften entgegenstand und dessen Ursprung auf gewaltsame Konflikte zwischen verschiedenen Herrschaftsansprüchen zurückgeführt werden kann.[211] In Zeiten des Krieges haben sich das territoriale Ausmaß und die totalitäre Machtbefugnis des Staates am meisten vergrößert; eine Tatsache, die Nisbet deutlich vor Augen stand:

> Überall dort, wo wir dem Staat erstmals in der Geschichte begegnen, ist er lediglich die Institutionalisierung und Projektion auf größere

---

210 Nisbet, *History of the Idea of Progress,* 171.

211 Nisbet, *The Quest for Community*, 100; https://archive.org/details/ RobertNisbetTheQuestForCommunity/page/n123

Ermessensbereiche der Funktion und Autorität und rührt von der Befehlsgewalt her, die die Kriegsherren mit ihren Soldaten verbindet.[212]

Das Aufkommen des Staates erfolgte oftmals auf Kosten des Verwandtschaftssystems, wie es Homer in seinem Epik *Ilias* illustrierte. Darin wurden die großen Schwierigkeiten der griechischen Gesellschaft wahrscheinlich in der zweiten Hälfte des 8. Jahrhunderts v. Chr. dargestellt. Das schwerwiegende Problem der Athener jener Zeit entstand aus dem Konflikt zwischen einem jahrhundertealten Verwandtschaftssystem und den dringenden Erfordernissen des Krieges. Schlussendlich behielt der Staat in dieser Konfrontation die Oberhand.[213] Der Staatsmann Kleisthenes von Athen (um 570 v.Chr. - nach 507 v.Chr.) sorgte dafür, dass die innige Beziehung der Verwandtschaft überall abgeschafft wurde. An ihre Stelle traten die Polis (der Stadtstaat) und der Individualismus. So behauptete sich die oligarchische Regierung in Athen gegen die traditionelle Grundlage der politischen Autorität, die das Verwandtschaftssystem zuvor innehatte.

Diesbezüglich glich die römische Geschichte in fast jeder Hinsicht der griechischen. Es entbrannte ein Konflikt zwischen der „patria potestas", der heiligen und unveräußerlichen Souveränität, die die Familie über ihre eigenen Angelegenheiten besaß, und dem „imperium militiae", der Macht, die den Militärkommandeuren über ihre Truppen verliehen war.[214] Als das Imperium den Platz der Republik einnahm, triumphierte der Staat gegenüber den traditionellen Verwandtschaftsstrukturen. Als Augustus zum „Pontifex Maximus" gesalbt wurde, vereinigten sich die Bereiche des zivilen und religiösen Lebens unter seiner Oberherrschaft. Die „Institutiones Iustiniani" (das Gesetzeswerk Kaiser Justinians), legte fest, dass der Souverän die einzige Quelle

---

212 Joseph R. Peden & Fred Glahe, Hss., "Foreword" in *The American Family and the State* (San Francisco, CA: Pacific Research Institute, 1986) xxi.

213 Ebd., xxi-xxii.

214 Ebd., xxxxiii.

des Gesetzes ist. Es gebe keine höhere Macht, die über ihm steht. Nisbet beschreibt die schwindende Autorität der römischen Familie während jener Zeitperiode: „Im 5. Jahrhundert hatten die zwei Kräfte der Zentralisierung [der Staatspolitik] und der Atomisierung [der Gesellschaft] die einst stolze römische Familie zwischen sich zermalmt."[215]

Die Wiederentdeckung der „Institutiones Iustiniani" in der frühmodernen Zeitepoche beeinflusste die erneute Militarisierung der Gesellschaft; und mit dieser Militarisierung stellte sich zwangsläufig der Krieg ein. Dieser wiederum eröffnete die Gelegenheit, dass der Staat auf Kosten der traditionellen Gesellschaften mehr Macht an sich reißen konnte.[216] Unter den schlimmen Bedingungen des Krieges mussten sich diese intermediären Institutionen dem Staat unterordnen. „Nur dadurch, dass es dem Staat gelang, die traditionellen sozialen Autoritäten bis hin zum einzelnen Bürger, der ihm nun unterstand, zu durchdringen, konnte sich seine eigene Herrschaftsgewalt behaupten."[217] Die einzelnen Bürger mussten ihre Loyalität in allererster Linie gegenüber dem Staat anstatt ihrer Verwandtschaft bekunden. Allein vom Staat erhielten sie eine nationale Identität. Der Krieg vermittelte den Staatsbürgern ein Gemeinschaftsgefühl, das nicht intensiver sein kann. „Es ist die Art der Gemeinschaft, die durch das Aufkommen einer Notlage entstanden ist. Sie wird durch geteilte Werte und Emotionen bestärkt, die tief in das menschliche Wesen hineinreichen."[218] Aber dieses neue Gemeinschaftsgefühl ersetzte das bis dahin gültige und wirksame. Soziale Neuerungen lösten traditionelle Gebräuche ab.[219] Im Laufe der Zeit entwickelte sich der Staat von einem exklusiven

---

215 Ebd.

216 Nisbet, *Twilight of Authority*, 167.

217 Robert A. Nisbet, *The Social Bond: An Introduction to the Study of Society* (New York City, NY: Alfred A. Knopf, 1970) 385; https://archive.org/details/socialbondintrod0000nisb

218 Nisbet, *History of the Idea of Progress*, 309.

219 Ebd., 309-311.

Militärbund zu einer institutionellen Macht, die fast alle Aspekte des menschlichen Lebens kontrolliert.[220]

---

220 Nisbet, *The Quest for Community*, 101; https://archive.org/details/RobertNisbetTheQuestForCommunity/page/n123

Kapitel 2
Reformatorische Darlegung des Evangeliums

2. Reformatorische Darlegung des Evangeliums

Der Grundsatz, dass die Heilige Schrift als Selbstoffenbarung Gottes die oberste Autorität besaß, stand auf dem Banner, unter dem die Schlacht der Reformation ausgefochten wurde. Martin Luther lag viel daran, das Wesentliche am Selbstverständnis der Heiligen Schrift in den Mittelpunkt zu stellen. Die Heilige Schrift forderte für sich die oberste Autorität ein. Die in der Bibel enthaltenen Lehren sind somit für einen Christen maßgebend und sollten nicht auf die gleiche Ebene wie menschliche Meinungen gestellt werden. Gott schenkte sie den Menschen in prophetischen und apostolischen Schriften, die absolut irrtumslos sind. Somit steckte er den Rahmen ab, in dem sich alles Geschehen in der Welt, einschließlich des christlichen Lebens, abspielen soll.

2.1. Autoritative Selbstoffenbarung des souveränen Gottes

2.1.1. Gottes Wort für das Volk

Die Einsicht, dass Gott zu den Menschen vornehmlich durch ein Buch spricht, übte einen größeren Einfluss auf den Verlauf der Reformation aus, als sich dies Luther und seine Gefolgsleute selbst in den kühnsten Träumen hätten ausmalen können. Es veränderte nicht nur ihr eigenes Leben, sondern auch das unzähliger Menschen seit jener Zeit. Manche von ihnen, wie etwa William Tyndale in England, nahmen in Kauf, bis aufs Blut verfolgt und letztlich auf dem Scheiterhaufen verbrannt zu werden, nur um ihren Landsleuten die Heilige Schrift in der ihnen geläufigen Umgangssprache zugänglich machen zu können. Luther war sich bewusst, dass das Wort Gottes ewigen Bestand hat und nie endende Gültigkeit besitzt: „Himmel und Erde werden vergehen, meine Worte aber werden nimmermehr vergehen"

(Mt. 24,35[1]). So belehrte Jesus seine Jünger in der Ölberg-rede kurz vor der Kreuzigung und Auferstehung.

Im Mittelalter kannte man natürlich den Namen der lateinischen Bibelübersetzung, die Vulgata[2], also die Bibel für das Volk. Doch dieser löbliche Name strafte die Wirklichkeit Lüge. Erstens konnten nur die wenigsten Menschen der damaligen Zeit Latein lesen, und zweitens lagen die meisten von Hand geschriebenen Exemplare unter strengem Verschluss in den Klosterbibliotheken. Niemand hatte Zugriff auf sie, außer einigen Mönchen, Gelehrten und hohen Amtsträgern der Römisch-Katholischen Kirche.

Deshalb war es eine der großartigsten Erkenntnisse, die das Denken und Handeln Martin Luthers nachhaltig prägte, dass Gott den Menschen sein Wort in der Form eines Buches gegeben hatte, von dem er wollte, dass es fleißig gelesen und befolgt werden sollte. Der Augustinermönch begriff diese überaus erstaunliche Tatsache: Gott wollte sein Evangelium allen Menschen vermitteln und zwar von einer Generation zur nächsten. Die Heilige Schrift musste darum hinter den verschlossenen Türen der Bibliotheken hervorgeholt und in die jeweiligen Landessprachen übersetzt werden. Nur so konnte das nötige Wissen über Gott selbst und das Erlangen des ewigen Heils sowie die Bedingungen eines Lebens der Heiligung dem einfachen Volk nahegebracht werden. Was nützte die Bibel, wenn sie niemand auch nur von weitem zu Gesicht bekommen konnte? Hatten sich die von Gott inspirierten Propheten und Apostel nicht die größte Mühe gegeben, das über einen Zeitraum von zirka 1600 Jahren offenbarte Wort Gottes auf Papyrusstreifen und Pergamentrollen zu schreiben? Brachten sie nicht die nötige Umsicht auf, um die jeweiligen Schriftensammlungen des Alten und Neuen Testaments an sicheren Orten aufzubewahren, damit sie immer wieder aufs Neue abgeschrieben und später gedruckt werden konnten? Gewiss, aber nun war es an der Zeit – ja, es wäre schon längst Zeit gewesen –, den Inhalt

---

[1] Alle Bibelzitate sind der Herman Menge-Übersetzung (1939) entnommen.

[2] lateinisch vulgata: allgemein gebräuchliche Fassung der Bibel; https://www.duden.de/node/200866/revision/200902

dieser Schriften so breitgefächert auszustreuen, wie nur möglich – und zwar in einer Sprache, die jeder in den deutschen Fürstentümern verstehen konnte.

2.1.2. Verkündigung ewiger Worte in verständlicher Sprache

Nicht die offiziellen Verlautbarungen des Bischofs von Rom, nicht die ekstatischen Visionen eines Thomas Müntzer, nicht die mystischen Bekundungen der Zwickau-Propheten waren das Vehikel des herrlichen Evangeliums; einzig und allein die Buchstaben und Sätze der Heiligen Schrift dienten dem Zweck der Vermittlung göttlicher Gebote, Verheißungen und Prophezeiungen. Der Allmächtige bediente sich ausschließlich menschlicher Kommunikationsmittel, um mit der Krone seiner Schöpfung in Beziehung zu treten. Dazu benützte er ursprünglich die in Schriftzeichen gekleideten Ausdrucksformen der hebräischen, aramäischen und griechischen Sprache. Seine ewigen Gedanken übermittelte er im Stil eines großen Poeten, eines kreativen Erzählers und eines Meisters der Lyrik. In den Evangelien lesen wir sogar, dass der Sohn Gottes, Jesus Christus, zeitweise nur in Gleichnissen zu den ihn umringenden Menschenscharen sprach. Auch wenn ein Großteil der versammelten Volksmenge den geistlichen Sinn der Worte Jesu nicht verstand, versäumte es der Messias nie, seinen zwölf Jüngern die Geheimnisse des Königreichs Gottes aufzuschließen. Einmal fügte er sogar folgende Erklärung seinem eher seltsam anmutenden Verhalten hinzu:

> 13 Deshalb rede ich in Gleichnissen zu ihnen, weil sie mit sehenden Augen doch nicht sehen und mit hörenden Ohren doch nicht hören und nicht verstehen. 14 So geht an ihnen die Weissagung Jesajas in Erfüllung (Jes 6,9-10), die da lautet: „Ihr werdet immerfort hören und doch nicht verstehen, und ihr werdet immerfort sehen und doch nicht wahrnehmen (oder: erkennen)! 15 Denn das Herz dieses Volkes ist stumpf (= unempfänglich) geworden: ihre Ohren sind schwerhörig geworden, und ihre Augen haben sie geschlossen,

damit sie mit den Augen nicht sehen und mit den Ohren nicht hören und mit dem Herzen nicht zum Verständnis gelangen, und sie sich (nicht) bekehren, dass ich sie heilen könnte." 16 Aber eure Augen sind selig (zu preisen), weil sie sehen, und eure Ohren, weil sie hören! 17 Denn wahrlich ich sage euch: Viele Propheten und Gerechte haben sehnlichst gewünscht, das zu sehen, was ihr seht, und haben es nicht gesehen, und hätten gerne das gehört, was ihr hört, und haben es nicht zu hören bekommen. (Mt. 13,13-17)

Anschließend unterwiesen die Apostel die ihrer Leitung anvertraute Gemeinde Jesu in dem Wort Gottes. Die Botschaft des Himmels wurde den Menschen, die sich dafür interessierten, in einer ihnen verständlichen Weise vermittelt. Gott ist immer bereit, die Menschen anzusprechen, um sie zu sich zu ziehen. Denn nur bei ihm finden sie ewiges Heil. Doch um das Angebot der Erlösung von aller Sündenschuld anzunehmen, müssen sie bestimmte Dinge über das Leben, Sterben und Auferstehen Jesu Christi wissen. Die Errettung ist an den Glauben gebunden und zwar ausschließlich an den Glauben. Es ist ein Glaube an Jesus Christus, das fleischgewordene Wort Gottes, der uns jetzt in den Seiten der Bibel begegnet.

6 Die Gerechtigkeit dagegen, die aus dem Glauben kommt, spricht so: „Denke nicht in deinem Herzen: ‚Wer wird in den Himmel hinaufsteigen?' – nämlich um Christus herunterzuholen –; 7 oder: ‚Wer wird in den Abgrund hinabsteigen?' – nämlich um Christus von den Toten heraufzuholen" –, 8 sondern was sagt sie? „Nahe ist dir das Wort: in deinem Munde und in deinem Herzen (hast du es)", nämlich das Wort vom Glauben, das wir verkündigen. (Röm. 10,6-8)

Deshalb ist es folgerichtig, wenn Paulus kurz darauf noch Folgendes hinzufügt: „Mithin kommt der Glaube aus der Botschaft, die Predigt aber (erfolgt) durch Christi Wort" (Röm. 10,17).

2.1.3. Verpflichtung zum absoluten Gehorsam

Das Neue an Luther ist die Vorstellung, dass der Christ gegenüber der Schrift zum absoluten Gehorsam verpflichtet ist; dadurch entbindet er ihn von jeder menschlichen Autorität – sei es ein Papst, Kirchenkonzil oder Herrscher –, die sich an die Stelle des Wortes Gottes stellt. Die historischen Konsequenzen, die sich aus dieser einfachen Feststellung ergaben, waren gewaltig und wirken heute noch nach 500 Jahren kräftig nach. Wie nicht anders zu erwarten war, vertraten die kirchlichen Würdenträger jener Epoche eine gegenteilige Meinung, die sie, wie aus der Entgegnung Silvester Prierias auf Luthers 95 Thesen zu entnehmen ist, mit großer Nachdrücklichkeit vorzutragen wussten. Prierias war der römisch-katholische Erzrivale des Wittenberger Mönchs. Was er von dem lutherischen Prinzip des „sola scriptura" (allein die Heilige Schrift), unter dessen Bezeichnung es später bekannt wurde, hielt, wird nur zu deutlich ausgedrückt in den folgenden Worten: „Derjenige, welcher die Lehren der Kirche von Rom und des Papstes von Rom nicht als unfehlbare Regel des Glaubens akzeptiert, von welcher selbst die Heilige Schrift ihre Kraft und Autorität schöpft, ist ein Irrlehrer."[3] Wurde man einmal von Rom zum Irrlehrer deklariert, folgte bald die Proklamation des päpstlichen Bannes; es sei denn, man war sofort bereit, seinen angeblich häretischen Ansichten öffentlich abzuschwören. Wurde der Bann jedoch ausgesprochen, endete der Vollzug

---

[3] Silvester Prierias, *De potestate papae adversus theses Martini Lutheri* (Dialog über die Macht des Papstes gegen Luthers Thesen). Originalzitat aus dem Lateinischen ins Deutsche übersetzt. S. dazu: Carl Mirbt, *Quellen zur Geschichte des Papsttums und des römischen Katholizismus* I, hrsg. v. Kurt Aland (Tübingen: Mohr (Siebeck), [1901] ⁶1967) Nr. 760. Luthers Antwort auf Prierias Dialog findet sich in Martin Luther, D. Martin Luthers Werke. 120 Bände (Weimar: Hermann Böhlaus Nachfolger / Graz: Akademische Druck- und Verlagsanstalt, 1883-2009; Köln: Böhlau, 2009); gewöhnlich bezeichnet als Weimarer Ausgabe (WA). WA 1, 647-686. Die Replica des Prierias auf Luthers Antwort druckte Luther zusammen mit einem Vorwort ab, ohne sie im Einzelnen zu beantworten, vgl. WA 2, 50-56 und die sog. Epitome des Prierias, das 3. Kapitel einer weiteren gegen Luther gerichteten, aber nicht vollendeten Schrift, druckte Luther mit Vorwort, Randbemerkungen und Nachwort ab. WA 6, 328-348.

oft im Tod des der Irrlehre bezichtigten Opfers. Unverkennbar tritt in Prierias Bekanntgabe die irrige Ansicht zutage, dass die Kirche die einzige Anstalt des Heils und der Papst der alleinige Interpret des Wortes Gottes seien. Angeblich gewönne das Buch der Bücher seinen Wert und seine Gültigkeit einzig und allein kraft der päpstlichen Amtsgnade, welche in der – wie man vorgab – allein selig machende Römisch-Katholische Kirche wirksam sei. Im Bewusstsein gestärkt, dass Gott seine souveräne Hand über allem Geschehen hält, verbrannte Luther am 5. Dezember 1520 die Bannandrohungsbulle des Papstes Leo X. im Beisein seiner Wittenberger Kollegen und Studenten öffentlich im Feuer. Noch heute kann man den Ort im sächsischen Wittenberg besichtigen, wo seit vielen Jahren die Luthereiche steht. Das Anliegen einer weiten Verbreitung des Wortes Gottes unter dem Volk wog bei ihm schwerer als die Sorge um sein eigenes Leben, das bald danach unter dem Todesurteil stehen sollte, nachdem der Papst seine Androhung wahrgemacht hatte.

1539 schrieb Luther folgenden Kommentar über den Psalm 119:

> In diesem Psalm sagt David stets, dass er immerzu Tag und Nacht sprechen, denken, reden, hören möchte – über nichts anderes als dem Wort Gottes und den Geboten. Denn Gott möchte uns seinen Geist nur mittels des externen Wortes geben. Diese Aussage ist äußerst wichtig. Das externe Wort ist das Buch der Bücher. Und die rettende, heiligende, erleuchtende Wirkung des Geistes Gottes, so sagt er uns, komme den Menschen zu dank dieses „„externen Wortes".[4]

2.1.4. Objektive Qualität der Heiligen Schrift

Luther nennt es das externe Wort, um zu betonen, dass es objektiv, feststehend und unveränderlich ist, ja sich außerhalb unserer subjektiven Befindlichkeit postiert, um von unseren schwankenden und irrenden Gedanken und Gefühlen nicht beeinflusst zu werden. Es ist schlicht und einfach ein Buch. Weder die Vorschrift einer kirchlichen Behörde noch die Erkenntnis einer mystischen Erleuchtung kann es ersetzen oder umgestalten. Wie Gott selbst existiert das Wort außerhalb der manipulierenden Kontrolle des Menschen. Man kann es begierig annehmen oder links liegen lassen, ändern kann man die Botschaft dieses Buches jedoch nicht, selbst wenn es abertausende Male versucht worden ist. „Denn", so zitiert der Apostel Petrus das prophetische Wort in seinem ersten Brief, „,alles Fleisch ist wie Gras und alle seine Herrlichkeit wie des Grases Blume; das Gras verdorrt und seine Blume fällt ab, das Wort des Herrn aber bleibt in Ewigkeit'. Dies ist aber das Wort, das euch als Heilsbotschaft verkündigt worden ist" (1.Petr. 1,24-25). Dieses ewige, unveränderliche und unfehlbare Wort begegnet uns in feststehenden Buchstaben, Worten und Sätzen. Ein Jahr vor seinem Tod unterstreicht Luther 1545 noch einmal mit größtem Nachdruck diese Tatsache: „Möge der Mensch, welcher wünscht, Gott sprechen zu hören, die Heilige Schrift lesen."

Luther wusste, dass einige Menschen der Überzeugung, das Wort Gottes ist in einem gewöhnlichen Buch enthalten, nur Unverständnis entgegenbringen würden. Es war ihm bewusst, dass diese dachten, eine derartige Behauptung würde die wichtige Rolle des Heiligen Geistes im Vermitteln des geistlichen Lebens und der religiösen Erkenntnis zunichtemachen oder zumindest einschränken. Doch er selbst konnte dieser Einschätzung nicht zustimmen. Gleichfalls hätte man argumentieren können, dass das hellstrahlende Licht der Sonne den Arzt überflüssig mache, der dem Blinden das Augenlicht wiedergibt. 1520 schrieb er in seiner Schrift *De servo arbitrio*[5] (Vom unfreien Willen) Folgendes: „Eines versichere ich ihnen, dass niemand ein Gelehrter der Heiligen Schrift werden wird ohne den

---

[5] Martin Luther, *De servo arbitrio*, in Wilfried Härle; Johannes Schilling; Günther Wartenberg, Hrsg., *Martin Luther Studienausgabe, Lateinisch-Deutsch: Band 1: Der Mensch vor Gott* (Leipzig: Evangelische Verlagsanstalt, 2006); s. dazu: Martin Luther, *Vom unfreien Willen*, in Kurt Aland, Hrsg., *Luther Deutsch. Die Werke des Reformators in neuer* Auswahl *für die Gegenwart*. Band 3 (Stuttgart/Göttingen: Vandenhoeck & Ruprecht, 1961ff.) 151-334.

Beistand des Heiligen Geistes vom Himmel."[6] Luther war völlig von der unentbehrlichen Wirksamkeit des Heiligen Geistes überzeugt. Deshalb ist es eine grandiose Fehleinschätzung der wirklichen Position Luthers, wenn man behauptet, seine hohe Meinung über die Bibel als dem externen Wort Gottes sei gleichbedeutend mit einer Herabwürdigung der Wirksamkeit des Heiligen Geistes. Im Gegenteil, es lag ihm viel daran, den Heiligen Geist als das größte Geschenk Gottes an die Christenheit anzusehen. Doch wie kam er zu dieser Meinung? Einzig im Lesen der Schrift erkannte er die Wichtigkeit der Geistesausgießung. Ohne das externe Wort würde niemand das Wirken eines Geistes von dem eines anderen unterscheiden können. Ja, selbst die Erkenntnis der objektiven Persönlichkeit des Heiligen Geistes würde in einer Sturzflut subjektiver Empfindungen ertränkt werden. Die besondere Wertschätzung des Buches der Bücher schloss für Luther die Hochachtung nicht aus, die er dem Heiligen Geist als einer göttlichen Person der Dreieinigkeit entgegenbrachte; einer Person, die erkannt und geliebt werden konnte. Der Heilige Geist war demnach nicht die unpersönliche Ursache eines zwar großartigen, aber schwindenden Hochgefühls, sondern die im Gläubigen innewohnende Person der Dreieinigkeit. Dieser Geist sorgt dafür, dass man den richtigen Sinn der Schrift erkennen und glauben kann. In seiner zweiten Abschieds- und Trostrede unterbreitete Jesus seinen Jüngern die Tatsache der baldigen Ausgießung des Heiligen Geistes. Zusätzlich fügte er hinzu, welche Rolle der Geist in ihrem zukünftigen Leben spielen wird.

> 12 Noch vieles hätte ich euch zu sagen, doch ihr könnt es jetzt nicht tragen. 13 Wenn aber jener gekommen ist, der Geist der Wahrheit, der wird euch in die volle Wahrheit einführen; denn er wird nicht von sich selbst aus reden, sondern was er hört, das wird er reden und euch das Zukünftige verkünden. 14 Er wird mich verherrlichen, denn von meinem Eigentum wird er es nehmen und euch verkünden. Alles, was der Vater

---

[6] Luther, *De servo arbitrio*, 46.

hat, ist mein; 15 deshalb habe ich gesagt, dass er es von meinem Eigentum nimmt und es euch verkündigen wird. (Joh. 16,12-15)

Ein weiterer Einwand gegen Luthers Meinung, die Kirche schätze die Wichtigkeit dieses Buches nicht hoch genug ein, ging von der abwegigen Vorstellung aus, das niedergeschriebene Wort Gottes würde die Bedeutung des fleischgewordenen Wortes, Jesus Christus, überschatten. Doch Luther gab unmissverständlich zu verstehen, dass er gerade das Gegenteil für richtig hält. Verlöre das externe Wort Gottes an Bedeutung, würde proportional auch das fleischgewordene Wort – die historische Person Jesus Christus – an Wirklichkeit verlieren. Christus würde zu einem Spielball der willkürlichen Ansichten der Menschen degradiert. Man wisse dann gar nicht mehr, wer Jesus eigentlich gewesen ist.

2.1.5. Bildhafte Peitschenhieb gegen skrupellose Geldeintreiber

Die allgemeine Kenntnis über den Sohn Gottes war schon seit der Spätantike von allerlei Mythen entstellt. Im Mittelalter wurde sie von philosophischer Spekulation und heidnischem Aberglauben gründlich zugedeckt. Die Renaissance brachte nur stückweise, vornehmlich in der 1516 erfolgten Veröffentlichung des griechischen Neuen Testaments in Basel, eine Verbesserung dieser prekären Situation zustande. Das Gewissen eines einfachen Augustinermönchs war nach jahrelangen inneren Kämpfen mit der eigenen Sündhaftigkeit und dem Gefühl der Gottverlassenheit plötzlich von dem hellen Strahl der paulinischen Rechtfertigungslehre entzündet worden. Alleine durch den Glauben an Christus und sein stellvertretendes Sühneopfer am Kreuz, an dem der Sohn Gottes die grauenhafte Strafe der Schuld seines Volkes erduldet hatte, war es einem Menschen möglich, vom brennenden Zorn Gottes und dem endgültigen Verdammungsgericht errettet zu werden. Vergebung, Barmherzigkeit und Gnade würden anstelle einer strafenden

Gerechtigkeit treten. Wie konnte man also der Hölle entrinnen? Die Bibel wies auf den einzigen Ausweg hin, der dem unter Gottes Fluch stehenden Sünder in Aussicht stand, um völlig freizukommen von aller Boshaftigkeit, Ungerechtigkeit und Schuld. Das großartige Angebot des Evangeliums, das im Römerbrief in solch leuchtenden Farben geschildert wird, durfte einfach nicht mehr vom Scheffel der menschlichen Gottlosigkeit, die besonders ein religiöses Gehabe an den Tag gelegt hatte, überdeckt werden.

> 21 Jetzt aber ist, unabhängig vom Gesetz, jedoch bezeugt von dem Gesetz und den Propheten, die Gottesgerechtigkeit geoffenbart worden, 22 nämlich die Gottesgerechtigkeit, die durch den Glauben an Jesus Christus für alle da ist und allen zukommt, die da glauben. Denn hier gibt es keinen Unterschied; 23 alle haben ja gesündigt und ermangeln des Ruhmes, den Gott verleiht, 24 so werden sie umsonst durch seine Gnade gerechtfertigt vermöge der Erlösung, die in Christus Jesus (erfolgt) ist. 25 Ihn hat Gott in seinem Blute als ein durch den Glauben wirksames Sühnemittel hingestellt, damit er seine Gerechtigkeit erweise, weil die Sünden, die früher während der Zeiten der Langmut Gottes begangen worden waren, bisher ungestraft geblieben waren; 26 er wollte also seine Gerechtigkeit in der gegenwärtigen Zeit erweisen, damit er selbst als gerecht dastehe und (zugleich) jeden, der den Glauben an Jesus besitzt, für gerecht erkläre. (Röm. 3,21-26)

Luther besaß eine Waffe, mit Hilfe derer er das schamlose Verhökern des fleischgewordenen Wortes auf den Märkten Sachsens und anderer Gebiete unterbinden konnte. Er trieb die Geldwechsler – die dominikanischen Ablassverkäufer – mit der Peitsche des externen Wortes, der heilsbringenden Botschaft Gottes, von ihren Verkaufsständen. Als er die 95 Thesen am 31. Oktober 1517 an die Eingangstüre der Schlosskirche in Wittenberg nagelte, lautete die These 45 aus dem Lateinischen ins Deutsche übersetzt wie folgt: „Die Christen sollten belehrt werden, dass derjenige, der einen Bedürftigen sieht und an ihm vorübergeht, und einen Ablassbrief kauft, anstelle die Sündenvergebung des Papstes den Zorn Gottes empfängt." Dieser bildhafte Peitschenhieb gegen die skrupellosen Geldeintreiber Roms gewann seine unfehlbare Wirkungskraft aus der Geschichte des Guten Samariters und dem Liebesgebot. Beides fand Luther geschrieben in einem Buch, dem externen Wort Gottes. Und ohne dieses Buch gäbe es keinen Peitschenhieb gegen die habgierige Ruchlosigkeit der päpstlichen Gefolgsmänner. Die katholische Vorstellung des fleischgewordenen Wortes stand immer in der Gefahr, wie ein tönernes Gefäß in den Fingern eines Töpfers nach Belieben umgestaltet zu werden, weil fast niemand die Möglichkeit besaß nachzuprüfen, ob die Priester Roms ihrer Verkündigungspflicht auch gewissenhaft nachkamen; und selbst wenn sie dies taten, waren nur die wenigsten ihrer Zuhörer der lateinischen Sprache mächtig, die ausschließlich in der Messe verwendet wurde. Deshalb betonte Luther die Wichtigkeit des externen Wortes, das er dem deutschen Volk in seiner eigenen Sprache zugänglich gemacht hatte, gerade weil es die Botschaft des fleischgewordenen Wortes enthält.

2.1.6. Vom Heiligen Geist inspirierte Evangelien

Wahr ist es allemal, dass die Kirche den ewigen Gott sehen und hören muss, wie er sich ihr vollkommen in der einst auf Erden wandelnden und redenden Person Jesus Christus vorgestellt hat. Unser Glaube ist verwurzelt in dieser bestimmten geschichtlichen Offenbarung einer historischen Person aus Fleisch und Blut. Luther bestand jedoch immer wieder darauf, dass dieses Sehen und Hören mittels der niedergeschriebenen Berichte der vier Evangelisten geschieht; nie käme Christus zu uns in dem dubiosen Zustand ekstatischer Verzückung. Die nahezu unbeschreibliche Herrlichkeit des fleischgewordenen Wortes konnte einzig in den Seiten der Bibel erkannt werden.

Die Apostel waren sich der absoluten Notwendigkeit bewusst, das Neue Testament in der damals üblichen Handelssprache, dem Koine-Griechisch, niederzuschreiben, um es sicher aufzubewahren. Denn sie sahen voraus, was kommen würde. Der gottlose wie der religiöse Mensch sehen keinen persönlichen Nutzen in einer schriftlichen Aufzeichnung der Aussprüche Gottes. Alles würde er versuchen zu tun, um die letzten Spuren einer solchen Quelle authentischer Bekanntmachungen des Allmächtigen im Sand der Zeit verrinnen zu lassen. Die Autoren des Neuen Testaments wussten, dass es nicht genügt, das vom Himmel offenbarte Wort Gottes im Rezitieren auswendig-gelernter Erinnerungen an das Wort des Herrn einer wiss-begierigen Zuhörerschaft weiterzugeben – wie die Eingeweihten der Mysterienkulte in ihren geheimen Konventen zu tun pflegten –, sonst käme in der Kirche ein wildes Sammelsurium verworrener und grotesker Inter-pretationen der biblischen Lehren auf, welche die Menschen in große geistliche Finsternis stürzen würde. So etwas durfte unter keinen Umständen geschehen. Gott selbst verhinderte den Qualitätsverlust seiner Offenbarung, indem er insbesondere die Evangelisten beauftragte, die vom Geist inspirierten Berichte des Wirkens und Redens Jesu Christi schriftlich niederzuschreiben und zu verbreiten.

2.2. Völliges Vertrauen auf Gottes Heilswerk

2.2.1. Rechtfertigung aus Glauben allein

Die Reformation begann mit dem geplagten Gewissen Luthers. Er war äußerst verzweifelt, weil er keine Möglich-keit sah, als Sünder der strafenden Gerechtigkeit Gottes zu entgehen. Bis zu jenem Augenblick war er in einer Lehre unterwiesen worden, die in einem damals gängigen Sprich-wort bündig auf einen Punkt gebracht wurde: „Tue dein Bestes, um gerecht zu leben, und Gott wird dir schon irgend-wie helfen." Luther hatte mit Leibeskräften versucht, sich an diese Regeln zu halten; aber er konnte sein verletztes Gewissen nicht beruhigen. In seinen Schriften gewährt er uns Einblick in die Tiefen seiner Verzweiflung, in denen er sich zeitweise befand. Nichts schien ihm auch nur annähernd

Erleichterung zu verschaffen, wenn er sich bewusst machte, dass er ein verdammungswürdiger Sünder vor Gott ist. Die Unmöglichkeit der Überwindung seiner bösen Neigungen trieb ihn fast in den Wahnsinn. Doch plötzlich öffnete sich vor ihm die Nebelwand seiner Verzweiflung, als er eine neue Lehre entdeckte. Er las in Gottes Wort, dass allein Gott den Sünder in seiner unendlichen Gnade errettet und alles zum Heil Notwendige tut und dass der Sünder nichts hinzufügen muss, um errettet zu werden. Der Inhalt dieser neuen Lehre löste im Leben Luthers gewaltige Veränderungen aus, gerade weil sie sich so deutlich von der Römisch-Katholischen Lehre unterschied. Der Mönch Luther war eine ganz andere Person als der Reformator Luther. Die sich aus diesem drastischen Lebenswandel ergebenden Konsequenzen entfesselten die Kräfte, die aus der mittelalterlichen die moderne Welt formten. Der entscheidende Faktor, der die Welt veränderte, war die im Augustinerkloster in Wittenberg entdeckte Lehre der Rechtfertigung aus Glauben allein. Die vom Heiligen Geist geschenkte Erleuchtung durchflutete den Sinn Luthers, als er über der großartigen Aussage des Apostels Paulus im ersten Kapitel des Römerbriefes nachdachte: „Der Gerechte wird aus Glauben leben" (Röm. 1,17).

Luther wusste selbst am besten, dass die sich in seinem Leben auswirkende Veränderung eine solch gewaltige Dynamik in sich barg, dass sie die ganze Welt in ihren Bann schlagen würde. Der Grund dafür war, dass die Lehre des Todes ausgetauscht wurde in die Lehre des Lebens. Seitdem Luther begriffen hatte, was sich hinter der Rechtfertigungslehre verbarg, nämlich die zentrale Lehre des göttlichen Evangeliums, suchte er nicht mehr nach einer anderen Wahrheit; denn er hatte sie tatsächlich gefunden. In seinen Vorlesungen in der theologischen Fakultät der Universität Wittenberg erläuterte er die paulinischen Schriften des Neuen Testaments, allen voran den Galaterbrief und den Römerbrief. Die dort dargelegten Glaubenslehren sind mit dem Siegel göttlicher Wahrheit versehen.

2.2.2. Humanistische Reform ohne christliche Heilslehre

Einem gebildeten Mann wie Erasmus von Rotterdam musste dieses – wie es ihm schien – arrogante und rechthaberische Gehabe Martin Luthers übel aufstoßen. Jedes Gerede von einer unumstößlichen Gewissheit, im Besitz der Wahrheit zu sein, erregte in ihm den größten Widerwillen.

Erasmus kann als der modelhafte Exponent des Humanismus betrachtet werden, den seine Zeit hervorgebracht hatte. Seine körperliche Verfassung war krankheitsanfällig. Allen rauen Sitten und unkultivierten Gepflogenheiten abhold, genoss er das Leben in vollen Zügen. Die ihn auszeichnenden Merkmale seines Wesens waren ein scharfer Verstand, ein erstaunliches Gedächtnis und eine enorme Arbeitsfähigkeit. Auf der negativen Seite könnten ein unbändiger Ehrgeiz und ein immenses Begehren nach Ruhm und Wohlstand verzeichnet werden. Erasmus stellt das ideale Exemplar eines Meisters der Gelehrsamkeit dar, bewandert in dem ganzen Gebiet der klassischen Literatur, die in der Ära der Renaissance zu neuem Glanz erwacht war. Mehr noch, er war ein wirkungsvoller Satiriker der augenscheinlichen Torheit und moralischen Verdorbenheit der weltlichen Fürsten und kirchlichen Würdenträger.

Sofern seine erstaunliche Fähigkeit im Abfassen literarischer Werke und seine graziöse Redegabe unbeachtet bleibt, tritt zweifellos seine überragende Begabung als Humorist in den Mittelpunkt, denn er besaß einen schier unerschöpflichen Fundus an geistreicher Gewitztheit. Erasmus-Biograf R. B. Drummond charakterisierte dieses prominente Charakteristikum seines Genies wie folgt:

> Wenn wir in Erasmus eine Fähigkeit suchten, die nicht das Ergebnis der Kultivierung, sondern ganz einfach eine originale Güteklasse besitzt, werden wir sie zweifellos in seiner humorvollen Geisteshaltung finden [...] Erasmus überschüttete die Laster und den Aberglauben mit einem Strom leichtfertigen Witzes, wie nur

er es tun konnte und dank derer er diese unendlich lächerlich machte [...].[7]

Seine scherzhaften Aussprüche waren deshalb so wertvoll, weil man sie in stichhaltige Argumente umformulieren konnte. Nur selten hat die dunkle Seite einer Ära eine so lebendige und humorvolle Darstellung empfangen, wie sie im Buch *Moriae Encomium*[8] (Das Lob der Torheit[9]) in Erscheinung tritt. Dieses Buch wurde 1511 zum ersten Mal in Paris aufgelegt und durchlief noch zur Lebenszeit seines Autors 27 Auflagen. Ein wesentlicher Grund der großen Popularität dieses Werkes rührte daher, dass der berühmte Verleger Aldus 1515 eine Ausgabe des Buches herausbrachte, die Illustrationen des Malers Holbein beinhaltete. Erasmus hatte es im Haus des englischen Staatsmanns Sir Thomas More während einer einzigen Woche geschrieben, als er von Italien nach England zurückgekehrt war. Obgleich er sich mit dem Thema sicherlich schon seit geraumer Zeit befasst hatte, begab er sich an die Niederschrift erst, als More ihn dazu anhielt.

Während seines fünfjährigen Aufenthaltes in England von 1509 bis 1514 hielt er Vorlesungen an der Universität Cambridge als Gelehrter des Koine-Griechisch und arbeitete, so wie es ihm möglich war, im Queen's College an einer Edition der Briefe des Hieronymus und dem griechischen Text des Neuen Testamentes. Als er im Juli 1514 England wieder verließ, weil er sich nie wirklich in Cambridge wohl gefühlt hatte – die minderwertige Qualität der Verköstigung und des Weines sowie das nasskalte Klima waren ihm zuwider – und sich nach dem Sonnenschein in Italien sehnte, widmete er sich seinem großen Unternehmen einer neuen lateinischen Übersetzung des Neuen Testaments. Das Besondere an diesem Projekt lag darin, dass die Übersetzung

---

[8] Desiderius Erasmus, *Moriae encomium, id est, Stulticiae laudatio, ludicra declamatione tractata* (Basileae [i.e. Basel]: Apud Hieronymum Frobenium et Nicolaum Episcopium, [1511] 1540); https://archive.org/details/moriaeencomiumid00eras/page/n4

[9] Desiderius Erasmus, *Das Lob der Torheit* (München: Manesse, [1511] 2002); http://gutenberg.spiegel.de/buch/das-lob-der-torheit-7105/3

auf einer kritischen Betrachtung aller verfügbaren griechischen Grundtexte beruhen sollte.

Leo X. war nach dem Tod des kriegerischen Papstes Julius II. 1513 an dessen Stelle als Oberhaupt der Römisch-Katholischen Kirche getreten. Erasmus zählte ihn zu seinen wichtigsten Freunden und Gönnern. Dieser hatte ihn von seinem Gelübde als Augustinermönch losgesprochen und förderte anschließend die humanistischen Studien seines Günstlings mit Leibeskräften. Erasmus' Rückreise nach Basel glich einem Triumphzug. In den Städten Gent, Antwerpen, Löwen, Lüttich, Mainz und Straßburg luden ihn die vornehmsten Bürger und Gelehrten in ihre Paläste und Universitäten ein. Niemand konnte ihm auch nur annähernd das Wasser reichen im Beherrschen der Sprachen der klassischen Antike. Niemand anderes besaß solch großes Wissen über die Literatur der griechischen Philosophen und der Kirchenväter. Niemand wie er hatte auch nur annähernd den freien Zugang zum Papst, zu den Kardinälen und Königen. Einem aufmerksamen Christen, der sich über die in jener Zeit herrschenden groben Missstände innerhalb des Christentums besorgte, schien kein anderer Mann von Bedeutung geeigneter zu sein als Erasmus, um die korrupte und weltliche Gesinnung der Römischen Kirche mitsamt ihrer auf maßlosen Geldgewinn und ruchloser Macht ausgerichteten Politik zu reformieren.

Den Beitrag, den Erasmus zur Reformation leistete, war keineswegs unerheblich. Nachdem ihn der Politiker Sir Thomas More und der katholische Priester John Colet dazu angehalten hatten, den Humanismus in den Dienst der Religion zu stellen, ergriff Erasmus die Initiative, die mittelalterliche Scholastik[10] von allem spekulativen Machwerk der Theologen zu reinigen. Ein weiteres seiner Anliegen war, alles nur Erdenkliche zu tun, damit die praktische Frömmigkeit des Christentums wieder ganz zur Geltung kommen könne. Erasmus nahm sich ein Beispiel an anderen christlichen Humanisten, die die Not der Menschen lindern wollten und die Kirche dazu aufriefen, zur ursprünglichen

---

[10] Scholastik: auf die antike Philosophie gestützte, christliche Dogmen verarbeitende Philosophie und Theologie des Mittelalters (etwa 9.-14. Jahrhundert). https://www.duden.de/node/159646/revision/159682

schlichten Gottesverehrung zurückzufinden. Den ungebildeten Menschen des europäischen Mittelalters erschien das Christentum so anrüchig und korrupt, dass sie sich das Christentum in seiner ursprünglichen Gestalt nicht vorstellen konnten. Da sie keine Ahnung von dessen wahren Wesen und Lehre besaßen, konnten sie davon auch nicht angezogen werden.

Mit aller Entschlossenheit trat Erasmus dem allgegenwärtigen Aberglauben entgegen. Wie es ihm schien, war die beste Methode, um diese Aufgabe zu erfüllen, das wissenschaftliche Studium der Heiligen Schrift. Im damaligen Kontext bedeutete dies, eine intensive Betrachtung der von den Kirchenvätern vorgelegten Kommentare über biblische Texte vorzunehmen. Voller Enthusiasmus begab er sich an die Arbeit Lorenzo Vallas *Annotationes* näher zu betrachten. Wie durch einen Zufall fiel ihm das Werk des italienischen Humanisten und ehemaligen Sekretärs Papst Nicolas V. in die Hände, von dem man meinte, dass es verloren gegangen sei. Unter Hinzuziehung des griechischen Grundtextes hatte Valla zahlreiche Formulierungen in der lateinischen Übersetzung des Neuen Testamentes, der Vulgata, als unzulänglich kritisiert. Um die Bibelübersetzung in andere Sprachen zu ermöglichen, erkannte Erasmus die zentrale Wichtigkeit den griechischen Grundtext als gedrucktes Buch herauszugeben, damit es weitläufig verbreitet werden konnte. Deshalb fasst er den Schluss, alle verfügbaren Abschriften des griechischen Neuen Testament einzusehen, um einen wortgetreuen Grundtext zusammenzustellen.

Als 1516 das Verlagshaus Fröbe in Basel die erste Ausgabe des griechischen Testamentes, wie sie Erasmus textkritisch erarbeitet und mit Anmerkungen versehen hatte, herausbrachte, dachten viele, dass das große Werk der Reformation kirchlicher Lehre und Praktiken begonnen habe. Wenngleich dieses Werk gewisse linguistische Schwächen aufwies, stellte es dennoch einen bedeutsamen Schritt in der kritischen Studie des griechischen Grundtextes der Bibel dar, die unter dem Titel *Novum Instrumentum omne* erstmals im Druck erschien; später wurde sie in *Novum Testamentum* umbenannt. Eine weitere Meisterleistung war die Anfertigung einer lateinischen Übersetzung der Neuen Testaments, die in der rechten Spalte neben dem Grundtext erschien. In seiner Widmung an Papst Leo X. sagt Erasmus:

> Ich habe wahrgenommen, dass die Lehre, die zu unserer Erlösung dient, in einer viel reineren und lebendigeren Form zu finden ist, wenn sie vom Brunnen oder der tatsächlichen Quelle anstatt aus Teichen und Flüssen genommen wird. Und so habe ich das gesamte Neue Testament (wie sie es nennen) gegen den Standard des griechischen Originals überarbeitet [...] Ich habe einige Anmerkungen selbst beigetragen, in erster Linie um dem Leser die von mir vorgenommenen Änderungen zu zeigen und warum ich sie machte, und zweitens um Dinge zu entwirren und zu erklären, die vielleicht etwas kompliziert, unklar oder undurchsichtig sind.

Auf dem Konzil von Trient (1545-1563) wurden Erasmus' Schriften und auch diese Bibelausgabe zwar auf den Index gesetzt und waren somit den Gläubigen verboten zu lesen[11], dennoch sollte diese Ausgabe die Grundlage der meisten modernen Übersetzungen des Neuen Testaments in die Landessprachen vom 16. bis zum 19. Jahrhundert werden.

In seinen Bibelkommentaren versäumte Erasmus es nie, die zeitgenössische Relevanz des biblischen Wortes hervorzuheben. Es war eines der Hauptanliegen des Humanisten, allen Gesellschaftsklassen die Möglichkeit zu geben und ihnen die Pflicht aufzulegen, die Bibel selbstständig zu lesen. In der damaligen Literatur findet sich wohl kaum ein so eindringlicher Appell zur allgemeinen Verbreitung der Bibel wie der Folgende:

> Die Philosophie von Christus passt sich selbst einer jeden Gesellschaftsklasse gleichwohl an, neigt sich zu

---

[11] „Novum Testamentum cum duplici interpretatione D.[esiderius] Erasmi & Veteris interpretis. Harmonia item Evang. & Indice &c." Index Librorum Prohibitorum, Romae. Ex Officina Salviana. XV. Menf. Feb. 1559. (Index der verbotenen Bücher von dem Römischen Amt der Inquisition, Februar 1559); http://www.aloha.net/~mikesch/ILP-1559.htm#New

den Minderen herab, stellt sich auf ihre niedrigen Fähigkeiten ein, ernährt sie mit Milch, die pflegt und erhält, bis sie zu Christus emporwachsen. Aber während sie dem Niedrigsten zu Diensten steht, verdient sie die Bewunderung des Höchsten. Sie schließt kein Alter, kein Geschlecht, kein Reichtum, keine Bedingung aus. Selbst die Sonne ist allen nicht so gegenwärtig und augenscheinlich, wie es die Lehre Christi ist. Ganz und gar widerspreche ich jenen, die nicht wollen, dass das heilige Wort von den Ungebildeten gelesen werden sollte, übersetzt in ihre Umgangssprache, als ob die Lehre Christi so schwer verständlich sei, dass es nur von den wenigen Theologen verstanden werden kann, oder dass die christliche Religion in den Gewahrsam der Unwissenheit ihrer Verehrer gegeben wird. Es mag ratsam sein, die Rätsel der Könige zu verbergen; aber Christus wünscht, dass seine Geheimnisse so weit wie möglich veröffentlicht werden. Ich möchte, dass jede arme Frau das Evangelium und die Briefe des Paulus liest. Es ist mein Wunsch, dass diese Schriften in alle Sprachen übersetzt werden, sodass sie nicht nur von den Schotten und Iren gelesen und verstanden werden, sondern auch von den Türken und Sarazenen. Es ist mein Begehren, dass der Landwirt Abschnitte aus ihnen während des Pflügens singt, der Weber sie zum Klang seines Webstuhls wiederholt, der Reisende die Langeweile seiner Reise mit ihren Erzählungen vertreibt.[12]

Im Gegensatz zum klösterlichen Ideal der mystischen Kontemplation (Versenkung) und zur zeremoniellen Gestaltung der katholischen Gottesdienste bewirkte Erasmus sicherlich etwas Positives, indem er die praktische Seite der Religion und ihre Ethik betonte. Er tadelte die, wie er es nannte, judaistischen Riten der Mönchsorden, die den Platz der christlichen Lehren eingenommen hatten.

Um wie viel mehr entspricht es der Lehre Christi, wenn die gesamte christliche Welt als ein Haus, ja als ein Kloster betrachtet werde; wenn alle Männer als Stiftsherren und Brüder geschätzt würden; wenn das Sakrament der Taufe als das höchste religiöse Gelübde angesehen werde; wenn man sich nicht darum sorgte, wo wir leben, sondern wie gut wir leben![13]

Mit der gleichen Offenheit prangerte er ein willkürliches Spekulieren über religiöse Wirklichkeiten an. Seiner Meinung nach ist es viel unehrenhafter, nicht mit den Ratschlüssen Christi vertraut zu sein, als über die Erklärungen Aristoteles und Scotus unwissend zu sein. „Ich würde lieber ein frommer Theologe mit Chrysostomos sein, als ein unbesiegbarer mit Scotus. [...] Denn der größte Lehrer ist, der Christus ganz und gar lehrt."[14]

Ein weiterer und wahrscheinlich der beachtenswerteste Beitrag, den Erasmus für die Reformation geleistet hat, war seine penetrante Kritik der Missstände in der Römisch-Katholischen Kirche. Als eine Ausgabe des griechischen Neuen Testamentes der anderen folgte, nahmen diese Bemerkungen einen immer größeren Raum ein und sprachen die kirchlichen Missstände immer deutlicher an. Die Folgewirkung war einem geistlichen Vulkanausbruch zu vergleichen. Die von Erasmus initiierte Reformbewegung konnte nicht anders, als weitreichende und tiefgehende Konsequenzen mit sich zu bringen. Mit gnadenloser Rücksichtslosigkeit stellte er eine ganze Liste an unlauteren Gesinnungen und grotesken Handlungsweisen der kirchlichen Würdenträger an den Pranger: der weltliche Ehrgeiz und Luxus der Päpste, der Missbrauch der Beichte, abergläubisches Vertrauen auf die Jungfrau Maria und die Heiligen sowie Schwindel mit den Reliquien und dem Ablasshandel. Nicht nur in solchen Werken wie *Das Lob der Torheit*, wo die spitzigen Bemerkungen der Kritik teilweise in den seidenen Tüchern der Scherzhaftigkeit eingehüllt waren, sondern auch in Schriften, die offensichtlich einen ernsten Inhalt hatten, deckte er die Mangelhaftigkeiten des existierenden Religionssystems auf. In einem 1518 geschriebenen Brief an den Priester John Colet gibt er

---

[13] Desiderius Erasmus, *Epist. viii.*, App.

[14] Desiderius Erasmus, *Ratio Verae Thelogiae*.

seinem Unwillen über die päpstliche Weltlichkeit, Unverschämtheit und Falschheit ungeschminkt Ausdruck:

> Der Hof in Rom hat deutlich alles Schamgefühl verloren; denn was könnte unverschämter sein, als dieser fortlaufende Ablasshandel? Nun bringt man einen Krieg gegen die Türken als Vorwand vor, während der wirkliche Grund das Vertreiben der Spanier aus Neapel ist; denn Lorenzo, der Neffe des Papstes und Ehegatte der Tochter des Königs von Navarre, stellt Besitzansprüche auf Campania. Falls diese Tumulte fortbestehen, würde die Herrschaft der Türken einfacher zu ertragen sein, als die dieser Christen.[15]

Deshalb erscheint es geradezu ironisch zu sein, dass der Papst den Vorschlag machte, Erasmus möge die Bischöfe anleiten, um eine gründliche Erneuerungskampagne innerhalb der Kirche durchzuführen. Die einzige Bedingung, die er erfüllen müsse, sei ein friedfertiges Vorgehen. Das löbliche Ziel war, den klerikalen Missbrauch abzuschaffen, das Lesen der Heiligen Schrift zu fördern, die Verkündigung der göttlichen Wahrheiten zu ermutigen und zu einem heiligen Leben aufzurufen. Doch dazu kam es nie. Die Gegenströmungen waren einfach zu stark, um eine grundlegende Reform innerhalb der Kirche durchzuführen. Luther deutete mit unvergleichlicher Direktheit auf die eigentlichen Gründe hin: Geldgier, Vergnügungslust und Machtversessenheit. Diese niederträchtigen Motive waren zu stark, um eine bleibende Veränderung im Verhalten der Kleriker zu bewirken. Erasmus´ Reformbemühungen waren kein bleibender Erfolg gegönnt, weil die wahre Ursache der kirchlichen Missstände nicht in ihrer ganzen Tiefe erkannt worden war. Die Wurzel des Übels war die gesamte Theologie, die die päpstliche Kirche über den Verlauf von Jahrhunderten konstruiert hatte, um im politischen Sinne über die damalige westliche Welt zu regieren. Es war ein äußerst lukratives Geschäft, die Zügel der Macht in den Händen zu halten, damit das Ablasswesen gedeihen konnte. Keine

---

[15] Desiderius Erasmus, *Epist. cccv*, App.

effektive Reform konnte durchgeführt werden, wenn man nicht zum Evangelium des Neuen Testamentes zurückkehren würde. Das bedingungslose Heil in Jesus Christus, welches durch den Glauben angenommen werden konnte, musste erneut von den Kanzeln und Hausdächern herab verkündet werden. Nichts anderes war dazu fähig, der europäischen Christenheit neues geistliches Leben einzuhauchen. Erasmus hingegen wollte die ihm klar vor Augen stehenden Übel in der Kirche einer umfassenden Reform unterwerfen, ohne dabei auf die Heilslehren des Christentums hinzuweisen, die alleine dazu fähig gewesen wären, die gewünschten Veränderungen herbeizuführen. Das, was Erasmus für das Christentum hielt, war nicht das eigentliche neutestamentliche Christentum. Es war ein pseudo-christlicher Glaube, dem die entscheidenden Elemente des echten Gegenübers fehlten, weil es eines war, das in seinem innersten Kern ohne Jesus Christus dastand. Schon 1502 hatte Erasmus in seinem *Enchiridion* deutlich zu verstehen gegeben, dass ihm eine dogmatische Theologie äußerst zuwider war. Als ein Augustinermönch am 31. Oktober 1517 die 95 Thesen gegen den Ablasshandel an die Kirchentüre in Wittenberg anschlug, nagelte er gleichzeitig im übertragenen Sinn Nägel in den Sarg einer von Erasmus durchgeführten Kirchenreform.

Obgleich sich Erasmus viele Feinde unter den Mönchen und den Klerikern sowie den Gelehrten in Cambridge und Oxford gemacht hatte, scherte er sich nur wenig darum. Bewunderer seiner Gelehrsamkeit, wie Sir Thomas More und Leo X., legten, soweit notwendig, immer ein gutes Wort für ihn ein. Auch die politischen Machthaber der damaligen Weltreiche Frankreichs und Englands zollten ihm ihre Gunst.[16]

---

[16] Desiderius Erasmus, *Epist. dcccliv* (Auszug aus einem Brief an Polydore Virgil, 1527): „Ich unterhalte sehr gute Beziehungen mit den Großen. [Papst] Clement VII. hat mir bereits zweihundert Florin gegeben und verspricht mir alles. Der Kaiser und sein Kanzler haben mir kürzlich in der freundlichsten Weise geschrieben. Ich habe Schubladen voll mit Briefen – meistens respektvoll abgefasst – von Königen, Kardinälen, Herzögen und Bischöfen. Vielen von ihnen geben mir Geschenke von nicht geringem Wert."

Deshalb ist es nicht überraschend, dass sich Erasmus von der Reformation distanzierte. Es ist nicht unwahrscheinlich, dass er ein gewisses Maß an innerer Genugtuung empfand, als ihm Luthers Entrüstung über den Ablasshandel zu Ohren kam. Aber gleichzeitig befürchtete er, dass dieser mit negativen Konsequenzen rechnen müsse, wenn sein ungezügeltes Temperament weiterhin mit ihm durchgehen würde. In einem an den deutschen Reformator geschriebenen Brief rief er ihn 1519 zur Mäßigung seines Eifers auf.[17] Ungefähr zur selben Zeit war er darum bemüht, hohe Würdenträger der Kirche – Kardinal Wolsey, Erzbischof Albert und Papst Leo X. – darüber in Kenntnis zu setzen, dass sein Name in keiner Weise mit dem Trubel um Luther in Beziehung steht. Wolsey schrieb er Folgendes:

> Luther ist mir völlig fremd, auch habe ich noch nicht die Zeit gefunden, mehr als ein oder zwei Seiten seiner Schriften zu lesen. Und doch, wie ich höre, geben einige Personen vor, dass er durch meine Arbeit Hilfe empfangen habe. Falls er etwas Richtiges geschrieben hat, gebührt mir kein Lob; wenn nicht, sollte ich nicht dafür verantwortlich gemacht werden, denn in all seinen Erzeugnissen gibt es keine Zeile, die von mir stammt. Das Leben des Mannes wird allgemein gelobt; und dass sein Umgang so einwandfrei ist, ist nicht gering zu erachten, denn er zeichnet sich dadurch aus, dass selbst seine Feinde keinen Grund des Tadels finden.[18]

In dieser löblichen Redewendung erkennt man das volle Ausmaß an Bereitschaft, zu der Erasmus fähig war, um sich mit Luther zu solidarisieren. In einem Moment toleranter Großmütigkeit war er durchaus bereit, eine milde Behandlung Luthers zu empfehlen. Einhalt gebot er denjenigen, die in ihrer Wut darauf bedacht waren, ihn umzubringen. Erasmus gab sogar zu, dass die Schuld, die Luther auf sich geladen habe, weil er gegen die Kirche eine Revolte angezettelt hatte, deshalb nicht so groß sei, weil sie

---

[17] Desiderius Erasmus, *Epist. cccxxvii.*

durch starke Provokationen hervorgerufen worden war. Als sich zu einem späteren Zeitpunkt die Gemüter der kirchlichen Kurie immer stärker über Luthers Eskapaden erhitzten, nahm der niederländische Gelehrte jedoch die Pose offener Feindseligkeit ein. Um Luther direkt zu widersprechen, wurde Erasmus im Jahr 1524 von seinen Patronen und Freunden gedrängt, ein Buch zu schreiben, das nach seiner Abfassung unter dem Titel *De libero arbitrio Diatribē*[19] (Vom freien Willen) bekannt wurde. Dennoch scheute sich Erasmus davor, mit den „Zeloten", den Fanatikern, der Römisch-Katholischen Kirche gemeinsame Sache zu machen. Eine innere Verbundenheit mit ihnen konnte er nie aufbringen.

Während er stets bereit war, seine Loyalität zur Römisch-Katholischen Kirche zu bekennen und sich ihrer Autorität unterzuordnen, bewahrte er sich den Freiraum einer Mittelposition, die ihn deshalb der Kritik aller Parteien aussetzte. Er sah sich inmitten eines Kampfes gegen drei Angreifer stehen: Zu ihnen gehörten

> die römischen Heiden, die eine erbärmliche Eifersucht für mich an den Tag legen, gewisse Theologen und Mönche, die nichts unversucht lassen, um mich zu zerstören, und einige tollwütige Lutheraner, die gegen mich wettern, weil ich alleine, so sagen sie, ihren Triumph aufhalte.[20]

Die Gründe, die Erasmus dazu bewogen, sich von der Reformation fernzuhalten, waren nie ein großes Rätsel. Das eigene Interesse im Erreichen ehrgeiziger Ziele zu verfolgen, stand immer an oberster Stelle seiner Prioritätenliste. Es erschien ihm deshalb widersinnig zu sein, gemeinsame Sache mit Luther zu machen. Als führender Humanist seiner

---

[19] Desiderius Erasmus, *De libero arbitrio Diatribe sive collatio* (1524), in Desiderius Erasmus, *Ausgewählte Schriften von Erasmus von Rotterdam* (lateinisch-deutsch), hrsg. v. Werner Welzig, Band 4 (Darmstadt: WBG [Wissenschaftliche Buchgesellschaft], 2016; Basel: Ioannem Frobenium, 1524) 1-195; http://daten.digitale-sammlungen.de/~db/0003/bsb00035823/images/index.html?id=00035823&groesser=&fip=yztseaya eayaxseayasdasqrseayaqrsxdsyd&no=5&seite=1

Zeit sah er sich zudem in die Pflicht genommen, die literarische Gelehrsamkeit zu fördern. In dem von Luther verursachten Tumult erblickte er eine Gefahr für dieses von ihm so wertgeachtete Anliegen. Einem Freund schrieb er 1521: „Luther ist schuld daran, dass man nicht nur mir große Abneigung entgegenbringt, sondern auch den Freien Künsten."[21] Eine Anzahl von ähnlichen Bemerkungen zeugen davon, dass er nicht dazu bereit war, seine Leidenschaft für das Studium der Literatur auf dem Altar einer Bewegung zu opfern, über deren Ausgang man nichts Gutes erwarten konnte. Außerdem bestand eine große Kluft zwischen Luther und ihm in Fragen der Theologie. Die mit großer Überzeugung vorgetragenen Lehrmeinungen Luthers waren ihm größtenteils fremd. Anstelle der Rechtfertigung durch den Glauben, wie sie der Reformator verkündete, bevorzugte er ein anderes Heilsverständnis, das dem Menschen die Pflicht auferlegte, die ethische Vorzüglichkeit Christi nachzuahmen.

2.2.3. Urquell der von Gott geschenkten Lebenskraft

Während der Reformationszeit vollzog sich ein gewaltiger Umbruch: ein ganzes System theologischer Lehraussagen wurde durch ein anderes ersetzt. Das eine System enthielt Vorstellungen und Anweisungen, wie zum Beispiel die Messe und das Ablasswesen, die die Menschen, die sich danach richteten, im geistlichen Tod beließen. Die Angst vor Tod und Hölle blieb die überwiegende Empfindung. Das andere System wurde als der Urquell der von Gott geschenkten Lebenskraft empfunden: die Reformation erweckte nicht nur die Kräfte des Lebens, sondern das lebendige und biblische Christentum an sich! Die deutsche Reformation hatte sich in Windeseile unter dem ausgebeuteten und niedergedrückten Volk ausgebreitet; die Menschen der damaligen Zeit hatten sich schon lange danach gesehnt, die befreiende Botschaft des Evangeliums zu hören. Sie hatten kaum eine konkrete Vorstellung davon,

---

[21] Desiderius Erasmus, *Epist. dlxvi.*

wussten aber, dass das ursprüngliche Christentum von Reinheit und Einfachheit gekennzeichnet war. Dies stand im krassen Gegensatz zur Römisch-Katholischen Religion, die sich vermessen als die wahre Hüterin des Christentums ausgab, aber es eigentlich nicht war.

Als Folge auf Luthers Thesenanschlag vom 31. Oktober 1517 und der Veröffentlichung weiterer Schriften des Reformators erließ Papst Leo X. 1520 eine Bannandrohungsbulle, in der Luther vor die Wahl gestellt wurde, seine ketzerischen Lehren im Vergleich zur Kirchenlehre zu verwerfen oder aus der Römisch-Katholischen Kirche ausgeschlossen zu werden. Darin verdammte er 41 Thesen in Luthers Schriften. Der Augustinermönch reagierte mit einer detaillierten Antwort und zeigte eindeutig auf, wo das Zentrum der Auseinandersetzung zwischen seiner Lehre und der Römisch-Katholischen lag.

Luther betonte immer wieder aufs Neue, dass menschliche Werke im Erlangen des Heils völlig ausgeschlossen sind und die Seele sich ganz und gar auf die Gnade Gottes verlassen muss. Er sagte: „Es scheint weniger gottlos zu sein, gänzlich die Gnade zu leugnen, als sie so darzustellen, als ob sie durch unseren Eifer und unser Bemühen gesichert werden kann und sie so in unsere Macht zu stellen."[22]

Rom lehrte mit großer Raffinesse – man kann sogar Durchtriebenheit sagen –, dass das ewige Heil durch menschliche Werke bewirkt werden könne. Luther hingegen war sich in aller Entschlossenheit bewusst, dass das Heil dank der Gnade Gottes bestimmten Sündern geschenkt wird. Oder wie er es in seiner Verteidigungsschrift gegen den Papst ausdrückte: Er weiß nichts weiter und wolle auch nichts weiter wissen „außer Christus und Ihn gekreuzigt". Rom verurteilte und verwarf letztlich nicht Luther und seine Schriften, sondern das Kreuz Christi und damit das

---

[22] Martin Luther, *De servo arbitrio*, in Wilfried Härle; Johannes Schilling; Günther Wartenberg, Hrsg., *Martin Luther Studienausgabe, Lateinisch-Deutsch: Band 1: Der Mensch vor Gott* (Leipzig: Evangelische Verlagsanstalt, 2006) 39; s. dazu: Martin Luther, *Vom unfreien* Willen, in Kurt Aland, Hrsg., *Luther Deutsch. Die Werke des Reformators in neuer Auswahl für die Gegenwart*. Band 3 (Stuttgart/Göttingen: Vandenhoeck & Ruprecht, 1961ff.) 151-334.

Evangelium, das ihm alles bedeutete; er setzte sein Vertrauen allein auf das Kreuz.

Luther nahm Bezug auf die 41 Thesen, die Papst Leo X. in der Bulle verdammt hatte und schrieb:

> Der freie Wille nach dem Fall Adams oder nach der getanen Sünde ist ein eiteler Name, und wenn er das Seine tut, so sündigt er tödlich. […] Nun wäre zwar des Papsts und der Seinen Leichtfertigkeit und Blindheit zu dulden in andern Stücken, aber in diesem Hauptartikel ists zu erbarmen, daß sie so unsinnig sind; denn damit vertilgen sie doch alles ganz, was wir von Gott durch Christum haben. […] Wer verleugnet ihn mehr als die, welchen seiner Gnade zu wenig und dem freien Willen zu viel geben? Denn dieweil sie das nicht Sünde und böse sein lassen wollen, was wahrhaftig böse und Sünde ist, so lassen sie auch das nicht Gnade sein, was Gnade ist, von welcher die Sünde vertrieben werden sollte. Wer nicht krank sein will, der läßt ebenso auch die Arznei für sich kein Arznei sein.[23]

Dieser eine Artikel – Artikel 36 – stand im Zentrum des religiösen Konflikts. Luther bedauerte, dass sich seit mehreren hundert Jahren fast niemand für die Gnade Gottes ausgesprochen hatte, denn es gebe kein wichtigeres Thema als dieses.

2.2.4. Auseinandersetzung über die richtige Heilslehre

Im Vorwort von *De libero arbitrio Diatribē* (Vom freien Willen) bekundete Erasmus seine heftige Abneigung gegen die Behauptung, man könne eine feste Meinung über christliche Dogmen haben. Die Abneigung sei so groß, dass er sich überall dort dem Standpunkt der Skeptiker anschließe,

---

[23] Paul Kalkoff, Wolfgang Stammler, Hrsg., *Martin Luther. Reformatorische und politische Schriften*, 3. Bd., Aus den Tagen des Wormser Reichstags (Georg Müller: München, 1922) 122-126: „Martin Luther, Grund und Ursach aller Artikel, die durch die römische Bulle unrechtlich verdammt sind (1520)".

wo es die unverletzliche Autorität der Schrift und die Dekrete der Kirche erlauben würden.[24] Der niederländische Humanist meinte, dass die Heilige Schrift Geheimnisse enthalte, die Gott dem Menschen nicht aufschließt. Wenn jener dennoch versuchen würde, in diese seinem Verständnis verschlossenen Bereiche vorzudringen, umschließe ihn eine immer dunkler werdende Finsternis, damit er begreift, wie unergründlich die Majestät der göttlichen Weisheit ist. Die Schwäche seiner Vernunft offenbare sich nur allzu deutlich.[25] Hinter der augenscheinlichen Demut der Formulierung verbirgt Erasmus in Wirklichkeit die Ansicht, dass es verschiedene Stellen in der Heiligen Schrift gebe, die von einem veränderlichen Gott sprechen, der der Zufälligkeit unterworfen sei.[26] Eine gesicherte, untrügliche Erkenntnis könne es nicht geben, weil Gott nichts durch einen absoluten göttlichen Ratschluss festgelegt habe. Erasmus behandelt das Thema der Willensfreiheit aus einer moralischen, pragmatischen und menschlichen Perspektive. Sein Anliegen bestand nicht darin zu akzeptieren, was die Bibel tatsächlich lehrte, sondern zu verteidigen, was er auf Grundlage der thomistischen Scholastik für richtig hielt, nämlich die Gültigkeit des freien Willens. Er meinte, im Menschen eine innewohnende Kraft zu erkennen, die gegen Gott handeln könne.

Erasmus ging davon aus, dass der Mensch die Fähigkeit habe, einen wesentlichen Teil zum eigenen Heil beizutragen. Es ist das bemerkenswerteste Buch dieses großen Humanisten, elegant im Stil, milde im Ton, taktvoll im Erteilen von Ratschlägen, gewinnend in seinem Anliegen. Es präsentierte in vollendeter Kunst die Sache der Römisch-Katholischen Heilslehre, gegen die sich Luther mit aller Kraft gewandt hatte. Erasmus schlug einen Mittelweg ein: Er hob sich einerseits von Pelagius[27] ab, der der Meinung war,

---

[24] Erasmus, *De libero arbitrio Diatribe sive collatio*, I, 2, 6.

[25] Ebd., I, 4, 8.

[26] Ebd., III, 23, 36.

[27] Pelagius (ca. 350/360–ca. 418/420) war ein britischer Laienmönch, nach dem die Lehre des Pelagianismus benannt wurde. https://de.wikipedia.org/wiki/Pelagius_(Theologe)

dass der Mensch aus eigenem Vermögen errettet werde, und andererseits ging Erasmus auf Distanz zu den Reformatoren, die proklamierten, dass der Mensch allein aus Gottes Gnade gerettet wird. Darum nennt man Erasmus einen Semi-Pelagianer. Zur damaligen Zeit war diese Lehre weit verbreitet. Erasmus umhüllte diese unterschwellige Lehre der Werksgerechtigkeit mit einer Fülle attraktiver Aussagen. Luther verschloss sich der literarischen Schönheit dieses Buches nicht, sondern lobte seinen Autor für die wohl klingende Wortwahl. Aber Luther suchte nach geistlicher Substanz, nicht nach schriftstellerischer Kunst, und er meinte, sagen zu müssen, dass ihm das Lesen des Buches in vieler Hinsicht wie die Erfahrung des Wolfs in der Fabel vorkam. Der Wolf, hingerissen vom Lied der Nachtigall, konnte nicht ruhen, bis er sie gefangen und gierig verschlungen hatte – nur um anschließend mit Abscheu zu bemerken: „Eine Stimme und sonst weiter nichts."

Als Antwort auf Erasmus' Buch schrieb Luther 1525 eine Abhandlung mit dem Titel *De servo arbitrio*[28] (Vom unfreien Willen). Im Hinblick auf das Thema der Bestreitung, dass der Mensch einen freien Willen besitze, wird dieses Buch ein Klassiker bleiben. Eine wichtige Tatsache sollte gleich zu Anfang hervorgehoben werden. Der deutsche Reformator betrachtet das Thema des menschlichen Willens hauptsächlich von einem ethischen, nicht psychologischen Standpunkt aus. Demgemäß legt er die Lehre der Heiligen Schrift über die völlige Unfähigkeit des natürlichen Menschen, etwas Gutes vor Gott tun zu können, über-zeugend dar. Was könnte in unserer gegenwärtigen Lage den Kirchen nützlicher sein, als dass die Pastoren erneut die Betonung auf diesen Punkt legen? Die Welt, die sich so klug erachtet, weist diese Lehre immer weit von sich. Das sich für geistvoll haltende Denken des Menschen ist stets danach bestrebt, sich in der Kirche zu behaupten. Die Lehre vom unfreien Willen ist für viele unakzeptabel, weil sie darauf pocht, dass der Sünder unfähig ist, irgendein verdienstliches

---

[28] Luther, *De servo arbitrio*, in Härle; Schilling; Wartenberg, Hrsg., *Martin Luther Studienausgabe, Lateinisch-Deutsch: Band 1: Der Mensch vor Gott.*

Werk vor Gott verrichten zu können, wenn die göttliche Gnade nicht in ihm wirksam ist.

Luther lässt sich jedoch nicht davon beeindrucken, dass sein katholischer Widersacher gerade dieser Lehre kein Verständnis entgegenbringt. Die von ihm gewählte Vorgehensweise im Widerlegen der auf den ersten Blick so einleuchtenden Argumente des Rotterdamer Humanisten ist die detaillierte Erklärung relevanter Passagen in der Bibel. Die Auslegung, die Luther über diese vorlegt, sind jedem hilfreich, der sich mit denselben Fragen auseinandersetzt, die zwischen dem Reformator und Humanisten zur Debatte standen. Der Umstand, dass dieses Buch schon vor fast 500 Jahren abgefasst wurde, sollte keinen davon abhalten, es zur Hand zu nehmen. Es ist in einem erstaunlich lesbaren Schreibstil abgefasst (besonders was die neueren Übersetzungen ins Deutsche anbelangt). Ein wichtiger Nebeneffekt ist, dass Martin Luther in diesem Buch einsichtige Hinweise liefert, welche Methoden ein vom Renaissancegeist der Moderne beeinflusster Redekünstler verwendet, um klare biblische Lehren so umzudeuten, dass sie anscheinend genau das Gegenteil besagen. Luther fragt seinen Disputanten rhetorisch, ob ein Leopard die artspezifischen Markierungen auf seinem Fell verändern kann? Er weist darauf hin, wie Erasmus die Menschen berät, die Bedeutung theologischer Dogmen nicht allzu genau zu erforschen. Solche Untersuchungen können zu nichts anderem führen als zu Disharmonie und Streit.

Tatsächlich war das Hauptargument des niederländischen Humanisten, dass der freie Wille weder in die eine noch in die andere Richtung ein wichtiges Thema sei. In seiner Antwort auf Luthers Buch *De servo arbitrio* bezog sich die eigentliche Beschwerde gegen den Reformator darauf, dass dieser eine unausgewogene Sicht über die Wichtigkeit dieser Frage an den Tag gelegt habe, denn sie würde sich dem Verständnis weder klar aufschließen noch sei sie es wert, dass man sich damit tiefer befasst. Jedenfalls sei es nicht angebracht, eine derartig starke Betonung daraufzulegen, wie dies Luther getan hatte, obgleich dieser vorgab, darin das wahre Zentrum des biblischen Evangeliums erblickt zu haben. Luther beharrte weiterhin auf seine

Meinung, dass es der Mühe wert war, darüber eine Abhandlung geschrieben zu haben, die die vierfache Länge der Abhandlung des Erasmus aufweist. Keineswegs widmete sich der deutsche Reformator diesem Thema so widerwillig wie Erasmus, der dies scheinbar nur deswegen getan hatte, um den Aufforderungen nachzukommen, die ihm einige Würdenträger der Römisch-Katholischen Kirche nahegelegt hatten. Deutlich betonte der Theologe Philip. S. Watson das oberste Anliegen des Reformators Luthers:

> „Mein Interesse ist nicht auf das Leben gerichtet, sondern auf die Lehren", so behauptete er. Dies war seiner Meinung nach das Unterscheidungsmehrmal zwischen ihm und den reformierenden Geistern früherer Tage. „Andere, die vor mir lebten, haben das böse und skandalöse Leben des Papstes angegriffen, aber ich greife seine Lehre an."[29]

Der Reformator begrüßte die Gelegenheit, die sich ihm durch die Veröffentlichung der Abhandlung vom freien Willen bot, um die Diskussion über die Punkte seiner Lehre aufzugreifen, die ihm am allerwichtigsten erschienen. Somit wandte er sich der Widerlegung der These, dass der Mensch einen freien Willen habe, mit einer gewissen inneren Begeisterung zu, die dem Humanisten aus Rotterdam völlig fremd war.

Luther widerlegte Erasmus Angriff auf die Wahrheit mit einer wohl bedachten Aussage. Der absolute Gott der Schrift spricht klar und deutlich in der Heiligen Schrift. Die zur Debatte stehenden Dogmen sind tatsächlich darin überliefert worden. Wenn man diese wegnimmt, zerstört man das eigentliche Wesen des Christentums. Was Erasmus' Definition des freien Willens anbelangt, hält Luther ihm dagegen, dass niemand, der unter der Herrschaft eines anderen steht, als jemand bezeichnet werden kann, der frei ist. Wenn Erasmus den Begriff „Willensfreiheit" verwendete, meinte er damit nicht, was man gemeinhin unter diesem

---

[29] Zit. in Philip S. Watson, *Let God be God: An Interpretation of the Theology of Martin Luther* (Philadelphia, PA: Fortress, 1947) 29.

versteht. Es ging ihm nicht darum aufzuzeigen, dass ein Mensch verantwortungsbewusst leben sollte, sondern dass der Mensch völlig autonom von Gott sein kann. Dies ist ein radikal anderes Verständnis des Begriffes. In dieser theologischen Debatte stand die Frage im Raum, wer von den beiden, Gott oder Mensch, in letzter Instanz die Autorität über den anderen besitzt. Ist der Mensch in der Lage, sich Gott gegenüber eine gewisse Autonomie zu wahren, oder ist der Mensch eine Kreatur Gottes, die völlig unter der Herrschaft Gottes steht?

Die Verwerfung des freien Willens war für Luther die Grundlage der biblischen Lehre der Gnade. Es sei gleichzeitig das erste Anzeichen dafür, dass jemand das Evangelium verstanden hat und sich im Glauben an Gott wendet. Wenn man sich hingegen nicht bewusst ist, hilflos der versklavenden Sünde ausgeliefert zu sein, sei es unmöglich, überhaupt irgendeinen Aspekt des Evangeliums zu verstehen. Dass sich dies so verhält, zeigte Luther im abschließenden Teil seines Buches unmissverständlich auf. Das Thema des unfreien Willens sei die Türangel, um die sich alles andere dreht. Es ist die Grundlage, auf der das Evangelium ruht.

Die wirkliche Absicht dieses gelehrten Philologen und Moralisten Erasmus war die Empfehlung an seine Leser, sich mit einem – wie man heutzutage sagen würde – weltklugen Agnostizismus[30] zufrieden zu geben. Im Namen des Friedens und der Harmonie bemühte sich Erasmus also eine gleichgültige Haltung gegenüber dem göttlichen Gesetz in der Kirche einzunehmen, um an den ethischen Prinzipien eines sich autonom wähnenden Menschen festzuhalten. Der Modernismus unserer Tage hat sich nicht von dieser Marschroute losgesagt. Luther leistete sein Äußerstes, um wiederholt auf diese Vorgehensweise seines dem Humanismus ergebenen Gegenübers hinzuweisen. Nichts schien ihm so gefährlich zu sein, als die systematische Kultivierung der theologischen Unkenntnis im Namen des gegenseitigen Einvernehmens. Katholische Theologen, die seit dem

---

[30] Agnostizismus: Weltanschauung, nach der die Möglichkeit einer Existenz des Göttlichen bzw. Übersinnlichen rational nicht zu klären ist, also weder bejaht noch verneint wird. https://www.duden.de/node/3507/revision/3533

20. Jahrhundert eine Verbindung zu dem wissenschaftlichen und philosophischen Erkenntnistand der aktuellen Zeit herzustellen suchen, bekräftigen immer noch konsequent, dass der Mensch autonom, das heißt unabhängig von Gott sei. Diese Theologen des sogenannten Modernismus setzen damit die Thesen der Negativen Theologie um, wonach über Gott laut plantonischer Philosophie keine positiven Aussagen gemacht werden könnten; um seine Komplexität zu erfassen, könnte man nur sagen, was er nicht ist. Obwohl die Evangelische Kirche anfänglich wohlberaten war, dem Beispiel Luthers zu folgen, muss sie sich selbst die Schuld zuweisen, dass sich der Modernismus im Nachhinein so schnell in ihrem Inneren Bahn gebrochen und an Einfluss gewonnen hat. Denn nur dort, wo biblische Lehre unbekannt ist, kann er sich nach Belieben ausgestalten und verbreiten.

Luther - wie bereits der Apostel Paulus - sprach aus eigener Erfahrung, als er erklärte, dass kein Mensch hoffen kann, aus eigenem Bemühen vollkommen zu werden. Als Ordensbruder hatte er nach Vollkommenheit gestrebt. Er schrieb: „Als ich noch Mönch war, hielt ich mich [...] immer dann für gänzlich abgesondert, wenn ich fleischliche Begierde spürte."[31] Mit einem Gefühl der Erleichterung gab er dieses mönchische Vollkommenheitsideal auf und kam zu dem Schluss: „Martin, du sollst nicht völlig ohne Sünde sein, denn du hast Fleisch."[32] Anders als Augustinus war Luther nicht darüber bestürzt, dass er immer noch menschliche Schwächen besaß. Er meinte, dass solche Sünden „die Heiligkeit nicht hindern"[33], solange der Sünder nur an Gott glaubt und bußfertig ist.[34] Folgender Gedanke war ihm noch wichtiger: Ein Mensch wäre selbst dann nicht vollkommen,

---

[31] Martin Luther, *Commentary on Galatians*, 5:19, übers. v. Philip S. Watson (London: Epworth Press, [1953] 1956), zit. in Martin Luther, *Selections from His Writings*, hrsg. v. J. Dillenberger (New York City, NY: Anchor Books, 1961) 148-149. Außer an den Stellen, wo es ausdrücklich vermerkt ist, werden alle englischen Originalzitate vom Autor selbst ins Deutsche übersetzt.

[32] Ebd.

[33] Ebd.

[34] Ebd., *Commentary on Galatians*, 5:17.

wenn es ihm gelänge, sich von allen „Fleischeslüsten" zu befreien. Luther hielt die entgegengesetzte Meinung als den schlimmsten Fehler. Das Gebot „Liebe Gott!" bedeutete für Luther schließlich: „Glaube an Gott ohne Einschränkungen!" „Vertraue ihm ganz und gar!" Luther konnte sich in diesem Punkt auf den großen Kirchenvater Augustinus berufen. Auch dieser war überzeugt, dass der Mensch das Gebot Christi nicht völlig halten kann, „vollkommen [zu] sein, wie euer Vater im Himmel vollkommen ist". (Mt. 5,48) Die Vergöttlichung sei unmöglich, weil menschliche Vollkommenheit, soweit sie überhaupt erreichbar ist, die Vollkommenheit eines endlichen und zeitbedingten Wesens mit all seinen Einschränkungen darstelle. Sie sei auch aus moralischen Gründen unmöglich, weil der Mensch, selbst wenn Gott ihm seine Gnade schenkt, durch den Sündenfall Adams so verdorben ist, dass er nicht einmal das Maß an moralischer Vollkommenheit erreichen kann, das sein menschliches Wesen zulassen würde.

Das Thema des freien Willens war für Luther keine akademische Frage, vielmehr sah er darin das Evangelium der Gnade Gottes in seiner Gesamtheit enthalten. Je nachdem, wie man sich dieser Lehre gegenüberstellt, entscheidet sich das ewige Schicksal eines jeden Menschen. Es lohne sich, für die Wahrheit Gottes zu kämpfen, denn darin besteht die einzige Hoffnung des Sünders, aus seiner misslichen Lage befreit zu werden. Lyuther war sich voll und ganz bewusst darüber, dass das Heil kostbarer Seelen auf dem Spiel stand. Dies erklärt seine Bereitschaft, mit absoluter Entschlossenheit sein Argument des unfreien Willens vorzutragen, um seiner Überzeugung Nachdruck zu verleihen, dass es sich hierbei um das Eigentliche des christlichen Glaubens handelt. Bestechend tritt die große Zuversicht des deutschen Reformators in der Art und Weise hervor, wie er seinem gebildeten Kontrahenten begegnete. Er legte seine Argumente vom unfreien Willen nicht nur anhand einer eingehenden Schriftbetrachtung vor, sondern auch in der nötigen Gewissheit, dass diese zwingend genug sei, um zu überzeugen. Sicherlich lobte er Erasmus' große Gelehrsamkeit und kultiviertes Auftreten, scheute sich aber nicht im Geringsten davor, ihm mannhaft zu widerstehen,

wenn sein Gegenüber die Wahrheit des Wort Gottes hinterfragte und veränderte.

Luther kämpfte an mehreren Fronten: Er lehnte nicht
nur die Ansicht der Pelagianer ab, wonach es keine Erbsünde
geben soll und der Mensch darum auch nicht verdorben sei
und sich *aus eigener Kraft* vervollkommnen könne, sondern
auch die Kompromisslösung der Semi-Pelagianer, dass *Gott
das natürliche Wesen des Menschen mit dessen Zustimmung*
zur Vollkommenheit bringen werde. Luther betonte, dass
die Verdorbenheit des Menschen zu tiefgreifend sei, um
diese Möglichkeit ergreifen zu können, sofern sie ihm
dargeboten werden würde. So hatte bereits Augustinus
argumentiert, aber Luther ging noch ein Stück weiter, indem
er der gängigen Meinung des Römisch-Katholischen Theologen Erasmus widersprach, dass der Mensch einen freien
Willen besitze, der sich mit oder ohne Gottes Hilfe für das
Gute entscheiden könne. Sowohl die Pelagianer als auch die
Semi-Pelagianer hatten vorausgesetzt, dass der Mensch
einen freien Willen hat. Luther hielt nichts von einem dem
Menschen von Natur aus verfügbaren psychologischen
Mechanismus, der ihn befähigen würde, sein eigenes
sündiges Wesen von einem Augenblick zum anderen zu
ändern. Er verneinte dies nicht zögernd oder widerstrebend,
sondern mit ungeheurer Erleichterung. In seinem Buch
Vom Unfreien Willen schrieb er: „Ich gestehe offen, dass ich
den ‚freien Willen' selbst dann nicht haben wollte, wenn es
möglich wäre, und möchte auch nichts in Händen halten,
was es mir ermöglichte, nach Erlösung zu streben."[35] Luther
argumentierte, dass er nie gewiss sein könnte, ob er alles
getan habe, was in seiner Macht stand, selbst wenn er sich
die grösste Mühe gegeben hätte: „Würde ich auch bis in alle
Ewigkeit leben und arbeiten, so würde mein Gewissen doch
niemals zur angenehmen Gewissheit gelangen, genug
geleistet zu haben, um Gott zufriedenzustellen."[36] Die Überzeugung, dass sich der Mensch aus eigener Kraft vervoll-
kommnet, zu widerlegen, bestand in der Ablehnung des

---

[35] Luther, *De servo arbitrio*, in Härle, Hrsg., *Martin Luther Studienausgabe, Lateinisch-Deutsch: Band 1: Der Mensch vor Gott*, 52.

[36] Ebd.

Mechanismus, der es nach allgemeiner Auffassung allein möglich machen konnte.

Der freie Wille, so beteuerte Luther, ist ein Terminus, den man nur auf Gott zu Recht anwenden kann. Nur Gott kann bewirken, was er möchte. Wenn man den Menschen „freien Willen" zuschreibt, bemerkt Luther kennzeichnenderweise, dann könnte man ihm mit dem gleichen Recht die Göttlichkeit selbst zuschreiben – und keine Gotteslästerung könnte größer sein.[37] Der Versuch des Menschen, sich selbst als „frei" zu denken, ist also nur eine andere Erscheinungsform seines Versuchs, sich selbst als gottähnlich zu denken. Die Wahrheit ist, dass er zumindest in allen Angelegenheiten, die sein geistliches Wohlergehen betreffen, absolut ohnmächtig ist. Luther stellte in den folgenden markanten Worten heraus, dass nur Gott einen freien Willen hat: „Daraus folgt nun, dass der freie Wille ein völlig göttlicher Ehrenname ist und keinem anderen zustehen kann, denn allein der göttlichen Majestät. Sie nämlich kann und tut alles, was sie will, im Himmel und auf Erden."[38]

Im Gegensatz dazu vertrat Erasmus die Überzeugung, dass Gott im Menschen handle, wenn dieser etwas Gutes tut. Erasmus stellte folgende Fragen:

> Nehmen wir einmal an, dass Augustinus Recht hat, wenn er schreibt, dass Gott sowohl das Gute als auch das Böse in uns verursacht und dass er uns für die guten Werke belohnt, die er in uns vollbracht hat, und für die schlechten Werke bestraft, die in uns getan wurden. Wie viele Schwache würden ihren ständigen und mühseligen Kampf gegen das eigene Fleisch fort-

---

[37] Ebd., 53: „Wenn dieser Titel [die Willensfreiheit] Menschen beigelegt wird, so geschieht das mit nicht mehr Recht, als wenn ihnen auch die Gottheit selbst zuerkannt würde. Größer als diese Gotteslästerung kann aber keine sein."

[38] Ebd.

setzen? Welcher Böse würde von nun an versuchen, sein Verhalten zu bessern?[39]

In seiner Antwort wetterte Luther: „Du gibst zu, dass die Willenskraft gering ist und dass sie beim Streben nach dem Guten ohne die Hilfe der göttlichen Gnade ganz wirkungslos ist."[40] Dann machte Luther auf einen Widerspruch aufmerksam: Wie kann man behaupten, dass der Wille „frei" ist, obwohl er machtlos ist? Man könnte höchstens sagen, dass an den Menschen etwas Anziehendes ist, was Gott veranlasst, ihnen seine Gnade zu gewähren. Wenn diese Eigenschaft der freie Wille sein soll, bringe man eine heillose Verwirrung in das Problem.[41] Luthers Selbsteinschätzung über das, was er persönlich zu leisten hatte, war auf die Predigt der Rechtfertigung durch den Glauben gerichtet. Sein oberstes Anliegen war die Verbreitung der augustinischen Gnadenlehre: ein Mensch kann sich nicht durch eigene Anstrengung retten, sondern muss sich im Glauben einzig und allein auf die göttliche Gnade im Heilshandeln Gottes am Kreuz verlassen. Die Betonung des Reformators auf die göttliche Gnade und die darin implizierte Verwerfung menschlichen Vermögens im Erlangen des Heils stand dem Grundsatz des späteren Glaubens an den Fortschritt entgegen: Die Vertreter des Fortschrittsglaubens meinen, dass die Zielsetzungen des menschlichen Willens, der nur auf sich allein gestellt sei, die Hoffnung auf ein besseres Leben in dieser Welt gewährleisten würden.

---

[39] Erasmus, *De libero arbitrio Diatribe sive collatio* (1524), in Desiderius Erasmus, *Ausgewählte Schriften von Erasmus von Rotterdam* (lateinisch-deutsch), hrsg. v. Werner Welzig, Band 4, 11f.

[40] Luther, *De servo arbitrio*, in Härle, Hrsg., *Martin Luther Studienausgabe, Lateinisch-Deutsch: Band 1: Der Mensch vor Gott*, 54.

[41] Ebd.

2.2.5. Reformatorische Ablehnung der Vollkommenheitstheorie

Martin Luther stellte die Vollkommenheitstheorie der Römisch-Katholischen und Griechisch-Orthodoxen Kirche in ein krasses Licht, weil er davon überzeugt war, dass diese die biblische Heilslehre verfälschten. Wie konnte eine solche Lehre entstehen? Der katholische Humanist Erasmus war stark von der griechischen Philosophie beeinflusst. Zum Beispiel beginnt eines seiner überlieferten Gebete mit der Anrufung „Oh heiliger Sokrates"[42]. In Übereinstimmung mit allen anderen Reformatoren trat Martin Luther in Bezug auf die Rechtfertigung des Sünders allein durch Gottes Gnade einer Leistungsfrömmigkeit pointiert entgegen und bestritt einen „Stand der irdischen Vollkommenheit", der das Angewiesensein auf die göttliche Gnade hinter sich lassen könne. Wie Paulus vor ihm glaubte er, aus eigener Erfahrung sprechen zu können, wenn er erklärte, kein Mensch könne hoffen, aus eigenem Bemühen vollkommen zu werden.

Wenn sich ein Vertreter des Vollkommenheits-gedankens von Luther zu Calvin wendet, findet er keine neuen Gründe zur Hoffnung. Auch Calvin teilt uns mit, „es sei eben der ganze Mensch, Verstand und Wille, Seele und Fleisch, von dieser Begehrlichkeit befleckt und erfüllt oder kurzum, der ganze Mensch sei von sich selbst aus nichts anderes als Begehrlichkeit".[43] Ebenso wie der Weise für die Stoiker durch und durch gut ist, sei der Mensch für Calvin durch und durch verdorben. Der Mensch sei nicht schlecht , weil er bestimmte böse Handlungen begeht, sondern weil er

---

[42] Desiderius Erasmus, *Colloquies*, übers. v. Nathan Bailey. Rev. E. Johnson, Hrsg. (London: Reeves and Turner, 1878, Bd. 1) 186: "Indeed, it was a wonderful Elevation of Mind in a Man, that knew not Christ, nor the holy Scriptures: And therefore, I can scarce forbear, when I read such Things of such Men, but cry out, Sancte Socrates, ora pro nobis; Saint Socrates, pray for us." http://oll.libertyfund.org/titles/549

[43] Johannes Calvin, *Institutio christianae religionis - Unterricht in der christlichen Religion*, II, 1, 8. Nach der letzten Ausgabe von 1559 übers. und bearb. von Otto Weber, bearb. und neu herausgegeben von Matthias Freudenberg. 2. Aufl. (Neukirchen-Vluyn: Neukirchener Verlag, [1955] 2008).

im Inneren der Knechtschaft der Sünde unterworfen ist und ihr darin gehorchen muss, dass er üble Taten vollbringt, die einer verdorbenen Gesinnung entspringen. Diese Aussage über den hoffnungslosen Zustand des sündigen Menschen haben nach Paulus auch Augustin, Gottschalk, Bradwardine und Wycliffe in einer mehr oder weniger angemessenen Deutlichkeit vertreten. Es sei deshalb angemessener, meinte der Genfer Reformator, solche spezifischen Handlungen, wie „Ehebruch, Unzucht, Diebstahl, Hass, Mord und Trinkerei", als „Früchte der Sünde" und nicht als „Sünden" zu bezeichnen.[44] Die Sünde liegt in der Verdorbenheit und Verkehrtheit, aus der diese „Werke des Fleisches" stammen; eine Verdorbenheit, „die niemals aufhört in uns, doch ständig neue Früchte trägt".[45] Es ist nicht einfach so, dass es uns jetzt an dem mangelt, was Adam noch besaß: vollständige Unschuld. Unsere Verdorbenheit ist aktive Verdorbenheit: „Unserem Willen mangelt und gebricht es nicht nur am Guten, sondern er ist so ergiebig und reich an Sünden, dass er nicht untätig sein kann."[46] Die Annahme des Gegenteils bedeutet nach Calvin gleichzeitig, dass man Gott seiner Rechte beraubt und den Menschen zur Hybris[47] ermutigt. „Und andererseits kann ihm [dem Menschen] auch nicht das Geringste zugesprochen werden, ohne dass Gott die Ehre geraubt und der Mensch von vermessenem Selbstvertrauen zu Fall gebracht wird."[48]

Doch selbst wenn es nur darum geht, der „Selbstgefälligkeit" des Sünders etwas entgegenzustellen, so findet Calvin sich genötigt zuzugestehen, dass es im Menschen

---

[44] Ebd.

[45] Ebd., II, 1, 8.

[46] Ebd., II, 1, 11.

[47] Hybris (altgriechisch ὕβρις hýbris ‚Übermut', ‚Anmaßung') bezeichnet eine extreme Form der Selbstüberschätzung oder auch des Hochmuts. Man verbindet mit Hybris häufig den Realitätsverlust einer Person und die Überschätzung der eigenen Fähigkeiten, Leistungen oder Kompetenzen, vor allem von Personen in Machtpositionen. https://de. wikipedia.org/wiki/Hybris

[48] Calvin, *Institutio christianae religionis - Unterricht in der christlichen Religion*, II, 2, 1.

noch etwas vom Ebenbild Gottes gibt, wie sehr es auch pervertiert sein mag. Nach dem Sündenfall behält der Mensch „einige Funken von Verstand"[49], wie sehr sie auch „durch Faulheit [Beschränktheit] und Blindheit [Ignoranz] erstickt"[50] sein mögen. Er hat noch einen gewissen „Drang nach der Wahrheit", selbst wenn dieser Drang, „so wie er jetzt ist", bald durch Eitelkeit zerstört oder sorglos nutzlosen und unwichtigen Gegenständen zugewandt wird.[51] Er hat sich noch eine gewisse Fähigkeit hinsichtlich „irdischer Dinge" bewahrt – Regierungsgeschäfte, Haushaltsführung, mechanische Geschicklichkeit und die freien Künste – und ist nicht ganz ohne ein „allgemeines Gefühl für bestimmte bürgerliche und redliche Verhaltensweisen und Ordnung".[52] Calvin beharrt darauf, dass das Ebenbild Gottes zwar verunstaltet ist, aber immer noch im Menschen besteht.[53] Zweifellos sind „Rechtschaffenheit und Redlichkeit und die Freiheit, sich für das Gute zu entscheiden, verloren", und trotzdem „bleiben noch viele hervorragende Gaben, durch die wir die Tiere übertreffen".[54] In Luthers Ausdrucksweise gehört der Mensch sowohl dem irdischen als auch dem himmlischen Königreich an und kann sehr wohl seine Vernunft und seinen Willen entfalten. Erst wenn es zu geistlichen Fragen kommt, ist die Vernunft, wie Calvin meinte, „stockblind" oder, um mit Luther zu sprechen, „die Hure des Teufels".

Selbst in religiösen Dingen bewahrt sich die Vernunft zweifellos gewisse Kräfte. Calvin äußerte, dass sie durchaus Gottes Güte, Voraussicht und Gerechtigkeit herleiten kann, indem sie die Natur und die Menschheitsgeschichte betrachtet. Die Menschen sind tadelnswert, wenn sie die Vorrangstellung Gottes nicht anerkennen, und können sich nicht damit entschuldigen, keine spezielle Offenbarung

---

[49] Ebd., II, 2, 2.

[50] Ebd.

[51] Ebd.

[52] Ebd., II, 2, 13-15.

[53] Ebd., II, 2, 15-16.

[54] Ebd.

bekommen zu haben. Das Westminster Bekenntnis von 1647 formuliert entsprechend:

> Obwohl das Licht der Natur und die Werke der Schöpfung und Fürsorge, die Güte, Weisheit und Macht Gottes soweit offenbaren, dass sie die Menschen ohne Entschuldigung lassen, reichen sie doch nicht aus, um jene Erkenntnis Gottes und seines Willens zu geben, die zum Heil notwendig ist.[55]

Die Vernunft ist auch fähig, zwischen Gutem und Bösem zu unterscheiden. Deshalb sind Nichtchristen tadelnswert, wenn sie sich nicht moralisch verhalten. Doch es bleibt eine Tatsache, dass der Mensch so verdorben ist, dass er in allen religiösen Dingen ohne die Hilfe des Heiligen Geistes „dumm und töricht" ist. Die Vernunft kann tatsächlich höchstens erreichen, dass sie die Existenz und Güte Gottes sehr allgemein anerkennt und dass sie eine gewisse Fähigkeit erlangt, „rechtschaffen zu handeln", wenn man es äußerlich bewertet.[56] Im geistlichen Sinne beurteilt, steht alles Wirken des Menschen, egal wie es nach außen hin erscheinen mag, unter dem Gerichtsurteil Gottes. Erst der vom Heiligen Geist wiedergeborene Christ wird befähigt, gute Werke zu erbringen, die zur Ehre Gottes gereichen. Der Apostel Paulus schrieb Folgendes der christlichen Gemeinde in Korinth:

> Nun: mögt ihr essen oder trinken oder sonst etwas tun, tut alles zur Verherrlichung (oder: Ehre) Gottes! Gebt weder den Juden noch den Griechen noch der Gemeinde Gottes einen Anstoß, wie auch ich allen in jeder Hinsicht zu Gefallen lebe, indem ich nicht meinen Vorteil suche, sondern den der vielen (d.h. der großen Mehrheit), damit sie gerettet werden (1. Kor. 10,31-33).

Tatsache ist, dass sich Martin Luther und Johannes Calvin, ja selbst Ulrich Zwingli, Martin Bucer und alle

---

[56] Calvin, *Institutio christianae religionis - Unterricht in der christlichen Religion*, II, 2, 16.

führenden protestantischen Theologen in der Frühphase der Reformation bis zirka 1535 im Hinblick auf die Heilslehre völlig einig waren. Was andere Lehren anbelangte, hatten sie ihre Differenzen, aber in der Behauptung der Hilflosigkeit des Menschen in seiner Sünde und der Souveränität Gottes in seiner Gnade stimmten sie völlig überein. Sie hielten diese Lehre für das wahre Lebensblut des christlichen Glaubens. Ein moderner Herausgeber der Werke Luthers brachte diese Tatsache auf einen Punkt: „Wer auch immer dieses Buch [De servo arbitrio] niederlegt, ohne realisiert zu haben, dass die evangelische Theologie nur bestehen bleiben kann, wenn die Lehre vom unfreien Willen akzeptiert wird, hat es vergeblich gelesen."[57]

2.2.6. Umfassendes Prinzip der allein wirksamen Gnade Gottes

Da die Lehre der freien Rechtfertigung durch Glauben das Sturmzentrum in der großen Kontroverse zwischen den Reformatoren und den Katholiken in der ersten Hälfte des 16. Jahrhunderts war, erscheint es nur natürlich, sie als das Herz der reformatorischen Theologie anzusehen. Dies entspricht jedoch nicht unbedingt der ganzen Wahrheit. Die Reformatoren bewegten die Frage, ob das Christentum eine Religion des völligen Vertrauens auf Gott ist im Hinblick auf die Errettung und aller dazu notwendigen Dinge oder eine Religion des Selbstvertrauens und der eigenen Anstrengungen. Im Suchen nach einer Antwort richteten die Reformatoren ihr Denken auf die Aussage des Paulus, dass das völlige Heil des Sünders allein auf der freien und souveränen Gnade Gottes beruht. Der Sünder ist völlig hilflos in seinen Sünden und wird mittels der freien, bedingungslosen, unwiderstehlichen Gnade Gottes errettet. Die Lehre der Rechtfertigung durch den Glauben war den Reformatoren wichtig, weil sie das Prinzip der souveränen Gnade bewahrte. Aber sie drückte für die Reformatoren eigentlich nur einen Aspekt dieses Prinzips aus, und dieser war nicht einmal der

---

[57] Aland, Hrsg., *Luther Deutsch*, Einleitung.

wichtigste. Die Souveränität der göttlichen Gnade kam in ihrem Denken auf einer viel tiefgründigen Ebene zum Ausdruck, nämlich in der Lehre der monergistischen[58] Wiedergeburt – der Lehre also, die besagt, dass der Glaube, der Christus annimmt, um gerechtfertigt zu werden, selbst ein freies Geschenk eines souveränen Gottes ist. Die Reformatoren kamen zum Schluss: Wenn ein Mensch von Gott gerufen wird, schenkt er ihm den Glauben durch die geistliche Wiedergeburt. Gott erweckt den Menschen aus dem Tod der Sünde durch seinen lebensspendenden Geist und führt ihn zum Glauben. Dann rechtfertigt er den bußfertigen Sünder um Christi willen. Kurz und bündig ausgedrückt: Gott ist der Geber sowohl des Glaubens als auch der Rechtfertigung. Die Rechtfertigung durch Glauben allein ist also eine Wahrheit, die erklärt werden muss. Das Prinzip des „sola fide", also des Glaubens allein, wird nicht richtig verstanden, bis es in dem umfassenderen Prinzip der „sola gratia", also der Gnade allein, eingebettet gesehen wird. Einen Ausweg aus dieser geistlichen Misere zu finden, ist auch heute wie zu Luthers Zeit möglich.

---

[58] Wenn wir von Monergismus versus Synergismus theologisch sprechen, geht es darum, wer unsere Erlösung/Rettung herbeiführt. Monergismus stammt aus dem zusammengesetzten griechischen Wort, welches „allein arbeiten" bedeutet. Monergismus ist die Sichtweise, dass Gott allein unsere Erlösung beeinflusst. Diese Sichtweise haben primär Calvinisten und reformierte Konfessionen und ist eng mit der sog. „Lehre der Gnade" verbunden. Synergismus kommt auch aus einem zusammengesetzten Wort aus dem Griechischen und bedeutet so viel wie „zusammenarbeiten". Synergismus ist die Sichtweise, dass Gott mit uns zusammenarbeitet, um die Erlösung herbeizuführen. Während Monergismus eng mit Johannes Calvin in Verbindung steht, ist der Synergismus mit Jakob Arminius verknüpft, seine Ansichten formten großteils die moderne evangelikale Landschaft. Calvin und Arminius sind nicht die Schöpfer dieser Sichtweisen, sie sind aber die bekanntesten Vertreter des Calvinismus und Arminianismus.

2.3. Theologische Kontroverse über das Evangelium

2.3.1. Verwerfung der Rechtfertigungslehre

Der Franzose Peter Baro (Baron), der die Lady-Margaret-Professur der Theologie an der Cambridge University inne-hatte, sorgte 1579 für große Aufregung, als er am Beispiel der im Buch Jona beschriebenen Stadt Ninive die These vorlegte, dass Gott alle Menschen zum ewigen Leben vorher-bestimmt habe. Glaube und Gehorsam seien die Bedingungen, die zur Erlangung des Heils erfüllt werden müssten.[59] William Barrett verkündigte 1595 dieselbe Lehre. Der Aufschrei unter der Bevölkerung war so groß, dass sich die Anglikanische Kirche dazu veranlasst sah, eine Widerlegung in den neun Lambeth Articles abzufassen. Diese Glaubensartikel erhielten zwar nie den Status eines offiziellen Glaubensbekenntnisses, wurden aber dennoch jahrzehnte-lang von vielen als Ausdruck der anglikanischen Recht-gläubigkeit angesehen.[60] Während der Hampton Court Conference 1604 legte der Puritaner John Rainolds das Bitt-gesuch vor, dass die Lambeth Articles den 39 Articles of Religion[61] hinzugefügt werden sollten. Bedauerlicherweise verweigerte König James I. seine Zustimmung.

Bald sollte sich innerhalb der Anglikanischen Kirche eine einflussreiche Bewegung gegen den Calvinismus erheben, die sich auf die Theologie Baros und Barretts berief. Die Cambridge Platoniker setzten sich für die Verbreitung

---

[59] Philip Schaff, *Creeds of Christendom: with a history and critical notes*, vol. 1 (New York City, NY: Harper [1919] 1931) 659.

[60] S. dazu: Charles Hardwick, *A History of the Articles of Religion: to which is added a series of documents, from A.D. 1536 to A.D. 1615; together with illustrations from contemporary sources* (London: Cambridge University Press, [1851] 1859) Kap. 7 und App. V; Schaff, *Creeds of Christendom*, vol. 1, 658ff., vol. 3, 523.

[61] Die 39 Artikel sind historische Glaubensaussagen des anglikani-schen Bekenntnisses. Sie sind nicht als umfassende und vollständige Glaubensgrundsätze der Konfession zu verstehen, sondern stellen die Position der Kirche von England zu jener Zeit in der Auseinandersetzung mit der Römisch-Katholischen Kirche und dem Calvinismus dar. https://de.wikipedia.org/wiki/Neununddreißig_Artikel

einer natürlichen Theologie ein, die zahlreiche Anhänger fand, weil sie besonders den Moralismus herausstellte. Bischof William Laud (1573-1645) stimmte ebenfalls lautstark in diesen Chorus ein und ermutigte die Arminianer von offizieller Seite aus, ihre Theologie in der Anglikanischen Kirche zu verbreiten. Nach der Stuart-Restauration betrachtete man den Calvinismus als sonderbare Kuriosität, an dem nur noch wenige Nonkonformisten festhielten. Die meisten Theologen der etablierten Staatskirche waren einflussreiche Arminianer. Die tragische Konsequenz, die sich aus dieser Situation ergeben sollte, war die Verwerfung der Rechtfertigungslehre. Die Anglikanische Kirche ersetzte die reformatorische Lehre, dass die zugesprochene Gerechtigkeit Christi die Formalursache der Rechtfertigung sei, mit der Ansicht, dass die persönliche Gerechtigkeit Christi der verdienstliche Grund sei, wodurch jeder Mensch die Möglichkeit besitze, sich selbst zu erretten. Der Glaube wurde nicht mehr als Mittel der Rechtfertigung aufgefasst, sondern als dessen Vorbedingung. Es sei demnach eine moralische Verpflichtung des Menschen, den Glauben als Akt des Gehorsams auszuüben. Bischof George Bull (1634-1710) bezog sich auf den Brief des Jakobus, um die Heiligung als Voraussetzung für die Rechtfertigung zu deklarieren. Dies sei die normative Heilslehre der Bibel. Das paulinische Evangelium, wie es im Römerbrief dargelegt wird, würde sich angeblich davon nicht unterscheiden.[62] Schon eine Generation zuvor hatte sich diese unbiblische Lehre innerhalb der Anglikanischen Kirche offiziell etabliert, nachdem sich die führenden Kirchenmänner Henry Hammond (1605-1660), Herbert Thorndike (1598-1672) und Jeremy Taylor (1613-1667) dafür ausgesprochen hatten.

2.3.2. Auseinandersetzung unter protestantischen Theologen

Ein junger Pfarrer in Amsterdam namens Jakob Hermandzoon (Arminius) wurde 1589 angefragt, ob er eine

---

[62] Zit. in C. FitzSimons Allison, *The Rise of Moralism* (London: Society for promoting Christian Knowledge, 1966) 121.

Erwiderung auf die Ablehnung der supralapsarischen Variante der Prädestinationslehre eines gewissen Dirck Volkertszoon Coornhert[63] schreiben würde. Der Supralapsarianismus – eine spekulative Lehre, die selbst viele Calvinisten ablehnen – ging von der Vorstellung aus, dass Gottes Heilserwählung von einigen und seine Verwerfung von anderen logisch seiner Entscheidung vorausging, den Sündenfall des ersten Menschenpaares zuzulassen. Bei der Erwählung beziehungsweise Verwerfung habe Gott die Menschen lediglich als rationale Wesen angesehen, nicht schon als Sünder. Arminius hatte zuvor unter der Belehrung von Theodor von Beza[64] (1519-1605) in Genf sein Theologiestudium abgeschlossen. Von einem Studenten Bezas erwartete man, dass er Coornhert mit Nachdruck in seine Schranken weisen würde. Nichts dergleichen geschah jedoch. Arminius weigerte sich, die Gegenschrift zu schreiben. Stattdessen verteidigte er in den folgenden 20 Jahren bis zu seinem Tod im Jahr 1609 diskret, aber entschieden die semipelagianische Heilslehre und die unter seinem Namen bekannt gewordene Version der Erwählungslehre.

Die zwischen Remonstranten[65] und Reformierten geführte theologische Kontroverse war ein Kampf der Giganten. Die sich zaghaft in den theologischen Zwistig-

---

[63] Coornhert lebte seit 1542 in Haarlem, wo er mit dem Maler Maarten van Heemskerck zusammenarbeitete. 1561 wurde Coornhert Notar und ab 1562 Stadtsekretär. Als er wegen Widerstands gegen die spanische Herrschaft über die Niederlande (siehe hierzu Spanische Niederlande) 1568 in den Haag inhaftiert wurde, floh er ins Exil nach Kleve und später nach Xanten. 1572 trat er während des Achtzigjährigen Krieges als Staatssekretär in den Dienst Wilhelms von Oranien. Von 1577 bis 1587 lebte Coornhert wieder als Notar in Haarlem, dann bis zu seinem Tod in Gouda. Coornhert gilt als Gegner des Calvinismus und als Wegbereiter der klassischen Literatur in den Niederlanden. Er übersetzte Werke Ciceros, Senecas und Erasmus' und schuf mit „Dolinghe van Ulysse" einen bedeutenden Epos der niederländischen Literatur. https://de.wikipedia.org/wiki/Dirck_Volkertszoon_Coornhert

[64] Théodore de Bèze

[65] Die Remonstranten (von lat. remonstrare „zurückweisen"), auch Arminianer genannt, sind eine protestantische Religionsgemeinschaft in den Niederlanden und in Schleswig-Holstein. Der offizielle niederländische Name der Remonstranten lautet Remonstrantse Broederschap

keiten zwischen den beiden Niederländern Jacobus
Arminius (1560-1609) und Petrus Plancius (1552-1622)
abzeichnende Entwicklung entflammte die Gemüter von
vielen protestantischen Theologen in den großen Glaubens-
disputationen des 17. und 18. Jahrhunderts. Nach Arminius'
Tod 1609 entstand schnell eine Bewegung unter seinen
Nachfolgern, die sich unter den Reformierten mittels der
Veröffentlichung der „Fünf Punkte der Remonstranten"
einen anrüchigen Namen gemacht hatten. Mit Vehemenz
stellten sie sich grundsätzlich gegen die calvinistische Heilslehre. Als Gegenantwort formulierten reformierte Theologen auf der Synode zu Dordrecht 1619 die „Fünf Punkte
des Calvinismus", in denen sie ihr Verständnis der christlichen Heilslehre zusammenfassten.

Worum ging es bei dieser Auseinandersetzung unter
den protestantischen Theologen jener Zeit, die bis heute
unvermindert anhält? Um diese Frage zumindest in einem
begrenzten Umfang beantworten zu können, muss man sich
zunächst darüber klar werden, warum es bei diesem Konflikt
nicht geht. Der grundsätzliche Unterschied zwischen
Calvinismus und Arminianismus besteht weder dort, wo,
wie einige glauben, die Arminianer der Heiligen Schrift
folgen, während die Calvinisten dem Diktat ihrer Logik
hörig sind. Noch ist es richtig zu meinen, dass der
Arminianismus eine Verbindung zwischen dem Glauben
und Gehorsam als Gnadenmittel zum Erlangen des ewigen
Lebens sieht, die der Calvinismus bestreitet. Es wäre auch
falsch anzunehmen, dass die Arminianer nur die Liebe
Gottes kennen, während die Calvinisten sich auf seine
Macht berufen. Keinesfalls richtig ist es, dass im Arminianismus das freie Angebot Christi im Evangelium hervorgehoben wird, welches im Calvinismus keinen Platz hat. Die
Differenzen zwischen beiden Positionen werden auch darin
nicht offenkundig, wo der Arminianismus die menschliche
Verantwortung vor Gott und die sich daraus ableitende
Verpflichtung eines heiligen Lebenswandels betont, während
der Calvinismus nichts dergleichen lehrt. Nein: Der Unter-

(Remonstrantische Bruderschaft). https://de.wikipedia.org/wiki/
Remonstranten

schied besteht dort, wo der Calvinismus eine Dimension in der rettenden Liebe Gottes wahrnimmt, die der Arminianismus völlig übergeht. Für einen Calvinisten dreht sich vordergründig alles um die Anerkennung der Souveränität Gottes. Gott allein trifft die Wahl, welcher Sünder tatsächlich errettet wird. Und Gott allein führt den erwählten Sünder zum Glauben und erhält ihn bis ans Ende im Glauben. Der Arminianismus lehnt diese Lehren des Calvinismus grundsätzlich ab.

2.3.3. Brisanz der reformatorischen Rechtfertigungslehre

Die Rechtfertigungslehre der Reformatoren kann in den folgenden Punkten zusammengefasst werden: Auf der negativen Seite ist zu verzeichnen, dass jeder Mensch einst vor dem Richterstuhl Gottes erscheinen wird und sich selbst vor Gott verantworten muss, denn in seinem Wesen und Tun ist er ein Sünder. Er weigert sich, dem Gesetz Gottes gemäß zu leben und deshalb kann er nur Gottes Zorn und Verwerfung erwarten. Auf der positiven Seite ist zu notieren, dass die Rechtfertigung Gottes Urteilsspruch in der Begnadigung des schuldigen Sünders ist, indem er ihn als gerecht annimmt und als Sohn und Erbe einsetzt. Die einzige Quelle der Rechtfertigung ist Gottes Gnade, nicht das Bemühen oder die Initiative des Menschen. Die einzige Grundlage der Rechtfertigung ist die stellvertretende Gerechtigkeit und das vergossene Blut Christi, nicht des Menschen eigener Verdienst. Weder leisten die angeblich überschüssigen Werke der Heiligen, der Erwerb von Ablassbriefen oder die Vielzahl der Messen irgendeinen Beitrag dazu noch besitzen die Qualen des Fegefeuers der mittelalterlichen Fantasie irgendwelche Bedeutung. Es gibt sie in Wirklichkeit nicht. Die Rechtfertigung ist nicht die göttliche Bezahlung für irgendeine menschliche Leistung, sondern ein Geschenk Gottes, das durch die Vermittlung von Jesus Christus empfangen werden kann. Das Mittel zum Empfang der Rechtfertigung im Hier und Jetzt ist der Glaube. Der stellvertretende Opfertod Jesu mittels des von ihm vergossenen Blutes zur Bezahlung der Sündenschuld ermöglicht es dem gerechten Gott, jede Sünde der Vergangenheit, Gegenwart und Zukunft des gläubigen Menschen zu vergeben. Die Frucht des Glaubens, der Beleg seiner Echtheit und darum der Erweis, dass das christliche Bekenntnis eines Menschen echt ist, ist ein Leben der Buße und der guten Werke.

Das Römisch-Katholische Konzil von Trient[66] (1545-1563) verwarf das reformatorische Verständnis der Rechtfertigungslehre, indem es die Rechtfertigung als eine inwendige Erneuerung des Menschen dogmatisch festlegte. Schuldenerlass und Annahme bei Gott kamen noch hinzu und die Bekräftigung, dass der einzig formale Grund[67] der Rechtfertigung die Gerechtigkeit Gottes sei, die mittels der Taufe verliehen würde. Die Grundlage der Vergebung war entsprechend der These des Konzils die Qualität der göttlichen Gerechtigkeit, die in den Menschen ausgegossen worden sei. Gott sehe ihn als Gerechten an, weil er von ihm in seinem Inneren wirklich gerecht gemacht worden sei. Somit müsse die Strafe für die Sünden nicht mehr an dem Menschen vollzogen werden. Die mit der Wiedergeburt beginnende Heiligung wurde somit zur Grundlage der Rechtfertigung erklärt. Die versammelten Bischöfe und Kardinäle in Trient sprachen einen Fluch über denen aus, die an der reformatorischen Rechtfertigungslehre festhielten.

In ihrer Entgegnung und Verwerfung der Römisch-Katholischen Heilslehre, wie sie auf dem Konzil in Trient festgelegt worden war, orientierten sich die reformierten Theologen sowohl auf dem Kontinent als auch in England in einer längeren Erklärung an Calvins kurz und prägnant formulierten Darlegung der Rechtfertigungslehre in der *Insitutio* III, 9.23. Die einzig formale Grundlage der Rechtfertigung ist nicht die vermittelte Gerechtigkeit Gottes, sondern die zugerechnete Gerechtigkeit Christi. Um ihr Verständnis der Rechtfertigung noch deutlicher hervorzuheben, unterschieden sie zwischen dem aktiven Gehorsam

---

[66] Tridentinum

[67] In der Sprache der Scholastik kennzeichnet der formale Grund die Eigenschaft, die einer Sache ihre Qualität verleiht.

Christi dem Gesetz Gottes gegenüber, der sich im vollkommenen Halten aller göttlichen Gebote niederschlug, und Jesu passivem Gehorsam dem Willen Gottes gegenüber in seinem geduldigen Ertragen der Todesstrafe für die Sündenschuld der Auserwählten. Sie bestanden darauf, dass die Annahme als Gerechte von diesen beiden Aspekten der Gehorsamsgerechtigkeit Christi abhängig ist, die dem Sünder aufgrund der Busse und des Glaubens zugerechnet wird. Als Anfang des 17. Jahrhunderts der bekannte Theologe der kirchlichen Hochschule zu Herborn, Johannes Piscator, darauf bestand, dass den Gläubigen nur der passive Gehorsam Christi zugerechnet werden würde, verwarfen die reformierten Theologen diese Ansicht als unbiblische Sonderlehre.

Die gleiche Polemik richteten die reformierten Theologen an die Adresse der Arminianer. Sie brandmarkten diese regelmäßig als Kryptokatholiken[68], also als solche, die zwar keine Katholiken mehr sind, aber dennoch das Gleiche glauben wie diese, weil sie davon ausgehen, dass der Glaube selbst die eigentliche Gerechtigkeit sei, die erbracht werden müsse, um gerettet zu werden. Der Glaube würde den Christen befähigen, gehorsam das Evangelium – das neue Gesetz Gottes – zu befolgen. Und somit würde der Glaube nicht nur die Bedingung, sondern auch die Grundlage der Rechtfertigung liefern. Dem Gläubigen wird folglich der Glaube als Gerechtigkeit zugerechnet, weil die Gerechtigkeit sich im Glaubensakt selbst und nicht im Vertrauen auf das stellvertretende Sühneopfer Jesu manifestiert. Die Reformierten warfen den Katholiken und Arminianer vor, dass sie einerseits dem menschlichen Stolz das Wort reden, indem sie die Grundlagen der Rechtfertigung im Gläubigen selbst zu finden meinten, und andererseits dem Sohn Gottes die Ehre rauben, die ihm allein gebührt. Es reicht nicht aus zu sagen, wie es Katholiken und Arminianer zu tun pflegen, dass die Rechtfertigung ohne Christus unmöglich ist; man muss dem noch hinzufügen, dass sie auf Grundlage des Gehorsams Christi im Darbieten seines Lebens als stellvertretendes Sühneopfer dem Gläubigen zugerechnet wird. Die

---

[68] „krypto" bedeutet „verborgen"

Erklärung der Rechtfertigungslehre im Westminster Bekenntnis reflektiert die Präzision und Ausgewogenheit der reformierten Position; gleichzeitig wird darin die polemische Stoßrichtung aufgezeigt, die sich in dieser theologischen Auseinandersetzung wirkungsvoll erwies.

> Artikel 11.1: Diejenigen, die Gott wirksam beruft, die rechtfertigt er auch aus Gnaden, nicht indem er sie mit Gerechtigkeit erfüllt, sondern dadurch, dass er ihre Sünden vergibt und ihre Personen als gerecht erachtet und sie annimmt, nicht wegen irgendetwas, was in ihnen bewirkt oder von ihnen getan worden ist, sondern um Christi willen allein. Weder der Glaube selbst, nämlich der Glaubensakt, noch irgendein anderer evangelischer Gehorsam (wie die Umkehr zu Christus), wird ihnen als Gerechtigkeit angerechnet. Vielmehr erfolgt die Rechtfertigung dadurch, dass ihnen die Gerechtigkeit und die Sühne Christi angerechnet wird, wobei sie sich auf ihn und seine Gerechtigkeit verlassen und diese durch den Glauben empfangen; solch einen Glauben haben sie jedoch nicht aus sich selbst – er ist ein Geschenk Gottes.

Warum übernahmen die Arminianer die katholische Lehre der Rechtfertigung, die der protestantischen völlig entgegensteht? Die Erklärung liegt in der Tatsache begründet, dass ihre Logik sie unausweichlich zu dieser Schlussfolgerung trieb, weil sie grundsätzlich leugneten, dass das Heil des Einzelnen gänzlich das Werk Gottes ist. Sie verwarfen die Lehre eines ewigen Ratschlusses, den Gott im Laufe der Heilsgeschichte mittels der wirksamen Berufung und souveränen Bewahrung des Gläubigen verwirklicht. Das Wesentliche an diesem Ratschluss besteht in der gnadenvollen Darbietung des Heils, das an keine Bedingungen geknüpft ist, die der Mensch erfüllen müsste.

2.3.4. Bedeutung der arminianischen Rechtfertigungslehre

Die arminianische Rechtfertigungslehre setzt sich aus fünf Verneinungen zusammen, die aus der prinzipiellen Leugnung des alleinigen Heilswirkens Gottes erwachsen. Als Erstes verneinen die Arminianer die reformierte Lehre, dass der Glaubensakt des Menschen gänzlich Gottes Gabe sei. Als Zweites verwerfen sie die Ansicht, dass es im Plan Gottes einen direkten Bezug zwischen dem Empfang der Erlösung durch den Gehorsam Christi am Kreuz und der rettenden Anwendung derselben mittels des Heiligen Geistes gibt. Das Erlösungswerk Christi würde das Wirken des Heiligen Geistes demnach nicht veranlassen und garantieren. Die Arminianer meinen, dass das Sühneopfer Jesu das Heil für alle Menschen ausnahmslos ermögliche, aber nicht zwingend die tatsächliche Erlösung irgendeines Menschen gewährleiste. Folglich muss die Vorstellung des Todes Christi als stellvertretendes Sühneopfer aufgegeben werden. Denn definitionsgemäß ist die Stellvertretung dahingehend wirksam, dass die Person, für die der Stellvertreter Verpflichtungen auf sich genommen hat, eine wirkliche Immunität vor dem Vollzug der gerechten Strafe gewinnt. Sinngemäß wird es in einem bekannten Lied wie folgt ausgedrückt: Die Bezahlung meiner Schuld wird Gott nicht zweimal einfordern, zuerst aus der Hand des göttlichen Bürgen und dann noch einmal aus der meinen. Als Drittes stellte man sich gegen die Vorstellung, dass der Bund der Gnade eine Beziehung sei, die Gott mittels seiner wirksamen Berufung von sich aus initiiert, ohne sie an Bedingungen zu knüpfen. Der Arminianismus betrachtet den Bund der Gnade als ein neues Gesetz, das augenblickliche Vergebung unter der Voraussetzung augenblicklichen Glaubens anbietet und darüber hinaus zukünftiges Heil unter der Bedingung des fortwährenden Glaubens. Als Viertes lehnte man den Standpunkt ab, dass der Glaube im Wesentlichen eine Angelegenheit der Erkenntnis sei, die sich vertrauensvoll auf das verlässt, was ein anderer vollbracht hatte. Die arminianische Alternative stellte den Gedanken in den Mittelpunkt, dass der Glaube im Wesentlichen eine Angelegenheit sei, die beim Menschen eine Entscheidung hervorrufen würde. Man dachte dabei im Besonderen an den Entschluss, das eigene Leben unter die Verordnungen des neuen Gesetzes zu stellen, dass Jesus seit seinem Kommen eingesetzt habe. Seit dem 17. Jahrhundert haben sich viele Pietisten diesem arminianischen Gedanken angeschlossen, als ob es ein Lehrsatz des protestantischen Glaubens sei. Im Gegenteil, es ist eine Verwerfung der ursprünglichen reformatorischen Lehre schlechthin. Als Fünftes wies man den Gedanken zurück, dass die Grundlage der Rechtfertigung die zugerechnete Gerechtigkeit Christi sei. Die arminianische Vorstellung sieht im Glauben selbst die Grundlage der Rechtfertigung. Die Ausübung des Glaubensaktes sei gerecht, weil sie Ausdruck des Gehorsams dem neuen Gesetz gegenüber ist und von Gott als solche akzeptiert würde. Arminius lehrte, dass die Gerechtigkeit Christi dem bußfertigen und glaubenden Menschen zugerechnet würde, nicht als Grundlage der Gerechtigkeit, sondern als Voraussetzung dafür, dass ihm der Glaube als Gerechtigkeit zugerechnet werden könne. Arminius stützte sich in seiner Darlegung der Rechtfertigungslehre auf die Beschreibung des Glaubens in Römer 4,3.5.9, interpretierte sie aber in einer Weise, die der paulinischen Rechtfertigungslehre nicht gerecht wird:

> 3 Denn was sagt die Schrift? „Abraham glaubte Gott, und das wurde ihm zur Gerechtigkeit gerechnet." (1.Mose 15,6)

> 5 wer dagegen keine Werke verrichtet, sondern an den glaubt, der den Gottlosen rechtfertigt, dem wird sein Glaube zur Gerechtigkeit gerechnet;

> 9 Gilt nun diese Seligpreisung nur den Beschnittenen oder auch den Unbeschnittenen? Wir behaupten ja doch: „Dem Abraham wurde sein Glaube zur Gerechtigkeit gerechnet."

Der Apostel Paulus bestand darauf, die Gerechtigkeit des Christen als Gottes Geschenk darzustellen. Römer 5,15-17:

15 Jedoch verhält es sich mit der Gnadengabe (Jesu) nicht so wie mit der Übertretung (Adams). Denn wenn (dort) die Übertretung des Einen den Tod der Vielen zur Folge gehabt hat, so hat sich (hier) die Gnade Gottes und die Gnadengabe des einen Menschen Jesus Christus erst recht an den Vielen überreich erwiesen. 16 Auch ist bei der Gabe die Wirkung nicht so wie dort, wo ein einziger Sünder den Anlass gegeben hat. Denn (dort) ist das Urteil aus Anlass eines einzigen Sünders zum Verdammungsurteil geworden, (hier) dagegen die Gnadengabe aus Anlass dieser Übertretungen zum Rechtfertigungsurteil. 17 Denn wenn (dort) infolge der Übertretung des Einen der Tod durch die Schuld jenes Einen seine Herrschaft unbeschränkt ausgeübt hat, so werden (hier) noch viel gewisser die, welche die überschwengliche Fülle der Gnade und des Geschenks der Gerechtigkeit empfangen, im (künftigen) Leben als Könige herrschen durch den Einen, Jesus Christus.

Mit Nachdruck hob der Apostel hervor, dass der Sünder durch den Glauben an das Blut Christi gerechtfertigt sei, ungeachtet der eigenen Werke (Epheser 2,8-9): „Denn durch die Gnade seid ihr gerettet worden auf Grund des Glaubens, und zwar nicht aus euch – nein, Gottes Geschenk ist es –, 9 nicht aufgrund von Werken, damit niemand sich rühme." Alleine diese Aussagen des Apostels machen die spezielle Auslegung Arminius unmöglich.

Hinter der arminianischen Rechtfertigungslehre verbirgt sich letztlich eine unterschwellige Form der Werksgerechtigkeit, die dem neutestamentlichen Evangelium entgegensteht, weil sie das ewige Heil des Menschen nicht von der unverdienten Gnade Gottes abhängig macht. Arminianer sind sich dessen selbst nicht immer bewusst. Wenn sie den Glauben jedoch nicht als Geschenk Gottes, sondern als ein verdienstliches Werk des Menschen definieren, ist keine andere Schlussfolgerung möglich. Im Prinzip besteht deshalb eine Übereinstimmung mit der Lehre der Rechtfertigung, wie sie in der Römisch-Katholischen Kirche seit dem Konzil von Trient, also über einen Zeitraum von fast 500 Jahren, gelehrt wird. Eine Lehre

dieser Art führte unweigerlich zu einer neuen Gesetzlich-
keit, deren Schlüsselgedanke in dem Aufruf zur Geltung
kommt, sich stets moralisch zu vervollkommnen, um in
eigener Anstrengung das zukünftige Heil zu ergreifen.

Nach der Synode zu Dordrecht (1618-1619) mussten
die Arminianer eine Zeit lang ins Exil gehen, bis es ihnen
1626 erlaubt wurde, zu ihren Kirchengemeinden zurückzukehren und ein theologisches Seminar in Amsterdam zu
eröffnen. Drei Theologen, Episcopius, Curcellaeus
(Courcelles) und Limborch, nahmen nacheinander eine
führende Stellung im Seminar ein und machten sich als
einflussreiche Arminianer einen Namen. Ihr Ruhm klingt
bis heute nach. Sie setzten sich mit besonderem Eifer für
eine Theologie ein, die von einem sich ständig verändernden
Liberalismus geprägt war. Deshalb degenerierte der niederländische Arminianismus rasch zu einem dogmatischen
Moralismus und unterschied sich kaum vom Sozinianismus[69].

2.3.5. Unterschiedliche Lehre der Remonstranten und Wesleyaner

Auch wenn es an dieser Stelle nicht möglich ist, ausführlich
auf die zwei Varianten des Arminianismus einzugehen, die
von den Remonstranten und Wesleyaner[70] vertreten werden,
muss dennoch ein Unterschied in ihrer jeweiligen Lehre
hervorgehoben werden. Er bezieht sich auf die Frage, ob die
menschliche Fähigkeit, auf das göttliche Heilsangebot einzugehen, seit dem Sündenfall völlig verloren gegangen ist. John
Wesley meinte in Anlehnung an Jacobus Arminius, dass es
so sei, obgleich die Gnade Gottes diese Fähigkeiten in allen

---

[69] Der Ausdruck Sozinianismus (Socianismus, Sozianismus) bezeichnet eine antitrinitarische Bewegung, die den Glaubenssatz, dass der auferstandene Mensch Jesus Christus Mensch und Gott zugleich sein könne,
für widervernünftig hält. Sie breitete sich im 16. und 17. Jahrhundert in
Europa aus und wurde nach ihren bedeutendsten Vertretern, dem italienischen Antitrinitarier Lelio Sozzini und seinem Neffen Fausto Sozzini,
benannt. https://de.wikipedia.org/wiki/Sozinianismus

[70] Die bekannteste und weitverbreitetste Glaubensgemeinschaft der
Wesleyaner ist die Methodistische Kirche.

Menschen wiederherstellen würde. Die Remonstranten hingegen behaupteten, dass die völlige Unfähigkeit nie als Beschreibung der Notlage des Menschen in Adam zutreffend gewesen sei. Die Sünde habe den Menschen in moralischer und geistlicher Hinsicht geschwächt, aber nicht völlig verdorben. Trotz der Beeinträchtigung sündiger Tendenzen besitze er in sich selbst das Vermögen, gerecht zu leben. Gott würde die in ihm vorhandene Kapazität aktivieren, um bei jeder Gelegenheit die richtige Entscheidung zu treffen.

Die unterschiedliche Akzentsetzung in der Theologie der Remonstranten und Wesleyaner brachte verschiedene Ergebnisse hervor. Die Remonstranten bemühten sich, die gefallene Natur des Menschen zu verbessern, die Bedeutung der Sünde herunterzuspielen und das Christentum als Religion des sittlichen Lebens darzustellen. In den Begriffen des Neuen Testamentes ausgedrückt, favorisierten sie ein judaistisches „Christentum" des strikten Einhaltens von Geboten, genauso wie es im Katholizismus gang und gäbe war. Es war also, um in den Worten des Apostel Paulus zu sprechen, ein anderes Evangelium, über dem der Apostel im Galaterbrief zweimal den Fluch aussprach. Am Ende dieser Straße stand, wie das Jahrhundert nach Dordrecht zeigte, der Deismus[71]. Dieser lehrte, dass das Heil kraft eines moralischen Lebenswandels erworben wird, ohne dass die Gnade Gottes Beihilfe leistet. Die Wesleyaner hingegen stellten sich ausdrücklich gegen den Deismus, indem sie das Problem der Sünde deutlich ansprachen, um die Gnade noch mächtiger erscheinen zu lassen. Die wahre christliche Moral sei die Frucht eines rechtfertigenden Glaubens. Doch wie sah es wirklich damit aus? Vertraten die Wesleyaner tatsächlich die reformatorische Rechtfertigungslehre? Bestanden sie zu Recht darauf, als evangelische Christen zu gelten? Diese Frage muss konkret, wenn auch in verkürzter Form, beantwortet werden.

---

[71] Als Deismus (‚Gotteslehre', von lateinisch deus ‚Gott') bezeichnet man eine Religionsauffassung, nach der nur Vernunftgründe, nicht die Autorität einer Offenbarung, zur Legitimation theologischer Aussagen dienen können. https://de.wikipedia.org/wiki/Deismus

2.3.6. Verwerfung des stellvertretenden Sühneopfers Christi

Die Ursprünge des Wesleyianischen Methodismus – der ältesten Form des im 18. Jahrhundert in England kursierenden Pietismus – lassen sich zwar ebenfalls auf pietistische Einflüsse zurückführen, doch die Ausbildung des Pietismus in seinen Reihen war gemäßigter, wenngleich die Vorstellung einer von Menschen gefundenen und angewandten Methode, die versprach, ein geistlicheres christliches Leben zu garantieren, als es der Gebrauch der Gnadenmittel zu tun vermochte, stammt gleichfalls aus dem Pietismus. Der Wesleyanismus wurde für England und Amerika in vieler Hinsicht zu einem der wichtigsten sozial-religiösen Phänomene des 18. und 19. Jahrhunderts.[72]

Als der Arminianer John Wesley Mitte des 18. Jahrhunderts in England die Methodisten um sich scharte, hatte man fast überall in der anglikanischen Kirche die wahre Bedeutung der Rechtfertigung durch den Glauben vergessen. Bei näherer Betrachtung der Rechtfertigungslehre Wesleys wird deutlich, dass der Erweckungsprediger darauf beharrte, diese von den Reformatoren gelernt zu haben. Er sprach über den Tod Christi als sühnender Akt der Stellvertretung und insistierte, dass es aufgrund dieses Todes allein Gott möglich sei, uns die Sünden zu vergeben. 1765 behauptete er aufrichtig, dass sein Verständnis der Rechtfertigungslehre, die er über einen Zeitraum von 27 Jahren verkündigt hatte, mit dem Calvins identisch sei. Diesem Bekenntnis lag aber eine gehörige Portion Unkenntnis oder bewusste Verschleierung über den eigentlichen Sachverhalt zugrunde. In dem 1762 veröffentlichten Buch *Thoughts on Christ's Imputed Rigteousness*[73] lehnte er es ab, über die zugerechnete Gerechtigkeit Christi als Grundlage der Rechtfertigung zu sprechen. Als Grund gab er an, dass ihm diese Formulierung nicht biblisch vorkam. Jedenfalls stimmt es, dass er die

---

[72] Hans Oskar Wilde, *Der Gottesgedanke in der englischen Literatur* (Breslau: Priebatsch's Buchhandlung, 1930) 130.

[73] John Wesley, *Thoughts on Christ's Imputed Righteousness* (1762), in *The Works of John Wesley*, 14 vols. (London: Wesleyan Conference Office, [1809-1813] 1872) vol. V, 100ff.

gravierenden Unterschiede zwischen der reformierten und arminianischen Vorstellung völlig überging. Er hatte keine klare Vorstellung davon, wie sich der Gehorsam Christi und der Glaube des Menschen im Hinblick auf die Rechtfertigungslehre zueinander verhielten. Aufschlussreich erscheint die Tatsache zu sein, dass er zu unterschiedlichen Zeiten Richard Baxters *Aphorismen der Rechtfertigung*[74] und John Goodwins *Abhandlung über die Rechtfertigung*[75] neu auflegen ließ, in denen die arminianische Lehre der Rechtfertigung gegen die reformierte mit Vehemenz verteidigt wird. Mit großem Nachdruck empfahl er den Methodisten die Lektüre beider Bücher. Wesley war stets darum bemüht zu beweisen, dass er in seiner ganzen Lehre konsequent den Ansichten Jacobus Arminius folgte. Jede Spielart des Calvinismus war ihm aufs Tiefste verhasst. Diese Einstellung brachte ihm viele unnötige Schwierigkeiten ein, die er durchaus vermeiden hätte können.

Im Zuge der geistlichen Erweckungsbewegungen des 18. Jahrhunderts bot sich Wesley und anderen Methodistenprediger die Möglichkeit an, der Welt eine evangelische Variante des Arminianismus[76] vorzustellen. Sie behaupteten, dass der Rationalismus der Remonstranten[77] nicht auf ihren Arminianismus, sondern auf ihren Humanismus zurückzuführen sei. Die wesentlichen Elemente des Arminianismus, so behaupteten sie, seien in keiner Weise widersprüchlich mit den großen evangelischen Lehren über Sünde und Erlösung. Im Gegenteil, sie meinten, dass die arminianische

---

[74] *Aphorisms of Justification*

[75] *Treatise on Justification*

[76] Der Arminianismus basiert auf den Schriften des reformierten Theologen Jacobus Arminius (1560–1609). Sie lehnt die Prädestinationslehre Johannes Calvins entschieden ab und propagiert stattdessen den von Gott befreiten Willen des Menschen. Die Erbsünde ist zwar absolut. Allerdings kann der Mensch zwischen Gut und Böse unterscheiden und sich mit Hilfe der vorauseilenden Gnade Gottes für die Umkehr zu Gott und die Nachfolge Jesu entscheiden. Im Gegensatz zum Calvinismus bestimmt Gott aber nicht vorher, wer als Sünder verdammt oder als geheiligt errettet wird. Der Mensch wird durch Gottes vorauseilende Gnade dazu befähigt, sich selbst zu entscheiden. https://de.wikipedia.org/wiki/Remonstranten

[77] Ursprünglicher Begriff für Arminianer

Konstruktion den Lehren über die Verdammung aller Menschen in Adam und der stellvertretenden Sühne in Christus voll Rechnung tragen würde. Eine Variante des Arminianismus, die eifrig darum bemüht war, den zentralen biblischen Lehren Geltung zu verschaffen, konnte sicherlich behaupten, auf einer höheren Ebene zu stehen, als die der Remonstranten. Doch die Frage drängte sich auf, ob die evangelischen Elemente, wie sie hier zur Schau gestellt wurden, mit dem arminianischen Prinzip übereinstimmten. Unablässig wandten die Calvinisten ein, dass diese Vereinigung unnatürlich und instabil sei; es würden entweder die evangelischen Elemente über das arminianische Prinzip die Oberhand gewinnen und dieses ausschließen, weil es sich nicht harmonisieren lasse, oder das arminianische Prinzip würde zwangsläufig die Zügel an sich reißen und die evangelischen Elemente beseitigen. Bei diesem Läuterungsprozess komme am Ende entweder ein konsequenter Calvinismus oder Arminianismus zum Vorschein. Die künstliche Verbindung sich gegenseitig ausschließender Lehraussagen könne jedenfalls nicht auf die Länge bestehen bleiben.

Nachdem man sich mehr als ein Jahrhundert lang gestritten hatte, welche Meinung nun die richtige sei, räumten die Methodisten ein, dass der Arminianismus und der Calvinismus tatsächlich unvereinbar sind. Im Jahr 1879 gestand John Miley, der damals bekannteste Theologe der amerikanischen Methodisten, in seinem Buch *The Atonement in Christ*[78] (Das Erlösungswerk in Christus), vonseiten der Arminianer den Calvinisten zu, dass der Arminianismus in seinem System keinen logischen Platz für eine Lehre der Erbsünde hat weder im Sinne der Anteilhabe aller Menschen an der Sündenschuld des ersten Adams noch in dem Sinne einer durch Sünde korrumpierten Menschheit. Im Weiteren gab Miley zu, dass der Arminianismus in seinem System keinen logischen Platz für eine Lehre des stellvertretenden Sühneopfers Christi für Sünder besitze. Sobald man also dem arminianischen Prinzip einräumt,

---

[78] John Miley, *The Atonement in Christ* (New York City, NY: Eaton & Mains; Cincinnati, OH: Jennings & Graham, [1879] 1907); https://archive.org/details/atonementinchris00mile/page/n7

regulierendes Prinzip im theologischen System zu sein, beseitigt es die Erbsündenlehre und die Lehre des stellvertretenden Sühneopfers aus diesem System. Folglich begannen die Methodisten zu lehren, dass der Mensch nicht von Natur aus unter dem verdammenden Zorn Gottes stehe und Christus nicht als Stellvertreter der Auserwählten die Strafe der Sünde getragen habe.

Es ist ein schauriges Schauspiel, beobachten zu müssen, wenn sich Arminianer der Logik ihres Systems beugen und die wichtigsten evangelischen Lehren beseitigen. Es ist eine lehrreiche Erkenntnis, wenn Arminianer darauf bestehen, so konsequent wie nur möglich sich der evangelischen „Auswüchse" in ihrem System zu entledigen. Innerhalb ihres humanistischen Systems treibt die Logik ein unerbittliches Spiel mit den ihr fremden Lehren des Christentums. Sie müssen aus dem Wege geräumt werden, um Platz zu schaffen für ihr oberstes Prinzip, dem Prinzip der Freiheit. Freiheit ist grundlegend im Arminianismus. Das arminianische System betonte deshalb als wesentliche Attribute der Sühnelehre die Vorläufigkeit, Universalität und Bedingtheit. Die zentralen Aussagen der Wesleyanischen Heilslehre in Bezug auf das Sühneopfer Jesu stellen deutlich in den Raum, dass zwar den Menschen die Möglichkeit der Rettung offenstehe, aber kein Mittel vorhanden sei, um die Errettung irgendeines Menschen zu garantieren. Das Heil hänge ausschließlich von den zu erfüllenden Bedingungen eines, wie sie meinen, realen Zusammenwirkens zwischen Gott und Mensch ab. Eine an Bedingungen geknüpfte Universalität in Bezug auf die Aneignung des ewigen Lebens schließt unwillkürlich die Lehre aus, dass Jesus sein Leben zur Bezahlung der Strafe bestimmter Sünder aufgeopfert hat. An diesem Punkt tut sich ein Unterscheidungsmerkmal von immenser Bedeutung zwischen Arminianismus und Calvinismus auf. Wenn die Sünde nicht so bestraft werden muss, dass dadurch Gott als der absolut Heilige volle Genugtuung erhält, ja wenn Sünde letztlich überhaupt nicht gesühnt werden muss, weil ein allmächtiger Gott sie einfach aus freien Stücken vergeben kann, wenn immer er möchte, dann sollte man dem Arminianismus anhängen. Diejenigen, die glauben, dass Gott aufgrund seines vollkommen heiligen

Wesens gezwungen ist, die Sünde so zu strafen, wie sie es verdient, können nicht anders, als die calvinistische Heilslehre zu akzeptieren. In dieser so alles entscheidenden Frage nach dem biblischen Gehalt der Rechtfertigungslehre ist es wichtig, sich der reformatorischen Lehre des stellvertretenden Sühneopfers Jesu am Kreuz anzuschließen.

2.4. Exakte Unterscheidung von zwei Herrschaftsbereichen

2.4.1. Angestrebte Überarbeitung der katholischen Theologie und Kirchenpolitik

Martin Luther war hauptsächlich ein kirchlicher Reformator und nicht wie Thomas Hobbes oder Jean-Jacques Rousseau ein politischer Revolutionär oder Philosoph. Aus seinen Frühschriften lässt sich entnehmen, dass er im Grunde ein in mittelalterlichen Kategorien denkender Geistlicher war, der sich aus diesen intellektuellen Zwängen nur mit äußerster Mühe befreien konnte. Die Renaissance übte auf ihn kaum einen Einfluss aus. Er praktizierte als junger Mann die asketische Frömmigkeit eines Augustinermönchs.

Mit den Kategorien und Thesen der Theologie des Mittelalters, die sich auf die antike Philosophie stützte (Scholastik), bestens vertraut, begann Luther als 34-Jähriger aufgrund seines intensiven Studiums der paulinischen Schriften neue Wege zu beschreiten, die ihn schon bald zum Initiator der Reformation werden ließen. Sein Hauptaugenmerk richtete er auf die Überarbeitung der katholischen Theologie und Kirchenpolitik auf Grundlage der Heiligen Schrift. Deshalb waren seine religiösen Ansichten der entscheidende Faktor in der Ausgestaltung politischer Grundsätze, denen er zeitlebens lediglich eine untergeordnete Rolle in seinen Überlegungen beimaß. Es ist dennoch in einem gewissen Sinne möglich, Luther als einen politischen Theologen zu charakterisieren, der sich vehement gegen den Ablasshandel Roms stellte als einer schändlichen Praxis der Erhebung immenser Geldmitteln, die dazu dienten, die maßlose Prunksucht der Römischen Kurie[79] zu befriedigen. Der Aufstand gegen das Papsttum nahm am 31. Oktober 1517 seinen Anfang, als er die 95 Thesen an die Kirchentür in Wittenberg anschlug. Dieser provokative Vorstoß brachte ihm die leidenschaftliche Feindseligkeit vieler kirchlicher und weltlicher Würdenträger ein.

Die mittelalterliche Römisch-Katholische Kirche gründete ihre Vorrechte im geistlichen Bereich auf die Lehre der Sakramente. Indem sie behauptete, von Gott dazu bestimmt worden zu sein, in der Messe den Körper und das Blut Christi als ein Sühneopfer für die zeitlichen Sünden der Menschen darzubringen, stünde es ihr zu, den unschätzbaren Wert des ewigen Heils nach Belieben zu verteilen. Luther verwarf gänzlich den sakramentalen Anspruch der Kirche, als er öffentlich bekanntgab, dass die Priester weder das Recht noch die Macht besäßen, die Sünden der Menschen zu vergeben. Die Vergebung moralischer Übertretungen des Gesetzes Gottes hängt einzig und alleine vom Glauben an das stellvertretende Sühneopfer von Jesus Christus am Kreuz ab und nicht von der Beichte und Erteilung priesterlichen Sündenerlasses (Absolution).

Leidenschaftlich propagierte Luther die Wahrheit, dass die Menschen das Recht hätten, sofern sie der Heiligen Geist in der Wiedergeburt dazu befähigte, die im Evangelium angebotene Vergebung der Schuld in bußfertiger Haltung und im Glauben an Christus anzunehmen und anschließend die ethischen Anweisungen der Heiligen Schrift zu befolgen. Auch legte er eine große Betonung auf die Lehre des allgemeinen Priestertums in fester Gewissheit, dass es keinen grundsätzlichen Unterschied zwischen Geistlichen und Laien gibt. Er hinterfragte gleichfalls die katholische Kirchenlehre der „Zwei Schwerter", die besagte, dass der Papst die Quelle aller Autorität in zeitlichen und geistlichen Angelegenheiten sei. Demgegenüber stellte er seine der Bibel entnommenen Lehre, dass die regierende Obrigkeit ihre säkulare Macht von Gott erhalten hat. Die Dienstpflichten der Kirche seien alleine geistlicher Natur. Sie

---

[79] Als Römische Kurie wird seit etwa dem 11. Jahrhundert die Gesamtheit der Leitungs- und Verwaltungsorgane des „Heiligen Stuhls" für die Römisch-Katholische Kirche bezeichnet.

bezögen sich in Erfüllung des Liebesgebotes nicht nur auf das Innenleben des Menschen, sondern auch auf seine physische Existenz.

2.4.2. Darlegung der lutherischen „Zwei Reiche"-Lehre

Die Überzeugung im Hinblick auf das verdorbene Wesen des Menschen als Sünder vor Gott, wie ihn die Bibel an vielen Stellen beschreibt, bildete den Ausgangspunkt in Luthers Formulierung politischer Grundsätze, die in den folgenden Werken des Wittenbergischen Theologen dargelegt werden. An oberster Stelle stehen die 1520 veröffentlichten Schriften: 1) *Von den guten Werken,* 2) *An den christlichen Adel deutscher Nation von des christlichen Standes Besserung* und 3) *Von der Freiheit eines Christenmenschen.* Andere Aspekte der politischen Überzeugung Luthers, besonders seine „Zwei Reiche"-Lehre[80], finden sich

---

[80] S. dazu: Paul Althaus, „Luthers Lehre von den beiden Reichen" und „Zur gegenwärtigen Kritik an Luthers Lehre", in Heinz Brunotte; Otto Weber, et.al., Hrsg., *Evangelisches Kirchenlexikon* (EKL) Bd. 3 (Göttingen: Vandenhoeck & Ruprecht, 1959) 1928-1936; Karl Barth, *Christengemeinde und Bürgergemeinde* (München: Chr. Kaiser, 1946); Harald Diem, *Luthers Lehre von den Zwei Reichen* (1938), in Gerhard Sauter, Hrsg., *Zur Zwei-Reiche-Lehre Luthers* (München: Chr. Kaiser, 1973); Ulrich Duchrow, *Christenheit und Weltverantwortung. Traditionsgeschichte und systematische Struktur der Zweireichelehre* (Stuttgart: Klett-Cotta, 1970); Gerhard Ebeling, „Die Notwendigkeit der Lehre von den zwei Reichen", in *Wort und Glaube,* Bd. 1. (Tübingen: Mohr Siebeck Verlag, 1962) 407-428; Hans-Joachim Gänssler, *Evangelium und weltliches Schwert. Hintergrund, Entstehungsgeschichte und Anlass von Luthers Scheidung zweier Reiche oder Regimente* (Wiesbaden: Steiner. Greschat, Martin, 1983); Wilfried Härle, „Luthers Zwei-Regimenten-Lehre als Lehre vom Handeln Gottes", in *Marburger Jahrbuch Theologie I,* Marburger theologische Studien, Bd. 22 (Marburg: Elwert, 1987), 12-32; Johannes Heckel, „Die Entfaltung der Zwei-Reiche-Lehre als Reichs- und Regimentenlehre", in: Heinz Brunotte; Otto Weber, et.al., Hrsg., *Evangelisches Kirchenlexikon* (EKL) Bd. 3 (Göttingen: Vandenhoeck & Ruprecht, 1959) 1937-1945; Wolfgang Lienemann, „Zwei-Reiche-Lehre". in *EKL* Bd. 4, 3. Auflage (Göttingen: Vandenhoeck & Ruprecht, 1996) 1408-1419; Volker Mantey, *Zwei Schwerter, zwei Reiche. Martin Luthers Zwei-Reiche-Lehre vor ihrem spätmittelalterlichen* Hintergrund (Tübingen: Mohr Siebeck, 2005); Gerhard Müller, „Luthers Zwei Reiche Lehre in der deutschen Reformation", in Gerhard Müller, *Causa Reformationis. Beiträge zur Reformationsgeschichte und zur Theologie Martin Luthers* (Gütersloh: Gütersloher Verlagshaus Gerd

in der Abhandlung *Von weltlicher Obrigkeit, wie weit man ihr Gehorsam schuldig sei.*[81] Die Anfang 1523 veröffentlichte Schrift ist eine theologische Antwort auf die Frage, wie sich ein Christ zur weltlichen Obrigkeit stellen sollte. Die in Form eines Dialogs geschriebene Darlegung der politischen Überzeugungen des Autors stellt seine unmittelbare Reaktion auf die Exkommunikation und Reichsacht dar, die die Verbote des Drucks und Verkaufs seiner Schriften einschloss. Luther sah sich vor die schwierige Situation gestellt, nicht nur vogelfrei zu sein, sondern auch erhebliche finanzielle Einbußen hinnehmen zu müssen. Dennoch ließ er sich nicht von diesen misslichen Umständen beeindrucken, sondern setzte seine schriftstellerische Tätigkeit unbeirrt fort. Die Schrift *Von weltlicher Obrigkeit* enthält eine Widmung an Herzog Johann I. von Sachsen, der wissen wollte, inwieweit die Ausübung weltlicher Herrschaft mit christlichem Glauben vereinbar sei. Luther beginnt die biblische Grundlage anzusprechen, auf die sich die Zivilregierung nach Röm. 13 und 1.Pet. 2,13-14 in der Ausübung ihrer Autorität stützen kann. Diese Passagen enthalten die Schlüsselaussagen, auf die sich der Autor in seiner Schriftbetrachtung bezieht, um das göttliche Mandat an die Zivilregierung deutlich zu umschreiben. Seine Darlegungen widersprechen scheinbar der Bedeutung solcher Bibelstellen, wie Mt. 5,38-41.44, Röm. 12,19 und 1.Pet. 3,9, dass es Christen nicht gestattet sei, das Schwert zu führen, selbst als Angehörige der Zivilregierung. Um diesem falschen Eindruck entgegenzuwirken, schlägt Luther als Lösung des

---

Mohn, 1989) 417-437; Joachim Rogge; H. Zeddies, Hrsg., *Kirchengemeinschaft und politische Ethik: Ergebnis eines theologischen Gesprächs zum Verhältnis von Zwei-Reiche-Lehre und der Lehre von der Königsherrschaft Christi* (Berlin: Evangelische Verlagsanstalt, 1980); Heinz-Horst Schrey, Hrsg., *Reich Gottes und Welt. Die Lehre Luthers von den zwei Reichen* (Darmstadt: Wissenschaftliche Buchgesellschaft, 1969).

[81] Martin Luther, *Von weltlicher Obrigkeit*, in Kurt Aland, Hrsg., *Luther Deutsch. Die Werke Martin Luthers. In neuer Auswahl für die Gegenwart*, Bd. 7, 2. erw. & neub. Aufl. (Berlin: Evangelische Verlagsanstalt, 1956-1967) 9-51; [WA 11, 246-280]; http://gutenberg.spiegel.de/buch/von-weltlicher-obrigkeit-wie-weit-man-ihr-gehorsam-schuldig-sei-267/1.

Problems die Teilung der Menschheit in zwei Klassen vor[82]: 1) das Reich Christi und 2) das Reich der Welt. Das Reich Christi besteht aus echten Christen, die unter der Autorität des Messias stehen, und das Evangelium „lehrt, regiert und erhält"[83] es. Luther meint, dass die Christen nicht unter der Herrschaftsgewalt einer weltlichen Regierung, die das Schwert in Händen trägt, stehen müssen, denn der Heilige Geist motiviere sie, ihre Nachbarn zu lieben und die Gerechtigkeit zu suchen. Er geht in seiner Behauptung noch einen Schritt weiter: „Wo lauter Unrechtleiden und lauter Rechttun ist, da ist kein Zank, Hader, Gericht, Richter, Strafe, Recht oder Schwert notwendig."[84] Aus diesem Grund argumentiert Luther wie folgt: „Darum ist's ausgeschlossen, dass unter den Christen weltliches Schwert und Recht etwas zu schaffen finden sollte; tun sie ja von selbst viel mehr, als alles Recht und Lehre fordern können."[85] Gott erließ das Gesetz um der Gottlosen willen (1. Tim. 1,9), damit es die Menschen daran hindert, mit ungeminderter Entschlossenheit ein sündiges Leben zu führen. Darüber hinaus würden sie dazu angeleitet, die absolute Notwendigkeit der Gnade zu erkennen, um von der versklavenden und zerstörerischen Macht der Sünde erlöst zu werden.

Das Reich dieser Welt besteht aus solchen Menschen, die keine Christen sind und sich auch nicht so benehmen, gleichwohl sie oftmals vorgeben, es zu sein. Sie stünden deshalb unter der Herrschaft und dem Gesetz der Zivilregierung. Luther stellte realistisch fest, dass die Zahl der wahren Gläubigen klein sei. Die Anzahl derjenigen sei sogar noch geringer, die konsequent ein christliches Leben

---

[82] Luther, *Von weltlicher Obrigkeit*: „Darum spricht er auch vor Pilatus: ‚Mein Reich ist nicht von der Welt, sondern wer aus der Wahrheit ist, der höret meine Stimme'; darum nimmt er im Evangelium fortwährend auf das Reich Gottes Bezug, indem er sagt: ‚Bessert euch; das Reich Gottes ist herbeigekommen!'; ferner: ‚Suchet am ersten das Reich Gottes und dessen Gerechtigkeit!'; und darum nennt er auch das Evangelium ein Evangelium vom Reich Gottes; deshalb, weil es das Reich Gottes lehrt, regiert und erhält."

[83] Ebd.

[84] Ebd.

[85] Ebd.

führten. Aufgrund der allgemeinen Gesetzlosigkeit stehe das Schwert der Obrigkeit als Mittel der Abschreckung zur Verfügung, damit die Sünder davon abgehalten werden, ihren bösen Gelüsten nachzugeben. Besäße die Regierung nicht die Möglichkeit der Gewaltandrohung, würde der Egoismus der Einzelnen die Oberhand gewinnen, den Staat in die Anarchie führen und ein Massenchaos auslösen, nicht nur unter den Menschen der Gesetzlosigkeit, sondern auch unter denen, die dem Reich Gottes angehören. Doch es sei nicht angebracht, das Gesetz des Evangeliums auf das Reich der Welt anzuwenden. Denn jedem die christliche Freiheit zu gestatten, würde gleichbedeutend sein mit folgendem misslichen Umstand:

> Es ist, wie man ein wildes, böses Tier in Ketten und Bande legt, dass es nicht beißen und reißen kann nach seiner Art, obwohl es das gern wollte; ein zahmes, kirres Tier dagegen braucht das nicht, sondern ist, obwohl ohne Ketten und Bande, dennoch ungefährlich. [...] So würden die Bösen unter der Decke des Christen-namens die evangelische Freiheit missbrauchen, ihre Bubenstücke treiben und behaupten, sie seien Christen und darum keinem Gesetz und Schwert unterworfen; so toll und närrisch sind jetzt schon einige.[86]

Da der Christ wahre Freiheit besitzt, bestehe die einzige Möglichkeit, allen Menschen die gleiche Freiheit zu geben, darin, die ganze Welt zu christianisieren. Doch dies erscheint Luther illusorisch zu sein, denn die Welt werde sich nie geschlossen Christus zuwenden: „Darum kann man es in der Welt nicht ertragen, dass ein christliches Regiment allgemein über die ganze Welt, ja auch nur über ein Land oder eine größere Schar von Menschen aufgerichtet werde."[87]

Luthers Vorstellung lässt sich nicht dahingehend inter-pretieren, dass sich das christliche Reich gegen das weltliche stellt. Noch weniger geht er davon aus, dass es ein vereinigtes, christliches Königreich der Welt geben würde. Tatsächlich teilt der deutsche Reformator alle Menschen in bestimmte

---

[87] Ebd.

Autoritätsbereiche auf, sodass diejenigen, die Christen sind, durch das Wort Gottes in der Welt regiert werden, und die anderen, die es nicht sind, durch den von Gott eingesetzten Gesetzesgeber. Beide Reiche sind dazu bestimmt, einen konkreten Zweck zu erfüllen, und sie müssen demnach diesem innerhalb ihrer Einflusssphäre genau entsprechen. Einem Reich darf es nicht gestattet werden, das andere zu dominieren. Die Kirche dient nicht der weltlichen Herrschaft als Grundlage ihrer Macht, noch wird es der Obrigkeit gestattet, die geistliche Autorität innerhalb der Christenheit an sich zu reißen. Stattdessen leiten sich die zeitliche Macht der Herrschenden und die geistliche Autorität der Kirche von Gott ab und erfüllen so bewusst die ihnen zugewiesenen Aufgaben. Luther schreibt dazu:

> Darum muss man diese beiden Regimente sorgfältig unterscheiden und beide in Kraft bleiben lassen: das eine, das rechtschaffen macht, das andre, das äußerlich Frieden schafft und bösen Werken wehrt. Keines genügt in der Welt ohne das andere. Denn ohne Christi geistliches Regiment, bloß mit Hilfe des weltlichen Regiments, kann niemand vor Gott rechtschaffen werden. Andrerseits erstreckt sich Christi Regiment nicht über alle Menschen, sondern allezeit sind die Christen die kleinere Schar; sie sind mitten unter den Unchristen.[88]

Somit fordert der deutsche Reformator das Befolgen der „Zwei Reiche"-Lehre, die jedem der beiden Reiche gestattet, die Autorität über ihre jeweiligen Untertanen auszuüben und dies so zu tun, dass die Rechtssprechung des anderen Reiches nicht beeinträchtigt wird. In Luthers reformatorischer Zielsetzung hatte das Bestreben, eine radikale sozialpolitische Revolution anzustoßen, keinen Raum. Die Bedeutung, die man der Gnade beimaß, lässt sich auf die Frage zurückführen, wie der Mensch dazu gebracht werden kann, Gutes zu tun. Luther meinte, die Menschen würden aus reiner Dankbarkeit, spontan und ungezwungen, gute Werke vollbringen, wenn sie die Liebe Gottes richtig verstehen würden, schließlich hatte Luther das ja selbst erfahren und vorgelebt. Ein Verlangen nach Gerechtigkeit durchdringe die ganze Gesellschaft. Der Gedanke aber, dass sich eine soziale Veränderung allein schon dadurch einstellte, wenn der Mensch sich selbst darum bemühte, stieß er von sich. Eine gesellschaftliche Erneuerung könne nur dann eintreten, wenn das menschliche Herz mittels des Wortes Gottes und der Wirkung des Heiligen Geistes von Grund auf verändert wird. Um diese Veränderung zu bewirken, stehe die Verkündigung des Evangeliums als das wichtigste Mittel zur Verfügung.

Die Lehre der Reformation war demnach hauptsächlich auf das Geistliche und Jenseitige gerichtet. Sie begünstigte jedoch die Entfaltung geistesgeschichtlicher Entwicklungen, die von dem protestantischen Prinzip der geistlichen Gleichheit ausgehend eine solche auch im sozialen Gefüge der Gesellschaft forderte. Jedermann, ob nun Papst, Kleriker, Prinz oder Bettler, stand in der gleichen Bedürftigkeit der Gnade. Alle Menschen befanden sich in derselben prekären Situation, ihre Beziehung zu Gott verloren zu haben. Sie waren verdammungswürdige Sünder, die nur durch das Heil in Christus errettet werden konnten. Ein Heiliger konnte jemand nur dann werden, wenn er im Glauben auf das ihm in Predigten, Traktaten und Holzschnitten dargebotene Wort Gottes eingeht. Luthers Lehre war ein geistlicher Angriff auf das Prinzip der Hierarchie; nie kam es ihm jedoch in den Sinn, die Grundfesten der mittelalterlichen Gesellschaft zu untergraben. Als sich die Bauern 1525 in einer blutigen Revolte gegen die fürstlichen und kirchlichen Obrigkeiten stellten, verbot er ihnen den Griff zur Waffe, um der sozialen Ungerechtigkeit mit Gewalt zu begegnen. Die Vehemenz, mit der sich der deutsche Reformator gegen den Bauernaufstand stellte, diente dem Appell zum Frieden in sozialen und politischen Fragen bis in das 21. Jahrhundert hinein als Vorbild.

In zwei Bereichen brachte Luthers Rechtfertigungslehre sozialpolitische Auswirkungen mit sich, die nicht innerhalb der Umgrenzung einer konservativen lutherischen Soziallehre gehalten werden konnten. Zum einen verbannte der Glaube an die Gleichheit aller Menschen in Bezug auf ihre Bedürftigkeit der Gnade alle besonderen geistlichen

Disziplinen in die Bedeutungslosigkeit. In den lutherischen Territorien wurden die Mönchsorden überflüssig, und ihre Auflösung folgte der Verkündigung der Rechtfertigung bald auf dem Fuße. Klöster mitsamt ihren Ländereien wurden enteignet und für andere Zwecke verwendet. In den meisten Fällen wurden sie zu Bildungsstätten umfunktioniert. Die Verwendung kirchlicher Besitzungen für andere, oft säkulare Funktionen, hatte weitreichende politische Folgen. Während der Reformationszeit dienten diese Maßnahmen hauptsächlich in England, aber auch weniger dramatisch in anderen Ländern, als Mittel politischer Machtausübung. Somit begünstigte die Verteilung klösterlicher Ländereien den sozialen und politischen Wandel jener Zeitepoche. Zum anderen nahm die säkulare Verwaltung in der Frage der konfessionellen Zugehörigkeit des unter ihrer Macht stehenden Volkes eine dominantere Rolle ein. Luther wandte sich an die Obrigkeit, um ihm in seinen kirchlichen Reformen Hand zu reichen. Dieser Prozess lief folgendermaßen ab: Fürsten erfreuten sich innerhalb der Kirche einer Vielzahl von Rechten. Schon vor der Reformation bekundete der Herzog von Kleve, Johann III., öffentlich, was die meisten deutschen Landesherren insgeheim dachten, dass er nicht nur weltlicher Herr, sondern auch „Papst" in seinem Herzogtum sei. Martin Luther schrieb die Vorrede zu den Visitationsartikeln des Jahres 1528.[89] Darin äußerte er die Meinung, dass einzig in Zeiten des Notstandes der Kurfürst politische Aufseher des religiösen Lebens benennen dürfe. Dieses Recht stehe ihm nur als ein aus Liebe handelnder, christlicher Bruder zu und begründe sich nicht auf seine weltliche Macht. In diesen Worten drückte Luther den theoretischen Unterschied zwischen illegitimer weltlicher Machtbefugnis und legitimer christlicher Dienstbarkeit aus, weil er wusste, dass es die Fürsten in gespannter politischer Lage nicht wagen würden, Einspruch dagegen zu erheben. Ein praktischer Unterschied in der Ausübung dieses Rechtes wurde von den Letzteren jedoch kaum, wenn überhaupt, in

---

[89] S. dazu: Lewis W. Spitz, "Luther's Ecclesiology and His Concept of the Prince as Notbischof," *Church History*, Vol. 22, No. 2 (June, 1953), 113.

Betracht gezogen.[90] Dies deutet auf eine faktische Steigerung der Rolle politischer Macht in der westeuropäischen Kultur hin. Entgegen Luthers eigener Erwartung erhob sich die politische Macht in Gestalt der hoheitlichen Fürsten zur schicksalshaften Instanz in der Bestimmung des „ewigen Heils" der ihnen unterworfenen Bevölkerung, zumindest in der Frage, ob sie nun Katholiken, Lutheraner oder Reformierte sein sollten. Für viele gewann die säkulare Obrigkeit enorm an Bedeutung in ihrem Anspruch, nahezu alle Bereiche des physischen und religiösen Lebens zu ordnen.

2.4.3. Religiöse Wurzeln der revolutionären Umtriebe

Wie die Entdeckung eines neuen Sternes im Jahr 1542 dazu verhalf, das Bewusstsein zu schärfen, dass selbst die himmlische Sphäre dem Wandel unterworfen ist,[91] so hatte die Reformation zuvor deutlich gemacht, dass es keine starre Ordnung für kirchliche oder politische Institutionen gibt. Die nachreformatorische Zeit hieß im Unterschied zur antiken Welt Griechenlands und Roms Neuerungen im Sozialgefüge willkommen. Man stand gesellschaftlichen Änderungen nun positiv gegenüber. Man fühlte sich nicht mehr gebunden an überkommene Strukturen kirchlicher, politischer wie sozialer Art; veraltete Institutionen unterwarf man nun dem vielfältigen Gestaltungsvermögen des menschlichen Geistes in der Hoffnung, die Zustände im sozialen Miteinander zu verbessern. Gesellschaftliche Institutionen, die sich über Jahrhunderte einer unwiderstehlichen Dominanz erfreuten, waren nicht mehr länger gefeit gegen die zersetzenden Einflüsse eines umwälzenden Veränderungsprozesses. Zuvor stand die Kirche als heilige Institution im Mittelpunkt des Gesellschaftsgefüges; sie war

---

[90] S. dazu: John M. Headley, "The Continental Reformation," in Richard L. DeMolen, *Meaning of the Renaissance and Reformation* (Boston, MA: Houghton Mifflin Co., 1974) 162-163.

[91] S. dazu: Arthur Koestler, *The Watershed* (Garden City, NY: Double-day & Co., Anchor Books, 1960) 91-94.

das herausragende Symbol irdischer Stabilität und ewiger Ordnung. Im Spätmittelalter drängte sich das wachsende Bewusstsein immer deutlicher auf, dass der im Luxus schwelgende Klerikalismus einer moralischen Reform unterzogen werden musste. Luther fügte dieser auf das sittliche Verhalten ausgerichteten Forderung noch die lehrmäßige Erneuerung hinzu.

Ein weiterer Aspekt der Reformbewegung, besonders in seiner calvinistischen und wiedertäuferischen Ausprägung, war die Anerkennung der Tatsache, dass die Kirchenstruktur ebenfalls einer grundsätzlichen Überarbeitung unterworfen werden musste. Die Calvinisten und Wiedertäufer stellten ihre Ansicht klar in den Raum, dass alternative Kirchenstrukturen nicht nur möglich, sondern notwendig seien. Man rückte bewusst von dem Verständnis einer hierarchischen Staatskirche ab. Allmählich setzte sich die Erkenntnis durch, dass die staatlichen und kirchlichen Hierarchien nicht mehr länger göttliches Recht für sich beanspruchen dürfen. In seiner Analyse der religiösen Wurzeln revolutionärer Umtriebe im Westen unterstrich der Historiker Michael Walzer diese Tatsache eindrücklich.[92] Nur in England traf dieses Denken zu jener Zeit noch auf weitläufiges Unverständnis, denn man sah das Staats- und Kirchenwesen als zwei unzertrennliche Instanzen an. Ein landläufiges Sprichwort unterstrich diesen Sachverhalt: „Wenn die Bischöfe abtreten, ist die Monarchie gefährdet." Es dauerte aber nicht allzu lange, bis sich auch in jenem Lande revolutionäre Umtriebe bemerkbar machten.

2.5. Freiheitliche Grundlage der modernen Welt

2.5.1. Auferlegte Pflichten eines kirchlichen Reformators

Wir müssen uns stets daran erinnern, dass Calvins Werk als Reformator nicht nur auf sein sicherlich immenses und

---

[92] Martin Walzer, *The Revolution of the Saints: A Study in the Origins of Radical Politics* (New York City, NY: Atheneum Publishers, 1968).

einflussreiches literarisches Schaffen begrenzt werden darf. Als Literat hat er Großartiges geleistet, daran besteht kein Zweifel. Bis zu seinem Lebensende 1564 ist er vornehmlich ein Gelehrter geblieben. Sicherlich käme es einer Verzerrung historischer Tatsachen gleich, wenn wir behaupten würden, Calvin sei vornehmlich ein Mann der Tat gewesen, wie etwa Bucer, Zwingli oder Luther; ihm war die Studierstube in der Umgebung seiner Bücher immer der liebste Aufenthaltsort. Wenn wir uns sein Leben jedoch näher anschauen, müssen wir feststellen, dass er nicht nur mit einem gefüllten Tintenfass und einer Gänsefeder in der Hand den Kampf gegen die theologischen Verirrungen seiner Zeit aufnahm, sondern sich auch in praktischer Weise für die Sache der Reformation einsetzte. Wenn er bestimmte geistliche Grundsätze durchsetzte, die für ihn eine hohe Bedeutung einnahmen, so empfand er dies meist als eine ihm auferlegte Bürde, die er lieber anderen überlassen hätte. Mannhaft trug er die enormen physischen und psychischen Belastungen einer im Rampenlicht der Öffentlichkeit stehenden Person im Bewusstsein der ihm von Gott auferlegten Pflichten eines kirchlichen Reformators.

Wollten wir den Charakter seines Wirkens darstellen, könnten wir dies am besten tun, wenn wir neben den hochsinnigen und großmütigen Idealisten den kühl berechnenden und methodisch vorgehenden Pragmatiker stellen. Unter der Bezeichnung „Pragmatiker" möchten wir jedoch nicht die in unserer Zeit gängige Vorstellung vermitteln, dass der Genfer Reformator Prinzipien der Wahrheit beeinträchtigte in seinem unablässigen Streben nach konkreter Beseitigung kirchlicher und sozialer Missstände. Gerade das Gegenteil trifft zu. Getrieben von einem glühenden Eifer für die Verwirklichung biblischer Grundsätze, stürzte sich Calvin in das Getümmel religiöser, politischer und persönlicher Auseinandersetzungen. Ein vordergründiges Kalkulieren darauf, sich menschliche Vorzüge zu verschaffen – seien es materieller Reichtum, gehobener Sozialstatus oder politische Machtfülle –, spielten nie eine Rolle in den sein Handeln bestimmenden Überlegungen. Auch dürfen wir uns unter seinem Pragmatismus nicht einen permanenten Aktivismus vorstellen; der Reformator besaß durchaus die Weisheit, geduldig zu warten, wenn sein unmittelbares Eingreifen der Sache mehr geschadet als genützt hätte. Ging er jedoch entschlossen auf ein bestimmtes Ziel zu, ließ er sich durch nichts ablenken, auch wenn er sich beizeiten, so dies nötig erschien, veränderten Situationen entsprechend anpasste oder in langsamen, vorsichtigen Schritten voranging. Wenn es die Lage erforderte, war er auch durchaus bereit, im Interesse einer praktikablen Lösung, Kompromisse einzugehen, ohne seine übergeordneten Leitsätze dadurch aufzugeben. Er stellte sich den gegebenen Herausforderungen, wie sie sich ihm darstellten und verlor sich nicht in einer fantasievollen Welt der Illusion. Angesichts zahlreicher Rückschläge bewies er ein erstaunliches Maß an Ausdauer und Entschlossenheit, seine Ideale nie aufzugeben oder sich mit einer halben Sache zufrieden zu geben. Noch weniger sah er sich im Stande, sein Fähnchen nach dem Wind des Zeitgeistes auszurichten. Seine Aufmerksamkeit galt nie dem Populären, sondern dem Notwendigen. Deshalb waren die verschiedenen Abschnitte seines Aufenthalts in Genf mit wenigen Ausnahmen gekennzeichnet durch permanenten Konflikt und kontinuierliche Hetze vonseiten fragwürdiger Freunde und entschlossener Feinde.

Dass er sich nicht scheute, das ihm dringlich Erscheinende zu tun, sollten wir Calvin hoch anrechnen, denn sein folgenschweres Wirken ging weit über die Vorstellungskraft selbst seiner getreuesten Mitstreiter hinaus. Bedauerlich ist nur, dass man sich heutzutage der gewaltigen Leistungen, die der Genfer Reformator über die theologische Arbeit hinaus in der gesellschaftlichen und politischen Arena vollbracht hat, nicht bewusst ist. Die unbestreitbaren Fakten sind nicht mehr bekannt, dass er eine wahre Revolution in allen Bereichen des Soziallebens auslöste, wie dies kaum jemand vor oder nach ihm zu Wege gebracht hatte. Nicht nur die Politik einer einzigen Stadt veränderte Calvin, sondern die aller Nationen in Europa, ja letztlich die der ganzen Welt, ohne dass der Reformator dies überhaupt beabsichtigte. Bevor wir uns mit den Auswirkungen seines Wirkens näher befassen, sollten wir uns vergegenwärtigen, dass es Calvin nie um eine radikale Veränderung der sozialen und politischen Verhältnisse ging.

Sein hauptsächliches Augenmerk richtete er auf die theologischen und kirchlichen Probleme seiner Zeit.

2.5.2. Rettung der Reformation vor der Vernichtung

Dieser Mann der Bücher trat mit beiden Beinen in dieser Welt auf, um seine biblischen Ideale in die Tat umzusetzen. Das Erreichen der Ziele, die er sich gesteckt hatte, war ihm erst in der letzten Phase seines anstrengenden Lebens gegönnt. Am Ende gelang es ihm, Genf zu einer in aller Welt bewunderten Stadt zu machen und den reformierten Kirchen einen Geist einzuflößen, der sie im Angesicht ihrer Feinde unüberwindlich werden ließ. An einem im großen Weltgeschehen völlig nebensächlichen Schauplatz wurde kraft seines Schaffens eine geistlich-moralische Energie gebündelt, die so groß und durchschlagskräftig war, dass sie der politisch auf verlorenem Posten stehenden und von übermächtigen Feinden umringten Reformationsbewegung zum Sieg verhalf. Um es so deutlich wie möglich auszudrücken: Calvin rettete die Reformation vor der Vernichtung und bewahrte dadurch Europa vor dem wahrscheinlichen Untergang. Es mag bezweifelt werden, ob es in der Geschichte ein weiteres Beispiel gibt, in dem die unüberwindliche Macht geistlich-moralischer Tiefe und Entschlossenheit so zutage tritt, wie damals in jener Stadt am Genfer See. Die Welt nach Calvin ist eine völlig andere geworden, als die vorherige war.

Allgemein können wir sagen, dass Calvin selbst dann noch in die Ränge der großen Reformatoren eingeordnet werden würde, wenn er nie ein einziges Wort niedergeschrieben und sich ausschließlich in den Aktivismus gestürzt hätte. Der Genfer Reformator setzte in der französischen Schweiz eine Reformation in Gang, die solch gewaltige Kräfte entfesselte, dass sie in aller Welt spürbar wurden und sich bis auf den heutigen Tag bemerkbar machen. Das Tragische an dieser Tatsache ist, dass man am wenigsten an Calvin denkt, wenn die Vorzüge einer freiheitlichen Gesellschaftsordnung zur Sprache kommen. Gemeinhin meint man, der Reformator übte eine unterdrückende

Herrschaft über die Bevölkerung der Stadt Genf aus. Um diese Meinung belegen zu können, beruft man sich auf die Tatsache, dass selbst das Kartenspiel am Sonntag als frevlerische Untat verschrien wurde. Übersehen wird dabei oft, dass die historische Wirklichkeit nicht den Ammenmärchen entspricht, die uns häufig über das angeblich tyrannische Gehabe Calvins aufgetischt werden.

Als Calvin nach Genf kam, merkte er sofort, dass das Evangelium dort zwar verkündigt wurde, die Kirche aber noch weit vom biblischen Ideal entfernt war. Diese traurige Feststellung hätte er über die Kirchen in fast allen Städten der protestantischen Welt treffen können. Die vor ihm aufgetretenen Reformatoren waren anfänglich einstimmig der Meinung, dass die wahre Kirche dort etabliert sei, wo das Wort Gottes verkündigt und die biblischen Sakramente richtig verwaltet wurden. Luther ging mit Eifer ans Werk, den heiligen Samen der göttlichen Wahrheit wie den Samen im Gleichnis Jesu auszustreuen und dem Heiligen Geist zu vertrauen, ewige Frucht daraus entstehen zu lassen, während er mit seinem Freund Philipp Melanchthon genüsslich ein Glas Bier in Wittenberg trank. Calvin konnte sich dieser Meinung nicht anschließen. „Was auch immer andere diesbezüglich denken", schrieb er, „können wir von der Aufgabe unseres Amtes nicht so verkürzt denken, als dass wir unsere Verpflichtung erfüllt hätten, wenn wir mit dem Predigen fertig sind. Sich danach zur Ruhe zu begeben, stünde keinem Pfarrer gut an, denn die eigentliche Arbeit müsse noch geleistet werden." Seiner Meinung nach war das Kennzeichen einer wahren Kirche nicht nur die Verkündigung des Evangeliums, sondern dessen bewusste und gewissenhafte Befolgung. Die Kirche war für ihn die Gemeinschaft der Heiligen; es obliege ihr deshalb, nichts anderes zu sein, als das, was sie in ihrem Bekenntnis vorgibt zu sein. Seine Rolle als Reformator sah er darin, als Erster darauf zu drängen, die evangelische Kirche zu dem werden zu lassen, was sie vor den Augen der Welt gemäß der Vorgabe der Heiligen Schrift darstellen sollte. Das geeignete Mittel, mit dem Calvin sein hochgestecktes Ziel erreichen wollte, war nicht die Sonntagspredigt, nicht die Unterweisung, nicht der Moralappell, sondern die Kirchenzucht.

Es überrascht uns vielleicht, dass die Kirche erst angefangen hat, sich nach biblischen Maßstäben im Ablauf des Gottesdienstes auszurichten und auf moralische Reinheit im Lebensvollzug der Kirchenmitglieder bedacht zu sein, als Calvin vor mehr als vier Jahrhunderten auf die konsequente Durchsetzung der Kirchenzucht in Genf bestand. In einem gewissen Sinne erscheint uns dies so trivial zu sein, dass man darüber eigentlich keine Worte verlieren müsste. Deshalb fällt es uns schwer, die gewaltige Bedeutsamkeit dieser einfachen Wahrheit zu begreifen.

2.5.3. Geistliches Prinzip einer reinen Kirche

Aus heutiger Perspektive betrachtet, fällt es uns schwer zu verstehen, warum Calvin so viel Aufhebens gemacht hat im Durchsetzen der Kirchenzucht. Mit Sicherheit hätte er sich eine Unmenge an persönlichen Schwierigkeiten ersparen können, wenn er seinen Standpunkt in dieser Frage der gängigen Meinung angepasst hätte. Vielleicht war es ihm selbst anfänglich nicht bewusst, wie viel Mühe es ihm kosten würde, bis die Gläubigen in Genf begriffen hatten, welche entscheidende Rolle Gott der Kirchenzucht zugewiesen hatte. Die ordnungsmäßige Durchführung des Gottesdienstes, besonders im Abklären der Frage, wer am Abendmahl teilnehmen darf und wer nicht, stand dabei im Mittelpunkt. Dass sich Calvin der Wichtigkeit dieser Sache wie kein anderer Theologe seiner Zeit bewusst war, lässt sich daraus schließen, dass er sich selbst nicht schonte, jegliche Nachteile auf sich zu nehmen, bis der Sieg in dieser Sache errungen war. So bedeutsam war ihm das geistliche Prinzip einer reinen Kirche, dass die ihm nachfolgenden reformierten Theologen und Pfarrer die Kirchenzucht als eines der grundlegenden Merkmale der wahren Kirche hervorhoben. Calvins Anliegen war sicherzustellen, dass die sich für Christen ausgebenden Menschen auch tatsächlich gläubig waren. Was er keineswegs wissen konnte, waren die gewaltigen Folgewirkungen in anderen Bereichen als den kirchlichen, die sich aus der Anwendung dieses Prinzips ergaben. Wir haben der Kirchenzucht eine freie Kirche in einem freien Staat zu verdanken. Der historische Befund gibt uns keine andere Interpretationsmöglichkeit als die, in Calvin den eigentlichen Befreier der Kirche aus der politischen Umklammerung des Staates zu sehen. Nicht die im Lande regierende Obrigkeit war von Gott dazu bestimmt worden, die internen Angelegenheiten der Kirche zu regulieren und die höchste Autorität in den Glaubensfragen der Christen zu sein. Calvin stellte diesem ungebührlichen Anspruch vonseiten des Staates das Motto entgegen, das seitdem die Herzen vieler Christen in allen Teilen der Welt mit glühender Begeisterung erfüllt: dem König Jesus Christus gehört die Regentschaft in seiner Kirche. Dass dieser Herrschaftsanspruch Christi von Calvin bewusst auf den Bereich der Kirche, und ausschließlich auf ihn, beschränkt wurde, ist in unserer Zeit besonders wichtig zu beachten. Die Postmillennialisten aller Schattierungen sind nicht berechtigt, sich auf Calvins vermeintlichen Einfluss auf die Regierung in Genf zu berufen, um ihren eigenen Anspruch auf weltpolitische Macht zu erheben.

Calvin führte nicht die Zensur der privaten und öffentlichen Moral in Genf ein. Diese Zensur – oft engherzig, überspitzt und tyrannisch – wurde nicht nur in Genf, sondern in allen ähnlich konstituierten Städten Europas praktiziert. Sie gehörte zu der üblichen Reglementierung der Bevölkerung durch die örtlichen Ordnungskräfte. Das einzige Argument, das wir gelten lassen in Bezug auf Calvins Rolle in dieser Zensur, ist, dass er bestrebt war, seinen geistlichen Einfluss zum Wohle der Stadtbewohner auszuüben. Sein Anliegen war, eine gewisse Ordnung in die willkürliche Umsetzung der zivilen Vorschriften zu bringen. Dies war sicherlich eine nötige und positive Leistung. Nie bekleidete er ein öffentliches Amt oder übte politische Macht in Genf aus. Selbst die Stadtbürgerschaft wurde ihm erst gegen Ende seines Lebens erteilt. Wie in so vielem, was man mit dem Lebenswerk Calvins an voreingenommenen Ansichten verbindet, beruht der Vorwurf diktatorischer Herrschaftsallüren des Reformators nicht auf historischer Wahrheit, sondern auf einer böswilligen Interpretation bestimmter Fakten über die herrschenden Sitten der damaligen Zeit, die von Calvin weder hervorgerufen noch befürwortet wurden.

Man sollte das Trugbild eines tyrannischen Calvins schleunigst in den Bereich des Fiktiven verbannen, anstatt sie zu glauben. Gleichzeitig sollte man aber auch die wirkliche Großtat des Reformators im kirchlichen wie sozialpolitischen Bereich hervorheben. Oft fehlt das geschichtliche Wissen über dieses einzigartige Werk Calvins gänzlich, oder es wird mit dem Mantel des Schweigens umhüllt, sofern man darüber Bescheid weiß. Mit absolutem Recht kann behauptet werden, dass jeder Schweizer, ja unzählige Menschen auf der ganzen Welt, noch heute einen unmittelbaren und persönlichen Vorteil aus Calvins Wirken ziehen.

Es dauerte 18 Jahre, bis der bitter erkämpfte Sieg des Reformators im Durchsetzen der Kirchenzucht errungen war. Die Grundlage seiner Ansicht legte er schon in der ersten Ausgabe der *Institutio* im Frühjahr 1536 dar. Als Calvin im Herbst des gleichen Jahres nach Genf kam, verlor er keine Zeit, um sie in die Tat umzusetzen. Zu Beginn des Jahres 1537 legte er dem Stadtkonzil ein mit den Namen aller Genfer Pfarrer unterschriebenes Dokument vor, indem er kurz das neue Verständnis über die Kirchenzucht zusammenfasste. Das herausragende Merkmal der darin festgehaltenen Prinzipien war nicht das Element der Züchtigung, sondern das der kirchlichen Freiheit. Beachtenswert ist die einfache und direkte Sprache, die Calvin wählte, um besonders die Rechte der Kirche gegenüber dem Staat zu betonen, auch wenn er sich in seiner Erklärung primär auf die geistliche Bedeutung der Kirchenzucht, wie sie in der *Institutio* erläutert wurde, beschränkte:

> An der Aufgabe der Kirchen, das Wort Gottes lauter zu verkündigen und die Sakramente recht zu verwalten, wird nicht nur die Notwendigkeit steter Selbstprüfung und die gefährliche Frage des Schisma sichtbar, sondern es erwächst aus ihr den einzelnen Mitgliedern der Kirche gegenüber die Pflicht der Kirchenzucht. Durch Wort und sakramentale Zeichen will Jesus Christus kraft des Heiligen Geistes den Seinen begegnen. Darum ist es unmöglich, dass an der Versammlung der Gemeinde solche teilnehmen, die durch Wort oder Tat beweisen, dass sie in offener Auflehnung gegen das ver-

kündigte Wort ein unbußfertiges Leben führen. Um der Verachtung des Wortes vorzubeugen, müssen sich Pastoren und Älteste um die einzelnen Glieder der Gemeinde kümmern und einem jeden besonders das göttliche Wort zur Mahnung sagen. Die Verkündigung des Wortes Gottes an den Einzelnen bildet die Grundlage kirchlicher Zucht. Wer auch auf diese besondere Anrede nicht hört, sondern das Wort Gottes offenkundig verwirft, muss schließlich von der Versammlung der Gemeinde ausgeschlossen werden, damit Christus in ihrer Mitte nicht gelästert und verunehrt werde. Der Ausschluss von der Abendmahlsversammlung hat also nicht zu bedeuten, dass dem Betreffenden eine besonders hohe Strafe zuteilwird, nachdem man es zuvor auf andere Weise versucht hat, ihn zu bessern. Vielmehr ist die Sache so zu verstehen, dass der Frevler dort nicht erscheinen darf, wo Christus sich den Seinen darbietet. „Denn das ist gewisslich wahr, dass der, welchem die Austeilung des Abendmahls befohlen ist, so er mit Wissen und Willen einen Unwürdigen zulasset, den er billig fernhalten konnte, sich eines ebensolchen Frevels schuldig macht, als wenn er den Leib des Herrn den Hunden hinwirft." Die Zucht ist um des Herrn der Kirche willen notwendig. Indem sie das Ziel verfolgt, die Ehre Christi in der Kirche zu wahren, dient sie zugleich dazu, den aus der Gemeinschaft Ausgeschlossenen mit letztem Ernst zur Umkehr zu rufen und die andern vor der Verlockung zum Abfall zu schützen.[93]

Im weiteren Teil dieses Dokumentes werden die Argumente angeführt, die diese Position untermauern. Am Ende des Textes werden drei Punkte vorgeschlagen: Erstens sollte man von vornherein sicherstellen, wer von den Bewohnern der Stadt wünscht, Mitglied der Kirche Jesu Christi zu sein. Dafür sei es notwendig, ein Glaubensbekenntnis vorzubereiten, und alle Bewohner dieser Stadt seien aufgefordert, ein Bekenntnis abzulegen und den Grund ihres Glaubens

---

[93] Johannes Calvin, *Institutio* (1559), IV, 12–21.

anzugeben. Calvin ging es hauptsächlich darum, feststellen zu können, ob man mit dem Evangelium übereinstimmt und es bevorzugt, lieber dem Königreich des Papstes als dem Jesu Christi anzugehören. Zweitens sollte ein Katechismus vorbereitet werden, damit die Kinder sorgfältig in den Lehren des Glaubens unterwiesen werden können. Und drittens sollten Vorkehrungen getroffen werden, um bestimmte Personen, die einen guten Ruf unter den Gläubigen besäßen, unbestechlich seien und eine ausgeglichene Gemütsverfassung hätten, als Aufseher auszuwählen. Diese würden beauftragt werden, das Verhalten der Kirchenmitglieder zu beobachten, sie zu beratschlagen und zu ermahnen sowie die Aufmerksamkeit der Pfarrer auf die Starrköpfigen zu lenken. Wenn die Letzteren sich als nicht korrigierbare Fälle erweisen sollten, müssten sie so angesehen werden, als seien sie aus der Gemeinschaft der Christen ausgestoßen worden. Als Zeichen der Exkommunikation diene das Verbot der Teilnahme am Abendmahl; auch müssten sie den übrigen Gläubigen als solche benannt werden, mit denen man keine Gemeinschaft mehr pflegen dürfe. Dank dieser Anordnungen der Kirchenzucht wurde Calvin zum Gründer der protestantischen Kirche. Zwei wichtige Punkte müssen hervorgehoben werden. Das Einzige, was hier in Betracht gezogen wird, ist die Kirchenzucht, die bei mutwilligem Verharren in Sünde nichts anderes als geistliche Strafen nach sich zieht. Um diese Aufgabe erfüllen zu können, wurde die Autoritätssphäre der Kirche rigoros von der des Staates getrennt. Calvin war es überaus wichtig, diesen geistlichen Keil zwischen Kirche und Staat zu treiben.

Dass Calvin darauf bestand, der Kirche dieses in der Bibel gebotene Zuchtmittel der unbußfertigen Christen zuzugestehen, ging nicht von einem Wunsch aus, in die polizeilichen Verordnungen der Zivilgewalt einzugreifen. In ihrem eigenen Machtbereich würde die Obrigkeit weiterhin die Regierungsaufgaben wahrnehmen wie bisher, ohne dass sie die Missgunst Calvins oder die Verweigerung seiner Zusammenarbeit befürchten müsste. Dem Reformator war völlig bewusst, wo die Grenzen der Kirchenzucht gezogen werden mussten. Ausdrücklich betonte er den Grundsatz, dass die Kirche sich ausschließlich auf die Exkommunikation als Höchststrafe für einen in Sünde lebenden Christen beschränken müsse, so sie dies für notwendig erachtete. Aber er schlug dennoch vor, dass der Staat seinerseits Notiz von den geistlichen Delikten nehmen sollte. Auch schien es ihm nicht ungebührlich zu sein, die Hilfe der Stadtverwaltung in der Aufrechterhaltung der kirchlichen Autorität in Anspruch zu nehmen. Der Staat sei jedoch nicht verpflichtet, die Beschlüsse der Kirche durchzusetzen. Der Kirche müsse es aber auch freigestellt werden, sich um ihre eigenen Angelegenheiten, besonders im Aussprechen einer so schwerwiegenden Strafe wie die der Exkommunikation, zu kümmern. Die Kirche könne durchaus mittels ihrer Sanktionen den eigenen Altar vor geistlichen Verunreinigungen beschützen; sie rechne aber damit, dass der Staat ihr Schutz vor den Übergriffen der katholischen Feinde bietet. Calvin war noch nicht bereit, die Vorstellung gutzuheißen, dass die Kirche und der Staat zwei völlig unterschiedliche Instanzen sein sollen, die in völliger Unabhängigkeit voneinander existieren. Seiner Ansicht nach hatte die Vorstellung einer „etablierten Kirche" noch nicht ihre Gültigkeit verloren. Aber die ihm vorschwebende Form einer „etablierten Kirche" war die einer in ihrer geistlichen Sphäre absolut autonomen Kirche. Indem er sich für die Kirchenzucht einsetzte, führte er die protestantische Welt in eine neue Ära, die davon gekennzeichnet war, dass sie die Verheißung und Wirkungskraft der kirchlichen Freiheit vom Staat in sich trug.

Natürlich wurde Calvin vonseiten des Genfer Stadtrates noch nicht zugestanden, worum er 1537 bat. Doch nie verlor er das Anliegen der Kirchenzucht aus den Augen, noch hörte er auf, dafür zu kämpfen. Stets war er bereit, in der Verteidigung und Durchsetzung dieses Prinzips, Leiden und Unannehmlichkeiten auf sich zu nehmen. Konkret wird dies 1538 sichtbar, als das Scheitern des Antrages der Einführung kirchlicher Zucht zu seiner Verbannung führte. Selbst als er 1541 aus seinem Exil nach Genf zurückkehrte, verweigerte man ihm die Erfüllung seiner Bitte. Calvin kämpfte unaufhörlich weiter. Erst 1555, also 14 Jahre nach seiner Rückkehr und 18 Jahre nach der ersten Niederschrift in der *Institutio*, bewilligte der Stadtrat in Genf der Kirche die Zuerkennung ihrer geistlichen Freiheiten. Heute noch genießen wir die Früchte dieses großen Sieges. Jede protestantische Kirche, die in aller Freiheit die Aufgaben einer Kirche Jesu wahrnehmen kann, verdankt dies dem unermüdlichen Drängen Calvins auf Kirchenzucht. Im Alter von 27 Jahren hatte er es als Erster gewagt, dem Rat der Stadt Genf das Anliegen einer auf die autonome Durchführung ihrer geistlichen Pflichten bedachten Kirche vorzulegen. Er verzagte nicht im Angesicht einer entschlossenen Opposition, die ihn nicht lange danach aus der Stadt jagte. Stets das Ziel vor Augen, schärfte er seinen Gefolgsleuten die Wichtigkeit der Durchsetzung dieses geistlichen Prinzips ein, und koste es ihr eigenes Leben.

2.5.4. Verwirklichung des gesellschaftlichen, ökonomischen und politischen Liberalismus

Somit steht vor uns die große Gestalt eines Mannes, der nicht nur Gründer der protestantischen Kirche gewesen war, sondern auch Urheber aller Freiheiten, die sie in ihrer geistlichen Sphäre seitdem ausüben darf. Doch das Prinzip der Freiheit, das hier zum ersten Mal im Bereich der Kirche angewandt wurde, setzte sich allmählich in vielen anderen Bereichen des Gemeinwesens durch, so dass sich Institutionen bilden konnten, die weit über das ursprüngliche Anliegen der Kirchenzucht hinaus einen gesellschaftlichen, ökonomischen und politischen Liberalismus im besten Sinne des Wortes – im biblischen Sinne – hervorbrachten. Die Grundlage für die moderne Welt, in der wir leben, wurde durch Calvin gelegt. Man sollte sich stets bewusst sein, dass die Zuerkennung eines staatsbürgerlichen Rechts der reformatorischen Durchsetzung der Kirchenzucht zu verdanken ist. Anstatt in dem schweizerischen Reformator einen tyrannischen Moralapostel zu sehen, der seine hämische Freude am Peinigen und Drangsalieren unschuldiger Menschen gehabt habe, die sich gegen seine Autorität nicht zur Wehr setzen konnten, ohne dabei in Gefahr zu laufen, wie Michael Servet auf dem Scheiterhaufen verbrannt zu werden, sollten wir in ihm den großen Champion der Freiheit erblicken; nicht nur eine Freiheit der Kirche von staatlicher Reglementierung, sondern auch eine Freiheit des Individuums von absolutistischer Bevormundung des Staates. In dem Maße, wie wir das Freikirchentum wertachten, sollten wir dem Menschen Dank zollen, der dies kraft der Vorsehung Gottes überhaupt möglich gemacht hat: Johannes Calvin. Auch alle zivilen Freiheiten, die wir so selbstverständlich hinnehmen, als ob wir ein unveräußerliches Recht auf sie hätten, beruhen auf der Freiheit der Kirche vom Staat – auf der Kirchenzucht, auf dem Prinzip einer reinen und heiligen Kirche, einer Kirche, wo klar unterschieden wird, wer am Abendmahl teilnehmen darf und wer nicht. Es stünde den Freikirchen in der Schweiz und in aller Welt wohl an, wenn sie sich bewusst werden würden, dass sie die Grundlage ihrer Existenz dem Mann zu verdanken haben, dessen Namen sie häufig nur als Schimpfwort in den Mund nehmen. Dank der deutschen und schweizerischen Reformation des frühen 16. Jahrhunderts, in der Calvin eine führende Rolle gespielt hat, sind wir nicht mehr gezwungen, Katholiken zu sein, die in einem autokratisch regierten Staate leben müssen, und haben das Recht, eine Bibel zu besitzen und können darin lesen. Wir haben die Möglichkeit zu erfahren, wie man durch den Glauben an Jesus Christus das ewige Heil empfängt. Wir müssen nicht ein karges Dasein als Leibeigene irgendeines Landesherren fristen, sondern können auch für alle Ewigkeit gerettet werden. Jesus betont die geistliche Freizeit in Johannes 8,30-36:

> 30 Als er [Jesus] das sagte, kamen viele zum Glauben an ihn. 31 Nun sagte Jesus zu den Juden, die an ihn gläubig geworden waren: „Wenn ihr in meinem Wort bleibt, so seid ihr in Wahrheit meine Jünger 32 und werdet die Wahrheit erkennen, und die Wahrheit wird euch frei machen." 33 Da entgegneten sie ihm: „Wir sind Abrahams Nachkommenschaft und haben noch niemals jemandem als Knechte gedient; wie kannst du da sagen: „Ihr werdet frei werden"? 34 Jesus antwortete ihnen: „Wahrlich, wahrlich ich sage euch: ein jeder, der

Sünde tut, ist ein Knecht der Sünde. 35 Der Knecht aber bleibt nicht für immer im Hause, der Sohn dagegen bleibt für immer darin. 36 Wenn also der Sohn euch frei gemacht hat, dann werdet ihr wirklich frei sein."

Johannes 3,16 fasst das Evangelium zusammen: „Denn so sehr hat Gott die Welt geliebt, dass er seinen eingeborenen Sohn hingegeben hat, damit alle, die an ihn glauben, nicht verloren gehen, sondern ewiges Leben haben."

Kapitel 3

Esoterisches Fantasie-
gebilde eines irdischen
Paradieses

3. Esoterisches Fantasiegebilde eines irdischen Paradieses

Theologen hatten jahrhundertelang versucht, heidnische Elemente im christlichen Glauben zu überwinden, die in der Öffentlichkeit virulent in Erscheinung getreten waren. Sie konnten ein gewisses Maß an Erfolg verzeichnen. Was sie nicht zu tun vermochten, war die Ausmerzung des im Verborgenen weitergegebenen Arkanums[1] der Geheimgesellschaften. Ihnen fehlten die Kontrollinstanzen, um die latente Tradierung der Esoterik zu unterbinden. Im Zentrum der heidnischen Philosophie lag die Vorstellung, dass die Natur eine hinreichende Erklärung für die Existenz des Menschen und des Kosmos liefern könne. Der von animistischen und naturalistischen Vorstellungen geprägte Mystizismus verwarf die christliche Schöpfungslehre gänzlich. Abgelehnt wurden im Besonderen zwei Behauptungen: 1) Gott habe die Welt aus dem Nichts (ex nihilo) ins Dasein gerufen, und 2) der Schöpfer und das Geschöpf seien ontologisch (seinsmäßig) voneinander getrennt.

Grundsätzlich gibt es nur eine esoterische Tradition, die sich in zahllosen Legenden, Mythen und Philosophien manifestiert. Die Alchemisten waren deshalb keineswegs die einzigen Mystiker, die sich auf die Suche nach kosmischer

---

1 Das Arcanum oder große Arkanum (abgeleitet von lateinisch arcanum = Geheimnis) bezeichnet im esoterischen Zusammenhang einen Begriff aus der Alchemie. Jakob Böhmes Hinweisen zufolge hatte der Begriff auch die allgemeine Bedeutung einer geheimen und nur besonderen Eingeweihten zugänglichen spirituellen Lehre, die entweder unmittelbar weitergegeben wurde oder aber die eigene Suche für ein probates Mittel der Erkenntnisgewinnung betrachtete („Der Weg ist das Ziel"). Diese Suche war für die Alchemisten gemäß ihrem Verständnis der Transmutation zumindest indirekt gleichzusetzen mit der Suche nach dem „Stein der Weisen". Vielfach wird angenommen, dass diese Suche weniger dem Ziel der Umwandlung wertloser Metalle in Gold als vielmehr der Selbsterkenntnis und Selbstvervollkommnung galt. Ein durchgehendes Thema war dabei offensichtlich die Einheit von Mensch und Kosmos, die die praktizierenden Alchemisten mit der Suche nach einer höheren Selbstidentität verbanden. https://de.wikipedia.org/wiki/Arcanum_(Esoterik)

Einheit begaben. Die Esoterik beruht auf religiösen Spekulationen, die sich ihr ganz besonderes Gepräge über Jahrhunderte bewahrten. Zu verschiedenen Zeiten und an vielen Orten betrieb man systematisch die „Schwarze Kunst". In ihrer Denkart ist sie zumindest teilweise kaum von anderen Formen der religiösen Kontemplation[2] zu unterscheiden. Oft erkennt man, wie exemplarisch im Folgenden aufgezeigt werden wird, eine prinzipielle Gleichheit in wichtigen Einzelaspekten, die zu analogen Schlussfolgerungen führen.

3.1. Naturphilosophie des Renaissance-Neoplatonismus

3.1.1. Esoterische Grundlage einer wahrhaft ökumenischen Religion

Progressive Historiker widmeten der Renaissance vor nicht allzu langer Zeit ihre ungeteilte Aufmerksamkeit, weil sie in ihr die ersten Anzeichen zukünftiger Entwicklungen erkennen konnten. Die Gelehrten der Renaissance – wie der Begriff andeutet – hatten ihren Blick auf die antike Vergangenheit gerichtet, um die Schätze der Erkenntnis, wie sie die klassische Ära besessen haben soll, wiederzuentdecken. Diese Tatsache sollte jedoch nicht darüber hinwegtäuschen, dass ihr eigentliches Ziel nicht die Erforschung der Antike um ihrer selbst willen war, sondern das mutige Vorwärtsgehen in eine neue Zukunft. Sie waren sich wohl bewusst, dass ihnen ein besseres Verständnis der Vergangenheit darin eine enorme Hilfe sein konnte. Deshalb erschien es ihnen notwendig, eine bestimmte Betrachtung der Geschichte zu verwerfen, um sich einer anderen zuzuwenden, die weit bessere Möglichkeiten offerierte, das menschliche Verstehen und Handeln in ganz neue Bahnen zu lenken. Die Beschäftigung mit klassischer Philosophie, Wissenschaft und Literatur sollte neu belebt werden,

---

2 Gemeint sind sowohl die mystische Versenkung im Christentum – eine von der Bibel verbotenen Handlungsweise – als auch Praktiken anderer Religionen.

während die intellektuellen Ketten eines mönchischen und abergläubischen Mittelalters abgeworfen werden sollten. Nur so meinte man, dem Menschen eine neue Zukunft eröffnen zu können.

Das Irreführende an dieser Darstellung der Renaissance ist nicht das, was darüber gesagt wird, sondern das, was verschwiegen wird. Ohne Bedenken können die Aussagen als wahr akzeptiert werden, die in der Renaissance das Aufbrechen eines neuen Denkansatzes hervorheben. Dennoch ist eine gewisse Vorsicht geboten, das Neuartige an der intellektuellen Orientierung dieser Zeitepoche nur für sich allein zu betrachten. Gibt man diesem Impuls nach, entsteht rasch ein falscher Eindruck über ihre vermeintliche Modernität, die sich auf ein in den Mittelpunkt schiebendes Bedürfnis stützt, nach außen hin völlig rational zu erscheinen. Die wahren Begebenheiten stellen sich komplexer dar, als es auf den ersten Blick erscheinen mag. Wesentliche Elemente im Weltbild der Renaissance-Gelehrten sind irrational. Ein wachsendes Interesse an diesen Aspekten tritt in Erscheinung. Die progressiven Geisteswissenschaftler in unserer Zeit wenden sich in ihren Studien der Erforschung esoterischer Denkweisen und Praktiken vermehrt zu.

Der Renaissance-Mensch beschäftigte sich oft mit Astrologie, Magie und Alchemie. Diesen okkulten Praktiken lagen neoplatonische und hermetische Philosophien zugrunde. Keinesfalls sollten sie als eine unglückliche Anomalie, die sich lediglich in den äußeren Gefilden der Renaissance bemerkbar machten, angesehen werden. Es ist vielmehr so, dass der Neoplatonismus und die Hermetik die zentrale Rolle einnehmen, um die Renaissance gesamthaft zu verstehen. Diese Feststellung ist umso wichtiger, je mehr man sich mit den intellektuellen Strömungen der Spätrenaissance befasst. Aus moderner Perspektive betrachtet, erscheint der Neoplatonismus so abergläubisch zu sein, wie die mystischen Vorstellungen des der Verachtung preisgegebenen Mittelalters; aber dieser Eindruck täuscht. Keine andere Geisteshaltung lieferte einen größeren Beitrag, nicht nur in der geistesgeschichtlichen Ausgestaltung der Renaissance, sondern auch in der Gestaltung der Zukunft.

Weit entfernt davon, eine intellektuelle Sackgasse zu sein, bietet der Neoplatonismus eine bestimmte Sicht über den Menschen an, die davon ausgeht, dass die äußere Welt rational erfasst werden kann, um sie in einem weiteren Schritt zu verändern. Man gab immer mehr dem Begehren Raum, die Naturgewalten für die Befriedigung der eigenen Bedürfnisse zu instrumentalisieren. Aus dieser neuen, optimistischen Haltung heraus veränderte sich die gesamte Vorstellung des Menschen über seine Stellung im Universum.

In *Religion and the Decline of Magic* fast Keith Thomas das magische Interesse der Renaissance bündig zusammen:

> Dank des neoplatonischen Stroms, der sich durch die europäische Renaissance hindurch zog, verbesserten sich die der menschlichen Genialität offenstehenden Möglichkeiten erheblich. Die Wiederbelebung dieser letzten Schule der antiken Philosophie des Heidentums brachte eine Einstellung zutage, die die Unterschiede zwischen Materie und Geist verwischte. Anstatt die Erde als eine unbelebte Masse anzusehen, hielt man sie für lebendig. Das Universum beherbergte eine Hierarchie von Geistern und stellte – so dachte man zumindest – alle möglichen okkulten Einflüsse und Sympathien zur Schau. Der Kosmos bestand aus einer organischen Einheit, in der jeder Zeitpunkt der Vergangenheit in einer semiotischen[3] Beziehung zu einem anderen Stand. Selbst Farben, Buchstaben und Zahlen hatten magische Attribute an sich.[4]

---

3 Semiotik (altgriechisch σημεῖον sēmeῖon ‚Zeichen', ‚Signal'), manchmal auch Zeichentheorie, ist die Wissenschaft, die sich mit Zeichensystemen aller Art befasst (z. B. Bilderschrift, Gestik, Formeln, Sprache, Verkehrszeichen). Sie findet unter anderem in verschiedenen Geistes-, Kultur-, Wirtschafts- und Sozialwissenschaften Anwendung. https://de.wikipedia.org/wiki/Semiotik

4 Keith Thomas, *Religion and the Decline of Magic*: Studies in popular beliefs in sixteenth- and seventeenth-century (London: Weidenfeld and Nicolson, 1971; London: Folio Society, 2012) 165-166; https://archive.org/details/ReligionAndTheDeclineOfMagicStudiesInPopularBeliefsInSixteenthAndSeventeenthCenturyEngland/page/n165.

Somit begriff man alles Materielle als Bestandteil eines lebendigen Ganzen; jedes vorhandene Objekt war in einem Netzwerk geistlicher Mächte eingefügt, und alles hatte in irgendeiner Weise Anteil am Göttlichen. In einem Universum, in welchem das Göttliche dem Materiellen innewohnte, war Gott die Summe des materiell Existierenden und der geistigen Mächte, die alle Komponenten miteinander verbanden. In diesem großen System der belebten Materie gab es eine komplexe Wechselbeziehung, die die Materie auf unterschiedlichen Ebenen miteinander verknüpfte: der Mikrokosmos des Menschen und der Makrokosmos des Universums. Demnach bestimmten okkulte Kräfte die Bewegungen der Sterne und das Schicksal des Menschen, und es war die Aufgabe der Astrologen, Einflüsse der Sterne auf das menschliche Geschick zu interpretieren.

Der Renaissance-Esoteriker war der Meinung, dass eine bestimmte „prisca theologia" (Altertümliche Theologie) existiere, die Gott Mose am Berg Sinai mitgeteilt hatte und die im Christentum ihren Höhepunkt erreichte. Elemente dieser antiken Weisheit würden in den Philosophien des Pythagoras und Platons, der Hermetiker, der Sibylischen Prophezeiungen, der Ophica und der Kabbala enthalten sein.[5] Man glaubte, dass dann, wenn diese „prisca theologia" wieder in ihrer authentischen, unversehrten Form entdeckt werden könnte, sie die Grundlage für eine wahrhaft ökumenische Religion liefern und den grauenhaften Religionskriegen ein Ende bereiten würde. Alle christlichen Konfessionen sollten sich wieder in dieser bestimmten, ursprünglichen Lehre zusammenschließen. Obwohl die – wie man meinte – wiederentdeckte „prisca theologia" dem Namen nach christlich war, besteht kein Zweifel, dass die verschiedenen Versionen dieser „Alten Theologie", welche die Renaissance-Gelehrten Pico della Mirandola, Guillaume Postel, Giordano Bruno und Tommaso Campanella vorgelegt hatten, ausschließlich heid-

---

5 Daniel Pickering Walker, *Spiritual and Demonic Magic from Ficino to Campanella* (London: Warburg Institute, University of London, 1958) passim.

nischen Ursprungs waren.[6] Jeder dieser Männer behauptete, seine Version der „prisca theologia" sei die ursprüngliche und somit die richtige. Objektiv betrachtet, gab es aber kaum substantielle Unterschiede zwischen diesen Versionen, weil sie sich alle auf nahezu dieselben Quellen bezogen.

Die wissenschaftliche Tradition der europäischen Renaissance entwickelte drei grundlegende Methoden: die organische, mechanische und magische. Die organische Methode betonte lebende Organismen, während die mechanische nach physikalischen Metaphern suchte, um den Gang des Universums zu erklären. Aber es war die magische Methode, die der westlichen Welt den wirklichen Impuls für wissenschaftliche Forschung gab. Zwar war sie, wie der Wissenschaftshistoriker Hugh J. Kearney feststellte, die am wenigsten rationale Methode von den dreien, aber gemessen an ihrem Beitrag zur Entwicklung der wissenschaftlichen Revolution die bedeutsamste.[7] Zur gleichen Zeit legte diese Tradition der magischen Methode die Grundlage für die spätere Entwicklung des Skeptizismus, der paradoxerweise das Aufkommen neuer Religionen begünstigte.

3.1.2. Ausgestaltung der magischen Tradition in der Wissenschaft

Aus dem naturphilosophischen Interesse des Renaissance-Neoplatonismus erwuchs anfänglich das Bestreben einer Wissenschaftsrevolution, die alle traditionellen Erkenntnisse der Naturphänomene infrage stellte. In dieser Tradition findet man das Verbindungsstück zwischen rationalistischer Wissenschaft und irrationalem Pantheismus.

Wie der Gnostizismus nimmt der Neoplatonismus an, dass die menschliche Seele Geist sei, die in der Materie

---

6 Frances Amelia Yates, *Giordano Bruno and the Hermetic Tradition* (London: Routledge, [1964] 2015) passim.

7 Hugh J. Kearney, *Science and Change: 1500-1700* (New York City, NY: McGraw-Hill, 1971) 48; https://archive.org/details/sciencechange15000kear

gefangen gehalten wird. Antike Religionssysteme oder Mysterienkulte, wie die des Hermes Trismegistus[8], Zoroasters und Orpheus, lehrten dazu, dass eine göttliche Seele das materielle Universum animiere. Eine göttliche Person gab es nicht, sondern nur eine in allen Dingen immanente göttliche Kraft. Die Planeten und Sterne stellten lebendige Wesen dar, die mit einem göttlichen Geist erfüllt waren. Dieser Glaube steht im Gegensatz zur christlichen Lehre, die die Einheit des Menschen als Körper und Seele betont, die ewige Erlösung jedem Einzelnen anbietet und die Überzeugung vermittelt, dass die materielle Welt gut ist.

Einen starken Einfluss übte der Neoplatonismus auf die Ausgestaltung der magischen Tradition in der Wissenschaft aus. Deshalb wandten sich die Gelehrten der Renaissance den Quellen der antiken Mystik zu, um die Analogie zwischen der menschlichen Vernunft und dem kosmischen Geist zu verstehen, die dem Magus (Magier) die Möglichkeit eröffnet, sich der verborgenen Mächte des Universums zu bedienen.[9] Nur ein Mystiker konnte die magische Musik des Universums hören[10], die auf den angeblichen Werken des antiken Gelehrten Hermes Trismegistus fußte. Die hermetische Tradition sah in der Sonne einen „sichtbaren Gott", der auf seinem königlichen Thron sitzt und seine Kinder, die um ihn kreisenden Planeten, regiert.[11] Das Sonnenlicht war Geber allen Lebens. Die Renaissance-Wissenschaft schenkte den Bewegungen der Gestirne am nächtlichen Himmel ihre Aufmerksamkeit im begierigen

---

8 Informationen zur Geschichte und Legende des Hermes Trismegistus und der *Tabula Smaragdina* finden sich in Lyndy Abraham, *A Dictionary of Alchemical Imagery* (Cambridge: Cambridge University Press, 2001) 100-101; Johannes Fabricius, *Alchemy: The Medieval Alchemists and Their Royal Art* (Cockeysville, MD: Diamond Books, 1994) 214, 225; Charles Nicholl, *The Chemical Theatre* (London: Routledge & Kegan Paul, 1980; Neuauflage: New York City, NY: Akadine Press, 1997) 49; Charles John Samuel Thompson, *The Lure and Romance of Alchemy* (London: G. G. Harrap, 1932; Neuauflage: Detroit: Gale Research Co., 1974) 31; https://archive.org/details/b3032015x/page/30

9 Kearney, *Science and Change: 1500-1700*, 39.

10 Ebd., 37.

11 Ebd., 100.

Suchen nach Hinweisen, die die großen geistlichen Mysterien aufschließen konnten.

3.1.3. Zahlenmystik des Pythagoreismus

Die neoplatonischen Philosophen betrachteten ihre Entdeckungen als sorgfältig behütete Geheimnisse. Indem sie sich auf ein antikes pythagoreisches Prinzip beriefen, bemühten sie sich geflissentlich, ihr Wissen für die kleine Schar der Begünstigten zu bewahren, besonders für diejenigen, die großes Geschick im Umgang mit Zahlen bewiesen.[12] Dabei bedienten sie sich obskurer Symbole, um ihre Erkenntnisse vor Rivalen zu schützen. Die Gelehrsamkeit wurde somit zu einem geheimen Unternehmen, das nur einer Elite von Nutzen war. Nichts konnte die Geheimniskrämerei mehr befeuern als ein Interesse an dem Okkulten um seiner selbst willen. Ein Kunstwerk wurde unter dem Gesichtspunkt eines magischen Emblems betrachtet, oder ob es eine verschlüsselte Botschaft für die Eingeweihten enthält.

In Anlehnung an den Pythagoreismus setzte sich die Erkenntnis durch, dass sich die verborgenen Geheimnisse des Kosmos in Zahlen beschreiben lassen. Somit verdienten die Phänomene, die mathematisch entschlüsselt werden konnten, einschließlich den musischen Harmonien, ein sorgfältiges Studium. Nur der eifrige Wahrheitssucher konnte die dem Universum zugrundeliegende numerische Verschlüsselungsmethode aufschließen. Deshalb hielten Neoplatoniker an einer mystischen Verehrung der Zahl fest und widmeten sich oft als Asketen innerhalb einer esoterischen Kommune dem Studium des Okkulten. Sie wählten die Objekte ihres Studiums entsprechend der Erwartung, von ihnen eine Steigerung der persönlichen Macht zu erhalten und wähnten sich am Ziel ihrer Wünsche angekommen zu sein, wenn sie das eine Element der Materie gefunden hatten, das die geheime Struktur des ganzen Kosmos offenbaren würde. Im Begreifen dieser Struktur

---

12 Ebd.

stand ihnen offen, diese zu manipulieren, um an die Quelle von wunderwirkenden Kräften zu gelangen. Die Hermetik belehrte sie, dass die materielle Welt, obgleich die niedrigste Form des Seins[13], ein Mikrokosmos des Makrokosmos aller Wirklichkeit sei.

3.1.4. Universales System der geistlichen Hierarchie

Der Neoplatonismus betonte die Existenz eines in der Natur liegenden, universalen Systems geistlicher Hierarchie. Diese vorgebliche Metaphysik liege der äußeren Erscheinung aller Dinge zugrunde, sei aber nicht unmittelbar mit den menschlichen Sinnen wahrnehmbar. Demgemäß wirkten Geistesmächte auf die Welt ein, die selbst nicht Teil der Materie seien; allem voran stehe ein Demiurg (Baumeister aller Welten; nicht der christliche Schöpfergott), der in seiner Verfügungsgewalt die Natur einer regulierenden Kontrolle unterwirft. Von diesem Gedanken ausgehend, konnte man zur Berechnung mechanischer Kräfte übergehen, die zwar unsichtbar, aber dennoch real seien. Somit standen den westlichen Naturwissenschaftlern Erklärungsmodelle zur Verfügung, die in der Formulierung der universalen Gravitation eine wesentliche Rolle spielten, wie uns aus den Schriften Newtons bekannt ist. Die Anziehungskraft wirke auf die atomare Struktur der Materie ein. Außerirdische Planeten seien dieser Kraft genauso unterworfen wie eine niederfallende Schneeflocke auf Erden. Der Renaissance-Magus bediente sich derselben Argumentation, wenn er auf die Existenz geistlicher Mächte im Universum zu sprechen kam. Dieser Erklärung fügte er jedoch den wesentlichen Gedanken hinzu, dass der menschliche Geist zwar mit diesen unsichtbaren Kräften in Verbindung treten könne, aber nur um sie dem eigenen Willen gefügig zu machen.[14]

---

13 Ebd. 39.

14 S. dazu: Daniel Pickering Walker, *Spiritual and Demonic Magic from Ficino to Campanella* (London: Warburg Institute, University of London, 1958).

Mit dem Anbruch des 16. Jahrhundert steigerte sich das allgemeine Interesse an den kosmischen Geheimnissen so sehr, dass die Mathematik, Astronomie und Alchemie eine Blütezeit erlebten; zuoberst stand die Suche nach dem Stein der Weisen (lat.: lapis philosophorum); der alchemistischen Überlieferungen entsprechend, diente dieser Stein unter anderem zur Herstellung eines lebensverlängernden Elixiers, in Latein „elixir vitae" genannt.

Zwei grundlegende Meinungen über Gott bestimmten den religiösen Dialog in der Renaissance. Die einen stellten sich Gott als endlich vor, der in seiner Machtfülle begrenzt und in seinem Wesen veränderlich sei. Das Gegenstück zu dieser Prämisse war ein Glaube an ein unendliches Universum. Giordano Bruno (1548-1600) bekundete seine diesbezügliche Überzeugung wie folgt: „Ich meine, dass das Universum unendlich ist, das Ergebnis der grenzenlosen Macht und Güte Gottes, für den jede begrenzte Welt unwürdig gewesen sein würde."[15] Der Bezug auf die „grenzenlose Macht und Güte Gottes" stimmte mit der logischen Forderung der Wissenschaft überein: das unendliche Universum war das Produkt des Allmächtigen, eine Quelle oder Ursache, die mit ihrem Ergebnis übereinstimmte. Aber jenseits dieser formalen Präsenz besaß die göttliche Macht keine Berechtigung, eine einflussreiche Stellung einzunehmen. Einige Philosophen subsumierten diese Macht in dem, was sie zu schaffen vermochte; bei anderen, wie die späten Deisten, blieb sie nur eine anfängliche Ursache, die von keiner gegenwärtigen Bedeutung mehr war.

Ein unendliches Universum verlieh dem Menschen eine ungeheure Würde, weil man ihm – der Krone des Kosmos – gleichfalls das Attribut der Unendlichkeit beimaß. Der Mensch der Renaissance sah sich selbst als ein im Werden begriffener neuer Gott. Chapmans Bussy D'Amboois erlitt einen Schock, als er feststellte, dass er sterben kann und im Sterben lag.[16] Zu irgendeiner anderen Zeit wäre es

---

15 Ebd., 249.

16 George Chapman, "Bussy D'Ambois," Act V, scene IV, 11.77-80 in Hazelton Spencer, *Elizabethan Plays* (Boston, MA: Little, Brown, [1933]

lächerlich gewesen, wenn sich ein Mensch über seine Sterblichkeit verwunderte; in diesem Renaissance-Theaterstück ist es völlig glaubwürdig und passt zum Zeitgeist.

Die Renaissance, Aufklärung, Romantik und jede andere Bewegung der Moderne haben ein gemeinsames Kennzeichen. Sie meldeten in der ihnen jeweils charakteristischen Art und Weise einen starken Protest gegen das Christentum an. So äußerte Giorgio Diaz de Santillana (1902-1974) über die frühen und späten Hauptvertreter der Renaissance: „Kritisiert wurde der zentrale Lehrkomplex, der um die Ursünde, die ererbte Verdorbenheit und das göttliche Erlösungswerk herum aufgebaut war.“[17] Der die Römisch Katholische Kirche beeinflussende Humanismus zeigte sich auf vielfältige Weise. Als Nikolaus von Cues davon träumte, das Christentum mit dem Islam zu versöhnen, wandte er einfach die Logik seiner Zeit an. Paracelsus (1493?-1541) sah ein großes „Werden“, das sich im Menschen selbst entfaltete. Santillana beschrieb es wie folgt:

Paracelsus religiöse Erregtheit konzentriert sich auf Wachstum und delikates Entfalten der sich im Mutterschoß befindlichen Zeit; er lehrt, Respekt für den göttlich bestimmten Moment, für die Stunde Gottes, die der Arzt-Alchemist allein erkennen kann.

Andererseits werden nur in einem solchen Plan Gegenstände als wirklich unabhängige Wesen erkannt, indem sie ihren Grund und ihre Prinzipien des Wachstums in sich selbst haben. Verschwunden ist die elegante Hierarchie der intelligenten Ursachen, die ihren Abschluss in der bereits vollendeten Gestaltung im Intellekt des Unbewegten Bewegers gefunden hat.

1940) 555: Is my body, then, / But penetrable flesh? And must my mind / Follow my blood? Can my divine part add / No aid to th' earthly in extremity? https://archive.org/details/in.ernet.dli.2015.2698/page/n567

17 Giorgio de Santillana, Hrsg., in Introduction to *The Age of Adventure* (Indianapolis, IN: Houghton Mifflin Company & New American Library of World Literature, Inc., 1956; Neuauflage: New York City, NY: George Barzieller, 1957) 29; https://archive.org/details/ageofadventurere-00desa/page/n5

Es gibt hier ein wahres „Werden" und ebenso eine viel-
gestaltige Metamorphose (Gestaltwechsel).

In der Großen Kette der Wesen sind Gott und
Mensch mystisch gleichgestellt. „Ich unter Gott in
seiner Funktion, Gott unter mir in meiner." Dies mag
wie satanischer Stolz klingen, aber sie ist eine mystische
Intuition, die Angelus Silesius in vielen seiner holprigen
Reimpaardichtungen später noch stärker und para-
doxer ausdrücken sollte: „Ich weiß, dass ohne mich
Gott nicht eine Sekunde leben könnte – wenn ich
zunichtewerden sollte, würde er den Geist in Verzweiflung aufgeben."[18]

Der Renaissance-Mensch definierte sich selbst als eine Art
göttliches Wesen. Sein Tun konnte deshalb unmöglich
einem Anflug der Narrheit zugeschrieben werden; was
ursprünglich als bloße Narrheit galt, hüllte sich jetzt in das
Gewand der Tragödie.

3.2. Geheimnisvolles Eintauchen in die Lebensabläufe der Schöpfung

Der Historiker Antoine Faivre widmete sich der Aufgabe,
das Erscheinen der Gestalt des Hermes in der westlichen
Geschichte zu verfolgen. Seine wissenschaftlichen Ergebnisse zeigen, dass die religiöse Wertschätzung des *Corpus
Hermeticum* zu bestimmten Zeiten in der europäischen
Kultur prominent in Erscheinung trat; die Entwicklung der
spirituellen Traditionen der Hermetik und der Alchemie
nehmen in Faivres Untersuchungen eine viel größere geistesgeschichtliche Bedeutsamkeit ein, als man bislang meinte,
nicht nur im engeren Sinne einer selbstständigen Tradition,
sondern auch im weiteren Sinne eines Brennpunktes der
Konvergenz anderer Religionen.[19]

---

18 Ebd., 193f.

19 S. dazu: Antoine Faivre, *The Eternal Hermes* (Grand Rapids, MI:
Phanes, 1995); Antoine Faivre, *Access to Western Esotericism* (Albany, NY:

3.2.1. Idee der „Ewigen Wiederbringung"

Zu Beginn des *Göttlichen Poemanders* bittet Hermes Trismegistus um Erkenntnis. Die anschließende Unterweisung erfolgt durch Poemander, dem sogenannten Geist Gottes. Das geheimnisvolle Eintauchen in die Lebensabläufe der Schöpfung tritt an die Stelle einer systematischen Erläuterung rationaler Prinzipien. So plötzlich wird Trismegistus von diesem außergewöhnlichen Erlebnis in Beschlag genommen, dass es ihm wie das mystische Augenzwinkern erscheint, das ihn befähigt, alle Dinge in einem Moment gleichzeitig zu sehen. In rascher Abfolge umgeben ihn zunächst eine „furchtbare und schreckliche" Finsternis und dann eine „unbeschreibliche und unerklärliche" Nässe. Darauf ertönt die „unsagbare […] trauernde […] undeutliche" Stimme des Gottessohnes.[20] Von da an wird die dualistische Idee wiederholt: das Leben besteht aus Gut und Böse, Ordnung und Chaos, Licht und Finsternis. Einheit ohne Vielfalt gibt es nicht, „denn alle Dinge bestehen aus Pol und Gegenpol; das eine wird gegen das andere gesetzt".[21]

Die Hermetik glorifiziert das Abwechslungsreiche des Chaos; sie misst eine einzigartige Bedeutsamkeit dem

---

State University of New York Press, 1994); Antoine Faivre, J. Needleman, Hss., *Modern Esoteric Spirituality* (New York City, NY: Crossroad, 1992); Antoine Faivre, Rolf Christian Zimmermann, Hss., *Epochen der Naturmystik: Hermetische Tradition im wissenschaftlichen Fortschritt* (Berlin: Erich Schmidt, 1979). Antoine Faivre (*5. Juni 1934) ist ein französischer Religionswissenschaftler. Faivre hatte bis zu seiner Emeritierung im Jahre 2002 einen Lehrstuhl für die Geschichte der esoterischen und mystischen Bewegungen der Neuzeit an der Section des sciences religieuses, der Religionswissenschaftlichen Abteilung der École pratique des hautes études der Sorbonne in Paris, inne, den ersten von bislang vier derartigen Lehrstühlen weltweit. https://de.wikipedia.org/wiki/Antoine_Faivre

20 Alle folgenden Zitate sind der englischen Übersetzung von J. Everard, *The Divine Pymander of Hermes Trismegistus* (New York City, NY: Societas Rosicruciana in America, [1650] 1953) entnommen. Sie beinhaltet den Grundtext des „Göttlichen Poemanders" (mitsamt der Schöpfungsgeschichte) und den „Asclepius"; s. dazu *The Divine Pymander of Hermes Trismegistus* (London: G. Redway, 1884) 8; https://archive.org/details/b2487839x/page/8. Deutsche Übersetzungen der englischen Passagen stammen vom Autor dieser Studie.

21 Ebd., 24; https://archive.org/details/b2487839x/page/24

kühnen Lebenssinn bei. Trotz unverkennbar antithetischer Züge stimmt sie mit wenigstens zwei Glaubenslehren des Christentums überein: 1) der allmächtige Gott steht über dem Chaos, und 2) die sexuelle Ergötzung kann ein „Irrtum der Liebe"[22] sein. In jeder anderen Hinsicht propagiert sie das widerchristliche „Chaos-Syndrom". Nichts belustigt sie mehr als die Vorstellung einer Schöpfung aus dem Nichts: „Denn alle Dinge sind aus bestehender Materie hervorgetreten, und nicht aus etwas Unwirklichem"[23]; das die Welt erschaffende Chaos nimmt eine herrschende und wichtige Stelle im kreativen Prozess ein. Die Hinweise auf die „unendliche Finsternis [...] Abyssus [...] bodenlose Tiefe"[24] stellen die heidnische Chaosmythologie und die alchemistische „materia prima"[25] in den Mittelpunkt der Betrachtung.

Im Weiteren spiegelt sich nach hermetischer Vorstellung die menschliche Erfahrung im lebenden und atmenden Kosmos wider: „Das ganze Universum ist materiell. [...] Das Ganze ist ein lebender Organismus."[26] Im Gegensatz zum gnostischen Verständnis eines asexuellen Weltenschöpfers, dem Demiurg, ist der hermetische Gott männlich und weiblich: „Sein eigentlicher Wesenszustand ist mit dem einer schwangeren Frau zu vergleichen; in allem ist er der Überragende."[27] Die Welt ist Gebärmutter der Schöpfung: Feuer heiratet die Feuchtigkeit, Luft und Wasser kopulieren lüstern miteinander.[28] Neues entsteht nicht wie in Hesiods klassischer Kosmogonie aus einem mechanischen Zeugungsakt, sondern aus Liebe und Begehren.

---

22 Ebd. 13; https://archive.org/details/b2487839x/page/12

23 Ebd., 96; https://archive.org/details/b2487839x/page/96

24 Ebd., 18; https://archive.org/details/b2487839x/page/18

25 S. dazu: Carl G. Jung, *Psychology and Alchemy and Mysterium coniunctionis*, Collected Works, übers. v. R. F. C. Hull, Vols. 12 and 14 (Princeton, NJ: Princeton University Press, [1953] 1980).

26 Ebd., 33.

27 Ebd., 46.

28 Ebd., 15-16.

Den aus Liebe erschaffenen Menschen[29] treibt eine Ruhelosigkeit sondergleichen um. Dem verruchten Gedanken verfallen, nur noch sich selbst dienen zu wollen, trennt er sich von Gott. Im Durchbrechen seines ursprünglichen Lebenskreises versucht er, die das Feuer beherrschende Macht zu verstehen.[30] Nun kehren sich ihm die sieben Gouverneure der Welt in Liebe zu und geben ihm Anteil am göttlichen Wesen. In der schönen Gestalt der Natur – jenseits aller Erkenntnis – tritt ihm Gott in einer anderen Form entgegen. Die göttliche Wirklichkeit erscheint wie „ein mächtiges und doch ephemeres [kurzlebiges] Wesen".[31] Obwohl ihm seine hermaphroditische[32] Natur immer ein Rätsel bleibt, liebt der Mensch das Mysteriöse und das Aufregende des Lebens. Einer göttlichen Bestrafung fällt er zum Glück nicht anheim. Frei von Schuld und Schrecken ergötzt er sich an der Liebe Gottes. Selbst die Natur liebt ihn so, wie eine Frau ihren Mann liebt.

Esoteriker vom Schlage eines William Blake[33] faszinierten Passagen wie die folgende:

---

29 Ebd., 13.

30 Ebd., 14.

31 Am Rande sei bemerkt, dass Plotin und Spenser diese hermetische Gottesvorstellung in ihren Werken aufgriffen; s. dazu: Elizabeth Holmes, *Henry Vaughan and the Hermetic Philosophy* (New York City, NY: Russell & Russell, [1932] 1967); http://archive.org/details/henryvaughanherm00holm

32 Das Wort Hermaphrodit („zweigeschlechtliches Wesen") leitet sich von Hermaphroditos ab, einer Figur aus der griechischen Mythologie. Ovid beschrieb in seinen Metamorphosen, wie aus dem Sohn Aphrodites und Hermes' durch die feste Umarmung der verliebten Nymphe Salmakis ein zweigeschlechtliches Wesen entstand, und deutet dies als Ätiologie der Zwitterbildung. https://de.wikipedia.org/wiki/Hermaphroditismus

33 William Blake (1757-1827) war ein englischer Dichter, Naturmystiker, Maler und der Erfinder der Reliefradierung. Sowohl sein künstlerisches als auch sein literarisches Werk wurde von seinen Zeitgenossen weitgehend abgelehnt. Erst Mitte des 19. Jahrhunderts wurden seine sehr innovativen Arbeiten von den Präraffaeliten entdeckt, fanden allgemein Anerkennung und später auch in der Popkultur Verbreitung. https://de.wikipedia.org/wiki/William_Blake

[…] beachte, oh Sohn, wie der Mensch gemacht und im Mutterschoß geformt ist; und untersuche sorgfältig das Geschick und die Raffinesse des Arbeiters, und erfahre, wer es war, der die schöne und Göttliche[34] Form des Menschen gefertigt und hergestellt hat; wer umkreiste und markierte seine Augen? Wer durchbohrte seine Nasenlöcher und Ohren? Wer öffnete seinen Mund? Wer dehnte seine Sehnen aus und band sie zusammen?[35]

Im Gegensatz zum christlichen Ausblick einer unweigerlich der Vernichtung entgegengehenden Welt postuliert die Hermetik die Idee der „Ewigen Wiederbringung". Eine aus dem Chaos geschaffene Welt hat Zugriff zu nie versiegenden Energiequellen. Die Bedeutung des Todes liegt demnach nicht in der gänzlichen Vernichtung des Kosmos, sondern in der teilweisen Auflösung einer unendlich erneuerbaren Einheit.[36] Der stete Umwandlungsprozess aller Dinge soll dem Zwecke kontinuierlicher Reinigung dienen.

3.2.2. Ewige Verbundenheit des Menschen mit Gott

Von der Vorstellung einer Schöpfung, die des Menschen Erfahrung mit Sexualität, Finsternis und Wandel reflektiert, leitet sich die hermetische Theorie der ewigen Verbundenheit des Menschen mit Gott ab. Das Göttliche neige sich zur Erde nieder, um an ihrem Ergehen teilzuhaben. Als Arbeiter, Maler und Bildhauer trete es auf.[37] Zusätzlich sei hier erwähnt, dass die hermetischen Schriften in ihrer Vermenschlichung Gottes dazu tendieren, den Boten Gottes, Hermes oder Merkur, in den Vordergrund zu stellen. Im Gegensatz zu negativen Charakterdarstellungen des Hermes

---

34 Entgegen der deutschen Orthographie ist der Begriff „göttlich" im Originaltext großgeschrieben.

35 Everard, *The Divine Pymander of Hermes Trismegistus*, 33; https://archive.org/details/b2487839x/page/32

36 Ebd., 86; https://archive.org/details/b2487839x/page/86

37 Ebd., 34; https://archive.org/details/b2487839x/page/34

als Betrüger und Dieb[38], gelegentlich auch als böser Gott, den Christus zuerst zerstören müsse[39], präsentieren ihn die hermetisch beeinflussten Werke als göttlichen Boten, der in der Stille angebetet und für sein Verständnis und seinen Einfallsreichtum gelobt wird.

In Edmund Spensers *The Faerie Queene*[40] (Book VII, Canto vi, 14-17) rettet Merkur die Welt vor der Zerstörung. In *Romeo and Juliet* (I, iv) und in *The Winter's Tale* hebt William Shakespeare die Eloquenz und den Phantasiereichtum des geliebten Merkutio lobend hervor. Der Gedanke der Verbundenheit kristallisiert sich in der Korrespondenzlehre heraus, wie sie in der „Tabula Smaragdina" (Hermetische Smaragd-Tafel) erscheint:

1. Wahr, wahr, kein Zweifel darin, sicher, zuverlässig!

2. Siehe, das Oberste kommt vom Untersten, und das Unterste vom Obersten; ein Werk der Wunder von einem Einzigen.

9. Mit der Kraft der Kräfte wirst du jegliches feine Ding bewältigen, wirst du in jegliches grobe Ding eindringen.

10. Gemäß der Entstehung der großen Welt entsteht die kleine Welt, und das ist mein Ruhm.[41]

---

38 A. L. Frothingham, "Babylonian Origin of Hermes the Snake-God, and of the Caduceus," *Archaeological Institute of America*, 20 (1916), 175; Norman O. Brown, *Hermes the Thief* (Great Barrington, MA: Steiner Books, [1947] 1990) 6-21, 53.

39 Gian Francesco Pico, "Hymn to Christ" (*Hymnus ad Christum*, Milan, 1507), von Eve Adler aus dem Lateinischen ins Englische übersetzt.

40 Edmund Spenser (1552?–1599), *The Complete Poetical Works: The Faerie Queene*, Book VII. Two Cantos of Mutabilitie, Canto VI, 14-17, hrsg. v. R. E. Neil Dodge (Boston & New York City, NY: Houghton Mifflin Co., [1590] 1908): " [...] But chiefely Mercury, that next doth raigne / Ran forth in haste, unto the king of gods to plaine. [...]."; https://www.bartleby.com/br/153.html

41 Neuübersetzung von Hans-Dieter Leuenberger, *Das ist Esoterik* (Freiburg: Bauer, 2006). Lateinischer Text, Nürnberg 1541: 1. Verum, sine

Im *Göttlichen Poemander* korrespondiert der Mikrokosmos des Menschen mit dem Makrokosmos des Universums. Das Symbol der zwischen Himmel und Erde stehenden Leiter deutet an, dass der Mensch weder von Gott getrennt noch an ihn gekettet ist, wie es mittelalterlicher beziehungsweise neoklassischer Vorstellung entsprach. Denn der Mensch steigt auf der gleichen Leiter empor, auf der Gott zu ihm niederkommt. Somit ist der Erdenbewohner ein sterblicher Gott; der Allvater hingegen ein unsterblicher Mensch. Mit göttlicher Kreativität ausgestattet, verlässt der Mensch die Erde zwar nicht, steht aber in erhabener Pose soweit über ihr, wie es der Größe seines Wesens gleichkommt. Auch dieses innige Verhältnis von Irdischem und Himmlischem verkörpert die Figur des Hermes.

Ideen solcher Art können nicht mit der Metapher für den Glauben in eine überweltliche Sphäre in Einklang gebracht werden, denn das Entscheidende an der Identifikation von Makrokosmos und Mikrokosmos im traditionellen Platonismus oder Christentum ist eben die Trennung von Gott, Mensch und Natur.[42] Die hermetische Philosophie legt stattdessen nahe, dass ein singuläres Lebensprinzip die obere mit der unteren Welt ontologisch vereint. Aus dieser wesensmäßigen Gleichstellung von Gott und Mensch entstehe ein Gestaltungsraum religiöser und

---

mendacio, certum et verissimum. 2. Quod est inferius, est sicut (id) quod est superius, et quod est superius, est sicut (id) quod est inferius, ad perpetranda miracula rei unius. 9. Hic (Haec) est totius fortitudinis fortitudo fortis: qua vincet omnem rem subtilem, omnemque solidam penetrabit. 10 (12). Sic mundus creatus est. Newton's translation: 1. Tis true without error, certain & most true. 2. That which is below is like that which is above & that which is above is like that which is below to do the miracles of one only thing. 9. By this means you shall have the glory of the whole world. 10. & thereby all obscurity shall fly from you. *Tabula Smaragdina Hermetis Trismegistri Philosophorum patris*, in Betty Jo Teeter Dobbs, *The Janus Face of Genius* (Cambridge: Cambridge University Press, 1991) 274-275.

42 S. dazu: Arthur O. Lovejoy, *The Great Chain of Being* (Cambridge, MA: Harvard University Press, 1944); https://archive.org/details/ArthurO.LovejoyTheGreatChainOfBeing; Eustace Maudeville Wetenhall Tillyard, *The Elizabethan World Picture* (London: Chatto and Windus, [1943] 1959); https://archive.org/details/elizabethanworld00till_1

artistischer Impulse.[43] In der Hermetik fand der Magier die ihm so wichtig erscheinende Aufforderung, das Irdisch-Vergängliche dank seiner göttlichen Kraft zu überwinden. Die in der Renaissance zentral zur Geltung kommende Verherrlichung des Menschen hatte das ontologisch Gemeinsame mit dem Göttlichen zur Grundlage.

3.2.3. Portrait von Leben und Kreativität

Alchemistische Spekulationen, die sich auf die Hermetik als eigentliche Quelle beziehen, finden sich in den Werken Giovanni Pico Della Mirandolas[44] und Henry Vaughans[45]. Doch damit ist der Einfluss der Hermetik auf berühmte Schriftsteller noch lange nicht erschöpft. Aus den Vielen, die sich von ihr inspirieren ließen, können wir nur wenige namentlich nennen:

Man kann durchaus sagen, dass Bernardus Silvestris (1085-1160/1178) das Zeitalter des Hochmittelalters mit

---

43 Sherwood Taylor, *The Alchemists: Founders of Modern Chemistry* (New York City, NY: Henry Schuman, 1962) 175.

44 Giovanni Pico (Conte) della Mirandola (1463-1494) war ein italienischer Philosoph der Renaissance. Bekannt ist er heute vor allem durch seine Rede „Über die Würde des Menschen", in der er die Frage nach dem Wesen des Menschen und seiner Stellung in der Welt stellte und die Willensfreiheit als charakteristisches Merkmal des Menschen hervorhob. Mit seiner außergewöhnlichen Bildung und seiner Beredsamkeit beeindruckte Pico seine Zeitgenossen stark. https://de.wikipedia.org/wiki/Giovanni_Pico_della_Mirandola

45 Henry Vaughan (1621-1695) war ein walisischer Dichter, der meist den metaphysical poets zugeordnet wird. Die Ereignisse der Jahre 1648–50 verursachten jedoch einen tiefgreifenden Wandel in Vaughans Denken und Schaffen. 1648 starb sein jüngerer Bruder William. Im darauffolgenden Jahr war der Bürgerkrieg für die Royalisten und damit für die anglikanische Kirche endgültig verloren. Im selben Jahr traf Vaughan eine schwere Krankheit. All dies führte dazu, dass sich Vaughan von da an geistlicher Lyrik zuwandte. Er veröffentlichte sie in dem Band Silex Scintillans. Zwei Jahre später erschien The Mount of Olives, eine Sammlung von geistlichen Prosatexten, die Vaughans religiöse Überzeugungen (in Übereinstimmung mit seinen Gedichten) widerspiegeln. Nachdem im Jahr 1660 die Monarchie wiederhergestellt wurde und die anglikanische Kirche ihre Position wiedererlangte, beendete Vaughan seine Karriere als Dichter. https://de.wikipedia.org/wiki/Henry_Vaughan

seiner Hinwendung zur Hermetik im 12. Jahrhundert prägte. Der Philosoph und Dichter Silverstris erwarb sich um 1150 den zweifelhaften Ruhm, in seiner Cosmographia den biblischen Schöpfungsbericht zugunsten einer dem „Chaos-Syndrom" geistesverwandten Theorie verworfen zu haben. Sein philosophisches Hauptthema drehte sich stets um das Verhältnis der Prinzipien von Einheit und Vielfalt. In *De mundi universitate* befindet sich der urzeitliche Wald im ambivalenten Stadium von Gut und Böse. Die Welt wird durchzogen von einer nie endenden Vitalität. Eine Fruchtbarkeit sondergleichen bringt unzerstörbare Dinge aller Art zum Vorschein. Die Schöpfung ging laut Silverstris folgendermaßen vonstatten: ein sich drehender Strudel setzt den Wald in Bewegung, eine wilde Kraft erscheint aus dem trüben Durcheinander, die aufgewühlte Erdmasse setzt sich nieder, Feuer springt auf, die Luft und das Wasser zwängen sich dazwischen. Im Traum erscheint der Physis als Folge der reflektierenden Ausstrahlung Uranias das Bild des Menschen; seine zu guter Letzt in Erscheinung tretende Gestalt entfesselt die Naturgewalt.

Edmund Spenser (1552-1599) berief sich in seinen Schriften auf biblische und unkonventionelle Quellen, um eine neue Mythologie zu schaffen.[46] Im Anschlagen einer bedeutsamen hermetischen Note, die in seinem Schaffen deutlich hervortritt, erreichte die Renaissancepoesie in England ihren Höhepunkt. 1590 erschienen die ersten drei Bücher seines Magnum Opus *The Faerie Queene*. Bis zur Neige angefüllt mit Anspielungen auf die ägyptische Hermetik wirbelt im Buch III beispielsweise ein furchtbarer Sturm, der Gestank von Rauch und Schwefel erfüllt die Luft, während ein ohrenbetäubender Lärm die Menschen in Angst und Schrecken versetzt. In den „Garten von Adonis"-Passagen verwendete Spenser in der Darstellung des ewigen Chaos sexuelle Analogien, die symbolisch Schöpfung und Renovation versinnbildlichen.[47]

---

46 S. dazu: Blossom G. Feinstein, "The Faerie Queene and Cosmogonies of the Near East," *Journal of the History of Ideas*, 29 (1968).

47 Spenser, *The Complete Poetical Works: The Faerie Queene*, hrsg. v. R. E. Neil Dodge (Book III, Canto vi, 36): "For in the wide wombe of the

Nichts Substanzielles vergeht; selbst wenn das Leben verfällt, kehrt die sich auflösende Form keinesfalls ins Nichts zurück, sondern gewinnt eine neue Gestalt.[48]

Giordano Brunos Weltbild hatte markante Züge hermetischer Mystik an sich. Stets darauf bedacht, sich so weit wie möglich von mittelalterlichen Restriktionen zu entfernen, verwarf er 1584 in *Spaccio de la bestia trionfante*[49], wie schon Spenser vor ihm, die christliche Idee der Schöpfung aus dem Nichts. Die Natur besäße eine auf ewige Erneuerung bedachte Lebenskraft, die sich abwechslungsweise am Chaos und an der Ordnung erfreuen könne: „[…] wenn es in Körpern, Materie und Gestalten keine Veränderung, Verschiedenheit und Wechselhaftigkeit geben würde, existiere nichts Liebenswürdiges, nichts Gutes, nichts Vergnügliches." 1794 charakterisierte William Blake, ein vollblütiger Esoteriker, Gott in Worten, die der Hermetik nahe kommen, als dieser den Tiger ins Dasein rief.[50]

Jakob Böhme (1575-1624) wählte 1620 das Feuer und das Rad als wesentliche Leitbilder seiner Mystik. Alberti bemerkte, dass es kein Licht ohne Dunkelheit gebe. Milton bezieht sich in „Il Penseroso" (Linie 88) auf den „dreimal großen Hermes". Longfellow zelebrierte in „Hermes Trismegistus" den Geist des unsterblichen Menschen und des sterblichen Gottes. Lawrence Sternes Held trug den

---

world there lyes / In hatefull darknes and in deepe horror / An huge eternal chaos, which supplyes / The substaunces of Natures fruitfull progenyes." https://www.bartleby.com/153/61.html

48 Ebd.: "But chaunged is, and often altred to and froe" (III, vi, 37); https://archive.org/details/in.ernet.dli.2015.463915/page/n353

49 Giordano Bruno, *Die Vertreibung der triumphierenden Bestie*, ins Deutsche übersetzt und eingeleitet von Paul Seliger (Berlin/Leipzig: J. Hegner, ²1904).

50 „The Tyger" ist ein Gedicht des englischen Poeten William Blake, das erstmals 1794 als Teil der *Songs of Experience* Sammlung veröffentlicht wurde: „[…] In what distant deeps or skies / Burnt the fire of thine eyes? ..[…] what shoulder, & what art, / Could twist the sinews of thy heart? A terrible God, yet human; a powerful God, yet a workman. […]"

Namen Tristram[51], das eine Umbildung des Namens Trismegistus ist.[52] Friedrich Nietzsches Glaube an die ewige Wiederkehr ist wohlbekannt. Diese Idee findet sich auch in den Gedichten von Gerard Manley Hopkins, SJ[53] ("Generations have trod, have trod, have trod [...] / And for all this, nature is never spent"). D. H. Lawrences´ Philosophie wird entscheidend von *Apostrophe to Chaos* (1928) geprägt.[54] Zur Genüge finden sich in seinen Schriften die Motive mystischer Fantasie: die zyklische Renovation der Welt, die Vorherrschaft von Chaos und Dunkelheit, die Verbindung von Gott und Mensch sowie das ewige Bestehen von Ordnung und Unordnung.

Wichtiger noch als eine unvollständige Auflistung von Zitaten ist die Beantwortung der Frage, warum sich Schriftsteller aus den unterschiedlichsten Regionen und Epochen für einen Ideenkomplex interessierten, dessen Hauptstrom

---

51 Laurence Sterne, *Life and Opinion of Tristram Shady, Gentleman* (1759-1766), in James P. Browne, Hrsg., *The Works of Lawrence Sterne: In Four Volumes, with a Life of the Author* (London: Bickers and Son, 1873) Vol. I: 1-446; https://archive.org/details/workslawrencest00stergoog/page/n68

52 Lawrence Sterne wurde zu Clonmel in Südirland am 24. November 1713 als Sohn eines Offiziers geboren. Da er geistig begabt war, ließen ihn Verwandte 1733 in Cambridge Theologie studieren. 1738 wurde er Vikar zu Sutton-in-the-Forset; später bekam er eine Pfründe in York. 1741 verheiratete er sich und erhielt durch Verwandte seiner Frau eine zweite Pfarrei zu Stillington. 1759 begann er seinen „Tristram Shandy" zu schreiben und ließ in diesem und dem folgenden Jahre die beiden ersten Teile in York drucken. Sieben andere folgten, und doch blieb das Werk unvollendet. An einem Brustleiden, das ihn schon lange gequält hatte, starb er am 18. März 1768 in London.

53 Gerard Manley Hopkins (1844-1889) war ein britischer Lyriker und Jesuit, dessen Gedichte vor allem wegen der Lebendigkeit ihres Ausdrucks bewundert werden. Während seines Lebens veröffentlichte Hopkins keines seiner Gedichte. Nur aufgrund der Bemühungen seines Freundes Bridges wurden seine gesammelten Gedichte 1918 veröffentlicht. Heute gehört er zu den am meisten bewunderten Dichtern Großbritanniens. https://de.wikipedia.org/wiki/Gerard_Manley_Hopkins

54 David Herbert Lawrence war ein britischer Schriftsteller (u. a. „Sons and Lovers" 1913), der vor allem für seinen 1928 erschienenen Liebesroman „Lady Chatterley's Lover" bekannt ist. Er wurde am 11. September 1885 in Eastwood, Nottinghamshire in England geboren und verstarb am 2. März 1930 mit 44 Jahren in Vence in Frankreich.

außerhalb der westlichen Geisteswelt fließt. Vielleicht könnte man sagen, dass abendländische Poeten in der Hermetik ein ausbalanciertes Portrait von Leben und Kreativität vorfanden, das sie im Christentum ihrer Zeit vergeblich suchten. Folglich brachen sie mit der traditionellen Vorstellung eines von Gott geschaffenen Universums, um die Vorzüge der sich aus dem Chaos entwickelnden Ordnung hervorzuheben. Nur so schien es ihnen möglich aufzuzeigen, dass diese veränderliche Welt mit all ihrer Verwirrung und Wechselhaftigkeit so bedeutsam ist wie der unwandelbare Bereich des Himmels.

Der französischen Kritiker Isaac Casaubon[55] trat 1614 ins öffentliche Rampenlicht mit seiner Annahme, eine ägyptische Priestertradition müsse hinsichtlich der Abfassung des *Corpus Hermeticum* ausgeschlossen werden. Seine These beruhte auf dem Argument, dass die hermetischen Schriften in keinen sich mit ähnlichen Themen auseinandersetzenden Werken der Antike zitiert wurden. Zusätzlich führte er an, dass das Thema der Gerechtigkeit, wie es die verschiedenen Verfasser das *Corpus* explizierten, in der vorchristlichen Zeit kaum Bedeutung besaß. Es wäre unmöglich gewesen, über einen Zeitraum von vielen Jahr-

---

55 Isaac Casaubon (1559-1614) wurde in Genf als Sohn hugenottischer Flüchtlinge geboren. Nach Erlass des Edikts von Nantes übersiedelte die Familie wieder nach Frankreich. Seine ersten Griechisch-Lektionen bekam er angeblich nach der sog. Bartholomäusnacht auf der Flucht vor katholischen Verfolgern in einer Höhle von seinem Vater. Er studierte dann in Genf und Leiden, heiratete eine Tochter des bedeutenden humanistischen Druckers Henri Estienne, und folgte 1596 einem Ruf an die Universität Montpellier. Danach war er in Lyon und bis 1610 in Paris. Seine letzten Jahre verbrachte er in London. Casaubon ist unter Philologen und Philosophiehistorikern heute vor allem durch seinen in *De rebus sacris et ecclesiasticis exercitationes* XVI (1614, London) erbrachten Nachweis bekannt, dass das sogenannte Corpus Hermeticum nicht früher als im 1. nachchristlichen Jahrhundert entstanden sein konnte. Für die aufgeklärten Geister des 17. und aller späteren Jahrhunderte musste damit ein Glaube, der noch viele der großen freien Renaissancehumanisten (von Marsilio Ficino bis Giordano Bruno) inspiriert hatte, ad acta gelegt werden: dass es nämlich eine außerbiblische uralte Weisheit aus mosaischer und vormosaischer Zeit gebe, die die Grundlage aller wahren Philosophie abgeben könne. Als Ersatz dafür „entdeckte" die europäische Intelligenz jedoch bald die außerbiblischen Traditionen Indiens und Chinas. https://de.wikipedia.org/wiki/Isaac_Casaubon

hunderten dieses Thema als Leitfaden aller Schriften hindurch beizubehalten. Obgleich viele Zeitgenossen seine Kritik an dem Anspruch der Altertümlichkeit dieser Schriften für gültig erachteten, stellt die moderne Wissenschaft Casaubons Logik als fehlerhaft heraus. Das Unwissenschaftliche an seinem Vorgehen bestehe darin, dass er es unterließ, konkrete Belege seiner Behauptungen vorzulegen. Deshalb neigt man heute mehr dazu, die Gültigkeit der Annahme Sir Flinders Petrie zu akzeptieren, dass die Verbreitung der ägyptischen „prisca sapientia" (Altertümliche Erkenntnis) schon in die Zeitperiode zwischen dem 6. und 2. Jahrhundert v.Chr. stattgefunden haben könnte.[56]

3.3. Mystischer Impuls der menschlichen Vergöttlichung

3.3.1. Enthüllung des Geheimnisses der Transmutation

Die Alchemie ist, um es so prägnant wie möglich auszudrücken, der Umwandlungsprozess einer unedlen in eine edle Substanz. Dieser kurzgefassten Definition liegt eine mystische sowie wissenschaftliche Tradition zugrunde, die bis ins antike Mesopotamien zurückreicht. In *The Forge and the Crucible* führt Mircea Eliade den Ursprung der Alchemie auf die Mythen zurück, die die Metallarbeiter Mesopotamiens umgaben (ca. 1200 v.Chr.).[57] Einer hermetischen Legende zufolge wurde dem Begründer der Alchemie und Verfasser des alchemistischen Textes *Tabula Smaragdina*[58],

---

56 Martin Bernal, *Black Athena. The Afro-Asiatic Roots of Classical Civilisation*, Bd. 1 (New Brunswick, NJ: Rutgers University Press, 1987) 25, 162-164.

57 Mircea Eliade, *The Forge and the Crucible: The Origins and Structures of Alchemy* (New York City, NY: Harper & Row, [1956] 1971) 19-26; https://archive.org/details/forgecrucible00eliarich/page/18

58 Informationen zur Geschichte und Legende der *Tabula Smaragdina* finden sich in Lyndy Abraham, *A Dictionary of Alchemical Imagery* (Cambridge: Cambridge University Press, 2001) 100-101; Johannes Fabricius, *Alchemy: The Medieval Alchemists and Their Royal Art* (Cockeysville, MD: Diamond Books, 1994) 214, 225; Charles Nicholl, *The Chemical Theatre* (London: Routledge & Kegan Paul, 1980; New York City, NY:

Hermes Trismegistus, nachgesagt, dass er die Ägypter 2500 Jahre vor Christus in das Geheimnis der Transmutation[59] eingeweiht habe. Tatsächlich nahm man einst an, dass die Ägypter dank der Anwendung der Alchemie reich wurden. Der römischen Kaiser Diokletian (244-311) hielt diesen Mythos, der sich über Jahrhunderte hinweg erhalten hatte, für bare Münze. Als seine Legionen Ägypten im Jahre 290 eroberten, erließ Diokletian ein Dekret, dass alle Bücher im Lande, die die Metallbearbeitung oder die Goldverarbeitung zum Thema hatten, zerstört werden sollten. Der Kaiser wollte durch diese drastische Maßnahme verhindern, dass die Ägypter je wieder ihr Reich aufbauen konnten.

Von Ägypten aus verbreitete sich die „königliche Kunst" über ganz Griechenland und den Mittleren Osten. Die nahöstlichen Kulturen vermischten gnostisches Gedankengut mit alchemistischer Kunst. Die christliche Frühkirche setzte zwar alles daran, nicht nur die Einflüsse der Alchemie, sondern auch die des Gnostizismus zu unterdrücken, scheiterte aber in ihrem Vorhaben kläglich. Die Araber schwangen sich als Schutzherren der hermetischen Wissenschaft auf, die sie von den Griechen überliefert bekommen hatten. Zur Zeit der mittelalterlichen Kreuzzüge kamen die Europäer mit dem alchemistischen Schrifttum in Berührung, und viele von ihnen – in der Hoffnung Blei in Gold umzuwandeln – begannen bald mit chemischen Experimenten.[60]

Obgleich viele bekannte Alchemisten im Mittelalter auftraten – es sei hier nur auf Thomas Norton, Valentinus,

---

Akadine Press, 1997) 49; Charles John Samuel Thompson, *The Lure and Romance of Alchemy* (London: G. G. Harrap, 1932; Detroit: Gale Research Co., 1974) 31; https://archive.org/details/b3032015x/page/30

59 Umwandlung

60 Eine gute Darstellung der frühen Alchemie findet sich in Henry Carrington Bolton, "The Literature of Alchemy," erneut veröffentlich in *The Pharmaceutical Review*, Vol. XIX, nos. 4, 5 (1901); John Read & Frederick Henry Sawyer, *Prelude to Chemistry* (New York City, NY: The Macmillan Company, 1937); H. M. E. De Jong, *Michael Maier's Atalanta Fugiens* (Lake Worth, FL: Nicolas-Hays, 1969) 21-39. Michael Maiers *Atalanta Fugiens* wurde zuerst 1617 in Oppenheim veröffentlich. Stanton J. Linden, *Darke Hieroglyphicks* (Lexington, KY: University Press of Kentucky, 2015) 6-36.

Raymond Lull und Nicholas Flamel verwiesen –, die ihre religiösen Rituale mit einer gewissen Ernsthaftigkeit praktizierten, nahm die Zahl der Scharlatane ebenso rapide zu. Wie aus Geoffrey Chaucer „The Canon's Yeoman's Tale" andeutungsweise hervorgeht, waren diese stets bereit, ihren Vorteil aus dem Volksglauben zu suchen, dass man minderwertiges Metall in Gold umwandeln könne.

Im Mittelalter stellten sich zwei bemerkenswerte Entwicklungen in der Alchemie ein. Erstens bedienten sich viele Alchemisten des literarischen Stilmittels der Allegorie, um ihre chemischen Prozeduren zu verschlüsseln und die Geheimnisse der Transmutation vor den Augen der Nichteingeweihten zu verbergen. Zweitens gab es Alchemisten, die sich der Kirche zugehörig fühlten, zu ihnen zählten Raimund Lull, Petrus Bonus, Thomas von Aquin und George Ripley. Sie spielten oft auf den Zusammenhang zwischen den regenerierenden Eigenschaften des Steins der Weisen (lapis philosophorum) und Jesus Christus hin.[61]

3.3.2. Glaube an das Erlangen der Unsterblichkeit

Allgemein ist bekannt, dass der Alchemist mittels des Steins der Weisen Blei in Gold verwandeln möchte. Doch diese Legende verdeckt das eigentlich Wichtige an der Alchemie. Die Alchemisten waren vom Glauben beseelt, kraft des Steins der Weisen die Unsterblichkeit zu erlangen. Die Metallumwandlung in Gold symbolisiert nur eine übergeordnete Transmutation, nämlich die des Alchemisten selbst, und impliziert letztlich die Transmutation der ganzen Menschheit, die der Alchemist in seiner Vorstellungswelt repräsentiert.[62] Kurz und bündig formuliert Eliade Mircea

---

61 Ein historischer Überblick über „Die Lapis-Christus Parallele", s. dazu *Collected Works of C. G. Jung*, Volume 12: *Psychology and Alchemy*, hrsg. v. Gerhard Adler & R. F. C. Hull (Princeton, NJ: Princeton University Press, 1968) 345-431.

62 Eliade, *The Forge and the Crucible*, Kap. 13: "Alchemy and Initiation." Eine detaillierte Bibliographie über die alchemistische Literatur im angelsächsischen Raum bietet Alan Pritchard, *Alchemy: A bibliography of English-language writings* (London: Routledge & Kegan Paul, 1980).

diese Wahrheit: „Sagen wir es noch einmal, Gold ist das Symbol der Unsterblichkeit."[63] Deshalb sind der Tod und die Wiedergeburt ein häufig angesprochenes Thema in der alchemistischen Literatur.[64] Der Mensch stellt sich als ebenbürtiger Schöpfer an die Seite Gottes.[65] Der Umgang mit der Alchemie – selbst aus reiner Neugierde – entspringt demnach nicht so sehr der banalen Habgier, sondern vielmehr dem nach Erlösung hoffenden Impuls der menschlichen Vergöttlichung. Um diese radikale ontologische Umgestaltung auszulösen, mussten bestimmte Substanzen chemisch manipuliert werden. Die Adepten[66] hüllten jedoch die genaue Formel der chemischen Zusammensetzung des magischen Steins in einen Schleier des Geheimnisses. Ein besonderer Initiationsritus gehört zur Alchemie dazu, wie auch bei allen anderen Geheimlehren. Nur Eingeweihten wird freier Zugriff auf esoterische Erkenntnisse gewährt, die Außenstehenden verschlossen bleiben.[67] Das tugendhafte Verhalten des Alchemisten trage unmittelbar zum Gelingen der chemischen Transmutation von Metallen bei.[68]

Die Prozedur des Alchemisten ist scheinbar dem Verfahren des Chemikers ähnlich, und doch könnten sich die jeweiligen Vorstellungen von mystischer Alchemie und moderner Chemie nicht radikaler unterscheiden. In Erwartung einer Transmutation mischt der Alchemist seine Chemikalien immer wieder in genau derselben Weise. Der Chemiker dagegen verändert seine Prozedur leicht, wenn die experimentalen Ergebnisse mit seiner Hypothese nicht übereinstimmen. Der prozessuale Unterschied zwischen Alchemie und Chemie ist das divergierende Verständnis von Ursache und Wirkung. Der Chemiker bestätigt öffentlich

---

63 Eliade, *The Forge and the Crucible*, 151; https://archive.org/details/forgecrucible00eliarich/page/150

64 Ebd., 155, 161; https://archive.org/details/forgecrucible00eliarich/page/154

65 Ebd., 170; https://archive.org/details/forgecrucible00eliarich/page/170

66 Eingeweihten

67 Eliade, *The Forge and the Crucible*, Kap. 13.

68 Ebd., 159.

die Gültigkeit seiner Experimente, indem er die Bedingungen angibt, unter denen er das Experiment durchgeführt hat, damit andere die Ergebnisse des Experiments duplizieren können. Der Alchemist dagegen versucht wie Newton seine Prozeduren geheim zu halten, und er erwartet, dass die meisten Wiederholungen seiner Experimente keine Veränderung bewirken. Erst wenn man die Elemente häufig genug vermischt habe, komme es zu einer ontologischen Umgestaltung. Bei diesem Vorgang, der die Transmutation der Elemente symbolisiert und verifiziert, verändere sich der Alchemist selbst.

Die Alchemisten gaben ganz allgemein zu verstehen, dass der Stein der Weisen die Materie reinigen könne, die anschließend heilsame und regenerierende Kräfte freisetzen würde. Der „lapis philosophorum" sei nichts weniger als ein Zaubertrunk des Lebens (elixir vitae). Arnold von Villanova bemerkte Folgendes dazu:

> Der Stein der Weisen heilt alle Krankheiten. In einem Tag heilt er eine Krankheit, die einen Monat dauern würde, in zwölf Tagen eine Krankheit, die ein Jahr dauern würde, und eine lange Krankheit in einem Monat. Er gibt den Alten ihre Jugend wieder zurück.[69]

Petrus Bonus beschrieb die Wirkung des „elixir vitae" in ähnlichen Worten.[70]

Das Retten der Seele von dem körperlichen Gefängnis und die Reinigung der Materie für den Zweck der Vergeistigung stellten Versuche dar, um mit der Totalität der

---

69 Ebd., 167; https://archive.org/details/forgecrucible00eliarich/page/166

70 Petrus Bonus, *The New Pearl of Great Price: A treatise concerning the treasure and most precious stone of the philosophers, or, the method and procedure of this divine art: with observations drawn from the works of Arnoldus, Raymondus, Rhasis, Albertus, and Michael Scotus*, übers. v. Arthur Edward Waite (London: James Elliott and Co., Temple Chambers, Falcon Court, Fleet Street, E.C., 1894) 348: „Unsere Medizin [elixir vitae] hat auch die Macht, alle Schwächen und Krankheiten zu heilen, sowohl die Entzündung als auch die Schwäche; sie verwandelt einen alten Mann in einen Jüngling." https://archive.org/details/gri_33125012915100/page/n363

Dinge so umzugehen, als sei sie eine einzige Substanz: Alle existierenden Elemente werden zu einem Stoff umgewandelt, den der Magus[71] manipulieren kann. Sein Wissen ist deshalb perfekt, weil es mehr als bloße Erkenntnis ist: es ist die Einheit allen Seins. In der ausgiebigen esoterischen-hermetischen Literatur aller Zeitalter stellte die Einheit den Versuch dar, den Zusammenfall oder die Versöhnung der Gegensätze (coincidentia oppositorum[72]), die Abschaffung von Konflikten und die schlussendliche Reduktion aller Dinge zu einem gemeinsamen Substrat herbeizuführen – ein Unterfangen, das den Esoterikern nicht unmöglich erschien, weil sie von der Einheit des Seins sowohl der Materie als auch des Geistes ausgingen.

3.3.3. Zugang zu den geheimen Machtzentren des Universums

Der Alchemist ging von folgendem Leitsatz der hermetischen Magie aus: „Wie oben, so unten." Aufgrund der „Stufenleiter der Natur"[73] stünden Mensch und Kosmos in ontologischer

---

71 Magier

72 Coincidentia oppositorum (lat.; „Zusammenfall der Gegensätze") ist ein zentraler Begriff im Denken des Philosophen und Theologen Niko-laus von Kues (Cusanus). Die Idee des Zusammenfalls (Koinzidenz) der Gegensätze zu einer Einheit ist aus der Tradition des Neuplatonismus hervorgegangen. Einen Anstoß gaben Gedanken des spätantiken Neupla-tonikers Pseudo-Dionysius Areopagita und Meister Eckharts, doch handelt es sich um eine von Nikolaus von Kues eingeführte Neuerung. Nikolaus betont, damit eine neue, eigenständige Theorie entwickelt zu haben, die der bisherigen Philosophie gefehlt habe. Er sieht im Koinzi-denzgedanken ein Kernelement seiner Betrachtungsweise oder Methode (womit er nicht eine Lehre oder ein System meint). Mit Berufung auf die Neuartigkeit seiner Denkweise distanziert er sich scharf von der aristote-lisch geprägten Schulphilosophie der spätmittelalterlichen Scholastik. https://de.wikipedia.org/wiki/Coincidentia_oppositorum

73 Die Stufenleiter der Natur (lat. Scala Naturae) ist ein Konzept der Naturphilosophie, das über viele Jahrhunderte das europäische Denken über die Natur, und insbesondere über ihren lebendigen Teil, die Lebewe-sen, prägte. Dieser Idee zufolge können alle Gegenstände, die in der Natur vorkommen, in einer lückenlosen, hierarchisch organisierten Reihe, vom niedersten bis zum höchsten, angeordnet werden. Europäische Denker des Mittelalters und der Renaissance verlängerten diese Reihe dann noch in den übernatürlichen Bereich, wo sie über die Engelshierarchie letztlich

Beziehung zueinander. Eine verborgene – aber deshalb nicht minder reale und absolute – Verbindungslinie vereinige niedere mit höheren Welten. Dem Magier bietet dieses Wissen den Zugang zu den geheimen Machtzentren des Universums. Durch geschicktes Manipulieren von Himmelskörpern meint er, den Lauf des Schicksals verändern zu können. Wie die Manipulation von naheliegenden Gegenständen bestimmte Wirkungen in weiter Ferne zeige, so nehme auch das magische Einwirken auf äußere Elemente direkten Einfluss auf den Menschen. Auch gewisse Eingriffe in die Natur brächten weitläufige Auswirkungen auf die Umwelt mit sich. Deshalb sieht Eliza M. Butler das grundsätzliche Ziel der Magie in der Verwirklichung des menschlichen Herrschaftsdrangs über die Natur, den Menschen und die Geister.[74]

Viele Seiten der alchemistischen Literatur konzentrierten sich auf die Beschaffenheit, Potenz und Herstellung des Steins der Weisen. Alle Alchemisten und Magi[75] waren in diesem für sie so wichtigen Unternehmen involviert. Was sie konkret zuwege brachten, kann entsprechend ihrem mystischen Weltbild als zweite Schöpfung betrachtet werden, insofern sie die Verbesserung einer bis dahin unvollkommenen Welt darstellte. Ihre vornehmliche Aufgabe bestand in der Zusammenführung der ungleichartigen und verstreuten Elemente im Universum. Eliade drückte sich dazu wie folgt aus:

> Der Alchemist ist der brüderliche Retter der Natur. Er assistiert der Natur, damit sie ihr endgültiges Ziel erfüllt und ihr oberstes Ideal erreicht: die tatsächliche Vollkommenheit einer zukünftigen Generation von

---

bis zu Gott als höchster Stufe führte. https://de.wikipedia.org/wiki/Scala_Naturae

74 Eliza Marian Butler, *Ritual Magic* (San Bernardino, CA: Borgo Press, [1949] 1980) 3: "Das grundsätzliche Ziel aller Magie ist, der Natur, dem Menschen und der übernatürlichen Welt den menschlichen Willen aufzuzwingen, um sie zu beherrschen." https://archive.org/details/in.ernet.dli.2015.106228/page/n15

75 Plural von "Magus"; Magier

Menschen. Sie wird zur höchsten Reife gelangen, die der absoluten Unsterblichkeit und Freiheit.[76]

Dieser Vorgang könne im Ofen des Alchemisten viel schneller vollbracht werden als in den Millionen von Jahren, in denen die Metalle in der Tiefe der Erde „reifen". Eliade sprach von dem „demiurgischen Enthusiasmus"[77] der Alchemisten und der Metallurgen, wenn sie meinen, schneller als die Natur handeln zu können. Sie stützten ihre diesbezügliche Zuversicht auf den Besitz einer sicheren Erkenntnis, die die Prozesse der kosmischen Kräfte vermeintlich viel rascher in Gang setzen könnten.

3.3.4. Suche nach vollkommener Gotteserkenntnis

Der Stein der Weisen wird oft als die Vereinigung von Schwefel und Quecksilber beschrieben, die jeweils das männliche und weibliche Prinzip repräsentieren. Es trägt angeblich zum Aufkommen einer geistlichen Materie bei, die man als den das Universum durchziehenden Grundstoff ansieht, auf den alles reduziert werden könnte. Das Endresultat des alchemistischen Verfahrens, Gold, und der Stein der Weisen selbst sind letztlich doch nicht die wirklichen Gegenstände, wonach der Alchemist Ausschau hält; sie werden nur insofern für wertvoll erachtet, weil sie die vornehmlichen Symbole der verborgenen Schätze im Bereich des Geistes sind. Entsprechend der alchemistischen Mythologie wird der Stein der Weisen mit der vollkommenen Erkenntnis Gottes gleichgesetzt, und Gold repräsentiert symbolhaft das Licht, das letztlich auch von Gott ausgeht. Ein Ausspruch, der dem mittelalterlichen Basil Valentin zugeschrieben wird, besagt, dass im „Stein der Weisen [...]

---

76 Eliade, *The Forge and the Crucible*, 52; https://archive.org/details/forgecrucible00eliarich/page/52

77 Demiurg: Weltenschöpfer bei Platon und in der Gnosis; https://www.duden.de/node/31320/revision/31349

das Böse dasselbe wie das Gute werden muss".[78] Als veredelte „prima materia" stellt der Stein die Versöhnung der Gegensätzlichkeit dar. Der Alchemist selbst spielt eine ungewöhnliche Rolle in diesem Verfahren, in dem nicht nur die gegenseitige Durchdringung der Elemente, sondern auch das Schicksal der Menschheit, zumindest in einer symbolischen Handlung, bestimmt wird.

3.3.5. Vorgeschmack auf die „Himmlischen Gefilde"

Ein Verehrer Paracelsus[79] (1493-1541) erklärte einhundert Jahre nach dessen Tod, dass die Alchemisten „kraft ihres göttlichen Geistes heilige Männer seien, nachdem sie die Erstlingsfrüchte der Auferstehung in diesem Leben gekostet und einen Vorgeschmack auf die Himmlischen Gefilde bekommen hatten".[80] Carl G. Jung warf die legitime Frage auf, warum die Alchemisten eine Entzweiung in sich selbst empfanden, obgleich sie doch Christen sein wollten. Schließlich seien die alchemistischen Verfahren auch auf sie anwendbar und daher gültig. Sie mussten nur religiöse Vorschriften befolgen, die von dem Alchemisten ein reines, oft asketisches Leben forderten, eben „ein Vorgeschmack der Himmlischen Gefilde". Mit Entschiedenheit muss die Ansicht Jungs, dass Alchemisten Christen waren, zurückgewiesen werden, denn in Wirklichkeit waren sie – wie vielfach belegt – Eingeweihte der Hermetik. Sie beabsichtigten, die christliche Religion mit Hilfe einer, wie sie meinten, älteren, reineren Religionstradition zu verbessern, die ihren Ursprung im antiken Ägypten und Indien hatte. Der „lapis philosophorum" ist gelegentlich – unter anderem von Jung selbst – als eine „parallele Christus-Figur" beschrieben

---

78 Es ist zweifelhaft, ob Basil Valentin wirklich je gelebt hat. Wenn es eine Person mit diesem Namen gegeben hat, dann wird er wohl ein Pseudonym mit der Bedeutung „machtvoller König" (basileus valens) gewesen sein.

79 Paracelus hieß mit bürgerlichem Namen Theophrastus Bombast von Hohenheim.

80 Zit. in Eliade, *The Forge and the Crucible*, 166.

worden; doch, wie Jung ferner bemerkte, könne Christus auch als ein trennender Faktor gedacht werden, der den geistlichen vom physischen Menschen scheidet. „Da die meisten Alchemisten Ärzte waren", waren sie,

> sich der Vergänglichkeit der menschlichen Existenz bewusst und warteten ungeduldig auf das Kommen des Königreichs, auf Bedingungen, die Bestand hatten, die besser mit der Botschaft harmonierten. […] Sie wollten die unio mentalis [die mentale Union] mit dem Körper als Vorschau des Göttlichen bewirken […] und den Körper von der Erbsünde erretten. Um dies zu tun, wollten sie die Quintessenz extrahieren, die das physische Gegenstück zum Himmel darstellte [die ersten vier Elemente, aus denen die Erde besteht], von der „potentiellen Welt", die caelum [Himmel] genannt wird. […] Was vom Körper übrigblieb, war eine terra damnata [verfluchte Erde], wohingegen die Quintessenz mit der reinen, unverdorbenen, ursprünglichen Materie der Welt, dem von Gott verwendeten Werkzeug, korrespondierte.[81]

Jung schien davon überzeugt zu sein, dass das Werk des Alchemisten vom „demiurgischen Enthusiasmus" inspiriert worden war, um die menschliche Lage durch eine Versöhnung von Gegensätzen zu verbessern. Der Hermetiker betrachtete die Welt als Ergebnis der Zerstreuung, deshalb bemühte er sich selbst, die vorgeschriebene Reinigung zu vollziehen und den gnostischen Aufstieg zu initiieren. Nur so konnte er hoffen, mit den Symbolen der Vereinigung angemessen umgehen zu können, um die begehrte Totalität des Seins herbeizuführen. Dieses Unternehmen scheint einen weiteren Impuls von dem neuen wissenschaftlichen Geist der Renaissance empfangen zu haben, der sogar die Lehre der christlichen Religion als eine Darstellung der Union zwischen Unendlichem und Endlichem, zwischen

---

81 Zit. in Eliade, *The Forge and the Crucible*, 166; https://archive.org/details/forgecrucible00eliarich/page/166

Geist und Materie, im „Logos"[82] aufgefasst hatte. Das Thema der „coincidentia oppositorum" (Zusammenfall oder Versöhnung der Gegensätze) geht aber zeitlich weit über die Epoche der Renaissance hinaus.

Es ist faszinierend festzustellen, wie viele Versuche unternommen worden sind, ein eingehendes und umfassendes Verständnis der hermetischen Ideale zu bekommen, wie sie chiffriert in esoterischer und quasi-esoterischer Literatur beschreiben werden. Was man darüber mit einiger Sicherheit wissen kann, ist Folgendes: Die offensichtlichste Union von Gegensätzen ist die des Mannes und der Frau, dann des männlichen und weiblichen Prinzips, der männlichen Elemente (Schwefel) und weiblichen (Quecksilber), der männlichen Farbe (rot) und weiblichen (weiß), und so weiter. Alchemie verstand den Bräutigam (Christus) und die Braut (Kirche) als ein zusammengefügtes Bild der Totalität, das das Geistliche und Materielle vereinigte. Die Alchemisten sprachen auch von der „Heirat der Metalle", einer antiken Idee. Die Kabbala[83] verwendet sexuelle Symbole, um die Union von zwei komplementären Prinzipien in Gott auszudrücken, die weibliche Person (Shechina) und die männliche (Barouch Hou). Im Orient charakterisieren die Attribute der beiden Geschlechter ebenso diejenigen der Götter, die bei der Schöpfung der Welt und bei der Reproduktion aller Wesen präsidierten. Im Tibetanischen Symbolismus korrespondiert der Juwel in der Lotusblüte mit der Vereinigung der männlichen und weiblichen Kräfte, die auch die geistlichen und zeitlichen Elemente repräsentieren. Die Essenz des Tantrismus[84] ist die

---

82 Gnosis aus dem altgr. gnósis: Kenntnis, Erkenntnis. Als Bewusstseinszustand: Alles erkennend. Aber auch, im Sinne der historischen Gnostiker, Katharer, Albigenser etc: Der Atem Gottes, der Logos, der Quell aller Dinge, alles umfassende Liebe.

83 Kabbala: stark mit Buchstaben- und Zahlendeutung arbeitende jüdische Geheimlehre und Mystik; https://www.duden.de/node/74295/revision/74331

84 Tantrismus: Der Tantrismus ist eine Erkenntnislehre, die auf der Untrennbarkeit des Relativen und des Absoluten basiert. Der Tantrismus betont die Identität von absoluter und phänomenaler Welt. Das Ziel des Tantrismus ist die Einswerdung mit dem Absoluten und das Erkennen der höchsten Wirklichkeit. Da angenommen wird, dass diese Wirklich-

Vereinigung der männlichen und weiblichen Energien; im Tao ist yang das männliche und yin das weibliche Element.

Paul Vulliaud hat in einer höchst interessanten Studie gezeigt, dass die Malkunst sowohl in der Zeit vor der Renaissance als auch während der Renaissance ebenfalls ein Mittel sein konnte, philosophische und theologische Sprache in die Symbole der Esoterik zu übersetzen. Das moderne, ungelehrte Auge entdeckt diese Symbole nicht mehr in den natürlichen Farben und Formen der Blumen, Edelsteine und Tiere oder in der Gestik und der Einstellung der menschlichen Gestalten, die in Gemälden dargestellt werden. Auf Grundlage des Prinzips, dass alle Elemente des Universums miteinander in Beziehung stehen, waren diese Symbole nicht nur reine Symbole, sondern wirkungsvolle Instrumente der Umgestaltung. Der Architekt Antonio di Pietro Averlino (1400-1469), der ähnlich wie Leonardo da Vinci (1452-1519) ein Universalgenie war, aber nicht zur selben Berühmtheit gelangte, konstruierte die Pläne einer Stadt auf einer „rein symbolischen Grundlage" und glaubte, dass das „ganze Bild der Stadt ein Abbild des Universums sei".[85] Über die von ihm geplante Stadt „Sforzinda" sagte Averlino, dass sie „schön, gut und vollkommen" sei, weil sie mehr als eine Stadt darstellte, voll von Gebäuden, die „in der Gestalt und im Ebenbild des Menschen" gemacht seien.[86] Eineinhalb Jahrhunderte später sollte der dominikanische Mönch Tommaso Campanella (1568-1639) dasselbe tun. Ihre Pläne waren mehr als bildliche Darstellungen; sie waren Talismane, die gewünschte Veränderungen in der oberen und unteren Welt herbeiführen sollten, wenn sie, wie die Statuen von Hermes, angemessen in Szene gesetzt worden waren.

---

keit energetischer Natur ist und Mikrokosmos und Makrokosmos verwoben sind, führt der Tantrismus äußere Handlungen als Spiegel innerpsychischer Zustände aus. https://de.wikipedia.org/wiki/Tantra

85 Zit. in Eugenio Garin, *Science and Civic Life in the Italian Renaissance* (New York City, NY: Anchor Books, 1969) 47.

86 Ebd.

3.3.6. Elitäre Sicht auf die soziale Erneuerung

Das alchemistische Menschenbild und die Vorstellung der Transmutation haben unausweichliche soziale Implikationen. Der Alchemist sieht sich als der erste Mensch einer neuen Rasse, der gegenwärtige Repräsentant einer neuen Volksgruppe. Es ist eine elitäre Sicht auf die soziale Erneuerung. Der Zweck des Alchemisten war demnach, die Bedingungen des Chaos zu schaffen, um die sprungartige Weiterführung der Evolution zu fördern. Es überrascht deshalb nicht, dass die Praktiker der Alchemie in der Aufklärung eng mit den Aufwieglern der Revolution verbunden waren. Beide Gruppen spielten eine zentrale Rolle im politischen Umsturz. Die Revolution ist die in die Praxis umgesetzte Theorie der sozialen Alchemie. In einem gewissen Sinn ist das unmittelbare Ziel der Alchemie dasselbe wie das praktische Ziel der Chemie: größere Macht über die Umwelt durch spezialisierte experimentale Techniken. Ein detailliertes Wissen der Mathematik ist grundlegend für beides sowie eine Kenntnis der chemischen Merkmale der verwendeten Substanzen. Das oberste Anliegen des Alchemisten ist die Veränderung des menschlichen Wesens; der Chemiker will die menschliche Umwelt und die Lebensqualität verbessern.

Der Renaissance-Mystizismus – oftmals in Form der Alchemie – mündete schließlich in den Strom des politischen Radikalismus, wie ihn die Französische Revolution veranschaulicht hatte. In ihrem Buch *The Radical Enlightenment*[87] deutet Margaret C. Jacobs auf die weitläufige Verbreitung pantheistischer Abarten der Philosophie Newtons in europäischen Staaten hin. Als propagandistisches Medium diente die Freimaurerei, die sich zunächst in England und den Niederlanden ausgebreitet hatte, bis sie sich schließlich in Frankreich und anderswo festsetzte. In ihrem Zuge prägte das neoplatonische Menschenbild der Renaissance die Gesinnung einflussreicher Intellektueller und Aristokraten.

---

87 Margaret C. Jacob, *The Radical Enlightenment: Pantheists, Freemasons and Republicans* (London: George Allen & Unwin, 1981).

3.4. Magische Manipulation von Naturabläufen

3.4.1. Menschliche Instrumentalisierung von Gott

Im Judaismus macht sich der Einfluss des Mystizismus der Hellenistischen Ära ebenso wie in anderen Hochreligionen bemerkbar. Die Kabbalisten greifen neoplatonische Spekulationen über den Einen auf, um Gott in ein jenseitiges, unpersönliches Wesen umzuformen, dessen Hauptfunktion darin bestehen soll, die Fülle des Seins zu sein.

Die Kabbala[88] (auch Cabala, Kabbalah und Kabala) ist eine Sammlung von jüdischen mystischen Schriften, die auf dem hebräischen Alphabet und Nummernsystem fußt, wie sie in Schriften des Judaismus Verwendung finden. Zwei hebräische Bücher, der Sefer Yetzirah[89] (hebräisch ספר יצירה, „Buch der Formung" oder auch „Buch der Schöpfung") und der Zohar (hebräisch זֹהַר, „strahlender Glanz"), bilden die Basis der Kabbala. Der Zohar ist die bedeutsamere Schrift, wohingegen der Sefer Yetzirah älteren Ursprungs ist.[90] Die Datierung und die Verfasserschaft sind umstritten – einige Gelehrte glauben, sie reflektieren eine mündliche Tradition, die auf die Babylonische Gefangenschaft zurückgeht, während andere meinen, sie seien das Werk von mittelalterlichen Rabbis.[91] Laut einiger zeitgenössischer Lehrer der Kabbala stammen diese mystischen Lehren von einem antiken jüdischen Gelehrten ab, der nach Indien gereist war. Zur Unterstützung dieser Theorie zitieren sie Gen. 25, 6, wo geschrieben steht: „Abraham sandte seine Söhne nach Osten."

---

88 Heinrich Elijah Benedikt, *Die Kabbala als jüdisch-christlicher Einweihungsweg* (Freiburg: Hermann Bauer, 1985; München: Ansata Verlag, 2004); Johann Maier, *Die Kabbalah. Einführung – Klassische Texte – Erläuterungen* (München: Verlag C.H. Beck, 1995).

89 http://de.universelle-lehre.de/hermetik/sepher-jesirah.html

90 S. dazu: Adolphe Franck, *Die Kabbala: oder, die Religions-Philosophie der Hebräer* (Berlin: L. Lamm, 1922) 27-28; https://archive.org/details/diekabbalaoderdi00fran/page/26

91 S. dazu: ebd. Kap. 3: „Echtheit des Zohar", 66ff.; https://archive.org/details/diekabbalaoderdi00fran/page/66

Einer bestimmten Strömung im jüdischen Schrifttum zufolge übermittelten Engel die Kabbala vom Himmel, um Adam nach seinem Sündenfall zu belehren, wie er seine einstige Würde und Seligkeit wiedererlangen könne. Gewöhnlich wird jedoch der Bericht für richtig erachtet, dass Mose diese Geheimlehre mitsamt dem Gesetz auf dem Berg Sinai empfangen und sie einer elitären Gruppe von siebzig Ältesten weitergereicht habe. Demnach ist die Kabbala ein mystisches System, das darauf abzielt, die geistliche Entwicklung einer Elite mittels der Aneignung von geheimen Erkenntnissen zu fördern.

> Um in diese mysteriöse und heilige Wissenschaft initiiert zu werden, ist es notwendig, sich nicht nur durch Intelligenz und eine erhabene Stellung auszuzeichnen, sondern auch durch ein gehobenes Alter.[92]

Die Kabbala betrachtete man im Judaismus lange als eine hochstehende Lehre der Reinheit, die nur einer kleinen Anzahl von Auserwählten vorbehalten sei.[93]

Gershom Scholem, der sich viele Jahre mit der kabbalistischen Lehre befasst hat, meint, dass ihr Ursprung in die vorchristliche Zeit zurückgeht.[94] Sie sei auch vom Zoroastrianismus beeinflusst. Shlomo Giora Shoham, ein weiterer wichtiger Gelehrter der kabbalistischen Tradition, schreibt dazu: „Sowohl die Kabbala als auch die Gnosis betrachten die zeitliche Existenz als eine Einbettung von Teilen der Göttlichkeit in profanen Körpern."[95] Deshalb

---

92 Ebd., 17; https://archive.org/details/diekabbalaoderdi00fran/page/16

93 Ebd., 14-15; https://archive.org/details/diekabbalaoderdi00fran/page/14

94 Gershom Scholem, *Die jüdische Mystik in ihren Hauptströmungen* (Frankfurt am Main: suhrkamp Verlag, 1980); englisch: *Major Trends in Jewish Mysticism*. Übersetzt von Gershom Scholem und Nettie Katzenstein-Sutro); https://archive.org/details/GershomScholemMajorTrendsInJewishMysticism

95 Shlomo Giora Shoham, *Bridges to Nothingness: Gnosis, Kabala, Existentialism, and the Transcendental Predicament of Man* (London: Associated University Presses, 1994) 21.

kommt er zu dem Schluss, dass „die Suche nach der Anteil-
nahme in der Schechina (mystische Gegenwart Gottes) und
in der Sophia (kosmische Weisheit) ein Verlangen nach
einer freundlicheren und grenzenlosen Realität ist, die im
Gegensatz zur [...] profanen Schöpfung steht".[96] Dies
bedeutet, dass die Welt der herkömmlichen Existenz für das
geistlich initiierte Individuum zu begrenzt ist. In Übereinstimmung mit dieser Vorstellung deutet Adolphe Franck auf
die unverbrüchliche Wahrheit hin, dass der innere Kern der
Kabbala gänzlich von mystischen Vorstellungen durchdrungen sei, die dem Gnostizismus und der Hermetik
entnommen sind.[97] Deshalb überrascht es nicht, dass der
jüdische Mystizismus eine niedrige Meinung über die
materielle Welt, den menschlichen Körper und die geschichtliche Abfolge der Zeit vermittelt.

Die Kabbala verkehrt die Beziehung zwischen Schöpfer
und Geschöpf ins Gegenteil. Menschen werden im Wesentlichen als göttlich angesehen, und ihre Existenz ist mehr in
einer grenzenlosen und transzendenten Wirklichkeit
verankert als in der profanen Welt. In der Kabbala ist die
menschliche „Verfügbarmachung" Gottes das Ziel, das heißt
der Gebrauch einer göttlichen Macht für menschliche
Zwecke.[98] Darüber hinaus ist der Menschheit die Pflicht
auferlegt, den gesamten Kosmos zu erlösen, eine Aufgabe,
die die Vervollkommnung eines fehlerhaften Gottes, der
gänzlich vom Menschen für seine Erlösung abhängig ist, mit
einschließt. Shoham schreibt, dass „der Mensch nicht nur
Gottes eigentliches Wesen und übernatürliches Wirken
steuern kann, [...] sondern ihn tatsächlich mit der dafür
notwendigen Energie versorgt".[99] Diese große Aufgabe
könne nur ein Kabbalist bewerkstelligen, der darin den
Zweck seines Lebens erfüllt und eine ewige Bedeutsamkeit

---

96 Ebd.

97 S. dazu: Franck, *Die Kabbala*, 24; https://archive.org/details/diekab-
balaoderdi00fran/page/24

98 Shoham, *Bridges to Nothingness*, 111.

99 S. dazu: ebd., 111-112.

als Partner Gottes gewinnt. Das menschliche Heil sei somit das Ergebnis der erfolgreichen Instandsetzung Gottes.[100]

In der christlichen Theologie wird Gott in völligem Kontrast zur Kabbala als perfekt dargestellt, der weder Begrenzungen unterworfen noch in irgendeiner Weise unvollkommen ist. Der sündige Mensch kann nur von Gott dank des vollkommenen Sühneopfers von Jesus Christus am Kreuz errettet werden, sofern er im Glauben – ebenfalls ein gnädiges Geschenk Gottes – dieses Heilsangebot annimmt. Der gläubige Christ wird zwar in die Familie Gottes aufgenommen und darf sich als Kind Gottes ansehen, wird aber nie eine solche Beziehung mit seinem Schöpfer eingehen, wie es die Kabbala in Aussicht stellt. Das Christentum verwirft die Ansicht, dass die Unvollkommenheit Gottes, sein Unvermögen, sich selbst in den Stand des Heils zu versetzen, notwendig sei, um dem Menschen seine ihm rechtens zustehende Rolle als dem Retter Gottes zuzugestehen. Unter dem Einfluss einer solchen Lehre stehend, wird dem Menschen suggeriert, das einmalige und exklusive Zentrum des Kosmos zu sein.[101]

Die Kabbala deutet sogar an, dass der Mensch Gott zerstören und einen neuen erschaffen könne.[102] Dies sei deshalb wünschenswert, weil der Gott des Alten Testaments, ein Schöpfer, der für die leibliche Existenz des Menschen verantwortlich ist, als blind, arrogant und unbarmherzig angesehen wird.[103] Raum und Zeit seien von einem selbstsüchtigen Gott erschaffen worden, der beides benötigte, um seine narzisstischen Begierden zu erfüllen. Die Bedürfnisse Gottes waren demnach der einzige Grund, wieso das Universum mitsamt dem Menschen erschaffen wurde.[104] Doch selbst diese Vorstellung ist nicht unbedingt zutreffend, denn in Wirklichkeit seien die Menschen aus einer unpersönlichen, in der Urzeit existierenden göttlichen Einheit

---

100 S. dazu: ebd., 110-111.

101 S. dazu: ebd., 72.

102 S. dazu: ebd., 112.

103 S. dazu: ebd., 97.

104 S. dazu: ebd., 103.

emaniert[105]. Sie seien deshalb keine Geschöpfe im eigentlichen Sinne des Wortes, die aus dem Nichts erschaffen wurden, sondern seien immer schon ein wesentlicher Teil Gottes gewesen. Die Redewendung, im Ebenbilde Gottes erschaffen zu sein, bedeute deshalb lediglich, dass der unpersönliche Gott und das menschliche Ich identisch seien, aber nicht so, dass das Ich unter der Kontrolle Gottes stehe. Die Verbindung zu Gott im Innern des Menschen sei direkt und unmittelbar, sie müsse nur entdeckt werden.[106] Der Meister der Kabbala erreiche die Transzendenz, wenn er diese Wahrheit voll und ganz verstehen kann. Somit werde der mystischen Erfahrung mit Gott den Vorrang gegeben gegenüber dem Verstehen der schriftlich fixierten göttlichen Offenbarung im Pentateuch. Sholam fasst zusammen: „Es kann keine größere Unterordnung der Transzendenz unter den Menschen geben als dieses kabbalistische Konzept Gottes."[107]

Der fehlerhafte Gott der Kabbala ziehe sich aus der Geschichte zurück und überlasse dem Menschen die Gestaltung seiner zeitlichen Existenz. Im Studium der Kabbala und im Befolgen ihrer Anordnungen würden die Menschen den unvollkommenen Kosmos nach ihren eigenen Vorstellungen gestalten und führten ihn seiner Bestimmung zu.

Unter dem Einfluss der Kabbala öffnete sich das jüdische Denken mehr einer apokalyptischen und millennialistischen Interpretation der historischen Ereignisse. Das intellektuelle Ferment in den Zirkeln der Juden übte einen starken Einfluss auf christliche Gelehrte aus. Der deutsche Humanist Johannes Reuchlin (1455-1522) schrieb sein erstes Buch über die Kabbala 1492, dem Jahr der Ausweisung der Juden aus Spanien, und war hauptverantwortlich dafür, dass die Kabbala in christlichen Kreisen eingeführt wurde.

Die Kabbala fand neben dem *Corpus Hermeticum* ein großes Interesse in der Renaissance und beeinflusste die

---

105 ausströmen

106 S. dazu: Shoham, *Bridges to Nothingness*, 73.

107 Ebd.

europäische Geistesgeschichte nachhaltig. Die Beschäftigung mit der Hermetik Marsilio Ficinos und Giovanni Pico della Mirandolas wird nur noch überboten durch ihre Zuwendung an die Kabbala. Somit dominierte magisches Denken einen Großteil der intellektuellen Szene Europas seit dem späten 15. Jahrhundert.

3.4.2. Nutzbarmachung der kabbalistischen Magie

In seinem Buch *The Queen's Conjurer: The Science and Magic of Dr. John Dee, Adviser to Queen Elizabeth I* behauptet Benjamin Woolley, dass John Dee (1527-1608) sich selbst die hebräische Sprache angeeignet habe, damit er sich dem neuen Forschungsgebiet der Kabbala zuwenden konnte.[108] Seine Motivation, diese semitische Sprache zu lernen, lag darin begründet, dass er die Kabbala selbst lesen wollte. Von ihr erhoffte er sich, in die Kunst der Magie eingeführt zu werden, die es ihm ermöglichen sollte, die Geheimnisse des Universums zu ergründen. Doch es ist eher unwahrscheinlich, dass er sich Hebräisch autodidaktisch aneignete. Wenn er linguistisch so begab gewesen wäre, hätte er sich die Reise ins Ausland ersparen können. Es ist eher anzunehmen, dass er wie Reuchlin zuvor zu den Füssen der Rabbiner sitzend Hebräisch erlernte. Wie anders hätte er sonst die nötigen Kenntnisse dieser Sprache erhalten? Keine Universität der damaligen Zeit bot einen Lehrgang in Hebräisch an. Während seines Aufenthalts in den Niederlanden in den 1540er-Jahren bot sich Dee die Gelegenheit, sich dem Studium des Hebräischen unter Anleitung von kürzlich aus Spanien und Portugal emigrierten Juden zu widmen. Zu jener Zeit war es allgemein bekannt, dass die prominentesten Magier und Astrologen Juden waren.[109] Als finanzielle Gegenleistung für sein okkultes Wissen erhielt Dee wahr-

---

108 Benjamin Woolley, *The Queen's Conjurer: The Science and Magic of Dr. John Dee, Adviser to Queen Elizabeth I* (New York City, NY: Henry Holt and Company, 2001) 62.

109 William Thomas Wash, *Philipp II* (New York City, NY: Sheed and Ward, 1937) 196.

scheinlich von William Cecil (Lord Burleigh) (1520/1521-1598) und der späteren Königin Elisabeth I. (1533-1603) ein angemessenes Gehalt. Deshalb liegt es nahe, dass Dee nicht auf eigene Veranlassung den Kontinent bereiste, sondern als Geheimagent in Diensten des Cecil-Regimes stand. Historische Belege lassen tatsächlich darauf schließen, dass Dee sich zur Regierungszeit der Queen Mary der Cecil/Elisabeth-Faktion als Geheimagent anbot.[110] Seine Reise nach Prag 1583 stand ebenso unter dem Zeichen einer geheimdienstlichen Mission.

Sir William Cecil diente Königin Elisabeth I. als Staatssekretär. Einige Jahre später übte sein Neffe Francis Bacon, Lord Verulam, die gleiche Funktion in der englischen Regierung aus.[111] Als Ritter des Garter-Ordens und Mitglied des Privy Councils trug Sir William die Verantwortung, den englischen Geheimdienst zu organisieren. Gegen Ende der Regierungszeit Elisabeths I. unterhielten er und sein Protegé Sir Francis Walsingham ein weitverzweigtes Netzwerk von Spionen. Es gelang ihnen, zahlreiche Intrigen von Katholiken gegen die Monarchin aufzudecken.

John Dee erhielt den Auftrag, sich im Ausland intensiv mit der Kabbala zu beschäftigen. Cecil war der Ansicht, die Kabbala übe einen enormen Einfluss auf neue Entwicklungen der Wissenschaft aus und hegte die Hoffnung, sie könnte dem Geheimdienst gute Dienste leisten. Schon ein halbes Jahrhundert zuvor hatte Reuchlin behauptet, der Umgang mit der Kabbala bringe handfeste Resultate wie die Erzeugung von Gold hervor.

Sofern Dee, wie die Historikerin Frances A. Yates behauptet, wahrlich der herausragende Philosoph der Elisabethanischen Epoche war, entstammte sein ursprüngliches Wissen über die „occulta philosophia" einem eingehenden Studium der Werke Cornelius Agrippa, dem Schüler Reuchlins.

---

110 Woolley, *The Queen's Conjurer*, 62 und passim.

111 Sir Francis Bacons Interesse am englischen Imperialismus wird in Horace B. White, 'Bacon's Imperialism', *American Political Science Review*, 52 (June, 1958), 470-489 näher untersucht.

Dee folgt sicherlich Agrippas Aufzeichnung in De occulta philosophia, einem Werk, das sich auf Magie und Kabbala in der Renaissance gründete. Im Vorwort deutet er auch an, im Besitz höherer Geheimnisse – wahrscheinlich der Geheimnisse der Engel-Magie – zu sein, die er an dieser Stelle nicht preisgibt.[112]

Da Dee die Unterstützung des englischen Hofes besaß, konnte er einen revolutionären Einfluss auf die Kultur und Politik seines Landes ausüben, der einschneidende Veränderungen in der bis dahin noch dominanten Gesellschaftsstruktur des Mittelalters nach sich zog. Der englische Dichter und Dramatiker Christopher Marlowe kritisierte in *Dr. Faustus* Dees kulturelle Hegemonie im Elisabethanischen England. Der katholische Nuntius in Prag vertrat die gleiche Meinung, als Dee dort auftrat.

In den 1590er-Jahren setzte sich Shakespeare in seinen Dramen mit diesen von Dee hervorgerufenen kulturellen Umwälzungen auseinander und zog eine positive wie auch negative Bilanz. Die Schattenseite der Magie war die „paralysis saturnina", die sich melancholisch auf das Gemüt des Magus legte. Hamlet verkörperte in seiner fiktiven Person den quintessentiellen Repräsentanten des okkulten Philosophen. Dürers berühmte Radierung der Melancholie stellte gleichfalls eine bildliche Darstellung des gleichen Phänomens dar. Die positive Sicht des neuen Menschen – des Renaissance-Menschen als englischen Magus – tauchte in Shakespeares Dramen *Midsummer Night's Dream* und *Tempest* auf. In beiden Dramen finden sich zahlreiche Hinweise auf die damals betriebene Magie.

Yates versucht, den Ungereimtheiten im Denken John Dees einen Sinn abzugewinnen. Dee war ein gelernter Mathematiker und Geograph; er war aber auch ein Beschwörer von Engeln. Als „christlicher" Kabbalist machte sich Dee einen Namen. Seine Sympathie galt aber auch dem Renaissance-Neoplatonismus, wie ihn Pico della Mirandola,

---

112 Frances Amelia Yates, *The Occult Philosophy in the Elizabethan Age* (London: Routledge & Kegan Paul, 1979) 96; https://archive.org/details/YatesFrancesTheOccultPhilosophyInTheElizabethanAgeRoutledge/page/n107

Reuchlin, Giorgi und Agrippa hoffähig gemacht hatten.[113] Dee praktizierte die kabbalistische Magie als elementaren Bestandteil der okkulten Wissenschaften, die als die modernste Technologie der Spionage dienten. Er betrachtete alle sozialen, politischen und kommerziellen Themen, an denen der Elisabethanische Hof in London interessiert war, durch die Linse der Kabbala, einerlei ob es sich dabei um Fragen der Knüpfung von lukrativen Geschäftsbeziehungen oder dem Erlangen wichtiger geheimdienstlicher Informationen ging.

Frances A. Yates akzeptiert die Behauptung Dees, sich während seiner Beschwörungen ausschließlich mit „guten" Engeln zu unterhalten. Sie schreibt dazu:

> Ein frommer christlicher Kabbalist ist sich der Erkenntnis gewiss, dass er Engel heraufbeschwört und keine Dämonen. Diese Überzeugung bildete das Zentrum des Glaubens, den Dee an die Führung von Engeln hatte, und erklärt seine schmerzliche Verwunderung darüber, dass alarmierte und verärgerte Zeitgenossen darauf beharrten, ihn als einen üblen Beschwörer von Teufeln zu brandmarken.[114]

Yates Verwendung des Begriffs „christliche Kabbala" leitet sich von einer Reihe okkulter Traditionsströme ab. Einerseits ist die „christliche Kabbala" dafür verantwortlich, dass die mittelalterliche Scholastik ihren großen Einfluss auf das Denken der Gelehrten fast gänzlich verlor, indem sie sich als eine potenzielle weltweite Reformbewegung positionierte, die nicht nur im Elisabethanischen England Anwendung fand, sondern in ganz Europa.[115] Andererseits setzt die Bezeichnung „christliche Kabbala" voraus, dass es angeblich eine gute oder „weiße" Magie gibt.

---

113 Ebd., 88; https://archive.org/details/YatesFrancesTheOccultPhilosophyInTheElizabethanAgeRoutledge/page/n99

114 Ebd., 96; https://archive.org/details/YatesFrancesTheOccultPhilosophyInTheElizabethanAgeRoutledge/page/n107

115 Ebd., 79; https://archive.org/details/YatesFrancesTheOccultPhilosophyInTheElizabethanAgeRoutledge/page/n91

Yates behauptet ebenso, dass die sensationelle Engels-
beschwörung Dees aufs engste mit seinem wirklichen Erfolg
als Mathematiker in Beziehung stand.[116] Doch dies scheint
offensichtlich falsch zu sein, denn Dees Erfolg als
Mathematiker kann nicht auf seine Kenntnis der
kabbalistischen Gematria, eine der Methoden der magischen
Manipulation von Naturabläufen, zurückgeführt werden.
Der Grund ist einfach zu nennen: Die Gematria ist für die
Mathematik das gleiche wie die Astrologie für das Studium
des Universums. Sie führt nur in eine dunkle Sackgasse
hinein. Erst als Marin Mersenne den intellektuellen Schutt
der Reuchlin-Agrippa-Dee-Tradition beiseite geräumt hatte,
konnte die Naturwissenschaft und Mathematik aufblühen.

Dee gehorchte zweifellos den Anweisungen des von Sir
William Cecil geleiteten Geheimdienstes. Seine Magie sollte
dazu dienen, „den Prinzen von Parma von unserm Land zu
vertreiben"[117], wie es Christopher Marlowe in seiner
Anklageschrift später zu Papier brachte. Doch welchen
wirklichen Erfolg konnte er damit verzeichnen? Es waren
nicht nur Dee oder Giordano Bruno, den Marlowe im Sinn
hatte, als er Dr. Faustus Folgendes in den Mund legte: „Es ist
Magie, Magie, die mich entzückt hat."[118]

Die gesellschaftlichen Veränderungen in England, die
John Dee kraft der kabbalistischen Magie versprochen hatte,
waren Karl Marxens Erwartungen 300 Jahre später im
Hinblick auf die Weltrevolution nicht unähnlich. In der
Vergangenheit hätten Philosophen die irdischen Verhältnisse beschrieben, so wie sie sich ihnen darstellten, aber nun
würde Dee, als Meister der Kabbala, die misslichen Zustände
in der Welt durch Magie radikal verändern. Das Prinzip war
einfach: Hebräisch war angeblich die von Gott selbst
verwendete Sprache. Mittels des göttlichen Wortes trat die

---

116 Ebd., 88; https://archive.org/details/YatesFrancesTheOccultPhilo-
sophyInTheElizabethanAgeRoutledge/page/n99

117 Christopher Marlowe, hrsg. v. C. F. Tucker Brooke, *The Works of
Christopher Marlow* (Oxford: Clarendon Press, 1910) 149; https://archive.
org/details/cu31924013131796/page/n159

118 Ebd., 150; https://archive.org/details/cu31924013131796/page/
n161

Welt in Erscheinung. Dieses Wort garantiert auch ihren Fortbestand. Deshalb könnte jeder, der dieses Wort kannte, das Universum seinem Willen unterwerfen, wie es Gott zu tun vermochte. Das magische Vorgehen der Naturbeeinflussung, „Gematria", bestand darin, die numerische Bedeutung der hebräischen Wörter zu erlernen, denn jeder Buchstabe im hebräischen Alphabet hatte einen numerischen Wert. Die Kabbala war mit der pythagoreischen Idee verwandt, dass die Wirklichkeit letztlich eine Zahl sei.

Ein weiterer Aspekt der Kabbala war ihre Beschäftigung mit Engeln. Dee meinte, immer noch in einem animistischen Universum zu leben, in dem sich Ereignisse zutrugen, die ein intelligenter Geist verursacht hatte. Er hielt an der altertümlichen Vorstellung fest, dass die Geister, die die Sterne und Planeten bewegen, Engel seien. Deshalb bemühte er sich mittels der Kabbala, die Namen der Engel herauszufinden. Denn dann stehe es ihm, dem englischen Magus, offen, diesen übernatürlichen Wesen wie Gott zu gebieten, außergewöhnliche Dienste zu verrichten. Eine andere Absicht im Umgang mit der Kabbala zielte darauf ab herauszubekommen, wie viele Engel existieren; einer Kalkulation zufolge soll es 301'655'172 Engel geben.

Dee akzeptierte völlig eine zeitgenössische Ansicht, dass bestimmte Himmelskörper die Erzeugung der Mineralien auf Erden verursachten. Dass man die Bezeichnung des Planeten Merkur auch als Name eines Metalls verwendete, sei ein Indiz dafür, dass die Menschen der damaligen Zeit von der Wirklichkeit dieser Korrespondenz ausgingen. Der Mond stehe mit Silber in Beziehung. Die Sonne korrespondiere mit Gold. Deshalb, so meinte man, befinde sich das meiste Gold in tropischen Gebieten, wo die Sonne am stärksten scheint. Dee setzte seinen ganzen Ehrgeiz in das Unternehmen, Meister über die Kräfte zu werden, die die Planeten und die Sonne bewegten. Blei in Gold zu verwandeln, wäre dann ein Kinderspiel. Er würde sich auch als Meister der Spionage einen Namen machen und fähig sein, Engel als Botengänger zu entsenden und geheime Nachrichten zu übermitteln, die nicht verschlüsselt werden müssten. In einer Zeit, in der der Erzfeind Englands, der spanische König Philipp II., die

Goldminen der Neuen Welt besaß, hatte Dees Interesse an der Nutzbarmachung der kabbalistischen Magie eine unmittelbare politische und militärische Bedeutung. Die Kontinentalreise Dees als ein Agent Cecils, um die kabbalistische Zahlenmagie zu erlernen, kann nur auf diesem Hintergrund richtig verstanden werden.

3.4.3. Intrigen einer protestantischen Verschwörung

In einer im November 1577 mit der Königin Elisabeth I. und ihren Ratgebern arrangierten Zusammenkunft legte John Dee seine imperialistischen Pläne vor. Das ihm besonders wichtige Anliegen war, die englische Herrscherriege davon zu überzeugen, die päpstliche Teilung der Neuen Welt, besonders die spanische Hegemonie über die Ländereien nördlich von Florida, für ungültig zu erklären. Sein Vorschlag klang plausibel, weil die Landfläche Amerikas größtenteils noch nicht in einzelne Regionen aufgeteilt worden war. Dees Ausführungen stellten die erste nachweisliche Befürwortung der Gründung eines Britischen Imperiums dar. Den Zeitpunkt der Unterbreitung seines Vorschlags hätte er nicht besser wählen können, denn Königin Elisabeth I. und ihre Entourage hatten schon die ersten Schritte unternommen, den Anspruch Englands, in den kommenden Jahrhunderten eine imperiale Hauptrolle auf der weltpolitischen Bühne einzunehmen, geltend zu machen.[119] Das neue Imperium sollte sich der Aufgabe zuwenden, den protestantischen Glauben zu verbreiten, dem sich die Königin verpflichtet sah. Dee verschwieg jedoch die Quelle, die ihn hauptsächlich zu diesem Vorschlag inspiriert hatte. Nach langer Beschäftigung mit der kabbalistischen Zahlenmystik sah er sich dazu befähigt, den zukünftigen Verlauf von politischen und religiösen Ereignissen vorherzusagen.

Das entstehende Imperium der protestantischen Königin schuf die politischen Voraussetzungen für die

---

119 Barbara W. Tuchman, *Bible and Sword* (New York City, NY: New York University Press, 1956) 82.

Einführung einer neuen Weltordnung, die auf den dunklen Fantasien eines Kabbalisten beruhten, der sich ganz und gar dem Studium magischer Bücher hingegeben hatte. Von dem Moment an, als Dee den Gedanken gefasst hatte, die Entstehung eines Britischen Imperiums zu initiieren, setzte er eine Entwicklung in Gang, die auf einer engen Beziehung zwischen messianischer Politik, Hochfinanz und Magie beruhte. Das Britische Imperium würde ein Spiegelbild des Heiligen Römischen Reiches Deutscher Nation werden, um schlussendlich an dessen Stelle zu treten. Dee zufolge hatten die Sterne schon den Untergang des Habsburger Reiches angekündigt.

Die Mission nach Prag, die Dee 1583 unternommen hatte, war der hauptsächliche Dienst, den er seinem Land und seiner Königin erwies. William Cecils Politik sah vor, Philipp II. von Spanien politisch zu isolieren und gleichzeitig die Pläne der Jesuiten und Habsburger zu vereiteln, die darauf bedacht waren, England in ihre Einflusssphäre zu bringen. Deshalb erteilte er Dee die Anweisung, ein vertrauter Berater des habsburgischen Kaisers Rudolf II. zu werden. Es war gemeinhin bekannt, dass Rudolf eine große Vorliebe für den Okkultismus besaß. Prag war zu jeder Zeit das Hauptzentrum der Gegenreformation, wo sich englische Exilanten wegen ihres katholischen Glaubens eingefunden hatten und sich dafür einsetzten, dass Philipp II. von Spanien die englische Regentschaft erneut übernimmt.[120] Als Ehemann von Königin Mary I. war er schon einmal *iure-uxoris*-König[121] von England und Irland von 1554 bis 1558

---

120 Philipp II. – spanisch Felipe II – (1527-1598) aus dem Haus Habsburg erbte als ältester und einzig überlebender legitimer Sohn Karls V. (Karl I. von Spanien) und Isabellas von Portugal 1556 das Königreich Spanien, dessen amerikanische Kolonien, die Niederlande, die Freigrafschaft Burgund, die Königreiche Sizilien und Neapel, das Königreich Sardinien und das Herzogtum Mailand. 1580 wurde er als Philipp I. auch König von Portugal. http://de.wikipedia.org/wiki/Philipp_II._(Spanien)

121 „Iure uxoris" ist ein lateinischer Begriff, der mit „aus dem Recht der Ehefrau" zu übersetzen ist. Er wird üblicherweise benutzt, um einen (Adels-)Titel zu bezeichnen, der von einem Mann geführt wird, dessen Ehefrau diesen Titel aus eigenem Recht (zum Beispiel aufgrund einer Erbschaft) besitzt. Der Ehemann einer Erbin wurde der Besitzer der Güter und Titel seiner Ehefrau „iure uxoris". Im Mittelalter galt dies durchgän-

gewesen. Nachdem Königin Elisabeth I. drei Jahre lang ungeduldig auf ein positives Ergebnis der Mission Dees gewartet hatte, ohne dass ihre Hoffnungen erfüllt worden waren, erklärte sie sich selbst im Juli 1586 während einer diplomatischen Reise in Lüneburg zum Haupt einer protestantischen Verschwörung. Sie sandte Boten an die Könige von Dänemark und Navarre, um ihnen ein militärisches Bündnis, der „Confederatio Militiae Evangelicae", vorzuschlagen, das auf einer geheimen protestantischen Übereinkunft beruhte. Königin Elisabeth I. nahm selbst in diesem Komplott die Führungsrolle ein[122], da die finanziellen Ressourcen Englands bei weitem die der anderen Bündnispartner überstieg. Simon Studion berichtete über diese Verschwörung in seinem Werk *Naometria*[123], einem der bekannten Texte des Rosenkreuzertums im frühen 17. Jahrhundert.[124]

Ermutigt durch diesen politischen Erfolg stellte sich Elisabeth auf die Seite der Kriegstreiber unter ihren Ratgebern, die die Waffen gegen die Katholiken in den

---

gig auch für regierende Königinnen und Fürstinnen, darüber hinaus wurde der Ehemann der Monarchin selbst Monarch. Der Titel eines *iure-uxoris*-Königs ist nicht zu verwechseln mit dem Prinzgemahl, der lediglich Ehemann der Königin ist, nicht aber Mitregent. https://de.wikipedia.org/wiki/Iure_uxoris

122 Die Aussage über das Treffen in Lüneburg 1586 befindet sich auf Folioblatt 35 der Widmung des Werks *Naometria* an den Herzog von Württemberg. Sie wird in fast denselben Worten auf Folioblatt 122 der Widmung wiederholt, wo noch hinzugefügt wird, dass der Herzog von Württemberg keine Rolle von minderer Bedeutung unter den „Confederates" habe.

123 *Naometria* (d. h. Tempelmesskunst) ist das 1604 erschienene, Herzog Friedrich I. von Württemberg gewidmete Hauptwerk des Württembergischen Humanisten Simon Studion. Aufgrund obskurer Berechnungen werden darin Prophezeiungen über den weiteren Lauf der Weltgeschichte gemacht. So behauptete Studion, er habe aus den biblischen Schriften die Wiederkunft Christi für das Jahr 1620 berechnen können. https://de.wikipedia.org/wiki/Naometria

124 S. dazu: Arthur Edward Waite, *Brotherhood of the Rosy Cross: A History of the Rosicrucians* (London: George Redway, 1886; Neuauflage: New York City, NY: Barnes & Noble Books, 1993) 48-53; https://archive.org/details/A.EWaiteTheBrotherhoodOfTheRosyCross/page/n61; Hans-Jürgen Ruppert, *Rosenkreuzer* (Kreuzlingen/München: Heinrich Hugendubel Verlag, 2004) 16f.

Niederlanden erheben wollten, um die Habsburger an ihrer vermeintlich schwächsten Stelle anzugreifen. Sechs Monate nach dem Beschluss des protestantischen Komplotts startete Leiscester seine Invasion in den Niederlanden, um den holländischen Calvinisten militärisch zu Hilfe zu kommen. Es stand ihm Sir Philip Sidney, ein protestantischer Ritter *par excellence*, zur Seite. Die Militärkampagne von 1586 war aus englischer Sicht eine völlige Katastrophe. Sidney verlor sein Leben in der Schlacht, und die englischen Hoffnungen eines protestantischen Sieges auf dem Kontinent starben mit ihm. Die Engländer beherrschten zwar weiterhin die Meere, wie die Niederlage der spanischen Armada zeigen sollte, aber ihre Landarmeen waren denen des Herzogs von Parma nicht gewachsen. Dieser nahm das der Herrschaft der Habsburger entrissene Antwerpen bald wieder mit seinen Truppen ein. Christopher Dawson bemerkte dazu, dass die europäische Geschichte ganz anders verlaufen wäre, wenn Philipp auf Parma gewartet hätte, um Holland erneut in seinen Griff zu bekommen, bevor er die Armada befehligte, Richtung England in See zu stechen.

Nach sechsjährigem Aufenthalt in Prag wusste Dee zu Beginn des Jahres 1589, dass seine Mission auf dem Kontinent ein desaströser Misserfolg war. Er entschloss sich deshalb, den langen Weg nach Hause anzutreten. Sein wichtigstes Anliegen lag nun darin, seine Anhängern in den deutschen Landen in der Kabbala zu unterweisen. Nach Veröffentlichung seines Buchs *Monas Hieroglyphica*[125] hatte er viele Bewunderer auf dem Kontinent hinzugewonnen, die ehemals Anhänger von Reuchlin und Agrippa waren. Diese wollten Dee zu Gesicht bekommen. Im Juni 1589 kam Dee endlich in Bremen an, von wo aus er nach England zurückzukehren gedachte. Bevor Dee jedoch in See stach, empfing er den ehrwürdigen Arzt und berühmten Hermetiker Dr. Henricus Khunrath aus Hamburg.[126] Francis A. Yates zufolge

---

125 John Dee, *Monas hieroglyphica Ioannis Dee, Londinensis, ad Maximilianvm, Dei gratia Romanorvm, Bohemiae et Hvngariae regem sapientissimvm* (Francofvrti: Apud Iohannem Wechelum & Petrum Fischerum consortes, 1591); http://archive.org/details/monashieroglyphi00deej

126 Frances Amelia Yates, *The Rosicrucian Enlightenment* (London and Boston: Routledge & Kegan Paul, 1972) 38.

vermittelte Khunrath in seinem Buch *Amphitheatrum Sapientiae Aeternae*[127] (Schauplatz der ewigen allein wahren Weisheit) Dees Kabbalistik den Mitgliedern esoterischer Zirkel in den deutschen Landen. Die hohe Bedeutung dieser Begegnung lag darin, dass Dee 1589 den Samen der späteren Rosenkreuzer-Bewegung ausgestreut hat.[128]

Dees Misserfolg, Kaiser Rudolf II. für die Sache der Engländer zu gewinnen, erwies sich im Nachhinein zumindest aus Sicht des elisabethanischen Magus als Erfolg. Die Rosenkreuzer-Bewegung überdauerte die Regierungszeit Rudolfs und existierte als Geheimgesellschaft noch viele Jahre weiter. Es kann mit Sicherheit angenommen werden, dass die Freimaurerei sowie die Royal Society durch das Rosenkreuzertum beeinflusst wurden. England diente der Bewegung als idealer Unterschlupf, um die Angriffe der Gegenreformation zu überstehen, die auf dem Kontinent beinahe zu ihrer völligen Zerstörung geführt hatten.

Zu Lebzeiten sollte Dee nie das volle Ausmaß seiner Arbeit sehen, noch würdigte die Nachwelt die von ihm erbrachten Leistungen. Die Stuart-Restauration, die in England die öffentliche Erscheinung der Freimaurerloge begünstigt hatte, begrub Dee unter einem Berg der Schmähung, nachdem 1659 Meric Casaubon dessen Tagebücher veröffentlicht hatte und in der Einleitung ein vernichtendes Urteil über dem einst mächtigsten Magus Englands aussprach. „Dee", so war zu lesen, „habe sich der diabolischen Magie bedient."[129] Casaubon folgte in den Fußstapfen Francis Bacons. Beide Männer erkannten die

---

127 Henricus Khunrath, *Amphitheatrum Sapientiae Aeternae, Solius, Verae, Christiano-Kabalisticum, Divino-Magicum, Physico-Chymicum, Tertriunum-Catholicon* (Hamburg, 1595; Magdeburg 1608, 1609; Frankfurt 1653; u.ö.). Mit einer Bibliographie der Drucke und Handschriften Khunraths, Namenregister und Konkordanz der beiden Ausgaben sowie der Transkription einer aus dem 18. Jahrhundert stammenden deutschen Übersetzung des *Amphitheatrum Sapientiae Aeternae*. Herausgegeben von Carlos Gilly, Anja Hallacker, Hanns-Peter Neumann und Wilhelm Schmidt-Biggemann (Stuttgart: Frommann-Holzboog, 2013).

128 Yates, *The Rosicrucian Enlightenment*, 38.

129 Ebd., 188.

Notwendigkeit, sich von der Hauptquelle ihrer eigenen esoterischen Vorstellungen zu distanzieren.

3.5. Wiederentdeckung der Altertümlichen Theologie

3.5.1. Einführung einer zivilisatorischen Hochkultur

Francis Bacon veröffentlichte 1605 sein Werk *The Advancement of Learning.*[130] Dass er über die neue Wissenschaft schrieb, ohne den immer noch lebenden Kabbalisten John Dee zu erwähnten, war entweder ein kalkulierter Affront oder ein Versuch, Schwierigkeiten aus dem Wege zu gehen. Es gibt keinen Hinweis darauf, dass Bacon einen persönlichen Groll gegen Dee hegte. Deshalb scheint es plausibel zu sein, dass er eventuelle Unannehmlichkeiten vermeiden wollte. Bacon musste gewusst haben, dass Dee den neuen schottischen König James VI. um Unterstützung gebeten hatte, aber harsch zurückgewiesen wurde. Der König, später auch James I. von England und Irland, argwöhnte nicht ohne Grund, dass Dee ein Zauberer sei. In dem 1597 veröffentlichten Buch *Demonology*[131] gab James I. seinen missbilligenden Gefühlen über Zauberer und Hexen freien Raum, über die er sich nur abschätzig äußerte. Was die starke Aversion des Königs über diejenigen, die Verkehr mit bösen Geistern pflegten, anging, musste Dee sich glücklich schätzen, nicht auf dem Scheiterhaufen verbrannt worden zu sein. Stattdessen wurde Dee dazu verurteilt, sein weiteres Dasein fern vom Königshof zu fristen, obgleich er Königin Elisabeth I. treu als Magus und Spion gedient hatte. Es ist möglich, dass Shakespeare Dee als Vorbild für zwei markante

---

130 Francis Bacon, *The Advancement of Learning*, hrsg. v. Joseph Devey (New York City, NY: P. F. Collier and Son, [1605] 1901); http://oll. libertyfund.org/titles/bacon-the-advancement-of-learning

131 James Stuart, *Demonologia: Daemonologie, in forme of a dialogue, divided into three bookes* (Trento: Università degli studi di Trento, Dip. di scienze filologiche e storiche, [1597] 1997); s. dazu: Daniel Fischlin, „Counterfeiting God": James VI (I) and the Politics of „Daemonologie" (1597), *The Journal of Narrative Technique* 26 (1996), 1-29.

Gestalten in seinen Dramen verwendete. Frances A. Yates zufolge stand hinter dem Charakter Prospero die wirkliche Gestalt des Magiers John Dee, der meisterhaft mit Zauberformeln umgehen konnte und mit dem gnostischen Arkanum[132] völlig vertraut war. Aber wahrscheinlich lieferte er auch das Vorbild für Lear, der am Ende seines Lebens in seinen Vorhaltungen gegen ein Land, das ihn so schlecht behandelt hatte, fast wahnsinnig wurde. Als Bacon beabsichtigte, ein Projekt in Angriff zu nehmen, das Parallelen zu dem Plan Dees auswies, war ihm die Gefahr, in der er schwebte, durchaus bewusst. Er ließ jede erdenkliche Vorsicht walten, damit ihm nicht das gleiche Schicksal widerfahren würde wie seinem Vorgänger.

Wenn es je einen Gelehrten gab, der ein besonderes Gespür dafür besaß, seinen Ruhm bis in die ferne Zukunft zu bewahren, dann war dies Francis Bacon. In dieser Angelegenheit ging er viel geschickter ans Werk als Dee. Deswegen gab er seine umfangreichen Erkenntnisse über die Hermetik und Kabbala nur in allegorischen Schriften wieder, die nach seinem Tod 1626 veröffentlicht wurden. Unter den Papieren, die er zeitlebens nicht zum Druck freigegeben hatte, befand sich das unvollendete Werk eines allegorischen Reiseberichtes mit dem Titel *New Atlantis*[133].

---

132 Das Arcanum oder große Arkanum (abgeleitet von lateinisch arcanum = Geheimnis) bezeichnet im esoterischen Zusammenhang einen Begriff aus der Alchemie. Jakob Böhmes Hinweisen zufolge hatte der Begriff auch die allgemeine Bedeutung einer geheimen und nur besonderen Eingeweihten zugänglichen spirituellen Lehre, die entweder unmittelbar weitergegeben wurde oder aber die eigene Suche für ein probates Mittel der Erkenntnisgewinnung betrachtete („Der Weg ist das Ziel"). Diese Suche war für die Alchemisten gemäß ihrem Verständnis der Transmutation zumindest indirekt gleichzusetzen mit der Suche nach dem „Stein der Weisen". Vielfach wird angenommen, dass diese Suche weniger dem Ziel der Umwandlung wertloser Metalle in Gold als vielmehr der Selbsterkenntnis und Selbstvervollkommnung galt. Ein durchgehendes Thema war dabei offensichtlich die Einheit von Mensch und Kosmos, die die praktizierenden Alchemisten mit der Suche nach einer höheren Selbstidentität verbanden. https://de.wikipedia.org/wiki/Arcanum_(Esoterik)

133 Francis Bacon, *New Atlantis* (London: J. Crooke, 1627); http://archive.org/details/fnewatlantis00baco; Neuausgabe: Francis Bacon, *Advancement of Learning and The New Atlantis* (Oxford: Oxford Univer-

Es waren kaum 20 Jahre vergangen, seitdem Dee gestorben war, als Francis Bacon in seiner utopischen Novelle *New Atlantis* die Vision Dees in chiffrierter Form einen Schritt weiterführte. Bacon hütete sich geflissentlich davor, auch nur annähernd darauf hinzuweisen, dass ihm Dees Esoterik als Inspiration gedient hatte, obwohl dieser Umstand unschwer zu erkennen ist. Das Kreuz ist beispielsweise ein Rotes Kreuz, das im ersten Buch von Edmund Spensers *The Faerie Queene*[134] auftaucht. Mittlerweile ist es unbestritten, dass Spensers Lektüre der Schriften Dees die Abfassung seines berühmten Werkes beeinflusst hatte. Das Rosenkreuzertum wählte die rote Rose später als ihr wichtigstes Emblem. Die Traditionslinie dieses Symbols reicht bis zum Freimaurertum.

Bacon steht zweifellos neben Shakespeare, seinem Zeitgenossen, als herausragende Geistesgröße des 16. Jahrhunderts in England vor uns. In seiner Gesinnung war er das typische Produkt der europäischen Renaissance. Sein intellektuelles Interesse an den unterschiedlichsten Wissensgebieten war so groß, dass er sich mit jedem wichtigen Thema seiner Zeit befasste, und seine Schriften beziehen sich auf fast jeden Forschungsbereich. Gleichzeitig war er Historiker, Schriftsteller, Jurist, Logiker und Philosoph, der etwas über fast jeden bekannten Wissenschaftszweig schrieb und jedem Thema mit der gleichen Wissbegier begegnete. Als Autor besaß er das Vermögen, Sachverhalte verständlich zu vermitteln und auf der Grundlage umfassender Einsichten in die Geheimnisse der Schöpfung überzeugend zu argumentieren. Bacons Programm der utopischen Reform, wie sie in seinem Werk *New Atlantis* zum Ausdruck kommt, gründet in echten und tief empfundenen Überzeugungen, die als Grundlage seines Programms des politischen und sozialen Fortschrittes mittels einer Vermehrung der Erkenntnis dient.

---

sity Press, 1913); https://archive.org/details/advancementnewat00bacouoft/page/236

134 Edmund Spenser, *The Complete Poetical Works: The Faerie Queene*, Book I. The Legend of the Knight of the Red Crosse. Canto I, hrsg. v. R. E. Neil Dodge (Boston & New York City, NY: Houghton Mifflin Co., [1590] 1908); https://www.bartleby.com/153/32.html

Können Belege vorgelegt werden, die einen klaren Unterschied zu der gängigen Interpretation bestätigen? Wenn ja, müssen sie sich auf einer sorgfältigen Betrachtung der Details in Bacons utopischer Schrift *New Atlantis* stützen. Jede Episode der von Bacon vorgelegten Geschichte muss gründlich untersucht werden, angefangen mit dem Sturm, der die europäischen Matrosen nach Bensalem brachte, sodann die Gespräche der Europäer mit dem Gouverneur des Fremdenhauses und mit Jaobin, und schließlich die Audienz mit einem Vater im Hause Salomons, dem Höhepunkt der gesamten Erzählung. Im Weiteren muss die Frühgeschichte Bensalems, Atlantis und anderer großer, die Weltmeere durchkreuzenden Zivilisationen sorgfältige analysiert werden – so fiktiv sie auch sein mögen. Zu guter Letzt sollte der Bericht der Bekehrung Bensalems zum Christentum einer näheren Betrachtung unterzogen werden. Obgleich nur eine der Episoden, die Bekehrung zum Christentum, religiöser Natur ist, tritt dennoch der wiederholte Gebrauch Bacons zweier religiöser Schlüsselthemen in den Mittelpunkt seiner Erzählung: die Rettung durch göttliche Vorsehung und die besondere Erwählung.

Bacons Version des Atlantis-Mythos, wie er in der von ihm dargestellten Urgeschichte Bensalems und Atlantis hervortritt, besitzt eine gewisse Ähnlichkeit mit dem gleichgenannten Mythos in Platons *Kritas* und *Timaeus*. Bacon verwendet diese Urgeschichte, um ein goldenes Zeitalter zu beschreiben, das dem Gedächtnis des Menschen gänzlich entschwunden war. Deshalb besaß die Menschheit nur ein unvollständiges Wissen über ihre geschichtlichen und intellektuellen Leistungen. Bacon bezieht sich in bedachter Anlehnung an Platon auf eine esoterische „Altertümliche Theologie", der „prisca theologia"[135], die verloren gegangen

---

135 Der Leiter der Platonischen Akademie in Florenz, Marsilio Ficino (1433-1499), war der erste, der den Begriff „prisca theologia" prägte und ihn in seine Schriften aufnahm. S. dazu: Christopher S. Celenza, „Marsilio Ficino." in Edward N. Zalta, Hrsg, *The Stanford Encyclopedia of Philosophy*, Summer 2015 Edition (Stanford, CA: Stanford University Press, 2015); http://plato.stanford.edu/archives/sum2015/entries/ficino/: "[Ficino] sah sich selbst als Mitglied einer ehrwürdigen Abfolge von Interpreten an, die einen Beitrag zur Vermehrung der Weisheit leistete. Gott ließ sie nach und nach zur Entfaltung kommen. Jeder dieser ,prisci

und durch minderwertige Philosophien ausgetauscht worden sei. Doch der Zweck des platonischen Atlantis-Mythos ist, Hoffnung zu spenden, dass diese Erkenntnis zurückgewonnen und der ursprüngliche Zustand einer zivilisatorischen Hochkultur erneut eingeführt werden könne.

3.5.2. Kritik an der traditionellen Gelehrsamkeit

Das besondere Kennzeichen eines neuen Zeitalters, wie es die „Altertümliche Theologie" vorhergesagt hatte, sei die Wiedererlangung des Status eines irdischen Gottes, den der Mensch in der Vergangenheit verloren habe. Seine Erkenntnisse und Fähigkeiten würden sich dadurch um ein Vielfaches potenzieren. Es sei ihm dann möglich, die Gesellschaft der Vollkommenheit entgegenzuführen, denn die Natur stehe unter seiner völligen Kontrolle. Es ist diese Vorstellung über die exquisite Eigenart der menschlichen Erkenntnis als Mittel zur Aneignung und Steigerung der Macht, die Bacon und andere Gelehrte der Frühmoderne besonders beeinflusste. Deshalb erblickten sie in der Naturwissenschaft als unerschöpfliche Quelle des Wissens über die Geheimnisse des Kosmos den neuen Modus des allumfassenden Heils. Der hermetische Mythos stellte den Menschen zudem als einzigen Handlungsträger in dem auf Erden abspielenden Erlösungsdrama dar.

Im 18. und 19. Jahrhundert lobte man Francis Bacon als Patriarchen der Naturwissenschaft. Niemand anderes als er nahm die Rolle eines großen Feldmarschalls der „Modernen" in der intellektuellen Schlacht gegen die „Alten" ein. Mehr als jeder andere Denker des 17. Jahrhunderts stand er an der Spitze derjenigen, die die traditionelle Gelehrsamkeit verwarfen und die Grundlagen der philo-

---

theologi', oder ,Altertümlichen Theologen', habe seinen Teil im Entdecken, Dokumentieren und Erklären der Wahrheit beitragen müssen, die in den Schriften des Platon und anderer Gelehrter enthalten waren; eine Wahrheit, die diese Gelehrten wohl selbst nicht im vollen Umfang gekannt hatten. Sie haben sich aber so verhalten, wie es Gefäße der göttlichen Wahrheit tun würden."

sophischen und wissenschaftlichen Forschung einer radikalen Erneuerung unterwarfen. In bezeichnender Manier setzte er sich nicht nur für die Verbreitung einer induktiven[136] Forschungsmethode ein, sondern auch für die Propagierung einer wissenschaftlichen Gesellschaft, die sich die Mehrung der naturwissenschaftlichen Erkenntnis zur Aufgabe machen würde. Die Royal Society sollte später diesem Ideal weitgehend entsprechen. Nur so könne die Entwicklung der Technologie zum Nutzen aller Menschen vorangetrieben werden. Darüber hinaus definierte er die wichtigsten Grundlinien der wissenschaftlichen Forschung, wie zum Beispiel der internationale Austausch theoretischer Erkenntnisse und experimenteller Ergebnisse und die Überprüfung der Hypothesen mittels objektiver Verifikation. All das und manches mehr diente der Entwicklung einer neuen Art der wissenschaftlichen Zusammenarbeit über Landesgrenzen hinweg.

Der wichtigste Gesichtspunkt in der Philosophie Francis Bacons, der seine herausragende Bedeutung für die Wissenschaftsgeschichte unterstreicht, ist die von ihm eingenommene Grundposition. Sie bestand darin, dass fast alles, was an Wissen aus der Vergangenheit überliefert wurde, im besten Falle nicht vertrauenswürdig und im schlechtesten völlig irrtümlich sei, weil den Vorfahren eine angemessene Forschungsmethode fehlte. Bacon war nur allzu gern dazu bereit, eine neue Methode der Gelehrtenwelt zu empfehlen. Dabei legte er großen Wert auf empirische Beobachtung, experimentelle Replikation und funktionale Manipulation natürlicher Vorgänge. Bacon scheint nichts über die bedeutsamen Wissenschaftsleistungen gewusst zu haben, die Forscher zu seiner Zeit auf dem Kontinent erbrachten. Diese umfassten die erfolgversprechende Durchführung vielfältiger wissenschaftlicher Experimente. Allgemein bekannt ist, dass er den Gedanken einer Anwendung der Mathematik in der Wissenschaft mit großer Abscheu betrachtete. Ungeachtet der Tatsache, dass sich Bacon nie selbst am eigentlichen Experimentieren beteiligte

---

136 induktiv: vom Einzelnen zum Allgemeinen hinführend; https://www.duden.de/node/147035/revision/147071

und somit nichts Wesentliches in der Wissenschaft zuwege brachte, gibt es wenige Philosophen, die sich für die Sache der Wissenschaft mit größerer Eloquenz und Leidenschaft einsetzten. Man nimmt den Mund nicht zu voll, wenn man behauptet, dass er die Wissenschaft als ein erlösendes Evangelium betrachtete und die Wissenschaftler als die berufenen Propheten und Priester, vorausgesetzt die Wissenschaft gestalte sich im Rahmen seiner vorgeschlagenen empirischen Methode aus.

Die künftige Einführung einer utopischen Sozialordnung, entsprechend der Vorlage seiner Novelle *New Atlantis*, stand für Bacon außer Frage. In vielen Passagen seiner Werke bekundete er ein überschwängliches Maß an Optimismus über die in Aussicht stehende Realisation dieser monumentalen Gesellschaftserneuerung. Dennoch qualifizierte er seine fast grenzenlose Zuversicht mit der Anmerkung, dass sie nur dann Wirklichkeit werden könne, wenn ihr die Entwicklung und Umsetzung der neuen Gelehrsamkeit vorausgehen würde. Dem englischen Naturphilosophen stand deutlich vor Augen, dass sich diese Gelehrsamkeit nur dann in ihrer ganzen Fülle ausgestalten könne, wenn die zu seiner Zeit noch im hohen Kurs stehenden Methoden der Erkenntnisaneignung, wie sie seit alters her verwendet wurden, gänzlich verworfen werden würden. Nichts, was die „Alten" an Errungenschaften aufzuweisen hatten, könne auch nur annähernd an die außerordentlichen Leistungen in den Gebieten der Wissenschaft und Technologie heranreichen, die in der Zukunft erbracht werden würden. Ganz neue Horizonte des Wissens würden sich der Vernunft aufschließen, von denen sich niemand in der Vergangenheit je eine konkrete Vorstellung hätte machen können.

Bacon war ein Modernist, der im Erscheinen eines neuen Zeitalters die Chance sah, das Chaos einer unkultivierten Vergangenheit, die dem Irrtum verfallen war, zu überwinden. Das hervorstechende Element einer zukünftigen Utopie sei das völlige Vertrauen auf die vielfältigen Möglichkeiten der Naturwissenschaft, die großartigen Ziele einer der Vollkommenheit entgegenstrebenden Menschheit zu erreichen. Die Wissenschaftler nähmen dabei die Schlüsselfunktion ein, um die Natur der Kontrolle des Menschen zu unterstellen und sie seinen Zwecken dienstbar zu machen. Bacon blickte optimistisch auf die kommenden Gesellschaftsveränderungen, die mit der von ihm eingeläuteten neuen Ära der Weltgeschichte einhergehen würden.

Die neue Dimension des epochalen Bewusstseins, das Bacon in seinen Büchern beschrieb, tritt sinnbildlich auf dem Titelbild des Buches *The Great Instauration*[137] (1620) in Erscheinung. Es zeigt zwei jenseits der Säulen des Herkules segelnde Schiffe. Zunächst symbolisiert es die Abenteuerlust der europäischen Völker seit dem 15. Jahrhundert, die wagemutige Entdeckungsreisen auf den Ozeanen der Welt unternahmen, um den geographischen Horizont der damaligen Welt über die bis dahin bekannten Territorien hinaus zu erweitern. Das Titelbild besaß aber auch eine mythologische Bedeutung, die sich konkret gegen die in fixierten Bahnen verlaufende Lebensauffassung der „Alten" stellte. In der Antike markierten die Säulen des Herkules die Grenzen zwischen den bekannten und unbekannten Regionen der Welt. Im übertragenen Sinne markierten die Gebiete jenseits des Meeres die Bereiche der menschlichen Erkenntnis, die noch nicht gedanklich erfasst waren; die Unwissenheit barg in sich heimtückische Gefahren. Dieser Symbolismus entsprach der kosmischen Vorstellung der „Alten", die davon ausging, dass der Mensch eine ihm zugewiesene Rolle in der Gesellschaftsordnung einnehmen müsse, die er nicht ablehnen durfte. Sich seinem unabänderlichen Schicksal widerspruchslos zu ergeben, war oberste Pflicht. Inwieweit sich die „Alten" wirklich an diese eherne Regel hielten, die sie aus ihrer statischen Kosmologie abgeleitet hatten, ist keine eindeutig beantwortbare Frage. Pauschal könnte man sagen, dass die Anwendung wohl eher selektiv vonstattenging. Mit größerer Gewissheit lässt sich feststellen, dass die Ausgestaltung des Sozialgefüges von der Antike bis in die Frühzeit unmittelbar mit dem Bewusstsein über die

---

137 Francis Bacon, *The Great Instauration* (1620), übers. v. R. L. Ellis & J. Spedding, hrsg. v. J. M. Robertson, *The Philosophical Works of Francis Bacon* (London: Routledge, 1905); https://archive.org/details/philosophicalwo00robegoog/page/n262; Das Titelbild fehlt in dieser Ausgabe.

Beschaffenheit des menschlichen Wesens in Beziehung stand. Die ursprüngliche Bedeutung des oftmals als „Schicksal" übersetzten griechischen Wortes μοίρα (moira) ist die Vorstellung einer Grenze; eine Demarkationslinie, die einen Bereich von einem anderen abtrennt. In dieser antiken Vorstellung stellt die Erkenntnis demnach das konkrete Wissen über den Platz dar, dem jeder verpflichtet war, in der Hierarchie der Dinge – der Kette der Wesen – einzunehmen. An diesem Grundgedanken änderte sich im Laufe der Jahrhunderte bis in die Spätrenaissance hinein kaum etwas. Sünde war die symptomatische Folge des Irrtums oder der Unwissenheit, die sich darin bemerkbar machte, dass man die gesteckten Grenzen willentlich überschritt. Deshalb legte man Wert darauf, sich vor den schrecklichen Auswirkungen eines sündhaften Stolzes, der über die Stränge schlug, zu hüten. Die Antike bedachte diejenigen, die den Wunsch hegten, die Schranken ihrer Kreatürlichkeit zu überschreiten, mit besonderer Verachtung. Ein göttliches Wesen anzunehmen, war eine frevlerische Tat, die nicht ungestraft bleiben konnte.

Bacons Titelbild stellt dieses legendäre Weltbild der Antike programmatisch auf den Kopf. Es zeigte das neue Selbstbewusstsein des Menschen auf, der heroisch auf das Meer hinaussegelte, um die Gebiete zu erforschen, die jenseits des Horizontes lagen. Der Mensch überschritt bewusst die Begrenzungen, die ihn in seiner allumfassenden Persönlichkeitsentwicklung zurückhielten. Symbolisch betrat er den höheren Bereich: den Bereich des göttlichen Wesens.

Der Historiker Charles Whitney bestätigte zwar, dass Bacons Hauptinteresse dem technologischen Fortschritt galt, monierte aber, dass es meistens bewusst aus seinem religiösen und politischen Kontext herausdestilliert wird. Folglich wird das eigentliche Anliegen Bacons oft völlig verkannt.[138] Entsprechend der konventionellen Interpretation fasst die Symbolik des Titelbildes den Kern der bacon'schen Philosophie bündig zusammen. Sie kann auf

---

138 Charles Whitney, *Francis Bacon and Modernity* (New Haven, CT: Yale University Press, 1986).

die These reduziert werden, dass es dem Menschen möglich ist, die Herrschaft über die Welt mittels der neuen Gelehrsamkeit wiederzugewinnen. Dieser Hauptgedanken sei das eigentlich Moderne; die religiöse Sprache sei lediglich Bacons Zugeständnis an die Übereinkunft seiner Zeit gewesen, sich eines solchen Vokabulars zu bedienen, selbst wenn man sich mit naturwissenschaftlichen Themen befasste, die nichts mit Religion zu tun hatten. Das Bestreben, aus Bacon einen Patriarchen der Naturwissenschaft zu machen, der den Säkularisationsprozess der westlichen Kultur eingeläutet habe, erforderte notgedrungen eine Deutung seiner Werke, die die Wichtigkeit der religiösen Sprache herunterspielt, die auf vielen Seiten seiner Bücher auffällig in Erscheinung tritt; sich sogar so offenkundig zeigt, dass sie eigentlich nicht übersehen werden kann. Whitney sträubt sich, die Gültigkeit dieser Interpretation anzuerkennen. Um seine eigene Sicht deutlich zu machen, entwickelte der Historiker eine detaillierte Analyse des zentralen Begriffes „Instauration" (Wiederherstellung), wie ihn Bacon in seinem Buch verwendete. In einem längeren Essay gelang es Whitney aufzuzeigen, dass dieser Begriff von der Antike bis zur Frühmoderne weitläufig im Gebrauch war.[139] Der besondere Bezugspunkt in Bacons Verwendung dieses Begriffes ist jedoch der Bericht über die Wiederherstellung des salomonischen Tempels zur Zeit des Königs Josia, wie er sich in der Vulgata, der lateinischen Übersetzung der Bibel, findet. Während der Regierungszeit König Salomons (zirka 1000 v.Chr.) erfreuten sich die Hebräer eines beispiellosen Friedens und Wohlstandes. Benachbarte Königreiche waren militärisch so geschwächt, dass sie keinen politischen oder religiösen Einfluss auf das salomonische Königreich ausüben konnten. Nach dem Tode des illustren Königs der Hebräer überrannten fremde Nationen im Nahen Osten das Land Kanaan und nahmen ihren Bewohnern die politische Autonomie und religiöse Freiheit weg. Um das Jahr 624 v.Chr. nahm jedoch der militärische Druck der Nachbarstaaten ab, sodass der junge

---

139 Charles Whitney, „Bacon's Instauratio," *Journal of the History of Ideas* 50 (1989), 23-64.

König Josia politische und religiöse Reformen durchführen konnte. Eines seiner wichtigsten Projekte war, den Tempel in Jerusalem wiederaufzubauen. Während der Bauarbeiten entdeckte der Hohepriester Hilkia das von Mose aufgezeichnete Gesetz und übergab es dem König. Nach einer öffentlichen Vorlesung des Gesetzes hielt Josia das Volk dazu an, einen neuen Bund mit Gott zu schließen (2. Kön. 22-23).

Der geschichtliche Bezugspunkt dieses Vorhabens ist aus den folgenden Gründen wichtig: Die Instauration (Wiederherstellung) des Tempels war von einer politischen und religiösen Reform begleitet. Die weiterführende Analyse wird aufzeigen, dass Bacon diese Instauration mit einer Wiederherstellung der Natur in Beziehung setzte. Der Bezug auf Salomon war zu Bacons Zeit von besonderer Bedeutung, da sich König James I. (1566-1625) selbst als der neue Salomon bezeichnete, der für sein öffentliches Versprechen bekannt war, das neue Jerusalem erbauen zu wollen. Das Hauptmotiv bei James' Krönung war die Bezugnahme auf den königlichen Sohn Davids und dessen glorreiche Regierungszeit.

Der Wiederaufbau des Tempels, den König Josia in Auftrag gegeben hatte, repräsentiert im Denken Bacons zwei verschiedene Vorgehensweisen: Erneuerung und Instandsetzung. Um das neue Gebäude errichten zu können, sei es notwendig gewesen, die Überreste des vormaligen niederzureißen. Somit stelle die Erbauung des Tempels ein Unternehmen dar, das nur durchgeführt werden konnte, nachdem die eingefallenen Wände entfernt worden waren. Das eigentliche Ziel sei jedoch gewesen, etwas zu erbauen, das bereits in der Vergangenheit existiert hatte. Auf der symbolischen Ebene stellte der Versuch, den Tempel zu erbauen, eine vollkommene Nachbildung des ewigen Ideals in der Gegenwart dar. Der Schlüssel, um dieses Vorhaben zu einem guten Ende zu führen, liege in der Tradition der „prisca theologia" verborgen.

Das Sinnbild der Erneuerung des Tempels enthält einen Hinweis auf Themen, die in anderen Schriften Bacons angesprochen werden, wie etwa die Wiederherstellung der Vollkommenheit des ersten Menschenpaares vor dem

Sündenfall. Bacon stimmte mit dem biblischen Text überein, dass Adams erste Sünde darin bestand, sich ein Wissen anzueignen, das ihm Gott vorenthalten hatte. Der englische Gelehrte behauptete, dass dieses Wissen die Erkenntnis der Ethik war. Die Erkenntnis über Gut und Böse unterscheide sich aber grundsätzlich von der Naturerkenntnis, die Gott den Menschen geben wollte. Die Verwirrung Adams habe darin bestanden, dass er den Unterschied nicht begriff zwischen der umfassenden Erkenntnis, die Gott ihm über den gesamten Kosmos geben wollte, und der Einschränkung der Erkenntnis über ethische Sachverhalte. Die Sünde habe den Menschen unnötigerweise in eine prekäre Lage versetzt, aus der er sich selbst nur unter Aufbietung aller Kräfte befreien konnte. Dem Menschen eine vollständige Naturerkenntnis zu geben, lag die Absicht Gottes zugrunde, ihm die Herrschaft über die Welt auszuhändigen. In anderen Werken nimmt Bacon dieselbe Differenzierung zwischen den unterschiedlichen Wissensbereichen der Ethik und der Wissenschaft vor. Die Erforschung der Natur habe letztlich nur in einem Punkt etwas mit der Ethik zu tun. In der Erfüllung dieser Aufgabe verrichtet der Mensch das ihm von Gott aufgetragene gute Werk. Es habe demnach nichts mit der Ursünde des Verzehrs der Frucht des Baumes der Erkenntnis des Guten und Bösen zu tun. Im Gegenteil, diese sei nur so zu überwinden, wenn die Natur in ihrer Beschaffenheit der gedanklichen Erfassung des Menschen unterworfen werden würde.

In der Beschreibung, wie der Tempel der Naturerkenntnis errichtet werden könne, hatte Bacon das Thema der Wiederherstellung bereits 1605 in seinem Buch *The Advancement of Learning* aufgegriffen. In mehreren Passagen dieses Werkes übte er scharfe Kritik an dem damaligen Stand der Erkenntnis. Gleichzeitig erlässt er den Aufruf, neue Wege zu beschreiten, um das Wissen zu vermehren – besonders über Dinge, die bislang völlig unbekannt waren. In diesen wegweisenden Passagen befindet sich die Aufforderung, alte Wahrheiten gegen neue auszutauschen. Im Beseitigen des überkommenen Wissens bestehe die einzige Chance, den Erkenntnisstand auf eine ganz neue Höhe anzuheben. Paradoxerweise bezog sich Bacon auf die Wiederentdeckung der

„Altertümlichen Theologie" als notwendiges Fundament der Aneignung neuer Erkenntnisse. Dadurch gab er zu verstehen, dass er allen gegenteiligen Beteuerungen zum Trotz weiterhin unter dem Einfluss einer bestimmten Tradition der Wissensaneignung stand, die weit in die Vergangenheit zurückreichte, wenngleich er sich gegen andere altertümliche Traditionen der Wahrheitsfindung stellte. Die Diskussion des Themas der Wiederherstellung der Erkenntnis griff einen wesentlichen Aspekt der „prisca theologia" auf, wie sie im 16. Jahrhundert in England und andernorts weit verbreitet war. Auch bei anderen Zeitgenossen Bacons – Cornelius Agrippa sei exemplarisch genannt – konnte man das widersprüchliche Verhalten beobachten: einerseits Ablehnung einer philosophischen Metaphysik sowie Verwerfung der Erkenntnisse der „Alten" und andererseits die Wertschätzung der „Altertümlichen Theologie".

Bacon gefiel sich selbst im Einnehmen einer demütigen Pose am besten. Denn er habe nichts anderes im Sinn, als sich erneut auf die Begebenheiten der Natur, so wie sie sich tatsächlich präsentiert, einzustellen. Sein Appell an die Gelehrten seiner Zeit, Wahrheiten auf einer tieferen Ebene zu entdecken, als es ihnen bislang gelungen war, war von einer gewissen Zweideutigkeit behaftet. Die Forscher hätten den Kardinalfehler begangen, sich fast ausschließlich auf die irreführende Tradition der antiken Naturphilosophie zu verlassen, anstatt sich der „Altertümlichen Theologie" zuzuwenden. Es gibt weitere Beziehungspunkte in Bacons Schriften, die davon zeugen, dass er sich der religiösen Tradition der Hermetik zugewandt hatte. Im Aufgreifen der Legende einer präadamitischen Existenz stellte er eine Uminterpretation der biblischen Erzählung heraus, die enge Parallelen zu dem im *Corpus Hermeticum* enthaltenen Schöpfungsmythos besaß. Bacon unterstrich das ihm als höchstes Geschöpf Gottes zustehende Recht, die Welt zu beherrschen. Dazu müsse er aber eine Naturerkenntnis besitzen, die sich mit der Allwissenheit Gottes vergleichen lasse, die ihm nur die Hermetik und die Kabbala zu geben vermochten.

Das im Mittelpunk der Novelle *New Atlantis* stehende Haus Salomons war der eindeutige und direkte Bezugspunkt zur „prisca theologia". Whitney verbindet die Symbolik des Tempels zu Recht mit der biblischen Tradition des salomonischen Königreichs im antiken Kanaan und den historischen Begebenheiten der jakobinischen Regierungszeit in England. Das Interesse Bacons galt aber nur einem mythologischen Salomon, der als gelehrtester Magier alle Geheimnisse der Natur kannte. Einer esoterischen Tradition zufolge war Salomon deshalb der weiseste aller Menschen, weil er wusste, wie man sich einen direkten Zugang zu den himmlischen Mächten verschaffen konnte, um sie zur Erfüllung der eigenen Wünschen gefügig zu machen. Dies sei ihm möglich gewesen, weil er ihre hebräischen Namen kannte.[140] Diese fabulöse Vorstellung hatte nichts mit der biblischen Person Salomons, wie er im Alten Testament beschrieben wird, zu tun, noch stand sie in Beziehung mit der historischen Gestalt Josias. Sie war vielmehr Teil einer okkulten Tradition, die parallel mit den sagenumwobenen Berichten über geheimnisvolle Lehren einherging, die Gott angeblich dem Mose auf dem Berg Sinai gegeben habe. Mose verbrachte dem biblischen Bericht zufolge vierzig Tage und vierzig Nächte auf dem Berg Sinai. Gottes Absicht war es, Mose die Zehn Gebote mitzuteilen, die dieser auf steinernen Tafeln schriftlich fixieren musste, um das allgemeine Volk Israel in der richtigen Lebensweise zu unterweisen. In den Kenntnisstand höherer Wahrheiten versetzt zu werden, war hingegen nur einer elitären Gruppe vorbehalten, die sie entgegennehmen und verstehen konnten. Gott habe diese vermeintlichen Wahrheiten Mose mündlich mitgeteilt, als dieser in esoterischen Mysterien auf dem Berg Sinai eingewiesen wurde.

Es besteht kein Zweifel daran, dass Bacon mit dieser esoterischen Tradition vertraut war und sie in seine

---

140 S. dazu: Eliza Marian Butler, *The Myth of the Magus* (Cambridge: Cambridge University Press, 1948); Eliza Marian Butler, *Ritual Magic* (Cambridge: Cambridge University Press, 1949; San Bernardino, CA: Borgo Press, 1980); https://archive.org/details/in.ernet.dli.2015.106228/page/n5; Eliza Marian Butler, *The Fortunes of Faust* (Cambridge: Cambridge University Press, 1952).

Beschreibung der utopischen Insel integrierte. Die neuen Entdeckungen der Wissenschaft, die angeblich das Potenzial in sich trugen, die existentiellen Grundprobleme der Menschen zu lösen, seien dem Geheimwissen zuzuschreiben gewesen, das im Haus Salomons aufbewahrt worden war. Somit symbolisierte dieser Tempel der Gelehrsamkeit die „Altertümliche Theologie". Darüber hinaus diente die Namensnennung der utopischen Insel dem Zweck, die sinnbildliche Bedeutung eines Ortes aufzuzeigen, der von dem intellektuellen Niedergang der übrigen Welt unberührt geblieben war. So erschließt sich dem Leser der Schriften Bacons der Grund, wieso der Autor das Bedürfnis des Königs James I., sich in der Rolle eines neuen Salomons zu profilieren, für bedeutsam hielt. Die Identifikation des englischen Herrschers mit dem berühmten Sohn Davids stellte dessen Überzeugung ins Licht, der Berufung des Himmels als Erbauer eines Neuen Jerusalems zu folgen. Seiner hohen Aufgabe könne er jedoch nur dann gerecht werden, wenn er sich das neue Wissen aneigne, dass ihm Bacon so bereitwillig zur Verfügung stellen wollte. Die Erbauung des Neuen Jerusalems, in dessen Mitte der heilige Tempel stand, sei einzig auf Grundlage der „prisca theologia" möglich. England könne so die Unwissenheit überwinden, die Europa fest in ihrem Bann hielt. Die idealen Bedingungen zur Wiederherstellung der vollkommenen Zustände einer längst vergangenen Zeit, als der Mensch noch nicht dem Verlust seines umfassenden Wissens erlegen war, seien dadurch gegeben. Nur über diese Schiene könne der Mensch die Sündhaftigkeit einer limitierten Erkenntnis ablegen.

3.5.3. Propagierung einer christlich-kabbalistischen Kommune

In *New Atlantis* nehmen englische Seeleute Kontakt mit einer fortschrittlichen Zivilisation auf Bensalem, einer Insel vor der Küste Perus, auf. Die Einwohner dieser Insel sind seltsame Gestalten. Jedes Mitglied der zur Begrüßung der Engländer an den Strand kommenden Regentschaft trägt einen weißen Turban, der mit einem kleinen roten Kreuz verziert ist.[141] Francis A. Yates stellt unzweideutig heraus, dass sich der Autor darunter die vollkommene Gemeinschaft einer christlich-kabbalistischen Kommune vorstellte.[142] Obgleich die Einwohner von Bensalem das Kreuz als Zeichen verwenden und den Namen Jesus aussprechen, kann ihre Kultur nicht als christlich bezeichnet werden. Ihre religiöse Orientierung war geprägt vom Umgang mit Magie und Spiritismus, die sich auf eine okkulte Philosophie, der Kabbala, bezogen. Yates Annahme scheint berechtigt zu sein, dass Bacon bestimmt die Legende der Rosenkreuzer gekannt haben musste, wenn er nicht sogar mit einigen ihrer Ordensbrüder in Kontakt stand. Jedenfalls fügte er seiner fiktiven Erzählung Hinweise auf ihre Existenz und ihr esoterisches Wissen hinzu.[143] Einen weiteren Beleg seiner möglichen Beziehung zu den Rosenkreuzern legte Yates in John Heydons *Holy Guide*[144] vor, einer 1662 veröffentlichten Adaption von *New Atlantis*. Darin verkündet ein mit weißem Turban bekleideter Mann folgendes: „Kraft meines Amtes bin ich Gouverneur dieses Hauses der Fremdlinge und dank meiner Berufung ein christlicher Priester und Mitglied des Rosenkreuz-Ordens."[145]

Den Juden von Bensalem, allesamt Kaufleute, wird erlaubt, sich beschneiden zu lassen und ihre eigene Religion zu praktizieren. Bensalem gleicht diesbezüglich den Niederlanden des frühen 17. Jahrhunderts. Da ihnen die Erlaubnis

141 S. dazu: Bacon, *Advancement of Learning, and The New Atlantis*, 243; https://archive.org/details/advancementnewat00bacouoft/page/242

142 Frances Amelia Yates, *The Rosicrucian Enlightenment* (London and Boston: Routledge & Kegan Paul, 1972) passim.

143 Bacon, *Advancement of Learning, and The New Atlantis*, 243.

144 John Heydon, *The Holy Guide: Leading the way to the wonder of the world: a compleat phisitian, teaching the knowledge of all things, past, present, and to come, viz., of pleasure, long life, health, youth, blessedness, wisdome and virtue, and to cure, change, and remedy all diseases in young and old : with Rosie Crucian medicines which are verified by a practical examination of principles in the great world and fitted for the easie understanding, plain practise, use, and benefit of mean capacities* (London: Printed by T. M. and sold by Thomas Whittlesey, 1662); http://archive.org/details/holyguideleading00heyd

145 Yates, *The Rosicrucian Enlightenment*, 128.

zur freien Religionsausübung erteilt wurde, „hegten sie keinen verborgenen Hass mehr gegen Christus und die Menschen, unter denen sie wohnten".[146] Stattdessen loben sie den christlichen Messias, indem sie ihm hervorragende Charaktereigenschaften zuwiesen. Ihre Begeisterung über die Lebensbedingungen auf Bensalem kennt keine Grenzen.[147] Sie meinen sogar, dass Mose die Gesetze von Bensalem durch die Vermittlung einer geheimen Kabbala bestimmt habe. Wenn der Messias nach seiner Ankunft in dieser Welt auf dem Thron in Jerusalem sitzen werde, nehme der König von Bensalem zu seinen Füßen Platz.[148] England werde sich in die magische Insel verwandeln, die die ganze Welt beherrscht, wie sich dies Dee dank seiner kabbalistischen Zukunftsvorhersagen vorgestellt hatte. Anschließend werde diese Vision an die übrige Welt weitergereicht werden.

Interne Hinweise deuten darauf hin, dass Bacon den Roman *New Atlantis* im Anschluss an Dees missglückter Mission in Prag verfasst hatte. Im Gegensatz zu Spenser, der Königin Elisabeth I. hoffungsvoll in *The Faerie Queene* als protestantische Heilsbringerin feierte, ist der in Bacons Werk angeschlagene Ton eher behutsam und verhüllt. Als solcher passte er mehr in eine Zeit hinein, die vom Triumph der Gegenreformation auf dem Kontinent gekennzeichnet war. Der politisch beschlagene, wenn auch für Bestechungs-gelder empfängliche Lordkanzler war sich wohl bewusst, welche Seite gewinnen würde und empfand kein Bedürfnis, sich selbst auf dem Altar einer verlorenen Sache zu opfern. Der von Dees Kabbalistik inspirierte Britische Imperialis-mus hatte den Zenit des königlichen Wohlwollens über-schritten, als James I. den Thron Englands bestieg. Wollte jemand die durch Elisabeth I. angestoßene, protestantische Verschwörung weiterführen, musste dies im Untergrund

---

146 William J. Whalen, *Christianity and Freemasonry* (Milwaukee, WI: The Bruce Publishing Company, [1958] 1987) 16; https://archive.org/details/christianityamer00whal/page/n5

147 Ebd.

148 Margaret C. Jacob, *Living the Enlightenment: Freemasonry and Politics in 18th Century Europe* (New York City, NY: Oxford University Press, 1991) 68.

geschehen, solange sich am Hofe keiner mehr dafür einsetzte. Die Notwendigkeit der Formierung einer Geheimgesellschaft drängte sich den Imperialisten auf, die sich von nun an als Rosenkreuzer untereinander zu erkennen gaben und nicht lange danach als Freimaurer.

3.5.4. Zweckdienlichkeit der Naturwissenschaft

Die utopische Gesellschaft, die Francis Bacon in seiner fiktiven Geschichte *New Atlantis*[149] beschrieb, besaß eine Akademie auf der Insel von Bensalem, die das Haus Salomons genannt wurde. Hingebungsvolle Gelehrte arbeiteten dort im Kollektiv an einem logisch strukturierten Forschungsprojekt, um den Fundus der natürlichen Erkenntnis zum Nutzen aller Menschen um ein Vielfaches zu vergrößern. Die naturwissenschaftlichen Tätigkeiten standen unter dem Motto, alles zu tun, was zu tun möglich sei. Bacons einflussreiche Vision inspirierte Gelehrte des 17. Jahrhunderts, wie Samuel Hartlieb und die Mitglieder seines Zirkels, die eine Akademie dieser Art tatsächlich einrichteten und in Betrieb nahmen. Walter Charleton bezeichnete das Londoner College of Physicians (Akademie der Ärzte) 1654 als das „wirkliche Haus Salomons" (Solomon's House in reality).[150] Die Ursprünge der Royal Society in London und des Ashmolean Museum in Oxford können auf einer ähnlichen Spur zurückverfolgt werden. Jede dieser Institutionen stellte eine Sammlung von Forschungsobjekten in einem Museum zur Schau.[151]

---

149 Francis Bacon, *New Atlantis* (London: J. Crooke, 1627); http://archive.org/details/fnewatlantis00baco; Neuausgabe: Francis Bacon, *Advancement of Learning and The New Atlantis* (Oxford: Oxford University Press, 1913); https://archive.org/details/advancementnewat00bacouoft/page/236

150 S. dazu: A. MacGregor, "'A Magazin of All Manner of Inventions": Museums in the Quest for "Salomon's House" in Seventeenth-Century England', *Journal of the History of Collections*, vol. 1 (1989), 207-212; Charles Webster, "The College of Physicians: 'Solomon's House' in Commonwealth England," *Bulletin of the History of Medicine*, vol. 41 (1967), 393-412.

151 Ebd.

Auf Bacons Bensalem gründete ein antiker König namens Salomonas, der für seine Weisheit bekannt war, die Akademie. Sein besonderes Augenmerk richtete er auf die Abfassung eines Gesetzbuches. Zwischen dem berühmten König Israels und Salomonas gab es viele Ähnlichkeiten, nicht zuletzt die Verwendung des Namen Salomons für die Stiftung des Herrschers von Bensalem. Die konkrete Bezugnahme Solamonas auf den historischen Salomon fand darin eine weitere Bestätigung, dass es Abschriften der Werke Salomons auf der Insel gab, die überall sonst verloren gegangen waren. Sie beinhalten Beschreibungen der Naturforschung Salomons über alle Pflanzen und Lebewesen.[152]

Die 1620 erfolgte Veröffentlichung des Buches *Novum Organum*[153] (Das neue Instrument) läutet das Zeitalter der Aufklärung ein. Als wissenschaftliche Methodik erhält die empirische Forschung anstelle des *a priori*[154] Denkens eines Descartes, Spinozas und Leibnizens, den großen Rationalisten ihrer Zeit, den Vorzug. Damit begann das gigantische Projekt, die phänomenale Welt mittels der von Bacon empfohlenen Erfahrungswissenschaft zu erforschen. Hinsichtlich der Brillanz dieser von Bacon vorgelegten philosophischen Abhandlung, sowohl was den Inhalt als auch den Stil anbelangt, gibt es nicht den leisesten Zweifel. Sicherlich strafte die von ihm befürwortete scholastische Metaphysik den wissenschaftlichen Charakter seiner Methode Lüge. Dennoch müssen wir ihm zugutehalten, dass er einer der klügsten Köpfe seiner Zeit war. Sein herausragender Ruf als Empiriker klingt bis heute nach.

Die Zweckdienlichkeit der Wissenschaft bestand darin, die Naturgewalt den Wünschen des Menschen gefügig zu machen, um seine Lebensbedingungen zu verbessern. Die

---

152 Charles Webster, *The Great Instauration* (London: Duckworth 1975; Neuauflage: New York City, NY: Peter Lang, 2002) passim.

153 Francis Bacon, *Novum Organum* (1620), übers. v. R. L. Ellis & J. Spedding, hrsg. v. J. M. Robertson, *The Philosophical Works of Francis Bacon* (London: Routledge, 1905); https://archive.org/details/philosophicalwo00robegoog/page/n5

154 a priori: von der Erfahrung oder Wahrnehmung unabhängig; aus der Vernunft durch logisches Schließen gewonnen; aus Vernunftgründen. https://www.duden.de/node/12025/revision/12052

Erben der Renaissance – vornehmlich Isaac Newton, Thomas Hobbes, John Locke, Immanuel Kant und Condorcet – knüpften nahezu nahtlos an dem imposanten Gedankengebäude der Humanisten an. Sie legten die philosophische Grundlage des modernen Rationalismus, Empirismus und Skeptizismus. Die göttliche Offenbarung verlor ihre Vorrangstellung als Ausgangsbasis der Naturphilosophie und trat somit ihre führende Rolle ab im Vermitteln einer untrüglichen Erkenntnis der natürlichen Welt. An ihre Stelle trat das Urteil der autonomen Vernunft des Menschen. Die Lehre des Naturgesetzes, die der Begründer der Stoa[155], Zenon von Kition, ersonnen hatte, wurde weitergebildet und zur ethischen Grundlage erhoben.

Bacons Nachfolger befolgten akribisch dessen methodische Anweisungen im Wissenschaftsbereich, um in den Genuss einer am Ende der Zeit sich einstellenden Welterneuerung zu gelangen. Margret C. Jacob deutete darauf hin, dass der millennialistische Impuls als Hauptmotiv angesehen werden müsse in der Kultivierung der Wissenschaftsforschung. Fast jeder bedeutsame englische Wissenschaftler oder Förderer der Wissenschaft im 17. Jahrhundert von Robert Boyle (1627-1691) bis zu Isaac Newton (1643-1717) glaubte an die kurz bevorstehende Ankunft des Millenniums.[156] Der Hauptgedanke war, Adams ursprüngliche

---

155 Als Stoa (Στοά) wird eines der wirkungsmächtigsten philosophischen Lehrgebäude in der abendländischen Geschichte bezeichnet. Der Name (griechisch στοὰ ποικίλη – „bunte Vorhalle") geht auf eine Säulenhalle (Stoa) auf der Agora, dem Marktplatz von Athen, zurück, in der Zenon von Kition um 300 v.Chr. seine Lehrtätigkeit aufnahm. Ein besonderes Merkmal der stoischen Philosophie ist die kosmologische, auf Ganzheitlichkeit der Welterfassung gerichtete Betrachtungsweise, aus der sich ein in allen Naturerscheinungen und natürlichen Zusammenhängen waltendes universelles Prinzip ergibt. Für den Stoiker als Individuum gilt es, seinen Platz in dieser Ordnung zu erkennen und auszufüllen, indem er durch die Einübung emotionaler Selbstbeherrschung sein Los zu akzeptieren lernt und mit Hilfe von Gelassenheit und Seelenruhe (Ataraxie) nach Weisheit strebt. https://de.wikipedia.org/wiki/Stoa

156 Marget C. Jacobs, *The Cultural Meaning Of The Scientific Revolution* (New York City, NY: Alfred A. Knopf, 1988) 75. Jacob beabsichtigte mit dieser Behauptung, ihre Meinung zu belegen, dass die Wissenschaftsentwicklungen in England einen puritanischen Ursprung hatten. Das religiöse Profil vieler dieser Wissenschaftler lässt diese Schlussfolgerung jedoch nur bedingt zu.

Vollkommenheit und sein umfassendes Wissen wiederzugewinnen, die im Garten Eden durch das Eindringen der
Sünde verloren gegangen waren.

3.5.5. Entstehung eines irdischen Paradieses

Die utopische Novelle *New Atlantis* ist das vollkommene
Vehikel für die Darstellung des Verständnisses über die
Begebenheiten der realen Welt und der Überlegungen über
die Möglichkeiten der Zukunft, besonders im Hinblick auf
die Förderung der Erkenntnis. Wie Mores *Utopia* existiert
Bacons Gesellschaft angeblich im äußersten Winkel der
Welt. Doch damit erschöpfen sich die Ähnlichkeiten
zwischen den beiden Novellen. Im Gegensatz zu Mores
unpräziser und zweideutiger Erzählweise sind Bacons
Gedanken kristallklar in der Beschreibung dessen, was er
für empfehlenswert erachtet. Wenn die vollkommene
Gesellschaft sich verwirklichen werde, gibt Bacon eine
genaue Beschreibung, wie sie aussehen wird: Es wird eine
Gesellschaft sein, die ausschließlich nach den Vorgaben der
Wissenschaft aufgebaut ist und von Weisen regiert wird.
Wenn man sich auf die modernen Standardwerke des
utopischen Genres besinnt, zu denen Aldous Huxleys *Brave
New World*[157] und eine Anzahl anderer Werke, wie George
Orwells *1984*[158], gehören, überfällt einem beim Durchlesen
von *New Atlantis* ein schauerliches Gefühl. Dieses
beklemmende Empfinden wird dadurch erzeugt, weil man
sich instinktiv gegen die Vorstellung stellt, von der ununter-
brochenen, allgegenwärtigen und penetranten Über-
wachung des menschlichen Lebens durch die Wissenschaft
kontrolliert zu werden. In unserer Zeit gibt es genügend
Gründe, um dieses Thema als Ursache tiefster Verzweiflung
anzusprechen.

---

157 Aldous Huxley, *Brave New World* (London: Chatto & Windus,
1932; New York City, NY: HarperCollins, 2017); https://archive.org/
details/BraveNewWorldByAldousHuxley20160545

158 George Orwell, *1984, a novel* (New York City, NY: New American
Library, 1949); https://archive.org/details/GeOr_1984

Ungeachtet dieser Vorbehalte markiert Bacons Schrift den Anfang einer langen Tradition der westlichen Literatur, wo Wissenschaft und Technologie als Erlösung angesehen werden, eine Tradition, die Samuel Butler im 19. Jahrhundert in *Erewhon*[159] gnadenlos verspottete. Als ein Ergebnis seiner lebhaften Fantasie gibt Bacon eine gewisse Einsicht, quasi als Zeichen der Auguren, welche technologische Realität die Menschheit in der Zukunft erwarten wird (von der heutigen Warte aus betrachtet in den vergangenen drei Jahrhunderten).

Es ist vorstellbar, dass dieses Werk nie zu solch einer Popularität gelangt wäre, wenn sich nicht, wie Charles Webster in seinem aufschlussreichen Buch *The Great Instauration*[160] darlegte, englische und amerikanische Puritaner im 17. Jahrhundert, die sich besonders für den wissenschaftlichen Fortschritt einsetzten, mit großer innerer Sympathie den Ausführungen in *New Atlantis*, soweit es ihnen möglich war, Folge geleistet hätten. Die Puritaner besaßen eine Philosophie des menschlichen Fortschrittes, welche die Vergangenheit, Gegenwart und Zukunft in eine makellose Gesamtsicht des geschichtlichen Verlaufs einfügte, der auf eine goldene Ära – einem tausendjährigen Reich – in dieser Welt hinauslaufen wird. Für sie gab es nichts, was in der Entstehung dieses irdischen Paradieses wichtiger war, als die unaufhörliche Suche nach Erkenntnis, besonders die Erringung des praktischen, experimentellen und wissenschaftlichen Wissens, wie es Bacon empfohlen hatte. Dabei spielte es für die Puritaner keine Rolle, dass sich der christliche Glaube völlig von den religiösen Ansichten Bacons absetzte, ja ihnen eigentlich gänzlich entgegenstand.

Es ist wichtig, die Behauptung Whitneys zu unterstreichen, dass es unnötig ist zu belegen, ob Bacon tatsächlich ein Renaissance-Magus gewesen war oder nicht, um den Einfluss der „Altertümlichen Theologie" in seinen

---

159 Samuel Butler, *Erewhon; or, Over the Range* (London: Trübner and Ballantyne, 1872); www.gutenberg.org/files/1906/1906-h/1906-h.htm

160 Charles Webster, *The Great Instauration* (London: Duckworth 1975; Neuauflage: New York City, NY: Peter Lang, 2002).

Schriften festzustellen. Der englische Gelehrte lebte in einer Zeit, die von den Symbolen der Hermetik und Kabbala geradezu bestimmt wurde. Selbst wenn Bacon beabsichtigt hätte, sich ihrem Einfluss zu entziehen, wäre ihm dies nur teilweise gelungen. Francis A. Yates und Paolo Rossi deuten auf den dominanten Gebrauch der esoterischen Sprache in den Werken Bacons hin.

Bacon betrachtete die Wissenschaft als Instrument der religiösen Erneuerung. Sie lieferte das geeignete Mittel, um neue Erkenntnisse zu gewinnen. Die göttliche Offenbarung sei, so meinte er, in dieser Hinsicht unbrauchbar. Whitney und andere Historiker zeigen dennoch schlüssig auf, dass es eine millennialistische Dimension in Bacons Vorstellungs-welt gegeben hatte, die sich an dem Wortlaut der Johannes-Offenbarung orientierte. Seine Entscheidung, sich des Begriffes „Instauration" (Wiederherstellung) in so auffälliger Weise zu bedienen, kann nur dann richtig verstanden werden, wenn man die Epoche in Betracht zieht, in der Bacon gelebt hatte. Zu jener Zeit begannen die Puritaner ernsthaft, eine Erneuerungsbewegung in England in Gang zu setzen, die darauf abzielte, die Gesellschaft von Grund auf umzugestalten; ein Anliegen, das sie während des Englischen Bürgerkrieges (1642-1649) und des Interregnums[161] (1649-1660) teilweise umsetzen konnten, wenngleich die konkreten Auswirkungen, so dramatisch sie auch zur Zeit der Republik und des Protektorats gewesen sein mochten, nur von relativ kurzer Dauer waren.

3.6. Proklamation einer Generalreformation

Die Ursprünge und die Idee des Rosenkreuzertums waren ein Resultat des Unmuts vieler Adliger und Gelehrter über die Entwicklung des Reformationsprozesses seit Martin Luther. Der mit der lutherischen Reformation sich einstellende soziale Umbruch erregte das Missfallen vieler,

---

161 Der Zeitraum des „Interregnums" erstreckte sich von der Exeku-tion Charles I. am 30. Januar 1649 bis zur Rückkehr nach London aus dem französischen Exil seines Sohnes Charles II. am 29. Mai 1660. An jenem Tag begann die sogenannte Stuart-Restauration.

die sich gegen die neue Gesellschaftsordnung stellten. Ihnen war der unmittelbare Bezug der Theologie in der Strukturierung der Machtverhältnisse mittelalterlicher Institutionen so widerwärtig wie für die kirchlichen Würdenträger ein säkularisiertes Staatswesen. Das Bezeichnende und Eigentümliche der Neuzeit war eine sich bis zur Gewaltanwendung steigernde Rebellion gegen kirchliche und staatliche Monopole der Macht.

3.6.1. Drei Grundschriften des Rosenkreuzertums

Die ersten Anzeichen eines sich allmählich verdunkelnden Firmaments in einer halbwegs friedfertigen Koexistenz religiöser Konfessionen, die zunächst von der Bevölkerung Mitteleuropas mehr erstaunt als beklemmend aufgenommen wurde, standen mit den Veröffentlichungen der drei Grundschriften des Rosenkreuzertums in Beziehung. Neben Christoph Besolds Übersetzung des sechsten Kapitels von Traiano Boccalinis *Ragguagli di Parnaso* (1612-1613) veröffentlichte der Kasseler Verleger Wilhelm Wessel 1614 ein weiteres Pamphlet, das zur Gründung einer auf christlicher Nächstenliebe beruhenden Gesellschaft aufrief, die eine zweite weltumspannende Reformation initiieren und sich besonders in der völligen Umgestaltung von Wissenschaft, Religion, Kultur und Gesellschaft auswirken sollte. Dieses Manifest trug den Titel *Fama Fraternitatis, oder, Entdeckung der Brüderschafft des löblichen Ordens dess Rosen Creutzes.*[162] Auf einer weiteren Titelseite stand ein zweiter Untertitel, der die beiden wichtigen Elemente des Ordens aufgriff und die Adressaten – die führende Oberschicht Europas – benannt: *Brüderschafft, des Hochlöblichen Ordens des R. C. An die Häupter, Stände und Gelehrten Europas.* Die

---

162 Johann Valentin Andreä, *Fama fraternitatis, oder, Entdeckung der Brüderschafft des löblichen Ordens dess Rosen Creutzes: beneben der Confession, oder, Bekantnus derselben Fraternitet, an alle Gelehrte und Häupter in Europa geschrieben: auch etlichen Responsionen von Haselmeyern und anderen gelehrten Leuten auff die Famam gestellet* (Dantzigk: Andream Hünefeldt, 1615); https://archive.org/details/famafraternitati-00andr/page/n6

Legende des Christian Rosencreutz war seit 1610 bekannt, wie aus der Antwort Adam Haselmeyers–öffentlicher Notar von Erzherzog Maximillian und selbst ernannter Anhänger Paracelsus – zu entnehmen ist. Haselmeyers *Antwort: An die Lobwürdige Brüderschafft der Theosophen, vom Rosenkreutz N.N.*, wurde erstmals 1612 veröffentlicht und in der ersten Ausgabe der *Fama Fraternitatis* erneut abgedruckt. Darin teilte Haselmeyer mit, dass das Manuskript der Fama schon vier Jahre zuvor in Tirol zirkuliert hatte. Doch bereits um 1604 war eine vorgefertigte Handschrift der *Fama Fraternitatis* im Umlauf. Sie gibt vor, eine Kurzfassung zu sein der Lebensgeschichte eines Fraters C. R. – hinter dem Kürzel C. R. verbarg sich, wie der *Chymischen Hochzeit*[163] zu entnehmen ist, die Person des Christian Rosencreutz. Dieser habe beabsichtigt, sein im Nahen Osten und in Afrika gesammeltes Wissen europäischen Gelehrten zu vermitteln, sei aber nur auf allgemeines Desinteresse gestoßen. Enttäuscht, aber nicht entmutigt, habe er im Anschluss an seine Reise eine Bruderschaft gegründet, um die besonderen Kenntnisse, die er sich angeeignet hatte, der Nachwelt zu bewahren. Die Mitglieder der Bruderschaft hätten sich über den europäischen Kontinent verteilt, um im richtigen Augenblick ihr Geheimwissen zu offenbaren. Als besonderes Defizit der frühmodernen Gesellschaft hätten sie die Entwicklung der ethischen Lebensbewältigung empfunden, die dem raschen Fortschritt in den Wissenschaften und den damit einhergehenden technischen Errungenschaften nicht schrittgehalten habe.[164]

Die anonyme Schrift *Confessio Fraternitatis*[165] erschien 1615 ebenfalls im Verlagshaus Wessel. In dieser ursprünglich in Latein abgefassten und kurze Zeit später ins Deutsche übersetzten Kundgebung meldete sich der Orden des Rosen-

---

163 Christian Rosencreutz, *Chymische Hochzeit* (Strassburg: In Verlägung Lazari Zetzners s. Erben, 1616); https://archive.org/details/chymischehochzei00rose/page/n4

164 S. dazu: Hans-Jürgen Ruppert, *Rosenkreuzer* (Kreuzlingen/München: Heinrich Hugendubel Verlag, 2004).

165 Die vollständigen lateinischen und deutschen Titel lauteten 1) *Confessio Fraternitatis R. C. Ad Eruditos Europe*; 2) *Confession oder Bekandnuß der Societet und Brüderschaft R. C. an die Gelehrten Europae.*

kreuzes erneut zu Wort. Die Schrift ist mit Andeutungen über das geheime Wissen der Gesellschaft gefüllt, um am Schluss vor den

> meisten Büchern der falschen Alchimisten [zu warnen], die es für einen Scherz und eine Kurzweil halten, wenn sie [...] mit seltsamen Figuren und dunklen, verborgenen Reden die Leute betrügen und die Einfältigen um ihr Geld bringen.

Abschließend wird erneut die Ermahnung ausgesprochen:

> Meidet und fliehet solche Bücher, die ihr gewitzt seid, und wendet euch zu uns, die wir nicht euer Geld suchen, sondern unsere großen Schätze euch gutwillig anbieten.

Der in der *Fama Fraternitatis* ergangene Aufruf an die europäische Geisteswelt, die Verfasser zu kontaktieren, wird wiederholt. Die *Confessio Fraternitatis* lehnt wie der Protestantismus das Papsttum ab. Im Weiteren wird Aspiranten, die in die Bruderschaft aufgenommen werden möchten, empfohlen, die Bibel zu lesen, um die Symbolik der Geheimgesellschaft richtig deuten zu können. In ihr werden auch zum ersten Mal die Geburts- und Sterbedaten des angeblichen Gründers, 1378 bis 1484, erwähnt.

Die 150 Druckseiten umfassende Schrift *Chymische Hochzeit des Christian Rosencreutz. Anno 1459* erschien 1616 im Straßburger Verlagshaus Lazarus Zetzner.[166] Zur Urheberschaft dieser romanhaften Allegorie, die die Einweihungserlebnisse des Christian Rosencreutz schildert, bekannte sich Jahre später der evangelische Theologe Johann Valentin Andreae (1586-1654). Andreaes Mitgliedschaften in verschiedenen intellektuellen Kreisen der Universitätsstadt Tübingen im ersten Jahrzehnt des Jahrhunderts waren maßgeblich an der Ausformung seiner utopischen Pläne beteiligt, wie sie sich in der „Societas Christiana", „Civitas

---

166 Johann Valentin Andreae, *Die Chymische Hochzeit des Christian Rosencreutz*, gedeutet und kommentiert von Bastiaan Baan (Stuttgart: Verlag Urachhaus, 2001).

Solis" und „Unio Christiana" konkretisierten. Sie leistete einen wesentlichen Beitrag zur Bildung der Legende der geheimen Rosenkreuzerbruderschaft. Die von unterschiedlichen intellektuellen Strömungen durchzogene Atmosphäre in Tübingen scheint die Artikulierung und Propagierung neuer Ideen ermutigt zu haben. Denn selbst Andreaes orthodoxe Schriften beinhalten eine implizite Gesellschaftskritik.

3.6.2. Ökumenische Vision einer „Zweiten Reformation"

Die theologische Fakultät der Universität Tübingen spielte eine große Rolle in der Ausgestaltung der Gedanken Andreaes. Die meisten der Theologen, mit denen Johann Valentin zu tun hatte, waren orthodoxe Lutheraner: Johann Georg Sigwart (1554-1618), Matthias Hafenreffer (1561-1619), Andreas Osiander (1562-1617), Kanzler der Universität, und Michael Schaefer (1573-1608).[167] Andreae gewann ein Interesse an der Mathematik und Astronomie unter der Anleitung Michael Mästlins (1550-1631), dem vormaligen Lehrer Keplers. Martin Crusius (1526-1607) unterrichtete ihn in Latein und Griechisch und beeinflusste sein Denken über das Verhältnis der Griechisch-Orthodoxen Kirche zum Protestantismus nachhaltig. Der bemerkenswerte Altphilologe hatte nämlich versucht, die westlichen und östlichen Konfessionen im Geist einer evangelischen Ökumene zu versöhnen. Da Crusius eine Anzahl der Predigten Jakob Andreaes (1528-1590) übersetzt hatte, war es selbstverständlich, dass sich der Enkel des bekannten Verfassers der *Concordia Augustana* zu ihm hingezogen fühlte.[168]

Der Millennialist Tobias Hess (1568-1614), mit dem Andreae wahrscheinlich 1608 Freundschaft schloss, hinterließ einen bleibenden Einfluss auf ihn. Der aus Nürnberg

---

167 Ebd.

168 John Warwick Montgomery, *Cross and Crucible: Johann Valentin Andreae (1586-1654): Phoenix of the Theologians*, 2 vols. (The Hague: M. Nijhoff, 1973) vol. 1, 31-32.

stammende Hess bildete einen Zirkel, zu dem sich neben Andreae auch Thomas Lansius, Wilhelm Schickhardt, Johannes Stoffel, Christoph Besold und Abraham Hölzel zählten.[169] Obgleich Hess Jura studierte und 1592 promovierte, wandte er sich der Medizin zu und versuchte eine Synthese der Lehren von Paracelsus und Simon Studion (1543-1604) mit der Lutherischen Dogmatik zu bewirken. In der Umsetzung des Anliegens bemühte sich der Hess-Zirkel, Naturwissenschaft und Theologie miteinander zu vereinen. Das resultierende Gemisch an Konzepten, die der Iatrochemie[170], Alchemie, Naturwissenschaft, dem Okkultismus, den apokalyptischen Spekulationen und der christlichen Glaubenslehre entnommen waren, entzog sich jeder rationalen Erfassung. Dennoch findet man dasselbe Interesse in den rosenkreuzerischen Schriften wieder. Als der Jurist Hess es wagte, Paracelsische Medizin zu praktizieren, ohne die offizielle Erlaubnis dafür eingeholt zu haben, legte die medizinische Fakultät über ihn Beschwerde ein. Der Wortlaut der Anklage gibt uns wichtige Einblicke in die Situation der damaligen Zeit: „Hess [ist] kein Mediziner, sondern ein alchymista potius, impii illius Paracelis discipulus."[171] Hess besaß jedoch genug Ansehen, um an öffentlichen Veranstaltungen teilzunehmen, die ebenso von Crusius besucht wurden, der mehrmals in seinem Tagebuch festhielt, dass Hess ihm seine Ansichten über den kurz bevorstehenden Fall des Papsttums mitgeteilt habe. Hess erregte 1606 Aufsehen, als seine Ansichten zensiert wurden und

---

169 Richard Van Dülmen, *Die Utopie einer christlichen Gesellschaft: Johann Valentin Andreae (1586-1654)* (Stuttgart: frommann-holzboog, 1978) 58.

170 Die Iatrochemie – abgeleitet von griechisch: ιατρός (iatrós = Arzt) und χημεία (chemeia = wörtlich „die Kunst der [Metall]gießerei", „Chemie") – und auch als Chemiatrie, Chemiatrik oder Chymiatrie bezeichnet, ist eine vor allem von Paracelsus im 16. Jahrhundert verbreitete Nutzbarmachung der Alchemie (als Grundlage zur Herstellung möglichst reiner Heilmittel) für die Medizin.

171 Universitätsarchiv Tübingen, 20, 3a, 1 (1599), zit. in „Johann Valentin Andreae: Weg und Programm eines Reformers zwischen Reformation und Moderne," in Martin Brecht, Hrsg., *Theologen und Theologie an der Universität Tübingen: Beiträge zur Geschichte der Evangelisch-Theologischen Fakultät* (Tübingen: Franz Steiner Verlag, 1977) 281.

ihm verboten wurde, sie mittels geheimer Schriften zu verbreiten.[172]

Hess war offensichtlich der Durchgangskanal für Studions Lehre vom Tausendjährigen Reich. Crusius Tagebuch informiert uns, dass Hess mit Studion in Beziehung stand und er diesem verschiedene Bücher über Prophetie ausgeliehen hatte.[173] Studions Lebenswerk war das 2000-Seiten umfassende Manuskript mit dem Titel *Naometria*[174] (1596; *Naometria Nova*[175], 1604), eine Kombination von Mathematik, Naturgesetzen, Prophezeiungen und Bauplan eines allegorischen Tempels. Indem sich die Schrift auf Vorhersagen in den Büchern Daniel und Offenbarung berief, prophezeite sie die Kreuzigung des letzten Papstes im Jahr 1612, die bevorstehende Zerstörung der Welt, den Beginn des Tausendjährigen Königreiches Christi im Jahr 1620 und die Proklamation des neuen Jerusalems oder der „civitas solis". Studion deutete auf die Kenntnis des geheimen Schlüssels Davids (lat. clavis) hin, den angeblich der Apostel Johannes als Verfasser der Offenbarung ebenfalls empfangen hatte. Nur so könne der Tempel, in dem der Altar Gottes

---

172 Universitätsarchiv Tübingen, 6, 25, Visitationsrezeß; zit. in Brecht, *Theologen und Theologie an der Universität Tübingen*, 283.

173 S. dazu: Eintrag vom 20. November 1598, Martin Crusius, *Diarium*, hrsg. v. Wilhelm Goz, Ernst Conrad, et al., 4 Bde. (Tübingen: Laupp'schen Buchhandlung, 1927-1961) 2:135. Crusius heiß eigentlich Martin Kraus bzw. Krauß.

174 Der Begriff „Naometria" bedeutet Tempelmesskunst und nimmt Bezug auf eine Passage im 11. Kapitel der Offenbarung des Johannes.

175 Erster Teil: Simon Studion, *Naometria*: [...] *In cruciferae Militiae Evangelicae gratiam. Authore Simone Studione, inter Scorpiones. Pars Prior. Intercollocutores Nathanaël Cleophas. Anno 1604.* [*Naometrie*: [...] *Gewidmet der Crucifera Militia Evangelica. Von Simon Studion, unter Skorpionen. Erster Teil. Gesprächspartner: Nathanaël, Cleophas. Im Jahr 1604.*] [Marbach am Neckar] 1604, Handschrift, Quarto, 205, 877 Seiten, Württembergische Landesbibliothek, Stuttgart, MS Cod. Theolo. et Philos. 4° 23. Zweiter Teil: Simon Studion, *Naometriae novae et prognostici pars posterior. In cruciferae Militiae Evangelicae gratiam. Authore Simone Studione, inter Scorpiones. Anno 1604. Authore Simone Studione, inter Scorpiones. Intercollocutores Nathanaël Cleophas. Anno 1604.* [*Neue Naometrie und Prophezeiungen, Teil 2*, [...].] [Marbach am Neckar] 1604, Handschrift, Quarto, Seite 878–1936, Württembergische Landesbibliothek, Stuttgart: Cod. theol. et. phil. qt. 23,b

stünde, geöffnet werden (daher stammt die Verwendung des Begriffs „naos" – Tempel – im Titel). Symbolisch sei dadurch die Schrift und die Natur als innerer und äußerer Tempel in den beiden biblischen Büchern dargestellt.[176] Studion legte auch eine mystische und prophetische Deutung der Rose und des Kreuzes vor und erwähnte eine Gesellschaft mit dem Namen „Militia Crucifera Evangelica". Man sieht in diesem Orden einen Vorläufer der späteren Rosenkreuzerbruderschaft, die sich angeblich zum Schutze und der Reinheit des christlichen Glaubens formierte. Der Verfasser der *Fama Fraternitatis* und der *Confessio Fraternitatis* muss mit dem Werk Studions vertraut gewesen sein.

Um die Entstehung der *Fama* und *Confessio* zu verstehen, muss man beachten, dass zur damaligen Zeit ein ungeheurer Reformationswille von der Bevölkerung ausging. Man richtete sich seit Luther wieder vermehrt gegen den Klerus und versuchte einen alternativen Bund zur katholischen „Societas Jesu", den die Gegenreformation forcierenden Jesuiten-Orden, aufzubauen. Die Rosenkreuzer Manifeste verursachten in Europa einen gewaltigen Nachklang. Zwischen 1614 und 1625 erschienen mehr als vierhundert gedruckte Schriften zum Thema. Die jeweiligen Verfasser wollten mit der Bruderschaft entweder Kontakt aufnehmen, Kritik beziehungsweise Zustimmung äußern oder ihre Zweifel an der Existenz des Geheimbundes bekunden.

Die Rosenkreuzer setzten sich mit Leibeskräften für die Verwirklichung ihrer ökumenischen Vision einer „Zweiten

---

176 Über die Wirkung von Simon Studions Naometrie urteilt Walter Hagen: „Bleibende Anerkennung haben ihm seine archäologischen Verdienste eingetragen. Dagegen ist der lateinische Dichter und der Historiker Studion mit Recht in Vergessenheit geraten. In gewissem Sinn gilt dies auch von dem Apokalyptiker und Chiliasten; nur darf nicht übersehen werden, daß ein gut Teil der Gedanken, die er von Joachim von Fiore und Paracelsus aufgenommen und verarbeitet hat, durch ihn weitergetragen wurden über Johann Valentin Andreä und dessen Freundeskreis. [...] Das Apokalyptische hat bei ihm schließlich alles überwuchert, auch das, was er einst in der allgemeinen Weltuntergangsstimmung als Ausweg und Rettung verkündigen wollte." Walter Hagen, *Magister Simon Studion. Lateinischer Dichter, Historiker, Archäologe und Apokalyptiker*, in *Schwäbische Lebensbilder* (Stuttgart: W. Kohlhammer, 1957) Bd. 6, 99.

Reformation" ein.[177] Alle christlichen Konfessionen wurden dazu angehalten, sich unter ihrer Federführung zu vereinigen. Sollte sich dieses waghalsige Unternehmen für zu ambitioniert erweisen, strebte man zumindest die Zusammenführung der protestantischen Kirchen an. Beseelt von der irrigen Hoffnung, die seit der Reformation gespaltenen Kirchen miteinander zu versöhnen, glaubte man, die Welt von der Geisel der Entzweiung und des Unfriedens zu befreien.

3.6.3. Reformatorisches Anliegen der rosenkreuzerischen Pansophie

Die hervorgerufene Furore über dieser mysteriösen Proklamation hat Andreae in eine ihm unliebsame Kontroverse hineingezogen. Geistesgelehrte und Historiker haben sich seitdem bemüht zu verstehen, welche Motive ihn dazu bewogen hatten, bei der Abfassung der sogenannten rosenkreuzerischen Manifeste mitzuwirken. Seit Andreaes Tod sind Dutzende Versuche unternommen worden, um die Frage zu klären, welchen Anteil er am Abfassen dieser Manifeste hatte.

Die Schriften Paracelsus hatten einen tiefen Eindruck auf das empfindsame Gemüt Andreaes hinterlassen. In seinen spekulativen Vorstellungen sah Paracelsus Gott und die Natur als zwei Gegenpole an, die er zu einer neuen Einheit zusammenfügen wollte. Anstelle des fundamentalen Lehrsatzes der Pansophie „Omnia ab uno, omnia ad unium " („Alles entspringt dem Einen, alles strebt dem Einen entgegen") spricht Paracelsus über Gott im naturphilosophischen Sinne nur als Teil der Natur. Paracelsus verkündigte nun, dass in Gottes Wesen – dem ewig Einen – alle Dinge zusammengefasst seien.

---

177 S. dazu: Will-Erich Peuckert, *Die Rosenkreutzer: Zur Geschichte einer Reformation* (Jena: E. Diederichs, 1928); G. Krüger, *Die Rosenkreuzer. Ein Rückblick* (Berlin: Verlag von Alfred Unger, 1932); H. Schick, *Das ältere Rosenkreuzertum* (Berlin: Nordland Verlag, 1942); Wilhelm Maurer, *Aufklärung, Idealismus und Restauration*, Bd. 1 (Gießen: A. Töpelmann, 1930; 2 Bde.) 107f.

Der Schweizer Arzt machte auch regen Gebrauch von den Symbolen und Begriffen der Alchemie, die bis ins späte 17. Jahrhundert als populärste Form der Naturphilosophie im Umlauf war. Konzeptionell stellten sie den Unterbau der Pansophie dar. Die ersten Verlautbarungen über die Existenz der rosenkreuzerischen Bewegung regte sofort eine lebhafte Diskussion an. Nebst manch einem anderen beteiligte sich selbst Johann Gottfried Herder (1744-1803) daran. Mit einiger Gewissheit kann man sagen, dass sie bis heute noch keinen Abschluss gefunden hat.

Grundsätzlich proklamierte das Rosenkreuzertum das folgende Gedankengut: Die wahre katholische Kirche ist nicht eine aus Ortskirchen bestehende Konfession, sondern weist sich in einer auf Harmonie bedachten Gesinnung der Frommen aus. Dieses geistliche Gütezeichen kennzeichnet alle wahren Gläubigen an Jesus Christus. Die Zugehörigkeit zu einer bestimmten Kirche ist im Gegensatz dazu ein untrügliches Indiz, dass man sich der Führung des guten Hirten verweigert. Anstatt ein Friedensstifter zu sein, degradiert man sich selbst zum Status eines Sektierers, Schismatikers und Häretikers. Im Königreich Gottes herrschen keine Spaltungen eines ekklesiologischen Formalismus. Die wahren Christen sind auf der ganzen Welt zerstreut, geben sich äußerlich als rechtgläubige Katholiken, Lutheraner oder Calvinisten aus, gehören aber innerlich keiner dieser Kirchen an, sondern suchen wie die böhmischen Brüder nach einer überkonfessionellen Gemeinschaft Gleichgesonnener. In ihrer Erfahrung und Glaubensausübung erfüllt sich die Verheißung Gottes, aus allen Nationen seine Kirche zu sammeln.

Alle Versuche der Rosenkreuzer und Pansophisten, die christlichen Konfessionen miteinander zu vereinigen, waren zum Scheitern verurteilt, da sich die einflussreichen Repräsentanten der lutherischen Orthodoxie, allen voran die Gruppe von Theologen um Calixtus, beflissentlich weigerten, der Römisch-Katholischen Kirche nicht einmal durch symbolische Gesten entgegenzukommen. Die Lutheraner waren sich der prekären Lage, in der sie sich befanden, gänzlich bewusst. Sie kämpften um ihre eigene

Existenz. Das Rosenkreuz wurde von vielen schlussendlich zum Symbol einer dritten Glaubenskonfession erhoben.[178]

In der *Fama Fraternitatis* ergeht ein weiterer eindringlicher Aufruf zur christlichen Reform der Wissenschaften. Johann Valentin Andreae richtete eine christliche Gesellschaft unter der Bezeichnung „Societas Christiana" ein. Die Gründung einer die Naturwissenschaft fördernden Organisation lag zwar noch Jahrzehnte in der Zukunft, doch als späte Frucht kann die Einrichtung der Londoner Royal Society als Akademie der Wissenschaften verstanden werden. Es ist unbestritten, dass Andreaes dringliche Appelle zur Erforschung der Natur im puritanischen England wesentlich erfolgreicher waren als die von ihm zu einem früheren Zeitpunkt in Württemberg durchgeführten Reformprojekte. Dennoch erhob die Royal Society nicht den Anspruch, die Generalreformation der Welt einzuleiten, geschweige denn fortzuführen. Ihr Aufgabenbereich war streng begrenzt auf ein einziges – wenn auch wesentliches – Ziel der *Fama Fraternitatis*: den organisierten und institutionalisierten Austausch wissenschaftlicher Erkenntnisse. Durch die bewusste Begrenzung ihres Wirkungskreises, gelang es ihr bestens, einen bleibenden Einfluss auf den Gang der naturwissenschaftlichen Erforschung auszuüben, der ihr einen prominenten Platz in der Historie der Wissenschaft sicherte.

3.6.4. Spekulationen über das Geheimwissen der Rosenkreuzer

In den nachfolgenden Jahrhunderten beeinflusste die rosenkreuzerische Idee einer geistlichen und politischen Welterneuerung die Geschichte der europäischen Mystik und Spiritualität nachhaltig. Ungeachtet der Tatsache, dass die Richtigkeit der historischen Angaben über die Existenz des Rosenkreuzerordens letztlich nie geklärt wurde, bildete sich ein ungeheurer Mythos um den Namen Christian Rosencreutz. In der Erwartung, in die bedeutsamsten

---

178 Peuckert, *Die Rosenkreutzer*, 168.

Geheimnisse eingewiesen zu werden, träumten viele Mystiker davon, in die Bruderschaft aufgenommen zu werden. Im Zuge einer sich immer weiter ausbreitenden Furore steigerten sich die Spekulationen über das Geheimwissen der Rosenkreuzer fast ins Uferlose.

Wenn man die europäische Geschichte der verschiedenen Mysterienkulte und Initiationsgemeinschaften betrachtet, ist es schwierig, die Rosenkreuzer exakt zu definieren. Der Name ist nicht geschützt, und es gibt in Europa und Amerika zwischen hundert und zweihundert größere und kleinere Gesellschaften, die den Namen Rosenkreuz oder Rosenkreuzer in Bezug auf ihre Mitglieder oder den Organisationsnamen ständig oder sporadisch verwenden. Daneben werden von den Anhängern solcher Gemeinschaften gern berühmte Namen der Geistesgeschichte posthum zu Rosenkreuzern (bevorzugt der eigenen Traditionslinie) erklärt. Der Begriff „Rosenkreuzer" kann folglich bezeichnen:

1) die in der *Fama* beziehungsweise *Confessio Fraternitatis* bezeichnete (literarisch-fiktive) Bruderschaft,

2) als Fremdbezeichnung: Anhänger des dort formulierten Gedankengutes der Pansophie und der Hermetik, wie zum Beispiel Michael Maier und Robert Fludd. Es gibt berechtigte Zweifel an Maiers Behauptung, selbst nie Mitglied einer solchen Organisation gewesen zu sein.[179]

3) höhere Eingeweihte und Geistwesenheiten, die an der spirituellen Führung der Menschheit beteiligt sein sollen (so zum Beispiel in der Rosicrucian Fellowship, zum Teil auch bei den Anthroposophen und im Lectorium Rosicrucianum).

Der Legende entsprechend, empfing der Gründer der Rosenkreuzerordens Christian Rosencreutz die Offenbarung der universalen Einheit. Sie zielte darauf ab, Menschen in die vollkommene Harmonie mit Gott, dem Himmel und der Erde zu bringen. In den esoterischen Lehren der Alchemie und Astrologie sahen die Rosenkreuzer ihre größten praktischen Geheimnisse. Als – wie sie

---

179 S. dazu: Eugen Lennhoff, Oskar Posner, Dieter A. Binder, Hss., *Internationales Freimaurer-Lexikon* (Wien: Amalthea-Verlag; Graz: Akademische Druck- und Verlagsanstalt, 1965; München: Herbig, 2015) 540.

meinten – rechtmäßige Erben der brahmanischen und ägyptischen Weisheit konzentrierten sie sich unter Hinzuziehung der symbolhaft dargestellten Vervollkommnung der Metalle auf eine veredelte Perfektion des menschlichen Geistes, wie es den Anweisungen der hermetischen Philosophie entsprach.[180]

Bei näherer Betrachtung der rosenkreuzerischen Geheimlehre fallen im Wesentlichen Ähnlichkeiten zur Hermetik und zu den antiken Kosmogonien[181] des Nahen und Mittleren Ostens (Ägypten, Babylon und Persien) auf. Die Eigenart des „Chaos Syndroms" wird darin besonders deutlich aufgezeigt:

1) Die Schöpfung ist Ergebnis katastrophaler oder sexualer Begegnung von mindestens zwei Hauptmächten.

2) Die Schöpfung beinhaltet Elemente des Grotesken und des Irrationalen.

3) Veränderlichkeit, Dunkelheit und Schlamm bringen das Leben hervor.

4) Schlangen und hybride Kreaturen[182] sind Symbole der Energie und verdienen göttliche Verehrung.

5) Die Schöpfung unterliegt einem ständigen Erneuerungsprozess, der sogenannten „Ewigen Wiederbringung". Die Welt ist ein lebender, sich regenerierender Körper.

6) Die Doktrin der Korrespondenz des Weltalls und der Erde, „wie oben, so unten", besagt, dass die Götter an den Mühen des kreatürlichen Schaffens der Menschen Anteil nehmen.

7) Der Mensch wird bei seiner Verherrlichung auf die Ebene der Göttlichkeit erhoben.

---

180 Zum hermetischen Erbe der Rosenkreuzer, s. dazu: Claus Priester, „Alchemie und Vernunft. Die rosenkreuzerische und hermetische Bewegung in der Zeit der Spätaufklärung," in Monika Neugebauer-Wölk, Hrsg., *Aufklärung und Esoterik* (Hamburg: Felix Meiner Verlag, 2016) 305-334.

181 Kosmogonie: Lehre von der Entstehung des Kosmos, der Welt. Die Unterschiede zwischen der Lehre des Hermes Trismegistus und den antiken Kosmogonien liegt in der umfassenderen Inhaltsfülle der Hermetik.

182 eine Mischung aus Tier und Mensch

8) Ein Hinuntergehen in die Tiefen, dem ehrenwerten Abstieg, beschert den Menschen und Göttern die in ihrer Wirkung belebende Begegnung mit Ungeheuern.

In ihrer stilistischen Wortwahl und inhaltlichen Bedeutung sind die „Chaos"-Schriften wulstig wie auch verwirrend und in besonderer Weise dem biblischen Denken entgegengestellt.[183]

Diese Ideen beseelten nicht nur so einflussreiche Kirchenväter, wie Tertullian und Augustin, sondern auch Renaissancepoeten, wie Drayton, Heywood und Jonson. Sie werden erneut aufgegriffen in religiösen und philosophischen Werken neuzeitlicher Denker.[184]

Die vom Christentum geprägte westliche Kultur sah im Chaos und Mysteriösen schon immer etwas Anstößiges. In der Beurteilung des Chaos als böse Macht nimmt der christliche Glaube eine Gegenposition zur Hermetik ein. Die Bibel spricht deutlich davon, dass Gott aus dem Nichts ein geordnetes Universum schuf. Die vom Sündenfall des Menschen gezeichnete Welt geht auf eine endzeitliche Zerstörung zu. Der von Gott losgelöste Mensch ist sich selbst, seiner Umwelt und dem Ewigen entfremdet. Künstlerische Begabung befähigt ihn zwar, die göttliche Schöpfung im Kleinen zu imitieren, Gott zu spielen, steht ihm jedoch nicht zu. Trotz anhaltender und umfassender Säkularisierung stehen die Werte der Ordnung und Wahrheit weiterhin hoch im Kurs. Eine chronische Furcht bewahrte die meisten Europäer noch bis in die Neuzeit vor einem Abgleiten ins Okkulte. Grundsätzlich hielt man sich im Umgang mit esoterischen Randgruppen zurück.

Es gibt derzeit kaum historische Belege für die gelegentliche Behauptung, es existierten bereits zu Anfang des 17. Jahrhunderts vereinzelte Zirkel, die größtenteils in Kontakt miteinander gestanden hätten. Hinweise auf eine tatsächliche Existenz damaliger Sympathisanten der rosen-

---

183 S. dazu: Blossom Feinstein, "The Faerie Queene and Cosmogonies of the Near East," *Journal of the History of Ideas*, 29 (Philadelphia, PA: University of Pennsylvania Press, 1968).

184 S. dazu: D. H. Lawrence, "Chaos in Poetry" (1928), in Anthony Beal, Hrsg., *Selected Literary Criticism* (Portsmouth, NH: Heinemann - Houghton Mifflin Harcourt, [1956] 1986).

kreuzerischen Reformbewegung fand man einige Jahrzehnte nach 1600 auf dem Kontinent und in England. Robert Fludd (1574-1637), ein prominenter englischer paracelsischer Arzt mit wissenschaftlichen und okkulten Interessen, war ein eifriger Verteidiger der *Fama Fraternitatis*, die nach ihrer Veröffentlichung zusehends von ihren Kritikern verunglimpft wurde. Im Jahr 1617 veröffentlichte er sein rosenkreuzerisches Werk *Utriusque Cosmi maioris salicet et minoris metaphysica*[185]. Trotzdem kann eine Existenz der Rosenkreuzer bereits um 1632 in England vermutet werden, da aus dieser Zeit einige Schriftzeugnisse, wie die des Schriftstellers Henry Adamson, existieren. In einem seiner Gedichte, „Muses Threnodie" taucht folgende Stelle auf: „For we be Brethren of the Rosy Cross, We have the Mason's Word and second sight." (Denn wir sind Brüder des Rosenkreuzes, Wir besitzen das Wort der Freimaurer und das zweite Gesicht.) Bemerkenswert ist hierbei die Erwähnung der rosenkreuzerischen Bruderschaft in Zusammenhang mit dem aus der Freimaurerei bekannten Maurerwort. Die Rosenkreuzerbewegung kann also nun nicht mehr als eine ausschließlich deutsche Bewegung verstanden werden, auch wenn sie hier ihren offiziellen Anfang genommen hat. Immerhin war es auch ein englischer Schriftsteller namens John Donne, der in seiner Weihnachtspredigt von 1624 den deutschen Theologen Daniel Cramer zitierte, der unter anderem 1617 das Werk *Wahre Gesellschaft von Jesus und dem Rosenkreuz* verfasste. John Donnes „Club der Meerjungfrauen" galt zur damaligen Zeit als besonders konspirativ, da man hinter ihm eine rosenkreuzerische Geheimgesellschaft vermutete, die aus drei Graden – Kandidat, Bruder und Gefährte – bestand. Damalige Zentren sämtlicher rosenkreuzerischer Aktivität waren Prag und Kassel. Der Landgraf Moritz von Hessen-Kassel duldete während seiner Regierungszeit den Druck und die Verbreitung der *Fama Fraternitatis*. Des Weiteren war sein Hof Versammlungsort der europäischen Rosenkreuzer-

---

185 Robert Fludd, *Utriusque cosmi maioris scilicet et minoris metaphysica, physica atqve technica historia: in duo volumina secundum cosmi differentiam diuisa* (Oppenhemii: Aere Johan-Theodori de Bry: Typis Hieronymi Galleri, 1617); http://archive.org/details/utriusquecosmima02flud

bewegung. So fand hier ein reger Austausch zwischen englischen und deutschen Rosenkreuzern statt.

Zentrale Symbole des Rosenkreuzertums sind das goldene Kreuz und die aufblühende rote Rose. Die Deutung und Interpretation dieser Symbolik variiert je nach Rosenkreuzerorganisation zum Teil stark. In der Synthese aus goldenem Kreuz und roter Rose spiegelt sich auf symbolischer Ebene der Gesamtcharakter des Rosenkreuzertums wider. In erster Linie symbolisiert das Kreuz den Menschen. Er ist dazu aufgerufen, sich charakterlich und innerlich soweit zu prüfen und selbst zu hinterfragen, dass er sich seinem Wesen nach von einem unedlen zu einem aufrechten, ehrenwerten Menschen wandeln soll. Dies wird durch die Verwendung von Gold symbolisiert, das durch Phasen der geistigen Reinigung zu einem Edelmetall transformiert wurde. Die Rose symbolisiert vorrangig die Bedeutung des seelischen Wesens, die zu Tage tritt, wenn alle vier Elemente – Feuer, Erde, Wasser und Luft – in Einklang zueinander stehen. Die Assoziation liegt nahe, dass man in der Rose das fünfte Element, die Quintessenz, vermuten kann. Gleichbedeutend für die Quintessenz sah und sieht man im Rosenkreuzertum, wie in der Alchemie, den Stein der Weisen. Der Weg dazu führe über die Liebe, symbolisiert durch eine aufblühende rote Rose. Dies lässt viele Möglichkeiten an unterschiedlicher Interpretation offen und soll dem Betrachter die vorzeitlichen Wurzeln seines persönlichen Wesens vor Augen führen.

Kreuz und Rosen spielten als Symbole schon immer eine entscheidende Bedeutung in der Geschichte der Menschheit. Nicht alles muss jedoch mit den Rosenkreuzern in Verbindung stehen. Bereits seit Martin Luther standen Kreuz und Rose in Verbindung mit einem reformatorischen Geist. Der deutsche Theologieprofessor beschrieb sein Wappen, die Lutherrose, in einem Brief vom 8. Juli 1530:

> [...] ein Merkzeichen meiner Theologie. Das erst sollt ein Kreuz sein, schwarz im Herzen, das seine natürliche Farbe hätte, damit ich mir selbst Erinnerung gäbe, daß der Glaube an den Gekreuzigten uns selig machet. Denn so man von Herzen glaubt, wird man gerecht.

Ob's nun wohl ein schwarz Kreuz ist, mortifizieret und soll auch wehe tun, dennoch läßt es das Herz in seiner Farbe, verderbt die Natur nicht, das ist, es tötet nicht, sondern erhält lebendig. [...] Solch Herz aber soll mitten in einer weißen Rosen stehen, anzuzeigen, daß der Glaube Freude, Trost und Friede gibt, darum soll die Rose weiß und nicht rot sein; denn weiße Farbe ist der Geister und aller Engel Farbe. Solche Rose stehet im himmelfarben Felde, daß solche Freude im Geist und Glauben ein Anfang ist der himmlische Freude zukünftig, jetzt wohl schon drinnen begriffen und durch Hoffnung gefasset, aber noch nicht offenbar. Und in solch Feld einen goldenen Ring, daß solch Seligkeit im Himmel ewig währet und kein Ende hat und auch köstlich über alle Freude und Güter, wie das Gold das höchste, köstlichste Erz ist.[186]

Die historisch wahrscheinlichste Herleitung führt die Symbolik des goldenen Kreuzes und der aufblühenden roten Rose des Rosenkreuzertums auf das Familienwappen von Johann Valentin Andreae zurück, das vier Rosen in einem Andreaskreuz zeigte. Andreae selbst beschreibt diese Kombination in der *Chymischen Hochzeit des Christian Rosencreutz* als Kleidung des Christian Rosencreutz:

Darauff rüstet ich mich auff den weg, zog meinen weisen Leinen Rock an, umgürtet meine lenden mit einem Blutrothen Bendel kreutzweiß über die Achslen gebunden. Auff meinen Hut steckt ich vier rother Rosen: damit ich unter dem Hauffen durch solche Zeichen könte desto eh gemerkt werden.[187]

Die *Chymische Hochzeit* beschreibt ein jung vermähltes Ehepaar, das in einem pompösen Schloss von magischen

---

186 WA (Weimarer Ausgabe), Luthers Briefwechsel, 5. Band, 444f. (Nr. 1628) in Martin Luther, *D. Martin Luthers Werke*, 120 Bände (Weimar: Boehlaus Herrmann Nachf., 1883-2009).

187 Richard van Dülmen, Hrsg. und Einleitung, *Fama Fraternitatis, Confessio Fraternitatis, Chymische Hochzeit Christiani Rosencreutz. Anno 1459.* (Stuttgart: Calwer Verlag, 1994) 51.

Wundern lebt. Der Löwe, das Wappenbild Friedrichs V., dem König der Pfalz, war das Hauptsymbol des Buches. Christian Rosencreutz bemerkte, nachdem er das Schloss betreten hatte und an den Zeremonien und Initiierung teilgenommen hatte, dass sich seine Seele in einer mystischen Hochzeit seinem Schöpfer emporschwang, so in etwa wie es die vage Verheißung bei der Initiation in die höheren Freimaurergrade verspricht. Andreaes *Chymische Hochzeit* bildete John Dees *Monas Hieroglyphica*[188] auf der Titelseite ab, ein Umstand, den die Historikerin Frances A. Yates dazu veranlasst, die Schlussfolgerung zu ziehen, dass „die Rosenkreuzerbewegung in Deutschland ein verspätetes Resultat der Mission Dees in Böhmen vor über 20 Jahren war".[189] Yates behauptet weiter, dass die Rosenkreuzer im Begriff standen, die Rückkehr des Goldenen Zeitalter Adams und Saturns zu verwirklichen mittels der Initiierung und den Zeremonien, die in Andreaes *Chymische Hochzeit* beschrieben werden.[190] Das Rosenkreuzertum war der Name der Christlichen[191] Kabbala[192] während der 1620er-Jahre.

---

188 John Dee, *Monas hieroglyphica Ioannis Dee, Londinensis, ad Maximilianvm, Dei gratia Romanorvm, Bohemiae et Hvngariae regem sapientissimvm* (Francofvrti: Apud Iohannem Wechelum & Petrum Fischerum consortes, 1591); http://archive.org/details/monashieroglyphi00deej

189 Frances A. Yates, *The Rosicrucian Enlightenment* (London and Boston: Routledge & Kegan Paul, 1972) 40.

190 Ebd.

191 Die Verwendung des Begriffs „christlich" trägt nicht die Bedeutung des Christlichen im eigentlichen Sinne des Wortes. – Die christliche Kabbala war eine Strömung, die meist als Phänomen der Renaissance angesehen wird und die jüdische Kabbala nutzte, um darin nach einem christlichen Sinn zu suchen. https://de.wikipedia.org/wiki/Christliche_Kabbala

192 Die Kabbala, übersetzt „das Überlieferte", ist eine mystische Tradition des Judentums. Seit Pico della Mirandola (15. Jahrhundert) wird die Kabbala auch in nichtjüdischen Kreisen fortgeführt. https://de.wikipedia.org/wiki/Kabbala

3.6.5. Ausbruch des Dreißigjährigen Krieges

Unter dem habsburgischen Kaiser Rudolf II. (1552-1612) war Prag zu einer Oase für jüdische und christliche Kabbalisten geworden sowie ein Zentrum für die Gegenreformation. Rudolf hatte sich persönlich mit Rabbi Loew, dem Schöpfer des Golems[193], besprochen und bat ihn um geistlichen Rat. Loew war in Prag die Anlaufstelle für eine virulente Form der Kabbala, die der Rabbiner Isaac Luria (1534-1572) zusammengestellt hatte. Zur gleichen Zeit hatte die katholische Kirche die Schriften des deutschen Philosophen und Humanisten Johannes Reuchlin (1455–1522) auf den Index gesetzt. Während Rudolf sich selbst zum Studium okkulter Literatur aus dem öffentlichen Leben verabschiedet hatte, konnten sich die im Streit liegenden religiösen Kräfte ungehindert entfalten. Über kurz oder lang war der Konflikt unausweichlich. Darüber hinaus war immer noch ein großes Hussitisches[194] Kontingent im Land ansässig, das weder mit den Juden noch mit den Katholiken sympathisierte.

Ferdinand von Steiermark (1578-1637) folgte Rudolf II. als König von Böhmen nach. Der neue habsburgische Kaiser war ein überzeugter bayerischer Katholik, den die Jesuiten erzogen hatten. Sein Anliegen, die Gegenreformation einzuleiten, führte zur Revolte der Hussiten. Während eines hitzigen Wortaustausches warfen die Vertreter der protestantischen Stände am 23. Mai 1618 den königlichen Statthalter Jaroslav Borsita Graf von Martinitz und Wilhelm Slavata sowie den Kanzleisekretär Philipp Fabricius aus dem Fenster des Schlosses in Prag. Dieses Vorkommnis wurde als

---

193 Der Golem ist ab dem frühen Mittelalter in Mitteleuropa die Bezeichnung für eine Figur der jüdischen Literatur und Mystik. Dabei handelt es sich um ein von Weisen mittels Buchstabenmystik aus Lehm gebildetes, stummes, menschenähnliches Wesen, das oft gewaltige Größe und Kraft besitzt und Aufträge ausführen kann. https://de.wikipedia.org/wiki/Golem

194 Unter dem Begriff Hussiten, auch Bethlehemiten genannt, werden verschiedene reformatorische beziehungsweise revolutionäre Bewegungen im Böhmen zusammengefasst, die sich ab 1415 nach der Verbrennung des Theologen und Reformators Jan Hus herausbildeten. https://de.wikipedia.org/wiki/Hussiten

der zweite Prager Fenstersturz bekannt und führte schlussendlich zum Ausbruch des Dreißigjährigen Krieges. Die
unmittelbare Auswirkung war jedoch, dass Ferdinand aus
dem Königtum Böhmen verjagt wurde. Dieses stand von da
an in offener Revolte gegen das habsburgische Kaiserreich
und bemühte sich um militärische Unterstützung von
protestantischen Fürsten. Die Hussiten boten dem Pfalz-
grafen und Kurfürst von der Pfalz Friedrich V. (1596-1632)
die böhmische Königskrone an. Nach einem Monat der
Bedenkzeit nahm Friedrich das Angebot am 28. September
1619 an, wohlwissend dass dies einer Kriegserklärung gegen
Habsburg gleichkam. Die englischen Protestanten schöpften
Hoffnung, dass die ins Stocken geratene Militärkampagne
gegen die Katholiken weitergeführt werden würde. Es
schien, als ob die Königin Elisabeth I. dem legendären
Phoenix gleich vom Reich der Toten zurückkehren würde,
um wie vormals an der Spitze der „Confederatio Militiae
Evangelicae" die Katholiken zu bekämpfen. In
protestantischen Kreisen stand man in froher Erwartung,
dass die Habsburger nun endlich vollständig besiegt werden
würden.[195] Nicht nur diese Illusion, sondern auch eine zweite
sorgte bald für erhebliche Betroffenheit. Da Friedrich mit
Elisabeth Stuart, der Tochter des englischen Königs James I.,
verheiratet war, nahm man an, dass dieser seinem Schwiegersohn militärisch zur Hilfe eilen würde, sobald sich die
Truppen der Habsburger Richtung Prag in Bewegung setzen
würden, um ihr verlorenes Königreich zurückzugewinnen.
Wenngleich diese Annahme von vielen geteilt wurde, erwies
sie sich als haltlos. Es wäre purer Irrsinn gewesen, wenn
James sich entschlossen hätte, seinen Thron zu riskieren, um
in Prag, hunderte von Kilometern von der Küste entfernt
und tief im feindlichen Territorium, gegen das gut
ausgerüstete Söldnerheer der Habsburger zu kämpfen. Dass
diese militärstrategische Einschätzung richtig war, zeigte
sich schon bald, als der Herzog von Bayern König Friedrich
in der Schlacht am Weißen Berg außerhalb Prags am 8.
November 1620 vernichtend besiegte. Die Niederlage war so
verheerend und ereignete sich so rasch, dass Friedrich und

---

195 Yates, *The Rosicrucian Enlightenment*, 20.

Elisabeth Hals über Kopf die Flucht antreten mussten und dies mit nichts Weiterem als ihrem bloßen Leben. Noch bevor das Ehepaar in der Pfalz ankam, marschierten Truppen, die den spanischen Habsburgern loyal waren, in Heidelberg ein und zerstörten das Schloss und die Lustgärten. Friedrich verlor nicht nur Hab und Gut, sondern auch seine Regentschaft. Schließlich kamen Friedrich und Elisabeth als Exilanten in Holland an, dem damaligen Zufluchtsort für protestantische Revolutionäre, wo sie den Rest ihres Lebens in beklemmender Armut zubrachten.

Als die schreckliche Tragödie des Dreißigjährigen Krieges mit der Niederlage Friedrich V. am Weißen Berg in Böhmen 1620 ihren Anfang nahm, trat eine allgemeine Ernüchterung unter der europäischen Bevölkerung ein. Man glaubte nicht mehr an die hochtrabenden Versprechungen einer zweiten Reformation, wie sie die Pamphlete der Rosenkreuzer in Aussicht gestellt hatten; so erstrebenswert es auch gewesen sein mag, eine in Finsternis gehüllte Welt der Erleuchtung entgegenzuführen, so unpoetisch stellte sich die raue Realität einer durch die Kriegswirren verursachten Zerstörung weiter Landstriche Deutschlands dar. Der kabbalistische Kreuzzug der Protestanten erwies sich wie eine Seifenblase, die zwischen der Entschlossenheit der Habsburger und der Gleichgültigkeit der Stuarts zerdrückt wurde.

Die rosenkreuzerische Aufklärung fand mit dem Abflauen der Furore ein unrühmliches Ende, bis sie wieder im 18. Jahrhundert im Orden der Gold- und Rosenkreuzer aufgegriffen wurden. Nur wenige Fakten sind überliefert worden über die Aktivität einiger im Verborgenen agierenden Rosenkreuzerzirkel in Holland und England, die das esoterische Erbe ihrer Ordensgründer zu bewahren suchten. Die Brüder des Ordens der Gold- und Rosenkreuzer, die erste moderne esoterische Geheimgesellschaft, waren in den mystischen Traditionen ihrer Zeit bewandert. Sie vertraten eine Form des späteren „christlichen" Mystizismus und propagierten im Besonderen die Lehre des Aufstiegs der Seele zu Gott. Dieses oberste Anliegen der „unio mystica" bildete auch eine bestimmte Verbindung zwischen den Rosenkreuzern des 18. Jahrhunderts und der

Aufklärung. Die Ordensbrüder unterließen es trotz ihrer rationalistischen Weltanschauung nie zu deklarieren, dass die Vereinigung mit Gott möglich sei. Um dies unter Beweis zu stellen, beriefen sie sich auf eine Modifikation der aufklärerischen Naturphilosophie, die darauf bestand, dass diese in ihrer teleologischen Struktur nur eine graduelle Offenbarung Gottes sei. Es bestand demnach also nur ein Unterschied in der Richtung: die Aufklärung erhob sich von der Natur zur Offenbarung, die Pansophie ging von der Offenbarung zur Natur aus, aber nur einzelne „durch Christus errettete Seelen"[196] würden die Geheimnisse des Kosmos verstehen.[197] Von da aus war nur noch ein Schritt nötig, um Christus, der am Kreuz sein Leben verwirkt hatte und am dritten Tage wieder aus dem Grabe auferstanden war, als das Zentrum der Welt wahrzunehmen, genauso wie es der pietistischen Vorstellung entsprach. Deshalb gewann die Naturwissenschaft eine religiöse Bedeutung, indem sie auf die Errettung der Welt – ganz so wie es der Gnostizismus forderte – durch rationale Erkenntnis bestand.[198] Wenn sich Rosenkreuzer darüber hinaus auf die Verheißungen von Jesus verließen, fühlten sie sich dazu prädestiniert, Wunder wirkende Kräfte zu erhalten. Diese auf das Christentum hinweisenden Vorstellungen nahmen jedoch eine schleierhafte Bedeutung auf dem Hintergrund einer alchemistischen Esoterik an.

---

196 Natürlich handelte es sich bei diesen „geretteten Seelen" um Rosenkreuzer, nicht um wirklich echte Christen. Dennoch ist es interessant festzustellen, dass Esoteriker die Notwendigkeit sahen, auf eine christliche Bekehrung als Voraussetzung für das Verstehen kosmischer Geheimnisse hinzuweisen.

197 Maurer, *Aufklärung, Idealismus und Restauration*, Bd. I, 104.

198 Ebd., 109.

3.7. Erstrebte Umkehrung des Sündenfalls

3.7.1. Zeitgeschichtliche Bedeutung des Hartlib-Zirkels

Die Theologie der Reformatoren des 16. Jahrhunderts ermutigte frühmoderne Leser der Bibel, die Erzählungen des Alten Testaments als solche aufzufassen, die sich tatsächlich in der Geschichte zugetragen hatten. Man hielt sie meistens nicht nur für zweckdienliche Metaphern, die beispielhaft das richtige Verhalten aufzeigen, das Gott von den Menschen erwartet, sondern für wirkliche Geschichtsereignisse, die als ideale Gegenstandslektionen darlegen, wie der Schöpfer mit seinen Geschöpfen in konkreten Situationen umgegangen ist. Dies führte Naturwissenschaftler im 17. Jahrhundert dazu, sich den Erzählungen des Garten Edens, der Arche Noah, des Turmbaus zu Babel und des salomonischen Tempels zuzuwenden, um das Projekt einer Umkehrung des Sündenfalls und einer erneuten – sinnbildlich verstandenen – Erbauung der „Arche" oder des „Tempels" als ein wesentlicher Teil der Aussöhnung des Menschen mit Gott in Gang zu setzen. Aufgrund der enormen Wichtigkeit, die dieses religiöse Anliegen im Denken der Allgemeinbevölkerung einnahm, setzte sich ein informeller Zirkel von Gelehrten, mit Leibeskräften dafür ein, damit die Ursache des gestörten Verhältnisses zu Gott beseitigt werden würde. Das übergeordnete Ziel war, dem Menschen die Vollkommenheit zurückzugeben, die dieser im Paradies besessen, aber durch eigenes Verschulden verloren hatte. In diesem Unternehmen erblickt man die eigentliche Motivation, die sich hinter dem Fortschrittsglauben verbirgt.

Nachdem katholische Söldnerheere als Strafmaßnahme gegen die Vermessenheit des Kurfürsten Friedrich V. (1596-1632), die Krone Böhmens entgegengenommen zu haben, zu Beginn des Dreißigjährigen Kriegs die Pfalz verwüstet hatten, emigrierten Samuel Hartlib und Johannes Duraeus[199]

---

199 S. dazu: Joseph Minton Batten, *John Dury, Advocate of Christian Reunion* (Chicago, IL: Chicago University Press, 1944).

(John Dury) nach England. Bald darauf standen sie im Zentrum einer Bewegung der Bildungs- und Sozialreform. Zu dieser Situation kam es, nachdem Hartlib damit begonnen hatte, Bücher zu Themen zu veröffentlichen, die so verschieden waren, dass sie sich nicht nur mit der Alchemie[200] und Medizin[201] befassten, sondern auch mit der Hortikultur[202] und Imkerei[203]. Seine Absicht war, die vielgestaltigen Erkenntnisse der Wissenschaftsforschung zum Wohle der Menschheit zu verbreiten und anzuwenden. Zur Verwirklichung dieses Ziels organisierte er einen Zirkel von herausragenden Gelehrten seiner Zeit, die miteinander über Ländergrenzen hinweg in enger Verbindung standen. So entstand ein internationales Netzwerk von Korrespondenten, das von Siebenbürgen im heutigen Rumänien bis nach Neuengland auf dem amerikanischen Kontinent reichte. Aus diesem Netzwerk bildete sich schließlich die „Office of Addresses and Correspondency". Als informelle Vereinigung formierte sie sich in den 1630er-Jahren und bestand ungefähr dreißig Jahre lang. Robert Boyle, einer der Mitglieder[204] des Hartlib-Zirkels, benannte es in das „Unsichtbare College" (invisible college) um, aus dem sich später die Royal Society herauskristallisieren sollte. Gelehrte

---

200 Alchemie, Chemistrie, Mineralogie: Robert Boyle, Frederick Clod, Cheney Culpeper, John Worthington, Ezechiel Foxcroft, John French, Johann Moriaen, Gabriel Plattes; s. dazu: Michael Hunter, "Boyle, Robert", Sarah Hutton, "Foxcroft, Elizabeth", Peter Elmer, "French, John", *Oxford Dictionary of National Biography*, online edition (London: Oxford University Press); https://www.sheffield.ac.uk/library/special/hartlib

201 Medizin: William Rand, Thomas Coxe; s. dazu: Gillian Darley, *John Evelyn: Living for ingenuity* (New Haven, CT: Yale University Press, 2006) 146.

202 Gartenkultur; s. dazu: Blanche Henrey, *British Botanical and Horticultural Literature Before 1800*, 3 vols. (London: Oxford University Press, [1975] 1999) Vol. 1, 169.

203 Samuel Hartlib, *The Reformed Commonwealth of Bees: Presented in Severall Letters and Observations to Samuel Hartlib* (London: Printed for Giles Calvert, 1655); https://archive.org/details/reformedcommonw00hartgoog/page/n7

204 Ronald Sterne Wilkinson, „The Hartlib Papers and Seventeenth-Century Chemistry," Part 1, *Ambix* 15.1 (February, 1968), 61; https://www.tandfonline.com/doi/abs/10.1179/amb.1968.15.1.54

auf verschiedenen Kontinenten sandten Hartlib jede neue Veröffentlichung, Idee oder Entdeckung, die ihnen in die Hände fiel oder zu Ohren kam. Dieser katalogisierte sie und reichte sie seinerseits an andere Bezugspersonen weiter. Als ein wahrer Unternehmer in Sachen der Wissenschaft sammelte Hartlib Gelder für Forschung, veröffentlichte Bücher und förderte neue Technologien. Seine Zeitgenossen beschrieben ihn als „den Nabel der wissenschaftlichen Wagenachse".[205] Somit war die Entstehung eines internationalen Gelehrtenkreises das Resultat der sich im westlichen Kulturkreis ausbreitenden Pansophie.[206] Seine vielfältigen Tätigkeiten konzentrierten sich auf die Strukturierung eines gemeinsamen Rahmens interdisziplinärer Wissensbereiche, um das erklärte Ziel zu erreichen, alle gesellschaftlichen Bereiche, wie zum Beispiel die Bildung, Religion und Technologie, einer universalen Reform zu unterziehen.[207]

Viel ist über die naturwissenschaftliche Meisterleistung, die Samuel Hartlieb und seinen Mitarbeitern in einer Zeit der großen politischen, religiösen und intellektuellen Umwälzungen erbrachten, bekannt. Zwei Gründe sind hierfür verantwortlich: die umfangreiche Korrespondenz Hartlibs und die zahlreichen Veröffentlichungen der Mitglieder seines Zirkels. Hartlib legte viele Notizbücher an, die vollständig erhalten geblieben sind. Die Korrespondenz unter den Mitgliedern ist zusammen mit den Notizbüchern

---

205 S. dazu: Michal Rozbicki, "Between East-Central Europe and Britain: Reformation and Science as Vehicles of Intellectual Communication in the Mid-Seventeenth Century," *East European Quarterly*, XXX:4 (January, 1997), 401-416.

206 Pansophie: religiös-philosophische Bewegung des 16.-18. Jahrhunderts, die eine Zusammenfassung aller Wissenschaften und ein weltweites Gelehrten- und Friedensreich anstrebte. https://www.duden.de/node/107871/revision/107907

207 Mark Greengrass, "Interfacing Samuel Hartlib," *History Today,* (December, 1993), 46; s. dazu: Mark Greengrass, Michael Leslie & Timothy Raylor, Hss., *Samuel Hartlib and Universal Reformation* (Cambridge: Cambridge University Press, 1994).

größtenteils in den Literaturarchiven der Sheffield University aufbewahrt.[208]

Briefe, Essays und Bücher, die ein beredtes Zeugnis über die mannigfaltigen Interessen und Tätigkeiten der Mitglieder des Hartlieb Zirkels ablegen, stellen die zentrale Bedeutung heraus, die religiöse Themen in ihren Gedanken einnahmen. Wissenschaftliche Abhandlungen über die Agrikultur befassten sich beispielsweise mit der Frage, wie die ursprüngliche Fruchtbarkeit der Erde durch Verbesserungen der Landwirtschaft erreicht werden könnte. Das Anlegen schöner Gärten im Oxford des 17. Jahrhunderts und andernorts mittels der Anwendung von genialen Techniken der Gartenkultur lag demselben Anliegen zugrunde.[209] Das botanische Wissen, welches von solchen Gärten gesammelt werden konnte, trug maßgeblich zur Inspiration von Plänen bei, neue „Archen" des Lernens einzurichten, die sich in zeitgenössischen Initiativen zur Gründung von Museen und wissenschaftlichen Forschungszentren niederschlugen. Die Wiederherstellung der Erkenntnis, die in derartigen Institutionen in Angriff genommen werden konnte, wird anhand von Entdeckungen vergegenständlich, die neue wissenschaftliche Forschungsinstrumente ermöglicht hatten. Zu ihnen gehörten das Teleskop und das Mikroskop, deren Gebrauch die Möglichkeit in Aussicht stellte, die vollkommene Wahrnehmung der Sinne wiederherzustellen, die Adam im Garten Eden besessen haben musste.

---

208 S. dazu: Ronald Sterne Wilkinson, „The Hartlib Papers and Seventeenth-Century Chemistry," Part 1, *Ambix* 15.1 (February, 1968), 54-69; https://www.tandfonline.com/doi/abs/10.1179/amb.1968.15.1.54; Ronald Sterne Wilkinson, „The Hartlib Papers and Seventeenth-Century Chemistry," Part 2, *Ambix* 17.2 (July, 1970), 85-110; https://www.tandfonline.com/doi/abs/10.1179/amb.1970.17.2.85

209 S. dazu: Joan Thirsk, 'Agricultural Innovations and their Diffusion', 533-589 in Joan Thirsk, Hrsg., *The Agrarian History of England and Wales*, Vol. V, 1640–1750, Part II: Agrarian Change (Cambridge: Cambridge University Press, 1985) 550; Henrey, *British Botanical and Horticultural Literature Before 1800*, Vol. 1, 169.

3.7.2. Rückkehr zu dem verlorengegangenen Paradies

Die Erzählungen vom Garten Eden, der Arche Noah, vom Turmbau zu Babel und salomonischen Tempel sind die bekanntesten des Alten Testamentes. Im 16. und 17. Jahrhundert wies man im akademischen Diskurs und allgemeinen Tagesgespräch häufig auf sie hin. In jener Zeit dienten sie als Illustrationen, um die konzeptionellen Vorstellungen über den wechselseitigen Verlauf der Geschichte besser begreifen zu können. Sie dienten als ideale Lehrstücke, die das wissenschaftliche Denken in die richtigen Bahnen zu lenken vermochten. In der europäischen Bevölkerung setzte sich die Überzeugung durch, dass der historische Prozess nicht nur aus einem periodischen Auf und Ab im gesellschaftlichen Werdegang bestehe, sondern dass auch eine fortwährende Höherentwicklung der Kultur herbeigeführt werden könne, die unmittelbar mit der Aneignung und Umsetzung neuer Erkenntnisse zusammenhängt.

An dieser Stelle sollte als Einschub bemerkt werden, dass die damals vorgelegten Interpretationen der genannten alttestamentlichen Erzählungen oft auf einem mystischen Weltbild – hauptsächlich beeinflusst von neoplatonischen, hermetischen und kabbalistischen Ideen – fußten, wie dies im Folgenden noch ausführlicher dargelegt werden wird, nicht auf einem biblischen. Es kam dabei ein synkretistisches Sammelsurium an Ansichten zustande, die auf den ersten Blick christliche Wahrheiten zu vermitteln scheinen, aber bei näherem Hinsehen einer dem Evangelium völlig entgegengestellten Vorstellung entsprachen, die große Ähnlichkeiten mit dem antiken Gnostizismus aufwies. Der Schluss liegt deshalb nahe, dass es sich hierbei um ein und dasselbe religiöse Phänomen handelt.

Die vier alttestamentlichen Erzählungen von historischen Ereignissen lieferten die Motivation, sich die Erkenntnis über die idealen Bedingungen des menschlichen Zusammenlebens anzueignen. Gelegentlich auch als ahistorische Metaphern (Sinnbilder ohne historischen Bezug) aufgefasst, warnten sie davor, die wesensmäßige Unterscheidung zwischen menschlicher und göttlicher

Erkenntnis nicht zu übersehen. Im Allgemeinen sah man ihren vornehmlichen Zweck darin, den Menschen zu belehren, wie er Erkenntnis mit Frömmigkeit und Weisheit verbinden könne, um seine Lebenslage zu verbessern. Sie beschworen gleichzeitig ein hoffnungsvolles und bedrohliches Bild herauf. Eine glorreiche Zukunft würde sich erst dann einstellen, wenn der Mensch seiner Verpflichtung nachkomme, Fortschritte im materiellen und intellektuellen Bereich nicht ins Unendliche ausufern zu lassen, sondern sie durch religiöse und moralische Wertvorstellungen zu mäßigen. Dennoch stehe grundsätzlich nichts der Möglichkeit entgegen, die äußeren Bedingungen, die das Leben in dieser Welt erschwerten, kraft des menschlichen Intellekts und Tatendrangs so zu verändern, dass sich erhebliche Erleichterungen einstellten.

In der Frühmoderne war der Glaube immer noch weit verbreitet, dass die Erde einst einen Ort gekannt habe, wo alle Lebensbedingungen vollkommen waren. Eine Katastrophe von ungeahntem Ausmaß, einschließlich des geistlichen und physischen Todes, sei über das erste Menschenpaar hereingebrochen, weil es die Frucht des Baumes der Erkenntnis des Guten und Bösen in ausdrücklicher Missachtung des Verbotes aß, das Gott erlassen hatte. Um die unter Gottes Fluch stehende Umwelt in einen bewohnbaren Lebensraum umzugestalten, sei es notwendig, sich auf die dem Menschen zu Gebote stehende Intelligenz zu besinnen. Seine Erfindungsgabe befähige ihn, mittels der Technologie Maschinen zu konstruieren, die dem Allgemeinwohl dienlich sind. Beachtet werden müsse jedoch die den Erfolg der technologischen Errungenschaften beeinträchtigende Gefahr des moralischen Versagens. Der Wille des Höchsten könne nur dann befolgt werden, wenn man einen Sinn für das Wirken der göttlichen Vorsehung entwickelt. Ein Wissen, wie Gott in der Vergangenheit mit den Menschen umgegangen ist, sei dabei eine unerlässliche Voraussetzung. Deshalb stehe das Begreifen der geistlichen Lektionen, die die Erzählungen des Gartens, der Arche, des Turmbaus und des Tempels vermitteln, an oberster Stelle der Skala lebensnotwendiger Erkenntnisse.

Am Anfang der Zeit brachte die Erde wie von selbst Früchte im Übermaß hervor. Der Mensch musste sich nicht anstrengen, um in seiner Arbeit Erfüllung zu finden. Sein Denken war von einer umfassenden und untrüglichen Erkenntnis der Welt, die Gott mitsamt allen Pflanzen und Tieren erschaffen hatte, erfüllt, die er einzeln erforschen und benennen sollte. Der Sündenfall im Garten Eden habe den Verlust der geistlichen und intellektuellen Vollkommenheit mit sich gebracht und eine Transformation in Gang gesetzt, die das menschliche Wesen und die Umwelt verdarb und dem Gesetz des Zerfalls unterwarf. Die unter den schlimmen Auswirkungen der Sünde leidende Menschheit habe sich aber nicht mit dem harten Los zufriedengeben wollen, das sie befallen hatte.

Gelehrte der Frühmoderne meinten, dass eine Rückkehr zu dem verlorengegangenen Paradies mittels einer Erneuerung der Erkenntnis möglich sei. Nur so könne die Menschheit in den vorigen Stand der Vollkommenheit zurückversetzt werden.[210] Dieser konnte nicht nur durch spirituelle Versenkung, sondern auch durch die Anwendung von praktischen Schritten erreicht werden, wie zum Beispiel das Pflanzen von Fruchtbäumen, deren Kultivierung die pflichtbewusste Bebauung des Garten Edens durch ihre ersten Bewohner nachahmte.[211] Mittels einer eifrigen Erforschung der Natur und der unermüdlichen Suche nach neuen Pflanzenarten und Methoden der Tierhaltung könne die Welt von der sie befallenen Unfruchtbarkeit befreit werden. Harte Arbeit würde die Nutzpflanzen auf dem beackerten Boden wieder zum reichhaltigen Wachsen bringen.

---

210 S. dazu: Everett Gordon Alderfer, *The Ephrata Commune: An Early American Counterculture* (Pittsburgh, PA: University of Pittsburgh Press, 1985) 35, 107ff. (Kap. IX, Recovery of Eden); Julius F. Sachse, *The German Sectarians of Pennsylvania, 1708-1742 (1742-1800): A critical and legendary history of the Ephrata Cloister and the Dunkers*, 2 vols. (Philadelphia, PA: Printed for the author by P. C. Stockhausen, 1899-1900) Vol. 1, 73; https://archive.org/details/germansectarian00sachgoog/page/n122

211 S. dazu: Samuel Hartlib, Hrsg., *A Designe for Plentie by an Universall Planting of Fruit-Trees: Tendred by Some Wel-Wishers to the Publick* (London: Printed for Richard Wodenothe, 1652).

Die hoffnungsvolle Botschaft des Garten Edens wurde durch die Erzählung der Arche Noahs bekräftigt, die zu verstehen gab, dass Noah die Herrschaft über die Natur wiedererlangt habe, nachdem der unschuldige Teil der Schöpfung vor der Zerstörung bewahrt worden war. Nur die Gottlosen verfielen dem Strafgericht Gottes in der Sintflut, die sich auch auf die natürliche Umwelt in verheerender Weise auswirkte. Die Geschichte der Arche liefere demnach ein eindrückliches Beispiel dafür, dass es möglich sei, die menschliche Naturbeherrschung, die der Mensch einst im Paradies besessen hatte, vollumfänglich wiederzugewinnen, die durch den Sündenfall verloren gegangen war.

Eine weitere Lehre, die dieser alttestamentlichen Erzählung entnommen wurde, war die Einsicht, dass ein Schritt zur Wiederherstellung der wahren Erkenntnis die Klassifizierung von natürlichen Objekten sei. Die mannigfaltigen und umfangreichen Sammlungen von Objekten der Natur, wie beispielsweise von abertausenden Insekten[212], repräsentierten die „neuen Archen", die den Erkenntnishorizont erweiterten. Nach Ansicht der Gelehrten der Frühmoderne kann dieses neugewonnene Wissen über die Natur in einem enzyklopädischen Kompendium schriftlich festgehalten und der Nachwelt überliefert werden. Dank ausgeklügelter philosophischer Prinzipien spiegle es das umfassende Verständnis der natürlichen Welt wider, das Adam und Noah besessen haben mussten. Es sei sogar

---

212 Nach der erstmaligen wissenschaftlichen Erforschung der Fortpflanzung der Insekten durch Francesco Redi (Esperienze intorno alla generazione degl'insetti, Florenz 1668) ist die Entwicklung der Entomologie eng verbunden mit der Entwicklung der zur Verfügung stehenden technischen Möglichkeiten. Insbesondere die Erfindung des Mikroskops hat erstmals eine nach heutigem Verständnis wissenschaftlich betriebene Entomologie ermöglicht. Während die vorherigen Forschungen an Insekten nur lückenhaft sein konnten, war nun ein genaueres Studium der Morphologie und eine immer bessere Unterscheidung der Arten möglich. Bahnbrechende Erkenntnisse auf dem Gebiet der Insektenmorphologie gelangen durch Einsatz des Mikroskops im 17. Jahrhundert Marcello Malpighi (Dissertatio de bombyce, London 1669, eine Abhandlung über den Seidenspinner) und Jan Swammerdam (Biblia naturae, Amsterdam 1737). Erstmals wurden die Tracheenatmung und das Verdauungssystem der Insekten untersucht. https://de.wikipedia.org/wiki/Insektenkunde#17._Jahrhundert

möglich, dieses ursprüngliche Wissen zu übertreffen. Inspiriert durch die Geschichte der Arche sahen sich die Naturwissenschaftler der Frühmoderne als Gelehrte an, die eine umfassende Erforschung der natürlichen Welt aus einer sträflichen Vernachlässigung retteten. Die Erfüllung der kühnsten Menschheitsträume beginne jedoch mit der Einführung neuer Lehr- und Lernmethoden wie auch die Errichtung neuer Bildungsanstalten und Forschungszentren.

Viele Wissenschaftler nahmen die Warnung wahr, die sich in Form der Geschichte des Turmbaus zu Babel Gehör verschaffte. Um dem abgöttischen Gehabe der menschlichen Erbauer des Turms entgegenzutreten, verwirrte Gott die Sprache und zerstreute die Menschheit über die ganze Erde. Im Bewusstsein, dass man nur gemeinsam im Kollektiv „den Himmel erstürmen könne", hatte sich der menschliche Stolz zuvor dem Gebot des Schöpfers widersetzt, sich auf der ganzen Welt auszubreiten. Am Ende musste der Mensch sein ehrgeiziges Unternehmen, sich mittels des Turmbaus einen Namen zu machen, aufgeben. Die Erkenntnis, dass sich der souveräne Wille Gottes schlussendlich durchsetzen werde, war eine demütigende, wenn auch heilsame Erfahrung. Dem Menschen war zwar die Fähigkeit verliehen worden, die physischen Beschränkungen seines gefallen Zustandes mittels der Technologie teilweise zu überwinden, aber er durfte dies nicht als ein Akt der Rebellion gegen Gott vollführen.

Die sich dieser wissenschaftlichen Aufgabe widmenden Gelehrten waren von der Ausgestaltung einer neuen Natur-philosophie fasziniert. Sie setzen sich mit Begeisterung im Sammeln, Experimentieren, Kategorisieren und Benennen von Tieren und Pflanzen ein. Auch das geographische Wissen nahm sprunghaft durch die Weltumseglung von portugiesischen und spanischen Entdeckern zu. Man wähnte sich als die wahren Nachkommen von Adam und Noah, die sich angeblich ebenfalls darum bemüht hatten, eine geeignete Naturphilosophie zu ersinnen. Eigentlich war es so, dass nicht Adam und Noah, sondern die Gelehrten des 17. Jahrhunderts eine angebrachte Naturphilosophie suchten; eine, die der von Adam und Noah entsprach, so meinten sie zumindest.

Als sich im Nachhinein der abtrünnige Mensch erneut gegen Gott stellte, zeigte sich dies am deutlichsten, dass er versuchte, die negativen Konsequenzen des Fluchs von Babel zu überwinden. Man stellte sich der Aufgabe, die Aufsplitterung der Menschheit in unterschiedliche Sprachgruppen durch eine Einheitssprache rückgängig zu machen. Diesem Projekt widmeten sich die frühmodernen Gelehrten mit besonderer Hingabe, die sich untereinander problemlos auf Latein verständigen konnten. Um die Welt zu vereinen, bot sich eine patente Lösung an: das Studium der Sprachen. Die Erforschung ihrer wechselseitigen Beziehungen und geographischen Verbreitung war deshalb eine unentbehrliche Voraussetzung, um herauszufinden, wie die Welt nach der Sintflut bevölkert wurde. Es regte ein linguistisches und ethnografisches Interesse an und ermutigte zudem die Erforschung der natürlichen Welt im Allgemeinen.

Die ersten Worte, die aus dem Mund Adams und Evas kamen, waren auf die Begebenheiten der natürlichen Welt bestens abgestimmt. Gott hatte Adam die Aufgabe erteilt, alle Tiere zu benennen. In der Spätrenaissance ging die Theorie um, dass die menschliche Ursprache selbst nach der Ausweisung des ersten Menschenpaares aus dem Garten Eden bis zum Turmbau zu Babel weiterexistierte, allerdings nur in korrumpierter Form. Nach der Sprachenverwirrung sei die originale Sprache zwar komplett verloren gegangen, aber ihre Essenz könne man mittels der Formulierung einer philosophischen Sprache zurückgewinnen. Ein wesentlicher Vorteil, der sich daraus ergeben würde, sei die Wiederherstellung einer unmittelbaren Beziehung zwischen Wörtern und Gegenständen, die ein besonderes Merkmal der Sprache Adams gewesen sei. Jegliche Zweideutigkeit würde aus der Grammatik verschwinden, wodurch die Möglichkeit der Verwirklichung einer universalen Kommunikation aufs Neue gegeben sei. Die Voraussetzung einer neu konstruierten philosophischen Sprache sei einerseits ein fundiertes Wissen über die Natur, wie zum Beispiel die gedankliche Erfassung der Artenvielfalt in der Tier- und Pflanzenwelt. Andererseits ermögliche der Gebrauch einer

Einheitssprache das gegenseitige kommunikative Verstehen, das eine umfassende Erkenntnis aller Naturerscheinungen und -ereignisse begünstigt. Diese gewaltigen Verbesserungen der Lebensbedingungen seien untrügliche Indizien dafür, dass die Menschheit den Fluch Babels überwunden habe und in den ursprünglichen Stand der Gnade zurückgekehrt sei.

3.7.3. Überwindung der Sprachenverwirrung

Jan Amos Komenský[213] (1592-1670), besser bekannt unter seinem lateinischen Namen „Comenius", veröffentlichte 1631 das Buch *Janua Linguarum Reserata*[214] (Geöffnete Sprachentür). Es sollte eines der erfolgreichsten pädagogischen Lehrbücher des 17. Jahrhunderts werden. Das ursprünglich in Latein geschriebene Werk wurde bald in andere europäische Sprachen übersetzt. Thomas Horne brachte 1636 eine englisch-lateinische Ausgabe dieses Buches heraus. Nachdem John Robotham und William Dugard die Übersetzung Hornes überarbeitet hatten, durchlief das Buch bis 1659 zehn Auflagen. Der ursprüngliche Gedanke hinter der Veröffentlichung war, Schüler in die lateinische und englische Sprache einzuführen. Anfänglich bestand es aus tausend Sätzen, die sich aus achttausend der bekanntesten lateinischen Wörter zusammensetzten. Mit der Zeit entstand daraus ein Lexikon, der auf vielen Seiten praktische Ratschläge über das tägliche Leben und die natürliche Welt enthielt. Jedes der einhundert Kapitel war

---

213 S. dazu: Jan Kvačala, *Johann Amos Comenius, sein Leben und seine Schriften* (Leipzig: J. Klinkhardt, 1892); Robert Fitzgibbon Young, *Comenius in England: The visit of Jan Amos Komenský (Comenius) the Czech philosopher and educationist to London in 1641-1642: its bearing on the origins of the Royal Society, on the development of the Encyclopaedia, and on plans for the higher education of the Indians of New England and Virginia* (London: Oxford University Press, 1932).

214 Jan Amos Comenius, *Janua Linguarum Reserata, cum Græca versione Theodori Simonii Holsati, innumeris in locis emendata à Stephano Curcellæo qui etiam Gallicam novam adjunxit* (Amsterdam: apud Danielem Elzevirium, [1631] 1665); https://archive.org/details/bub_gb_ZxePqt-fKFQC/page/n4

einem anderen Thema gewidmet. Am Anfang stand eine Beschreibung der vier Elemente und der Beschaffenheit der Erde, Pflanzen und Tiere. Die Darlegung vieler anderer Themen folgte, wie die menschliche Anatomie und Physiologie. Natürlich durften Erklärungen über die Philosophie und Technologie nicht fehlen. Eines der abschließenden Themen war eine Ausführung über die göttliche Vorsehung. Im Laufe der Zeit nahm der linguistische Inhalt immer komplexere Strukturen an. Samuel Hartlieb erhielt Kenntnis davon und begann eine Korrespondenz mit dem tschechischen Autor. So angetan war Hartlib von Comenius' Förderung der Pansophie, dass er sich sofort dafür einsetzte, zahlreiche Schriften des böhmischen Bischofs zu veröffentlichen. Das in diesen Schriften deutlich erkennbare philosophische Interesse war, die Sinneseindrücke, die Vernunft und die Bibel miteinander in Einklang zu bringen. 1630 war es bereits zu einer Begegnung zwischen Hartlieb, Duraeus und Comenius gekommen, als Duraeus Pastor im deutschen Elbing und Hartlib einer seiner Kirchgänger war.

Comenius' Schriften nahmen an vielen Stellen ausdrücklich Bezug auf den Neoplatonismus. Er entwickelte eine Vorliebe für induktive[215] Argumentation und eine empirische Erkenntnisaneignung, die auf Erfahrung und Beobachtung beruht. Die englischen Gefolgsleute von Francis Bacon nahmen begeistert davon Kenntnis. Werke, wie *Janua Linguarum Reserata*, legten einen starken Einfluss von Comenius ehemaligem Theologieprofessor an der Hochschule in Herborn, des Enzyklopädisten Johann Heinrich Alsted, auf sein Denken offen.

Hartlieb überredete Comenius im Herbst 1641 – zu einer Zeit, als es noch möglich schien, eine friedvolle Erneuerung der Kirche und des Staates herbeizuführen – nach England überzusiedeln. Während seines Aufenthaltes in London arbeitete Comenius an seinem chiliastischen Werk *Via Lucis*[216] (Der Weg des Lichtes), das schließlich

---

215 induktiv: vom Einzelnen zum Allgemeinen hinführend; https://www.duden.de/node/147035/revision/147071

216 Jan Amos Comenius, *Via Lucis, vestigata et vestiganda* (London: 1641/42; veröffentlicht erst 1668); englische Übersetzung: John Amos

1668, zwei Jahre vor dem Tod des Autors, veröffentlicht wurde. Das Hauptthema dieser Schrift befasste sich mit den Möglichkeiten, die einer universalen Bildungsanstalt offenstanden, um zur Förderung der menschlichen Wohlfahrt die Theologie und die Pädagogik zu vervollkommnen.[217]

Das oberste Ziel, dem sich Comenius sein ganzes Leben verschrieben hatte, war die Herausforderung, wie Gottes Fluch der Sprachenverwirrung, die die Menschheit in Babel betroffen hatte, überwunden werden könnte. Er meinte, es würde ihm gelingen, die menschliche Sprache auf die Grundlage einer völlig neuen Philosophie zu stellen, die aus einfachen Gedankengängen zusammengesetzt sein würde. Kraft dieses linguistischen Mittels könne man die natürliche Welt rational analysieren und erfassen. Die philosophische Methode, die Comenius in der Abfassung des Buches *Janua Linguarum Reserata* verwendet hatte, gibt viele Hinweise darauf, wie sich der Autor die Umsetzung dieses ambitionierten Vorhabens, der Einführung einer Universalsprache, vorstellte, die rationalen Kriterien so konsequent wie möglich entsprechen würde.[218] Sie müsse als Trägerin

---

Comenius, *The Way of Light*, übers. v. E. T. Campagnac (London: The University Press of Liverpool; Hodder & Stoughton, 1938); deutsche Übersetzung: Johann Amos Comenius, *Der Weg des Lichtes. Via lucis*, eingeleitet, übersetzt und mit Anmerkungen versehen von Uwe Voigt (Hamburg: Felix Meiner 1997 [= Philosophische Bibliothek. Bd. 484]).

217 Comenius, *The Way of Light*, 8.

218 S. dazu: Maurice Walter Keatinge, Hrsg., *The Great Didactic of John Amos Comenius now for the first time Englished with introductions, biographical and historical, by M.W. Keatinge, B.A. late Exhibitioner of Exeter College, Oxford* (London: Adam and Charles Black, 1896) 8-48; https://archive.org/details/bub_gb_sE9MAAAAIAAJ/page/n18; Dagmar Japková, "Comenius and his Ideals: Escape from the Labyrinth," in Greengrass, Leslie & Raylor, Hss., *Samuel Hartlib and Universal Reformation*, 75-91; Jana Poívratská, Vladimír Poívratský, "Language as the Product and Mediator of Knowledge: The Concept of J. A. Comenius," in Greengrass, Leslie & Raylor, Hss., *Samuel Hartlib and Universal Reformation*, 162-173; Jan Amos Comenius, *Comenius in England; the visit of Jan Amos Komenský (Comenius), the Czech philosopher and educationist, to London in 1641-1642; its bearing on the origins of the Royal society, on the development of the encyclopaedia, and on plans for the higher education of the Indians of New England and Virginia*, hrsg. v. Robert Fitzgibbon Young (Oxford: Oxford University Press, 1932; New York City, NY: Arno Press, 1971).

des die Menschen erleuchtenden Lichtes der Vernunft dienen und fähig sein, alle gedanklich erfassbaren Ideen so zu artikulieren, dass sie vollkommen vermittelt werden können.

Samuel Hartlib veröffentlichte 1642 Comenius' Buch *A Reformation of Schooles*[219], das wesentliche Gedanken einer radikalen Bildungsreform enthielt.[220] Louis de Geer bat Comenius in demselben Jahr nach Schweden zu kommen. Der berühmte Gelehrte ließ Hartlib und dessen Freunde in England zurück, um eine Bildungsreform in seiner neuen Wahlheimat durchzuführen.

3.7.4. Verwendung universaler Maßeinheiten

Die negativen Konsequenzen, die mit dem Bild des Turmbaus einhergingen, wurden im Weiteren durch die positive Vision des salomonischen Tempels ausbalanciert; einem Gebäude, das wie kein anderes die Absicht Gottes mit seinem Volk versinnbildlichte. Es stellte gleichzeitig die heiligen Errungenschaften zur Schau, die das Ergebnis einer richtig angewandten Erkenntnis waren. Der biblische Bericht über den Tempelbau stellte die Bedeutung unter Beweis, die Gott den dabei zur Anwendung kommenden Maßeinheiten zuerkannt hatte. Die antiken Maßeinheiten der Juden bestimmten die konkreten Ausmaße der heiligen

---

219 Jan Amos Comenius, Samuel Hartlib, *A Reformation of Schooles: designed in two excellent treatises, the first whereof summarily sheweth, the great necessity of a generall reformation of common learning: what grounds of hope there are for such a reformation: how it may be brought to passe: the second answers certain objections ordinarily made against such undertakings, and describes the severall parts and titles of workes which are shortly to follow* (London: Printed for Michael Sparke Senior, 1642; Menston, Yorkshire: The Scholars Press Limited, 1969); https://archive.org/details/reformationofsch0000come/page/n11

220 S. dazu: Charles Webster, Hrsg., *Samuel Hartlib and the Advancement of Learning* (Cambridge: Cambridge University Press, [1970] 2010) 22-38, 208; Charles Webster, *The Great Instauration* (London: Duckworth, 1975; New York City, NY: Peter Lang, 2002) 108-110; George Henry Turnbull, *Hartlib, Dury and Comenius: Gleanings from Hartlib's papers* (Liverpool: University Press of Liverpool, 1947; London: Hodder & Stoughton, 1968) 342-464.

Objekte des Tempels, die der ordnungsgemäßen Verwaltung der Priester anvertraut worden waren. Christliche Gelehrte der Frühmoderne sprachen von der Wichtigkeit, die Überlieferungsspur dieser normierten Maßeinheiten zurückzuverfolgen, um ihre ursprünglichen Werte herauszufinden. Wie die Wiederherstellung einer universalen Sprache helfen könne, die einst im Besitz Adams und Noahs befindliche Erkenntnis der Welt wiederzugewinnen, so würde die Verwendung universaler Maßeinheiten die menschliche Naturbeherrschung begünstigen. Daraus leitete man die Wichtigkeit einer angemessenen Gesellschaftsordnung ab, die sich an festgelegten Richtlinien orientierte. Die außergewöhnliche und vielseitige Anwendbarkeit der Mathematik, die diesen Maßeinheiten zugrunde lag, deutete auf eine tiefgründige Naturerkenntnis des Menschen hin, die ihm die Gewissheit gab, geistlich rechtschaffen vor Gott dazustehen. An dieser pelagianischen[221] Vorstellung wird deutlich, wie weit sich die Gelehrten der Frühmoderne von der Gnadenlehre des biblischen Evangeliums entfernt hatten. Sie hätten sich kaum vehementer gegen die Aussage des Apostel Paulus stellen können, dass der Mensch das ewige Heil auf keinem anderen Weg erlangen kann, als durch den Glauben an Jesus Christus:

> 4 Gott aber, der an Barmherzigkeit reich ist, hat uns um seiner großen Liebe willen, die er zu uns hegte, 5 und zwar als wir tot waren durch unsere Übertretungen, zugleich mit Christus lebendig gemacht – durch Gnade seid ihr gerettet worden! – 6 und hat uns in Christus Jesus mitauferweckt und mit ihm in die Himmelswelt versetzt, 7 um in den kommenden Weltzeiten den überschwenglichen Reichtum seiner Gnade durch die Gütigkeit gegen uns in Christus Jesus zu erweisen. 8

---

221 Unter Pelagianismus wird im Christentum die Lehre verstanden, dass die menschliche Natur nicht durch die Erbsünde verdorben worden sei, sondern schließlich, als von Gott geschaffen, gut sein müsse, wenn man nicht unterstellen wolle, ein Teil der Schöpfung Gottes sei böse. Im Kern lehrt der Theologe Pelagius also, es sei grundsätzlich möglich, ohne Sünde zu sein (posse sine peccato esse), zugespitzt handelt es sich um eine Lehre der Selbsterlösungsmöglichkeit und -fähigkeit des Menschen. https://de.wikipedia.org/wiki/Pelagianismus

Denn durch die Gnade seid ihr gerettet worden auf Grund des Glaubens, und zwar nicht aus euch (d.h. durch euer Verdienst) – nein, Gottes Geschenk ist es –, 9 nicht aufgrund von Werken, damit niemand sich rühme (Eph. 2,4-9).

Einer der Gründe, wieso Gelehrte der Frühmoderne von den Maßeinheiten des salomonischen Tempels so fasziniert waren, lag an ihrer Überzeugung, dass man das Wesen Gottes nur indirekt mittels seiner Schöpfung erkennen könne. Eine metaphysische Betrachtungsweise sei notwendig, um begreifen zu können, wer Gott ist. Doch um dies überhaupt tun zu können, dürfe sich der Mensch nicht den vielfältigen Einzelobjekten zuwenden, sondern müsse sich der übergeordneten Logik seiner Vernunft bedienen, die die Einzelobjekte miteinander in Beziehung setzt. Eine andere Möglichkeit stehe ihm nicht offen. Algebra und Geometrie rückten somit in den Mittelpunkt des Interesses als die geeigneten Instrumentarien einer rationalen Erfassung der Realität. Nur so könne die Schöpfung eingehend erforscht werden. Um das unsichtbare Wesen Gottes zu ergründen, nahmen die Winkelgrade eine besondere Bedeutung an. Die göttliche Herrlichkeit manifestiere sich in einer spezifischen Anordnung von Formen und Zahlen. Die Gegenwart Gottes trete dort am deutlichsten in Erscheinung, wo diese eine wichtige Funktion einnehmen. Gebäude seien deshalb Örter der göttlichen Offenbarung, weil in ihrer Errichtung die Geometrie maßgeblich zum Einsatz kam.

Man betrachtete das zur Erbauung des Tempels nötige Geschick der Architekten als eine alles übertreffende Meisterleistung des Menschen, während der inspirierte Bauplan Prinzipien einer göttlichen Geometrie wider-spiegelte. Dadurch sei die praktische Anwendung der Mathematik in einer ganz einzigartigen Weise zum Tragen gekommen. Die Entscheidung Salomons, einen besonderen architektonischen Stil zum Einsatz zu bringen, um dem Bauplan Gottes Genüge zu tun, wurde als unwiderrufliche Legitimation angesehen, die Gott dem König des Volkes Israels gegeben hatte, um Erbauer des Tempels zu werden.

Dieses imposante Monument architektonischer Kunst stellte nicht vordergründig den Ort dar, an dem die steinernen Gesetzestafeln in der Bundeslade aufbewahrt worden waren, sondern eine metaphysische Repräsentation des von Gott erschaffenen Kosmos, dem Spiegelbild des göttlichen Wesens.[222] Somit nahm die Baustruktur des Tempels die Funktion eines Talismans ein, mittels dessen der Mensch seine Wünsche erfüllen könne. Die Bedeutung des Tempels als Versammlungsort des kultischen Gottesdienstes, an dem der Schöpfer aller Dinge angebetet wurde, trat in den Hintergrund.

Der außergewöhnliche Erfolg der Baumaßnahmen Salomons, die die vielseitige Anwendung der Mathematik ermöglichte, deutet auf die umfassende Naturkenntnis des Königs von Israel hin. Die sprichwörtliche Weisheit, die er besaß, konnte – so wird behauptet – nur mittels naturwissenschaftlicher Studien und der Anwendung der daraus gewonnenen Erkenntnisse gewonnen werden. Dies war deshalb notwendig, weil Salomon lange nach dem Sündenfall gelebt hatte und somit von dem Verlust des ursprünglichen, reinen Verständnisses über die Beschaffenheit der Welt und über die Naturabläufe betroffen war. Der zur Ehre Gottes erbaute Tempel wurde deshalb als das beste Modell für die Aneignung und Anwendung der Naturerkenntnis angesehen. Die meisterhafte Errichtung des Tempels, die dank der koordinierten Zusammenarbeit vieler ermöglicht worden war, lieferte die Inspiration zur Gründung neuer Institutionen, die sich der Aufgabe widmeten, sich mit der Naturphilosophie und dem Experimentieren zu befassen. Als ahistorische Metaphern verstanden, fassten die biblischen Erzählungen die ehrgeizigen Ziele der damaligen Gelehrten zusammen, die natürliche Welt, einschließlich des Menschen, nicht nur zu verstehen, sondern zu kontrollieren. Als historische Ereignisse aufgefasst, deuteten sie auf die Möglichkeit hin, dass solche Zielsetzungen tatsächlich verwirklicht werden konnten.

---

222 Gale E. Christiansen, *In the Presence of the Creator: Isaac Newton and His Times* (New York City, NY: Free Press, 1984) 257.

Die gedankliche Beschäftigung mit der Baustruktur des Tempels war deshalb so faszinierend, weil sich dadurch ein wesentliches Element der Religion der Geometrie dem Menschen aufschloss. Die Möglichkeit der Suche nach Gott in der Geschichte eröffnete sich jedem, der sich danach ausstreckte. Es sei nicht ausreichend, dass sich Gottes Transzendenz in der Geometrie manifestiert. Gott müsse sich selbst dem Menschen in seinem geschichtlichen Handeln offenbaren. In *Temple and Lodge* machen Baigent und Leigh Folgendes deutlich:

> Die heilige Geometrie nahm die höchste Bedeutung innerhalb dieser esoterischen Tradition von eingeweihten Meistern ein. Sie war eine Manifestation [...] des Göttlichen. Eine Kathedrale bedeutete solchen Meistern weit mehr, als nur ein Haus Gottes zu sein. Sie konnte mit einem Musikinstrument verglichen werden; einem Instrument, das, wie eine Harfe, auf eine geistliche Tonlage eingestimmt war, die in höheren Sphären schwebte. Gottes Wesen selbst erklingt im Ton eines wohlgestimmten Instruments. Seine Gegenwart würde die Gefühle von allen, die in die Kathedrale eintreten, in Erregung versetzen. Aber wie stimmte man das Instrument richtig? [...] Die heilige Geometrie lieferte die allgemeinen Prinzipien, die grundlegenden Gesetze, [um diese Aufgabe zu erfüllen].[223]

Wiederum sei die Geometrie die einzig brauchbare Methode, um Gottes Wesen in historischen Monumenten der Baukunst, wie den mittelalterlichen Kathedralen, zu erkennen.

Die Religion der Geometrie nahm in der Antike ihren Anfang. Der Schöpfergott wird mit dem Architekten des Universums gleichgesetzt. Der Tekton ist der Kunsthandwerker; der arche-teckton ist der oberste Kunsthandwerker, der das Universum mittels der Geometrie

---

223 Baigent & Leigh, *Temple and Lodge*, 138; vgl. J. E. McGuire & P. M. Rattansi, "Newton and the Pipes of Pan," *Notes and Records of the Royal Society of London*, XXI (1966), 108-143.

erschuf.[224] Diese Vision des Architekten als Magier geht auf Platons *Timaeus* (53c bis 62c) zurück. Zweifellos war die Geometrie, im Besonderen die pythagoreische Geometrie, in der Lehre Platons grundlegend. Deshalb sah Karl Popper in ihm den Gründer der geometrischen Theorie der Welt.[225] Obgleich der Erbauer der Cheops Pyramide einen besseren Anspruch auf diesen Titel zu haben scheint, ist Platon sicherlich geschichtlich der Einflussreichere gewesen. In dem berühmtesten Werk des Athener Philosophen, *Politeia*[226] (griechisch Πολιτεία; „Der Staat"), wird die Beherrschung der Geometrie als grundlegender Faktor ausgegeben, um eine politisch zentralisierte Sozialordnung einzurichten. Die Philosophenherrscher könnten somit die Kontrolle über die Angelegenheiten ihrer Untertanen ausüben.

Über viele Jahrhunderte hinweg konnte sich die Religion der Geometrie im Judaismus und im Islam verbreiten. Indem sie sich als integraler Bestandteil dieser anderen Religionen ausgab, fand sie ihren Weg in den Westen:

> Dank des regelmäßigen Erscheinens geometrischer Muster wird die Synthesis von Form und Zahl verwirklicht. Das Studium der Geometrie schien deshalb das Verständnis absoluter Gesetze zu ermöglich – Gesetze, die auf eine grundlegende Ordnung, einen grundlegenden Plan, eine grundlegende Kohärenz hindeuten. Dieser Gesamtplan wies sich als unfehlbar, unveränderlich und allgegenwärtig aus; dank dieser Eigenschaften sah man sein Entstehen schnell als ein göttliches Werk an – eine sichtbare Offenbarung der Macht Gottes, seines Willens und seiner schöpferischen Kreativität. Im Judaismus und Islam erblickte man in den heiligen

---

224 Michael Baigent & Richard Leigh, *The Temple and the Lodge: The strange and fascinating history of the Knights Templar and the Freemasons* (New York City, NY: Arcade Publishers, 2011) 138.

225 Karl Popper, *The Open Society and Its Enemies*, 2. Bde. (London: Routledge & Kegan Paul Ltd., [1945] 1974, 5. Revised edition) vol. 1, 343; https://archive.org/details/in.ernet.dli.2015.187315/page/n353

226 Lateinisch „Res Publica"

Größenverhältnissen der Geometrie die Vergegenständlichung der Transzendenz, die das Rätselhafte der Immanenz aufzuschlüsseln vermochte.[227]

Da der Umgang mit der Geometrie das besondere Metier des Architekten war, übte dieser praktisch die Funktion eines Magiers aus. In der von ihm praktizierten Baukunst nahmen die „heiligen" Prinzipien der Geometrie praktisch Gestalt an. Die Anbetung der Gegenwart Gottes erfolgte somit in der gedanklichen Erfassung der architektonischen Struktur eines Gebäudes, die die Anwendung geometrischer Prinzipien am deutlichsten zur Schau stellte. Der Baustil einer Synagoge oder einer Moschee zeichnete sich dadurch besonders aus, dass er auf künstlerische Dekorationen verzichtete. Die abstrakte Logik, die in der Errichtung eines solchen Gebäudes zum Einsatz kam, stand im Mittelpunkt der spirituellen Versenkung der darin versammelten Religionsanhänger. Die einzigen Verzierungen, die man in diesen Gebäuden erlaubte, waren Objekte, wie Säule und Bogen, die Symmetrie, Regularität und Ausgewogenheit vergegenständlichten.[228] In der römischen Baukunst nahm man Abstand von verschnörkelten Fassaden, weil sie die Gedanken des Betrachters in Beschlag nahmen und ihn davon ablenkten, sich auf die geometrischen Prinzipien und mathematischen Gesetzmäßigkeiten zu konzentrieren, die im Aufstellen der Gebäude Verwendung fanden.

Baigent und Leigh weisen im Weiteren darauf hin, dass die Religion der Geometrie, nicht nur im Judaismus und Islam Einzug gefunden hatte, sondern auch im Neoplatonismus und in der Hermetik. Während des Mittelalters nahm sie immer mehr die Züge einer Geheimlehre an, die nur einer elitären Bruderschaft bekannt war. Innerhalb der Steinmetzgilde wurde sie am erfolgreichsten an andere Eingeweihte weitergeben, ohne dass jemand Außen-

---

227 Baigent & Leigh, *Temple and Lodge*, 132.

228 Ebd.

stehendes etwas davon erfuhr. Hierin liegen die Ursprünge der späteren „spekulativen" Freimaurerei.[229]

3.7.5. Praktische Umsetzung der alchemistischen Kunst

Die Hartlib-Papiere belegen, dass diejenigen Mitglieder, die ein Interesse an der Alchemie hatten, ihre Forschungsarbeiten ausschließlich auf die Anwendung dieser esoterischen Kunst in der Medizin und in anderen Bereichen konzentrierten. Der Umgang mit verschiedenen Chemikalien war ihnen dabei von größter Bedeutung. Das Inventar verschiedener Labore, wie das von Kenelm Digby, sowie die unterschiedlichsten Aufzeichnungen über Chemieexperimente finden sich unter den Papieren.[230] Es ist erwiesen, dass Theophrastus Bombast von Hohenheim (Paracelsus) und Christoph van Helmont den Hartlib-Zirkel in ihrem Verständnis über die Möglichkeit der Transmutation bestimmter Chemikalien beeinflussten. Selbstverständlich beschäftigten sich die Mitglieder des Zirkels auch mit allerlei wissenschaftlichen und technologischen Experimenten. Sie versuchten beispielsweise herauszufinden, wie man das Metall eines Gewehrlaufes belastbarer machen könne, um die Gefahr einer ungewollten Explosion zu vermeiden.

Obgleich die Alchemie gelegentlich als eine Art possenhafte Marktschreierei dargestellt wird, ist es hilfreich, sich an das zu erinnern, was C. S. Lewis[231] über die Alchemie zur Zeit Shakespeares sagte. Sie war ein allgemein verbreiteter Zeitvertreib, mit dem sich möglicherweise der unmittelbare

---

229 Ebd., 134.

230 Ronald Sterne Wilkinson, "Hartlib Papers and Seventeenth-Century Chemistry," Part 1, *Ambix* 15.1 (February, 1968), 57; https://www.tandfonline.com/doi/abs/10.1179/amb.1968.15.1.54

231 C. S. Lewis behandelte das Thema „Alchemie" in seiner Narnia-Trilogie durchgehend positiv. S. dazu: "A review of The Narnia Code": "An explanation for the presence of so many dragons in *Voyage of the Dawn Treader*—the Sun god, Apollo is known as Apollo the "lizard slayer" (I also like Ward's revelation of the theme of sanctification in Lewis's use of alchemy in this book)."

Nachbar abgab. Es bedarf kaum der eingehenden Untersuchung, den dominanten Einfluss alchemistischer Ideen in der Literatur jener Zeit nicht nur in den Werken des Poeten Henry Vaughan und seines Bruders Thomas, einem bekannten Autor esoterischer Schriften, sondern auch in den Dramen und der Poesie Shakespeares, Miltons und zahlreicher anderer Autoren des 17. Jahrhunderts wahrzunehmen. Alchemie repräsentiert eine in sich geschlossene Weltanschauung und war weit entfernt davon, nur ein mit Chemikalien experimentierendes Verfahren zu sein.

Die auf den Prinzipien des Rationalismus fundierenden Naturwissenschaft und Technologie geht von der Grundannahme aus, dass das Subjekt vom Objekt getrennt ist. Der Wissenschaftler analysiert die einzelnen Bestandteile seines Versuchsobjekts in der Absicht, diese so manipulieren zu können, dass ein von ihm gewünschtes Resultat dabei herauskommt. Die Alchemie gründet sich auf einem gänzlich anderen Prinzip. Es ist eine Disziplin, die auf der Grundlage der Unzertrennlichkeit des Subjekts und Objekts als eines ihrer wichtigsten Prinzipien beruht. Geht man nun von dieser Betrachtungsweise aus, wird ersichtlich, wie die verschiedenen Endergebnisse, die man durch die Alchemie erzielen möchte, aus ihr hervorgehen, einschließlich der Möglichkeit das Basismetall Eisen in das Edelmetall Gold zu verwandeln. Selbst die Herstellung eines Elixiers der Jugend, das der alchemistischen Lehre zufolge verspricht, dem Menschen Unsterblichkeit zu verleihen, ist nur so zu denken, dass dabei eine Vereinigung oder Transzendenz des Subjekts und Objekts abläuft. Dieser vereinigende Vorgang kann anhand von chemischen Prozessen im Labor ausgelöst werden, der sich dann im Geiste des Alchemisten zu einer spirituellen Erleuchtung weiterentwickelt. Das Elixier der Jugend ist demnach nur im Anfangsstadium eine physische Substanz, die in eine spirituelle Erfahrung von monumentaler Bedeutung übergeht. So zumindest behaupten es die Alchemisten.

Man würde zu kurz greifen, wenn man sich im Definieren der Alchemie nur auf die Werke verließe, die die effektive Handhabung der Magie empfehlen, wie dies die 1678 veröffentlichte Schrift *The Hermetic Museum* ausdrück-

lich tat.[232] Im Wesentlichen war die alchemistische Weltanschauung, wenn man sie richtig verstehen möchte, eine
besondere Art „Wissenschaftsmethode", die die Erforschung
der Welt nicht dazu unternahm, um sie besser zu verstehen,
sondern um sie einem grundsätzlichen Wesenswandel zu
unterziehen. Die Quintessenz der Alchemie, die nur so
gedacht werden kann, dass ihr experimenteller Aspekt
untrennbar mit dem spirituellen zusammengehört, ist die
Vorstellung eines lebendigen Kosmos, mit dem die Menschheit in einem symbiotischen Wechselverhältnis steht.

Zum Hartlib-Zirkel gehörten weitere damals wohl-
bekannte Persönlichkeiten, wie Kenelm Digby, Robert
Child, Johann Morian und die Amerikaner John Winthrop,
Jr. und George Starkey. Jeder von ihnen brachte der
spirituellen Seite der Alchemie ein reges Interesse entgegen.
Viele von ihnen waren sogar praktizierende Alchemisten.
Wissenschaftler vom Range eines Roger Bacons, Isaac
Newtons und Gottfried Wilhelm Leibnizens waren nicht
nur begeisterte Esoteriker, sondern oftmals auch Mitglieder
diverser Geheimgesellschaften. Newtons Interesse am
Okkultismus wird umfassend in Michael Whites *Isaac
Newton: The Last Sorcerer*[233] dokumentiert. Der Autor belegt
stichhaltig, dass Newton einen Nervenzusammenbruch
erlitten hatte, als er sich darum bemühte, die Bibel anhand
alchemistischer Zahlenmystik zu entziffern. Whites Buch
löste nach seiner Veröffentlichung eine Sensation aus, als
sich die moderne Wissenschaft eingestehen musste, dass der
Vater der modernen Physik mystische Glaubensinhalte
vertrat, die mit Sicherheit sein wissenschaftliches Denken
beeinflusst hatten. Das Studium der Alchemie, der Magie
und des Paracelsismus hatte sich im 17. Jahrhundert als
beliebter Zeitvertreib der feinen Gesellschaft etabliert. Viele
wertgeschätzte Wissenschaftler jener Zeit waren
praktizierende Okkultisten der einen oder anderen Façon

---

232 *The Hermetic Museum* (London: James Elliott and Co., 1893)
115-116;   https://archive.org/details/bub_gb_3MMLAQAAIAAJ/page/
n133.

233 Michael White, *Isaac Newton: The Last Sorcerer* (Reading, MA:
Perseus Books, 1999).

gewesen. In seinem detaillierten Buch *Early Mormonism and the Magic World View* schrieb D. Michael Quinn darüber Folgendes:

> Viele der in Neuengland praktizierenden Alchemisten waren Absolventen von Yale und Harvard, die ihre Experimente bis in die 1820er-Jahre hinein weiterführten. Diese Alchemisten dienten als oberste Richter des Staates Massachusetts, Präsident der Massachusetts Medical Society, Rektor des Yale Colleges und Präsident der Connecticut Medical Society.[234]

Der Yale-Historiker Jon Butler[235] präsentiert in *Awash in a Sea of Faith: Christianizing the American People* eine wissenswerte Zusammenschau des religiösen, mystischen und okkulten Milieus in Amerika im 17. Jahrhundert, einschließlich der Wissenschaftler, Gesetzgeber, Pastoren und anderer kommunaler Vorsteher, die sich mit okkulten Praktiken und geheimen Gesellschaften befassten.[236] Was viele Neuengländer zu jener Zeit nicht minder in Erstaunen, bisweilen sogar in Unruhe versetzte, war die Tatsache, dass keine geringere Person als der erste Gouverneur von Connecticut, John Winthrop, Jr. (1606-1676), während seiner Amtszeit ein praktizierender Alchemist war. Der Sohn des Gründers der Massachusetts Bay Colony führte zweifellos ein Leben von faszinierenden Eigentümlichkeiten. Am bekanntesten ist die für damalige Verhältnisse schier unzählige Menge an Büchern, die sich in seinem Besitz befanden. Seine persönliche Bibliothek war größer als die irgendeiner anderen zeitgenössischen Person. Winthrop war darauf versessen, viele der alchemistischen Bücher, die sich ursprünglich im Besitz John Dees befanden, zu

---

234 D. Michael Quinn, *Early Mormonism and the Magic World View* (Salt Lake City, UT: Signature books, 1998) 10.

235 Howard R Lamar Emeritus Professor of American Studies, History & Religious Studies; https://history.yale.edu/people/jon-butler

236 Jon Butler, *Awash in a Sea of Faith: Christianizing the American People* (Cambridge, MA: Harvard University Press, 1990; Ann Arbor, MI, University of Michigan Library, Scholarly Publishing Office, 1992).

erwerben. Viele von ihnen enthielten Anmerkungen, die John Dee, der einflussreichste Kabbalist der vorausgehenden Generation, an den Rand der Bücher geschrieben hatte. Winthrop hatte mit der Ausstattung dieser außerordentlichen Bibliothek schon in England begonnen, bevor er 1631 nach Amerika ausreiste, um seinen Vater in der Verwaltung der Kolonie zu unterstützen. In Windeseile machte er sich in seiner Wahlheimat einen Ruf als Sammler alchemistischer Bücher. Es ist bekannt, dass seine Bibliothek 275 Bücher allein über die Themen „Alchemie" und „Okkultismus" enthielt.[237] Winthrops tiefe Kenntnis über die mystische Lehre der Alchemie und sein vertrauter Umgang mit ihrer praktischen Anwendung im Labor veranlasste viele, dem Gerücht Glauben zu schenken, dass er ein Eingeweihter einer esoterischen Vereinigung gewesen sei. Manche Kolonisten ließen sich jedoch die Chance nicht entgehen, einige der Reagenzgläser Winthrops auszuleihen. Im Befolgen der alchemistischen Lehre beabsichtigten sie, sich selbst die Unsterblichkeit durch das Vermischen unterschiedlicher Chemikalien zu verleihen.[238]

Landauf, landab verbreitete sich Winthrops Ruf als Arzt in der spagyrischen[239] Tradition Paracelsus. Nach

---

237 Quinn, *Early Mormonism and the Magic World View*, 10.

238 S. dazu: Ronald Sterne Wilkinson, „The Alchemical Library of John Winthrop, Jr., 1606-1676," *Ambix* 11.1 (February, 1963), 33-51; https://www.tandfonline.com/doi/pdf/10.1179/amb.1963.11.1.33

239 Spagyrik (aus dem Griechischen spao „(heraus)ziehen, trennen" und ageiro „vereinigen, zusammenführen") war ursprünglich bei Paracelsus der wichtigste Grundsatz alchemistischer Arzneibereitung, seit dem 18. Jahrhundert gleichbedeutend mit Alchemie. Im Wesentlichen soll hierbei durch das Trennen und Wiedervereinigen von Wirkprinzipien einer Droge eine Wirkungssteigerung erzielt werden. Es werden pflanzliche, mineralische und tierische Ausgangssubstanzen nach alchemistischer Verfahrensweise zu Spagyrika (Einzahl: Spagyrikum) verarbeitet. Die Verfahrensschritte konzentrieren sich in der alchemistischen Weltanschauung auf die Abtrennung des „Wesentlichen" von seiner stofflichen Erscheinung. Am Schluss steht die Zusammenführung der Zwischenstufen („Konjugation") zur „Quintessenz", der besondere Heilkräfte zugeschrieben werden. https://de.wikipedia.org/wiki/Spagyrik

seinem Tod bezeichnete ihn Cotton Mather[240] als „Hermes[241] Christianus". Obgleich Puritaner im Allgemeinen dem christlichen Glauben anhingen und ihn gegen das Freidenkertum verteidigten, waren manche von ihnen, wie Mather und Winthrop, dennoch der esoterischen Transmuationslehre der Alchemie positiv gegenüber eingestellt. Winthrops Prestige tat es keinen Abbruch, dass er 1663 ein Gründungsmitglied der Royal Society in England wurde. Nebenbei etablierte er sich als der erste Astronom in Amerika, der im Besitz eines für damalige Verhältnisse relativ leistungsfähigen Teleskops war. Die Entdeckung des fünften Jupiter-Mondes wird ihm zugeschrieben. Seine alchemistischen Versuche waren Teil der esoterischen Pseudo-Wissenschaft seiner Zeit, die ihm das Lob von Cotton Mather bescherte. Da die damaligen Naturphilosophen durch ihre Beschäftigung mit der Alchemie den Weg zur Naturwissenschaft fanden, entstand auch eine ganze Reihe von naturwissenschaftlichen Forschungsprojekten. Paradoxerweise wurden während der Amtszeit Winthrops viele Menschen der Hexerei angeklagt, obwohl „nur" zwei Frauen und ein Mann, Rebecca und Nathaniel Greensmith von Hartford und Mary Barnes von Farmington, ihr Leben auf dem Scheiterhaufen unter qualvollen Schmerzen verloren.

Winthrops Freizügigkeit zeigte sich nicht nur darin, dass er armen Patienten die Bezahlung der medizinischen Behandlung erließ, sondern auch im Ausleihen seiner

---

240 Cotton Mather (1663-1728) war ein puritanischer Geistlicher und Gelehrter. Er war die intellektuell wie politisch wohl bedeutendste Figur der dritten englischen Siedlergeneration in Neuengland. 1680 hielt er vor der Gemeinde seines Vaters in der Bostoner Old North Church seine erste Predigt. 1685 übernahm er die Kanzel dieser Kirche vollends. In die Politik der Kolonien mischte er sich 1688 ein; nach der Absetzung König James II. war er einer der Rädelsführer einer erfolgreichen Revolte gegen Edmund Andros, den königlichen Statthalter in den neuenglischen Kolonien. In mehr als 450 Büchern und Pamphleten schrieb Mather gegen die Aufweichung des orthodoxen Puritanismus und die Säkularisierung der amerikanischen Kolonien an. https://de.wikipedia.org/wiki/Cotton_Mather

241 Dies ist offensichtlich eine Anspielung auf Hermes Trismegistus, den mythologischen Gründer der alchemistischen Kunst.

alchemistischen Bücher. George Starkey (1627-1665) und Jonathan Brewster (1593-1659) waren die hauptsächlichen Nutznießer. Sie wurden von Winthrop selbst in der alchemistischen Kunst akribisch geschult. Eine vielgelesene Abhandlung über die Alchemie, die man lange Zeit Eirenaeus Philalethes als Autor zuschrieben hatte, konnte mittlerweile als ein Werk Starkey identifiziert werden.[242] Es ist allerdings auch möglich, dass John Winthrop, Jr. der eigentliche Verfasser war.[243] Das Werk übte einen enormen Einfluss auf die Gesellschaft der englischsprachigen Welt im 17. und 18. Jahrhundert aus. Starkey erreicht einen viel größeren Bekanntheitsgrad als Brewster, weil er nach England reiste und sich bei den Mitgliedern des Hartlib-Zirkels als amerikanischer Alchemist einen Namen machte.

Starkey, Brewster und Winthrop waren nur die berühmtesten Alchemisten im kolonialen Amerika ihrer Zeit. Es gab noch viele andere, die ein ähnlich starkes Interesse am Auffinden des Steins der Weisen hatten. Einer der alchemistischen Korrespondenten Winthrops war Gershom Bulkeley (1636/7-1713), der Schwiegersohn von Charles Chauncy, dem Rektor des Harvard College. Bulkeley hatte 1658 einen Magistergrad am Harvard College erworben und sich als Geistlicher und Mediziner am Connecticut River niedergelassen. Seine Privatbibliothek umfasste hunderte von Büchern über die Alchemie, einschließlich der

---

242 S. dazu: William R. Newman, *Gehennical Fire: The Lives of George Starkey, an American Alchemist in the Scientific Revolution* (Cambridge, MA: Harvard University Press, 1994). George Starkey (1628-1665) war ein englischer Alchemist. Zu seinen Schülern gehörte u. a. Robert Boyle. Nach Untersuchungen von William R. Newman und anderen ist er wahrscheinlich identisch mit einem einflussreichen alchemistischen Autor des 17. Jahrhunderts, der unter dem Pseudonym Irenäus Philalethes (Freund der Wahrheit, auch Eyrenäus) publizierte, dessen Identität lange umstritten war, in dem man aber schon länger einen Engländer vermutete. Er wurde früher unter anderem mit Thomas Vaughan identifiziert. https://de.wikipedia.org/wiki/George_Starkey

243 Ronald Sterne Wilkinson, "The Problem of the Identity of Eirenaeus Philalethes," *Ambix* 12.1 (February, 1964), 24-43; https://www.tandfonline.com/doi/abs/10.1179/amb.1964.12.1.24

Werke von Paracelsus, Sendivogius[244] und anderen klassischen Alchemisten. Bulkeley war hauptsächlich an der praktischen Anwendung der paracelsischen Spagyrik interessiert; doch diese Art der Medizin war nichts anderes als ein Teilaspekt der traditionellen Alchemie. Charles Chauncy Sohn, Elnathan, der sein Studium am Harvard College 1661 beendet hatte, war als Arzt dafür bekannt, dass er sich ebenfalls mit alchemistischen Behandlungsmethoden befasste.[245]

Sowohl das einfache Volk als auch die elitäre Oberschicht teilten den gemeinsamen Glauben an das Vorhandensein übersinnlicher Mächte; unsichtbare Geister konnten manipuliert werden, um irdische Ziele zu erreichen. Die im Schatten der Kirche stehenden Magier bedienten sich der weißen und schwarzen Magie, um die Landbevölkerung quasi in schwarzen Alleen mit ihren spirituellen Fähigkeiten zu betören.

Es gibt tatsächlich eine kontinuierliche Geschichte des Glaubens an okkulte Phänomene, die mehr als zwei Jahrtausende zurückreicht, und mit der Verbreitung des Christentums im Westen und des Islams im Osten parallel einhergeht; die Magier hatten ein kohärentes Weltbild und waren von der Möglichkeit der Manipulation verborgener Mächte überzeugt. Die Esoterik ist darauf ausgerichtet, das Zusammenwirken kosmischer Kräfte zu verstehen und für die eigenen Zwecke dienstbar zu machen. Sie widersetzt sich dem weiterverbreiteten Skeptizismus, indem sie die Fähig-

---

244 Michał Sędziwój (auch Michael Sendivogius oder Sędzimir, lateinisch Sendivogius Polonius; 1566-1636) war ein polnischer Adeliger aus der Wappengemeinschaft der von Ostoja, Alchemist, Philosoph und Arzt. Ab 1593 reiste er zu Rudolf II. nach Prag, wo er in dessen alchemistischen Labor im Hradschin tätig war. Er war als Höfling in dessen Dienst (ab 1598 kaiserlicher Rat) und kam ihm aufgrund gemeinsamer alchemistischer Interessen auch persönlich nahe. Außerdem war er ab 1594 als Diplomat für den polnischen König Sigismund III. Wasa tätig (was durch die Freundschaft der beiden Herrscher und ihre gemeinsamen Interessen möglich war). In alchemistischen Traktaten des 17. und 18. Jahrhunderts genoss er hohe Wertschätzung. Man vermutete in ihm einen Rosenkreuzer und im Besitz des großen Geheimnisses. Sendivogius gründete eine Geheimgesellschaft „Unbekannter Philosophen", für die er Statuten schrieb, die erhalten sind. https://de.wikipedia.org/wiki/Micha_Sędziwój

245 Newman, *Gehennical Fire*, 44-45.

keiten der fünf Sinne des Menschen auf einen sechsten Bereich ausdehnt: eine spirituelle „Technologie", die wie eine Maschine mittels der fein abgestimmten Kräfte der Kontemplation und des Rituals zum Wirken gebracht wird.

Arthur E. Waites Buch *The Book of Black Magic and Pacts*[246] – manchmal auch *The Book of Ceremonial* Magic genannt – stand zusammen mit Francis Barretts Kompendium *The Magus*[247] unter den amerikanischen Esoterikern als Quelle ihrer Kenntnis über okkulte Lehre hoch im Kurs. Die esoterischen Symbole, magischen Quadrate und sich wiederholende Beschwörungsformeln, die sich in diesen Kompendien der schwarzen Kunst befanden, können auf berühmte magische Bücher des 17. und 18. Jahrhunderts zurückgeführt werden, wie beispielsweise *Clavicula Salomonis* (Die Schlüssel Salomons, 14. oder 15. Jahrhundert)[248] und *Enchiridion manuale Leonis papae* (Das Zauberbuch des Papstes Leo, 1633). Sie sind der literarische Überrest eines Stroms okkulter Glaubens-

---

246 Arthur Edward Waite, *The Book of Black Magic and of Pacts, including the Rites and Mysteries of goëtic Theurgy, Sorcery, and infernal Necromancy* (Chicago, IL: The de Laurence Co., 1910; New York City, NY: S. Weiser, 1972); https://archive.org/details/A.EWaiteTheBookOfBlackMagicAndOfPacts1910Complete/page/n9

247 Francis Barrett, *The Magus, or Celestial Intelligencer: being a complete system of occult philosophy. In three books: containing the antient and modern practice of the cabalistic art, natural and celestial magic, &c.; shewing the wonderful effects that may be performed by a knowledge of the celestial influences, the occult properties of metals, herbs, and stones, and the application of active to passive principles exhibiting the sciences of natural magic; alchymy, or hermetic philosophy; also the nature, creation, and fall of man; his natural and supernatural gifts; the magical power inherent in the soul, &c.; with a great variety of rare experiments in natural magic: the constellatory practice, or talismanic magic; the nature of the elements, stars, planets, signs, &c.; the construction and composition of all sorts of magic seals, images, rings, glasses, &c.; the virtue and efficacy of numbers, characters, and figures, of good and evil spirits. Magnetism, and cabalistical or ceremonial magic; ...* (London: Printed for Lackington, Allen and Co., 1801); https://archive.org/details/b22006795/page/n16

248 Samuel Liddell MacGregor Mathers, Hrsg., *The Greater Keys of Solomon: including a clear and precise exposition of King Solomon's secret procedure, its mysteries and magic rites: original plates, seals, charms and talismans: translated from the ancient manuscripts in the British Museum, London* (Chicago, IL: De Laurence, Scott & Co., [1889] 1914); https://archive.org/details/greaterkeyofsolo00solo/page/n10

richtungen, der als „Christliche Kabbala" bekannt wurde. Die „Christliche Kabbala" ist eine Mischung aus mystischen Elementen des Judaismus, Islams und Christentums, die angeblich als gemeinsame Grundlage dieser drei Religionen diente. Die Okkultisten nahmen oft eine pragmatische, oft sogar offenherzige Einstellung gegenüber antiken Erscheinungsformen der Esoterik ein. Unter diesen befand sich der Glaube an eine hoch entwickelte Version der Numerologie (Zahlenmystik). In den Beschwörungsritualen werden Buchstaben, die numerische Äquivalente besitzen, zur Anrufung der Geistesmächte verwendet. Schließlich fand diese neue Mischform des Okkultismus, die unterschiedliche esoterische Disziplinen umschlossen, einschließlich der Alchemie und zeremoniellen Magie, in geheimen Bruderschaften Eingang.

Die „Christliche Kabbala" kam schon früh im Zuge der ersten Siedler nach Amerika. Der bekannte deutsche Mystiker Johannes Kelpius ließ sich Ende des 17. Jahrhunderts mit einer Gruppe von Pietisten am Wissahickon Fluss bei Philadelphia nieder. Dort praktizierten sie Astrologie, Magie und Alchemie. Die Mitgliedschaft in diesem millennialistischen Kult wurde auf nur 42 Personen beschränkt. Gemeinsam beobachteten sie sorgfältig das Himmelszelt auf das Erscheinen von Zeichen, die das Ende der Welt ankündigten.

Die Ephrata-Kommune entstand durch einen Ableger der Kelpius-Gruppe. Ihre Mitglieder machten sich als „Mönche von Wissahickon" einen Namen, die sich besonders mit den Studien rosenkreuzerischen Gedankengutes auseinandersetzten und sich in esoterischen Schriften bestens auskannten.[249]

3.8. Pansophisches System der „Wahrheit"

Die Alchemie inspirierte zwei esoterische Traditionen, die im 17. Jahrhundert in England und auf dem Kontinent

---

249 Siehe dazu: Kap. 4.3 Theosophischer Grundzug der „Pennsylvania-Religion"

aufkam. Es handelte sich dabei um die Pansophie (griech. Allweisheit) und die Theosophie (griech. göttliche Weisheit). Der Begriff „Pansophie" oder „Pansophia" wird häufig in hermetischen Publikationen verwendet, wie zum Beispiel in Josephus Stellatus' *Pegasus Firmamenti, sive Introducio brevis in veterum sapientiam*[250] (1618). Die Pansophie schöpft aus Quellen der Magie, Alchemie, Kabbala und der Pflanzenheilkunde. In ihrer Erforschung der Natur bezieht sie sich auszugsweise auf viel frühere heidnische Traditionen des antiken Ägyptens und Persiens. Sie trennte diese neue Form der Esoterik von der früheren Theosophie. Stellatus zitierte aus den Schriften der Hermetik, des Paracelsus, Johannes Reuchlins und Michael Maiers. Daraus wird ersichtlich, dass er sich bestens in der Literatur auskannte, die die wichtigsten Strömungen der westlichen Esoterik umfasste.

Die im 16. Jahrhundert aufkommende und bis ins 18. Jahrhundert hineinreichende Pansophie entspricht im Wesentlichen der Emanationslehre Plotins, Eriugenas und Brunos, wonach Gott der Ursprung und das Ziel der gesamten Schöpfung ist: Die göttlichen Ideen entstammen einem einheitlichen, unsichtbaren Urgrund und nehmen stufenweise eine materielle Form in der Welt von Raum und Zeit ein. Sie werden somit plastisch-anschauliche und lebendige Darstellungen des göttlichen Geistes. Nach Erreichen des angestrebten göttlichen Ziels wird die Verschiedenartigkeit und Vielfalt der sichtbaren Erscheinungsformen in die ursprüngliche Vollkommenheit der göttlichen Einheit aufgenommen, aus der sie anfänglich hervorgegangen sind.

Als Synthese aller in Europa vorherrschenden Geistesstörungen war die Pansophie ihrem Charakter nach „christlich", magisch, alchemistische, kabbalistisch und gnostisch. Somit legte sie die Grundlage für eine neue, universale

---

250 Josephus Stellatus, *Pegasus firmamenti, sive, Introdvctio brevis in veterum sapientiam: quae olim ab Aegyptijs & Persis magia, hodie vero â Venerabili Fraternitate Roseae Crucis pansophia rectè vocatur: in piae ac studiosae juventutis gratiam conscripta* (Erscheinungsort nicht ermittelbar, 1618); https://archive.org/details/pegasusfirmament00stel/page/n3

Kultur, wie sie in Francis Bacons' *New Atlantis*[251] und anderen Utopien jener Zeit Niederschlag fand. In vielerlei Hinsicht spiegelt sie die Vorstellungen Giordano Brunos[252] wider, der eine zentrale Rolle in dem anschließenden Aufkommen moderner Formen der Esoterik einnahm.

3.8.1. Wiederherstellung des Ebenbildes Gottes im Menschen

In England nahm die pansophische Bewegung im frühen 17. Jahrhundert mit den Veröffentlichungen Alexander Richardsons (zirka 1565-1621) und William Ames (1576-1633) ihren Anfang. Auf dem Kontinent wurde sie eingeläutet durch das Wirken und die Publikationen Johann Heinrich Alsteds (1588-1638) und Jan Amos Comenius[253] (1592-1670). Howard Hotsons geistesgeschichtliche Biografie über Johann Heinrich Alsted[254] weitet das Interesse an einem vernachlässigten Bereich der Geistesgeschichte aus.[255]

---

251 Francis Bacon, *New Atlantis* (London: J. Crooke, 1627).

252 S. dazu: Frances Amelia Yates, *Giordano Bruno and the Hermetic Tradition* (London: Routledge, [1964] 2015).

253 Jan Amos Comenius, *A Reformation of Schools: Designed in two excellent treatises, the first whereof summarily sheweth, the great necessity of a generall reformation of common learning* (London: Printed for Michael Sparke, 1642) 24: "And Praised be thou, O Lord, forever, which dost likewise give us thy works and word for a pattern, whereby to erect this Pansophy, or temple of Wisdom: that as thy word and works are true and lively representations of thee: so this, which we are about, may prove a true, and lively image of thy word and works."

254 Biographische Details über Alsted findet sich u.a. in den folgenden Werken: Percival Richard Cole, *Neglected Educator: Johann Heinrich Alsted* (Sydney: William Applegate Gullick, 1910); Friedrich Adolf Max Lippert, *Johann Heinrich Alsteds Pädagogisch-Didaktische Reform: Bestrebungen und ihr Einfluss auf Johann Amos Comenius* (Meissen: C. E. Klinkicht & Sohn, 1898); Herman Pixberg, *Der Deutsche Calvinismus und Die Pädagogik* (Gladbeck: Martin-Heilman Verlag, 1952); Jürgen Klein & Johannes Kramer, Hrsg., *Johann Heinrich Alsted, Herborns calvinistische Theologie und Wissenschaft im Spiegel der englischen Kulturreform des frühen 17. Jahrhunderts. Studien zu englisch-deutschen Geistesbeziehungen der frühen Neuzeit* (Frankfurt am Main: Lang, 1988).

255 Howard Hotson, *Johann Heinrich Alsted 1588-1638: Between Renaissance, Reformation, and Universal Reform* (New York City, NY:

Johann Heinrich kam als Sohn des Pfarrers Jakob Alsted und seiner Frau Rebekka 1588 in Ballersbach bei Herborn zur Welt, einer Ortschaft in der damaligen Grafschaft Nassau-Dillenburg[256]. Im Laufe seines Theologiestudiums war er an den Universitäten in Marburg, Frankfurt, Heidelberg, Straßburg und Basel eingeschrieben. Zum Professor an der Herborner Hohen Schule (Academia Nassauensis) berief ihn 1615 der Graf Johann VII. Als Abgeordneter des Wetterauer Grafenvereins nahm er an der Dordrechter Nationalsynode der reformierten Kirchen von 1618 bis 1619 teil, die über die Lehrpunkte der arminianischen Remonstranten zu befinden hatte. Unmittelbar nach seiner Rückkehr von der Synode trat er an die Stelle von Johannes Piscator als Rektor der theologischen Fakultät in Herborn. Die Wirren des Dreißigjährigen Krieges und der Ausbruch einer Beulenpest veranlassten ihn und Johann Heinrich Bisterfeld (1605-1655) im Sommer 1629, dem Ruf des Fürsten Gábor Bethlen an die Akademie im siebenbürgischen Weißenburg, einer Stadt im Osmanischen Reich, Folge zu leisten, wo er schließlich am 9. November 1638 verstarb. Seinen Ruf als herausragender Akademiker verdankte er der Autorenschaft der berühmten *Enzyklopädie*[257], die an vielen Universitäten verwendet wurde.

Der berühmteste Student Alsteds war Jan Amos Comenius (1592-1670), der spätere Bischof der Unität der Böhmischen Brüder aus der Markgrafschaft Mähren. Alsted übte einen bleibenden Einfluss auf das Lebenswerk seines

---

Clarendon Press, 2000); Howard Hotson, *Paradise postponed: Johann Heinrich Alsted and the birth of Calvinist millenarianism* (Dordrecht: Kluwer, 2000).

256 ab 1981: Bundesrepublik Deutschland, Land Hessen, Regierungsbezirk Gießen, Lahn-Dill-Kreis

257 Johannem Henricum Alstedium, *Scientiarum omnium encyclopaedia Omnia Praeceptorum, Regularum, Et Commentariorum serie perpetuâ contexta, insertis passim Tabulis, Compendiis, Lemmatibus marginalibus, Lexicis, Controversiis, Figuris, Florilegiis, Locis communibus, & Indicibus. Complectens huius Operis Partem Tertiam* (Herbornae Nassoviorum: Corvinus Erben, 1630; Stuttgart: Frommann-Holzboog, 1989-1990); https://archive.org/details/bub_gb_02hEAAAAcAAJ

Studenten aus. George H. Turnbull[258] und Hugh Trevor-Roper[259] bringen Comenius in Verbindung mit dem Gelehrtenzirkel um Samuel Hartlieb ins Gespräch. Trevor-Roper weißt auf deutliche Hinweise hin, die belegen, dass Oliver Cromwell direkt mit dem Hartlib-Zirkel in Verbindung stand, der seine Entscheidungen in der Durchführung der Englischen Revolution beeinflusste. In seinem Buch *The Crisis of the Seventeenth Century* nennt Trevor-Roper neben Samuel Hartlib[260] (1600-1662) und Jan Amos Comenius auch noch Johannes Duraeus[261] (John Dury). Diese drei Gelehrte, die sich bestens mit dem Rosenkreuzertum auskannten, waren – in den Worten Hugh Trevor-Roper – „sowohl in ihren begrenzten praktischen Zielen und ihrem wilden, blutunterlaufenen Mystzismus die wahren Philosophen, die einzigen Philosophen, der Englischen

---

258 S. dazu: George H. Turnbull, *Hartlib, Dury, and Comenius: Gleanings from Hartlib's Papers* (London: University Press of Liverpool and Hodder & Stoughton, 1947; London: Hodder and Stoughton, 1968).

259 S. dazu: Hugh Redward Trevor-Roper, "Three Foreigners and the Philosophy of the English Revolution," *Encounter. Literature, Arts, Politics* 14 (1960), 3-20; Hugh R. Trevor-Roper, *The Crisis of the Seventeenth Century: Religion, the Reformation and Social Change* (Indianapolis, IN: Liberty Fund, 2001) 219-272; https://oll.libertyfund.org/titles/roper-the-crisis-of-the-seventeenth-century

260 S. dazu: George Henry Turnbull, *Samuel Hartlib: A Sketch of his Life and His Relations to J. A. Comenius* (Oxford: Oxford University Press, 1920); https://archive.org/details/cu31924027998859/page/n8

261 Johannes Duraeus, eigentlich John Durie oder Dury (1595 oder 1596-1680), war ein schottischer presbyterianischer Theologe. Er studierte in Leiden und Oxford und wurde in Frankreich Hauslehrer und Prediger der englischen Gemeinde in Elbing. Hier lernte er Samuel Hartlib kennen, der mit ihm nach England ging. Als er sich 1631 auf eine Pilgerschaft für den interkonfessionellen Frieden durch Kontinentaleuropa begab, war Hartlib sein Londoner Agent und bewahrte seine Schriften auf. Die Einigung von Lutheranern und Reformierten war seine Lebensaufgabe. Er trat von den Presbyterianern zu den Independenten über und versuchte seit 1654 unter dem Protektorat Oliver Cromwells die Reformierten in der Alten Eidgenossenschaft, in Teilen Deutschlands sowie in den Niederlanden zu einigen. 1661 verließ er England für immer und setzte seine Bemühungen in Kassel fort. Es blieb ihm aber der Erfolg verwehrt. https://de.wikipedia.org/wiki/Johannes_Duraeus

Revolution".[262] Turnbulls bestätigt diese These, obgleich sein historisches Interesse nicht weniger den intellektuellen Umwälzungen des Englischen Bürgerkriegs (1642-1649) im Allgemeinen galt als den Errungenschaften der darin verwickelten Akteure.

Im ersten seiner zwei biographischen Bände kontextualisiert Hotson das viele Gebiete der damaligen Wissenschaft umfassende Lehrgebäude Alsteds. Nicht zu Unrecht gilt der Herborner Theologe als einer der wesentlichen Vertreter der enzyklopädischen Tradition[263], auch wenn sein akademisches Ansehen in den vergangenen Jahrhunderten enorm an Glanz verloren hat. Hotson stellt die Person Alsteds und dessen intellektuelles Schaffen in den Zusammenhang seiner Darstellung der Geistesgeschichte des reformierten Europas von 1570 bis 1630. Alsteds umfangreiches literarisches Werk setzt sich aus zahlreichen Schriften zusammen, die Anlass zu einer Vielfalt von Bewertungen gab. Hotson sah sich vor die Aufgabe gestellt, frühere Annahmen über ihn zu revidieren. Gemeinhin sah man in ihm einen orthodoxen Calvinisten, der sich dem Millennialismus seines Kollegen Piscators anschloss. Seine philosophische Vorliebe galt dem sich in seiner Endphase befindlichen Ramismus[264]. Sicherlich war er einer der letzten

---

262 Trevor-Roper, "Three Foreigners and the Philosophy of the English Revolution," in Hugh Trevor-Roper, *The Crisis of the Seventeenth Century*, 222; https://oll.libertyfund.org/titles/roper-the-crisis-of-the-seventeenth-century

263 Alsteds berühmtester Versuch der Zusammenstellung einer Enzyklopädie war sein Werk *Encyclopedia septem tomis distincta*, das 1630 in Herborn veröffentlicht wurde und 2543 Seiten in sieben Bände umfasste. Einen Überblick über ihren Inhalt findet sich in dem Artikel „Encyclopedia," *Encyclopedia Britannica*, Eleventh Edition (Cambridge: Cambridge University Press, 1910) IX, 372. Dieses Werk erfreute sich einer weiten Verbreitung in der akademischen Welt des 17. Jahrhunderts. Nicht nur puritanische Studenten an der Cambridge University, sondern auch katholische Studenten in Frankreich konsultierten die Enzyklopädie regelmäßig, weil sie den Ruf hatte, alles zu beinhalten, das ein Gelehrter im 17. Jahrhundert wissen konnte.

264 Der Ramismus war eine von Petrus Ramus (französisch Pierre de la Ramée; 1515-1572) ausgehende antiaristotelische, durch einen wissenschaftlichen Pragmatismus gekennzeichnete Philosophie des 16. und 17. Jahrhunderts in Frankreich und Deutschland, v. a. aber im angelsächsi-

großen Protagonisten der Philosophie Raimundus Lullus'[265]. In den konventionellen Charakterisierungen Alsteds vermisst man jedoch den Hinweis auf sein großes Interesse an dem *Corpus Hermeticum*. Hotsons Biographie setzt sich von anderen Darstellungen des Herborner Theologen darin ab, dass sie nicht nur dessen intensives Studium der hermetischen Schriften einbezieht, sondern auch neoplatonische und kabbalistische Werke. Alsted war auch ein passionierter Alchemist und Befürworter des Paracelsismus.

> Der erstaunliche pädagogische Optimismus des jungen Alsteds und seine hermetischen Quellen spiegeln sich in seiner Eschatologie direkt wider. Sein Lehrer in Herborn Johannes Piscator hatte seit mindestens 1604 einen konsequenten Millenarianismus[266] vertreten; sein Lehrer in Heidelberg David Pareus bekräftigte 1618 erneut den Antimillennialismus; aber der junge Alsted verwarf diese Ansichten der beiden älteren Theologen zu Gunsten einer quasi-millennialistischen Vision, die den Quellen seiner Marburger Mentoren entsprang. Einige seiner bedeutsamsten Werke, die sich mit pansophischen und apokalyptischen Themen befassten, können auf eine einzige Quelle zurückgeführt werden: sein Manuskript von Bruno und dessen bekannte apokalyptische Kalkulation, die von dem Zwinglianer und Alchemist Raphael Egli stammte.[267]

---

schen Bereich, die auf die empirischen Wissenschaften Einfluss gewannen und dem Calvinismus neue Impulse vermittelten.

265 Raimundus Lullus (deutsch Raimund Lull, Vorname auch in der Schreibweise Raymund oder Ramund; auch Raymundus Lullius; geboren um 1232 in Palma de Mallorca; gestorben Anfang 1316 auf der Fahrt von Tunis nach Mallorca) war ein mallorquinischer Philosoph, Logiker und franziskanischer Theologe. Er lebte lange Zeit im mallorquinischen Kloster Santuari de Cura auf dem Berg Randa, auf dem er auch seine mystischen Visionen erlebte. Seine Grabstätte befindet sich in der Basilika Sant Francesc in Palma. https://de.wikipedia.org/wiki/Ramon_Llull

266 Der von Hotson verwendete Begriff „Millenarianismus" bedeutet dasselbe wie „Millennialismus".

267 Hotson, *Johann Heinrich Asted*, 224.

Wie kann ein für orthodox geltender calvinistischer Theologieprofessor, der sich zumindest theoretisch dem magischen Denken widersetzte und sich der calvinistischen Mehrheit in fast jedem Punkt in Dordrecht anschloss, auch ein begeisterter Alchemist, Kabbalist und Neoplatoniker sein? Die von Hotson vorgelegte Antwort bezieht sich auf die sonderbaren Wechselwirkungen von Begebenheiten, die das Umfeld Alsteds charakterisierten. Alsted hing verschiedenen geistesgeschichtlichen Traditionen an, die ihre kulturelle Bedeutung im Mitteleuropa des 17. Jahrhunderts fast völlig verloren hatten, weil die politischen und konfessionellen Zeitströmungen einen negativen Einfluss auf sie ausgewirkt hatten.

> [Alsted] nahm weitere apokalyptische Ideen mittels seiner Studien der hermetischen Schriften auf, die ihm in Marburg verfügbar waren; die astrologische Interpretation der vier Monarchien wurde in einem alchemistischen Werk dargelegt, das Michael Sendivogius 1616 unmittelbar nach seinem Besuch in Marburg veröffentlichte; Cyprian von Leowitz' Erklärung der Großen Sternenkonstellationen wurde 1618 erneut von dem jungen Goclenius in einer astrologischen Abhandlung veröffentlicht; und die pseudoparacelsische Prophetie eines nördlichen Löwens mag ihn zuerst durch Schriften, die sich auf die Rosenkreuzer Manifeste bezogen, erreicht haben.[268]

Hotson löst diese augenscheinlichen Widersprüche in der Darstellung des Charakters Alsteds auf. Weniger eine Gestalt von gebündelter Intelligenz als vielmehr eine tragische Person, die sich vergeblich der Aufgabe stellte, alle erkenntnismäßigen Aspekte der Wirklichkeit in ein einheitliches System zu integrierten. Die akademischen und konfessionellen Entwicklungen nach 1618 zwangen ihn größtenteils zum Stillschweigen.

Trotz seiner vorgetäuschten Orthodoxie war Alsted kein strikter Calvinist; einige Kirchenhistoriker – allen

---

268 Ebd.

voran Hotson – zogen sein christliches Bekenntnis völlig in Zweifel, denn er betrachtete die Abfassung einer Enzyklopädie als passendes Mittel, um sein eigentliches Ziel zu erreichen: die „instauratio imaginis Dei ad hominem" (die Wiederherstellung des Ebenbildes Gottes im Menschen). Alsted zufolge spielt die Gnade Gottes bei diesem Vorgang keine Rolle, sondern beruht einzig auf menschlicher Anstrengung und Genialität. Der Theologe ließ sich von dem Gedanken leiten, dass die menschliche Natur nur ernsthaft, vielleicht unwiederbringlich korrumpiert sei. Calvin lehrte im Gegensatz dazu, dass die menschliche Natur der totalen Verdorbenheit als Folge des Sündenfalls verfallen war. Laut Alsted ermöglichen intensive Gedächtnisübungen und tiefgreifendes Philosophieren die Wiederherstellung des verloren gegangenen Ebenbildes Gottes im Menschen. Der Mensch gelange somit erneut in den Besitz seiner vor dem Sündenfall besessenen Vollkommenheit, besonders die seines Intellekts. Die Heterodoxie Alsteds bestand aus zwei hauptsächlichen Elementen, wobei die optimistische Anthropologie von größerer Bedeutung in der Ausgestaltung seiner Theologie war als der alchemistische Mystizismus. Die enzyklopädische Bildung als Gegenmittel für die Sündhaftigkeit wird in Hotsons Biografie deutlich als der christlichen Heilslehre zuwiderlaufenden Denkweise angesprochen. Dass Alsted als calvinistischer Theologe eine Soteriologie (Lehre von der Rettung) vertrat, die sich gänzlich von der des Genfer Reformators absetzte und dieser diametral gegenüberstand, mag auf den ersten Blick seltsam erscheinen, unterstreicht aber die Tatsache, dass sich die christliche Elite Deutschlands nonchalant über die wesentlichen Glaubensaussagen der Bibel hinwegsetzte, wenn es darum ging, dem Renaissance-Neoplatonismus unter der Tarnkappe christlicher Begrifflichkeit Geltung zu verschaffen. Die Alchemie spielte in den Erwägungen Alsteds eine wesentliche Rolle, weil ihm die Lektüre der Schriften Giordano Brunos zu verstehen gab, dass die Degeneration des menschlichen Wesens mittels des Steins der Weisen rückgängig gemacht werden könne. Deshalb stellt es kein unergründliches Rätsel dar, dass sich die konfessionellen Calvinisten in Herborn und Marburg entgegen aller Widersprüchlichkeit unwiderstehlich vom Rosenkreuzertum angezogen fühlten. Die Befriedigung ihres unbändigen Sehnens nach einer Generalreform aller Bereiche der Gesellschaft stand ihnen stets als oberstes Ziel vor Augen. Die dogmatische und ekklesiologische Reformation des vorgängigen Jahrhunderts diente als Muster der im sozialpolitischen Bereich durchzuführenden Erneuerungen. Eine ganz neue Kunst der Kriegsführung wurde konzipiert, die es den Regenten in den Kleinstaaten Deutschlands in Aussicht stellte, ihren Herrschaftsbereich um ein Vielfaches zu vergrößern. Die okkulte Philosophie, die sich im Gewande des alchemistischen Mystizismus in Windeseile verbreitete, versprach größere Effektivität in der Umsetzung politischer Zielsetzungen, die machthungrige Landgrafen wie Moritz der Gelehrte von Hessen-Kassel dazu anspornte, den Empfehlungen der hermetischen „Calvinisten" in seinem Hoheitsgebiet Folge zu leisten.[269]

3.8.2. Postmillennialistischer Grundstein des Puritanischen Okkultismus

In seiner Diskussion über das Jahrzehnte anhaltende und in fortgeschrittenem Alter gesteigerte Interesse Alsteds an der Esoterik, das in späteren Revisionen seiner *Enzyklopädie*[270] und in persönlicher Korrespondenz immer deutlicher zum

---

269 Ebd., 104.

270 Johannem Henricum Alstedium (Johann Heinrich Alsted), *Scientiarum omnium encyclopaedia Omnia Praeceptorum, Regularum, Et Commentariorum serie perpetuâ contexta, insertis passim Tabulis, Compendiis, Lemmatibus marginalibus, Lexicis, Controversiis, Figuris, Florilegiis, Locis communibus, & Indicibus. Complectens huius Operis Partem Tertiam: Septem tomis distincta, I. Praecognita disciplinarum, libris quatuor. II. Philologia, libris sex. III. Philosophia theoretica, libris decem ... Serie Praeceptorum, Regularum, & Commentariorum Perpetua. Insertis passim Tabulis, Compendiis, Lemmatibus marginalibus ...: ita quidem, ut hoc Volumen, secundâ curâ limatum et auctum, possit esse instar Bilbiothecae instructissimae. 7 In Quo Praecipuae Farragines Disciplinarum Methodice digestae proponuntur Quinque istis libris: I. Mnemonica. II. Historica. III. Chronologia. IV. Architectonica. V. Apodemica, Critica &c.* (Herbornae Nassoviorum: Corvinus Erben, 1630; Stuttgart: Frommann-Holzboog, 1989-1990); https://archive.org/details/bub_gb_02hEAAAAcAAJ

Vorschein tritt, deutet Hotson auf den Umstand hin, dass die ständige Beschäftigung mit der Kabbala und Hermetik das Denken des Herborner Theologen stark in Beschlag genommen hatte. Seine optimistische Vorschau der systematischen Vereinigung aller Wissensbereiche gründete sich auf der – wie er hoffte – erfolgreichen Durchführung des pansophischen Unternehmens in der Zukunft, wie es die millennialistische Passage in Offenbarung 20 in Aussicht stelle. Alsted wurde zu seiner Zeit besonders dadurch bekannt, dass er eine Interpretation des Tausendjährigen Reiches in seinem Werk *Diatribe de mille annis apocalypticis*[271] vorlegte, die sich scheinbar ganz nüchtern mit dem Text selbst befasste, ohne sich in numerologischen und astrologischen Spekulationen zu verlieren, wie dies in zeitgenössischen Kommentaren der Johannes-Apokalypse schon fast gang und gäbe war.

Bevor sich die negativen Auswirkungen des Dreißigjährigen Krieges (1618-1648) in Herborn bemerkbar machten, hatte Alsted in seiner Endzeitlehre einen augustinischen Amillennialismus vertreten. Es ist bemerkenswert festzustellen, dass er 1627 diese eschatologische Position in seinem Buch über das Tausendjährige Reich änderte. In einer englischen Übersetzung kam es 1643 mit dem Titel *The Beloved City*[272] heraus.

In Übereinstimmung mit dem theologischen Konsens seiner Zeit meinte Alsted, dass der Apostel Johannes das Buch der Offenbarung 94 n.Chr. abgefasst habe. Der Herborner Gelehrte unterteilte es in sieben längere

---

271 Johannem Henricum Alstedium (Johann Heinrich Alsted), *Diatribe De Mille Annis Apocalypticis, non illis Chiliastarum & Phantastarum, sed B B. Danielis & Johannis* (Frankfurt am Main: Conradi Eifriti, [1627] 1630).

272 Johann Heinrich Alsted, *The Beloved City: or, the saints reign on earth a thousand yeares: asserted, and illustrated from LXV. places of Holy Scripture; besides the judgement of holy learned men, both at home and abroad; and also reason it selfe. Likewise XXXV. objections against this truth are here answered. Written in Latine by Ioan. Henr. Alstedius, professor of the University at Herborne. Faithfully Englished; with some occasionall notes; and the judgement herein not onely of Tycho Brahe, and Carolus Gallus; but also some of our owne famous divines* (London: [Verleger nicht genannt], 1643).

Abschnitte. Die erste Vision der Kapitel 1 bis 3 nehme Bezug auf die jeweilige lokale Situation in den sieben Gemeinden der römischen Provinz Asien. Die zweite Vision in den Kapiteln 4 bis 6 betreffe die Weissagung über die sieben Siegel, die prophetisch über Ereignisse berichten, die sich in der europäischen Kirche bis 606 n.Chr. zugetragen hätten. Die dritte Vision der sieben Posaunen in den Kapiteln 8 bis 11 beschreibe die Situation der Kirche von 606 bis 1517, dem Beginn der deutschen Reformation. Die vierte Vision der Frau, die ein Kind gebärt, in den Kapiteln 12 bis 14 beziehe sich auf die Geschehnisse, die sich in der Kirche von der Geburt Christi bis zum Jahr 1517 eingestellt hätten. Die fünfte Vision der Zornesschalen in den Kapiteln 15 bis 17 betreffe die Ereignisse im 16. und 17. Jahrhundert. Alsted meinte, dass 1627 drei dieser Zornesschalen bereits ausgegossen worden wären und die anderen vier noch bis 1694, dem vermeintlichen Beginn des Tausendjährigen Reiches, ausgegossen werden würden. Die sechste Vision der Kapitel 17 bis 20 präsentiere sowohl das Gericht über den Feinden Christi als auch die Glückseligkeit der Kirche in der Gegenwart Gottes. Die siebte Vision der Kapitel 21 bis 22 stelle die zukünftige Herrlichkeit der himmlischen Stadt heraus, in der die Kirche die Zukunft verbringen würde.

Alsted Verständnis über das beschriebene Tausendjährige Reich in Offenbarung 20 kann wie folgt zusammengefasst werden: Es wird ein zukünftiges Millennium geben, dessen Beginn dadurch eingeläutet wird, dass Gott Satan bindet und die toten Märtyrer auferweckt (Offb. 20,2-4). Während dieser Zeitperiode des Friedens auf Erden, die von den jüdischen Propheten vorhergesagt worden war, würden sich nicht nur die heidnischen Nationen, sondern auch die Juden dem Evangelium zuwenden. Am Ende des Millenniums der Freude und des Friedens würden sich die übrigen Heiden auf Erden auf die Kirche stürzen, um sie in einem letzten Versuch zu zerstören. Gott aber würde eingreifen und die Heiden Gog und Magog für ihre Freveltat vernichten. Anschließend würde Christus wiederkommen, um die Toten aufzuerwecken und das Letzte Gericht durchzuführen. Alsted berief sich auf Daniel 12,11-12 in der Benennung des Jahres 1694 als Beginn des Tausendjährigen

Reiches. Das Datum, an dem das tägliche Opfer in Jerusalem weggenommen wurde, legte er auf das Jahr 69 n.Chr. Dieser Jahreszahl rechnete er zunächst 1290 Jahre hinzu (seiner Meinung nach entsprach ein prophetischer Tag einem Jahr) und dann noch einmal 1335 Jahre. Somit würde das Millennium im Jahr 2694 enden. Zieht man dann eintausend Jahren diesem Datum ab, ergibt sich das Jahr 1694.

In seinem Buch *A Dissuasive from the Errours of the Time* (1645) deutet der schottische Gelehrte Robert Baillie auf den negativen Einfluss hin, den Alsteds Buch verursacht hat. Bedauerlicherweise seien damals weitere Schriften veröffentlicht worden, die eine Sicht über das Tausendjährige Reich vermittelten, die dem traditionellen Amillennialismus entgegenstanden.

> Als Alsted in Siebenbürgen wohnte, begann er in gehobenem Alter an einigen Teilen [des antiken Millennialismus] Gefallen zu finden. Piscator habe ihn angeblich dazu ermutigt. Alsteds heterodoxe Schriften waren noch nicht lange im Umlauf, als sich Herr Mede in Cambridge der darin geäußerten Meinung anschloss; doch diese beiden Theologen waren weit davon entfernt, von einem persönlichen Regieren Christi auf Erden zu träumen; nur Herr [Henry] Archer und sein Kollege Thomas Goodwin von Arnheim waren verwegen genug, um das ganze Gebilde des Chiliasmus aufzustellen. In seinen Londoner Vorlesungen über Hosea stellte Herr [Jeremiah] Burroughs dieses als eine notwendige und äußerst angenehme Grundlage der christlichen Religion heraus.[273]

---

273 Robert Baillie, *A Dissuasive from the Errours of the Time: wherein the tenets of the principall sects, especially of the Independents, are drawn together in one map, for the most part in the words of their own authours, and their maine principles are examined by the touch-stone of the Holy Scriptures* (London: Printed for Samuel Gellibrand ..., 1645) 225; s. dazu: Robert Baillie, *Errours and Induration are the great Sins and the great Judgements of the Time: preached in a sermon before the Right Honourable House of Peers, in the Abbey-Church at Westminster, July 30, 1645, the day of the monethly fast* (London: Printed by R. Raworth, for Samuel Gellibrand ..., 1645); https://archive.org/details/erroursind00bail/page/n1

Das Studium christlicher Eschatologie nahm mit Alsteds Veröffentlichung des Kommentars *Diatribe de mille annis apocalypticis* eine schicksalshafte Wende. In den protestantischen Millennialismus flossen hermetische Ideen, die die Lehre eines Tausendjährigen Reiches im Sinne des später aufkommenden Postmillennialismus umdeuteten. Die Puritaner in England und später in den Niederlanden und in Amerika neigten dieser Lehre besonders zu, weil sie unter anderem dem Mystizismus Francis Bacons, den dieser in Form eines wissenschaftlichen Empirismus verbreitet hatte, kritiklos Glauben schenkten und ihn mit Begeisterung bekanntmachten. Führende Puritaner wie John Milton verloren sich in den düsteren Gefilden der Esoterik und legten den Grundstein des Puritanischen Okkultismus, über den Francis A. Yates ein ganzes Kapitel in ihrem Buch *The Occult Philosophy in the Elizabethan Age* schrieb.[274] Die am Warburg Institute der University of London forschende Historikerin wandte sich in diesem Buch einer eingehenden Untersuchung der okkulten Literatur zu, wie sie in der elisabethanischen Epoche weitverbreitet war. Ihre zutreffende Behauptung, dass der Puritanismus der damals in England kursierenden okkulten Ideologie viel schuldete, erzeugte großes Erstaunen in der Fachwelt. Dabei hob Yates in jeweils einem Kapitel die Okkultisten Pico della Mirandola, Johannes Reuchlin, Francesco Giorgi, Henry (Heinrich) Cornelius Agrippa und John Dee hervor, die eine Art des Okkultismus praktizierten, die sich aus einer Mischung von jüdischer, islamischer und „christlicher" Mystik zusammensetzte und unter der Bezeichnung „Christliche Kabbala" das Denken so manch eines Puritaners, wie John Milton und William Ames, beeinflusste.

Das Selbstverständnis von Johann Heinrich Alsted, William Ames und Jan Amos Comenius, ernsthaft bekennende Christen zu sein, wurde von ihren Zeitgenossen nie angezweifelt, dennoch gingen sie weit über das

---

274 Francis Amelia Yates, *The Occult Philosophy in the Elizabethan Age* (London: Routledge, Kegan Paul, [1979] 2001) chap. 17: "The Occult Philosophy and Puritanism: John Milton"; https://archive.org/details/ YatesFrancesTheOccultPhilosophyInTheElizabethanAgeRoutledge/page/ n233

intellektuelle und religiöse Interesse der Reformatoren hinaus. Das Gemeinsame im Denken der drei Gelehrten war die vom Christentum abgeleitete Überzeugung, dass alle Aspekte der Wahrheit miteinander zusammenhängen. Sie stellten sich der Aufgabe, eine Synthese von esoterischer und christlicher Wahrheit zu erwirken.[275] Die Reformatoren des 16. Jahrhunderts gingen von der traditionellen christlichen Lehre aus, dass es einen Gott gibt, der die Welt nach seinen Vorstellungen erschaffen hat. Jede Wahrheit war deshalb eine, die von Gott konzeptionell ausgeht. Die Pansophisten gaben sich jedoch mit diesem Gedanken nicht zufrieden. Luther und Calvin waren nur darauf fixiert, die ihnen im Studium der Heiligen Schrift aufgeschlossenen biblischen Wahrheiten breitflächig publik zu machen, ohne sich die Mühe zu machen, ihr Wahrheitsverständnis auf andere Wissensbereiche zu übertragen. Diese Unterlassung der Reformatoren empfanden die Pansophisten als problematische Inkonsequenz. Im Besonderen bemängelten sie ihr fehlendes Interesse an der allgemeinen Offenbarung Gottes in der Natur. Während sich Calvin hauptsächlich um die Abfassung einer systematischen Theologie kümmerte, waren Alsted, Ames und Comenius eifrig damit beschäftigt, ein umfassendes System aller Erkenntnis zu entwickeln, indem sie das Verständnis von der Einheit der Wahrheit in den Mittelpunkt ihrer Philosophie stellten. Darin zeichnete sich Alsteds *Enzyklopädie*, Ames' *Technometria*[276], Comenius' Pansophie, aber auch Alexander Richardsons „Regel der Enzyklopädie"[277] und Jonathan Edwards „Vernünftige Darstellung" („Rational Account"[278]) aus.

---

275 Miller, *The New England Mind*, 96.

276 William Ames, *Gulielmi Amesii Technometria: omnium & singularum artium fines adæquate circumscribens* (Londini: Milo Flesher, 1633).

277 S. dazu: John C. Adams, "Alexander Richardson's Philosophy of Art and the Sources of the Puritan Social Ethic," *Journal of the History of Ideas* 50 (1989), 227-247.

278 Jonathan Edwards, "A Rational Account of the Main Doctrines of the Christian Religion Attempted," in Wallace E. Anderson, Hrsg., *The Works of Jonathan Edwards* (New Haven, CT: Yale University Press, 1957-2008) Vol. 6, 396ff. Als Jonathan Edwards unter dem Einfluss reformierter Theologen, der Cambridge Platoniker und englischen Philosophen und

3.8.3. Integrierung aller Wissenschaften in einem logischen System

In dem 1630 in Herborn veröffentlichten, vierbändigen Werk *Scientiarum omnium encyclopaedia*[279] versuchte Johann Heinrich Alsted, alle Wissenschaften in ein logisches System zu integrieren. Im ersten Band, der den Titel *Praecognita* trug, zeigte der Autor die Beziehungen auf, die zwischen den einzelnen Wissensbereichen bestehen würden. In geradezu überheblicher Manier behauptete er, dass die gedankliche Erfassung seines Systems die Vorbedingung der Aneignung aller übrigen Erkenntnisse sei. Die *Praecognita* übte einen starken Einfluss auf William Ames *Technometria* aus. Eine Begegnung zwischen dem englischen Puritaner und dem Herborner Theologen fand wahrscheinlich auf der Synode in Dordrecht von 1618 bis 1619 statt. Alsted nahm an dieser kirchengeschichtlich so wichtigen Synode als deutscher Gesandter teil, und Ames war Berater des Präsidenten der Kirchenversammlung.[280] Der Umstand sollte deswegen kaum verwundern, dass Ames sein Werk *Technometria* im Jahr der Veröffentlichung von Alsteds *Enzyklopädie* zu schreiben begann und darin sogar die gleichen Vorbedingungen wie der deutsche Gelehrte nannte, die zur Wissensaneignung notwendig seien.[281] Die Publikationen dieser beiden Theologen nahmen einen ehrenwerten Platz in der Literatur ein, die von vielen Puritanern gelesen wurde. Perry Miller deutet auf diese Tatsache hin, indem er schrieb, dass Alsteds *Enzyklopädie*

Wissenschaftlern wie Isaac Newton und John Locke stand, entwarf er eine nationalistische Darstellung der christlichen Lehre gemäß der Begrifflichkeit zeitgenössischer Philosophie.

279 Johannem Henricum Alstedium, *Scientiarum omnium encyclopædiæ*: tomus primus … (Lugduni: Sumptibus Ioannis Antonii Huguetan Filij, & Marci Antonii Ravaud, viâ Mercatoriâ ad insigne Sphæræ, 1649); http://archive.org/details/ioanhenricialste234alst

280 Lee W. Gibbs, "Introduction" in William Ames, *Technometria* (Philadelphia, PA: University of Pennsylvania Press, 1979) 74*n*56.

281 Perry Miller, *The New England Mind: The Seventeenth Century* (Cambridge, MA: Harvard University Press, [1939] 1954) 510*n*11; https://archive.org/details/in.ernet.dli.2015.188454/page/n523

zum Grundstock der Bücher zählte, die in vielen Bibliotheken Neuenglands vorzufinden waren.[282] Cotton Mather
setzte dem Herborner Theologen in einem seiner Briefe ein
gewisses Denkmal, indem er über ihn Folgendes schrieb:

> Wenn sie ein kleines Buch über alle Wissenschaften
> abfassen und eine Nordwestpassage zu ihnen ent-
> decken möchten, kann ich mir nicht einen einzigen
> Autoren vorstellen, der jene Absicht so gut erfüllen
> würde, wie ALSTED. Ich halte ihn für einen der belehr-
> testen Menschen, der je in dieser Welt gelebt hat.[283]

Die hohe Wertschätzung der amerikanischen Puritaner für
Alsted wird im Weiteren durch die Tatsache unterstrichen,
dass dessen *Praecognita* sowie auch Ames *Technometria* eine
Hauptquelle der *Theses Technologicae* an den Universitäten
Harvard und Yale waren.[284]

3.8.4. Verlangen nach einer enzyklopädischen Erkenntnis

Der unmittelbarste Einfluss, den Alsted auf die Entwicklung
der Pansophie ausübte, war die Unterweisung seines
Studenten Jan Amos Comenius an der Hohen Schule in
Herborn. Comenius nahm das enzyklopädische Anliegen
seines Theologieprofessors leidenschaftlich auf, indem er
sich zur Bildung eines, wie er es nannte, „synthetischen
Systems" aller Wissensbereiche einsetzte. Die Ausformung
eines in sich schlüssigen Schemas der Erkenntnis war für
ihn von viel größerer Bedeutung als das Erforschen der
Fakten in den einzelnen Disziplinen. Deshalb nannte er
seine bevorzugte Wissenschaftsmethode in Anlehnung an

---

282 Ebd.

283 Cotton Mather, *Manuductio ad Ministerium Directions for a
Candidate of the Ministry* (Boston, MA: Printed for Thomas Hancock,
1726; New York City, NY: Columbia University Press, 1978) 33.

284 S. dazu: Porter G. Perrin, "Possible Sources of Technologia at Early
Harvard," *New England Quarterly* 7 (1934), 718-724; Edward K. Rand,
"Liberal Education in Seventeenth Century Harvard," *New England
Quarterly* 6 (1933), 525-551.

den Titel eines Buches von Peter Laurenberg „*Pansophie*":
der Vereinigung aller wissenschaftlichen, philosophischen,
politischen und religiösen Erkenntnis in einer umfassenden,
harmonischen Weltschau.[285] Laurenberg hatte 1633 sein Buch
Pansophia, sive Paedia Philosophica in Rostock
veröffentlicht.

Obgleich Jan Amos Comenius in Böhmen zur Welt
gekommen war, verbrachte er einen Großteil seines Lebens
als Exilant in Westeuropa. Er war einer unter vielen
Protestanten, die 1628 im Zuge des Dreißigjährigen Krieges
gezwungen wurden, ihre Heimat zu verlassen. In Polen bot
man ihm die Stelle eines Magisters und später des Rektors
am Gymnasium von Leszno an. Als die schwedischen
Söldner in Polen einfielen, machten sich die politischen
Wirren und Zerstörungen des Krieges auch in jenem Land
bemerkbar, sodass sich Comenius erneut auf die Wander-
schaft begab. Seine weiten Reisen führten ihn nach Deutschland, Skandinavien und Holland.[286] Von einem unbändigen
Missionsbewusstsein des Schicksals ergriffen, sah er seine
hauptsächliche Aufgabe darin, Bücher zu schreiben, die –
wie er hoffte – künftig das Bildungswesen radikal verändern
würden. In den folgenden Jahren etablierte er sich als einer
der wichtigsten Theoretiker einer wissenschaftlich durch-
dachten Pädagogik. Mit bestechender Deutlichkeit tritt in
Comenius' Gedankengängen die Übereinstimmung mit
dem Ideal der frühen englischen Freimaurerei auf. Ein
Vergleich bestimmter Aussagen in James Andersons *Book of*
Constitutions mit den Werken Comenius' bestätigt die
Vermutung, dass Anderson[287] sich mit den Ansichten
Comenius intensiv auseinandergesetzt hatte.

---

285 Matthew Spinka, "Comenian Pansophic Principles," *Church*
History 22 (June, 1953), 155.

286 S. dazu: Matthew Spinka, *John Amos Comenius: The incomparable*
Moravian (Chicago, IL: University of Chicago Press, 1943) passim.

287 James Anderson (etwa 1678-1739) war ein schottischer Prediger
der schottisch-presbyterianischen Kirche in London, Freimaurer und
Verfasser der ersten Konstitution ("Alte Pflichten") der Ersten Großloge
von England. Er stammte aus einer Freimaurer-Familie. Sein Vater war
Sekretär der schottischen Freimaurerloge Aberdeen und wurde dort von
1688 – 1689 Meister vom Stuhl. Vermutlich wurde James Anderson in

In den Jahren 1641 bis 1642 besuchte Comenius England. Um seine Vision der Pansophie Wirklichkeit werden zu lassen, setzte er sich für die Gründung eines Kollegs ein, an denen Gelehrte aus aller Welt zusammenkommen, um jegliches Wissensgebiet zu erforschen und aufeinander abzustimmen beziehungsweise miteinander zu integrieren.[288] Die daraus resultierende Erkenntnis aller Dinge könne dann der ganzen Menschheit mittels ausgeklügelter Methoden der Gelehrsamkeit zugänglich gemacht werden.[289] Sein humanistisches Ideal nahm in der Schrift *Via Lucis*[290] (1641/42) in besonderem Maße konzeptionell Form an. Der Aufenthalt in London gab ihm die Möglichkeit, regen Verkehr mit Samuel Hartlib zu

---

dieser Zeit Freimaurer, denn er führte schottische Bezeichnungen in die englische Freimaurerei ein und berief sich ausdrücklich auf Schriften aus Schottland. Wann er nach London übersiedelte, ist unbekannt, aber ab 1712 findet man in Zeitungen Ankündigungen seiner Predigten. Dort war er Mitglied der Freimaurerlogen Horne Tavern in Westminster und Lodge of Salomon's Temple in der Hemmings Row. 1720 verlor er fast sein gesamtes Vermögen und saß im Schuldturm, bis er angeblich von Freimaurern ausgelöst wurde. Als sich am 24. Juni 1717 in London vier Bauhütten zu der Ersten Großloge von England zusammenschlossen, war Anderson nicht anwesend. Als George Payne zum zweiten Mal 1720 zum Großmeister gewählt wurde, stellte er anhand des alten gotischen Cooke-Manuskripts eine Reihe Genereller Regeln (General Regulations) zusammen. Diese wurden am 24. Juni 1721 auf der Großlogen-Versammlung verkündet. 1721 erteilte der erste englische adlige Großmeister Herzog John von Montagu James Anderson den Auftrag, aus alten gotischen Dokumenten für sie eine neue Konstitution zu verfassen. Diese passte er nach eigenen Aussagen an alte (schottische) Zunftsagen an und übernahm die General Regulations leicht verändert in seine Konstitution von 1723. https://de.wikipedia.org/wiki/James_Anderson_(Freimaurer)

288 Spinka, *John Amos Comenius*, 80-81.

289 S. dazu: Webster, *The Great Instauration*; George H. Turnbull, *Hartlib, Dury, and Comenius: Gleanings from Hartlib's Papers* (London: University Press of Liverpool and Hodder & Stoughton, 1947; London: Hodder and Stoughton, 1968).

290 Jan Amos Comenius, *Via Lucis, vestigata et vestiganda* (London: 1641/42; veröffentlicht erst 1668); Englische Übersetzung: John Amos Comenius, *The Way of Light*, übers. v. E. T. Campagnac (London: The University Press of Liverpool; Hodder & Stoughton, 1938; deutsche Übersetzung: Johann Amos Comenius, *Der Weg des Lichtes. Via lucis*, eingeleitet, übersetzt und mit Anmerkungen versehen von Uwe Voigt (Hamburg: Felix Meiner 1997 (= Philosophische Bibliothek. Bd. 484).

pflegen und die gewonnenen Erkenntnisse sofort auf Papier zu bringen. England war zu jener Zeit eine Brutstätte der Pansophie. Samuel Hartlib veröffentlichte 1639 Comenius' *Pansophiae Prodromus*[291] in London. Darin wurde die These propagiert, dass die Reform der Philosophie und Bildung im Sinne der Pansophie einzig durch die Harmonisierung der drei „Offenbarungsbücher" der Heiligen Schrift, der Natur und der Vernunft geschehen könne.[292] In jener Zeit verweilte der amerikanische Theologe John Winthrop[293] (1588-1649) in London, wo er mit Hartlib zusammentraf. Hartlib begann anschließend in England, Geld für das Harvard College in Neuengland zu sammeln.[294] Seine Korrespondenz mit Winthrop sollte über Jahre andauern.[295] Winthrop traf sich auch mit Comenius und war offensichtlich so begeistert von dessen Mission, dass er die Möglichkeit erwog, ihn darum zu bitten, Präsident des Harvard College zu werden. In seiner *Magnalia Christi Americana* schrieb Cotton Mather Folgendes:

> Dieser tapfere alte Jan Amos Comenius, dessen Ruhm über seine Würdigkeit soweit hinausposaunt wurde, wie es drei Sprachen zu tun vermochten, hatte seine Einwilligung unserem Herrn Winthrop, als dieser die Niederlande bereiste, erteilt, nach Neuengland zu

291 Jan Amos Comenius, *Pansophiae Prodromus, Et Conatuum Pansiphicorun Dilucidatio;* [...] (London: 1639; Düsseldorf: Schwann, 1963); https://archive.org/details/bub_gb_z936eB25Cb4C/page/n7

292 Spinka, *John Amos Comenius*, 2.

293 John Winthrop war ein englischer Puritaner. 1629 wurde John Winthrop als Nachfolger von John Endecott zum zweiten Gouverneur der Massachusetts Bay Colony gewählt und erreichte diese im April 1630 mit einer Flotte von elf Schiffen und rund 700 Siedlern. Bis zu seinem Tode 1649 wurde er mit wenigen Ausnahmen alljährlich als Gouverneur der Kolonie wiedergewählt und prägte in dieser Zeit die politische Entwicklung der Kolonie entscheidend mit. In seiner Predigt „A Model of Christian Charity" von 1630 prägte Winthrop den Ausdruck „City upon a Hill". https://de.wikipedia.org/wiki/John_Winthrop

294 Turnbull, *Hartlib, Dury, and Comenius*, 48.

295 Ebd., 368-369; s. dazu: George H. Turnbull, „Some Correspondence of John Winthrop, Jr. and Samuel Hartlib," *Proceedings of the Massachusetts Historical Society* LXXII (1963), 36-67.

kommen und dieses Kolleg und Land durch die Qualität des Präsidenten zu erleuchten; aber das Bitten des
schwedischen Botschafters, der ihn auf einen anderen
Weg brachte, war der Grund, wieso dieser unvergleich-
liche Mähre kein Amerikaner wurde.[296]

Obgleich es keine Aufzeichnungen über den Bericht
Winthrops an die anderen Vorstandsmitglieder des Harvard
College gibt, nachdem er im Herbst 1643 wieder in Neuengland angekommen war, ist es höchst unwahrscheinlich, dass
er seinen Kontakt mit Comenius und dessen Vision eines
Kollegs, an dem die Pansophie gelehrt werden sollte, für sich
behalten hat.

In einem Bereich der Wissenschaft teilten alle
Pansophisten dieselben Ansichten. Jeder von ihnen
konzentrierte sich auf die humanistischen Denkansätze der
Renaissance, die später in der Philosophie der Aufklärung
noch viel deutlicher artikuliert wurden. Alsted hatte sich in
seiner *Enzyklopädie* mit allen wesentlichen Philosophen der
Vergangenheit befasst. Comenius stand im direkten Dialog
mit Francis Bacon (1561-1626).[297] Der in der pansophischen
Traditionslinie stehende amerikanische Theologe Jonathan
Edwards setzte sich zirka ein Jahrhundert später eingehend
mit der Philosophie von John Locke (1632-1704) und Isaac
Newton (1642-1727) auseinander. Diese Denker waren weit
davon entfernt, der Naturwissenschaft ablehnend gegenüber
zu stehen. Wo sich ihnen die Möglichkeit bot, förderten sie
diese aus Leibeskräften. Comenius leistete seinen Beitrag bei
der Gründung der Royal Society in London. Ames gab
seiner Meinung in *Technometria* Ausdruck, dass eine wissenschaftliche Untersuchung von Objekten aus drei wesent-

---

296 Cotton Mather, *Magnalia Christi Americana, or, The Ecclesiastical
History of New-England* (Hartford: Silas Andrus and Son, [1702] 1820;
Edinburgh: The Banner of Truth Trust, 1979) vol. 2, book IV, 14; https://
archive.org/details/afk3754.0002.001.umich.edu/page/14

297 S. dazu: Jerome K. Clauser, „The Pansophist: Comenius," in Paul
Nash, Andreas M. Kazamias & Henry J. Perkinson, Hrsg., *The Educated
Man: Studies in the History of Educational Thought* (New York City, NY:
John   Wiley   &   Sons,   1966);   https://archive.org/details/
educatedmanstudi00nash

lichen Schritten bestehe: 1) subjektive Sinneswahrnehmung, 2) induktive[298] Beweisführung und 3) experimentelle Beweisführung.[299] Die pansophische Herangehensweise an die Wissenschaft war dementsprechend synthetisch. Comenius sprach sich für eine dialektische Versöhnung von Theologie, Natur und Vernunft aus mittels eines – wie er meinte – „synkretistischen" Vergleichs. Ames gab zu verstehen, dass die Naturforschung schlüssig gezeigt habe, dass die verschiedenen Wissenschaftsbereiche miteinander in direkter Beziehung stehen.[300] Die Pansophisten verwarfen konkret die Vorstellung, dass sich die christliche Wahrheit von einer anderen, nichtchristlichen unterschied. Von dieser Überzeugung ergriffen, legte der Theologe Jonathan Edwards der Royal Society seine naturwissenschaftlichen Beobachtungen über Spinnen vor.[301] Im Bemühen, eine feine Balance zwischen Vernunft und Offenbarung zu finden, lehnten die Pansophisten nicht nur den Fideismus[302], sondern auch den Rationalismus ab. Das Gründen der Wahrheit auf blindem Glauben unter Ausschluss der Vernunft war ihnen genauso widerwärtig, wie das umgekehrte Vorhaben. Auf der sicheren Grundlage der Wissenschaft, Theologie und Philosophie versuchten sie eine intellektuelle Gesamtschau zu entwickeln, die in ihrem Ausmaß nicht hätte umfassender sein können.

Um noch weiter in die Vergangenheit zurückzugehen, besteht eine gewisse Berechtigung, die ersten Anzeichen der Pansophie in den Schriften des im 13. Jahrhundert lebenden Magiers von Mallorca Ramon Lullus zu erblicken, dessen

---

298 Induktiv: vom besonderen Einzelfall auf das Allgemeine, Gesetzmäßige zu schließen. https://www.duden.de/node/70616/revision/70652

299 Ames, *Technometria*, These Nr. 69. S. auch Thesen Nr. 70, 72.

300 Ebd., These Nr. 70.

301 S. dazu: Jonathan Edwards, "The 'Spider' Letter," October 31, 1723, und die Bemerkungen des Herausgebers in Anderson, Hrsg., *The Works of Jonathan Edwards*. Vol. 6: *Scientific and Philosophical Writings: The "Spider" Papers, "Natural Philosophy," "The Mind," Short Scientific and Philosophical Papers*, 151-153, 163-169.

302 Fideismus: erkenntnistheoretische Haltung, die den Glauben als einzige Erkenntnisgrundlage betrachtet und ihn über die Vernunft setzt. https://www.duden.de/node/47158/revision/47194

Ars generalis ultima[303] viele spätere Versuche erahnen ließ, eine Universalgelehrsamkeit zu finden, die alle Wissensbereiche miteinander verband und als ein wirksames Mittel zur Propagierung des christlichen Glaubens unter den Mohammedanern und Juden eingesetzt werden könnte. Im Anschluss an die Publikation seiner zahlreichen Schriften im 16. Jahrhundert wurde Lullus posthum als einer der bedeutendsten Vorläufer in der Suche nach einer Methode anerkannt, die die Wissenschaften vereinigen würde. Sein Bestreben lag darin, eine Wissenschaft aller Wissenschaften, also eine Universalwissenschaft, zu bilden. Um dies bewirken zu können, sei die Zusammenstellung einer allumfassenden Enzyklopädie vonnöten, um die Einheit aller grundlegenden Ideen in den verschiedenen Wissensbereichen augenscheinlich hervorheben zu können. Die Schriften Lullus waren der Römisch-Katholischen Kirche in der Zeit der Gegenreformation suspekt. In den gebräuchlichen Anleitungsbüchern der Inquisition fand sich der Lullismus in einer langen Reihe von antiken und zeitgenössischen Häresien, die zu einem Todesurteil auf dem Scheiterhaufen für diejenigen führte, die sich der Verbreitung der Schriften Lullus' schuldig gemacht hatten.

Selbst die hermetische Tradition der Renaissance, die mit ihrem Versprechen auffuhr, mittels der Magie alle Menschen zu beglücken, die sich ihrer bedienten, beeinflusste die Pansophie. Die sich im Gewand eines christlichen Mythos darstellenden Alchemie wurde schnell im pansophischen Orbit der naturwissenschaftlichen Gelehrsamkeit aufgenommen. Ein Erwachen des Bewusstseins, dass die physische Welt hinsichtlich ihrer geographischen Beschaffenheit vor einer grundsätzlichen Erneuerung stehe, wobei die neuen Erkenntnisse der Wissenschaft wertvolle

---

303 Die *Ars generalis ultima* ist ein um etwa 1305 abgeschlossenes, erstmals nach 1500 gedrucktes Werk, in dem der mallorquine Philosoph, Logiker und Theologe Ramon Lullus die *Ars magna*, die Große Kunst, erläutert, durch mechanisches Kombinieren von Begriffen mittels einer von ihm erdachten „logischen Maschine" zu Erkenntnissen zu gelangen. Angenommen werden darf, dass er über die Instrumente arabischer Astronomen und Astrologen Bescheid wusste und auch durch Anschauungen der Kabbalistik inspiriert war.

Dienste leisten würden, untermauerten den Glauben an die utopischen Versprechungen der Pansophie.

3.8.5. Widerlegung des weitverbreiteten Skeptizismus

Charles Webster bezeichnete die Gelehrten des Hartlib-Zirkels als „die geistliche Bruderschaft".[304] Diese Bezeichnung ist nicht unbedingt die beste. Bei einigen dieser Gelehrten spielte das Interesse am Christentum nur eine untergeordnete, wenn überhaupt eine Rolle, wenngleich sie sich intensiv mit religiösen Themen befassten. Außerdem benahmen sie sich gegenseitig nicht immer brüderlich, obwohl sie sich selbst als einen exklusiven Kreis von Wissenschaftlern ansahen. Das hervorstechende Merkmal der intellektuellen Betätigung dieser Denker war das Anliegen, die Empirie (das aus wissenschaftlicher Erfahrung gewonnene Wissen) und den Rationalismus zumindest teilweise mit theosophischen und millennialistischen Spekulationen zu vereinigen. Ihr gemeinsames Ziel war, dem weitverbreiteten Skeptizismus[305] ihrer Zeit Paroli zu bieten.

Als sich Johannes Duraeus (John Dury) zu einem der führenden Persönlichkeiten des Hartlib-Zirkels gemausert hatte, entwickelte er eine stichhaltige Widerlegung des Skeptizismus. René Descartes wandte sich zur selben Zeit ebenfalls dieser Aufgabe zu, nachdem er die skeptische Phase, die sein Denken vormals unter fürchterlichen Seelenqualen durchsetzt und verwirrt hatte, ein für alle Mal hinter sich ließ. Im vermeintlichen Glauben, sich gegenseitig in der Erfüllung dieser Aufgabe hilfreich beistehen zu können, trafen sie sich oftmals im Haus der Prinzessin Elisabeth von Böhmen zum strategischen Austausch. Es sollte sich jedoch schnell herausstellen, dass jeder der beiden die gewundenen

---

304 Charles Webster, *The Great Instauration* (London: Duckworth, 1975; New York City, NY: Peter Lang, 2002) Kap. II.

305 Skeptizismus: den Zweifel zum Prinzip des Denkens erhebende, die Möglichkeit einer Erkenntnis der Wirklichkeit und der Wahrheit infrage stellende Richtung der Philosophie. https://www.duden.de/node/167229/revision/167265

Gedankengänge des anderen nicht verstehen konnte. So ziemlich dasselbe unbefriedigende Ergebnis stellte sich ein, als Descartes Comenius darum bat, ihm die Prinzipien der Pansophie näher zu erklären.

Ungefähr zur selben Zeit begann der Cambridge Platoniker, Henry More, ebenfalls seinen Skeptizismus zu überwinden, als er sich näher mit dem rationalistischen Cartesianismus[306] und der biblischen Prophetie befasste. Es gelang ihm, das Gefängnis seines Zweifels allerdings erst dann zu verlassen, als er sich näher mit dem Neoplatonismus[307] und der Kabbalistik befasste. Das tiefe Verlangen der menschlichen Seele nach einer unverbrüchlichen Gewissheit, im Besitz der Wahrheit zu sein, erzeugte nicht nur bei Henry More, sondern auch bei anderen richtungsweisenden Denkern dieser Zeitepoche einen amorphen Immaterialismus[308]. Jahrzehnte später legte der englische Übersetzer der Schriften Jakob Böhmes, William Law, den Beweis vor, wie Mores Metaphysik[309] und Böhmes Theosophie das Denken Isaac Newtons durchdrungen hatten. Einige der bedeut-

---

306 Cartesianismus: die Philosophie von Descartes und seinen Nachfolgern, die von der Selbstgewissheit des Bewusstseins ausgeht und durch die Vorstellung eines Leib-Seele-Dualismus sowie durch mathematischen Rationalismus gekennzeichnet ist. https://www.duden.de/node/76537/revision/76573

307 Plotin gilt als der Schöpfer des Neuplatonismus (Neoplatonismus), doch er betrachtete sich nicht als Neuerer, sondern als treuen Anhänger der Lehre Platons, und auch die späteren Neuplatoniker wollten keine neue Philosophie schaffen, sondern nur Platons Weltdeutung und deren Konsequenzen korrekt darlegen. Ihre Annahmen stützten die Neuplatoniker durch Berufung auf einschlägige Stellen in Platons Werken ab. Dennoch führte der Neuplatonismus zu einer Umformung der Tradition und war faktisch eine neue Lehre, denn es wurden aus Ansätzen Platons Konsequenzen gezogen, die den Platonismus radikalisierten und neuartig ausgestalteten. Metaphysische Fragen dominierten, während die politische Philosophie, mit der sich Platon intensiv beschäftigt hatte, in den Hintergrund trat.

308 Immaterialismus: Lehre, die die Materie als selbstständige Substanz leugnet und dagegen ein geistig-seelisches Bewusstsein setzt. https://www.duden.de/node/70137/revision/70173

309 Metaphysik: philosophische Disziplin oder Lehre, die das hinter der sinnlich erfahrbaren, natürlichen Welt Liegende, die letzten Gründe und Zusammenhänge des Seins behandelt. https://www.duden.de/node/96344/revision/96380

samsten wissenschaftlichen Erkenntnisse, für die Newton Weltruhm erlangen sollte, lassen sich auf diesen intellektuellen Einfluss zurückführen.

Die meisten Mitglieder des Hartlib-Zirkels hielten sich in protestantischen Ländern, wie England, Holland und Deutschland, auf. Die Entwicklung der modernen Wissenschaft schien ihnen die beste Möglichkeit darzubieten, sich auf die baldige Erscheinung einer vollkommenen Welt vorzubereiten. Sie standen in der fiebrigen Erwartung der kurz bevorstehenden Ankunft des Millenniums. Sich mit zunehmender Intensität den exegetischen Feinheiten der biblischen Eschatologie[310] zuzuwenden, nahm bei manchen der Gelehrten die grotesken Züge einer intellektuellen Versessenheit an. Trotz negativer Begleiterscheinungen eines ausufernden Enthusiasmus entstand der positive Nebeneffekt, dass ein Besinnen auf die in der Bibel prophezeiten Endzeitgeschehnisse Schützenhilfe lieferte im Kampf gegen den Skeptizismus. Jeder, der die biblische Eschatologie für bare Münze hielt, konnte behaupten, sicheres Wissen über die Zukunft zu besitzen. Andere meinten, erkenntnismäßige Gewissheit in der Theosophie Jakob Böhmes gefunden zu haben, der anscheinend einen direkten Weg in die Gegenwart Gottes gefunden hatte. Wenigstens zwei Mitglieder des Hartlib-Zirkels, Dr. William Twisse und Jan Amos Comenius, veröffentlichten ihre epistemologischen Theorien unter dem Beifall der Gelehrtenwelt, mit der sie in enger Verbindung standen. Sie unterbreiteten die durchaus richtige These, dass die empirischen und rationalistischen Theorien der zeitgenössischen Philosophen schlussendlich keine andere Möglichkeit offenließen, als dem Skeptizismus Tür und Tor zu öffnen. Um dieser pessimistischen Schlussfolgerung entgegenzutreten, entwickelte Henry More eine rationalistische Metaphysik, die sich letztlich völlig von der schriftgebundenen Prophetie des Christentums loslöste. Lady Conway übernahm vorbehaltlos die zentralen Thesen des wiederentdeckten und neudurchdachten Neoplatonis-

---

310 Lehre von den letzten Dingen

mus ihres an der Cambridge University dozierenden Privat-
lehrers Henry More.[311]

Lady Anne Conway (1631-1679) war zu ihrer Zeit wohl
die scharfsinnigste Metaphysikerin in England. Ihr
prächtiges Domizil, Ragley Hall, etablierte sich als Zentrum
des intellektuellen Diskurses der Cambridge Platoniker, des
Skeptikers Joseph Glanvill und des Mystikers Franciscus
Mercurius van Helmont. Anne Conway litt zeitlebens an
einer schmerzhaften Krankheit und war auf die medizinische
Betreuung ihres Arztes, van Helmont, angewiesen. Lady
Conway und van Helmont schlugen den wohlgemeinten
Ratschlag Mores in den Wind und beschäftigten sich
eingehend mit Böhmes Mystizismus. Beide entwickelten
zusätzlich eine große Vorliebe für die Spiritualität der
Quäker. Gemeinsam schlossen sie sich schließlich dieser
Religionsgemeinschaft an und verfassten ein Buch über die
spirituelle Lehre der Quäker. Nach dem Tode von Lady
Conway reiste van Helmont in die Niederlande, um das
Manuskript des Buches sowohl in Latein als auch in Englisch
zu veröffentlichen. Noch bis vor kurzem nahmen Geisteswissenschaftler an, dass dieses Werk ausschließlich aus der
Feder van Helmonts stammte; Grund genug, um es mitsamt
den anderen kabbalistischen und pseudowissenschaftlichen
Schriften des flämischen Phantasten ignorieren zu können.[312]
Seitdem die Beteiligung Lady Conways an der Abfassung
dieser Schrift bekannt wurde, bemühen sich die Gelehrten
darum, sie eingehend zu erforschen.

---

311 S. Anne Conway, *The Principles of the Most Ancient and Modern
Philosophy, viz. Of spirit and matter in general, whereby may be resolved all
those problems or difficulties which neither by school nor common modern
philosophy nor by the Cartesian, Hobbesian or Spinozian could be discussed,*
hrsg. v. Allison P. Coudert & Taylor Corse (Cambridge: Cambridge
University Press, [1692] 1996); https://archive.org/details/
principlesofmost0000conw).

312 Nähere Angaben über Lady Anne Conway befinden sich in
Marjorie Nicolsons Anmerkungen in *Conway Letters: The correspon-
dence of Anne, Viscountess Conway, Henry More, and their friends;
1642-1684* (Oxford: Clarendon Press, 2004) sowie in Carolyn Merchant,
The Death of Nature: Women, Ecology and the Scientific Revolution
(New York City, NY: HarperOne, 1980) 253-268

Als Schriftstellerin legte Anne Conway ein weiteres Meisterwerk metaphysischer Spekulation vor, das den treffenden Titel trug *The Principles of the most Ancient and Modern Philosophy, Concerning God, Christ and the Creatures*[313] (Die Prinzipien der ältesten und modernsten Philosophie über Gott, Christus und die Geschöpfe[314]). In einer geradezu brillanten Weise rechtfertigte Lady Conway ihre metaphysischen Einsichten gegenüber denen, die die Schriften Descartes, Spinozas und Hobbes zur Annahme empfohlen hatten. Sie legte den Beweis vor, dass materialistische Theorien dieser Philosophen nicht erklären können, wieso sich Objekte bewegen oder warum es überhaupt eine zielführende Kausalität gibt.

Im Weiteren befürwortete sie eine absolut konsequente Version des monistischen[315] Vitalismus[316]. Dabei ging sie bewusst über die Ansichten der Cambridge Platoniker hinaus. Laut Conway besitzen Körper und Geist dieselbe lebendige und aktive Substanz. Hobbes und Spinoza seien deshalb fehlgegangen, weil sie sich weigerten, die gesamte Schöpfung als etwas Lebendiges anzusehen, wenngleich die radikale Unterscheidung zwischen Schöpfer und Geschöpf weiterhin bestehen bleibe.

---

313 Conway, *The Principles of the Most Ancient and Modern Philosophy, viz. Of spirit and matter in general, whereby may be resolved all those problems or difficulties which neither by school nor common modern philosophy nor by the Cartesian, Hobbesian or Spinozian could be discussed*, hrsg. v. Allison P. Coudert & Taylor Corse; https://archive.org/details/principlesofmost0000conw

314 Deutsche Übersetzung des ganzen Titels: Die Prinzipien der ältesten und modernsten Philosophie über Gott, Christus und die Geschöpfe, nämlich über Geist und Materie im Allgemeinen, wodurch alle Probleme oder Schwierigkeiten gelöst werden können, die weder durch die Schule noch durch die allgemeine moderne Philosophie oder die kartesische, Hobbes'sche oder spinozistische [Philosophie] erörtert werden konnten

315 Monismus: philosophisch-religiöse Lehre von der Existenz nur eines einheitlichen Grundprinzips des Seins und der Wirklichkeit. https://www.duden.de/node/98699/revision/98735

316 Vitalismus: naturphilosophische Richtung, die im Unterschied zum Mechanismus ein immaterielles Prinzip oder einen eigenen substanziellen Träger alles Lebendigen annimmt. https://www.duden.de/node/198447/revision/198483

In Lady Conways monistischem Vitalismus wird alles Geschehen durch eine unendlich vollkommene Gottheit bestimmt, die ein durch und durch geistliches Wesen sei.[317] Geist (oder „Seele") und Körper befinden sich auf unterschiedlichen Ebenen. Ihnen stellen sich vermittelnde Geistwesen zur Seite. Dieser Theorie entsprechend, war Jesus Christus der Mediator zwischen der menschlichen Seele und dem göttlichen Geist; seine Aufgabe sei es, beide miteinander zu vereinen. Die Metaphysik Conways war auf einen absoluten Immaterialismus als Grundlage allen Seins fixiert. Möglicherweise beeinflusste diese Sichtweise George Berkeley, als dieser in der nächsten Generation seine empirische Philosophie entwickelte.

Den größten Einfluss übte Lady Conway auf die Philosophie von Gottfried Wilhelm Leibniz (1646-1716) aus, nachdem ihm van Helmont eines ihrer Bücher überreicht hatte. Im Nachhinein gab Leibniz unverhohlen zu verstehen, dass er sein metaphysisches System von ihr übernommen habe. Damit meinte er eigentlich – um den richtigen Sachverhalt präziser auszudrücken –, dass sich das Seinige auf das Ihrige stützte. Selbst seine Theorie der Monaden[318] kann auf die Metaphysik der adligen Quäkerin aus England zurückgeführt werden. In einem Brief an Thomas Burnet legte Leibniz die Unterschiede zwischen seinen Ansichten und denen John Lockes dar. Dabei deutete er unmissverständlich darauf hin, dass sich seine philosophischen Vorstellungen denen des monistischen Vitalismus annäherten.[319] Leibniz hätte sich durchaus bestimmter ausdrücken können. Sein gesamtes Denksystem trug das unverwechselbare Kennzeichen des monistischen Vitalismus, obgleich Leibniz dennoch mechanistische Erklärungen akzeptierte. Alle Monaden seien lebendig und aufnahme-

---

317 Conway, *The Principles of the Most Ancient and Modern Philosophy*, Kap. IX; s. dazu: Nicolson, *Conway Letters*, 453-454; Merchant, *The Death of Nature*, 258-264.

318 Monade: (bei Leibniz) letzte, in sich geschlossene, vollendete, nicht mehr auflösbare Ureinheit. https://www.duden.de/node/98550/revision/98586

319 Brief von Gottfried Wilhelm Leibniz an Thomas Burnet, zit. in Nicolson, *Conway Letters*, 456

fähig. Finale Ursachen seien die entscheidenden Faktoren in ihrem ganzen Verhalten.[320]

3.8.6. Verbreitung einer pantheistisch-materialistischen Weltanschauung

Bis in die frühmoderne Zeit hinein bestand eine symbiotische Beziehung zwischen magischen Vorstellungen der Naturordnung und theosophischen Phantastereien des gemeinen Volkes. Die breite Masse der Unterschicht wandte sich dem heidnischen Sektierertum zu, um so ihren Protest gegen ein ungerechtes, von der Kirche aber legitimiertes feudalistisches Sozialgefüge Ausdruck zu verleihen. Der politische und religiöse Radikalismus des 17. Jahrhunderts schuldete seine Entstehung demnach der Verbreitung von Glaubensansichten, die sich auf eine magische Kosmologie gründeten.

Zieht man politische Aspekte in Betracht, nimmt die vorgeblich von englischen Puritanern propagierte Umformung des spirituellen Arkanums[321] in eine naturwissenschaftliche Begrifflichkeit Konturen einer Auseinandersetzung an, die weniger das Ersetzen irrationaler mit rationalen Erklärungsmodellen der Naturordnung zur Schau stellen, als vielmehr die Bedeutsamkeit politischer und sozialer Motive; diese Motive treten in besonderer Deutlichkeit während der Englischen Revolution (1642-1649) zutage. Als die Strukturen kirchlicher und staatlicher Macht in dieser ersten Revolution der Neuzeit völlig in sich zusammenbrachen, bot sich den Levellers[322] und anderen Gruppierungen unterprivilegierter Schichten der englischen Gesellschaft erstmals die Möglichkeit, ihrer republikanischen Gesinnung in der Öffentlichkeit Nachdruck zu verleihen.

---

320 S. dazu: Nicolson, *Conway Letters*, 454-456; Merchant, *The Death of Nature*, 264-268.

321 Arcanum (Esoterik): ein geheimes Ritual oder Geheimwissen in der Esoterik. https://de.wikipedia.org/wiki/Arcanum

322 Als Levellers wurden die Angehörigen einer frühdemokratischen, politischen Bewegung in England bezeichnet, die ihren stärksten Einfluss während des Englischen Bürgerkriegs ausübte. https://de.wikipedia.org/wiki/Levellers

Sie taten dies in dem ihnen geläufigen Begriffen einer pantheistisch-materialistischen Weltanschauung.

In den frühen 1640er-Jahren standen die puritanischen Reformer wie Boyle ebenfalls in der Erwartung des bevorstehenden Millenniums. Die Welt müsse zuvor entsprechend den wissenschaftlichen Vorgaben Francis Bacons und Jan Amos Comenius erneuert werden. In den Anfangsjahren der Englischen Revolution erfüllten hohe Erwartungen die Gedanken vieler Puritaner, die ein intensives Interesse an den okkulten Wissenschaften als Schlüssel zur Beherrschung der Natur entwickelten.[323] Seit Mitte der 1640er-Jahre bis zur Restauration der Stuart-Dynastie schwappte eine Welle nach der anderen des sozialen Radikalismus über England hinweg. Ein derartiges durch religiöse und politische Konflikte hervorgerufenes Phänomen des sozialen Umbruchs hatte es auf den Britischen Inseln bis dahin noch nicht gegeben, noch würde es sich in dieser Form und Vehemenz in der Folgezeit wieder einstellen. Hätten die Radikalen in ihren revolutionären Umtrieben die Oberhand behalten, wäre das Gesellschaftsgefüge noch viel nachhaltiger auf den Kopf gestellt worden.[324]

Die radikalen Sekten begründeten ihre Angriffe auf Kirche und Staat mittels einer widersprüchlichen Theologie, die sie von den in der Reformationszeit wiederentdeckten antiken Häresien abgeleitet hatten. In ihrer extremsten Form, beispielsweise in den Händen des Diggers Gerrard Winstanley, endete die Ideologie im Moralismus und einem pantheistischen Materialismus, der im Leugnen des Gegensatzes zwischen Schöpfer und Schöpfung das Göttliche nicht im übernatürlichen Bereich, sondern im Hier und Jetzt, im

---

323 P. M. Rattansi, "Social Interpretation of Science in the Seventeenth Century," in Peter Mathias, Hrsg., *Science and Society 1600-1900* (Cambridge: Cambridge University Press, 1972) 1-32.

324 Christopher Hill, *World Upside Down* (London: Temple Smith, 1972); https://archive.org/details/ TheWorldTurnedUpsideDownRadicalIdeasDuringTheEnglishRevolution; s. dazu: Peter Burke, *Popular Culture in Early Modern Europe* (London: Temple Smith, 1978) 188-189.

Menschen und in der Natur, zu erkennen meinte.[325] Es ist wichtig zu beachten, dass der grundlegende Glaube aller Radikalen die Vorstellung war, dass der Geist Gottes im Inneren eines jeden (!) Menschen wohne und eine unmittelbare Beziehung zu diesem habe. Die im christlichen Dualismus klar zutage tretende Unterscheidung zwischen Materie und Geist, der gefallenen Welt und dem vollkommenen Gott, wurde weitgehend verwischt, bisweilen sogar ganz aufgehoben.[326]

Die Verbreitung dieses spirituellen Enthusiasmus alarmierte konservativere Denker, einschließlich derer, die an der Entwicklung der Naturwissenschaft teilgenommen hatten. Etliche Puritaner unterstützten diese Auswüchse des Mystizismus ebenfalls. Dennoch gab es einen wahrnehmbaren und entscheidenden Unterschied zwischen dem Reformismus des Hartlib-Zirkels, der Gelehrten wie Boyle, Worsley und Petty, und dem Radikalismus der Seekers, True Levellers, „Fünfte Monarchie"-Männer, Ranters und den Quakers. Sicherlich beteiligten sich alle Faktionen, ob gemäßigt oder nicht, an der Englischen Revolution. Ab 1650 überboten die Radikalen bei weitem die Reformer in ihren revolutionären Umtrieben.

Die radikalen Sektierer interessierten sich für die mystische Alchemie und Astrologie. Der Okkultismus passte in ihr Konzept eines pantheistischen Universums, das von einem wirksamen Geist durchdrungen war. Der Mensch könne die Welt beherrschen, sofern er die Fähigkeit besitzt, die Geheimnisse der Natur zu entziffern. Nach Vollendung der weltumspannenden Reformation könne sich die Menschheit eines millennialistischen Paradieses auf Erden erfreuen.[327]

---

325 Hill, *World Upside Down*, 112, 114, 150, 318-319; Christopher Hill, Hrsg., *Winstanley: The Law of Freedom and Other Writings* (Harmondsworth: Pengiun, 1973) 42-59.

326 Geoffrey Nuttall, *The Holy Spirit in Puritan Faith and Experience* (Oxford: B. Blackwell, 1946); https://archive.org/details/holyspiritinpuri0000nutt; Winthrop S. Hudson, "Mystical religion in the Puritan Comonwealth," *Journal of Religion* (1948), 28:510-556.

327 Hill, *World Upside Down*, Kap. 14.

3.8.7. Utopische Fantasie des wiederhergestellten Gemeinwesens

Die Pansophisten des 17. Jahrhunderts unternahmen den letzten großen Versuch, die europäische Kultur auf der Grundlage einer gemeinsamen Religion zu vereinigen, die frei von sektiererischen Konflikten war. Ihr Bestreben erfüllte in zweierlei Hinsicht Ziele, die man gemeinhin als christlich ansah: 1) Die Erweiterung des wissenschaftlichen Forschungsbereichs auf alle möglichen Naturerscheinungen als Mittel der Gotteserkenntnis und 2) die Anwendung der neuen Wissenschaft zum Wohle der Menschheit als einem Erweis christlicher Nächstenliebe. Im Vorwort seines Buches *The Great Instauration* (Die Große Wiederherstellung) wendet sich Francis Bacon mit einer allgemeinen Ermahnung an alle Menschen, dass der Zweck der Erkenntnis die Liebe, nicht die Macht, sei. Es entspricht sicherlich der Wahrheit, dass die Rolle, die die Pansophie Christus zuwies, oft absichtlich vage und zweideutig war, obgleich alle Utopisten – Giordano Bruno ausgenommen – ihn weiterhin als Mittler in ihre Systeme einfügten. Unter den lutherischen Pansophisten wurde Christus als das Buch des Gewissens verinnerlicht und zu einem dritten Weg des Verständnisses der Werke Gottes gemacht, das neben der Heiligen Schrift und dem Buch der Natur eine Quelle der Offenbarung darstellte.

Obgleich Gottfried Wilhelm Leibniz Comenius' Pansophie öffentlich ablehnte, entwickelte er eine Vision, die der universalen Republik des böhmischen Bischofs ähnlich war. Als Kabbalist legte Leibniz den gleichen utopischen Geist an den Tag wie die ihm vorausgegangenen Pansophisten, indem er sich zum ambitioniertesten Befürworter der Vereinigung von Wissenschaft und Religion seiner Ära aufschwang. Gleichzeitig wurde er aber auch zum Symbol ihres tragischen Versagens.[328]

---

328 S. dazu: Allison P. Coudert, "Leibniz, Locke, Newton and the Kabbalah," in Joseph Dan, Hrsg., *The Christian Kabbalah* (Cambridge, MA: Houghton Library of the Harvard College Library, 1997) 149-179; Allison P. Coudert, *Leibniz and the Kabbalah* (Dortrecht: Springer Science & Business Media, 1995); http://archive.org/details/coudert

Oft war die Zukunftsvision der pansophischen Schriftsteller nichts mehr als ein Traum der Wissenschaft, der sich
in nicht mathematischen Begriffen ausdrückte; sie hielten an
der ursprünglichen Bedeutung von „mathesis"[329] fest. Die
Fantasievorstellungen der Pansophie müssen von den
monumentalen wissenschaftlichen Errungenschaften jenes
Zeitalters unterschieden werden, die sich ganz konkret der
Mathematik bedienten. Comenius und andere Pansophisten
hielten es für unnötig, wissenschaftliche Experimente
durchzuführen. Die Pansophie war letztlich doch nichts
weiter als eine utopische Fantasie, das Trugbild einer
Hoffnung des wiederhergestellten Gemeinwesens im westlichen Europa des 17. Jahrhunderts, das der Vorbote eines
universalen Millenniums auf Erden sein würde, eines Millenniums, das nicht von den schrecklichen Gewaltanwendungen und dem wilden Enthusiasmus der Wiedertäufer geprägt sein würde, wie sie in Münster zutage traten,
sondern auf der Ordnung schaffenden Wissenschaft beruhen
würde, die ein Weg zu Gott sei. Die Vision einer vollkommenen Gesellschaft nahm die unterschiedlichsten
Formen in den Schriften von Schriftstellern ein, die ein
breites Spektrum an esoterischen Ansichten verbreiteten.
Das ihnen Gemeinsame war die Propagierung der Pansophie,
wie sie in den Schriften der Italiener Giordano Bruno und
Tommaso Campanella, der Engländer Francis Bacon und
John Wilkins, der Deutschen Alsted, Besold und Andreae,
des Böhmen Jan Amos Comenius und der lange in London
residierenden Emigranten Samuel Hartlib und Johannes
Duraeus (John Dury) zum Ausdruck kam.

Obgleich die meisten Pansophisten die Grundsätze
ihrer eigenen Rhetorik nicht konsequent umsetzen konnten,
weder in ihren öffentlichen Vorhaben noch in ihrem privaten
Religionsvollzug, erschienen die Pansophie und ihre
hermetischen Glaubensgrundsätze angesehenen Zirkeln
suspekt. Deshalb blieb sie meistens eine im Verborgenen
agierende Philosophie. Anhänger der Rosenkreuzer-Bruder-
schaft teilten gemeinsame Vorstellungen und Zielsetzungen

---

329 mathesis (griechisch μάθησις *mathēsis* ‚Lernen, Kenntnisgewinn,
Wissenschaft')

mit den Befürwortern der Pansophie, wie die Versuche einer Kirchenvereinigung, die Projekte zur Einführung einer Einheitssprache, das Schmieden von Friedensplänen für Europa und Strategien der weltweiten Propagierung eines esoterischen „Christentums". Der Begriff „Pansophie" verschwindet nach dem 17. Jahrhundert größtenteils aus dem europäischen Sprachgebrauch, aber die magische Weltanschauung, die hinter dem Word stand, blieb bestehen. Geprägt von einem esoterischen Universalismus, der sich von der Alchemie ableitete, scheint das pansophische Weltbild ein Gegengewicht zum rationalistischen Materialismus gewesen zu sein. Die Pansophie wurde sicherlich zeitweise von diesem überdeckt, aber ihr mystischer Impuls macht sich bis auf den heutigen Tag in der westlichen Esoterik bemerkbar.

3.9. Grandiose Vision einer Zeitenwende

3.9.1. Erfahrungsgemäße Erkenntnis des Göttlichen

Die Theosophie stellt bis heute ein religiöses Gedankengebilde mit konzeptionellen Bausteinen dar, die dank ihrer gemeinsamen Charakteristiken einfach zu identifizieren sind. Sie können in allen Glaubensgemeinschaften ausgemacht werden, die sich ernsthaft mit dem theosophischen Mystizismus auseinandersetzen. Die wichtigen Lehrinhalte setzen sich aus den folgenden vier Grundeinstellungen zusammen: 1) Im Zentrum aller Betrachtungen steht die Weisheit (Sophia), 2) die Erfüllung tiefer Sehnsüchte liegt in der Kontaktaufnahme mit übernatürlichen Geistern, 3) die Erfassung weitreichender Erkenntnis hängt von der Erforschung der Natur ab, 4) die Vermittlung religiöser Einblicke in das Weltgeschehen erfolgt durch einen spirituellen Mentor.

Zweifellos durchflutete der gnostische Traditionsstrom die Christenheit in der Zeit vor dem Ersten Konzil von Nicäa (325 n.Chr.). Clemens von Alexandria (150-215 n.Chr.) war einer der ersten Gelehrten der Frühkirche, der behauptete, dass es innerhalb der Kirche eine echte Gnosis (Erkenntnis) im Gegensatz zu einer verfälschten gebe, wobei die eine von der anderen strikt unterschieden werden müsse. In seinem Werk *Stromata* (Vermischte Schriften) schrieb er Folgendes:

> Die Gnosis ist, um es allgemein auszudrücken, eine Vervollkommnung des Menschen als Mensch. Sie wird im Charakter, Leben und Wort dank einer Vertrautheit mit göttlichen Dingen vollendet. Der göttliche Logos[330] stimmt mit ihr [der Gnosis] völlig überein. Denn durch sie wird der Glaube perfektioniert, da der Gläubige nur mittels der Gnosis vollkommen gemacht wird.[331]

Clemens zufolge ist die echte Gnosis durch eine hohe Sittsamkeit gekennzeichnet, die sich somit von der abgrundtiefen Unmoral der unechten abhebt. Ohne zu zögern, bezogen sich die Theosophen des 17. Jahrhunderts gerne auf den Alexandriner, weil sie gleichfalls von der Existenz einer christlichen Gnosis ausgingen, die sie außerordentlich wertschätzten. Sie stehe sogar gleichberechtigt neben der apostolischen Lehre des Neuen Testaments.

Pseudo-Dionysius Areopagita[332] (6. Jahrhundert n. Chr.) war eine weitere Bezugsperson der Vergangenheit, die

---

330   Der altgriechische Ausdruck logos (λόγος lógos, lateinisch verbum) hat ein außerordentlich weites Bedeutungsspektrum. Er wird unspezifisch im Sinne von „Wort" und „Rede" sowie deren Gehalt („Sinn") gebraucht, bezeichnet aber auch das geistige Vermögen und was dieses hervorbringt (wie „Vernunft"), ferner ein allgemeineres Prinzip einer Weltvernunft oder eines Gesamtsinns der Wirklichkeit. Darüber hinaus existieren je nach Kontext noch spezifischere Verwendungen, beispielsweise als „Definition", „Argument", „Rechnung" oder „Lehrsatz". Auch philosophische und religiöse Prinzipien werden mit dem Ausdruck lógos bezeichnet, beispielsweise in den Fragmenten Heraklits und in Texten stoischer Philosophie sowie jüdisch-hellenistischer und christlicher Herkunft. https://de.wikipedia.org/wiki/Logos

331 *Ante-Nicene Fathers* (Grand Rapids, MI: Eerdmans, 1990) vol. 2, 538; Clemens von Alexandrien, *Stromata*, VII.x.

332 Pseudo-Dionysius Areopagita (kurz Pseudo-Dionysius, auch der Areopagit, griechisch Dionysios Areopagites) ist ein namentlich nicht bekannter christlicher Autor des frühen 6. Jahrhunderts und Kirchenvater. Er benutzte als Pseudonym den Namen des Dionysius Areopagita, der im 1. Jahrhundert ein Schüler des Apostels Paulus und erster Bischof von

die Theosophen oftmals ins Gespräch brachten, wenn sie den Ursprung und Entwicklungsgang ihres mystischen Glaubenssystems darlegten. Sein Verdienst sei es gewesen, die Unterscheidung zwischen der Bejahung von positiven Aussagen über Gottes Wesen („via positiva") beziehungsweise deren Verneinung („via negativa") aufgezeigt zu haben. Wichtiger noch sei die Feststellung gewesen, beide „Wege" als konzeptionelle Mittel anzusehen, die dem Menschen in der Kontemplation des göttlichen Wesens die nötige Hilfestellung geben würden, wenngleich sie von gegensätzlichen Voraussetzungen ausgingen.[333] Wichtig sei die Einsicht, dass sich konträre Mittel der Gotteserkenntnis nicht gegenseitig ausschließen, sondern ergänzen. So eröffne sich die Möglichkeit einer mystischen Vereinigung der menschlichen Seele mit der allumfassenden geistlichen Wirklichkeit: dem Eindringen in die „Dunkelheit Gottes". Paradoxerweise ging Pseudo-Dionysius davon aus, dass die „via negativa" (Weg der Verneinung) nicht die Ablehnung der natürlichen Welt sei, sondern ein rationales Verstehen ihrer wirklichen Beschaffenheit. Alles, was wir mit unseren Augen sehen können, gebe uns Einblicke in die tatsächliche Verfassung des Göttlichen, obgleich jegliche konzeptionelle Erfassbarkeit derselben weiterhin außerhalb des menschlich Denkbaren bleibe. Der Rückgriff auf den positiven oder negativen Weg als Vorbedingung einer mystischen Gotteserkenntnis hat sich als unverkennbares Merkmal der Theosophie herauskristallisiert.

Die moderne Theosophie nahm ihren Anfang in der Verbreitung einer erstaunlichen Anzahl von philosophischen Werken des Görlitzer Schusters Jakob Böhme (1575-1624). Der Begriff leitet sich von dem griechischen Wort θεοσοφία (theosophia, zu Deutsch: göttliche Weisheit) ab. Im Unterschied zur christlichen Theologie bezieht er sich nicht auf die diskursive oder rationale Erkenntnis des Göttlichen,

---

Athen war. In den orthodoxen Kirchen halten manche an der Identität des Autors mit dem Apostelschüler fest. https://de.wikipedia.org/wiki/Pseudo-Dionysius_Areopagita

333 Dionysius the Areopagite, *The Complete Works* (New York City, NY: Paulist Press, 1987) "Celestial Hierarchies," 140c, 151.

sondern auf die erfahrungsgemäße „Gnosis" eines übernatürlichen Wirklichkeitsbereichs, der vom Geist Gottes durchflutet sei. Deshalb gibt es deutliche Parallelen zwischen dem antiken Gnostizismus und der modernen Theosophie.[334]

Einige Gelehrte meinen, dass Jakob Böhme mit dem Rosenkreuzertum vertraut war, das zehn Jahre vor seinem Tode mit der Publikation der *Fama Fraternitatis*[335] (1614) ins allgemeine europäische Bewusstsein trat. Ein Jahr später folgte die Veröffentlichung der *Confessio Fraternitatis*[336] (1615). Einige Monate danach erschien das dritte Manifest *Chymische Hochzeit des Christian Rosenkreutz*[337]. Ob Böhme tatsächlich von dem Gedanken einer rosenkreuzerischen Generalreformation beeinflusst worden war, kann nicht mehr mit absoluter Gewissheit festgestellt werden, obgleich der Volkskundler Will-Erich Peuckert[338] in ausführlichen Abhandlungen die rosenkreuzerische Pansophie fast völlig mit der Böhme'schen Theosophie[339] identifizierte. Gleichzeitig deutete er auf den starken Einfluss der Ideen Joachim

---

334 S. dazu: Arthur Versluis, "Christian Theosophy and Ancient Gnosis," *Studies in Spirituality* 7 (1997), 228-241.

335 Johann Valentin Andreae, *Fama fraternitatis, oder, Entdeckung der Brüderschafft des löblichen Ordens dess Rosen Creutzes: beneben der Confession, oder, Bekantnus derselben Fraternitet, an alle Gelehrte und Häupter in Europa geschrieben: auch etlichen Responsionen von Haselmeyern und anderen gelehrten Leuten auff die Famam gestellet* (Dantzigk: Andream Hünefeldt, 1615); https://archive.org/details/famafraternitati-00andr/page/n6

336 Ebd.

337 Johann Valentin Andreae, *Chymische Hochzeit: Christian Rosencreutz* (Strassburg: Lazari Zetzners s. Erben, 1616); https://archive.org/details/chymischehochzei00rose/page/n4

338 Will-Erich Peuckert (1895-1969) war ein deutscher Volkskundler, Hochschullehrer und Schriftsteller. Nachdem ihm die nationalsozialistischen Machthaber 1935 die Lehrbefugnis entzogen hatten, war er von 1946 bis 1959 Lehrstuhlinhaber für Volkskunde an der Georg-August-Universität Göttingen. https://de.wikipedia.org/wiki/Will-Erich_Peuckert

339 Will-Erich Peuckert, *Pansophie. Ein Versuch zur Geschichte der weißen und schwarzen Magie* (Stuttgart: Kohlhammer, 1936; dreibändige erweiterte Ausgabe: Berlin: E. Schmidt, 1956-1973).

von Fiore[340] in den Schriften Böhmes hin.[341] Resümierend kommt Peuckert zu dem Schluss, dass Böhme die zur gesellschaftlichen Erneuerung führende Zielsetzung der rosenkreuzerischen Pansophie zwar weitläufig aufgegriffen, sie aber in der Ausgestaltung seiner eigenen Theosophie revidiert habe. Dabei stützt sich der Volkskundler in einer akademischen Studie auf die überlieferten Schriften zeitgenössischer Anhänger Böhmes, die meinten, berechtigte Gründe gehabt zu haben, in der Lehre des philosophierenden Schusters die Ideale der Rosenkreuzer entdeckt zu haben. Unwiderlegbare Belege, die diese These untermauern, legt Peuckert jedoch nicht vor, sodass seine Vermutung eine gewisse Plausibilität besitzt, aber nicht unumstößlich ist. Mit Sicherheit kann nur behauptet werden, dass Böhmes Theosophie die Schriften der geheimen Bruderschaft – sofern es diese überhaupt gegeben hat – beeinflusste. Die Geschichten über den sagenumwobenen Christian Rosenkreuz, der auf seinen mysteriösen Reisen in exotischen Ländern in den Besitz geheimer Lehren gekommen war, erfüllte die Vorstellung einer ganzen Generation mit Staunen. Dass es einen geheimen Orden gegeben habe, der im Besitz wunderwirkender Erkenntnisse war, motivierte nicht wenige, das in ihrer Macht Stehende zu tun, um mit ihm in Verbindung zu treten. So wie das Rosenkreuzertum verschiedene mystische Strömungen zusammenfügte, die seit der Antike in der westlichen Welt im Umlauf waren, so vereinigte die Theosophie esoterische Bewegungen, die seit dem Mittelalter den europäischen Kontinent durchzogen. Ideelle Ähnlichkeiten zwischen Böhmes *Aurora* und den Manifesten der Rosenkreuzer sind sicherlich erkennbar. Das Werk *Aurora*[342]

---

340 Joachim von Fiore (auch: Joachim von Fiori, Gioacchino da Fiore, Joachim von Flore oder von Floris, de Flore, of Flora; um 1130/1135 in Celico, Kalabrien; † 1202 in San Giovanni in Fiore) war Abt und Ordensgründer in Kalabrien und wirkte im 12. Jahrhundert als Geschichtstheologe. https://de.wikipedia.org/wiki/Joachim_von_Fiore

341 Will-Erich Peuckert, *Das Leben Jakob Böhmes* (Jena: E. Diederichs, 1926) 105.

342 Jakob Böhme, *Aurora oder Morgenröthe im Aufgang* (Leipzig: Verlag von Johann Ambrosius Barth, [1612] 1832); https://archive.org/details/bub_gb_Or48AAAAcAAJ/page/n1

kündigte wie die Rosenkreuzer-Manifeste ein neues Morgen-
rot der spirituellen Erleuchtung an. Das Datum der
Abfassung lag vor dem Erscheinen des ersten Manifests der
Rosenkreuzer, obgleich die Veröffentlichung später erfolgte.

3.9.2. Wiederherstellung des ursprünglichen Paradieses

Jakob Böhme behauptete ein Autodidakt zu sein, der sich
mit der umfangreichen Literatur der Esoterik intensiv
auseinandergesetzt hatte. Es ist offensichtlich, dass er damit
bestens vertraut war. Viele seiner Gedanken, besonders
seine Idee über das jeweils männliche und weibliche Element
im Wesen Gottes, leitete er von der Lurianischen[343] und
Christlichen Kabbala ab. Es kann als erwiesen angesehen
werden, dass sich Böhme vornehmlich dem Studium der
kabbalistischen Literatur zugewandt hatte, die zu seiner Zeit
im Umlauf war.[344]

Der Schlüssel der Erkenntnis sei das gedankliche
Erfassen der harmonischen Beziehung zwischen dem
Makrokosmos (Universum) und dem Mikrokosmos
(Mensch). Das Einheitsprinzip der Natur sei die hoffnungs-
volle Ausgangsbasis eines friedfertigen Umgangs der
Menschen miteinander. Im Gegensatz zu der eschato-
logischen Ansicht des Kabbalisten Christian Knorr von
Rosenroth[345] glaubte er jedoch nicht an ein Tausendjähriges
Reich, wie es die Johannes-Offenbarung prophezeit. Böhmes
Meinung nach stellt das zukünftige Goldene Zeitalter das
ursprüngliche Paradies wieder her.[346] Im Weiteren

---

343 Isaak ben Salomo Luria Aschkenasi (1534-1572) war einer der
einflussreichsten jüdischen Mystiker in der Geschichte der Kabbala.
https://www.suhrkamp.de/buecher/einfuehrung_in_die_lurianische_
kabbala-gerold_necker_71008.html

344 Frances Amelia Yates, *The Rosicrucian Enlightenment* (London
and Boston: Routledge & Kegan Paul, 1972) 99.

345 Christian Knorr von Rosenroth (1636-1689) war ein deutscher
Polyhistor, Dichter, Schriftsteller und evangelischer Kirchenlieddichter.
https://de.wikipedia.org/wiki/Christian_Knorr_von_Rosenroth

346 Nils Brorson Thune, *The Behmenists and the Philadelphians: A
contribution to the study of English mysticism in the 17th and 18th centuries*

behauptete Böhme, dass Gott am Anfang ein Ungrund gewesen sei, ein ewiges Nichts, das alles in sich vereinte. Somit konnte Gott weder gut noch böse sein, denn es gab nichts Spezifisches in seinem Wesen, das sich von irgendetwas anderem abhob.[347] Aber Gott habe ein unbändiges Verlangen danach besessen, sich seiner selbst bewusst zu werden. Deshalb habe er sich seinem inneren Wesen zugewandt und einen „Spiegel" geschaffen, in dem er sich selbst betrachten und zu einer umfassenden Selbsterkenntnis kommen konnte. Dieser „Spiegel" sei ein weibliches Prinzip gewesen: die Jungfräuliche oder Himmlische Weisheit. Böhme schrieb darüber Folgendes:

> [Die Jungfräuliche oder Himmlische Weisheit] offenbart Gott nicht mittels ihrer Macht und ihres Schaffens, sondern in ihr selbst offenbart sich das göttliche Zentrum als das Herz oder Wesen Gottes: sie ist wie ein Spiegelbild der Gottheit, in dem sich Gottes Intellekt selbst wahrnimmt.[348]

Es sei Gott voll und ganz bewusst gewesen, dass er sich dieser Weisheit bedienen müsse, um sein eigenes Wesen zu offenbaren. Denn sie sei der Anfang aller Erkenntnis. Um noch mehr über sich selbst zu erfahren, musste sich Gott der Dynamik eines dialektischen Prozesses unterstellen. Infolgedessen ereignete sich ein wundersames Phänomen von monumentaler Bedeutung: Gott habe sich in drei Personen aufgeteilt. Die ersten drei Erscheinungsformen des göttlichen Wesens seien der Vater, der Sohn und der Heilige Geist gewesen. Böhme nahm diese triadische Darstellung (Gruppe von drei Gottheiten) der transzendenten Wirklich-

---

(Uppsala: Almqvist & Wiksell, 1948) 31-32.

347 Jakob Böhme, *De incarnations verin* (1620), Teil 1, Kap. 1, Par. 4, in Jakob Böhme, *Sämtliche Schriften*. Faksimile-Neudruck der Ausgabe von 1730 in elf Bänden, begonnen von August Faust, neu herausgegeben von Will-Erich Peuckert, Bd. 4 (Stuttgart: Frommann, 1957).

348 Böhme, *De incarnations verin*, Teil 1, Kap. 1, Par. 12, in Böhme, *Sämtliche Schriften*.

keit als Grundlage seines gesamten theosophischen Systems als gegeben an.[349]

In einem weiteren Gedankengang ging der Görlitzer Schuster dazu über, den Sündenfall des Menschen und dessen Erlösung zu erklären. Am Anfang habe Adam eine Herrlichkeit besessen, die selbst die der Engel übertraf, denn er sei ein Mikrokosmos Gottes gewesen und besitze dessen Herrlichkeit in Form der Jungfräulichen oder Himmlischen Weisheit. Obgleich er in seiner Beschaffenheit eine gewisse Ähnlichkeit mit Gott besessen habe, unterschied er sich von diesem in seiner androgynen (zwitterartigen) Wesensart. „[Der Mensch] war gleichzeitig ein Mann und eine Frau, nicht aber irgendeine Frau, sondern eine in puncto Sittsamkeit völlig reine Jungfrau."[350] Als Adam in Sünde fiel, sei diese androgyne Einheit zerstört worden. Die in der ursprünglichen Menschheit vereinten männlichen und weiblichen Prinzipien hätten sich in zwei Geschlechter aufgeteilt, wodurch die menschliche Sexualität zustande gekommen sei. Schlussendlich sei Jesus Christus als die Menschwerdung des Lichtes erschienen und habe für immer das Prinzip der Dunkelheit zerstört. Im Besitz dieser mystischen Erkenntnis zu sein, bewirke die Erlösung des Menschen aus seiner im irdischen Dasein – in der bösen Materie – gefangen gehaltenen Existenz.[351]

Böhme übernahm die Vorstellung Paracelsus, dass in Gottes Wesen – dem ewig Einen – alle Dinge zusammengefasst seien, und proklamierte unter der „Wissenschaft Gottes" die Erkenntnis der Welt als Einheit. Gott zu kennen, bedeute demnach, die Erkenntnis dieser und aller übrigen Welten zu

---

349 Thune, *The Behmenists and the Philadelphians*, 21-23.

350 Jakob Böhme, *De triplici vita hominis* (1620), Teil 3, Kap. 2, Par. 24, in Jakob Böhme, *Sämtliche Schriften*, 2. unveränd. Auflage. Faks.-Neudr. d. Ausg. von 1730 in elf Bänden, begonnen von August Faust, neu herausgegeben von Will-Erich Peuckert, Bd. 3 (Stuttgart: frommann-holzboog, 1989).

351 Thune, *The Behmenists and the Philadelphians*, 28.

besitzen.[352] Man kann in seinen Schriften Elemente der paracelsischen Spagyrik[353] entdecken.

Zeitlebens sah sich Böhme den Repressalien der Regierung des Kurfürstentums Sachsen ausgesetzt, die ihm mit besonderem Argwohn entgegentrat. Der Görlitzer Schuster konnte sich nie des Verdachts entledigen, ketzerische Lehren in die Welt gesetzt zu haben. Viele Leute betrachteten ihn jedoch als einen gottesfürchtigen Mann. Seine Zugehörigkeit zur lutherischen Kirche hielt er immer in Ehren. Seine Bücher fanden eine weite Verbreitung in separatistischen Kreisen der Pietisten. Aber auch innerhalb der Kirche öffneten sich zahlreiche Christen der Böhme'schen Theosophie. Philipp Jacob Spener hielt ihn zwar für einen Mann, der sich in vielem geirrt habe, doch verdammen dürfe man ihn deshalb nicht.[354]

Das Besondere an Böhmes Theosophie lag darin, dass sie in einem hauptsächlich protestantischen Umfeld eine Synthese darstellte, die nahezu alle maßgeblichen esoterischen Strömungen Europas in sich vereinigte. In dieser synthetisierten Form konnte sie ohne Schwierigkeiten den Kolonisten in Nordamerika zugänglich gemacht werden. Die sich im frühen 18. Jahrhundert meistens in Pennsylvania ansiedelnden deutschen Pietisten machten sich als theo-

---

352 Ebd.

353 Spagyrik (aus dem Griechischen spao „(heraus)ziehen, trennen" und ageiro „vereinigen, zusammenführen") war ursprünglich bei Paracelsus der wichtigste Grundsatz alchemistischer Arzneizubereitung, seit dem 18. Jahrhundert gleichbedeutend mit Alchemie. Im Wesentlichen soll hierbei durch das Trennen und Wiedervereinigen von Wirkprinzipien einer Droge eine Wirkungssteigerung erzielt werden. Es werden pflanzliche, mineralische und tierische Ausgangssubstanzen nach alchemistischer Verfahrensweise zu Spagyrika (Einzahl: Spagyrikum) verarbeitet. Die Verfahrensschritte konzentrieren sich in der alchemistischen Weltanschauung auf die Abtrennung des „Wesentlichen" von seiner stofflichen Erscheinung. Am Schluss steht die Zusammenführung der Zwischenstufen („Konjugation") zur „Quintessenz", der besondere Heilkräfte zugeschrieben werden. https://de.wikipedia.org/wiki/Spagyrik

354 Johannes Wallman, *Philipp Jacob Spener und die Anfänge des Pietismus* (Tübingen: Mohr Siebeck, 1970) 323.

sophische Glaubensgemeinschaften einen Namen.[355] Die
bekannteste von ihnen war die im Lancaster County
ansässige Ephrata-Kommune.[356]

3.9.3. Globale Herrschaft der Philadelphier

Der früheste theosophische Zirkel in England versammelte
sich in den 1620er-Jahren um Robert Ayshford, dem Autor
des Buches *Aurora Sapientiae*[357] (Das Morgenrot der Weisheit). Sechzig Jahre danach scharte sich eine Gruppe um Dr.
John Pordage (1607-1681), die sich die Philadelphia Society
nannte. Später übernahm Jane Ward Leade (1623-1704) die
Führung dieser Gesellschaft. Es ist interessant festzustellen,
welche prominente Bedeutung das Wort „Philadelphia" in
der Geschichte der Theosophie einnimmt. Zum ersten Mal
taucht dieses Wort in Ayshfords *Aurora Sapientia* auf, das
sich auf die frühchristliche Kirche im kleinasiatischen
Philadelphia bezog, die im Buch der Offenbarung erwähnt
wird. In Offb. 3,7-11 berichtet der Apostel Johannes, dass
Gott ihn dazu beauftragt habe, dem Engel der Gemeinde in
Philadelphia Folgendes zu schreiben:

> 7 So spricht der Heilige, der Wahrhaftige, der den
> Schlüssel Davids hat, er, der da öffnet, so dass niemand
> wieder zuschließen wird, und der da zuschließt, so dass
> niemand wieder öffnet [...] 10 Weil du das Wort vom
> standhaften Warten auf mich bewahrt hast, will auch
> ich dich bewahren aus (= in) der Stunde der Ver-
> suchung (oder: Prüfung), die über den ganzen Erdkreis
> kommen wird, um die Bewohner der Erde zu ver-
> suchen (oder: prüfen). 11 Ich komme bald (oder:

---

355 S. dazu: Kap.4.3 Theosophischer Grundzug der
„Pennsylvania-Religion"

356 S. dazu: E. Gordon Alderfer, *The Ephrata Commune: An Early
American Counterculture* (Pittsburgh, PA: University of Pittsburgh Press,
1985).

357 Robert Ayshford, *The Dawn of Wisdom* (Aurora sapientiae): and,
Letters of spiritual direction, hrsg. v. Arthur Versluis (St. Paul, MN: New
Grail Publishing, 2005).

schnell): halte fest, was du hast, damit niemand dir deine Krone (oder: deinen Siegeskranz) raube!

Die Mitglieder des späteren theosophischen Zirkels um Pordage und Leade nannten sich die Philadelphier. Diese Bezeichnung übernahmen auch einige theosophische Gesellschaften auf dem Kontinent. Kein anderer Name schien ihnen passender zu sein. Es ist deshalb einsichtig, warum die vielen europäischen oder englischen Emigranten, die sich für die Theosophie Jakob Böhmes geöffnet hatten, sich sofort nach Ankunft in Nordamerika auf den Weg nach Philadelphia, Pennsylvania, machten. Einer der Gründe, wieso sie ihre Heimat verlassen hatten, war, sich eine Existenz in einem Land zu sichern, wo nicht ständig religiöse Verfolgungen über sie hereinbrachen.

Jane W. Leade war in der zweiten Hälfte des 17. Jahrhunderts eine der einflussreichsten Interpretinnen der Böhme'schen Theosophie in England.[358] Einige Historiker würdigen ihre voluminöse Schriftstellerei, verwahren sich aber gegen die Meinung anderer Gelehrter, dass die Autorin einen bleibenden Einfluss auf die sozialen, politischen, philosophischen und kirchlichen Konflikte ihres Landes während der Stuart-Restauration gehabt habe. Ihr Mystizismus sei von einer religiösen Jenseitigkeit geprägt gewesen, ohne einen direkten Bezug auf das Zeitgeschehen genommen zu haben. Diese Ansicht wird durch die gegenteilige Aussage relativiert, dass die Niederschriften Leades „grundsätzlich ein politischer Akt" gewesen seien.[359] Bei näherer Betrachtung kann man in einer gewissen Weise diesen gegenteiligen Meinungen jeweils ein Stück weit zustimmen. Die literarischen Werke der Philadelphia Society, besonders die ihrer leitenden Persönlichkeiten zeugen davon, dass sie auf die politischen Konflikte vor, während und nach der Zwischenregierung (Interregnum) Bezug nahmen. Ihre

---

358 Julie Hirst, *Jane Leade: Biography of a Seventeenth-Century Mystic* (Aldershot, Hampshire: Ashgate, 2006) 89.

359 Paula McDowell, *The Women of Grub Street: Press, Politics, and Gender in the London Literary Marketplace 1678-1730* (Oxford: Clarendon Press, 1998) 36.

Lösungsvorschläge gehen allerdings nicht vornehmlich auf das unmittelbare Tagesgeschehen ein, sondern beziehen sich auf eine zukünftige Zeit, in der eine göttliche, konkrete Ordnung zunächst in England und später in aller Welt eingeführt werde. Leade sei das von Gott „auserwählte Gefäß", um die Zeitenwende anfänglich herbeizuführen. Das hauptsächliche Mittel, um dieses großartige Ziel zu verwirklichen, war die Verbreitung der Literatur, die Leade, Pordage und andere über diese zukünftige Utopie veröffentlichten. Kritiker, wie der Schriftsteller der frühen Aufklärung Jonathan Swift, machten sich über die Philadelphier lustig. Sie würden letztendlich die Mächte der Welt besiegen und einen paradiesischen Zustand auf Erden wiederherstellen. Dies geschehe unter der globalen Herrschaft der Philadelphier, die Gott zuvor ganz und gar vollkommen gemacht habe.[360]

3.9.4. Glückliche Fügung des Schicksals

Als sich die 15-jährige Jane an einem Weihnachtsabend im Kreis ihrer Familie beim Tanzen vergnügte, hörte sie eine Stimme, die ihr befahl, dieses frivole Tun zu lassen, denn sie sei für einen anderen Tanz auserkoren worden.[361] In den darauffolgenden drei Jahren lebte sie in fast völliger Isolation. Ihr Gemütszustand war von einer bedrückenden Melancholie befallen. Am Schlimmsten plagte sie die Verzweiflung über ihren sündigen Zustand. Als Strafe dafür, dass sie einmal gelogen hatte, befürchtete sie nach ihrem Tode für immer vom Neuen Jerusalem ausgeschlossen zu werden. Bisweilen meinte sie sogar, dass die Sünden der

---

360 Jonathan Swift, "A Tale of a Tub," in Angus Ross and David Woolley, Hss., *The Oxford Authors: Jonathan Swift* (Oxford: Oxford University Press, 1984) 142-143.

361 Jane Ward Leade, *The Wars of David and the Peaceable Reign of Solomon: Symbolizing the Times of Warfare and Refreshment of the Saints of The Most High God. To whom a Priestly Kingdom is shortly to be given, after the Order of Melchizedeck* (London: Thos. Wood, [1700] 1816) 21; https://archive.org/details/warsdavidandpea00leadgoog/page/n30; Hirst, *Jane Leade*, 15-16.

ganzen Welt auf ihr ruhen würden. Plötzlich drang ein Lichtstrahl in ihre dunkle Seele. Im Alter von 18 Jahren gewann sie den Eindruck, „so reichlich von ihrem liebe-vollen und gesegneten Fürsprecher begünstigt worden zu sein, dass sie zu jener Zeit das Siegel ihrer Absolution und Heilsgewissheit empfand".[362] Diesen erfreulichen Zuspruch empfing sie in der übernatürlichen Vision eines mit einem Siegel versehenen Briefes. Dieser habe ihre schriftlich fixierte Begnadigung beinhaltet.

Kurze Zeit danach reiste sie in der festen Absicht nach London, sich einer Religionsgemeinschaft anzuschließen. Obgleich sie viele kirchliche Veranstaltungen besuchte, konnte sie ihre innere Unzufriedenheit erst ablegen, als sie mit Dr. Crips, einem anglikanischen Geistlichen, in Berührung kam. Dieser war ungefähr zur selben Zeit als sie in London angekommen, nachdem ihn seine vormalige Kirchengemeinde in Brinkworth 1642 des Amtes enthoben hatte. Es gelang ihm, alle Zweifel, die Jane weiterhin quälten, auf einen Schlag zu beschwichtigen. Der in Ungnade gefallene Priester konnte sogar eine zufriedenstellende Erklärung über jede Vision geben, die Jane über die Jahre hinweg empfangen hatte. Im Februar 1643 ereilte ihn ein frühzeitiger Tod.

Im Alter von 20 Jahren heiratete Jane den wohl-habenden Handelsmann William Leade. Es folgten 27 glück-liche Ehejahre im häuslichen und geistlichen Einvernehmen. Als ihr Ehemann im Februar 1670 starb, veruntreute der Firmenverwalter das ihm anvertraute Vermögen. Nach menschlichem Ermessen war die Situation, in der sich Jane W. Leade plötzlich befand, ohne ihren Mann völlig mittellos dazustehen, eine Katastrophe. Sie sah jedoch darin eine glückliche Fügung des Schicksals, denn sie war von nun an gezwungen, sich völlig auf die Barmherzigkeit Gottes zu verlassen. Deshalb schloss sie sich ganz dem religiösen

---

362 Thune, *The Behmenists and the Philadelphians*, 68-69; s. dazu: Leade, *The Wars of David and the Peaceable Reign of Solomon*, Einleitung; https://archive.org/details/warsdavidandpea00leadgoog/page/n8; Jane Ward Leade, *Sechs unschätzbare durch Göttliche Offenbarung und Befehl ans Liecht gebrachte mystische Tractätlein* (Amsterdam: Henri Wetstein, 1696) 413-415.

Zirkel um den Witwer John Pordage an, der es ihr und einigen anderen Mitgliedern erlaubte, in seinem Haus zu wohnen. Religiöse Rituale und anhaltendes Gebet charakterisierten das Zusammenleben dieser nach einer höheren geistlichen Existenz suchenden Menschen. Pordage tat sich in jener Zeit bis zu seinem Tod im Jahr 1681 als Schriftsteller spiritueller Abhandlungen hervor.

Jakob Böhme sah keine zwingende Veranlassung, seine spirituellen Höhenflüge, die auf nichts anderem als menschlicher Spekulation über den unsichtbaren Bereich der Geister und das Weltenende beruhten, in Worte zu fassen, die für jedermann verständlich waren. Obgleich seine ursprünglich in Deutsch herausgegebenen und in andere Sprachen übersetzten Bücher jeden Leser vor die Herausforderung stellte, den Inhalt richtig zu verstehen, standen englischsprachige Böhmisten vor einem fast unlösbaren Problem, den Sinn des skurrilen Inhaltes spiritueller Fantastereien gedanklich zu erfassen. Als einer der ersten Interpreten der Werke Böhmes in England bemühte sich Pordage, so gut er es vermochte, den Sinn der theosophischen Schriften des Görlitzers zu ergründen und ihn anschließend in seinen eigenen Büchern in einfachen Worten wiederzugeben. Obwohl sich seine publizierten Werke nie wirklich einer weitläufigen Popularität erfreuten, gelang es ihm dennoch, Böhmes Ideen in verständlicher Sprache an Jane W. Leade zu vermitteln, um sie erfolgreich in die Geheimnisse der Theosophie einzuführen. Gleichzeitig weckte er ihr Interesse an der paracelsischen Alchemie.[363] Mit großer Sorgfalt begab sich Leade an die Aufgabe, spirituelle Bücher für das einfache Volk zu schreiben. Nur so war es möglich, die deutsche Theosophie einer breiten Öffentlichkeit in England zugänglich zu machen.[364] Es sollte jedoch nicht übersehen werden, dass Leade in ihrer Vorstellung der theosophischen Jungfrauenweisheit und ihrer Lehre der universalen Wiederbringung weit über die fantasievollen

---

363 Joanne Sperle, *God's Healing Angel: A Biography of Jane Ward Lead* (Ann Arbor, MI: University of Michigan Press, 1985) 8; McDowell, *The Women of Grub Street*, 168.

364 Thune, *The Behmenists and the Philadelphians*, 17.

Ansichten Böhmes und Pordages hinausging. Wohingegen Böhme die Jungfrauenweisheit („Sophia") noch mit der Selbsterniedrigung Christi identifizierte, sah sie Leade als eine völlig eigenständige göttliche Gestalt an, die – so könnte man meinen – sogar den Status einer vierten Person der Gottheit einnahm.

Ihre späteren Veröffentlichungen zeugen davon, dass sie sich zu jener Zeit ebenso intensiv mit der Bibel auseinandergesetzt hatte wie mit der esoterischen Literatur. Dennoch muss festgehalten werden, in welch exzentrischer Weise sie den christlichen Glauben uminterpretierte. Je älter sie wurde, umso entschiedener wandte sie sich von einem reformatorischen Verständnis des Christentums ab. Ihre Vorliebe an der Kabbalistik trat in ihren Schriften immer deutlicher zutage; ein Umstand, der völlig mit der Tatsache übereinstimmte, dass Leade eine visionäre Mystikerin war, die die Theosophie über alles wertschätzte. In ihren ab 1694 veröffentlichten Werken tritt ein dominanter Einfluss der Christlichen Kabbala, einer „christianisierten" Variante der Lurianischen Kabbala, deutlich zum Vorschein.[365] Wie Leade erstmals mit der „Christlichen Kabbala" in Berührung kam, kann nicht mehr mit Bestimmtheit festgestellt werden. Sicherlich ist es möglich, dass sie sich durch eigenständige Lektüre das nötige Wissen aneignete. Zwei weitere Möglichkeiten der Vermittlung kabbalistischen Gedankengutes werden in der Fachliteratur erwähnt: entweder von John Pordage oder von Francis Mercurius van Helmont, vielleicht sogar von beiden, erhielt sie konkrete Unterweisung in der jüdischen Mystik.[366]

Innerhalb von zwei Jahren, nachdem Leade die Leitung der Philadelphia Society übernommen hatte, veröffentlichte sie neben einem der wichtigeren Pordage-Werke zwei ihrer eigenen Bücher, die den Titel trugen *The Heavenly Cloud*

---

365 Hirst, *Jane Leade*, 115; Sperle, *God's Healing Angel*, 97-98.

366 Daniel Pickering Walker, *The Decline of Hell: Seventeenth-Century Discussions of Eternal Torment* (Chicago, IL: University of Chicago Press, 1964) 225.

Now Breaking[367] (Die himmlische Wolke bricht jetzt auf, 1681) und *The Revelation of Revelations*[368] (Die Offenbarung der Offenbarungen, 1683). Eine begüterte Witwe bot ihr Haus als Versammlungsort der Gruppe an, weil sie infolge der Lektüre des letztgenannten Buches von der Theosophie begeistert war. Anschließend nahm die Mitgliederzahl der Gesellschaft aus unerklärlichen Gründen beständig ab, sodass die weitere Existenz in den Jahren 1692 bis 1694 auf Messers Schneide stand.[369]

Das Buch *The Heavenly Cloud Now Breaking* fiel in die Hände des brandenburg-preußischen Staatsmannes Dodo (II.) Freiherr zu Innhausen und Knyphausen (1641-1698), der daraufhin eine rege Korrespondenz mit Jane W. Leade führte und schlussendlich ein Mitglied der Philadelphia Society wurde. Aus Dankbarkeit für die gründliche Unterweisung in der Theosophie schlug er vor, die finanziellen Mittel zur Verfügung zu stellen, um Leades Bücher zu veröffentlichen. Der Freiherr ermöglichte es ihr, eine Zeitlang in einem privaten Haus zu wohnen, sodass sie die karitative Unterkunft für Witwen, wo sie nach Pordages Tod gelebt hatte, verlassen konnte.[370] Nachdem die übersetzten Werke 1694 und 1695 in Deutschland und den Niederlanden eine weite Verbreitung fanden, verursachten sie ein

---

367 Jane Ward Leade, *The Heavenly Cloud Now Breaking: The Lord Christ's Ascension-Ladder sent down, to show the way to reach the Ascension, and Glorification, through the Death and Resurrection* (London: Printed for the Author, 1681); https://archive.org/details/HeavenlyCloud

368 Jane Ward Leade, *A Revelation of Revelations, Particularly as an Essay Towards the Unsealing, Opening and Discovering the Seven Seals, the Seven Thunders, and the New-Jerusalem State. The which have not hitherto so far been brought forth to light (except by the Spiritual Discerner) to any degree of Satisfaction, as to the understanding of the grand Mystery*, 2nd ed. (London: Printed by J. Bradford, [1683] 1701); https://archive.org/details/RevelationOfRevelations

369 Paula McDowell, "Enlightenment Enthusiasms and the Spectacular Failure of the Philadelphian Society," *Eighteenth-Century Studies* 35.4 (2002), 516; Thune, *The Behmenists and the Philadelphians*, 90-91; McDowell, *Women of Grub Street*, 172-173.

370 Hirst, *Jane Leade*, 90-91; McDowell, *Women of Grub Street*, 168-169.

beachtliches Aufsehen in den theosophischen Zirkeln jener Länder.[371]

In den Jahren 1681 bis 1704 veröffentlichte Jane W. Leade siebzehn Werke unter den Insignien der Philadelphia Society, wobei drei Spätwerke die beste Zusammenfassung ihrer millennialistischen, ökumenischen und universalistischen Vorstellungen enthielten. In einem Sammelband vereint erschienen 1696 die ersten beiden Schriften dieser Spätwerke. Die Veröffentlichung der dritten erfolgte zwei Jahre später.[372] Die Themen dieser Publikationen befassten sich besonders mit den wechselhaften politischen und religiösen Ereignissen in England, wie sie sich der Autorin gegen Ende des 17. Jahrhunderts darstellten. Sie erließ einen eindringlichen Aufruf zur Wiederherstellung der Ordnung in Kirche und Staat. Nichts dürfe eine höhere Priorität im Denken eines jeden Engländers einnehmen. Wenngleich das jeweilige Publikationsdatum dieser Veröffentlichungen in die Zeitperiode nach der Glorreichen Revolution (1688-1689) fiel, sollte bedacht werden, dass die Autorin damals bereits eine betagte Frau war, die die Wirren des Bürgerkrieges, der Zwischenregierung (Interregnum) und der Stuart-Restauration miterlebt hatte. Ihr ereignisreiches Leben war von diesen radikalen Umschwüngen der englischen Regierungsform geprägt worden. Leades eingehende Beurteilung dieses dramatischen Geschichtsverlaufs griff auf eine theosophische Perspektive zurück, die einen ganz anderen Einblick in den Stand der Dinge ermöglichte, als dies eine rein faktische Interpretation der historischen Ereignisse hätte tun können.

3.9.5. Wiederherstellung eines paradiesischen Zustandes auf Erden

Jane W. Leade bot der Philadelphia Society eine religiöse Betrachtungsweise der Welt an, die in den deutschen Landen

---

371 Hirst, *Jane Leade*, 90; Hans Schneider, *German Radical Pietism*, übers. v. Gerald T. MacDonald (Lanham, MD: Scarecrow Press, 2007) 67.

372 Sperle, *God's Healing* Angel, 49.

bereits eine relativ große Anzahl von Anhängern gefunden hatte. Der zentrale Gedanke ihrer Lehre bezog sich auf die universale Wiederbringung aller Dinge, die in Aussicht stellte, dass die gesamte Schöpfung am Zeitenende in ihren ursprünglichen, paradiesischen Zustand zurückversetzt werde. Nicht nur alle Menschen, sondern auch Dämonen und selbst Luzifer würden dem schrecklichen Schicksal einer ewigen Verdammnis entrinnen.[373] Obgleich diese sogenannte Restaurationstheorie von vielen als eine christliche Lehre aufgefasst wurde, lagen ihre Wurzeln – wie bereits erwähnt – in einer ganz anderen religiösen Tradition verborgen: der Kabbalistik.

Nicht von ungefähr verwarfen die Quäker diese Lehre in ihrem Disput mit Francis Mercurius van Helmont. George Fox und Lady Conway hatten nichts für eine Endzeitlehre dieser Art übrig. Sie wiesen den Vorschlag van Helmonts zurück, sich dem jüdischen Mystizismus zu öffnen, wie er in der Kabbala zum Ausdruck gekommen war.[374]

Leade und ihre Anhänger glaubten, dass Christus nicht wiederkehren könne, bis die Kirche in einem ökumenischen Verbund vereint sei. Um diese Vereinigung zu bewirken, wandte sie sich in ihrer dringlichen Botschaft an die sechs protestantischen Kirchen in England. Zu ihnen gehörten die folgenden Glaubensgemeinschaften: Anglikaner, Presbyterianer, Kongregationalisten, Anabaptisten, Quintomonarchisten und Quäker. In der Bewertung Christi sei keine dieser Kirchen heilig genug gewesen, um es ihm zu gestatten, nach seiner Wiederkunft eine „ewige Kirche" auf der Erde zu errichten.[375] Nur die siebte Kirche, die

---

373 Hirst, *Jane Leade*, 117.

374 Allison P. Coudert, "A Quaker-Kabbalist Controversy: George Fox's Reaction to Francis Mercury van Helmont." *Journal of the Warburg and Courtauld Institutes* 39 (1976), 185.

375 Jane Leade, *A Message to the Philadelphian Society, ... together with a call to the several gathered Churches among Protestants in this nation of England* (A further Manifestation, ... being a second message to the Philadelphian Society, etc. – The Messenger ... or a third message to the Philadelphian Society), vol. 2: *A Message to the Philadelphian Society, ... together with a call to the several gathered Churches among Protestants in this nation of England* (London: Printed for the Booksellers of London and Westminster, 1696) 8-9.

philadelphische, sei „eine jungfräuliche Kirche, [...] die auf dieser Erde noch geboren werden muss".[376] Sie würde ins Dasein gerufen werden, wenn sich Leade mittels der Jungfrauenweisheit mit Gott vereinige. Darüber hinaus sei die weite Verbreitung ihrer ökumenischen Vision mittels ihrer veröffentlichten Bücher ein notwendiger Schritt, um den Zusammenschluss aller Kirchen zu bewirken. Dies vollziehe sich in der Entstehung einer „unsichtbaren" Glaubensgemeinschaft innerhalb aller anderen etablierten Kirchen. Erst dann könne die letztendliche Ordnung im Staat wiederhergestellt werden, um anhaltenden Frieden und Einheit zu wahren.

Jane W. Leade war sich sehr wohl bewusst, dass die äußeren Umstände, in denen die neue Kirche entstehen würde, von den widrigen Auswirkungen der Sünde gekennzeichnet waren. Sie hob besonders die Uneinigkeit und Unordnung unter den bestehenden Kirchen hervor.[377] Letztlich widersetzte sich Leade der Realität, die sie zwar mit ihren Sinnen wahrnahm, für die sie aber keine konzeptionelle Kategorie in ihrer Religion vorfand. Das Vorhandensein einer bestimmten Uneinigkeit und Unordnung sei nur der Versuch, die Durchführung des göttlichen Planes der letztendlichen Wiederbringung zeitlich aufzuhalten. Keinesfalls sei es etwas, das die von Gott erschaffene Schöpfung charakterisieren würde. Die September-November-Ausgabe der Zeitschrift *Theosophical Transactions*, die die Philadelphia Society 1697 herausgab, enthielt den Brief eines „gebildeten Herren", der die kabbalistische Lehre über die Schöpfung zusammenfasste und sie als eine Idee bezeichnete, mit der Leade völlig übereinstimmte.[378] Der Verfasser des Briefes war Francis Mercurius van Helmont.[379] Die jüdische Kabbala geht davon aus, dass das Böse und die Unordnung unbe-

---

376 Ebd., 9-10.

377 Ebd., 10-11, 14, 16-17, 21.

378 Walker, *The Decline of Hell*, 225.

379 Francis Mercurius Van Helmont, "A Theosophical Epistle from a Learned Gentleman Living Very Remote from London, to One of the Undertakers of these Transactions, upon the Receiving the First of Them." *Theosophical Transactions of the Philadelphian Society* 5 (1697) 269-293.

absichtigte Nebenerscheinungen der Schöpfung gewesen seien. Der Mensch müsse nun die irregeleiteten Funken, die bei der Schöpfung entstanden sind, mittels seiner eigenen guten Werke und eines heiligen Lebenswandels einsammeln, um sie dem „Sephiroth" (Baum des Lebens) hinzuzufügen. In direkter Anlehnung an die von van Helmont dargelegten Lehre gab Leade zu verstehen, dass alleine die Philadelphia Society das kirchliche Durcheinander überwinden könne, um zuerst in England und anschließend in der ganzen Welt „eine heilige Ordnung, Schönheit und Herrlichkeit einzuführen", die sich an der ursprünglichen Beschaffenheit der Schöpfung ausrichten würde.[380] Somit kündigte Leade das Erneuerungsprojekt der Kirchen in England an, die sich in ökumenischer Einheit zusammenfinden würden. In diesem Aufruf deutet jedoch nichts darauf hin, dass es vom Cambridge Neoplatonismus beeinflusst worden war. Jane W. Leade erwartete, dass jedes sündige Anzeichen der Uneinigkeit und Unordnung innerhalb der Philadelphia Society durch einen spirituellen Reinigungsprozess (burning) entfernt werden würde, um den Zustand einer sündlosen Vollkommenheit herbeizuführen.[381] Dieser Gedankengang entsprang einer kabbalistischen und alchemistischen, nicht neoplatonischen Vorstellungswelt.

3.10. Hinwendung zum Mysterium des Irrationalismus

3.10.1. Reform der lutherischen Kirche

Die okkulte Tradition der Hermetik verband im 17. Jahrhundert viele Stränge des Reformgedankens in Europa, aber der beste Einstiegspunkt in der Erfassung ihrer geistesgeschichtlichen Bedeutung ist die kleine Gruppe von Lutheranern in Frankfurt, die die Reformbewegung des

---

380 Leade, *A Message to the Philadelphian Society*, 18-19.

381 Ebd., 38-39.

Pietismus innerhalb ihrer Kirche initiierte und später den Kern der Evangelischen Kirche in Frankfurt bildete.[382]

Unter der Bezeichnung „praktische Frömmigkeit" erschien der Pietismus zuerst in England und Schottland und wenig später auch in Holland und Deutschland. Der deutsche Pietismus war eine von mehreren religiösen Bewegungen, die sich im 17. Jahrhundert wellenartig über ganz West- und Zentraleuropa ausbreiteten. Ihr Erscheinen verdankten sie der Überzeugung, dass die entscheidenden Ergebnisse der Reformation des 16. Jahrhunderts hauptsächlich eine Angelegenheit lehrmäßiger Unterschiede zwischen den Konfessionen waren, ohne dabei andere, gleichfalls wichtige Aspekte des christlichen Glaubens hinreichend in Betracht gezogen zu haben. Es bestand deshalb weiterhin die Notwendigkeit, die nicht völlig zu Ende geführte Reformation zu einem erfolgreichen Abschluss zu bringen. Im Besonderen stand dabei die empfundene Unterbetonung der geistlichen Wiedergeburt als Garant eines vom Geist Gottes erfüllten Christenlebens im Mittelpunkt der pietistischen Kritik an der reformatorischen Theologie. Philipp Jacob Spener (1635-1705), Leiter dieser Vereinigung Gleichgesinnter und Ältester des Frankfurter Ministeriums der Lutheraner, rief deshalb die Lutheraner in seiner Heimatstadt auf, zu einer neuen tieferen Glaubenseinstellung mittels einer Erweckung der *pietas* – im Sinne einer „praktischen Frömmigkeit" verstanden – zu gelangen.

---

382 Die Literatur des Pietismus ist umfangreich, aber Albert Ritschls lehrreiche, wenn auch die Sache kritisch beleuchtende *Geschichte des Pietismus*, Bde. 1-3 (Bonn: Marcus, 1880-1886), ist weiterhin unentbehrlich; http://archive.org/details/geschichtedespi02ritsgoog. In der englischen Sprache ist Fred Ernst Stoefflers *The Rise of Evangelical Pietism* (Leiden, Boston, Köln: Brill, 1965) die beste Quelle über dieses Thema. Mehr zeitnahe Studien sind die Sammlung von Artikeln, *Zur Neueren Pietismusforschung*, hrsg. v. Martin Greschat (Darmstadt: Wissenschaftliche Buchgesellschaft [Abt. Verl.], 1977). Hinsichtlich der Frage, inwieweit sich der Pietismus von der Theologie Luthers entfernt hatte, s. Johannes Wallmanns Artikel in dieser Sammlung, „Pietismus und Orthodoxie", 53-81; Martin Schmidt, „Spener's Wiedergeburtslehre", 9-33. Hartmut Lehmanns „Zur Definition des Pietismus", 82-90 ist ein gelungener Versuch, die Definition des Pietismus mit neuem Inhalt zu füllen.

Diese Glaubensrichtung stellte sich gegen alles, was in den protestantischen Kirchen wie ein Überbleibsel des Katholizismus schien, wie zum Beispiel die hierarchische Struktur der Lutherischen Kirche. Sie zielte darauf, dass die Massen ein höheres Niveau von Moral und Religion anstrebten. Deshalb bestand die Religion für Pietisten nicht nur in der Zustimmung zu einer Lehre und in der schriftgemäßen Verwaltung der Kirche, sondern sie beharrten auch auf die geistliche Vereinigung mit Christus im inneren Leben des Geistes. Darin zeige sich auch der Unterschied zwischen den Bekehrten und Unbekehrten, also den Wiedergeboren und den natürlichen („fleischlichen") Menschen. Nur die vom Geist Gottes Erweckten würden in der Erleuchtung des göttlichen Lichtes wandeln, um die Mysterien der himmlischen Offenbarung zu verstehen und ein heiliges Leben in der bedingungslosen Nachfolge Christi zu führen. Der Pietismus forderte die praktische Verwirklichung eines aktiven Glaubens; und unter den verschiedenen Lehren der Bibel waren nur die wichtig, die sich auf ein solches Leben bezogen. Die Mittel zur lebensnahen Umsetzung der christlichen Frömmigkeit waren Askese, Katechese und religiöse Übungen in den Konventikeln, den „collegia pietatis" (Zusammenkünfte zu gemeinsamer Andacht). Die Betonung wurde deshalb auf die Verleugnung der Sinnlichkeit („Abtötung des Fleisches") und auf die biblische Unterweisung in kleinen Gruppen gelegt. Der Glaube erweise sich nur dann als authentisch, wenn er sich im Liebesdienst an anderen bewährte, um so die Wohlfahrt der pietistischen Gemeinschaft zu fördern.

Um das kirchengeschichtliche Phänomen des Pietismus besser zu verstehen, ist es notwendig, deutlich aufzuzeigen, welche religiösen Strömungen auf die Menschen einwirkten, die sich besonders für die Verbreitung dieser Bewegung verantwortlich fühlten. Es wird oft behauptet, dass Philipp Jacob Spener als Gründungsvater des deutschen Pietismus anzusehen sei. Zweifellos übte Spener einen großen Einfluss auf die theologische Ausrichtung der pietistischen Konventikel aus, besonders durch den Appell an die Lutheraner, seine programmatische Schrift *Pia*

Desideria[383] (1675) praktisch umzusetzen. In dieser Schrift beklagte er sich über die Theologen der Lutherischen Orthodoxie, die die Lehre der Rechtfertigung durch den Glauben so hingestellt hätten, als ob ein bloßes Einverständnis mit der reinen Lehre der Schlüssel zum Heil sei. Ein einfaches Zugeständnis gegenüber der Lehre wurde als Zeichen des echten Glaubens angesehen. Dieses Verständnis über den Glauben hatte sich so weit in Deutschland verbreitet, dass man es gemeinhin als das „opus operatum"[384] des Luthertums ansah. Das negative Ergebnis davon war, dass „einigen Personen die Lehre einer ernsthaften, inwendigen Frömmigkeit so unbekannt und fremd war, dass diejenigen, die eine solche Frömmigkeit eifrig kultivierten, kaum der Verdächtigung entrinnen konnten, als geheime Papisten, Weigelianer oder Quäker angesehen zu werden".[385] Spener legte einen Teil der Verantwortung für die geistlichen Missstände in der Kirche und die Unwissenheit der Laien der politischen Obrigkeit zur Last, die sich zu oft in Angelegenheit des Glaubens eingemischt hatte.

Spener war sich jedoch sicher, dass die Kleriker die größte Schuld an diesem Missstand trugen. „Wenn man Personen beobachtet, die undiszipliniert sind, stellt man zweifellos fest, dass die Priester nicht heilig sind."[386] Der Frankfurter Pfarrer meinte, die Wurzel des Übels darin erkannt zu haben, dass die meisten Prediger „immer noch fest in der alten Geburt stecken geblieben sind und nicht wirklich die wahren Kennzeichen der neuen Geburt

---

383 Die Literatur über Spener ist immens. Eine ausführliche Bibliographie liefert Paul Grunberg, *Philip Jacob Spener*, Bde. 1-3 (Göttingen: Vandenhoeck & Ruprecht 1893-1906; Nachdruck, hrsg. v. Erich Beyreuther [Hildesheim: Olms, 1988]).

384 In der katholischen Lehre bedeutet „opus operatum" eine vollzogene sakramentale Handlung, deren Gnadenwirksamkeit unabhängig von der sittlichen Disposition des vollziehenden Priesters gilt.

385 Die beste deutsche Ausgabe der *Pia Desideria* ist die Kurt Alands in *Kleine Texte für Vorlesungen und Übungen*, vol. 170 (Berlin: A. Marcus und E. Weber's Verlag, 1940). Eine eingehende textliche Analyse der *Pia Desideria* nahm Martin Schmidt vor: „Spener's Pia Desideria" in Greschat, hrsg., *Zur Neueren Pietismus Forschung*, 113-166.

386 Spener, *Pia Desideria*, 46; S. dazu: ebd., 57.

besitzen. [...] Und die Früchte des Geistes, die ihnen fehlen, deuten daraufhin, dass sie selbst keinen Glauben besitzen."[387]

Die Stoßrichtung dieser Kritik war nicht neu; in vielfältiger Weise rekapitulierte Spener einfach die bekannte Litanei der kirchlichen Korruption. Viele seiner Lösungsvorschläge – besonders die Wiedereinsetzung der Katechetik – waren oftmals über das ganze 17. Jahrhundert unterbreitet worden.[388] Das Besondere an der *Pia Desideria* lag an Speners Verwerfung der traditionellen lutherischen Eschatologie. Das wichtigste Element in dieser dem lutherischen Denken fremden Ansicht über das Tausendjährige Reich war der Vorschlag, dass „die antike und apostolische Form der gemeindlichen Zusammenkünfte als Schlüssel für die Kirchenreform dienen könnte".[389] Die Idee, dass eine Gruppe von frommen Laien sich mit ihrem Pfarrer nach einem Sondergottesdienst treffen können, um sich dem Studium der Heiligen Schrift zu widmen, war weder neu noch bedrohlich, aber der Vorschlag, dass solche Zusammenkünfte außerhalb der sonntäglichen Liturgie stattfinden und die Saat einer allgemeinen Reformation sein könnten, war neu. Spener achtete mit äußerster Gewissenhaftigkeit darauf, dass die „collegia pietatis", wie er diese Zusammenkünfte nannte, keine kleinen Kirchen – ecclesiola – werden würden. Doch dieses Modell der Kirchenreform erschien den nervösen Amtsträgern in der Kirche als ein verwegener Versuch, Spaltungen hervorzurufen.[390] Es bestand berechtigter Grund zu Nervosität. Indem Spener die apostolische Kirche zum Vorbild für die „collegia pietatis" nahm, ging er weit über die Vorstellung eines Modells der Kirchenreformation hinaus. Er drehte das

---

387 Ebd.

388 Über frühere Reformvorschläge, s. Johannes Wallman, *Philipp Jacob Spener und die Anfänge des Pietismus* (Tübingen: Mohr Siebeck, 1970) 24-34; Heinrich Hermelink, *Geschichte der evangelischen Kirche in Württemberg von der Reformation bis zur Gegenwart: das Reich Gottes in Württemberg* (Stuttgart; Tübingen: Rainer Wunderlich Verlag Hermann Leins, 1949) 136-150.

389 Spener, *Pia Desideria*, 47.

390 S. dazu: Ebd., 80.

lutherische Verständnis der Kirchengeschichte auf den Kopf. Die meisten lutherischen Theologen meinten in Übereinstimmung mit Martin Luther, dass das Ende der Welt nahe bevorstehe. Man dürfe aber kein goldenes Zeitalter erwarten, weil die Zeichen des Millenniums, im Besonderen die Bekehrung der Juden und der Untergang Roms, schon erschienen seien.[391] Spener behauptete, dass Gott seiner Gemeinde hier auf Erden bessere Lebensbedingungen verheißen hat. Ziehe man die Bibel zurate, besteht kein Grund, an der Verheißung Gottes zu zweifeln. Obgleich „Rom durch den gesegneten Martin Luther einen entscheidenden Rückschlag erhalten hat, ist ihre geistliche Macht immer noch zu groß, um behaupten zu können, dass die Prophezeiung in Offenbarung 18 und 19 völlig erfüllt worden ist." Spener kritisierte auch den

> ansonsten geschätzten Dr. Luther, indem er die Frage stellte, ob Paulus seine Prophezeiung wortwörtlich gemeint habe, dass das gesamte Israels gerettet werden würde, nachdem die Vollzahl der Heiden eingegangen sein wird. Spener verstand diese Passage wortwörtlich und behauptete, dass eine große Anzahl der Juden gerettet werden müsste – nicht nur einige wenige, die zerstreut irgendwo lebten –, um die Prophezeiung zu erfüllen.[392]

Da die Zeichen, „die uns Gott verheißen hat", noch nicht erschienen sind, behauptete Spener, „dass sich die Erfüllung der Verheißung notwendigerweise in einer Zeit ereigne „in der nicht eine einzige Ähre des Herrn auf den Boden fallen und keine Frucht bringen wird".[393] Laut Spener eröffnen

---

391 Ebd., 76. Manche Gelehrte haben Speners Eschatologie als etwas Nebensächliches in seiner Lehre abgetan, aber Wallmann, in „Pietismus und Orthodoxie", 77-78, argumentiert überzeugend, dass es der Kern seiner Gedanken war. S. dazu: Martin Greschat, „Die Hoffnung besserer Zeit für die Kirche", in *Zur Neueren Pietismusforschung*, 224-239. Über Luthers Eschatologie, s. George Forell, "Justification and Eschatology in Luther's Thought," *Church History*, 38, no. 2 (1969), 164-171.

392 Spener, *Pia Desideria*, 77, 79.

393 Ebd., 79.

diese Verheißungen die Möglichkeit des Entstehens einer Neuen Welt. Man komme einer Zukunft näher, die die Christen nicht nur erwarten, sondern beschleunigen sollten, indem sie die Kirche reformieren, wodurch sie es den Juden einfach machen würden, sich zu bekehren und die Macht des Papsttums zu schwächen.

Was jedoch bei der von Spener ausgehenden Reformbewegung zu beachten ist, ist der Umstand, dass die kirchliche und gesellschaftliche Situation Deutschlands zu jener Zeit von den grauenhaften Nachwehen des Dreißigjährigen Krieges gekennzeichnet war. Nichts hatte einen auch nur annähernd ähnlichen Einschnitt in die normalen Abläufe des gesellschaftlichen und kirchlichen Lebens mit sich gebracht, als die durch den Krieg bedingten Schrecken der sich durch Brandschatz und Mord unrühmlich in Szene setzenden Horden von Söldnern auf beiden Seiten des konfessionellen und politischen Konflikts.

Speners Vorschläge zur Reform der Lutherischen Kirche bestanden darin, sich unentwegt dem Studium der Bibel zu widmen, sich beflissentlich der Ausübung des allgemeinen Priestertums der Gläubigen zuzuwenden und sich mitfühlend die praktische Nächstenliebe zur Pflicht zu machen. Die deutschen Pietisten waren sich darin einig, dass nur durch gegenseitigen Dialog Ungläubige und Irrlehrer vom Irrtum ihrer Ansichten überzeugt werden konnten. Ihnen war der Einsatz der Folter als Zwangsmaßnahme der katholischen Inquisition zur Bekehrung Andersdenkender eine höchst verwerfliche Methode. Ob sich der Frankfurter Pfarrer als Christ einer höheren Klasse ansah, wie es die Pietisten andernorts oftmals für sich in Anspruch nahmen, lässt sich aus dem historischen Befund nicht mit Bestimmtheit erschließen. Das besondere Anliegen Speners richtete sich mit erstaunlicher Beharrlichkeit auf die Bekämpfung der Verweltlichung innerhalb der Lutherischen Kirche. „Er wandte sich gegen die polemische Orthodoxie, die sich als kraftlos erwiesen hatte inmitten der dem Dreißigjährigen Krieg folgenden Unmoral und der grauenhaften Gesellschaftsbedingungen."[394]

3.10.2. Bildung einer geistlichen Elite

Obgleich es durchaus einsichtig wäre, den Begriff „Pietismus" nur auf die Bewegung anzuwenden, die sich zum Ziel gesetzt hatte, den theologischen Formalismus und die Verweltlichung in der Kirche auszumerzen, ist es ratsam, andere Gesichtspunkte in Betracht zu ziehen. Es lässt sich ohne Weiteres feststellen, dass der Mystizismus Jakob Böhmes und seiner geistigen Nachkommen einen außerordentlich hohen Stellenwert im Denken vieler Pietisten einnahm. Wie niemand vor oder nach ihm prägte Böhme den deutschen Pietismus mit der Forderung der Bildung einer geistlichen Elite.

Ursprünglich lehnte der Pietismus den geistlichen Individualismus ab. Darin hebt sich diese Bewegung im Vergleich zu anderen Gruppierungen innerhalb des Protestantismus, die sich ebenfalls abgegrenzt hatten, hervor. Der Pietismus hat das Problem der geistlichen Isolation eine Zeitlang in einer wahren religiösen Vereinigung überwunden. Obgleich diese innerkirchliche Bewegung als Quelle der Religiosität bis auf den heutigen Tag wirksam ist, war ihr Erfolg auf die Länge gesehen in der Lutherischen Kirche begrenzt. Vor allem fehlte dem Pietismus das Verständnis für eine biblische Gemeindestruktur, die von der Staatskirche völlig unabhängig ist. Sicherlich standen außergewöhnlich schwierige politische Barrieren im Weg zu einer eigenständigen Existenzform als christliche Vereinigung, um sich in der Bildung von örtlichen Gemeinden eine konkrete Organisationsbasis zu schaffen, die nicht der lutherischen Synode Rechenschaft schuldig war. Die im engen Verbund mit der Obrigkeit stehende Kirche hatte schon im 16. Jahrhundert in ihrer feindseligen Haltung den Anabaptisten gegenüber zur Genüge unter

---

394 Sinclair Ferguson, David Wright, James I. Packer, Hrsg., "Pietism," in *The New Dictionary of Theology* (Downers Grove, IL: IVP Academic, [1988] 2008) 516.

Beweis gestellt, dass sie nicht gewillt war, die Entstehung von christlichen Gemeinden zu gestatten, die sich ihrer Kontrolle entzogen. Auch wenn die Kompromisslösung einer *ecclesiola in ecclesia*[395] ein wenn nicht reibungsfreies, so doch mögliches Modell in der Kleinstaaterei Deutschlands bis 1871 und in den unterschiedlichen Regierungssystemen in der Zeit danach darstellte, wie man sich innerhalb der Staatskirche als quasi-autonome Vereinigung einen Freiraum in Konventikel schuf, erwies es sich im Laufe der Zeit als tragischer Irrweg. Einerseits akzeptierte der Pietismus allmählich die orthodoxe lutherische Lehre, die an ihrem Glaubenssystem starr festhielt, was den Pietismus zu einer ähnlichen lehrmäßigen Unbeweglichkeit verurteilte und mancherorts zu einer geistlichen Unfruchtbarkeit führte, andererseits entnahmen die pietistischen Wurzeln wesentliche spirituelle Nährstoffe dem Erdboden der Mystik eines Jakob Böhmes.

Die innerkirchlichen Probleme, die Spener aus der Welt schaffen wollte, hatten ihren Ursprung in einer Staatskirche, deren Existenzform sich nicht von der Bibel herleiten ließ. Was die Lutheraner Deutschlands nötiger brauchten als die von Spener vorgeschlagene Förderung frommer Glaubenspraktiken, war die Durchsetzung einer Kirchenreform, die den Vorgaben der Bibel zur Lehre der christlichen Kirche entsprochen hätte. Das sich Woche für Woche wiederholende Schauspiel von Nichtchristen, die sich in den Kirchen widerwillig versammelten, weil ihnen dies die Obrigkeit zur Pflicht gemacht hatte, war als Mittel völlig ungeeignet, diese von der Wahrhaftigkeit des christlichen Glaubens zu überzeugen. Keineswegs verwunderlich ist es deshalb, wenn das geistliche Niveau in den meisten Kirchen weit absank. Eine Staatskirche sah sich seit der Zeit Kaiser Theodosius stets dem Problem einer sich intern ausbreitenden Verweltlichung gegenübergestellt. Es tauchte auch das Problem auf, dass sich die politische Durchsetzung der ethischen Normen des Christentums in einer Gesellschaft, die aus Christen und Nichtchristen besteht, nur durch gesetzliche Zwangsmaßnahmen verwirklichen lässt.

---

395 Lateinisch: Kirche in der Kirche

Wenn die Machthabenden oberste Autorität in kirchlichen Angelegenheiten besitzen, verliert die geistliche Ausrichtung der Glaubensgemeinschaft ihre Vitalität.

Böhmes Mystizismus beinhaltete ein Sammelsurium an Vorstellungen, die spirituellen und philosophischen Quellen entnommen waren, wie der Kabbala, der Alchemie und des Renaissance Neoplatonismus. Seine sonderbaren Religionsvorstellungen verbreiteten sich in Windeseile in den pietistischen Zusammenkünften der Lutherischen Kirche. Durch die Veröffentlichung seiner Bücher, besonders in manchen Übersetzungen, machte sich sein Einfluss sogar länderübergreifend bemerkbar. In England wandte sich Jane Leade den mystischen Schriften Böhmes zu und versuchte dessen geistliche Prinzipien innerhalb der von ihr geführten Philadelphia-Bewegung umzusetzen.

Somit avancierte sich die maßgebende pietistische Führungsriege zu einem Gremium wichtiger Bewahrer und Übermittler einer Spielart der Frömmigkeit, die sich in ihrer Zuwendung zur spirituellen Kontemplation (Versenkung) kaum von dem katholischen Quietismus[396] einer Madame Guyon du Chesnoy[397] oder eines François Fénelon[398] unterschied. Der Pietismus machte landläufig den sogenannten „Mystizismus des Seelengrundes" populär, der sich durch ein unbändiges Verlangen nach einer direkten Vereinigung

---

396 Quietismus (lateinisch quietus: ruhig, zurückgezogen), allgemein eine Haltung der Seelenruhe, die religiös oder philosophisch begründet ist. Der Quietismus führt zu einer mystischen Erfahrung und ist nicht auf das Christentum beschränkt, sondern findet sich in jeder Art der Mystik. Quietismus war im Katholizismus im 17. Jahrhundert wirksam und wird heute noch in anderen Religionen geübt.

397 Madame Jeanne-Marie Guyon du Chesnoy (1648-1717), geborene Bouvier de La Motte, genannt Madame Guyon, französische Mystikerin, trat für den Quietismus ein, wodurch sie mit der Kirche in Konflikt geriet; mehrfach inhaftiert, verfasste Kommentare zum Alten und zum Neuen Testament. S. dazu: Hans-Jürgen Schrader, *Madame Guyon, Pietismus und deutschsprachige Literatur*, in Hartmut Lehmann, Heinz Schilling, Hans-Jürgen Schrader, Hss., *Jansenismus, Quietismus, Pietismus. Arbeiten zur Geschichte des Pietismus*, 42. Im Auftrag der Historischen Kommission zur Erforschung des Pietismus (Göttingen: Vandenhoeck & Ruprecht, 2002).

398 François de Salignac de La Mothe-Fénelon (1651-1715) war französischer Erzbischof von Cambrai und Schriftsteller.

mit Gott auszeichnete und starke Ähnlichkeiten mit der Fortführung des „Seelenwegs" in die Sphären kosmischer Spekulation, dem Allweg des Mystizismus Jakob Böhmes, aufwies.[399] Je mehr sich der Radikalpietismus[400] in seiner fortlaufenden Entwicklung dem mystischen Typus religiöser Erfahrung zuwandte, desto mehr machte sich der Individualismus bemerkbar und schwächte die Bereitschaft, sich in Gemeinschaften zu organisieren, wie es anfänglich beabsichtigt und praktiziert worden war. Es scheint tatsächlich richtig zu sein, dass der allgemeine und vom Schicksal vorgezeichnete Kurs aller sich dem Mystizismus öffnenden Bewegungen am Ende eine gewisse Isolation nach sich zog.

3.10.3. Verbreitung eines „christlichen" Mystizismus

Einige der markanten Eigenschaften des Pietismus zeigen parallele Charakteristiken mit der freimaurischen Geheimgesellschaft auf. Diese Übereinstimmungen sind bislang noch nicht hinreichend genug untersucht worden. Die Unterscheidung von Bekehrten und Unbekehrten im Sinne der christlichen Glaubenslehre entspricht der freimaurischen Differenzierung von Initiierten und Profanen. Die Katechese – die Methode des Fragens und Antwortens – fand in den Logen der Freimaurer Verwendung, um neu aufgenommene Novizen oder in der Hierarchie aufstrebende Adepten das Wissen und Verständnis der Vereinigung und ihrer Symbole zu vermitteln.[401] Nur so konnte das Wissen über Begrüßungsformeln oder Abläufe des Aufstiegs von einem Grad zum anderen erlangt werden.[402] Gemäß der

---

399 S. dazu: W. Struck, *Der Einfluss Jakob Boehmes auf die englische Literatur des 17. Jahrhunderts* (Berlin: Junker und Dünnhaupt, 1936) 50ff.

400 Andere Bezeichnungen sind Separatismus oder separatistischer Pietismus, außerkirchlicher, kirchenkritischer oder konsequenter Pietismus.

401 Eugen Lennhof, Oskar Posner, Dieter A. Binder, Hss., *Internationales Freimaurer-Lexikon* (Wien: Amalthea-Verlag; Graz: Akademische Druck- und Verlagsanstalt, 1965; München: Herbig, 2015) 701ff.

402 Ebd., 818f.

historischen Tradition der Freimauer waren die Rituale der Steinmetz-Gilden übernommen worden, die ihre Geheimnisse in einem katechetischen Kanon formuliert hatten. Die *praxis pietatis* nimmt die gleiche Funktion bei den Pietisten wie die humanistische Ethik bei den Freimaurern ein.

Die in den „collegia pietatis" praktizierte Spiritualität des gegen die Mitte des 18. Jahrhunderts erneut aufblühenden Pietismus war jedoch nicht der Grund des epochalen Wandels innerhalb der deutschen Freimaurerei von einer der rationalistischen Aufklärung zugewandten Organisation zu einer Bewegung, die sich mit voller Entschlossenheit dem „christlichen" Mystizismus aufschloss – eine Entwicklung, die sich plakativ in der Ausbildung von Hochgraden niederschlug. Den ersten Impuls in diese Richtung vermittelte der katholische Quietismus als frühromantische Reaktion gegen den Rationalismus.

Gewiss ist es zutreffend, dass individualistische Strömungen selbst im Mittelalter keineswegs unbekannt waren; es genügt, auf einen Augustinus, einen Bernard von Clairvaux oder einen Franziskus von Assisi hinzuweisen. Das herausstechende Merkmal der Renaissance, Reformation und Gegenreformation war jedoch die Fixierung auf theozentrische Lehrauffassungen, selbst wenn Marsilio Ficino (1433-1499) und andere Gelehrte der Renaissance das pantheistische Prinzip der Fülle als Gott ansahen. Die charakteristische Abfolge von religiösen Ansichten, die sich im Übergang von theozentrischen zu individualistischen Glaubensvorstellungen konkretisiert, stellt die zunehmende Bedeutung religiöser Erfahrungen heraus. Immer dann, wenn innerhalb und außerhalb der Kirche die religiöse und philosophische Gewissheit überbetont wurde, machte sich eine Gegenposition bemerkbar, die besonders die vermeintlichen Vorzüge einer Hinwendung zum Mysterium des Irrationalismus ins Licht rückte.

Das spekulative Lehrgebäude Descartes stand im krassen Gegensatz zur theozentrischen – aber nicht unbedingt christlichen – Erkenntnis des Thomismus, Neoplatonismus und der Reformation. Nachdem der philosophische Anthropozentrismus des cartesianischen Rationalismus in der ersten Hälfte des 17. Jahrhundert die

Wirklichkeit als Prozess eines individuellen Bewusstseins interpretiert hatte, veränderte sich auch im Bereich des Glaubens die religiöse Gewissheit in einen sich im Individuum ausbildenden Zustand der Psyche.

Als sich das religiöse Sentiment in Frankreich im 18. Jahrhundert immer mehr dem Irrationalismus zuwandte, traten zwangsläufig anti-individualistische Züge zutage. Die Begleiterscheinungen eines intensiven Emotionalismus[403] verhinderten jedoch oft, dass sich die Befürworter mystischer Erfahrungen in Gemeinschaften zusammenschlossen, denn der psychologische Typus dieser Frömmigkeit war aufgrund seiner eigenen Beschaffenheit egozentrisch ausgerichtet.

Der katholische Mystizismus, der den Quietismus hervorgebracht hatte, erwies sich genauso ungeeignet und unfähig wie die pietistische Kontemplation, eine eigenständige Organisation zu bilden. Es überrascht deshalb nicht, dass bald ein Mann in Erscheinung trat, der in der mystischen Idee der Solidarität das geeignete Mittel erblickte, alte und neue Formen der christlichen und esoterischen Spiritualität zu fusionieren. Der Katholizismus und der Protestantismus müssten sich in brüderlicher Umarmung vereinigen. Die Mehrzahl der im Untergrund agierenden Geheimgesellschaften könnte sich anschließend mit der Einheitskirche verbinden. Toleranz sei die zu Gebote stehende oberste Priorität im versöhnlichen Umgang mit religiösen Gruppierungen aller bekenntnismäßigen Überzeugungen. Unter dem Namen Peter Poiret (1646-1719) wurde dieser französische Mystiker bekannt, der die Werbetrommel für diese Frühform der Ökumene rührte.[404]

Die unmittelbare Auswirkung des quietistischen Impulses auf die Szene der französischen Geheimgesellschaften war die Hochgradfreimaurerei. Pietistische Gruppen, die sich mit dem quietistischen Vermächtnis eines François Fénelon und einer Madame Guyon verbunden

---

403 Emotionalismus: Auffassung, nach der alle seelischen und geistigen Tätigkeiten durch Affekt und Gefühl bestimmt sind. https://www.duden.de/node/39855/revision/39884

404 Max Wieser, *Peter Poiret, Der Vater der romanischen Mystik in Deutschland* (München: Georg Müller, 1932) 3ff.

fühlten, hatten kurze Zeit zuvor Eingang in Deutschland gefunden. Hector de Marsay[405] (1688-1753), einer der eifrigsten Gefolgsleute von Madame Guyon, leitete in der Grafschaft Wittgenstein die *Gesellschaft der Kindheit Jesu-Genossen*[406], einen Zirkel von hingebungsvollen Quietisten, die ihren einzigen Ehrgeiz darin sahen, Gott in der eigenen Seele zu finden und sich selbst in ihm zu verlieren. Marsays bedeutsamster Gefolgsmann war der auf der Burg Hayn in Wittgenstein ansässige Schlossherr Johann Friedrich von Fleischbein (1700-1774). Bald wurde Fleischbein nicht nur der geistliche Leiter der deutschen Quietisten, sondern stand auch dem kleinen Kreis um Jean Philippe Dutoit-Membrini (1721-1793) nahe. Dutoit-Membrini sollte sich in der französischen Schweiz im Jahr seines Todes als Autor des dreibändigen Werkes *La philosophie divine*[407] noch einen Namen machen. Diese ursprünglich durch die Umtriebe des dänischen Adligen Georg Ludwig Freiherrn von Klinckowström[408] (1725-1793) initiierte Gesellschaft übte einen wichtigen Einfluss auf das Wachstum des katholischen Mystizismus in Süddeutschland, in der Schweiz, den Niederlanden und im Rheinland dank eines umspannenden Beziehungsnetzwerks aus. Einer der Korrespondenzpartner war Gerhard Tersteegen (1697-1769), der sein *Geistliches Blumengärtlein inniger Seelen mit der Frommen Lotterie*[409] der Hayner Gesellschaft widmete.[410] Obgleich Fleischbein selbst ein Lutheraner war, berief er sich auf die katholische

---

405 Charles Hector de Saint George Marquis de Marsay

406 Michael Knieriem & Johannes Burkardt, *Die Gesellschaft der Kindheit Jesu-Genossen auf Schloß Hayn* (Hannover: Wehrhahn Verlag, 2002) 50-51.

407 Jean Philippe Dutoit-Membrini, *La philosophie divine* (Tome Troisieme, 1793); http://archive.org/details/bub_gb_HBMa196991QC

408 Die Briefe Fleischbeins aus Oesdort/Pyrmont an Georg Ludwig von Klinckowström in Klüverswerder/Bremen befinden sich in der Bibliothèque cantonale et universitaire Lausanne, Fonds Fleischbein, TS 1013.

409 2. Auflage der neuen Ausgabe, 16. Auflage der Gesamtauflage (Stuttgart: F. Steinkopf Verlag, 1969)

410 Knieriem & Burkardt, *Die Gesellschaft der Kindheit Jesu-Genossen*, 53-53.

Lehre, wenn er seinem Schützling Dutoit-Membrini in Fragen des Glaubens geistliche Weisung gab; denn, ungeachtet dessen, dass die quietistische Frömmigkeit auf eine universale mystische Vertiefung des inneren Lebens abzielte, blieb sie im engeren Sinne römisch-katholisch. Die Familien Goethe und Fleischbein waren miteinander verwandt, und gelegentlich half der junge Poet Johann Wolfgang 1774 im Austausch von Briefen und Büchern zwischen Dutoit-Membrini und dem Grafen von Fleischbein.

In Bern gewann der Quietismus einen Nachfolger in Nikolaus Kirchberger von Liebisdorf, der sich in jungen Jahren von Jean-Jacque Rousseaus Philosophie begeistern ließ. Diese neue Leidenschaft erwies sich jedoch so flüchtig wie die alte, denn er wurde anschließend einer der engen Gefolgsleute von Louis Claude de Saint-Martin (1743-1803), der zentralen Gestalt des zeitgenössischen Illuminismus[411]. Saint-Martin war seinerseits ein Nachfolger des einflussreichen Exponenten esoterischen Wissens in Frankreich Marines de Pasqually[412] (1727?-1774), dem Gründer des l'Ordre de Chevaliers Maçons Élus Coëns de l'Univers – meistens bekannt unter der kurzen Bezeichnung „Elus Cohens". In Übereinkunft mit seinem Freund Jean-Baptiste Willermoz (1730-1824) trat Saint-Martin das unmittelbare Erbe der okkulten Riten ihres gemeinsamen Meisters Pasqually an. Saint-Martin wurde ein unermüdlicher Autor zahlreicher und einflussreicher mystischer Bücher und Pamphlete sowie der Übersetzer einiger Schriften Jakob Böhmes ins Französische. Somit bereitete er nicht nur den

---

411 Die Illuministen befassten sich mit alten Lehren, wie der Kabbala, der Alchemie, der Hermetik, der griechischen und ägyptischen Mythologie und der christlichen Theosophie Jakob Böhmes, die sie mit modernen Kosmogonien in Einklang zu bringen versuchten. Sie versuchten, das an Bedeutung verlierende Christentum mit neuen Riten und einer modernen Spiritualität zu erneuern, befassten sich mit der Entwicklung der Seele und mit Geschichte. Den Niedergang des Christentums und allgemein die Säkularisierung, aber auch die Ablehnung der Mystik durch die Kirchen betrachteten sie als Symptome einer Krise, die sie überwinden wollten. https://de.wikipedia.org/wiki/Illuminismus

412 Jacques de Livron Joachim de la Tour de la Casa Martinez de Pasqually.

Weg für Joseph de Maistre, einem glühenden Freimaurer des Martinisten Ordens und Bewohner der Soirées de Saint Petersbourg, vor, der durch seine theokratischen Abhandlungen über die Vorzüge des Katholizismus einen erfolgreichen Angriff gegen den Skeptizismus führte, sondern auch für die Abfassung der mystischen Spekulationen von Franz von Baader, dem Philosophen der deutschen Romantik.

In Karl Philipp Moritz' psychologischem Roman *Anton Reiser*[413] besitzen wir eine Beschreibung der Religiosität, die ursprünglich von François Fénelon und Madame Guyon herrührte und eine Gefolgschaft in Deutschland gewonnen hatte. Der 1779 der Freimaurerei beigetretene Moritz unterhielt eine persönliche Beziehung zu den Dramaturgen und Poeten der „Sturm und Drang"-Ära, im Besonderen zu dem Illuminaten Johann Wolfgang von Goethe, und stellt dadurch unter Beweis, wie eng die Verbindung zwischen den Gefährten der Freimaurerei und des Quietismus war.

Die Korrespondenz zwischen Kirchberger (Baron de Liebistorf) und Saint-Martin wird gemeinhin als eine der wertvollsten Quellen über die Geschichte der Verbreitung des Okkultismus in der Schweiz und in Deutschland eingestuft, die unmittelbar mit der geographischen Ausbreitung der freimaurerischen Geheimgesellschaften in den deutschsprachigen Ländern in Beziehung stand.[414] Der Begriff „Okkultismus" kann zwar allgemein als Synonym für das Irrationale verwendet werden, gewinnt aber in der Theosophie eine eigenständige Bedeutung.

Dem Anliegen, okkulten Erfahrungen Beweiskraft zu geben, widmeten sich Geistesgrößen des 18. Jahrhunderts mit besonderer Akribie. Sie schlossen sich deshalb mehr oder weniger unbewusst dem Ideal der Aufklärung an, das die Bestätigung irrationaler Gewissheiten unter Verwendung von rationalistischen Methoden forderte. Ein

---

413 geschrieben 1785-1790; Neuauflage (Frankfurt am Main: Insel Verlag, 1979); http://gutenberg.spiegel.de/buch/anton-reiser-4900/1

414 *A Selection of Letters Between Louis-Claude de Saint-Martin and Kirchberger, Baron de Liebistorf,* übers. v. E. Burton Penny (Exeter: William Roberts, 1863).

charakteristisches Beispiel findet sich in der detaillierten Niederschrift der religiösen Ansichten Johann Kasper Lavaters (1741-1801). Lavater hörte nie auf, eine Bestätigung seines theistischen Glaubens in beantworteten Gebeten, in wundersamen Heilungen oder in parapsychologischen Experimenten zu suchen. Er führte eine rege Korrespondenz mit den führenden Köpfen der Freimaurerei seiner Zeit. Als Mediator zwischen Geheimgesellschaft und Pietismus setzte sich Lavater dem Einfluss okkulter Ideen aus, der sich in beiden Bewegungen ausweitete. Die persönliche Erfahrung der Realität Gottes, wie sie die pietistische Religiosität für wichtig erachtete, sowie die Idee der universalen Sündhaftigkeit der Menschen, die mit der Forderung nach Gewissheit einer strafenden Gerechtigkeit im Jenseits einherging, konkretisierten sich später in solch „physischen" Geisteslehren wie denen eines Johann Heinrich Jung-Schillings. Diese identifizierten sich ihrerseits leicht mit entsprechenden esoterischen Vorstellungen der Freimaurerei, die von der Überzeugung ausging, dass die einer gefallenen Welt anhaftende Probleme durch das Eingreifen von unsichtbaren Geisteswesen gelöst werden könnten.

3.11. Streben nach makelloser Vollkommenheit

3.11.1. Geistesgeschichtlicher Überblick der Theosis-Lehre

Seit je her stand der kreatürliche Mensch in der Gefahr, der verführerischen Behauptung zu erliegen, dass es ihm möglich sei, sich selbst auf die Stufe Gottes zu stellen. Und da sprach die Schlange zum Weibe: „Ihr [...] werdet so sein wie Gott und wissen, was gut und böse ist" (Gen. 3,5). Die „christliche" Mystik trat mit dem Versprechen auf, das unbändige Sehnen des Menschen nach einer wesensmäßigen Vereinigung mit Gott zu stillen. Sogar Charles Wesley konnte es sich erlauben, in einem Lied zu schreiben: „Bis meine ganz und gar geheiligte Seele dein ist, eingetaucht ins tiefste Meer der Gottheit und in deiner Unermesslichkeit verloren!"

Der Begriff „Theosis" bedeutet wörtlich „Vergöttlichung", „Gottwerdung" oder – wie es manche bevorzugen
– „Teilhabe an Gott". Es ist eine spirituelle Vision, die das
angebliche Potenzial des Menschen herausstellt, schon in
diesem Leben die Vollkommenheit zu erlangen. Die Vergöttlichung des Menschen schreite demnach solange voran, bis
die völlige Vereinigung mit Christus erreicht sei.

Es ist deshalb hilfreich, wenn man sich vor Augen
führt, dass es zwei verschiedene Anschauungsweisen der
Theosis-Lehre gibt: das Vereinigungsmodell und das
Korrespondenzmodell. Das Vereinigungsmodell geht davon
aus, dass die Menschheit wortwörtlich göttlich wird; der
Unterschied zwischen Schöpfer und Geschöpf wird ganz
und gar beseitigt: aus den Menschen entstehen Götter und
Göttinnen, perfekte Söhne und Töchter in der Familie
Gottes. Das Korrespondenzmodell geht von der
metaphorischen Ansicht aus, dass das Ebenbild Gottes im
Menschen wiederhergestellt wird, während er seine Kreatürlichkeit beibehält: in der Vervollkommnung nimmt der
Mensch einige Wesensmerkmale der Göttlichkeit an, wird
aber niemals im eigentlichen Sinne ein göttliches Wesen
werden. Man kann diesen Vorgang mit einem Spiegel
vergleichen, der die Reflektion perfekt wiedergibt, objektiv
aber immer noch ein Spiegel ist und bleibt. Eine Variation
dieser zwei dominanten Interpretationsmöglichkeiten
schließt den Gedanken mit ein, dass sich jemand geistig
über das menschliche Wesen hinaus entwickeln könne, um
ein himmlisches Wesen, etwa ein Engel, zu werden oder
zumindest ähnliche Wesenszüge wie ein solches
anzunehmen.

Die über die Jahrtausende vielfältig in Erscheinung
tretende Idee einer göttlichen Natur des Menschen
entstammt der Antike. Im *Theaitetos*[415] definierte Platon die

---

415 Der Theaitetos (altgriechisch Θεαίτητος Theaítētos, latinisiert
Theaetetus, eingedeutscht auch Theätet) ist ein in Dialogform verfasstes
Werk des griechischen Philosophen Platon. Darin wird ein fiktives, litera-
risch gestaltetes Gespräch wörtlich wiedergegeben. Beteiligt sind Platons
Lehrer Sokrates und zwei Mathematiker: der junge Theaitetos, nach dem
der Dialog benannt ist, und dessen Lehrer Theodoros von Kyrene. Das
Thema bilden Kernfragen der Erkenntnistheorie. Erörtert wird, worin
Erkenntnis besteht und wie man gesichertes Wissen von wahren, aber

Theosis als „eine weitmöglichste Gottesähnlichkeit". Wie diese Vision realisierbar sei, wurde in der platonischen Tradition über Jahrhunderte hinweg eingehend debattiert, ohne zu einer schlüssigen Meinung zu kommen. Eines ist jedoch sicher: die Theologie der christlichen Kirchenväter in den ersten Jahrhunderten n.Chr. übernahm die griechische Idee der Theosis im Sinne einer durch Gottes Gnade geschenkten Vergöttlichung. Demnach konnte ein Christ Teilhaber des göttlichen Wesens werden, sofern ihm diese himmlische Gabe zuerkannt wurde. Die Kirchenväter gingen dabei von einer Analogie aus: Wie es Gott möglich ist, von einem göttlichen Seinszustand in einen kreatürlichen überzuwechseln, so könne auch der Menschen von einem irdischen Daseinszustand in einen himmlischen gelangen. Dies geschehe allerdings nur dann, wenn der Mensch immer mehr vom göttlichen Wesen vereinnahmt werde. Nur so könne das Ebenbild Gottes, das durch den Sündenfall verloren gegangen sei, wiederhergestellt werden. Die Wirksamkeit der Gnade spiele die wichtigste Rolle in diesem Vorgang der wesenshaften Veränderung. Der Mensch behalte dann nicht nur auf Erden, sondern auch im Himmel seine göttlichen Eigenschaften bei. Im Einklang mit anderen Philosophen meinte Neoplatoniker Plotin (204-270 n.Chr.), dass eine dem Universum innewohnende Seele alle physischen Objekte anrege.[416] Die Kirchenväter der ersten fünf Jahrhunderte n.Chr. entwickelten die Idee der Vervollkommnung in Anlehnung an ähnliche Vorstellungen, die im antiken Griechenland im Umlauf waren.

Wie in den meisten Bereichen der Theologie begann die Theosis-Lehre zuerst andeutungsweise und dann ausdrücklich Form anzunehmen. Der gegen Ende des 2.

---

unbewiesenen Behauptungen unterscheidet. Dabei stellt sich die Frage, ob eine solche allgemeine Unterscheidung überhaupt möglich ist und überzeugend begründet werden kann. Es soll geklärt werden, unter welchen Voraussetzungen man den Anspruch erheben kann, etwas zu wissen und darüber nachweislich wahre Aussagen zu machen. Benötigt wird ein unanfechtbares Kriterium für erwiesene Wahrheit. https://de. wikipedia.org/wiki/Theaitetos

416 Zit. in Fred Alan Wolf, *The Spiritual Universe* (New York City, NY: Simon & Schuster, 1996) 104.

Jahrhunderts schreibende Bischof von Lyon (Lugdunum), Irenaeus (120-202), formulierte die Theosis-Lehre wie folgt: „Das Wort wurde Mensch, damit der Mensch Gott werden kann."[417] Irenaeus setzte die Menschwerdung von Jesus Christus in eine enge Beziehung mit der menschlichen Erlösung, dem Heiligen Geist, der Unsterblichkeit und der Gemeinschaft mit Gott. Er gab zu verstehen, dass

> der Herr […] uns durch sein eigenes Blut erlöst hat, indem er Seine Seele für die unsrige gegeben hat, und Sein Fleisch für das unsrige, und er hat auch den Geist des Vaters ausgegossen, um die Vereinigung und Gemeinschaft zwischen Gott und Mensch zu ermöglichen. Mittels des Geistes teilte sich Gott tatsächlich dem Menschen mit, und dank seiner eigenen Menschwerdung vereinigte er […] den Menschen mit Gott, und gab uns bei seinem Kommen dauerhafte und wahre Unsterblichkeit, die auf unserer Gemeinschaft mit Gott beruht.[418]

Der Autor des sogenannten *Briefes an Diognet* schrieb im 2. oder 3. Jahrhundert: „Wundere dich nicht, dass ein Mensch ein Nachahmer Gottes werden kann. Wenn er es wünscht, kann er es." Indem er Gott und den Nachbarn seine Liebe besonders dadurch bekundet, dass er die Notleidenden beschenkt, wird er für diejenigen, [die seine Wohltaten empfangen], zum Gott: er ist ein Nachahmer Gottes."[419]

Der „christliche" Platoniker Origines (182-254) lehrte, dass sich die lebenden Seelen auf eine kosmische Seelenwanderung begeben, die im Zustand der Sünde beginnt und im Stadium der Vollkommenheit endet. Sie vollziehe sich aber über den Verlauf von mehreren Lebenszeiten. Origines' komplexe Darstellung der Theosis-Lehre, wie er sie hauptsächlich in *De pricipiis* niederschrieb, kann wie folgt

---

417 Irenaeus, *Adversus haereses* (Gegen die Häresien), V. Vorwort, Kol. 1035; s. auch, ebd., 3.10.2, ANF 1.424.

418 Ebd., 6.1.1, ANF 1.527

419 *Brief an Diognet*, 10, ANF 1.29.

zusammengefasst werden: In der Ewigkeit – bevor es das Phänomen der Zeit gab – habe Gott den Logos[420] als erste Kreatur erschaffen. Der Vater des Lichts sei somit das Urbild des Logos geworden, der das genaue Ebenbild Gottes widerspiegelte. Der Logos habe „anschließend" rationale Wesen/Seelen (Nous oder Nus, altgriechisch νοῦς[421]), die körperlos, gleichartig und ewig sind, ins Dasein gerufen, die dank seiner Vermittlung Anteil an der göttlichen Natur empfingen. Der Logos sei somit das Urbild der rationalen Wesen geworden. Alle Seelen – außer der Seele Jesu – hätten sich daraufhin vom Licht abgewandt und einen kosmischen Fall erlitten. Die Erlösung der gefallenen Seelen werde durch die Fleischwerdung des Logos ermöglicht, der das Ebenbild Gottes in ihnen wieder herstellt. Sie würden erneut Teilhaber der göttlichen Natur und begännen den Aufstieg zu ihrer himmlischen Heimat.

Im Weiteren lehrte Origines, dass sich das Universum von einer Entwicklungsstufe zur anderen fortbewegt, um letztlich in einen vollkommenen Zustand der Vereinigung und Vollendung im Göttlichen zu enden. Am Ende der Zeit würden alle Seelen, die sich in den Menschen, Engeln, Tieren, Sternen und Planeten befinden, vollkommen errettet werden, indem sie in der Vereinigung mit Gott geheiligt und verherrlich werden. Das Ziel des christlichen Lebens sei die kontemplative[422] Betrachtung Gottes. In dieser unmittelbaren Erfassung der göttlichen Essenz werde der Mensch

---

420 Logos: griech. Wort, Synonym für den Sohn Gottes.

421 Nous oder Nus (altgriechisch νοῦς) ist ein Begriff der antiken griechischen Philosophie. In der philosophischen Fachsprache bezeichnet der Ausdruck die menschliche Fähigkeit, etwas geistig zu erfassen, und die Instanz im Menschen, die für das Erkennen und Denken zuständig ist. Außerdem hat das Wort im allgemeinen Sprachgebrauch auch andere Bedeutungen. Im Deutschen wird „Nous" meist mit „Geist", „Intellekt", „Verstand" oder „Vernunft" wiedergegeben. Die gängigste lateinische Entsprechung ist intellectus, doch werden auch mens, ratio und ingenium als Äquivalente verwendet. In metaphysischen und kosmologischen Lehren, die von einer göttlichen Lenkung der Welt ausgehen, wird als Nous auch ein im Kosmos wirkendes Prinzip bezeichnet, die göttliche Weltvernunft. https://de.wikipedia.org/wiki/Nous

422 Kontemplativ: verinnerlicht, versunken, in sich gekehrt; https://www.duden.de/node/149545/revision/149581

vergöttlicht. Der alexandrinische Kirchenvater schrieb dazu Folgendes: „Gespeist durch Gottes Wort, das sich von Anfang an bei Gott befindet, können wir vergöttlicht werden."[423]

Laut Origines ist also die menschliche Vergöttlichung aufgrund der Menschwerdung Gottes in Christus möglich. Im Abstieg der Göttlichkeit in die Kreatürlichkeit der Menschheit sei eine historische Wandlung aufgetreten: „Menschliches und Göttliches beginnt sich miteinander zu verbinden, sodass dank anhaltender Gemeinschaft mit der Göttlichkeit das menschliche Wesen göttlich wird."[424] Wenn die menschliche Seele der Göttlichkeit teilhaftig wird, steige die Seele in Abschnitten zu Gott hinauf, wobei sie in Weisheit gereinigt und in Liebe vollkommen gemacht wird. Schließlich umgehe die Seele das flammende Schwert der Engel, die den Zugang zum Baum des Lebens bewachen, und kehre zum Paradies Gottes zurück. Origines Sichtweise des Heils ist von der platonischen Vorstellung einer stufenweisen Vereinigung mit Gott gekennzeichnet. Die Seele werde allmählich zur Vollkommenheit geführt, bis Gegensätzlichkeiten miteinander versöhnt sind und die Zeit aufhört zu existieren. Gott sei schließlich alles in allem.[425]

Hilarius von Poitiers (zirka 310-368) drückte sich in dieser Sache noch deutlicher aus. In der Fleischwerdung „stellte es für Gott keinen Vorteil dar, dass er unser Wesen angenommen hatte, aber seine Bereitschaft, sich selbst zu erniedrigen, ist unsere Erhöhung, denn er gab seine Göttlichkeit nicht auf, sondern übertrug sie auf den Menschen".[426] Christus beabsichtigte, „die Menschheit zur Göttlichkeit emporzuheben".[427] Während Jesus auf Erden war, habe er seine Jünger belehrt, „ihm, dem Sohn Gottes, zu glauben, und ermahnte sie, ihn als den Menschensohn zu verkündigen;

---

423 Origines, *Über das Gebet*, xxxvii.13.

424 Origines, *Contra Celsum*, 3.28.

425 Origines, *De pricipiis*, xxxvi.

426 Hilarius von Poitiers, *Über die Trinität*, 9.4-5, NPNF, 2d Series 9.156.

427 Ebd.

ein Mensch, der in allem so redete und handelte, wie es Gott zukommt".[428] Laut Hilarius war das Hauptziel, das Christus in seinem irdischen Dasein verfolgte, die Vergöttlichung des Menschen.[429]

In einem Brief schrieb der im 4. Jahrhundert lebende christliche Apologet, Athanasius (293-373), dass der Sohn Gottes Mensch wurde, „damit er uns in sich selbst vergöttlichen kann".[430] An anderer Stelle drückte er sich ähnlich aus: „Christus wurde zum Menschen gemacht, damit wir zu Gott gemacht werden können."[431]

Obgleich die Wurzeln der Theosis-Lehre in der Zeitperiode vor dem Konzil von Nicäa (325 n.Chr.) liegen, stellt sie keinesfalls nur ein historisches Kuriosum dar, das man als antiquiert abtun könnte. Die Vorstellung der Vergöttlichung, die die Möglichkeit in sich schließt, dass das menschliche Wesen direkt am Leben Gottes teilhaben könne, taucht mit überraschender Häufigkeit zu verschiedenen Zeiten und an unterschiedlichen Orten der christlichen Ära auf.

Obgleich die Theosis-Lehre eine der schlimmsten Irrlehren ist, überdauerte sie die Kämpfe der Orthodoxie gegen die Heterodoxie im 4. und 5. Jahrhundert, weil sie eine Hauptrolle in den christologischen Debatten in jener Zeit spielte. In Übereinstimmung mit dem biblischen Zeugnis bestanden die griechischen Kirchenväter darauf, dass Christus Gott sein musste. Im Gegensatz zur christlichen Lehre schlussfolgerten sie daraus, dass Christus als Sohn Gottes den Menschen das göttliche Leben vermittelt habe.

---

428 Ebd..

429 Ebd., 9.38, NPNF, 2d Serices 9.167; s. dazu ebd., 10.7, NPNF, 2d Series 9.183-184; Philip Theodore Wild, *The Divinization of Man According to Saint Hilary of Portiers* (Mundelein, IL: Saint Mary of the Lake Seminary, 1950).

430 Athanasius, Brief 60 an Adelphius, 4, NPNF, 2d Series 4.575-576.

431 Athanasius, *Über die Inkarnation des Wortes*, Buch IV. Par. 65, NPNF, 2d Series.

Die Lehre der Vergöttlichung besaß für Maximus Confessor[432] im 7. Jahrhundert dieselbe Bedeutung, wie zuvor für Gregory von Nyssa im 4. Jahrhundert: Der Mensch nimmt die Existenzform Gottes dadurch an, dass er gewisse göttliche Eigenschaften, wie etwa Mitleid und Selbstlosigkeit, konkret zur Schau stellt. Die Charakteristiken, die Gott und Mensch miteinander teilen, sind in dieser Betrachtungsweise nur deswegen bedeutsam, weil sie eine Dimension im gemeinsamen Handeln darstellen. Diese Vorstellung unterscheidet sich von der Idee der menschlichen Übernahme abstrakter und statischer Wesensmerkmale Gottes, wie etwa der Unsterblichkeit. Geschehe dies, würde die Vergöttlichung die unmittelbare Verquickung von Schöpfer und Geschöpf bedeuten; eine Ansicht, die andere Kirchenväter als die bereits genannten für unbiblisch hielten, denn das Ergebnis sei dann das Entstehen einer transzendentalen Existenzform, die das menschliche Wesen völlig verändern würde. Entgegen dieser Meinung behauptete Meister Eckhard (1260-1328) Jahrhunderte später in geradezu pantheistischer Manier, dass der Gläubige tatsächlich im Besitz des göttlichen Wesens stehe.[433]

Die Theosis-Lehre ist unter den Christen des Westens weniger bekannt. In der Theologie der Griechisch-Orthodoxen Kirche gehört sie aber zu den wesentlichen Dogmen. In einem aufschlussreichen Buch über die östliche Christenheit behauptet Daniel Clendenin, dass es bestimmt nicht übertrieben sei, die Vergöttlichung der Menschheit als „das zentrale Thema, das hauptsächliche Ziel, den grundsätzlichen Zweck oder das primäre religiöse Ideal der [Griechischen] Orthodoxie"[434] anzusehen. Laut Vladimir

---

432 Maximus der Bekenner; griechisch Μάξιμος Ὁμολογήτες Maximos Homologetes (um 580-662)

433 W. Corduan, "A Hair's Breadth From Pantheism: Meister Eckhart's God-Centered Spirituality," *Journal of the Evangelical Theological Society* 37/2 (1994), 269-271.

434 Daniel B. Clendenin, *Eastern Orthodox Christianity: A Western Perspective* (Carlisle, Cumbria, UK: Paternoster; Grand Rapids, MI: Baker, [1994] 2004) 120; s. dazu: Daniel B. Clendenin, "Partakers of Divinity: The Orthodox Doctrine of Theosis," *Journal of the Evangelical Theological Society* 37/3 (1994), 365-379.

Lossky, einem zeitgenössischen griechisch-orthodoxen Theologen, sind die Menschen nichts weniger als „Kreaturen, die dazu berufen sind, Götter zu werden".[435]

3.11.2. Anteilhabe am göttlichen Wesen

Allgemein ist die Tatsache bekannt, dass John Wesley (1703-1791) die Frömmigkeitspraxis der Anglikaner mit dem Anbetungsstil der Böhmischen Brüder vereinigte. Aber nur die wenigsten wissen, dass der Gründer der Methodistischen Kirche auf Quellen der Kirchenväter zurückgriff, um seine Heiligungslehre zu entwerfen. Dabei sollte der Sachverhalt besonders hervorgehoben werden, dass in fast allen Werken der Kirchenväter, besonders in denen der Alexandriner, Clemens und Origines, ausdrücklich auf die Theosis-Lehre Bezug genommen wird. John Wesley übernahm von Clemens die These, dass es drei verschiedene Menschenarten gibt: die Unbekehrten, die Jungbekehrten und die vollkommenen Christen. Jeder benötige die seinem Stand angemessene geistliche Unterweisung. Die drei Hauptwerke Clemens *Protreptikos*, *Paidagogos* und *Stromateis* wenden sich jeweils an eine der drei Personenklassen. Im *Stromateis* beschreibt Clemens die Theosis aus einer Sichtweise, die sich an den *Corpus Hermeticum* anlehnt – im Sprachgebrauch des Alexandriners „gnostischen" Sichtweise: mittels kontemplativer Erkenntnis und Weisheit steige die Seele zu Gott empor.[436] Wesley entnahm Zitate aus dem *Stromateis* und passte sie seiner Theologie an.

Laut Clemens (150-215) tritt ein Mensch vom Heidentum zum Christentum über, wenn er sich dem Glauben zuwendet. Aus dem Glaubensstand erhebt sich der Mensch mittels der Gnosis (Erkenntnis) zu Gott. Diese sei nötig, um Gott von Angesicht zu Angesicht zu sehen. Danach setze sich der Prozess der Vergöttlichung in Gang: „Als Getaufte werden wir erleuchtet; als Erleuchtete werden wir Söhne

---

435 Vladimir Lossky, *The Vision of God* (Crestwood, NY: St. Vladimir's Seminary Press, 1997).

436 Clemens von Alexandria, *Stromateis* IV, 4, p. 9, col. 253.

(d.h., Erben); nachdem wir Erben geworden sind, erlangen wir die Vollkommenheit, als Vollkommene besitzen wir die Unsterblichkeit, wie die Schrift sagt ‚Ihr seid Götter' […]"[437]

Der russisch-orthodoxe Theologe Vladimir Lossky verglich Clemens' gnostische Theologie mit bestimmten Passagen im *Göttlichen Poemander (Pimander),* einer der Hauptschriften des *Corpus Hermeticum.* „[…] die kontemplative Erkenntnis erscheint als eine Art Vergöttlichung, die jeden in die Sphäre der Fixsterne emporzuheben vermag."[438] Lossky behauptete, dass Clemens zwar die Schriften des Hermes Trismegistus namentlich erwähnt habe, ihnen aber nie spezifische Zitate entnahm.[439] Wie bereits erwähnt, nahm die hermetische Tradition ihren Ursprung im antiken Ägypten. Sie war Teil einer willkürlich ausgewählten Mischung aus hellenistischem Judentum und fernöstlichem Heidentum, das wiederum das griechische Verständnis des Christentums in der Ära der Kirchenväter prägte. Der ägyptische Gott Thot soll dem griechischen Gott Hermes, der angeblich eine göttliche Offenbarung vermittelt habe, entsprochen haben, die viele Kirchenväter, wie zum Beispiel Justin der Märtyrer, für ein prophetisches Wort hielten, das im Kommen Christi erfüllt worden sei.

Im 12. Kapitel des *Paidagogos* gibt Clemens die alexandrinische Vorstellung über die Theosis wieder:

> Aber lasst uns, Kinder des guten Vaters – Zöglinge des guten Lehrers –, den Willen des Vaters erfüllen, indem wir auf das Wort hören und das Gepräge des wirklich erretteten Lebens des Heilandes annehmen und über die himmlische Lebensweise meditieren. Um dies tun zu können, sind wir vergöttlicht worden. Lasst uns selbst mit dem Öl der ewigen, unsterblichen Blüte der Wonne besprengen […].

In dem Buch *John Wesley and Christian Antiquity* (John Wesley und die christliche Antike) stellt Ted A. Campbell

---

437 Clemens, *Stromateis*, Kap. 6.

438 *Corpus Hermeticum*, Bd. 1, Abschnitt X

439 S. dazu: *Stromateis* IV, 4, p. 9, col. 253.

den Begründer des Methodismus in ein neues Licht.[440] Campbell analysiert die kulturellen und religiösen Einflüsse, die der im 18. Jahrhundert aufkommenden Erweckung in England richtungsweisende Impulse gaben. Sie dienten ihm als Inspiration für die Erneuerung des individuellen, sozialen und kirchlichen Lebens. Campbell legt sein besonderes Augenmerk auf die Betrachtung der Kultur der christlichen Antike, die Wesley zu einem Ideal hochstilisierte, das er in seinem Bestreben zur Wiederherstellung von Kirche und Gesellschaft in England nachzuahmen suchte. Darin glich er den humanistischen Philosophen seiner Zeit, die die klassische Antike als kulturelles Modell der säkularen Aufklärung heranzogen, die schon Mitte des 17. Jahrhunderts zum Gegenstand religiöser Konflikte in Britannien geworden war. In diesem Zusammenhang sollte nicht vergessen werden, dass John Wesley im hohen Alter Mitglied der Freimaurerloge Union Lodge St. Patrick No. 367 in Downpatrick, Irland, wurde.[441]

Die Methodistenkirche in Großbritannien übernahm Aspekte der Theosis-Lehre, die sowohl östliche als auch westliche Elemente beinhalteten. Im 18. Jahrhundert schrieb der schottische Theologe, Pastor und Autor, Henry Scougal (1650-1678), sein bekanntes Werk *The Life of God in the Soul of Man*[442]. George Whitefield sprach darüber in den höchsten Tönen, denn es habe sein Leben von Grund auf verändert: „Obwohl ich gefastet, gewacht und gebetet hatte, und die Sakramente schon vor so langer Zeit empfangen hatte, kannte ich dennoch die wahre Religion nicht, bis mir Gott diese ausgezeichnete Abhandlung durch die Hand meines

---

440 Ted A. Campbell, *John Wesley and Christian Antiquity* (Nashville, TN: Abingdon Press, 1976).

441 Eugen Lennhoff, Oskar Posner, Dieter A. Binder, Hss., *Internationales Freimaurer-Lexikon* (Wien: Amalthea-Verlag; Graz: Akademische Druck- und Verlagsanstalt, 1965; München: Herbig, 2015) 901.

442 Henry Scougal, *The Life of God in the Soul of Man* (Philadelphia, VA: A. Bartram, [1739] 1805; Harrisonburg, VA: Sprinkle Publications, [1986] 2005; W. S. Hudson, Hrsg., Minneapolis, MN: Bethany, 1976); https://archive.org/details/lifegodinsoulma01scougoog/page/n7

Freundes gesandt hatte, den ich nie vergessen werde."[443]
Dieser Freund war Charles Wesley. Es wäre falsch, daraus
den Schluss zu ziehen, dass Whitefield ein Befürworter der
Theosis-Lehre war. In seinen überlieferten Predigten gibt es
keinen Hinweis darauf. Scougal nannte den Grund, wieso er
seinem Buch den spezifischen Titel gab.

> Es besteht eine Ähnlichkeit zwischen der wahren
> Religion und den göttlichen Perfektionen, das Ebenbild
> des Allmächtigen, das in der Seele des Menschen
> leuchtet: [...] eine wirkliche Teilhabe an seinem Wesen,
> es ist ein Strahl des ewigen Lichtes, ein Tropfen dieses
> unendlichen Ozeans der Güte; und man kann über die-
> jenigen, die davon angetan sind, sagen, dass Gott in
> ihren Seelen wohnt, und Christus in ihnen Gestalt
> annimmt.[444]

Charles Wesley vertrat eine ähnliche Vorstellung vom
Christentum. Als Sohn von frommen Eltern, die ihn früh
dazu anhielten, theologische Bücher zu lesen, sehnte sich
Wesley unablässig danach, das Leben Gottes in seiner Seele
zu haben. In der Lyrik seiner Kirchenlieder beschrieb er die
Theosis-Lehre in poesievoller Weise. In einer seiner Hymnen
schrieb er beispielsweise Folgendes:

> Er lässt sich herab, um im Fleisch zu erscheinen,
> (He deigns in fesh to appear,)
> um äußerste Extreme zu vereinen;
> (Widest extremes to join;)
> um unsere Niederträchtigkeit nahezubringen,
> (To bring our vileness near,)
> und uns alle zu vergöttlichen:
> (And make us all divine:)
> Und wir werden das Leben Gottes kennenlernen,
> (And we the life of God shall know,)

---

443 Zit. in Scougal, *The Life of God in the Soul of Man* (Bethany
Ausgabe), 13.

444 Ebd., 34.

Denn Gott offenbart sich hier unten.
(For God is manifest below.)[445]

In dem Ausdruck „make us all divine" nimmt der Begriff „all" (alle) entweder die Bedeutung an, dass alle Menschen oder dass zumindest alle Christen vergöttlicht werden („vergöttlicht uns alle") oder dass sich die Vergöttlichung im vollen Umfang vollzieht („vergöttlicht uns ganz und gar"). Obgleich man den Worten Wesleys nicht eindeutig entnehmen kann, was er wirklich im Sinn hatte, hätte er wohl beiden Interpretationen nichts entgegenzusetzen. Es spielt jedoch keine Rolle, welche Interpretation er bevorzugte, denn sein Hauptgedanke tritt deutlich hervor: In seiner Menschwerdung nahm der Sohn Gottes, Jesus Christus, selbst einen menschlichen Körper an. Somit werde der Mensch befähigt, sich durch das innewohnende Leben Gottes völlig in ein göttliches Wesen zu verändern. Am Ende eines seiner Kirchenlieder über das Abendmahl spricht Charles Wesley folgendes Gebet aus:

Möge Dein Königreich in das Herz eines jeden kommen
(Thy   Kingdom   come   to   every   heart)
und alles, was du besitzt, und alles, was du bist.
(And all thou hast, and all thou art.)[446]

Charles Wesley begehrte nicht nur die Gaben Gottes, sondern auch sein Leben und seine Vollkommenheit, soweit dies für einen Menschen im Bereich des Möglichen lag. In einem weiteren Kirchenlied sprach er sogar noch deutlicher seine Befürwortung der Theosis-Lehre an:

Himmlischer Adam, göttliches Leben,
(Heavenly Adam, Life divine,)
verändere mein Wesen in das deinige;
(Change my nature into thine;)
bewege und verbreitete dich überall in meiner Seele,

---

445 Zit. in Arthur M. Allchin, *Participation in God: A Forgotten Strand in Anglican Tradition* (London: Darton, Longman and Todd, 1988) 26-27.

446 Ebd., 32.

(Move and spread throughout my soul,)
setze das Ganze in Bewegung und erfülle es;
(Actuate and fill the whole;)
nicht länger bin ich es jetzt
(Be it I no longer now)
das Leben im Fleisch bist du.
(Living in the fesh, but thou.)[447]

Als Befürworter der Theosis-Lehre bemerkt Arthur M. Allchin Folgendes in seiner Interpretation dieser Strophen: „Der gesamte Text zelebriert die Gegenwärtigkeit der Ewigkeit. Jetzt schon im Hier und Jetzt hat mich der Sohn freigemacht. Ich kann mittels der Gnade und Gabe Gottes triumphieren. Ich bin frei, um mutig die ganze Fülle des göttlichen Lebens zu erbitten."[448] Obgleich Wesleys Hymnen oftmals das ewige Leben in der Herrlichkeit beschreiben, enthalten sie doch bisweilen ein hervorstechendes Element, das auf das Leben Gottes in unseren Seelen in der Jetztzeit hindeutet.

Es ist bemerkenswert festzustellen, dass im walisischen Methodismus des 18. Jahrhunderts, der sich theologisch hauptsächlich am Calvinismus orientierte und nicht am Arminianismus, William Williams (1719-1791) und Ann Griffiths (1776-1805) die Lehre der Vergöttlichung in die Texte ihrer Kirchenlieder aufnahmen. Williams schrieb: „Es ist die unendliche Liebe, die Gott und mich vereint hat." Im Folgenden betete er:

Pflanze in meiner Seele jedes einzelne
(Plant in my soul every one)
dieser Prinzipien ein, die wie Gewürze sind
(Of those principles which are like spices)
in deiner Natur.
(In your nature.)[449]

---

447 Ebd., 33.

448 Ebd.

449 Ebd., 38-39.

Laut Williams vereinigte sich Gott mit der Menschheit bei der Fleischwerdung Jesu, sodass der Christ nun Anteil an der Gottheit bekommen kann. Allchin gibt folgende Bemerkung über Williams Botschaft ab:

> In Christus sehen wir die wahre Bestimmung eines jeden Menschen. Die Bande, die den Menschen mit der Ewigkeit vereinigt, ist unermesslich kraftvoller als alle Banden, die mit der Erde verbinden, denn er wurde für Gott erschaffen und kann sich nur selbst in Gott finden […] Im Hinblick auf die klassische christliche Theologie ist unsere Vereinigung mit Gott deshalb möglich, weil sowohl der Sohn als auch der Geist Gottes mit dem Vater dasselbe Wesen besitzen (homo-ousios). Wir sind mit dem Vater durch den Sohn vereint, der durch die Kraft des Geistes gleichzeitig sowohl Mensch als auch Gott ist, und der uns zu Teilhabern Gottes macht.[450]

Ann Griffiths (1776-1805) war über ihre Vereinigung mit Gott höchst erfreut. Während der Überquerung eines Hügels auf dem Nachhauseweg vom Gottesdienst schrieb sie in einem ihrer Kirchenlieder Folgendes:

> Oh gesegnete Stunde der ewigen Ruhe
> (O blessed hour of eternal rest)
> von meiner Arbeit, zu meinem Schicksal,
> (From my labour, in my lot,)
> inmitten eines Meeres des Erstaunens
> (In the midst of a sea of wonders)
> ohne je ein Ende oder ein Ufer zu erblicken;
> (with never a sight of an end or a shore;)
> überschwängliche Freiheit des Zutritts, immer-
> während,
> (Abundant freedom of entrance, ever to continue,)
> zu den Wohnstätten des Dreieinigen.
> (Into the dwelling places of the Three in One.)
> Wasser, um darin zu schwimmen, nicht um es zu
> durchwaten,

---

450 Ebd., 44-45.

(Water to swim in, not to be passed through,)
Mensch als Gott, und Gott als Mensch.
(Man as God, and God as man.)

Die Lyrikerin spricht nicht einfach davon, vom Meer des göttlichen Wesens umgeben zu sein, sondern von der Vereinigung ihres menschlichen Wesens mit dem göttlichen. Dabei löse sich das menschliche Wesen nicht auf, sondern bilde eine Einheit mit dem göttlichen, ohne dass eine wesensmäßige Verschmelzung stattfinde. Die abschließende Zeile in der Hymne (man *being* God, and God *being* man) ist in der ursprünglich walisischen Version noch aussagekräftiger als in der englischen. Sie hebt die Göttlichkeit des Menschen und die Menschlichkeit Gottes noch klarer hervor.[451]

Neben den Namen Scougal, Wesley, Williams und Griffith als Befürworter der Theosis-Lehre kann man noch andere hinzufügen, wie Richard Hooker, Lancelot Andrewes und Edward Bouverie Pusey. Sie verknüpften die Lehren der Dreieinigkeit, der Fleischwerdung Jesu und der Vergöttlichung des Menschen zu einer unauflösbaren Einheit.[452]

3.11.3. Umsetzung eines vollkommenen Lebenswandels

Da John Wesley dem spekulativen Mystizismus der griechischen Kirchenväter während der christlichen Frühzeit große Bewunderung entgegenbrachte, ist es nicht erstaunlich, dass einige Jahrhunderte später die Wiederentdeckung ihrer Theologie zu einem spirituellen und institutionellen Aufbruch der Volksreligion Englands führte. Indem Campbell bewusst konventionelle Vorstellungen des kulturellen Konservatismus und Radikalismus in seiner Charakterisierung Wesleys vermied, stellte er die theologische Sichtweise des anglikanischen Erweckungspredigers als ein komplexes Gebilde dar, das keiner einfachen Kategorisierung gerecht wird. Dennoch hob er den theo-

---

451 Ebd., 46.

452 Ebd.

logischen Kern des Wesleyanischen Methodismus, nämlich den sündlosen Perfektionismus, deutlich heraus, der die spätere Heiligungsbewegung entscheidend prägen sollte.

John Wesley gibt in *A Plain Account of Christian Perfection* einen ausführlichen Bericht über seine Lehre von der christlichen Vollkommenheit.[453] Er wehrte sich entschieden gegen die Anschuldigung, unorthodoxe Lehren zu verbreiten, die er konfus und widersprüchlich vorgetragen habe. Seinen Kritikern gestand er zwar zu, bisweilen nicht immer völlig logisch gedacht, aber in der Sache nie den Boden der Rechtgläubigkeit verlassen zu haben. Betrachtet man seine Erklärungen mit einer gewissen Sympathie, erkennt man Ähnlichkeiten zur Beschreibung des geistlichen Werdegangs eines Paulus und Luthers. Die Vermutung drängt sich auf, dass Wesley absichtlich seine eigenen Erfahrungen besonders den Erlebnissen dieser beiden Glaubensgrößen angepasst hat. Vergeblich sucht man jedoch nach einer Übereinstimmung mit den *Confessiones* (Bekenntnissen) des Augustinus. Obgleich er stets meinte, auf der Bühne der Welt ein rechtschaffenes Leben geführt zu haben, brach sich in ihm, nachdem er Jeremy Taylors *Rules and Exercises of Holy Living and Dying* gelesen hatte, die ernüchternde Erkenntnis Bahn, trotz seiner persönlichen Anstrengungen, ein gottwürdiges Leben geführt zu haben, nur ein halber Christ zu sein. Die beunruhigende Einsicht drängte sich ihm auf, jeden Bereich seines Lebens Gott vorbehaltlos zu widmen oder nur ein egoistisches und „damit in Wirklichkeit dem Teufel hingegebenes" Dasein zu fristen. Eine Kompromisslösung konnte es für ihn nicht geben. Vier Jahre später befasste er sich mit der Lektüre von Thomas à Kempis *Imitatio Christi*, einer Einführung in den christlichen Mystizismus, die ihn überzeugte, dass man Gott nicht nur sein Leben, sondern auch sein ganzes Herz hingeben müsse. Nicht lange danach, im Jahr 1729, bestärkte ihn William Laws *Christian Perfection* in der Überzeugung, „mehr denn je von der absoluten Unmöglichkeit, ein halber

---

453 John Wesley, *A Plain Account of Christian Perfection* (London: J. Paramore, 1728) in *The Works of John Wesley*, vol. 11, 158-250.

Christen zu sein".[454] Law war ein begeisterter Anhänger der Theosophie John Pordages (1607-1681) und Jane W. Leades (1624-1704). Im Zentrum der religiösen Ansichten Laws lag die Gewissheit, dass jeder Christ das Gebot Christi wortwörtlich erfüllen müsse, um so vollkommen wie Gott im Himmel zu sein. Diese Verpflichtung zur Sündlosigkeit deutete Law als „die richtige Erfüllung unserer nötigen Pflichten" und „das Beibehalten einer heiligen Stimmung, wie sie in allen Lebenslagen gleichermaßen notwendig und durchführbar ist".[455] Nichts weniger als diesen höchsten Grad der Vollkommenheit würde das Christentum von jedem fordern, der sich als Kind Gottes ansieht, und gleichzeitig akzeptiere Gott nichts Geringeres. Kein Christ könne sich mit weniger zufrieden geben.[456] Möchte man also näher verstehen, worauf sich die Vollkommenheitslehre Wesleys gründete, ist es unerlässlich, sich mit der Tradition des anglikanischen und katholischen Mystizismus auseinanderzusetzen, die sich besonders darin auszeichnete, dass sie nicht nur einen sündlosen Perfektionismus als möglich ansah, sondern auch die Lehre der Vergöttlichung als wichtigste Komponente beinhaltete.

Es ist eindeutig belegbar, dass Jakob Böhmes Ideen William Law beeinflussten: „Obgleich sie [Böhmes Schriften] einen großen Einfluss auf *The Spirit of Love* (1752, 1754) und andere Spätschriften von William Law ausübten, waren sie Grund des Zerwürfnisses zwischen Law und John Wesley, der die Schriften Böhmes als ‚überaus grandiosen Schwachsinn' bezeichnete."[457] Nicht alle pietistischen Bewegungen haben sich dem Einfluss des Mystizismus Böhmes und seiner geistigen Nachkommen selbstbewusst geöffnet. Dennoch geschah es, dass die Theosophie durch die Hinter-

---

454 Ebd., 158f.

455 William Law, *A Practical Treatise upon Christian Perfection* (London: William and John Innys, 1728; London: Longmans, Green and Co., 1901) 1-4, passim.; https://archive.org/details/apracticaltreat01law-goog/page/n24

456 Ebd

457 "Böhme, Jacob," in Ferguson, Wright, Packer, Hss., *New Dictionary of Theology* (Downers Grove, Il.: IVP Academic, 2008) 106.

tür in den Methodismus eindrang. Obwohl die Philadelphia Society zu Lebzeiten der Wesley-Brüder nicht mehr existierte, übte sie weiterhin eine Wirkung auf die religiöse Szene Englands mittels der zahlreichen Schriften ihrer ehemaligen Führungspersönlichkeiten aus.

John Wesley verkündete die Pflicht zur Vollkommenheit erstmals 1733 in einer Predigt in der St. Mary's Church von Oxford. Mit großem Nachdruck legte er dar, dass der Christ nach makelloser Vollkommenheit suchen müsse, die er als das Gebot zur Heiligung definierte. Die Seele eines jeden Gläubigen, der sich von der besonderen Güteklasse der Tugenden Christi überzeugen ließ, könne von jeglicher Sündhaftigkeit frei sein. Im wahrsten Sinne des Wortes sei die Vollkommenheit möglich, wie sie die Heiligkeit des Vaters im Himmel kennzeichne. Im Weiteren deutet Wesley die Art der Vollkommenheit als absolute Liebe zu Gott. Darin stimmte er mit der Definition Augustinus überein. Sie sei tatsächlich so absolut, dass sie die Liebe zu einem Geschöpf völlig ausschließt, solange die Liebe zu diesem nicht gleichzeitig die Liebe zum Schöpfer zum Ausdruck bringe. Man könne davon sprechen, dass Gott neidisch sei, wenn man etwas anderes um seiner selbst willen liebt, ohne den Schöpfer dabei in Betracht zu ziehen.

Nie hat sich Wesley von der allgemeinen Grundhaltung, die er in dieser frühen Predigt aussprach, grundsätzlich entfernt. Doch er gab sich damit noch nicht zufrieden. In der Folgezeit trieb er seine Forderung nach Vollkommenheit auf eine noch höhere Stufe, um anschließend resigniert feststellen zu müssen, dass der überhöhte Maßstab, den er an sein eigenes Leben legte, einem Menschen doch unerreichbar sei. Als die Methodistenkirche 1741 eine Sammlung von Kirchenliedern herausgab, beschrieb er in den Eingangsworten den höchsten Stand der Heiligkeit, so wie er sich dies seit 1728 vorstellte.[458] Blickt man in die Philosophiegeschichte zurück, treten einzig die Stoiker hervor, die je eine ähnlich hohe Ethik vom Menschen gefordert hatten, wie es Wesley an dieser Stelle tat. Im Gegensatz zum englischen Theologen erwarteten die Stoiker ein derartiges

---

458 Wesley, A Plain Account of Christian Perfection, 172-176.

sittliches Verhalten nur von dem idealen Weisen. Wesley war sich jedoch so sicher, dass der Christ mit allem ausgerüstet sei, um vollkommen zu sein, dass er es sogar unterlassen würde, um Linderung von großen Schmerzen zu bitten. Christus befähige alle aufrichtigen Christen, in jeder Situation zu wissen, wie sie sich zu verhalten haben. Deshalb bräuchten sie nie in ihre Seele durch Versuchungen zur Sünde beunruhigt werden.

Angesichts der Vorbehalte, die Wesley anführte, als ihm die Unmöglichkeit einer vollkommenen Lebensweise immer deutlicher bewusst wurde, ist es unangebracht, ihm seine frühen Ansichten über den christlichen Perfektionismus vorzuhalten, die er in einem Anflug jugendlichem Leichtsinn völlig überspitzt formuliert hatte. Dennoch muss festgehalten werden, dass er nie von diesem Ideal, dieser Pflicht zur Heiligung, abließ, selbst wenn er es für unerreichbar hielt. Er strebte danach, bis zum Äußersten zu gehen, was die Umsetzung eines vollkommenen Lebenswandels anbelangte. Sich eingestehen zu müssen, das Ideal letztlich nicht erfüllen zu können, bereitete ihm große innere Qualen. Er konnte sich jedoch nicht der Tatsache verwehren, dass die Sünde eine Realität in seinem Leben blieb. Auf die Frage hin, ob er selbst sündlos sei, gab er zur Antwort, trotz intensivem Bemühen nie die oberste Stufe der Vollkommenheit erreicht zu haben.

Nach Veröffentlichung seines Buches *A Plain Account of Christian Perfection* sah sich Wesley immer wieder aufs Neue genötigt, Missverständnis über seine christliche Perfektionslehre auszuräumen. Im Vorwort einer Neuausgabe der Kirchenlieder widmete er sich dem Thema der Vollkommenheit. Als zentral stellte er den Gedanken heraus, dass der Christ im Diesseits nie frei sei von „Ignoranz, Fehlern, Versuchungen und tausend Gebrechen, die mit Fleisch und Blut notwendig verbunden sind". Gott würde so etwas von ihm auch gar nicht erwarten.[459] Den Antinomisten[460] hielt er jedoch entgegen, dass es keine Voll-

---

459 Ebd., 178f.

460 Vertreter des Antinomismus (Lehre, die die Bindung an das besonders alttestamentliche Sittengesetz leugnet und die menschliche

kommenheit gebe, die die Menschen „über das Gesetz" erhebt. Jeder Christ sei immer noch dazu verpflichtet im Streben nach Vollkommenheit, die Darreichung der Sakramente entgegenzunehmen, ein schlichtes Leben zu führen und unablässig zu beten. Eine schriftgemäße Definition eines perfekten Lebenswandels bedeute nicht, dass der Christ keine Fehler begehe, sondern aus Unwissenheit immer noch gegen den Willen Gottes handeln könne, soweit es die Angelegenheiten betrifft, die das Eigentliche der Erlösung – die Glaubensentscheidung – unberührt lasse.

Perfektionistische Strömungen, wie sie vor allem im Protestantismus des 19. Jahrhunderts wirksam wurden, griffen insbesondere alle Impulse der aus dem Methodismus kommenden Heiligungsbewegung auf. Charakteristisch für Lehre und Frömmigkeitsvollzug ist dabei das Verlangen nach „völliger Heiligung" (entire sanctification) als einem zweiten, der Rechtfertigung bzw. Wiedergeburt folgenden Werk göttlicher Gnade, verbunden mit dem Bestreben, dass sich das kreatürliche Wesen des mit dem Heiligen Geist erfüllten Menschen schrittweise in ein göttliches verändert.

Glaubensfreiheit und die göttliche Gnade betont.)

Kapitel 4

Prophetischer Ausblick auf eine erwartungsvolle Zukunft

4. Prophetischer Ausblick auf eine erwartungsvolle Zukunft

Es gibt es eine stattliche Anzahl von detaillierten Abhandlungen über die verschiedenen Endzeitlehren des christlichen Glaubens. Auffallend ist, dass die Autoren die theologische Komplexität der biblischen Endzeitlehre wertschätzen – das war in der Vergangenheit nicht immer der Fall. Sie bemühen sich redlich, die Lehren über das im Buch der Offenbarung prophezeite Tausendjährige Reich zu analysieren und zu bewerten. Zusammenfassend kann man sagen, dass die meisten Theologen nur in wenigen Punkten der Endzeitlehre übereinstimmen, nämlich: Das Millennium (Tausendjährige Reich) wird eine lange Zeit des Friedens und der weltweiten Erneuerung sein. Christus wird zu einem bestimmten Zeitpunkt wiederkommen, um die Welt zu regieren. Die letzten Tage werden von Gottes Gericht über die heidnischen Völker gekennzeichnet sein. Die Welt wird schlussendlich zerstört werden. Uneinigkeit besteht über die Reihenfolge, in der diese Ereignisse stattfinden werden. Drei verschiedene Lehren kristallisieren sich heraus:

Der Prämillennialismus geht von folgenden Grundgedanken aus: Christus wird zu Beginn des Millenniums wiederkommen, um sein irdisches Königreich zu errichten, das exakt eintausend Jahre dauern wird. Seiner Wiederkunft wird eine fast völlige Zerstörung der Welt vorausgehen, erst danach zur Zeit der Regentschaft Christi in Jerusalem, werden jene paradiesischen Zuständen auf der Erde herrschen, die in vielen alttestamentlichen Verheißungen erwähnt, aber noch nicht geschehen sind.

Der Postmillennialismus gibt folgende Überlegungen zu bedenken: Christus wird während oder nach einer langen, zeitlich nicht festgelegten Periode der weltweiten Erneuerung wiederkommen. Ein etappenweise eingeführter Weltfriede wird das Zusammenleben der Völker kennzeichnen, die sich schon vor der Wiederkunft Christi einer nahezu vollkommenen Gesellschaft erfreuen; vom Geist Gottes wiedergeborene Menschen, und noch wichtiger christianisierte Nationen, werden unversehrt in das Reich Gottes eingeführt werden. Es wird aber ein am Ende der Zeit stattfindendes Gericht Gottes für Ungläubige geben.

Der Amillennialismus geht davon aus, dass es kein wortwörtliches Millennium gibt. Die Ära des Neuen Bundes ist die entscheidende Epoche in der Heilsgeschichte. Die Verheißungen Gottes an das alttestamentliche Volk Israel werden sich oftmals im übertragenen, bildlichen Sinne – manchmal auch im „geistlichen" Sinne genannt – in der christlichen Gemeinde erfüllen. Nach der Wiederkunft von Jesus Christus und dem anschließenden Weltgericht folgt unmittelbar die Zerstörung und Neuschöpfung der Erde und die Ewigkeit im himmlischen Jerusalem.

Der Postmillennialismus war einer der bedeutendsten Vermächtnisse der radikalen Reformatoren des 16. Jahrhunderts als auch der pansophischen Millennialisten des 17. Jahrhunderts, die ein weltweites Gelehrten- und Friedensreich anstrebten. Im Laufe der Zeit führte diese Endzeitlehre zu einer Vermischung von säkularer und sakraler Geschichte. Postmillennialisten gaben sich nicht damit zufrieden, passiv auf den Untergang der Welt zu warten und darauf zu hoffen, dass Gott um ihrer Bewahrung willen intervenieren und das Schlimmste verhindern würde. Ihr oberstes Anliegen war vielmehr, an dem großartigen Projekt der Vervollkommnung des Menschen und seiner Umgebung tatkräftig Hand anzulegen, indem sie versuchten, dieses Ideal so gut wie möglich zu erfüllen. Sie setzten ihren ganzen Ehrgeiz darauf, das Königreich Gottes in dieser Welt im Befolgen religiöser Bestimmungen und unter Verwendung technologischer Errungenschaften Stück für Stück zu realisieren. Gerechtigkeit, Frieden und Liebe würden schlussendlich über allem regieren. Im Gegensatz zum Prämillennialismus, der von der Vorstellung geleitet wird, dass eine weltweite Katastrophe der Wiederkunft Christi vorausgeht, hielt der Postmillennialismus an der Hoffnung fest, die Welt unter dem Einfluss des Geistes Christi einer allmählichen Erneuerung entgegenführen zu können. Der Mensch besitze die notwendige Veranlagung und Genialität, um den Himmel auf Erden zu schaffen, die unmittelbare Gegenwart Christi als Weltenherrscher sei unnötig.

Der in Neuengland vorherrschende Kongregationalismus[1] des 18. Jahrhundert enthielt seine wichtigsten ideologischen Impulse vom Postmillennialismus der Puritaner. Die Puritaner verfolgten eine radikale Reform der anglikanischen Kirche und wurden ab dem frühen 17. Jahrhundert in England verfolgt, weshalb viele nach Nordamerika ausgewandert sind. Der sich aus dem puritanischen Postmillennialismus entwickelnde utopische Enthusiasmus trug in den Freiheitskämpfen der Amerikanischen Revolution reiche Früchte. Nach erfolgreichem Abschluss des Unabhängigkeitskriegs setzte sich der messianische Reformgedanke des postmillennialistischen Puritanismus in den 1830er-Jahren die Befreiung der Sklaven zum obersten Ziel. Seit Beginn der Ersten Großen Erweckung (1739-1743) in den USA waren geistliche Erweckung und politische Reform wechselseitige Erscheinungen, die sich gegenseitig mit zunehmender Intensität befruchteten.

Während der ersten drei Quartale des 19. Jahrhunderts stellte der Postmillennialismus die allgemein akzeptierte Lehre der Endzeit unter den amerikanischen Protestanten dar, die den theologischen Grundethos der populären Zeitschriften der Kirchen und der akademischen Publikationen der theologischen Seminare bestimmte; diese Lehre forderte die Loyalität der führenden Pastoren und Theologen. Der Enthusiasmus einer Generation protestantischer Meinungsmacher, die auf die bevorstehende Verwirklichung der millennialistischen Visionen hofften und die allen Pessimismus zur Seite schoben, erreichte seinen Höhepunkt in der fünften Dekade des 19. Jahrhunderts.

Der Prämillennialismus stand zwar nie ohne Befürworter da, übte aber fast keinen gesellschaftlichen

---

1 Der Kongregationalismus ist eine Form der christlichen Gemeindeverfassung, in der die Autonomie der einzelnen Kirchengemeinden oberste Priorität hat. Nach diesem System sind die Täuferbewegung, die Pfingstbewegung, die Baptistengemeinden und die eigentlichen kongregationalistischen Kirchen organisiert. Kongregationalistische Gemeindeverfassungen müssen vom Presbyterianismus unterschieden werden, in dem die Gemeinde von Ältesten unter der Aufsicht einer meist nationalen Vorstandsversammlung (Synode) geführt wird, und vom Episkopalismus, wo dies durch ein hierarchisches Bischofssystem geschieht. https://de.wikipedia.org/wiki/Kongregationalismus

Einfluss aus. Die Anhänger William Millers (1782-1849), der das Ende der Welt in den Jahren 1843 oder 1844 vorausgesagt hatte, standen als irregeleitete Enthusiasten da, als die Prophezeiungen nicht eintrafen. Andere Christen hüteten sich vor einer überschwänglichen Endzeithysterie und wurden als Befürworter der dispensationalistischen Lehre des Engländers John Nelson Darby (1800-1882), einem führenden Theologen der Plymouth Brethren (Brüderbewegung)[2], bekannt. Es gab jedoch auch solche Prämillennialisten, die mit manchen Aspekten der darbistischen Theologie (Dispensationalismus)[3] nicht einverstanden waren und direkten Bezug auf den Prämillennialismus des apostolischen und nachapostolischen Zeitalters nahmen. Sie bezeichneten ihre eschatologische Position in Bezug auf das Tausendjährige Reich als historischer Prämillennialismus. Obgleich der Prämillennialismus, mehrheitlich in der Form des Dispensationalismus, allmählich einflussreiche Kirchen und Seminare durchdrang, forderte er die Vormachtstellung des Postmillennialismus erst gegen Ende des 19. Jahrhunderts über weite Strecken der kirchlichen Landschaft Amerikas heraus.

---

2 Die Brüderbewegung ist eine im 19. Jahrhundert entstandene freikirchliche Bewegung, deren örtliche Gemeinden grundsätzlich selbständig, aber in Lehre und Praxis eng miteinander verbunden sind. Der Ursprung der Brüderbewegung liegt in irischen Hauskreisen, die in den 1820er Jahren in Erwartung der Wiederkunft Jesu zu Bibelstudium und Abendmahl zusammenkamen. Sie wollten dies unabhängig von jeder Kirche und Denomination tun, betonten die Einheit aller Christen, trennten sich aber später in verschiedene Richtungen. https://de.wikipedia.org/wiki/Brüderbewegung

3 John Nelson Darby (1800-1882) sah die Bibel in verschiedene heilsgeschichtliche Epochen, die sogenannten „Haushaltungen" (engl. dispensations), aufgeteilt. Seiner Ansicht nach müssen Bibeltexte im Zusammenhang dieser Epochen gelesen werden. Besonders wichtig ist die strikte Trennung zwischen Israel (dem irdischen Volk Gottes mit irdischen Verheißungen und einer irdischen Zukunft) und der Gemeinde (dem himmlischen Volk Gottes mit himmlischen Verheißungen und einer himmlischen Zukunft). Dieses theologisch-hermeneutische Modell wurde als Dispensationalismus vor allem im amerikanischen Protestantismus weit über die Brüderbewegung hinaus bekannt und bildet u. a. die Grundlage der Scofield-Bibel. https://de.wikipedia.org/wiki/John_Nelson_Darby

4.1. Millennialistische Vision einer vollkommenen Gesellschaft

4.1.1. Zukünftige Herrlichkeit der Kirche auf Erden

Millennialismus im England des 16. und 17. Jahrhunderts war ein viel diskutiertes und kompliziertes Thema. Es nahm radikale, populistische Züge an, wenn es von Leuten, wie John Foxe (1517-1587) und den Männern der Fünften Monarchie (Quintomonarchisten), propagiert wurde. Eine weitere Version kursierte in den Universitäten, wo sich Theologen den Zukunftsprophetien in den Büchern Daniel und Offenbarung zuwandten, um das Datum der Endzeit zu bestimmen. Ihrer Meinung nach liegt der gesamte Verlauf der Weltgeschichte symbolisch in prophetischen Texten der Bibel verborgen und muss nur von geisterfüllten Interpreten entschlüsselt werden. Die wichtigsten millennialistischen Werke dieser Zeitperiode waren unter anderem die folgenden: Johann Valentin Andreaes *Reipublicae Christianopolitanae descriptio*[4] (1619) beschreibt eine Utopie, die sich hauptsächlich auf der Darstellung des neuen Jerusalems in Offenbarung 21 stützte. In *Diatribe De Milleannis Apocalyticis, non illis Chiliastarum & Phantastarum sed BB. Daniels & Johannis*[5] (1627) sprach sich Johann Heinrich Alsted (1588-1638) dafür aus, dass die protestantische Reformation die wahre Reformation der Zukunft vorweggenommen habe, die angeblich 1694 mit dem Beginn des Millenniums Wirklichkeit werden würde. Ein Großteil des Textes befasste sich mit der Berechnung von Zahlen in den Büchern Daniel und Offenbarung.

---

4 Johann Valentin Andreae, *Reipublicae Christianopolitanae descriptio* (Argentorati [Straßburg; Strasbourg]: Sumptibus haeredum Lazari Zetzneri, 1619); https://archive.org/details/reipublicaechris00andr/page/n2

5 Johann Heinrich Alsted, *Diatribe De Milleannis Apocalyticis, non illis Chiliastarum & Phantastarum sed BB. Daniels & Johannis* (Frankfurt am Main: Conradi Eifriti, [1627] 1630; engl. Übersetzung, 1642).

George Hakewills Werk *An Apologie of the Power and Providence of God in the Government of the World*[6] (1627) unterlies es, sich der vergeblichen Mühe zuzuwenden, das Endzeitdatum herauszufinden. Es konzentrierte sich vielmehr auf die Beschreibung des im Text deutlich prophezeiten Erscheinens eines goldenen Zeitalters. Wie in vielen anderen Schriften jener Zeit identifizierte es den Papst als Antichrist und meinte, dass die Bekehrung der Juden ein Zeichen der baldigen Wiederkunft Christi sei. John Bookers *A bloody Almanack* (1643)[7] sollte ebenfalls erwähnt werden, da es sich auf die Bücher Daniel und Offenbarung beruft. Der Autor befasste sich jedoch kaum mit der Auslegung des Textes, sondern wandte sich dem Thema der Astrologie zu.

Nicolas Fatio de Duillier[8] (1664-1753) übermittelt uns einen ausgezeichneten Eindruck über die Stimmungslage in England im ausgehenden 17. Jahrhundert, als skurrile Endzeitprophetien die Bevölkerung in den erregten Zustand hoher Erwartungen versetzte. Fatio de Duillier war ein französischer Hugenotte, der in London als Wissenschaftler im Exil wirkte. Nach Jahren der intensiven Beschäftigung mit dem Mystizismus stellte er sich gegen die rationalistische Begründung der mechanistischen Naturwissenschaft. Der Schotte John Napier sprach sich für die Erfüllung der

---

6 George Hakewill, *An Apologie of the Power and Providence of God in the Government of the World. Or an examination and censure of the common errour touching natures perpetuall and universall decay, divided into foure bookes* (Oxford: Printed by John Lichfield and William Turner, 1627); https://archive.org/details/b30326783/page/n4

7 John Booker, *A bloody Almanack: To which England is directed by J. Booker, being a perfect abstract of the prophecies proved out of Scripture by Napier, Lord of Marchistoun* (London: Printed for Anthony Vincent, 1643); nicht zu verwechseln mit John Booker, *A bloody Irish almanack: or, Rebellious and bloody Ireland, discovered in some notes extracted out of an Almanack, printed at Waterford in Ireland for this yeare 1646* (London: John Partridge, 1646).

8 Nicolas Fatio de Duillier war ein bedeutender Genfer Mathematiker im ausgehenden 17. Jahrhundert und wurde durch seine Arbeiten über das Zodiakallicht, seine Rolle im Prioritätsstreit zwischen Isaac Newton und Gottfried Wilhelm Leibniz, und durch seine später als Le-Sage-Gravitation bezeichnete Gravitationstheorie bekannt. https://de.wikipedia.org/wiki/Nicolas_Fatio_de_Duillier

biblischen Prophetie als ein sich in der Zukunft ereignendes, beobachtbares Phänomen aus.

Ein weiteres Beispiel millennialistischer Gelehrsamkeit ist Thomas Brightmans ursprünglich in Latein abgefasste Schrift *Apocalypsis Apocalypseos* (Frankfurt, 1609).[9] Sechs Jahre später erschien eine englische Übersetzung mit dem Titel *A Revelation of the Revelation*[10] von ungefähr 1000 Seiten in Amsterdam. Die Absicht des Autors bestand darin, eine protestantische Antwort auf die futuristische Interpretation zu geben, die Francis Ribera (1537-1591), ein römisch-katholischer Gelehrte von Salamanca, vorgelegt hatte. Innerhalb von 40 Jahren durchlief Brightmans Buch mindestens sechs Ausgaben; eine Tatsache, die auf die Beliebtheit dieses Buches hindeutete. Jedenfalls übte es einen großen Einfluss auf die Puritaner aus. Zusätzlich schrieb er einen Kommentar über das prophetische Buch Daniel, welches ebenfalls ein äußerst positives Echo unter den englischen Theologen hervorrief. Der Auslegung der Johannes-Offenbarung stellte der Autor einen Brief an die „Heiligen Reformierten Kirchen von Britannien, Deutschland und Frankreich" voran, indem Folgendes zu lesen war:

> Hört eine Zeit lang aufmerksam zu und empfangt aus dieser Prophetie nicht einige unklare Zeichen, sondern die deutlichsten Zeichen, dass euer Ehemann im Begriff steht, sich zu erheben, um sich eures Leids anzunehmen [...] und dass ihr euch umso mehr freut, indem ihr die Benachrichtigungen über die endgültige Zerstörung der Türken vernehmt, nachdem Rom zu Fall gekommen ist [...] und sollte dennoch etwas an der großen Fülle der Freude fehlen, möget ihr jetzt wissen, dass die

---

9 Brightman schrieb das Werk zwischen 1596 und 1610. S. dazu: K. Firth, *The Apocalyptic Tradition in Reformation Britain, 1520-1645* (Oxford: Oxford University Press, [1978] 1979) 166.

10 Thomas Brightman, *A Revelation of the Revelation that is, The Revelation of St. John opened clearly with a logicall Resolution and Exposition. Wherein The Sence is cleared, out of the scripture, the euent also thinges foretold is Discussed out of the Church-Historyes* (Amsterdam: [publisher not identified], 1615; Amsterdam: Printed by Thomas Stafford, [1644] 1664).

Berufung der Juden, eine christliche Nation zu sein, mit diesen Geschehnissen einhergeht. Damit wird sich von nun an bis zum Ende der Welt eine höchst glückliche Friedenszeit einstellen.[11]

In seinem ebenfalls 1615 veröffentlichten Werk *Shall They Return to Jerusalem Again?* (Werden sie wieder nach Jerusalem zurückkehren?) äußerte Brightman als einer der ersten Christen erneut die Meinung, dass die Juden wieder ins Land der Verheißung zurückkehren werden: „Es gibt nichts, was sicherer wäre: die Propheten bestätigen dies überall und bestehen darauf."[12]

Thomas Brightman (1562-1607) war ein Absolvent des Queens' College in Cambridge und anglikanischer Rektor von Hawnes in Bedfordshire. Sein Buch über die Johannes-Offenbarung gehört zu den Klassikern der englischen Literatur über den Millennialismus.[13] Darin schlug er eine Periodisierung der Geschichte vor, die angeblich auf den Aussagen einer biblischen Prophetie beruhte. Die Briefe an die sieben Gemeinden in Kleinasien in Kapitel 2 bis 3 symbolisierten demnach unterschiedliche Zeitepochen der Kirchengeschichte. Der Brief an die Gemeinde in Ephesus beschreibe den Zustand der Kirche von der apostolischen Ära bis zur Zeit Konstantins, der an die Gemeinde in Smyrna von zirka 313 bis 380 n.Chr., der an die Gemeinde in

---

11 Ebd., A2.

12 *"Brightman, Thomas", Sir Stephen Leslie, Dictionary of National Biography* (London: Smith, Elder & Co. 1885-1900) vol. 6, 339; http://archive.org/details/dictionaryofnati06stepuoft; s. dazu: Andrew Crome, *The Restoration of the Jews: Early Modern Hermeneutics, Eschatology, and National Identity in the Works of Thomas Brightman* (Cham: Springer International Publishing, 2014).

13 S. dazu: C. A. Patrides & Joseph Wittreich, Hss., *The Apocalyse in English Renaissance Thought and Literature* (Manchester: Manchester University Press, 1984); B. S. Capp, *The Fifth-Monarchy Men: A Study in Seventeenth-Century English Millennarianism* (London: Faber, 1972); Rob Iliffe, "'Making a Shew': Apocalyptic Hermeneutics and the Sociology of Christian Idolatry in the work of Isaac Newton and Henry More," in James E. Force & Richard H. Popkin, Hss., *The Books of Nature and Scripture* (Berlin: Springer Science & Business Media, 1994) 55-88; Louise Fargo Brown, *The Political Activities of the Baptists and the Fifth-Monarchy Men* (New York City, NY: B. Franklin, [1911] 1964).

Pergamon von 380 bis 1300, und der an die Gemeinde in Thyatira von 1300 bis 1520. Der Brief an die Gemeinde in Sardes sei eine Prophetie über die lutherischen Kirchen und der an die Gemeinde in Philadelphia eine Vorhersage über die calvinistischen Kirchen. Der letzte Brief an die Gemeinden in Laodizea charakterisiere die Kirche von England, die weder heiß noch kalt war.

Die Öffnung der Siegel in Kapitel 6 und das Erklingen der sieben Posaunen in Kapitel 8 bezögen sich auf konkrete Geschichtsereignisse zwischen dem ersten Pfingsttag und dem Jahr 1696. Die sechste Posaune deute beispielsweise auf die Erstarkung der politischen Macht der osmanischen Türken im Jahr 1300 hin. Die türkische Waffenausrüstung beschreibe der Apostel Johannes in den Begriffen von Feuer, Rauch und Schwefel (Offb. 9,13-21). Auf Grundlage der Theorie, dass ein prophetischer Tag einem buchstäblichen Jahr entspricht, interpretierte Brightman Offb. 9,15 dahingehend, dass die Macht der Türken bis 1696 andauern würde. Die zwei Tiere in Kapitel 13 deutete der Autor als zwei Phasen des Papsttums, wobei die erste mit dem Auftreten Karls des Großen (742-814) endete und die zweite mit seinem Tod begann. Das katholische Rom sei das vierte Tier in Daniel 7. Im Ausgießen der sieben Zornesschalen über dem Papsttum, wie es in Offb. 16 plastisch dargestellt wird, vollziehe Gott das Gericht. Die ersten drei Zornesschalen hätten bereits ihre Erfüllung in Königin Elisabeths Ausweisung der Katholiken aus der Kirche von England stattgefunden, in Martin Chemnitius'[14] Widerlegung der Lehren des Konzils von Trient (*Examen Concilii Trindentini*) und William Cecils Gesetze gegen die Jesuiten in England. Die Ausgießung der letzten vier Zornesschalen stehe noch bevor. Anscheinend hat Brightman keine Mühe vorherzusagen, was damit konkret gemeint sein konnte.

Die vierte Zornesschale (Offb. 16,8) beziehe sich auf den Triumph der reformierten Schriftauslegung im Disput mit der Römisch-Katholischen Kirche; die fünfte kennzeichne die Zerstörung von Rom und des römisch-

---

14 Gemeint war der lutherische Theologe Martin Chemnitz (1522-1588).

katholischen Systems; die sechste bedeute die Bekehrung der Juden und ihre anschließende Rückführung nach Palästina; und die siebte kündigte die Vernichtung der Feinde des Volkes Gottes, zum Beispiel die Türken, an.

Es mag aufschlussreich sein, sich etwas näher mit Brightmans Interpretation der sechsten Zornesschale zu befassen. Der Apostel Johannes habe die Juden als „die Könige des Ostens" bezeichnet. In seiner Bemerkung über Offb. 16,12 schrieb Brightman Folgendes:

> Der Heilige Geist gibt den Juden diesen großartigen Namen, weil es für sie eine ehrenhafte Sache ist, in solch einzigartiger Weise zu dieser Wahrheit wieder zurückzukehren, für die sie zuvor wie tot gewesen sind. Und sie sollten diese Wahrheit mit großer Gottesfurcht, Heiligkeit und achtungsvoller Würdigung lieben und ehren, weil ihre ungläubigen und widerspenstigen Herzen unterworfen und besänftigt worden sind. Dies geschah nach so vielen Zeitaltern der unablässigen Aufsässigkeit, die diese Nation an den Tag gelegt hatte. Und darüber hinaus wird ihnen der gesamte Osten gehorsam und untergeben sein, damit dieses Volk nicht zu Unrecht „Könige" genannt wird.[15]

Die Rückkehr der Juden nach Palästina führe nicht dazu, dass der alttestamentliche Kultus neu belebt werde, sondern es komme „zu einer reinen und aufrichtigen Anbetung von Jesus Christus entsprechend seines Willens und Gebotes".[16]

In seiner Auslegung des Kapitels 20 tritt die Tatsache besonders deutlich ins Licht, dass Brightman die Erwähnung der tausend Jahre in Vers 2 als ein buchstäbliches Millennium auffasste, das mit der Regierungszeit Konstantins 306 n.Chr.[17] begonnen und bis ungefähr 1300 n.Chr. gedauert habe. In dieser Zeitperiode sei Satan in Fesseln gelegt gewesen. Dies habe zur Folge gehabt, dass er sich nicht der römischen Kaiser bedienen konnte, um die

---

15 Brightman, *A Revelation of the Revelation*, 643.

16 Ebd.

17 Kaiser Konstantin regierte ab 324 als Alleinherrscher.

Christen zu verfolgen. Die auf eine kurze Zeit beschränkte Freilassung Satans (Vers 3) beziehe sich auf die türkische Invasion in Europa, die zur Zerstörung mancher Kirchen im frühen 14. Jahrhundert geführt hatte. Die erste Auferstehung (Vers 5) symbolisierte die Wiederentdeckung der wahren biblischen Lehre unmittelbar nach der türkischen Invasion; im Besonderen erwähnt Brightman namentlich bestimmte frühe Reformatoren, wie John Wycliffe[18], Marsilius von Padua[19] und Johann von Jandun[20]. Die zweite Zeitperiode von 1000 Jahre (Vers 5) habe ihren Anfang mit dem Ende der ersten genommen, nämlich im Jahr 1300 n.Chr. Demnach reiche sie bis zum Jahr 2300. Während dieses

---

18 John Wyclif, genannt Doctor evangelicus (1330-1384), war ein englischer Philosoph, Theologe und Kirchenreformer. In seinem Hauptwerk, dem Trialogus, lehrte Wyclif pantheistischen Realismus, Determinismus und die doppelte Prädestination (determinatio gemina). Er lehrte: „Alles ist Gott; jedes Wesen ist überall, da jedes Wesen Gott ist." und „Alles, was geschieht, geschieht mit absoluter Notwendigkeit, auch das Böse geschieht mit Notwendigkeit, und Gottes Freiheit besteht darin, daß er das Notwendige will." Er missbilligte folglich Bilder-, Heiligen-, Reliquienverehrung und den Priesterzölibat, verwarf aufgrund seines Realismus die Transsubstantiationslehre und die Ohrenbeichte. Von ihm ausgebildete rötlich gekleidete Reiseprediger („arme Priester" genannt) verbreiteten Grundsätze im Volk, die an protestantische Lehren 150 Jahre später erinnern. Seine Lehren fanden in großen Teilen der Bevölkerung Zustimmung und beeinflussten maßgeblich den Aufstand der englischen Bauern von 1381. Im Jahr 1412, am Ende der Verfolgung durch den englischen König, wurden 267 Sentenzen von Wyclif in London als häretisch verurteilt. Drei Jahre später bestimmte das Konzil von Konstanz, alle Schriften Wyclifs zu verbrennen, und erklärte ihn 30 Jahre nach seinem Tod am 4. Mai 1415 zum Ketzer, verdammte weitere 45 Sentenzen von ihm und befahl, seine Gebeine auszugraben und zu verbrennen, was dreizehn Jahre später, 1428, durch Bischof Richard Fleming von Lincoln tatsächlich geschah. https://de.wikipedia.org/wiki/John_Wyclif

19 Marsilius von Padua (italienisch Marsilio da Padova, ursprünglich Marsiglio de' Mainardini, mittellateinisch latinisiert Marsilius Paduanus; um 1285/1290-1342/1343) war ein italienischer Staatstheoretiker, Politiker und Publizist. Marsilius studierte aristotelische Philosophie, Medizin und Theologie an der Pariser Universität, an der er anschließend eine Lehrtätigkeit aufnahm. https://de.wikipedia.org/wiki/Marsilius_von_Padua

20 Johann von Jandun (um 1280/1290-1328) war ein averroistischer Philosoph, Theologe und politischer Theoretiker. Johann gilt als einer der wichtigsten Aristoteliker des 14. Jahrhunderts. https://de.wikipedia.org/wiki/Johann_von_Jandun

zweiten Millenniums würde der Einfluss der biblischen Wahrheit über die ganze Erde hinweg zunehmen. Zuversichtlich erwartete er den Zusammenbruch des Papsttums und seiner Macht über Europa. Die Bekehrung der Juden stelle sich danach ein. Das Reich der Türken (Gog und Magog) falle in sich zusammen. Kurz vor dem Ende des Millenniums erfreue sich die Kirche einer überaus vorzüglichen Existenz. Brightman meinte, dass diese Epoche der endzeitlichen Herrlichkeit der Kirche auf Erden, die in Offenbarung 21 beschrieben wird, nahe bevorstehen würde. Deshalb konnte er schreiben, dass die Christen begierig auf die völlige Zerstörung des Antichristen in Rom und der Türken warten würden. Jesus Christus komme dann für alle Menschen sichtbar zur Erde zurück, um die Toten aufzuwecken und das Letzte Gericht zu halten. Brightman zufolge bedeutete die Auferstehung der Toten in Vers 12 die Wiederherstellung der jüdischen Nation. Obgleich er die Bekehrung der Juden vor der Zerstörung von Gog und Magog (Türken) erwartete, scheint er dennoch angenommen zu haben, dass die Rückführung der Juden nach Palästina erst nach dem Untergang des Osmanischen Reiches möglich sei. Jerusalem werde das religiöse Zentrum der ganzen Welt werden, wo Jesus Christus inmitten seiner glorreichen Kirche regiert. Es gebe dann keine Tränen und kein Leid mehr, sondern nur noch Friede und Glückseligkeit. In jener zukünftigen Zeit würden die Heiligen eine enge Gemeinschaft mit Christus pflegen und beten „komm, Herr Jesus" (Offb. 22,20).

Brightmans Interpretation von Offenbarung 20 wirft eine Reihe von Fragen auf. Bei näherer Betrachtung des biblischen Textes stellt man fest, dass eigentlich nur ein einziges Millennium gemeint sein kann, sofern man von einem buchstäblichen Tausendjährigen Reich ausgeht. Außerdem beziehen sich die Verse 11 bis 15 auf das Letzte Gericht, nicht auf die Rückführung der jüdischen Nation nach Palästina. Die minderwertige Qualität der Auslegung, die der Autor vorlegte, verhinderte jedoch nicht die weite Verbreitung dieses Kommentars und seine einflussreiche Folgegeschichte im Ausgestalten des Postmillennialismus.

Liest man beispielsweise John Cottons[21] drei Predigtbücher über die Offenbarung aufmerksam durch, die zwischen 1642 und 1645 veröffentlicht worden waren, ist es unmöglich, sich des Eindrucks zu verwehren, dass sich der puritanische Prediger hauptsächlich auf Brightmans Kommentar verlassen hatte. Die von John Owen verkündigten Predigten vor dem englischen Parlament in den Jahren 1648 bis 1652 zeugen ebenfalls von einer deutlichen Bezugnahme auf die eschatologischen Vorstellungen Brightmans. Das Anziehende an dieser revidierten Eschatologie des Augustinus war die vermeintliche Tatsache, dass sie neben der Bewahrung der besten Erkenntnisse der alten Sicht eine herrliche Hoffnung für die Zukunft vermittelte, ohne dabei den Gedanken eines buchstäblichen Tausendjährigen Reiches entsprechend einer prämillennialistischen Interpretation herauszustellen, der angeblich den „wilden Spekulationen" der Anabaptisten (Wiedertäufer) zugrunde lag. Thomas Brightman gilt neben Joseph Mede als wichtigster „Revisionist" der gängigen Eschatologie innerhalb der Anglikanischen Kirche, die damals hauptsächlich auf John Foxes Meinung[22], die Engländer seien Gottes auserwähltes Volk, basierte.[23]

Joseph Mede[24] (1586-1638) revolutionierte die Bibelauslegung eschatologischer Texte des Neuen Testaments durch die Veröffentlichung seines Kommentars über die Johannes-Offenbarung. Die Regenten des Christ's College, Cambridge, übertrugen ihm eine Professur, nachdem sie den tiefsinnigen Intellekt ihres ehemaligen Studenten und Fellows (Stipendiat) erkannt hatten. Viele berühmte Persönlichkeiten, wie Henry More, Isaac Barrow (Newtons Lehrer)

---

21 John Cotton (1585-1652) war ein englischer Geistlicher, Theologe und einer der führenden Köpfe der ersten Puritanergeneration in Neuengland. https://de.wikipedia.org/wiki/John_Cotton

22 Firth interpretiert Foxes Aussage über die besondere Stellung der englischen Nation vor Gott dahingehend, dass er eher von einer Hoffnung als einer Überzeugung sprach. Firth, *The Apocalyptic Tradition*, 168.

23 S. dazu: William M. Lamont, *Richard Baxter and the Millennium* (Kent: Croom Helm, 1979) 14.

24 Auch: Joseph Meade, Joseph Mead

und John Morton schätzten sich glücklich, ihn als Tutor gehabt zu haben.

Als Mede sein Studium an der Cambridge University 1602 oder 1603 begann, war er über den dort kursierenden Skeptizismus beunruhigt und nannte ihn „diese stets Mühe verursachende und nie Ruhe gebende Krankheit der antiken Schule der pyrrhonischen Skepsis[25]".[26] Im Zimmer eines anderen Studenten hatte er eine Ausgabe der Schriften Sextus Empiricus'[27] entdeckt. Nachdem er sie durchgelesen hatte, begann er, alles zu hinterfragen. Es befiel ihn sogar der Zweifel, ob irgendetwas von den Gegenständen, die er mit seinen Sinnen wahrnahm, tatsächlich existiert: „War nicht der konzeptionelle Bezugsrahmen, in dem sich alle Dinge befinden, so wie sie uns erscheinen, lediglich eine Sinnestäuschung oder Einbildung?"[28] Die die Seele aufwühlenden Gedanken Pyrrhos[29], dass dem Menschen der Zugang zur

---

25 Pyrrhonismus ist die Bezeichnung für eine historische Variante des Skeptizismus, die auf den antiken griechischen Philosophen Pyrrhon von Elis (ca. 362 v.Chr.-275/270 v.Chr.) zurückgeht. Der Pyrrhonismus, auch „pyrrhonische Skepsis" genannt, ist die älteste in Europa entstandene Form des Skeptizismus. https://de.wikipedia.org/wiki/Pyrrhonismus

26 John Worthington, „The Life of the Reverend and most learned Joseph Mede," in John Worthington, Hrsg., *The Works of the Pious and Profoundly-Learned Joseph Mede, B.D., sometime fellow of Christ's Colledge in Cambridge* (London: Printed by James Flesher for Richard Royston, 1664) iii.

27 Sextus Empiricus ist der letzte uns greifbare Vertreter der skeptischen Schultradition. Die von ihm erhaltenen Schriften sind neben den platonischen und aristotelischen die umfangreichsten originalen Quellen der griechischen Philosophie. Er hinterließ 14 Bücher über die Skepsis. https://de.wikipedia.org/wiki/Sextus_Empiricus

28 Worthington, "Life of Mede," in Worthington, Hrsg., *The Works of the Pious and Profoundly-Learned Joseph Mede*, iii.

29 Pyrrhon von Elis (altgriechisch Πύρρων Pýrrhōn; um 362 v.Chr. – um 270-275 v.Chr.) war ein antiker griechischer Philosoph. Er war der Stifter der älteren skeptischen Schule. Die nach ihm benannte „pyrrhonische Skepsis", eine der zwei Hauptrichtungen des antiken Skeptizismus, wird seit Montaigne und Pascal Pyrrhonismus genannt. Die Lehre war bis mindestens Ende des 2. Jahrhunderts n.Chr. lebendig; die jüngere, „akademische Skepsis", die im 3. Jahrhundert v.Chr. durch Arkesilaos in der Platonischen Akademie aufkam und von Karneades weitergeführt wurde, erwies sich als weniger langlebig. Pyrrhon steht in der Ethik auf der Seite der rigorosen älteren Stoiker, die nur die Tugend selbst als gut

Wahrheit für immer verschossen bleibe, machte zunächst einen gewaltigen Eindruck auf Medes innere Verfassung. Zum Glück gelang es Mede, „schnell einen Weg aus diesen mühseligen Labyrinthen zu finden".[30] Anschließend etablierte er sich als scharfsinniger Logiker, intelligenter Philosoph, lehrreicher Mathematiker, exzellenter Anatom, großer Philologe, Linguist und Historiker. Ein besonders ergiebiges Gebiet seiner Forschungen war die Astrologie.[31] Schließlich überwand er die letzten Überreste seines inneren Skeptizismus, als er sich eingehend mit der Auslegung der Johannes-Offenbarung befasste.

In seinem 1627 privat veröffentlichten Werk *Clavis Apocalyptica*[32] (Schlüssel zur Johannes-Offenbarung) machte Joseph Mede den Glauben an das Tausendjährige Reich einer breiten Öffentlichkeit zugänglich als eine Epoche von überschwänglicher Glückseligkeit der auf dieser Erde lebenden Menschheit. Seinen großen Einfluss auf die theologische Gelehrtenwelt übte Mede durch die systematische Analyse der Symbole im Buch der Offenbarung aus, die er einem chronologischen Plan angepasst hatte. Die über tausend Jahre nahezu völlig in Vergessenheit geratene Vorstellung, dass dieses Reich in der Zukunft als Höhepunkt der Menschheitsgeschichte erscheinen werde, besaß eine

---

anerkennen. In der Neuzeit wird Pyrrhons Name oft als ein Symbol für den Zweifel (griech. skepsis) schlechthin gebraucht. Insbesondere durch Diogenes Laertius sind eine Reihe von Anekdoten überliefert, die Pyrrhons Art des Denkens zu veranschaulichen suchen. Von Diogenes Laertius liegt daneben eine recht ausführliche Lebensbeschreibung Pyrrhons vor. https://de.wikipedia.org/wiki/Pyrrhon_von_Elis

30 Worthington, "Life of Mede," in Worthington, Hrsg., *The Works of the Pious and Profoundly-Learned Joseph Mede*, iii.

31 Ebd., iii-iv.

32 Joseph Mede, *Clavis Apocalyptica ... una cum commentario in Apocalypsin: quibus accessit hac tertia editione conjectura de Gogo et Magogo, ab eodem autore* (Cantabrigiae: R. Daniel, 1627); *The Key to Revelation, searched and demonstrated out of the Natural and proper Characters of the Vision*, übers. v. Richard More (London: By J. L. for Phil. Stephens, 1643); R. Bransby Cooper, *A translation of Mede's Clavis apocalyptica* (London: Printed for J. G. & F. Rivington, 1833); https://archive.org/details/atranslationmed00medegoog/page/n5; s. dazu: Jeffrey K. Jue, *Heaven Upon Earth. Joseph Mede (1586-1638) and the Legacy of Millenarianism* (Dortrecht: Springer, 2006).

gewisse Übereinstimmung mit den optimistischen Zukunfts-
aussichten von Jean Bodin (1530-1596) und George Hakewill
(1578/1579-1649), die jedoch von einem zyklischen
Geschichtsverlauf ausgingen. Der gesamte Geschichtsverlauf, so schien es, schritt einem positiven Ziel entgegen.
Medes neue Lehre des Millennialismus ging zwar von einem
buchstäblichen Tausendjährigen Reich in der Zukunft aus,
verwarf jedoch die Vorstellung, dass Jesus Christus die
irdische Herrschaft als der wiedergekommene König der
Könige ausüben würde. Seine Beschreibung, wie das Millennium aussehen würde, enthielt Elemente, die vom
augustinischen Amillennialismus weit abrückten, sich aber
dennoch nicht dem Prämillennialismus der griechischen
Kirchenväter annäherten. Die Ursprünge des späteren
Postmillennialismus können demnach neben Alsteds
eschatologischer Sicht auch auf Medes Auslegung von Offenbarung 20 zurückgeführt werden, die sich anscheinend
mehr an dem rosenkreuzerischen Aufruf zu einer Generalreformation orientiert hatten, als an einer wortgetreuen
Interpretation der Millenniumspassage in der
Johannes-Offenbarung.

Joseph Medes Buch *Clavis Apocalyptica* ist bis auf den
heutigen Tag ein wichtiger Bestandteil im interpretativen
Arsenal christlicher Millennialisten geblieben. Seine
besondere Leistung lag darin, dass er sich ein plausibel
erscheinendes, aber dennoch fantasievolles Zeitschema
ausgedacht hatte, das die zukünftige Erfüllung der
Prophezeiungen in den Büchern Daniel und Offenbarung
mit konkreten Jahreszahlen versah.[33] *Clavis Apocalyptia* war
das einzige Buch, das er zeitlebens veröffentlichte. Der
unmittelbare Einfluss, den der englische Gelehrte auf seine
Zeitgenossen ausübte, beruhte größtenteils auf seinem
meisterhaften Können, tiefsinnige Vorlesungen zu halten.
Über viele Jahre hinweg pflegte er zudem einen fortlaufenden

---

33 Katherine R. Firth, *The Apocalyptic Tradition in Reformation Britain
1530-1645* (Oxford: Oxford University Press, 1979) Kap. 6; https://archive.
org/details/apocalyptictradi0000firt; Leroy Edwin Froom, *The Prophetic
Faith of our Fathers: The historical development of prophetic interpretation*
(Washington, D.C.: Review and Herald, [1948] 1978-1982) vol. 2, 542ff.

Kontakt mit zahlreichen Mitgliedern des Hartlib-Zirkels und anderen Intellektuellen in England und Holland.[34]

Einer der ehemaligen Studenten Medes, John Worthington, gab 1664 eine mit Anmerkungen versehene Ausgabe von *Clavis Apocalyptica* heraus, die eine ausführliche Biografie des Autors enthielt. Bei der Niederschrift der Lebensdaten seines Mentors stützte sich Worthington auf dessen schriftlichen Nachlass.[35] Worthington ließ sich nicht zu der Behauptung hinreißen, die Textinterpretationen Medes als unfehlbar darzustellen, denn einige Vorhersagen des Exegeten über Ereignisse, von denen er überzeugt war, dass sie so geschehen würden wie in der Offenbarung beschrieben, stellten sich als Irrtümer heraus. Stattdessen bestand Worthington darauf, dass Medes Zukunftsprognosen „unendlich viel wahrscheinlicher eintreffen werden, als die von irgendwelchen [Gelehrten], die vor ihm versucht hatten, die Bedeutung der Prophezeiung herauszufinden". Deshalb bestand er darauf, dass es *Clavis Apocalyptica* im Vergleich zu anderen Interpretationsmöglichkeiten, die vorgelegt worden waren, am meisten verdient habe, als „fehlerloser Schlüssel" (clavis non errans) angesehen zu werden.[36]

Joseph Mede vermied es geflissentlich, ein großes Aufheben in Cambridge zu machen, um Anhänger für seine millennialistischen Ansichten zu gewinnen. Seine bevorzugte Vorgehensweise bestand darin, mittels einer weitläufigen Korrespondenz eine langsam sich vergrößernde Anzahl von Gelehrten im In- und Ausland für seine eschatologische Sicht zu gewinnen. Einige seiner Briefpartner, besonders der puritanische Theologe, Dr. William Twisse (1578[?]-1648), stellten Fragen an ihn, um ein besseres

---

34 Eine große Anzahl seiner Briefe sind im 4. Buch der *Works* (Ausgabe 1664) abgedruckt.

35 John Worthington, „The Life of the Reverend and most learned Joseph Mede," in John Worthington, Hrsg., *The Works of the Pious and Profoundly-Learned Joseph Mede, B.D., sometime fellow of Christ's Colledge in Cambridge* (London: Printed by James Flesher for Richard Royston, 1664).

36 Ebd., xii-xiii.

Verständnis über die Symbolsprache der Johannes-Offenbarung zu bekommen.

Kurz nach seiner Ankunft in England trat Samuel Hartlib 1630 in Verbindung mit Twisse, der ihn anschließend Mede persönlich vorstellte. Im März 1634 schrieb Hartlib in einem Brief an Mede, dass eine Person im niederländischen Leiden Gefallen an seinem Buch *Clavis Apocalyptica* gefunden hatte.[37] Daraufhin sandte Mede einige Dokumente an Hartlib, die ihm in seiner exegetischen Arbeit nützlich waren. In seinem Begleitbrief sagte Mede Folgendes: „Falls Mr. Dury mein Buch gelesen hat, könnten Sie ihm diese [Dokumente] übermitteln."[38] Kurz danach wandte sich John Dury an Mede, um ihn zu überreden, sich der Kampagne zur Vereinigung der protestantischen Kirchen anzuschließen.[39]

Johannes Duraeus (John Dury, 1595/96-1680) stammte von einer protestantischen Familie in Schottland ab. Sein Theologiestudium absolvierte er am Französisch-Reformierten Seminar im niederländischen Leiden. Anschließend diente er nacheinander als Pastor in Köln und Elbing, einer hanseatischen Stadt nahe Danzig. An jenem altehrwürdigen Ort kam es zu schicksalsträchtigen Begegnungen. Jan Amos Comenius, Samuel Hartlib und Johann Valentin Andreae besuchten den reformierten Pfarrer in Elbing und verbrachten einige Zeit mit ihm. Später wurde Duraeus persönlicher Kaplan der Prinzessin Mary, der späteren Mary II., Königin von England (1662-1694, Tochter des Königs James II. und Gemahlin von Wilhelm III. von Oranien).

Duraeus beteiligte sich aktiv an der Verbreitung millennialistischen Gedankengutes in der protestantischen Welt jener Zeit und übte somit einen gewissen Einfluss auf die damalige Politik aus. Fast 50 Jahre lang bemühte er sich

---

37 Samuel Hartlieb to Joseph Mede, March 6, 1634, Epistle XLIV, in Worthington, Hrsg., *The Works of the Pious and Profoundly-Learned Joseph Mede*, 984.

38 Mede to Hartlib, Epistle XLV, zit. in ebd., 985.

39 John Dury to Mede, March 4, 1634/1635, Epistle, XLVI, zit. in ebd., 985.

mit Leibeskräften, alle protestantischen Kirchen in Europa und Nordamerika zu vereinen. Nur so, meinte er, sei die notwendige Vorbedingung gegeben, damit sich die Wiederkunft Jesu Christi ereignen könne. Mit großem Geschick, aber wenig Erfolg versuchte er protestantische Landesfürsten zu überreden, sich einer übergeordneten Kirche anzuschließen. Zwei weitere Unternehmungen, mit denen Duraeus' Name in Verbindung steht, waren die kontinuierliche Missionierung der Juden und die systematische Weiterentwicklung der Naturwissenschaft. In der Durchführung beider Projekte setzte er sich mit beispiellosem Elan ein. An der Seite von Samuel Hartlib engagierte er sich für die rasant ansteigende Beschleunigung des Erkenntnisfortschrittes. Dadurch, dass er regen Kontakt mit kabbalistischen Juden pflegte, förderte er die Mission unter den Nachkommen Abrahams in der zentralen Rolle eines Vermittlers. Jeder Schritt in Richtung der Erfüllung dieser beiden Anliegen diente dem Zweck, die noch übrige Zeit bis zur Ankunft des Millenniums zu verkürzen. Seit den frühen 1630er-Jahren eilte Duraeus von einer Wissenschaftskonferenz zur anderen. Das Vorwärtsbringen des millennialistischen Projekts stand an oberster Stelle seiner Prioritätenliste. Als die Englische Revolution (1642-1649) voll im Gange war, kehrte er an seine frühere Wirkungsstätte in London zurück, um jede sich ihm bietende Chance zu nutzen, sich persönlich in der Umsetzung der säkularen Bildungsreform und des christlichen Religionsvollzugs mit unermüdlichem Engagement einzubringen. Durch die Gründung des „Unsichtbaren Kollegs" gelang es ihm, einen nachhaltigen Einfluss auf spätere Generationen der Gelehrtenwelt selbst nach seinem Tod auszuüben, die sich in der später konstituierenden Royal Society als Mitglieder einfanden. Seine ihm tatkräftig zur Seite stehende Ehefrau war Robert Boyles Tante. Spinozas' Freund, Henry Oldenburg, wurde sein Schwiegersohn und machte sich als verdienstreicher Sekretär der Royal Society einen Namen.[40]

---

40 S. dazu: J. Minton Batten, *John Dury: Advocate of Christian Reunion* (Chicago, IL: The University of Chicago Press, 1944).

Nachdem sich Duraeus mit den Büchern von Twisse vertraut gemacht hatte, fing er damit an, von einer unfehlbaren Interpretationsmethode der Heiligen Schrift zu sprechen, die er in Medes veröffentlichten und unveröffentlichten Schriften gefunden habe. Zu jenem Zeitpunkt widersprach Descartes der Behauptung Duraeus', dass es eine unfehlbare Gewissheit geben könne, indem er sich auf die gängigen Argumente berief, die dem Skeptizismus recht zu geben schienen. Duraeus hatte darauf anscheinend keine schlüssige Antwort. Deshalb ermutigte Hartlib seinen Freund, in einer Abhandlung die Regeln darzulegen, die zu einer unfehlbaren Auslegung der Bibel notwendig seien.[41] Anschließend könne er eine passende Entgegnung auf Descartes' zersetzende Skepsis geben. In der Folgezeit erfüllte Duraeus weder die eine noch die andere Aufgabe.[42] Das Einzige, was er in dieser Hinsicht tat, war der Versuch, die Regeln zur Überprüfung der Interpretation biblischer Prophetie im Vorwort eines Buches von Jakob Böhme aufzulisten, das Abraham von Frankenberg – Böhmes getreuester Gefolgsmann und Biograph – ins Englische übersetzt hatte.[43] Wie Medes Buch trug auch dieses den Titel *Clavis*

---

41 Hartlibs Vorschlag einer Inhaltsangabe für die Abhandlung Durys findet sich in George H. Turnbull, *Hartlib, Dury, and Comenius: Gleanings from Hartlib's Papers* (London: University Press of Liverpool and Hodder & Stoughton, 1947; London: Hodder and Stoughton, 1968) 169.

42 S. dazu: Ebd., 167: "He discoursed with Mr. Dury complaining of the uncertainties of all things, which Dur. refuteth by the truths and certainty of those reports in Scripture and an infallible way of interpreting them which he [Descartes] denyed. But being brought to many absurdities, left of. Indeed D. [Dury] hims [himself] was in great straits once in these very particulars. He could find no certainties almost in any thing, though he was able to discourse as largely of any thing as any other. Yet solidly and demonstratively he knew nothing; till he betooke hims. to the Scriptures and lighted upon an infallible way of interpreting them. He professeth that he could bene much with men and grant them a latitude of judgment and differences if they were honest and godly."

43 S. dazu: Hugh Redward Trevor-Roper, "Three Foreigners and the Philosophy of the English Revolution," *Encounter. Literature, Arts, Politics* 14 (1960), 3-20 in Hugh R. Trevor-Roper, *The Crisis of the Seventeenth Century: Religion, the Reformation and Social Change* (Indianapolis, IN: Liberty Fund, 2001) 222; https://oll.libertyfund.org/titles/ roper-the-crisis-of-the-seventeenth-century

Apocalyptica. Duraeus fügte noch hinzu, dass die von ihm aufgestellten Regeln ohne göttliche Segnung niemandem dazu verhelfen könnten, eine absolute Gewissheit zu erlangen.[44] Aber er zweifelte nicht daran, dass der Allwissende seine Zustimmung erteilen würde. Erst Duraeus' Tod, der ihn 1680 in Kassel ereilte, zog einen endgültigen Schlussstrich unter das letzte Kapitel seines Lebens.

In seinem Buch *The Doubting Conscience resolved*[45] legte Dr. William Twisse eine aufwendige Analyse der Eigenart menschlicher Erkenntnis vor, die ihn zu der Behauptung veranlasste, dass Medes Methode der biblischen Interpretation unfehlbar sei. Dies war seine Antwort auf den virulenten Skeptizismus seiner Zeit. Samuel Hartlib hatte dieses Werk in Auftrag gegeben und 1652, vier Jahre nach dem Tod des Autors, veröffentlicht.

Twisse hatte sein Theologiestudium in Oxford absolviert und sich anschließend als einer der prominenten Puritaner seiner Ära etabliert. Nach 1640 spielte er eine bedeutsame Rolle in den religiösen Disputen, die sich unmittelbar auf die Politik in England auswirkten. Während der Stuart-Restauration wurden seine Gebeine aus der Westminster Abbey entfernt, weil man ihm die Teilnahme an der Puritanischen Revolution übelnahm.

Twisse war offenbar die erste Person, die realisierte, dass Mede eine monumentale Entdeckung gemacht hatte. Dem puritanischen Theologen zufolge hatte Mede darauf bestanden, dass sich die prophezeiten Ereignisse in den biblischen Büchern Daniel und Offenbarung in der gegenwärtigen Zeit tatsächlich erfüllen würden. Demnach stehe der Beginn des Tausendjährigen Reiches kurz bevor. In der Zeitspanne zwischen 1629 und 1638 schrieb Twisse 15 Briefe

---

44 John Dury, "An Epistolical Discourse, from Mr. John Durie to Mr. Sam. Hartlib, concerning this Exposition of the Revelation, November 28, 1850," Preface to *Clavis Apocalyptica* (London, 1651) 12-17.

45 William Twisse, *The doubting conscience resolved. In answer to a (pretended) perplexing question, &c. Wherein is evidently proved, that the holy Scriptures (not the pope) is the foundation whereupon the Church is built. Or, That a Christian may be infallibly certain of his faith and religion by Holy Scriptures* (London: Printed for Thomas Matthews at the sign of the Cock in St Pauls Church-yard, 1652).

an Mede, um von ihm nähere Informationen über die Ereignisse einzuholen, die dem Erscheinen des Millenniums unmittelbar vorausgingen.[46] Ohne lange zu zögern, versandte er die von Mede erhaltenen Antworten an andere Gelehrte des Hartlib-Zirkels, die ihr Interesse bekundet hatten, gleichfalls instruiert zu werden. Als Mede 1638 verstarb, veröffentlichte Twisse einige seiner Werke, die zuvor in Form von Manuskripten im Umlauf waren. Der Herausgeber fügte diesen Büchern jeweils ein Vorwort hinzu, in denen er die enorme Wichtigkeit der Entdeckungen Medes für die Zukunft der Menschheit herausstellte.

1643 erließ das Committee of the House of Commons (Komitee des Unterhauses) ein Dekret, das die englische Übersetzung und Veröffentlichung von Medes *Clavis Apocalyptica* verordnete. Im Vorwort des übersetzten Buches, das nun den Titel *The Key of the Revelation* trug, gab Twisse seine Meinung über die Interpretation von Daniel 12,4 wieder, die ihm Mede vermittelt hatte. Der Bibelvers lautete in der King James-Bibel wie folgt: „Many shall run to and fro, and knowledge shall be increased."[47] Die Bedeutung dieser Prophetie könne schnell ausgemacht werden, so meinte Twisse. Die Menschen hätten durch die Seefahrt und den Handel Zugang zu allen Regionen der Welt. Gleichzeitig nehme die Fülle der Erkenntnis enorm zu. Jeder aufmerksame Beobachter könne bestätigen, dass sich genau diese Ereignisse in der Gegenwart zutragen würden. Die Interpretation der Johannes-Offenbarung, die Mede vorgelegt hatte, sei selbst ein wesentlicher Teil des zunehmenden Fundus an Wissen.[48] Twisse behauptete, vor etlichen Jahren Gerüchte gehört zu haben, die Medes' Überzeugung angeblich wiedergaben, dass die Regentschaft Christi auf Erden

---

46 Worthington, Hrsg., *The Works of the Pious and Profoundly-Learned Joseph Mede*, Book IV, 927-1054.

47 Dan. 12, 4: „[...] viele werden es dann durchforschen, und so wird die Erkenntnis zunehmen." (Hermann Menge-Übersetzung)

48 Twisses Preface to Joseph Mede, *The Key of the Revelation, searched and demonstrated out of the Naturall and proper Charactere of the Visions: with a comment thereupon, according to the rule of the same key* (London: Printed by J. L. for Phil. Stephens at his shop in Pauls church-yard at the signe of the gilded lion, 1643) A3-3v.

bald beginnen würde. Da die Römisch-Katholische Kirche seit der Frühzeit den Glauben an ein Tausendjähriges Reich Christi auf Erden als eine schlimme Irrlehre verunglimpft hatte, könne nun die wörtliche Interpretation über eine irdische Herrschaft Jesu mit gutem Gewissen aufgegriffen werden, denn das Königreich des Antichristen, für das man die Herrschaft der Römisch-Katholischen Kirche hielt, gehe ihrem Ende entgegen.[49]

Twisse stellte sich die Frage, ob es dem Menschen möglich sei, zu einer unfehlbaren Gewissheit seines Glaubens mittels der Heiligen Schrift zu gelangen. Sofern dies möglich ist, bestehe eine unerschütterliche Grundlage für die religiöse Erkenntnis. Gegner dieser Ansicht hatten ihren Zweifel ausgedrückt, indem sie auf die unterschiedlichen Antworten hinwiesen, die Katholiken und Protestanten auf theologische Fragen gaben. Twisse bestand jedoch darauf, dass eine unfehlbare Interpretation der Heiligen Schrift – trotz bestehender Schwierigkeiten in der Auslegung – möglich sei.[50] Diese Art der Aneignung einer gesicherten Erkenntnis sei völlig anders als irgendeine andere Wissensaneignung. Die natürliche Vernunft sei sicherlich fähig, die niedergeschriebenen Gedanken eines Menschen zu verstehen, „aber nur die übernatürliche Erleuchtung reicht aus, um die Dinge Gottes zu erkennen".[51]

---

49 S. dazu: Twisses Preface in Joseph Mede, *Apostacy of the Latter Times. In which, (according to Divine Prediction) the World Should Wonder After the Beast, the Mysterie of Iniquity Should So Far Prevaile Over the Mysterie of Godlinesse, Whorish Babylon Over the Virgin-Church of Christ, ... Revived in the Latter Times Amongst Christians, ... &c. ...* (London: Printed by L. N. for Samuel Man dwelling at the signe of the Swan in Pauls Church-yard, 1644) A2v; https://archive.org/details/bub_gb_OzFzA_zHnpQC/page/n1; Mede hatte Twisse in einem Brief vom 11. November 1629 zu verstehen gegeben, dass das Volk nicht über das Millennium reden dürfe, solange der Antichrist an der Macht stand.

50 Twisse, *The Doubting Conscience Resolved*, 1-15.

51 Ebd., 32.

Selbst dem Verworfenen[52] und Papisten[53] ist es möglich, eine [allgemeine] Erkenntnis der Heiligen Schrift zu haben, aber diese als das Wort Gottes, die Weisheit Gottes und die Macht Gottes zu kennen, das ist – so meine ich – das besondere Kennzeichen eines wiedergeborenen Geistes, in dem der Geist Gottes als Grundlage des gnädigen Lebens wohnt.[54]

Gott könne die Auserwählten inspirieren, sodass sie die Bedeutung der offenbarten Prophetien begreifen, „wenn der vorgesehene Zeitpunkt zur Übermittelung der Erkenntnis gekommen ist".[55] Das Erreichen dieses entscheidenden Augenblickes stehe nahe bevor. Die Vorhersage Daniels, dass Menschen in alle Welt reisen würden, erfülle sich in der Gegenwart. Darüber hinaus habe Gott die Geheimnisse der neutestamentlichen Offenbarung und die Mysterien der alttestamentlichen Prophetie jedem, der ein Verlangen danach verspürt, zugänglich gemacht.[56] Beispielhaft deutete Twisse auf die erst kürzlich ins allgemeine Bewusstsein gedrungene Bedeutung der Zahl 666 des Tieres in der Johannes-Offenbarung hin.[57] Es bestehe kein Zweifel, dass der Antichrist niemand anderes als der Papst sei.[58] Zeichen der Endzeit, die darauf hindeuten, dass das Tausendjährige Reich kurz bevorstehe, würden zudem schon deutlich sichtbar in Erscheinung treten. Sie könnten nicht missverstanden werden. Dass die Propheten nichts über diese Geheimnisse

---

52 ein nicht zu den Auserwählten Gottes dazugehöriger Mensch

53 abschätzige Bezeichnung eines Katholiken

54 Twisse, *The Doubting Conscience Resolved*, 74.

55 Ebd., 86-87.

56 Ebd., 87.

57 S. dazu: Francis Potter, *An interpretation of the number 666. Wherein, not onely the manner, how this number ought to be interpreted, is clearely proved and demonstrated, but it is also showed, yet this number is an exquisite and perfect character, truly ... describing that state of government, to which all other notes of Antichrist doe agree. With all knowne objections ... fully answered, yet can be materially made against it* (Oxford: Printed by L. Lichfield, 1642) foreword.

58 Twisse, *The Doubting Conscience Resolved*, 89-90.

gewusst hatten, lag daran, dass es zu ihrer Zeit nicht nötig war, etwas darüber zu wissen. „Denn wie das Licht von Natur aus immer mehr zunimmt, bis der vollkommene Tag da ist, so verhält es sich auch mit dem geistlichen Licht."[59] Da nun der Höhepunkt der Weltgeschichte fast erreicht worden sei, könnten die Auserwählten die unzähligen Fakten der Natur und der Heiligen Schrift immer besser verstehen.[60] Durch die Erleuchtung des Heiligen Geistes würden die Menschen den wahren Glauben erkennen, der jedem von ihnen zugänglich sei. Die geistgewirkte Aneignung der nötigen Erkenntnis über das Evangelium geschehe jedoch ganz individuell und könne keinem anderen weitergegeben werden.[61]

> Wenn der Geist Gottes mich jetzt erleuchtet, nehme ich die Wahrheit nicht als meine Meinung an, sondern als meinen Glauben. Die dadurch gewonnene Über-zeugung steht der natürlichen Erkenntnis in nichts nach, sondern ist dieser sogar überlegen [...]. Denn es ist eine Sache, die Stimme eines Menschen zu hören, und eine ganz andere, die Stimme Gottes wahrzunehmen.[62]

Nicht jede Erkenntnis könne der Heiligen Schrift entnommen werden, aber sie vermittle eine ausreichende Gewissheit über theologische Wahrheiten, die vorbehaltlos akzeptiert werden könnten.

> Die Erleuchtung des Geistes verleiht einem Menschen gewissermaßen neue Augen. Sie schließen mir das Ver-ständnis auf, damit ich die Dinge Gottes wahrnehmen und verstehen kann. Im Weiteren ist der Heilige Geist in der Lage, mich von allem Zweifel zu befreien.[63]

---

59 Ebd., 93-94.

60 Ebd., 91-94.

61 Ebd., 100.

62 Ebd., 101-102.

63 Ebd., 105.

Nur so könne der Skeptizismus überwunden werden. Jegliche Zweifel würden verschwinden, wenn man eine unfehlbare Erkenntnis biblischer Lehren besitze. Je näher man dem Erscheinen des Tausendjährigen Reiches komme, umso umfassender würde auch das geistliche Verständnis werden.

4.1.2. Himmlische Stadt der Virtuosen

Der Cambridge Platoniker Henry More (1614-1687) führte Joseph Medes Idee eines auf ein positives Ziel zusteuernden Geschichtsverlaufs weiter, indem er vorschlug, dass Gottes Methode in der Errettung der Menschheit eine allmähliche, allgemeine Erlösung sei, die mittels einer Anzahl von aufeinanderfolgenden Zeitepochen verwirklicht wird. Um Medes Millennialismus zu untermauern, deuteten Sympathisanten seit jener Zeit darauf hin, dass es Anzeichen für das positive Wirken Gottes im Erscheinen eines Zeitalters der allgemeinen Erleuchtung gebe. Die Erkenntnis nehme nicht nur in Fragen der Theologie zu, sondern auch in der theoretischen Erfassung und praktischen Umsetzung der Wissenschaft.

England spielte im 17. Jahrhundert eine wichtige Rolle in der Entwicklung ausgeklügelter Apparaturen, um geistliche Ziele zu erreichen. Es war keineswegs ungewöhnlich, dass sich Naturwissenschaftler mit der christlichen Soteriologie (Lehre des Heils) und Eschatologie (Lehre über die Endzeit) befassten. Robert Hooke schrieb, dass „die Royal Society den Zweck erfüllt zu versuchen, von den verlorengegangenen Künsten und Erfindungen, nur solche wiederzugewinnen, die legitim sind".[64] Thomas Spat war sich sicher,

---

64 Zit. in Henry Lyons, *The Royal Society, 1660-1940* (Santa Barbara, CA: Greenwood Press, 1944) 41: "The business and design of the Royal Society is: To improve the knowledge of natural things, and all useful Arts, Manufacturs, Mechanick practices, Engines and Inventions by Experiments – (not meddling with Divinity, Metaphysics, Moralls, Politicks, Grammar, Rhetoric or Logick). To attempt the recovery of such allowable arts and inventions as are lost. To examine all systems, theories, principles, hypotheses, elements, histories, and experiments of things natural, mathematicall and mechanicall, invented, recorded, or practiced by any

dass die Wissenschaft der vollkommene Weg zum Erlangen der menschlichen Erlösung sei. Robert Boyle behauptete, dass die Wissenschaftler eine besondere Beziehung zu Gott hätten und dass sie die geborenen „Priester der Natur" seien. Sie würden letztlich eine viel größere Erkenntnis über das wunderbare Universum Gottes besitzen, als Adam sie selbst je hätte haben können.[65] Viele gebildete Menschen waren ernsthaft davon überzeugt, dass sich die Endzeitprophetie Daniels buchstäblich erfüllen würde: „Du aber, Daniel, halte das unter Verschluss und versiegle das Buch bis zur Endzeit; viele werden es dann durchforschen, und so wird die Erkenntnis zunehmen." (Dan. 12,4) In England war die Prophetie Daniels über die Vermehrung der Erkenntnis in der Endzeit natürlich im Wortlaut der autorisierten King James-Übersetzung bekannt: „But thou, O Daniel, shut up the words, and seal the book, even to the time of the end: many shall run to and fro, and knowledge shall be increased."

Das Motiv eines in See stechenden Schiffs auf dem Titelbild von Francis Bacons Buch *The Great Instauration*[66] (1620), das symbolisch ein Zitat der Prophetie Daniels darstellte[67], dramatisierte die Dualität der Wissenschaft. Wenn neue Länder entdeckt werden, könne das gesammelte Wissen in der idealen Gestaltung neuer Kulturen der Menschheit dienen. Überseeische Entdeckungen zu jener Zeit beflügelten die Erwartungshaltungen der allgemeinen europäischen Bevölkerung, dass die Vorstellung einer pansophischen Gesellschaft, die die ganze Menschheit

---

considerable authors ancient or modern. In order to the compiling of a complete system of solid philosophy for explicating all phenomena produced by nature or art, and recoding a rationall account of the causes of things." https://archive.org/details/in.ernet.dli.2015.276072/page/n49

65 Robert Boyle, *Some Considerations Touching the Usefulness of Experimental Natural Philosophy* (Oxford: Printed by Henry Hall, for Ric. Davis, [1663] 1671) vol. 8, 32.

66 Francis Bacon, *The Great Instauration* (1620), übers. v. R. L. Ellis & J. Spedding, hrsg. v. J. M. Robertson, *The Philosophical Works of Francis Bacon* (London: Routledge, 1905); https://archive.org/details/philosophicalwoo00robegoog/page/n262; Das Titelbild fehlt in dieser Ausgabe.

67 Die lateinische Inschrift ist Daniel 12,4 entnommen: „Multi pertransibunt et augebitur scientia." (KJV: "Many shall go to and fro and knowledge shall be increased.")

umfassen werde, nicht nur ein wünschenswertes Fantasiegebilde bleiben sollte. Eine wesentliche Voraussetzung in
ihrer Verwirklichung werde jedoch die Hinwendung der
Christen, Heiden, Juden und Mohammedaner zur Hermetik
sein, die so dargestellt wurde, als stehe sie mit der Verheißung
eines Neuen Jerusalems in der Johannes-Offenbarung im
Einklang. Die Entstehung einer Neuen Atlantis (Francis
Bacon), einer Christianopolis (Johann Valentin Andreae),
eines Sonnenstaates (Tommaso Campanella[68]) sei dann
äußerst praktikabel. Die sogenannte „christliche" Nationen-
gemeinschaft werde durch eine allumfassende Enzyklopädie
der Kenntnis über die wirklich existente Welt dank eines
sich immer mehr erweiternden Fundus an experimenteller
Wissenschaft der Vollkommenheit entgegengehen.

Die sich aus dem Bereich der Fiktion loslösende Utopie
entwickelte sich zu einem Manifest. Die religiösen
Abspaltungen und ihre polarisierenden politischen Folgeerscheinungen, der Fanatismus der Reformation und der
Obskurantismus[69] der Gegenreformation bedrohten Europa
mit schauerlichen Vernichtungskriegen. Es stimmt sicherlich, dass der Englische Bürgerkrieg (1642-1649) die
Puritaner dazu motiviert hatte, ein umfassendes Reform-
programm in England durchzuführen. Der Hartlib-Zirkel
setzte diesen Impuls um, indem sich die Mitglieder für die
Verbesserung der naturwissenschaftlichen Forschung
einsetzten. Zu beachten ist jedoch, dass sich der Bürgerkrieg
in anderen gesellschaftlichen Bereichen auswirkte; ihr
Einflussradius lässt sich nicht nur auf die soeben genannten
Auswirkungen reduzieren. Die Abfassung eines umfassenden
Plans, der das Überleben einer pansophischen „Christenheit" sicherstellte, rückte an die Stelle oberster Dringlichkeit
und die Mitglieder des Zirkels um Samuel Hartlib[70] (1600-

---

68 Eigentlich Giovanni Domenico; geboren am 5. September 1568 in
Stilo, Kalabrien; verstorben am 21. Mai 1639 in Paris.

69 Obskurantismus: Bestreben, die Menschen bewusst in Unwissenheit zu halten und ihr selbstständiges Denken zu verhindern, https://
www.duden.de/node/104883/revision/104919

70 S. dazu: George Henry Turnbull, *Samuel Hartlib: A Sketch of his Life
and His Relations to J.A. Comenius* (Oxford: Oxford University Press,
1920); https://archive.org/details/cu31924027998859/page/n8

1662) widmeten sich diesem „heiligen" Unterfangen. Einige von ihnen waren sogar bereit, ihr Leben in der Verwirklichung dieser Vision aufzuopfern.

Die Puritaner waren gleichfalls der Meinung, dass das Ende der Welt nahe bevorstehen würde. Ihr Bemühen, neue Erkenntnisse über die Welt zu gewinnen und die menschliche Technologie zu verbessern, war nicht Teil eines Unternehmens, um etwas Wissenswertes über die Welt in Erfahrung zu bringen, sondern ein mit großem Eifer in Angriff genommenes Unterfangen, das Millennium herbeizuführen, wie es Johannes in der Offenbarung vorhergesagt hatte. Die Technologie war ein wichtiger Aspekt, um die Herrschaft über die natürliche Welt zurückzugewinnen, die, wie es das Buch Genesis berichtet, dem ersten Menschenpaar vor dem Sündenfall verfügbar, aber anschließend verloren gegangen war. Der Historiker Charles Webster machte deutlich, dass die Puritaner aufrichtig meinten, „jedes Vorwärtsgehen in der Beherrschung der Natur sei ein Schritt hin zur Verwirklichung millennialistischer Zuständen".[71] Dieses Vorwärtsgehen wurde als eine wirkliche Utopie angesehen – „eine himmlische Stadt der Virtuosen" –, in dem die Errungenschaften der Menschen im zivilisatorischen Aufstieg immer umfassender und besser werden würden. Thomas Burnet (1635-1715) sah die Methode Gottes im allmählichen Ausgestalten des Milleniums darin, dass sich die Kultur von einem Zeitabschnitt zum anderen immer höher entwickeln würde. Das deutlichste Anzeichen dieses fortschreitenden Prozesses sei die Kultivierung der geistlichen und mentalen Fähigkeiten des Menschen.

4.1.3. Endzeitliche Spekulationen der „Fünften Monarchie"-Bewegung

Es ist interessant zu bemerken, dass Alsted, Mede und Brightman in ihren jeweiligen Deutungen der Endzeitlehre

---

71 Charles Webster, *The Great Instauration: Science, Medicine And Reform, 1626-1660* (London: Duckworth, 1975; Bern: Peter Lang, 2002) 506-507.

ein größeres Interesse an der Johannes-Offenbarung als an dem Buch Daniel an den Tag legten. Sie wiesen der Offenbarung eine besonders wichtige Bedeutung für die Kirche zu, die sie sonst in keinem anderen Buch der Bibel wahrnahmen. Andere zeitgenössische Kommentatoren, die ebenso ein Interesse an eschatologischen Fragen hatten, wandten sich mit Vorliebe den Prophezeiungen Daniels zu. Einer von ihnen war der englische Pastor einer Gemeinde in der niederländischen Stadt Arnheim namens John Archer. 1640 kehrte diese Gemeinde aus dem Exil nach London zurück. Einige Zeit später gab der Nonkonformist[72] John Archer seine Opposition gegen die Anglikanische Kirche auf und übernahm die Pfarrei in All Hallows, Lombard Street. Sein Buch *The Personall Reigne of Christ Upon Earth*[73] (Die persönliche Regentschaft Christi auf Erden) wurde 1642 veröffentlicht. Es sollte bald ein Manifest der „Männer der Fünften Monarchie" (Quintomonarchisten) werden.

Archer war der Meinung, dass Christus nach seiner Wiederkunft sichtbar auf Erden regieren wird. Seine herrliche Regentschaft sei nicht von tyrannischer Unterdrückung und sinnlicher Lust gekennzeichnet, sondern von friedevoller Ehrwürdigkeit. Wie Adam Herrscher über den Garten Eden gewesen war, so sei der Zweite Adam (Christus) Regent über die ganze Welt. Archer meinte, dass die klarste Lehre in der Schrift über diese zukünftige Herrschaft Christi in Daniel 2,31-46 dargelegt sei.[74] Nebukadnezars Vision des Standbildes bezog sich auf vier Weltreiche. Das letzte dieser Imperien sei das römische gewesen und die Monarchien, die 1642 existierten, würden die Vision der Zehen aus Eisen und Ton darstellen. In den Tagen dieser Königreiche trete die Fünfte Monarchie als das Reich Christi in Erscheinung. Der Prophet Daniel habe dies wie folgt beschrieben:

---

72 Nonkonformist: Anhänger einer der britischen protestantischen Kirchen, die die (anglikanische) Staatskirche ablehnen. https://www.duden.de/node/103660/revision/103696

73 John Archer, *The Personall Reigne of Christ Upon Earth: in a treatise wherein is fully and largely laid open and proved that Jesus Christ together with the saints shall visibly possesse a monarchiall state and kingdome in this world ...* (London: Printed by Benjamin Allen, 1642).

74 Ebd., 2.

44 Aber in den Tagen jener Könige wird der Gott des Himmels ein Reich erstehen lassen, das in Ewigkeit nicht zerstört werden wird und dessen Königtum auf kein anderes Volk übergehen wird. Es wird alle jene Reiche zerschmettern und vernichten, selbst aber ewig bestehen, 45 entsprechend dem, was du gesehen hast, daß nämlich ein Stein sich von dem Berge ohne Zutun einer Menschenhand loslöste und das Eisen, das Kupfer, den Ton, das Silber und das Gold zerschmetterte. Ein großer Gott hat dem Könige kundgetan, was in der Zukunft sich ereignen wird: der Traum verdient vollen Glauben, und seine Deutung ist zuverlässig. Dan. 2,44-45

„Die großen Monarchien der Welt" würden Christus, dem König aller Könige, ungeteilte Ehrerbietung darbringen.[75]

Den Vorstellungen Archers entsprechend, komme Christus dreimal auf die Erde. Erstmals als der Sohn Maria, dann als König der Fünften Monarchie und zuletzt als Sieger über Gog und Magog und Richter über die Welt. Bei seiner Wiederkunft zerstöre Christus die Armeen derjenigen, die gegen die Kirche gekämpft hatten. Aber er bringe nicht alle bösartigen Menschen um. Zudem wecke er die Leiber der Heiligen auf, die zuvor gestorben waren. Sein Königreich dauere in Erfüllung der Prophetie in Offenbarung 20,4 eintausend Jahre lang an. Die sich einer unvorstellbaren Herrlichkeit erfreuende Gesellschaft in jener Zeit sei aber keine klassenlose. Die greisen Bürger seien Apostel, gefolgt von den jüdischen Christen. Palästina sei das Zentrum der Welt und Jerusalem die Hauptstadt. Bekehrte Heiden müssten eine niedrigere Stellung in dem Reich einnehmen. Eine weitere Unterteilung bestehe zwischen denen, die zu Lebzeiten Christus mehr oder weniger getreu nachgefolgt seien. Sie würden demensprechend eine höhere oder geringere Position zugewiesen bekommen. Den untersten Teil der Gesellschaft müssten die Gottlosen einnehmen. Sie seien die Sklaven aller anderen, wie es die Gibeoniter zu altertümlicher Zeit in Israel gewesen waren. Archer betonte

---

75 Ebd., 2-3.

sowohl die materiellen als auch die geistlichen Segnungen, die den Heiligen während des Millenniums zufallen würden. Am Ende des Tausendjährigen Reiches würden die Gottlosen eine Armee aufstellen, um in einem letzten Versuch die Heiligen zu vernichten. Christus erscheine aber zum dritten Mal, um die Armee von Gog und Magog ihrem verdienten Untergang entgegenzuführen. Anschließend trete er als Richter der ganzen Welt auf. Archer legte 1666 als Zeitpunkt des päpstlichen Niederfalls fest. Die Juden würden sich 1656 in großen Scharen zum Christentum bekehren, und das Millennium beginne im Jahre 1700.

Während der 1650er-Jahre ließen sich große Menschenmassen in England von dieser millennialistischen Darstellung der Fünften Monarchie überzeugen. Oliver Cromwell hatte große Mühe, diese in Schach zu halten, denn viele von ihnen lehnten jede menschliche Regierung ab. Sie bekundeten ihre ausschließliche Loyalität der – wie sie meinten – bald erscheinenden Fünften Monarchie. Die Kirchenleiter der Kongregationalistischen Kirchen stellen sich mit Entschiedenheit gegen diese anarchistischen Tendenzen und verwarfen die materialistische Sicht über das Millennium, obgleich sie an der Lehre des Tausendjährigen Reiches weiterhin festhielten. Der puritanische Theologe John Owen sah sich dazu genötigt, einen Brief an die Kirchen Englands zu schreiben, um sie vor den wilden Spekulationen der „Fünfte Monarchie"-Bewegung zu warnen.

4.1.4. Annäherung an die göttliche Allwissenheit

Jan Amos Comenius war ein überzeugter Millennialist. In einem an Hartlib und Duraeus gesandten Manuskript nannte er das Jahr 1655 als das Anfangsdatum der in der Offenbarung prophezeiten Ereignisse, die mit dem Erscheinen des Tausendjährigen Reiches ihren Höhepunkt erreichen würden. Der böhmische Bischof war fest davon überzeugt, dass sich jeder Christ auf diese endzeitlichen Ereignisse vorbereiten müsse. Diesbezüglich teilte er vorbehaltlos die von Hartlib und Duraeus vertretene

Meinung. Um seiner Aufforderung Taten folgen zu lassen, reiste er 1641 nach London. Das Anliegen lag ihm auf dem Herzen, sich mit Gelehrten, wie Samuel Hartlib, John Dury, John Wilkins und Robert Boyle, zu beratschlagen, um einen gangbaren Weg zu finden, wie man sich am besten auf die große Umwälzung der Zeitgeschichte vorbereiten könne.[76] Am 1. Oktober 1641 führte er fünf Fragen als Grundlage des gemeinsamen Gesprächs in einem Dokument auf und beantwortete sie folgendermaßen: 1) Welchen besonderen Nutzen erhoffen wir uns?[77] Es besteht die Möglichkeit, dass die Zeit nahegekommen ist, wenn das Evangelium des Königreiches in aller Welt verkündigt und ein allgemeiner Friede herrschen wird. 2) Woher erwarten wir eine positive Veränderung? Die zukünftige Veränderung geht von dem Erscheinen eines Lichtes aus, das die Augen der Völker aller Welt in den Blick nehmen. Das Licht wird sich aus den Strahlen der Laternen des menschlichen Bewusstseins und aus der rationalen Betrachtung der Schöpfung Gottes, seines Gesetzes und Willens zusammensetzen. 3) Welche Aspekte nehmen Einfluss auf diese Zeitenwende, die unter anderem auf das menschliche Handeln zurückzuführen sind? Der Mensch kann Gebete und Bittgesuche an Gott richten und fromme Gedanken an andere weitergeben. 4) Ist es legitim und richtig, die Hilfe der säkularen Macht in Anspruch zu nehmen, um diese Anforderungen zu erfüllen? Es ist angebracht, sich an die weltlichen Herrscher zu wenden, um diese Aufgaben zu erledigen. Aber bis die Gesellschaft dazu bereit ist, sollte sie von denen verrichtet werden, die wissen, dass die Herrschaft Christi auf Erden bald beginnen wird. 5) Wenn wir über all dies nachdenken, steht die Frage im Raum, welche besonderen Fähigkeiten wir besitzen, um die

---

76 Webster, *The Great Instauration*, 48-51; s. dazu: Johann Amos Comenius; Robert Fitzgibbon Young; John N. Libbey, *Comenius in England: The visit of Jan Amos Komenský (Comenius), the Czech philosopher and educationist, to London in 1641-1642; its bearing on the origins of the Royal Society, on the development of the encyclopædia, and on plans for the higher education of the Indians of New England and Virginia, as described in contemporary documents* (Oxford: Oxford University Press, H. Milford, 1932).

77 Comenius schrieb diese Fragen im passiven Modus nieder.

uns gebotenen Möglichkeiten auszunutzen? Die Erziehung der Jugend in einem besonderen Königreich sollte solchen Personen übertragen werden, die christliche Frömmigkeit und solides Lernen in einer Art und Weise vermitteln können, die die Bibel empfiehlt. Die Reform des Bildungs-wesens sollte in England beginnen. Damit müsse das Bemühen der Gläubigen einhergehen, friedliche Beziehungen zwischen den einzelnen Kirchen zu fördern. Die Vermehrung der wahren Erkenntnis sei ein weiteres Tätigkeitsfeld sowie ihre Verbreitung an andere.[78]

Comenius schlug vor, die unterschiedlichen Aufgaben-bereiche, die zu diesen immens großen Betätigungsfeldern gehören, aufzuteilen. Es sei seine vornehmliche Aufgabe, das Bildungswesen in Europa zu reformieren. Hartlibs wichtigstes Projekt sei es, in London eine Hochschule zu gründen. Comenius würde sich als Rektor zur Verfügung stellen. Im Weiteren müsse Hartlib alle Wissenschaftler von der hohen Bedeutung einer wissenschaftlichen Zusammen-arbeit überzeugen. Denn nur so könne man zu einer allumfassenden Erkenntnis gelangen. Johannes Duraeus (John Dury) sollte sich hauptsächlich darum kümmern, alle protestantischen Kirchen in einer einzigen Organisation zu vereinen. Zu seinem Metier gehöre auch die Aufgabe, dafür zu sorgen, dass sich die Juden zum Christentum bekehrten.

Comenius' Erkenntnistheorie erschien in zwei Abhandlungen, die 1651 in England veröffentlicht wurden. Die erste dieser philosophischen Schriften trug den Titel *Naturall Philosophie Reformed by Divine Light*[79] (Erneuerung der natürlichen Philosophie durch göttliches Licht) und die

---

78 George H. Turnbull, *Hartlib, Dury, and Comenius: Gleanings from Hartlib's Papers* (London: University Press of Liverpool and Hodder & Stoughton, 1947; London: Hodder and Stoughton, 1968) 358.

79 Jan Amos Comenius, *Naturall Philosophie Reformed by Divine Light: or A Synopsis of Physicks by J. A. Comenius; Exposed to the censure of those that are lovers of Learning, and desire to be taught by God. Being a view of the World in general, and of particular Creatures therein contained, ground upon Scripture Principles ; with a briefe appendix touching the diseases of the body, mind, and soul, with their generall remedies, by the same author* (London: Printed by Robert and William Leybourn, for Thomas Pierrepont, at the Sun in Pauls Church-yard, 1651).

zweite *A Pattern of Universal Knowledge*[80] (Ein Schema des universellen Wissens). In den Seiten dieses Buches präsentierte Comenius seine Antwort auf den Pyrrhonismus[81], indem er behauptete, sich selbst mathematische Gewissheit im Gebrauch der richtigen Methode aneignen zu können. Jede Wahrheit könne als eine solche dargestellt werden, wenn man sie für das akzeptiert, was sie ist. Bringe man die richtige Vorgehensweise zum Einsatz, verleiht sie dem Gelehrten die Fähigkeit, sich ein Wissen anzueignen, das sich zum Ziel setzt, die Wirklichkeit gesamthaft zu erfassen. Nur so sei es möglich, sich der göttlichen Allwissenheit anzunähern. Die geeignete Methode zeichne sich darin aus, dass sie Wahrheiten mittels einer akribischen Untersuchung ihrer Ursachen erkennen kann.[82] In *Naturall Philosophie Reformed by Divine Light* zeigte Comenius im Einzelnen auf, wie man bei einer solchen Analyse Schritt für Schritt vorgehen müsse. Wie es dem böhmischen Bischof gelang, die beste Vorgehensweise in der Naturerforschung zu finden, sprach er in diesem Buch ebenfalls an. Comenius gab zu verstehen, dass er die Bücher von Juan Luis Vives[83], Tommasco Campanella und Francis Bacon gelesen habe. In seiner Beurteilung stellte er heraus, dass Vives zwar die Scholastik verworfen habe, aber keine bessere

---

80 Jan Amos Comenius, *A Pattern of Universal Knowledge. In a plaine and true Draught; or a Diatyposis or Model of the Eminently Learned and Pious Promoter of Science in Generall*, übers. v. Jeremy Collier (London, 1662; ursprünglicher Titel: *Pansophiae diatyposis, ichnographica & orthographica delineatione totius futuri operis amplitudinem, dimensionem, usus, adumbrans* (Danzig, 1643; Amsterodami: Ludovicum Elzevirium, 1645); https://archive.org/details/bub_gb_jTnquISFzxwC/page/n3

81 Pyrrhonismus ist die Bezeichnung für eine historische Variante des Skeptizismus, die auf den antiken griechischen Philosophen Pyrrhon von Elis (ca. 362 v.Chr.-275/270 v.Chr.) zurückgeht. Der Pyrrhonismus, auch „pyrrhonische Skepsis" genannt, ist die älteste in Europa entstandene Form des Skeptizismus. Seine Anhänger werden Pyrrhoneer (seltener Pyrrhoniker) genannt. https://de.wikipedia.org/wiki/Pyrrhonismus

82 Comenius, *A Pattern of Universal Knowledge*, 144-145.

83 Juan Luis Vives (valencianisch und katalanisch Joan Lluís Vives, deutsch Johannes Ludwig Vives, lateinisch Ioannes Lodovicus Vives; 1492-1540) war ein spanischer Humanist, Philosoph und Lehrer. https://de.wikipedia.org/wiki/Juan_Luis_Vives

Alternative anbieten konnte. Mit dem Hinweis auf die naturwissenschaftlichen Thesen Galileos legte Campanella eine neue Theorie vor, wie man die physische Beschaffenheit der Welt mitsamt all ihrer Objekte, einschließlich der kosmischen Sterne, verstehen müsse. Doch er habe sich zu sehr im Mystizismus verloren, als dass seine Ansichten ernst genommen werden könnten. In Bacons *The Great Instauration*[84] erblickte Comenius „den im Jetzt hell aufleuchtenden Lichtstrahl eines neuen Zeitalters der Philosophie".[85] Bacon habe den wahren Schlüssel der Wissenschaft gefunden, aber die Geheimnisse der Natur selbst nicht enträtseln können. Dennoch habe ihn Bacons Werk hinreichend belehrt, dass es ihm nun möglich sei, „einige große Geheimnisse der Natur und völlig undurchsichtige Passagen der Heiligen Schrift völlig zu verstehen".[86] Zusammenfassend kam er zu folgendem Schluss:

> Die einzig wahre, echte und einleuchtende Methode des Philosophierens besteht in der [intellektuellen] Erfassung aller Dinge mittels der Sinne, der Vernunft und der Heiligen Schrift, [...] die scholastische Philosophie ist fehlerhaft, und alle Gegenstände, die existieren und erschaffen sind, sind dank der Sinne, der Vernunft und der Heiligen Schrift mit dem nötigen Nachweis und der völligen Gewissheit erkennbar [...], sodass jeder sterbliche Mensch die überall vorhandene Wahrheit im Sehen sehen und im Fühlen fühlen kann.[87]

Um die Pansophie als Lehrmethode weitläufig zu propagieren, konzipierte Comenius eine Reform des Schulwesens, die nicht revolutionärer hätte sein können, und begann, eine Reihe von allgemeinen Lehrbüchern für einen

---

84 Francis Bacon, *The Great Instauration* (1620), übers. v. R. L. Ellis & J. Spedding, hrsg. v. J. M. Robertson, *The Philosophical Works of Francis Bacon* (London: Routledge, 1905).

85 Comenius, *Naturall Philosophie Reformed by Divine Light*, preface, 7-8.

86 Ebd.

87 Ebd., preface, 8-9.

kulturübergreifenden, vielsprachigen Gebrauch abzufassen. Um das Jahr 1650 waren schätzungsweise die Hälfte aller Kursbücher, die an den Colleges und Universitäten in Europa und Amerika im Gebrauch waren, von Comenius verfasst worden. Diese pädagogischen Innovationen brachten ihm den Ruf ein, Vater des modernen Bildungswesens zu sein. Kaum dafür bekannt, ein Mann von bescheidenen Ambitionen zu sein, schloss Comenius' utopische Vision eine universale Sprache, weltweite Evangelisation, globale Regierung und kirchliche Wiedervereinigung ein. Das angestrebte Gesamtziel war nichts weniger als eine alle Kulturen übersteigende christliche Erneuerung der Weltzivilisation.

4.1.5. Wiederentdeckung der verlorengegangenen Weisheit Adams

Als sich die Nachricht über die puritanische Revolution auf dem Kontinent ausbreitete, wurden die noch übrig gebliebenen Rosenkreuzer, die im Untergrund ausgeharrt hatten, hellhörig. Einige dieser Esoteriker erwogen die Emigration nach England. Unter ihnen befand sich der um 1600 in Elbing, Königlich-Preußen, geborene Samuel Hartlib. In Anlehnung an Francis Bacons Novelle *New Atlantis* veröffentlichte Hartlib 1641 seine eigene Version der Beschreibung einer Utopie. Das lediglich 15 Seiten umfassende Dokument trug den Titel *A Description of the Famous Kingdom of Macaria*[88] (Eine Darlegung des berühmten Königtums von Marcaria).[89] In seiner

---

88 Samuel Hartlib, *A Description of the famous Kingdom of Macaria; shewing its excellent government, wherein the inhabitants live in great prosperity, health, and happiness; the king obeyed, the nobles honoured, and all good men respected; vice punished, and virtue rewarded. An example to other nations: in a dialogue between a scholar and a traveller* (London: Printed for Francis Constable, 1641).

89 Die moderne Geschichtsforschung spricht die Autorenschaft Gabriel Plattes zu. Der Inhalt der Schrift weist Ähnlichkeit mit dem 1640 veröffentlichten Werk *England's Safety* des Handelsmanns und Schriftstellers Henry Robinson auf. S. dazu: Robert Zaller, *Oxford Dictionary of National Biography*, article Robinson, Henry (getauft 1605, gest. 1673);

historischen Studie *The Crisis of the Seventeenth Century* (1967) charakterisierte Hugh Trevor-Roper, Regius-Professor in Oxford, das Dokument als eine wichtige Niederschrift der politischen Zielsetzungen Hartlibs und seiner Gefolgsleute, die sich im Anschluss an eine radikale Reformation in den sozialpolitischen und ökonomischen Verhältnissen einer christlichen Gesellschaft und eines Wohlfahrtsstaates konkretisieren würden.[90] Die Wirtschaftsentwicklung, Besteuerung und Schulbildung nehme, so Hartlib, in der Verwirklichung der Utopie eine entscheidende Bedeutung ein. Nachdem sich Jan Amos Comenius[91] eingehend mit dieser Schrift befasst hatte, schien es ihm geboten zu sein, nach England umzusiedeln, um sich an dem einzigartigen Projekt einer bislang noch nie durchgeführten umfassenden Sozialreform zu beteiligen. Doch er musste zu seinem Schrecken bald feststellen, dass die Einrichtung einer vollkommenen Gesellschaft weitergehend ein Ding der Unmöglichkeit blieb. Die meisten Rosenkreuzer hatten allen Mut verloren, ihre utopischen Pläne umzusetzen, seitdem die Konterrevolution ihre Hoffnungen auf dem Kontinent vernichtet hatte. Einzelne von ihnen, wie Johannes Duraeus (John Dury), ließen sich jedoch nicht davon abhalten, ihre optimistischen Zukunftsvisionen bis in die kleinsten Einzelheiten schriftlich niederzulegen. Selbst John Milton schickte sich 1641 an, ein Buch über die allgemeine Bildungsreform herauszubringen.

Das Empfinden, dass eine neue Ära anbrechen würde, verkümmerte bald inmitten der Unruhen des Englischen

---

Charles Webster, "The Authorship and Significance of Macaria," *Past and Present*, No. 56 (August, 1972), 34-48.

90 Trevor-Roper, "Three Foreigners: The Philosophers of the Puritan Revolution," in Trevor-Roper, *The Crisis of the Seventeenth* Century, 219-272; https://oll.libertyfund.org/titles/roper-the-crisis-of-the-seventeenth-century

91 S. dazu: Jan Kvačala, *Johann Amos Comenius, sein Leben und seine Schriften* (Leipzig: J. Klinkhardt, 1892); Robert Fitzgibbon Young, *Comenius in England: The visit of Jan Amos Komenský (Comenius) the Czech philosopher and educationist to London in 1641-1642: its bearing on the origins of the Royal Society, on the development of the Encyclopaedia, and on plans for the higher education of the Indians of New England and Virginia* (London: Oxford University Press, 1932).

Bürgerkrieges (1642-1649). Das „Unsichtbare Kolleg", dessen Gründung Bacon in *New Atlantis* vorgeschlagen hatte und darin enthusiastisch von Verfassern rosenkreuzerischer Schriften unterstützt wurde, konnte sich während der puritanischen Zwischenregierung nicht institutionell formieren. Im Gegenteil, die Personen, die sich zum Ziel gesetzt hatten, dieses Kolleg ins Leben zu rufen, zogen sich immer mehr in den Untergrund zurück, um sich keiner persönlichen Gefahr auszusetzen. Es bleib bei einigen wenigen Lichtblicken, die Besseres für die Zukunft ankündigten.

John Heydon veröffentlichte 1658 sein Buch *A New Method of Rosie-Crucian Physick*[92]. In der Absicht, die antike Wissenschaft bis zu einem gewissen Grad der Perfektion weiterzubilden, bemühten sich Moray, Bruce, Evelyn, Ashmole und andere ernsthaft, die Royal Society zu gründen. Erfolg war ihnen aber erst nach dem Bürgerkrieg beschieden, als die sich um Robert Boyle, Robert Hoke, John Wilkins und Christopher Wren gescharten Freimaurer, das „Unsichtbare Kolleg" in Oxford einrichteten. Anschließend sollte die Gründung der Royal Society nicht mehr lange auf sich warten lassen, eine um 1662 gegründete britische Gelehrtengesellschaft zur Wissenschaftspflege. Christopher Wren war zur Zeit der Restauration Englands berühmtester Architekt. Im Beisein Evelyns bedauerte er den Umstand, dass es während seiner Jugendzeit keine Freimaurer in London gegeben habe, die die Gründung des „Unsichtbaren Kollegs" hätten in die Hände nehmen können.[93]

Als die Puritaner ihre politische Macht verloren hatten, wendete König Charles II. seine Aufmerksamkeit der Naturwissenschaft zu, die sich bekannterweise von John Dees „christlicher" Kabbalistik abgeleitet hatte und weiterhin von dort Impulse erhielt. In der Royal Society praktizierten Naturwissenschaftler ihre Experimente in aller Öffentlich-

---

92 John Heydon, *A New Method of Rosie Crucian physick: wherein is shewed the cause, and therewith their experienced medicines for the cure of all diseases* ... (London: Printed for Thomas Lock, 1658); https://archive.org/details/newmethodofrosie00heyd/page/n2

93 Marsha Keith Schuchard, *Restoring the Temple of Vision: Cabalistic Freemasonry and Stuart Culture* (Leiden, Boston, Köln: Brill, 2002) 568.

keit. Mit wenigen Ausnahmen versammelten sich in den Freimaurerlogen dieselben Personen, um John Dees kabbalistische Ideen bekanntzumachen. Sie taten dies zu einem Zeitpunkt, als Isaac Newton (1642-1727) die Wissenschaft auf das Fundament der Mathematik stellte. Mit Fug und Recht kann behauptet werden, dass die große Schnittmenge unter den Mitgliedern der Royal Society und der Freimaurerei auf eine Kompatibilität, wenn nicht Identität, der beiden Gruppen hindeutete. John Dees Protegé Elias Ashmole trat 1646 der Loge bei. Robert Moray war schon 1641 Mitglied geworden. Beide wurden später in die Royal Society aufgenommen.

Vierzig Jahre nachdem Marin Mersenne[94] (1588-1648) die Unhaltbarkeit der esoterischen Theorien des Rosenkreuzers Robert Fludds unter Beweis gestellt hatte, zeigten sich in England immer noch einige Überbleibsel der Tradition Dees erstaunlich widerstandsfähig, obgleich es Meric Casaubons Angriff auf Dees *Monas Hyroglyphica*[95] politisch unangebracht erscheinen ließ, dessen Namen wohlwollend in der Öffentlichkeit zu nennen. Selbst nach der Gründung der Royal Society bestimmten kabbalistische, symbolische und numerische Vorstellungen vorwiegend die

---

94 Marin Mersenne (Gelehrtenname Marinus Mersenius) war ein französischer Theologe, Mathematiker und Musiktheoretiker. Während er zunächst einer engstirnigen Scholastik gefolgt war, wechselte er in der Mitte seines Lebens die Seiten. Als vehementer Gegner des Aristotelismus sowie mystischer Lehren (Alchemie, Astrologie, Kabbala, Rosenkreuzer) unterstützte er die modernen Naturwissenschaften, die astronomischen Theorien eines Galilei und die Philosophie René Descartes'. Ab 1623 suchte er Galilei und Descartes persönlich auf, mit weiteren führenden Gelehrten wie Pierre Gassendi, Gilles Personne de Roberval, Blaise Pascal und Pierre de Fermat korrespondierte er intensiv. Dadurch wurde er ein wichtiger Vermittler von Informationen und Kontakten zwischen den zeitgenössischen Wissenschaftlern. Man sagte, Mersenne von einer Entdeckung zu informieren sei gleich viel, wie diese im Druck zu veröffentlichen. Er regte Gassendi zu dessen Erwiderung auf Descartes' Meditationen an; Huygens machte er auf die Verwendbarkeit des Pendels in der Zeitmessung aufmerksam (was zur Erfindung der Pendeluhr führte). https://de.wikipedia.org/wiki/Marin_Mersenne

95 John Dee, *Monas hieroglyphica Ioannis Dee, Londinensis, ad Maximilianvm, Dei gratia Romanorvm, Bohemiae et Hvngariae regem sapientissimvm* (Francofvrti: Apud Iohannem Wechelum & Petrum Fischerum consortes, 1591); http://archive.org/details/monashieroglyphi00deej

englische Wissenschaft. Reuchlins Protegés John Wilkins schrieb, dass „wichtige wissenschaftliche und technologische Informationen in den jüdischen Schriften verschlüsselt seien".[96] Das Vorhaben der Wissenschaft stand immer noch mit dem Ruf nach der Umsetzung der „prisca theologica" (Altertümliche Theologie) in Verbindung, die verlorengegangene Weisheit Adams wiederzuentdecken, um dieses Wissen in der Konstruktion des salomonischen Tempels einzusetzen. Wilkins schrieb weiter:

> Falls man den Juden glaubt, hat der Heilige Geist absichtlich in den Worten der Heiligen Schrift vermittels dieser Kabbalistik jedes Geheimnis über alle Künste oder Wissenschaften eingefügt. Und wenn ein Mensch sachkundig ist, diese zu entschlüsseln, falle es ihm leicht, soviel Wissen, wie Adam in seiner Unschuld oder wie das menschliche Wesen fähig ist, zu gewinnen.[97]

Die rosenkreuzerische „Wissenschaft" bestand für die Mitglieder der Royal Society aus drei Ebenen. John Dee war ursprünglich für diese Aufteilung verantwortlich. Die Mathematik und Mechanik war für die niedere Welt bestimmt; die himmlische Mechanik für die höhere Welt; und die Beschwörung von Engeln für die Sphäre über der himmlischen Welt. Technologische Innovationen dienten dem Zweck, die Rekonstruktion des salomonischen Tempels effektiver durchführen zu können. Seine vermeintlichen Bauherren beriefen sich auf so unterschiedliche Quellen wie die Architektur des Vitruvius und die Geometrie des Euklids, die Dee seinen Zeitgenossen zugänglich gemacht hatte. Die mechanischen Traktate Fludds und Kirchers Werke über den Magnetismus wurden auch für diesen Zweck herangezogen.

Als die Royal Society 1662 gegründet wurde, bestand ihre Hauptaufgabe darin, den antikatholischen Kreuzzug Dees im Auftrag des elisabethanischen Imperialismus weiterzuführen. Die Forschung der Naturwissenschaft war

---

96 Schuchard, *Restoring the Temple of Vision*, 597.

97 Ebd.

sich stets bewusst, dass die englische Politik nach der Restauration der Stuart Dynastie einen maßgeblichen Anteil an ihrer Entstehung hatte. Es war ihr gleichwohl bekannt, dass sie sich mit den Geschehnissen in den zwischenliegenden Jahren auseinandersetzen musste. Die in der Royal Society von Robert Boyle und seinen Kollegen zur Schau gestellten Wissenschaften waren dazu bestimmt, dem religiösen Enthusiasmus in dem Jahrzehnt nach 1740 die Stirn zu bieten. Der wichtigste Aspekt in dieser Gegenhaltung war die Verbreitung einer neuen Gottesvorstellung. Wenn Cromwell einhundert Jahre zuvor noch gemeint hatte, einem göttlichen Befehl Folge geleistet zu haben, als er die Militärkampagne gegen die katholischen Iren begann, bestand das Hauptmerkmal eines zeitgemäßen Gottes in der Ordnung und Harmonie seines geschaffenen Universums, dessen galaktische Bewegungsabläufe er nun völlig den Naturgesetzen überlassen hatte. Die menschliche Gesellschaft sollte die Ordnung der Natur imitieren, wenn man ein friedfertiges Zusammenleben als erstrebenswert ansah. Die Royal Society war der Ansicht, dass die Naturordnung nicht von Menschen straflos ignoriert werden konnte, die irrtümlicherweise meinten, sie könnten den Sinn Gottes mittels privater Offenbarung erkennen. Diese christlich, mystisch oder liberal motivierten Gruppen, wie Puritaner, Quaker, Ranters, Diggers und „Fünfte Monarchie"-Männer, hatten versucht, die Vision einer vollkommenen Gesellschaft zu realisieren, hätten aber nur Chaos in den vormals von König Charles I. regierten Ländereien zustande gebracht. England war nach dem zerstörerischen und blutigen Bürgerkrieg seiner Propheten und Visionäre müde geworden. Aber die Monarchie fürchtete sich auch vor dem Atheismus. Boyles Gegenmittel gegen die Irreligiosität wurde von Schriftstellern wie Thomas Hobbes bedroht, der 1651 das Werk *Leviathan*[98] als ein politisches Manifest veröffentlichte, das seine bitteren Erfahrungen im Englischen Bürgerkrieg

---

98 Thomas Hobbes of Malmesbury, *Leviathan, or The Matter, Forme, & Power, of a Common-Wealth Ecclesiasticall and Civill* (London: Printed for Andrew Crooke, 1651); https://archive.org/details/leviathan00hobb-goog/page/n11; Thomas Hobbes, *Leviathan*, hrsg. v. J. C. A. Gaskin (Oxford: Oxford University Press, [1651] 2009).

(1642-1649) widerspiegelte. Hobbes und seine Gefolgsleute meinten, dass Bewegung der Materie selbst innewohne. Aufgrund dieses vermeintlichen Umstandes bestehe keine Notwendigkeit von einer göttlichen Vorsehung auszugehen, die über dem Universum waltete und alles so bestimmte, wie es dem Willen Gottes entsprach. Diese Sicht der Dinge sollte im Marxismus ihre bislang umfassendste Erfüllung finden – mit grauenhaften Konsequenzen.

Die Royal Society stellte sich gegen die Vorstellung, dass das Universum eine richtungsweisende Macht besitzen müsse, um ihre Ordnung und Harmonie zu bewahren. Das gleiche Prinzip wurde auf die Bereiche der Religion und Politik übertragen. Die sich am Himmelszelt bewegenden Sterne, die – wie Aristoteles meinte – von Engeln angestossen wurden, mussten konzeptionell ihren Platz an Gestirne abtreten, die sich so lange bewegen würden, bis eine externe Kraft sie abbremsen würde. Newton nannte diese Kraft im Englischen „gravity", ein Begriff, der ins Deutsche übersetzt „Schwerkraft" bedeutet. Ursprünglich deutete dieses Wort auf eine Eigenschaft Gottes hin, Newton übertrug diese Kraft auf die Materie. Eine bessere Bezeichnung für die neue kapitalistische Gesellschaft und ihr theologisch-liberales Episkopat hätte nicht gefunden werden können. Die anglikanischen Kleriker hofften, dass König Charles II. diese „externe Kraft" darstelle und einerseits dem spirituellen Enthusiasmus Einhalt gebieten würde und andererseits dem atheistischen Materialismus.

4.2. Dominanz des Puritanischen Postmillennialismus

4.2.1. Prophetisches Wort über Christi universales Königreich

Die millennialistische Begeisterung Amerikas ist kein neues Phänomen, sondern beflügelte schon Christoph Kolumbus, seine Entdeckungsreisen in die westliche Hemisphäre[99] zu unternehmen. Wie der Historiker Jan Willem Schultes

---

99 Welthälfte

Nordholt deutlich machte, kursierte im spanischen Welt-
reich die messianische Hoffnung, dass die Expeditionen
ihrer Konquistadoren (Eroberer) in die Neue Welt das Ende
der Geschichte einläuten und das prophetische Wort über
Christi universales Königreich in Erfüllung gehen würde.
Man fieberte geradezu der Erwartung entgegen, wieder zum
Paradies zurückzukehren.[100] Diese Leitgedanken sind noch
viel charakteristischer für die Einstellung der amerikanischen
Puritaner des 17. Jahrhunderts bezüglich der Endzeit. Nachdem viele von ihnen der wirtschaftlichen und politischen
Unterdrückung in England und Schottland entgangen
waren, ließen sie sich in den unkultivierten Gebieten
Neuenglands nieder. Sie brachten den Calvinismus in die
neue Welt mit. Ab 1630 etablierte sich der Postmillennialismus
als die dominante Lehre über die Endzeit in den englischen
Kolonien Nordamerikas.

Es wäre jedoch unzutreffend, wenn man daraus
schließen würde, dass die berühmtesten Flüchtlinge
Englands die Einzigen gewesen wären, die auf ihrem Zug
nach Westen einen millennialistischen Eifer an den Tag
gelegt hätten. Die die Ostküste Nordamerikas besiedelnden
englischen Kolonisten brachten eine Vielzahl von Kirchen-
traditionen und Glaubensbekenntnisse mit; deshalb standen
sie in ständigem Zwist über der Frage, wie Gott richtig
angebetet werden sollte. Sicherlich traf es zu, dass sie einen
gewissen lehrmäßigen Grundstock des protestantischen
Christentums miteinander teilten. Es gab kaum Unterschiede in ihren Ansichten über die Existenz und das Wesen
Gottes, sein übernatürliches Eingreifen in die Geschehnisse
der Welt, die Beziehung des Menschen zur Schöpfung, den
Sinn und Wert des Lebens und dem Weiterleben nach dem
Tod. Sie stritten vielmehr über Liturgie, Schriftüber-
setzungen und Details der Ekklesiologie (Lehre von der
Gemeinde) und Eschatologie (Lehre über die Endzeit). Kein
Zweifel bestand jedoch darüber, dass Gott sie in seiner
Vorsehung mit der Besiedlung der Neuen Welt beauftragt
habe. Selbstverständlich glaubten alle an die Möglichkeit

---

100 Jan Willem Schulte Nordholt, *The Myth of the West: America as the
Last Empire*, übers. v. Herbert H. Rowen (Grand Rapids, MI: Wm. B.
Eerdmans Publishing Co., 1995) 23 und passim.

göttlicher Wunder, dem gerechten Urteil des moralischen Gesetzes, die Vortrefflichkeit eines beispielhaften Lebens und die Gewissheit der Belohnung oder Strafe im Diesseits und Jenseits. Darüber hinaus teilten sie die Ansicht, dass Geschehnisse auf Erden unmittelbar mit solchen im Himmel in Beziehung standen.

4.2.2. Errichtung einer konkreten Theokratie

Unter den ersten Siedlern des amerikanischen Subkontinents besaßen die Puritaner Neuenglands ein ausgeprägtes Bewusstsein über ihre eigene Identität, den Grund ihres Weggangs aus Europa und der Bedeutung ihrer Aufgabe in der neuen Heimat. Die einstmals insolierte Existenz dieser puritanischen Siedler trug einen wesentlichen Teil zur Ausformung eines besonderen Merkmals des gängigen Selbstverständnisses der Amerikaner bei, das im Laufe der Zeit zur allgemeinen Vorstellung ihrer Ausnahmestellung unter allen Nationen der Welt heranreifte. – Die irrige Meinung, Amerika sei durch einen glücklichen Umstand oder eine göttliche Vorsehung dazu bestimmt worden, gegen die meisten Schicksalsschläge der übrigen Menschheit gefeit zu sein, beseelt bis heute das übersteigerte Nationalgefühl christlich lebender Amerikaner. – Neben der beschwingenden Idee, von allen bösen Einflüssen abgeschottet zu sein, kam die felsenfeste Überzeugung hinzu, eine außergewöhnliche Mission zu erfüllen. Der kontinuierliche Vorstoß in die unwegsamen Gefilde der nordamerikanischen Wälder und die Erschließung neuer Lebensräume war im Verständnis der Puritaner getragen von dem höheren Ziel, die Bestimmungen des göttlichen Bundes zu erfüllen. Sie standen in Erwartung überreichen Segens, fürchteten sich aber auch vor dem Fluch, ihrem Auftrag nicht gerecht zu werden. Die Puritaner sahen sich als ein von Gott geheiligtes – für seinen ewigen Zweck abgesondertes – Volk, das von der Vorstellung getragen wurde, eine Stadt auf einem Hügel zu sein und sich somit im Blickfeld der Augen aller Welt zu bewähren, wie aus dem berühmten Spruch John Winthrops deutlich wird.[101] Ihre im Bilde gesprochene und aus der Geschichte des Volkes Israel auf die eigene Situation übertragene „Befreiung aus der Knechtschaft Ägyptens" stellte ein neues Kapitel in der Heilsgeschichte dar, wie die Puritaner meinten. Auf der Flucht vor dem modernen Pharao und seiner Armee unternahmen sie die Reise über den stürmischen Ozean. Ihre besondere Erwählung ging mit den Zeichen und Wundern einer Befreiung aus politischer Unterdrückung, einer sicheren Überfahrt und hinreichenden Versorgung an materiellen Gütern einher. Unverrückbar stand der Ruf Gottes über ihrem Leben fest. Sie hatten ein von geistlichem Abfall und Niedergang gekennzeichnetes England hinter sich gelassen. In der im Buch der Offenbarung beschriebenen Metapher der Frau, die vor dem Drachen in die Wildnis flieht, sahen sie oft ihr eigenes Schicksal dargestellt (Offb. 12, 14-17).[102] Gott hatte seinen ewigen Bund mit ihnen als ein unter seiner besonderen Gnade stehendes Volk geschlossen.

Die neue Umgebung in Amerika war eine undurchdringliche Wildnis und unfruchtbare Wüste; jetzt aber sollte es das verheißene Land Kanaan werden, in dem Milch und Honig in Hülle und Fülle fließen würde. Den lebensbedrohlichen Gefahren begegneten die Puritaner in der unerschütterlichen Gewissheit, Instrumente göttlichen Heils zu sein. Sie setzten alles ein, um Herr zu werden über dem Ort, an dem bislang wilde Tiere und unzivilisierte Heiden gehaust hatten. Man war sich sicher, die unvermeidlichen feindseligen Begegnungen mit den Ureinwohnern für sich zu entscheiden, denn diese modernen „Amalekiter" würden in ihrem Kampf gegen die Armee Gottes besiegt und schließlich zu Nachfolgern Christi bekehrt werden.

---

101 John Winthrop, "A Modell of Christian Charity," in Conrad Cherry, Hrsg., *God's New Israel: Religious Interpretations of American Destiny* (Chapel Hill, NC: University of North Carolina, 1998) 37-41.

102 S. dazu Edward Johnson, "Wonder-working Providence of Sions Saviour," in Perry Miller & Thomas H. Johnson, Hss., *The Puritans: A Sourcebook of Their Writings*, Bd. 1 (New York City, NY: Harper Torchbooks, 1963) 148; Thomas Shepard, "A Defence of the Answer," in Miller & Johnson, Hss., *The Puritans*, 119; Michael Wigglesworth, "God's Controversy with New England," in Cherry, Hrsg., *God's New Israel*, 42-53.

Die Wildnis erinnerte die Puritaner daran, nicht dem negativen Beispiel des Volkes Israel während dessen jahrzehntelangen Wüstenwanderung zu folgen. Sie waren sich stets der Möglichkeit des geistlichen Abfalls und der menschlichen Neigung zur Sünde, zum Ungehorsam und zur Rebellion bewusst. Deshalb begab man sich mit großem Eifer an den Aufbau einer neuen Stadt Jerusalem. Sie sollte ein sichtbares Zeichen der Güte Gottes werden, der schon im Diesseits zeitliche Segnungen zuteilwerden. Sicherheit, Friede, Reinheit und Wohlstand würden sich beizeiten einfinden und im Jenseits schlussendlich ein ewiger Lohn. Der Historiker Sacvan Bercovitch fasste die Meinung des puritanischen Pastors John Cotton in den folgenden Worten zusammen: „Amerika [...] war das neu verheißene Land, das Gott seinem neu auserwählten Volk als Ort eines neuen Himmels und einer neuen Erde aufbewahrt hatte."[103]

Das herausstechende Merkmal des puritanischen Missionsbewusstseins war die Einbindung christlicher Heilsgeschichte in ihr säkulares Gegenstück.[104] Ob diese Siedler nun beabsichtigten, eine konkrete Theokratie zu errichten, ist nicht mit letzter Gewissheit zu klären; sicher ist jedoch, dass sie mental einen heiligen Staatenbund bewohnten. Laut James West Davidson kann die puritanische Eschatologie in Neuengland des 17. und 18. Jahrhunderts nicht eindeutige in die Kategorien des Postmillennialismus und Prämillennialismus aufgeteilt werden.[105] Ein umfangreiches Sortiment an Predigten aus der puritanischen Ära bietet eine breite Palette an Szenarien über die zeitliche Bestimmung des Milleniums und des Martyriums der Zeugen (Offb. 20,4), die Anzahl der noch zu öffnenden Siegel der Weltgeschichte (Offb. 6) bzw. der noch auszugießenden Schalen des göttlichen Zorns (Offb. 16). Ein allseitiges Einverständnis über die genauen Zeitpunkte,

---

103 Zit. in Sacvan Bercovitch, *The American Jeremiad* (Madison, WI: The University of Wisconsin Press, 1978) 8-9.

104 Ebd., 9.

105 James West Davidson, *The Logic of Millennial Thought: Eighteenth-Century New England* (New Haven, CT: Yale University Press, 1977) 121; s. dazu: S. 131-132.

wann sich diese Prophezeiungen erfüllen werden, gab es nicht. Lediglich die allgemeinen Themen des Gerichts und der Erlösung gaben der eschatologischen Lehre, wie sie die amerikanischen Puritaner lehrten, ihre Kongruenz, ohne in anderen Details übereinzustimmen. Neuengländer verstanden die Johannes-Offenbarung als die apokalyptische Darstellung einer kosmischen Verwirklichung des Erlösungsplans Gottes. Genauso wie der einzelne Mensch unter der Überführung von Schuld und dem angedrohten Gericht leidet, bevor er sich der göttlichen Gnade zuwendet, so geht auch die Welt durch Trübsal und Gericht. Gottes Umgang mit den Gläubigen, der Kirche und der Welt schließt das Leiden mit ein. Denn nur so könne die fortlaufende Heiligung im Gläubigen und ein gesellschaftlicher Fortschritt in der Welt gewährleistet werden. Davidson beschrieb die Situation wie folgt: „Solange die Neuengländer das Gericht als ein untrennbares Teil des Heils betrachteten, verbanden sie weiterhin eine hoffnungsvolle Rhetorik mit einer düsteren Stimmung über natürliche und moralische Nöte."[106]

In völliger Zuversicht ihres göttlichen Auftrags verrichteten die Puritaner Neuenglands ihren „Botengang" als notwendige Voraussetzung für die Errichtung des Königtums Christi auf Erden. In ihrem Weltbild fand die Unterscheidung zwischen Heiligem und Weltlichem einen nur kleinen Raum. Sie legten einen fast unmenschlichen Eifer an den Tag, die der Reformation folgende nächste Phase der Heilsgeschichte zu verwirklichen. Ihnen schwebte vor, dass der Geist Christi bald über der ganzen Erde ausgegossen werden würde. Im Anschluss daran würde Gott seine universale Herrschaft sichtbar aufrichten. Diese millennialistische Vision des in Neuengland vorherrschenden Puritanismus sollte mit der Zeit ein zentrales Thema der amerikanischen Geschichte werden. In ihrer Selbstdarstellung griffen die amerikanischen Puritaner gewöhnlich auf militärische Symbole des Alten und Neuen Testamentes zurück: Sie waren die Stoßtruppe in Christi Armee und stellten eine unüberwindliche Macht dar, die unter der

---

106 Ebd.

Leitung ihres göttlichen Regenten den Eroberungskrieg im siegreichen Kämpfen gewinnen würde. Nur so konnte der Herrschaftsbereich Christi vergrößert und die Schutzwälle „Babylons" niedergerissen werden. Die Puritaner standen an vorderster Front in diesem kosmischen Kampf zwischen dem Königreich Christi und dem des Antichristen.[107] Ihr Endzeit-Bewusstsein entwickelte sich mit der Zeit zum amerikanischen Sendungsbewusstsein, in alle Welt zu gehen, um das Reich Gottes aufzurichten.[108] Bei genauer Betrachtung wird offensichtlich, dass sich die ideologische Inbrunst der amerikanischen Revolution aus einem Gemisch puritanischer Ideale und republikanischer Lehrsätze ableitete. Diese Einsicht liefert die Erklärung für die weite Ausbreitung einer puritanischen Theologie, die einen starken Hang aufwies, über die prophetischen Ankündigungen der Endzeit zu spekulieren. Verschiedene Ausformungen millennialistischer Theorien fanden darin eine besondere Beachtung. Sie nehmen seitdem eine Schlüsselrolle in der amerikanischen Kultur und Politik ein.

Wenngleich die sich daraus entwickelte Endzeit-Lehre eine gewisse Komplexität annahm, die an anderer Stelle eingehender dargelegt wird, genügt es im Moment zu wissen, dass die wichtigste Idee im kolonialen Neuengland die puritanische Lehre war, dass Jesus Christus erst nach der Erscheinung des Königreich Gottes auf Erden wiederkehren würde. Man ging von der Annahme aus, dass die amerikanische Gesellschaft einer grundsätzlichen und kontinuierlichen Erneuerung entgegensteuerte, welche die Bevölkerung in der Zukunft in die Pflicht nehmen würde, das daraus resultierende gesellschaftliche Modell, samt einem neuen Regierungssystem, allen anderen Ländern der Erde zu übermitteln.

---

107 S. dazu: Iain H. Murray, *The Puritan Hope* (London: Banner of Truth, 1971).

108 S. dazu: Alan Heimert, *Religion and the American Mind from the Great Awakening to the Revolution* (Cambridge, MA: Harvard University Press, 1966); https://archive.org/details/religionamerican00heim; Ernest Lee Tuveson, *Redeemer Nation: The Idea of America's Millennial Role* (Chicago, IL: University of Chicago Press, 1968); https://archive.org/details/redeemernation00erne

4.3. Theosophischer Grundzug der „Pennsylvania-Religion"

4.3.1. Breitflächige Verbreitung der Theosophie

Johannes Kelpius (1670-1708) war Leiter einer Gruppe von Emigranten aus Deutschland, die sich dem Einfluss der Theosophie[109] geöffnet hatte. In diese Rolle wurde er hineingedrängt, als der eigentliche Führer Johann Jacob Zimmermann kurz vor der Abreise nach Amerika verstorben war. Kelpius hielt in seinem Tagebuch die Ereignisse fest, die die Gruppe auf ihrer ereignisreichen Schifffahrt von England nach Amerika erlebt hatte. Die deutschen Theosophen nahmen den Umweg nach England in Kauf, weil ihnen ein persönliches Kennenlernen der Philadelphier in London, insbesondere eine Begegnung mit Jane W. Leade, wichtig war. Kelpius' Niederschriften enthielten auch zahlreihe astrologische Symbole, die darauf schließen lassen, dass sich die Gruppe in ihren Entscheidungen auf die Weisung der Sterne verließ.[110] Das wichtigste Instrument, welches Kelpius in die neue Welt mitgebracht hatte, war ein Teleskop, das er nach seiner Ankunft zur ständigen Beobachtung des Himmels verwendete. Mit großer Erwartung fieberte er der Ankunft Jesu Christi entgegen.

Nach einem Universitätsstudium in Helmstadt, wo Kelpius zu Füssen des Astronomen Johannes Fabricius saß, machte er sich einen Namen als Astrologe, Alchemist und Theosoph. Der Fundus seines Fachwissens über die verschiedenen Lehren der Esoterik war geradezu sprichwörtlich. In seinem Gefolge kamen zirka vierzig Auswanderer am 24. Juni 1694 in Philadelphia an, wo sie sich oberhalb des Wissahickon Flusses ein Stück Land, das 175 Hektar Wildnis umfasste, kauften. Zum Anlass des Jahrestages ihrer

---

109 Theosophie: religiöse Lehre, nach der eine höhere Einsicht in den Sinn aller Dinge nur in der mystischen Schau Gottes gewonnen werden kann; https://www.duden.de/node/182037/revision/182073

110 S. dazu: Julius Friedrich Sachse, trans., "The Diarium of Magister Johannes Kelpius," in *The Pennsylvania-German Society, Proceedings and Addresses*, Vol. 25 (Lancaster, PA: 1917) 31; https://archive.org/details/diamagiste00kelp/page/30

Ankunft, am Johannistag, zündete die Gruppe ein großes Feuer auf einem Hügel an. Aus den überlieferten Quellen wird ersichtlich, dass der deutsche Theosoph sein besonderes Augenmerk auf die spirituelle Erleuchtung legte.[111] Weniger gesichert ist die Vermutung, dass er ein Rosenkreuzer war. Die Historikerin Frances A. Yates äußerte die Meinung, dass es nicht eine ursprüngliche Gruppe der Rosenkreuzer gab, sondern dass das Wort „Rosenkreuzer" eine Art pansophische Spiritualität bezeichnete, mit der sich sowohl einzelne Personen als auch ganze Gruppen mehr oder weniger identifizieren konnten. Sofern man von der Richtigkeit dieser Annahme ausgeht, die in der gelehrten Fachwelt größtenteils akzeptiert wird, liegt die Vermutung nahe, dass sich Kelpius und seine Gruppe auf die Verwirklichung der rosenkreuzerischen Vision einer vollkommenen Gesellschaft eingeschworen hatten. Ob sie nun tatsächlich Mitglieder einer Organisation waren, die sich als die Rosenkreuzer ausgab, ist belanglos. Viele ihrer Praktiken stimmten mit denjenigen überein, die in dem Schrifttum der Rosenkreuzer beschrieben werden, um den utopischen Traum der Manifeste *Fama* und *Confessio Fraternitatis* in dieser Welt Wirklichkeit werden zu lassen.[112] Das Jahr 1694 kam und ging wieder, ohne dass das Millennium in Erscheinung trat. Die Enttäuschung traf Johannes Kelpius schwer, war er doch mit seiner kleinen Gruppe von Deutschland nach Pennsylvanien ausgewandert, um auf dem neuen Kontinent die Ankunft Christi zu erleben. „Ich ging in die Wüste wie in einen Rosengarten", schrieb er 1697 in einem Brief an Heinrich Johann Deichmann, „doch ich wusste zu jener Zeit noch nicht, dass es der Glutofen der Trübsal sein würde, in dem der Herr mich reinigte und versuchte [...]"[113] Er

---

111 S. dazu: Johannes Kelpius, *A Short, Easy, and Comprehensive Method of Prayer*, trans. Christopher Witt (Philadelphia, 1761).

112 S. dazu: Frances Amelia Yates, *The Rosicrucian Enlightenment* (London: Routledge, 1972) 144-150.

113 Johannes Kelpius, „Brief an Heinrich Johann Deichmann [engl. Schreibweise: „Heinrich John Deichman], 24. Februar 1697," in „The Diarium of Magister Johannes Kelpius," hrsg. und übers. v. Julius Friedrich Sachse, *Pennsylvania German Society, Proceedings and Addresses*, 30; https://archive.org/details/diamagiste00kelp/page/30

akzeptierte die Verzögerung mit charakteristischer Demut, denn er konnte sicherlich nicht alles über Gottes Plan wissen, auch wenn manches offenbart worden sei.[114]

Der ursprüngliche Leiter der Gruppe, Johann Jakob Zimmermann, ein Astrologe und Geomant[115], hatte die Ankunft des Millenniums auf das Jahr 1694 angekündigt. In Vorbereitung auf dieses Ereignis organisierte er in Deutschland eine „Gesellschaft der Vollkommenheit", eine Bruderschaft von gebildeten Männern, die meisten von ihnen waren lutherische Pietisten, die ebenso an die kurz bevorstehende Erscheinung des Königreich Gottes glaubten. Mithilfe von Benjamin Furly[116], William Penns Agent in Rotterdam, segelten Kelpius und seine Gefährten schließlich in die neue Welt. Kurz nachdem sie in Pennsylvanien angekommen waren, bauten sie eine große Halle, um darin zu leben – obgleich sich Kelpius oft in einer Höhle, Hermit's Cave[117] (Einsiedler-Höhle) genannt, zurückzog, um der Alchemie nachzugehen[118] – und hofften, dass sie auf das Erscheinen der bevorstehenden dramatischen Ereignisse der Endzeit hinreichend vorbereitet seien. Wichtig war es diesen „Stillen im Lande", im Zölibat zu leben, sich in der Einsamkeit der spirituellen Versenkung hinzugeben und himmlische Zeichen am Nachthimmel zu beobachten. Ihre Nachtwache verfolgte nicht immer den Zweck, in aller Abgeschiedenheit und ohne Kontaktaufnahme mit anderen durchgeführt zu werden. Die „Society of the Woman in the

---

114 Ebd., 34-35; https://archive.org/details/diamagiste00kelp/page/34

115 Geomantie oder Geomantik ist eine Form des Hellsehens, bei der Markierungen und Muster in der Erde oder in Sand, Steinen und im Boden zum Einsatz kommen. https://de.wikipedia.org/wiki/Geomantie

116 S. dazu: Julius Friedrich Sachse, *Benjamin Furly, "an English merchant at Rotterdam," who promoted the first German Emigration to America* (Philadelphia, PA: Reprinted from the Pennsylvania Magazine of History and Biography, 1895); https://archive.org/details/benjaminfurly-ane00sach/page/n4

117 Cave of Kelpius; https://www.atlasobscura.com/places/cave-of-kelpius

118 S. dazu: J. McArthur Jr., „The Enigma of Kelpius' Cave," *Germantown Crier* 3 (summer, 1983), 54-56.

Wilderness"[119] (Gesellschaft der Frau in der Wildnis), wie die Gruppe von Außenseitern hämisch genannt wurde, bemühte sich eifrig, andere auf die Erscheinung von Christus und seinem Königtum vorzubereiten.

Ein hervorstechendes Merkmal des Lebensstils war, dass sie ihren gesamten Besitz als Allgemeingut betrachteten. Eine weitere Eigenart, die sie annahmen, war die Verwendung neuer Namen. Daniel Falkner nannte sich beispielsweise „Gaius" und Kelpius „Philologus". Viel Zeit im Gebet und Fasten zu verbringen, war eines ihrer höchsten Anliegen. Sie stellten sich jedoch auch hilfreich anderen Siedlern zur Seite, die die Dienstleistungen versierter Handwerker benötigten.

Magister Kelpius, wie der deutsche Theosoph manchmal genannt wurde, ist eine interessante Gestalt, denn er vereint in seiner Person fast das ganze Spektrum der esoterischen Strömungen seiner Zeit. Die rätselhaften Widersprüche, die in seinem Leben auftraten, geben Anlass, die Eigenarten der im kolonialen Amerika praktizierten Religionen zu überdenken. Jon Butlers Studie „Magic, Astrology, and the Early American Religious Heritage" (Magie, Astrologie und das religiöse Erbe im frühen Amerika) zwingt uns, wenig beachtete Aspekte der amerikanischen Volksreligion, wie die Kabbala und die Astrologie, ganz neu in Betracht zu ziehen[120], um ein abgerundetes Bild des damals vorherrschenden Spektrums an religiösem Interesse zu bekommen. Für viele Männer und Frauen des frühmodernen Europas waren die hermetischen Wissenschaften in ihrem theologischen Verständnis und ihrer praktizierten Spiritualität von zentraler Bedeutung. Die europäischen Siedler in Amerika nahmen diese Ansichten und Praktiken in die neue Welt mit.[121]

---

119 Zur Geschichte der Society of the Woman in the Wilderness, s. Julius Friedrich Sachse, *The German Pietists of Provincial Pennsylvania: 1694-1708* (Philadephia, PA: Printed for the Author by P. C. Stockhausen, 1895) Part 1: The Woman in the Wilderness; https://archive.org/details/germanpietistsof00sach/page/78

120 Jon Butler, „Magic, Astrology, and the Early American Religious Heritage," *American Historian Review*, 84, no. 2 (April, 1979), 317-446.

121 S. dazu: Keith Thomas, „An Anthropology of Religion and Magic, II," *Journal of Interdisciplinary History*, 6, no. 1 (Summer, 1975), 91-109.

Kelpius' Odyssee eröffnet uns einen Blick in diese religiöse Welt der amerikanischen Kolonialzeit. Es war eine Welt, in der das Interesse an der hermetischen Tradition lutherische und separatistische Pietisten sowie Quäker trotz Unterschiede in Lehre, Theologie und Kirchenpolitik zusammenbrachte. Das Studium der Kabbala hatte für sie eine tiefere Bedeutung als nur ein akademisches Interesse; es weckte in ihnen das Verlangen nach einer Christenheit, die sich nicht mehr in Sekten, die ihren eigenen Bekenntnissen folgten, aufteilte. Es nährte in ihnen die Hoffnung, dass sich die Ankunft des Millenniums bald ereignen würde.

Johannes Kelpius starb 1708 infolge einer schweren Tuberkulose-Erkrankung. Seine körperliche Konstitution war zudem von den asketischen Übungen in der Einsiedler-Höhle geschwächt worden. Anschließend zerstreute sich die Gesellschaft am Wissahickon fast völlig in alle Himmelsrichtungen. Nur noch wenige Mitglieder verweilten an diesem Ort, wie Matthai, Seelig und Dr. de Witt.[122] Eine Sensation verursachte Ludwig Biederman, als er dem Zölibat abschwor und die Tochter Zimmermanns heiratete. Nachdem Daniel Falkner 1699 als lutherischer Pfarrer ordiniert worden war, begann er, in New Jersey als Geistlicher zu dienen. Daniel Falkners Bruder Justus nahm die Pfarrstelle der lutherischen Gemeinde in New York City an. Wenn auch nicht der Gründer des amerikanischen Luthertums, so war Justus doch der erste ordinierte lutherische Pfarrer in Amerika und ein gelehrter Apologet der Orthodoxie. Die noch übriggebliebene Schar an Mitgliedern der ursprünglichen Gesellschaft, die Kelpius in die neue Welt gefolgt war, löste sich als eigenständige Gruppe um 1720 auf, weil viele ihrer Mitglieder in den Ehestand traten und sich der allgemeinen Gesellschaft in Pennsylvania anschlossen. Diejenigen, die nicht heirateten, verbrachten den Rest ihrer Tage damit, als „heilige Männer" durch die Lande zu ziehen. Gelegentlich traten sie mit der Ephrata-Kommune und den Herrnhuter Brüdern in Verbindung.

---

122 S. dazu: James Ernst, *Ephrata: A History* (Allentown, PA: Pennsylvania German Folklore Society, 1963) 38.

Heinrich Bernard Kosters Abtrünnigkeit von der Kelpius' Gesellschaft erregte großes Aufsehen. Er schwang sich als wortgewaltiger Fürsprecher der Keithian Quäker auf und sorgte für Unruhe innerhalb der Quäker-Gemeinschaft in den 1690er-Jahren. George Keith (1638-1716), ein prominenter Leiter der Quäker und Schulmeister in Philadelphia, war ein früher Gegner der Sklaverei und kritisierte die enge Beziehung der Sekte zu der provinzialen Regierung in Pennsylvanien. Seine Gefolgsleute, manchmal als christliche Quäker bezeichnet, beschuldigten die führenden Quäker in Philadelphia, die Religion zu vergeistigen und alles Physische für nicht existent zu erklären. Keithianer betrachteten die körperliche Auferstehung Jesu als ein wichtiger Aspekt der christlichen Lehre, wohingegen die Mehrheit der anderen Quäker die Auferstehung rein geistlich ansah. Da ihn die „Freunde"[123] in London nicht als echten Quäker akzeptierten, schloss sich Keith schlussendlich der Episkopal Kirche an. Die Keithian Quäker hörten als eigenständige Gruppe Anfang des 18. Jahrhunderts auf zu existieren.

Kirchenhistoriker bewerten die Bedeutung der „Society of the Woman in the Wilderness" unterschiedlich.[124] Dies ist nicht überraschend, wenn man bedenkt, welch mannigfache Karrieren die Mitglieder dieser Gruppe ergriffen, nachdem sie sich von ihr getrennt hatten. Es ist dennoch möglich, die unterschiedlichen Ansichten auf einen gemeinsamen Punkt, nämlich der Suche nach geistlicher Erneuerung, zu bringen, wenngleich gewisse Schwierigkeiten in der Interpretation bleiben.

---

123 Engl. „Friends": alternativer Name für Quäker

124 S. dazu: Theodore Emanuel Schmauk, *A History of the Lutheran Church in Pennsylvania 1638-1820: From the original sources*, Vol. 1 (Philadelphia, PA: General Council Publication House, 1903; Der zweite Band wurde nie veröffentlicht); http://archive.org/details/historyoflu-thera01schm; Abdel Ross Wentz, *A Basic History of Lutheranism in America* (Philadelphia: Muhlenberg Press, [1955] 1964).

4.3.2. Suche nach geistlicher Erleuchtung

Um die richtige Antwort auf die Frage nach den Gründen zu finden, wieso das Studium der Hermetik, des Neuplatonismus und der Kabbala zur Bildung der Kelpius-Gruppe von radikalen Pietisten führte, ist es nötig, sich mit der Eigenart des religiösen Milieus zu befassen, in dem sie sich aufhielt. Nur so kann Licht in die Dunkelheit gebracht werden, die die Existenz dieser Gruppe umgibt. Mehr noch, es wird verständlich, warum sie sich nach nur wenigen Jahre ihres Daseins wieder auflöste. Die für sich allein betrachtet so obskur erscheinende Geschichte Kelpius wird unter Hinzuziehung des weiteren Kontextes der Vermischung einer christlichen Vision mit der ägyptischen und jüdischen Mystik verständlich.

Christian Knorr von Rosenroth (1636-1689) war wahrscheinlich die wichtigste Quelle des esoterischen Gedankengutes, das Johannes Kelpius als Inspiration gedient hatte. Von vielen zu jener Zeit als ein hochgeschätzter Gelehrter der Kabbala angesehen, war Knorr von Rosenroth ein lutherischer Pfarrer, Polyhistor[125], Dichter, Schriftsteller und evangelischer Kirchenlieddichter aus Sulzbach im Königreich Bayern. Er stand der pansophischen-kabbalistischen Gruppe nahe, die sich am Hofe des Herzogs Christian August von Pfalz-Sulzbach versammelte. Darüber hinaus befand er sich im Zentrum eines Netzwerkes von Reformern, die die Beifügung der Kabbala zum christlichen Glauben als Voraussetzung einer gesellschaftlichen Erneuerung im Europa des 17. Jahrhunderts ansahen.[126]

Im 15. Jahrhundert waren die italienischen Neoplatoniker die ersten Gelehrten, die sich einer ernsthaften Betrachtung der Kabbala zugewandt hatten, aber die im frühen 17. Jahrhundert veröffentlichten Werke des Enthusiasten Jakob Böhmes dienten Knorr von Rosenroth

---

125 Polyhistor: in vielen Fächern bewanderter Gelehrter; https://www.duden.de/node/113123/revision/113159

126 Allison Coudert, "A Quaker-Kabbalist Controversy: George Fox's Reaction to Francis Mercury van Helmont," *Journal of the Warburg and Cortauld Institutes*, 39 (1976), 172-178.

als unmittelbare Inspiration, sich intensiver dem Studium der Kabbala zuzuwenden. Zu dessen Kreis am Hof Christian August zählte auch der mysteriöse Francis Mercurius van Helmont (1614-1698). Van Helmont war Sohn des berühmten belgischen Chemikers und Mystikers Jean-Baptiste van Helmont. Obgleich Francis Mercurius ein ausgebildeter Arzt war, verbrachte er einen Großteil seines Lebens als herumwandelnder Einzelgänger, der unentwegt durch England und das europäische Festland reiste. Die gewundenen geistlichen Wege, die er einschlug, spiegelten sein unstetes Leben wider. Am besten kann man ihn als einen nach geistlicher Erleuchtung Suchender bezeichnen. Anderen gab er zu verstehen, dass ihm Nichts daran lag, eine eigene Religionsgemeinschaft zu gründen oder sich einer bestehenden anzuschließen, denn er meinte, dass es nirgendwo eine Gruppe von Menschen gebe, die sich zurecht als das Volk Gottes ausgeben kann.[127]

Es kam zu einer persönlichen Begegnung zwischen Francis Mercurius van Helmont und Christian Knorr von Rosenroth, als sich beide in den frühen 1660er-Jahren am Hofe von Christian August aufhielten. Van Helmont teilte dessen Begeisterung für die Kabbala und half ihm, das Werk *Kabbala Denudata*[128] zusammenzustellen und zu veröffentlichen.[129] Beide teilten die Meinung, dass dieses Buch, das auch neuplatonische und naturphilosophische Einflüsse von Henry More aufzeigt, „der Schlüssel zur Bekehrung der Juden und eine Lösung für die Verwirrung und Streiterei ist, die unter den Christen herrschte".[130] Sie nahmen auch die Theorie der Reinkarnation an, die der jüdische Kabbalist,

---

127 S. dazu: William Isaac Hull, *Benjamin Furly and Quakerism in Rotterdam* (Swarthmore, PA: Swarthmore College, 1941) 121.

128 Christian Knorr von Rosenroth, *Kabbala Denudata Seu Doctrina Hebraeorum Transcendentalis Et Metaphysica Atque Theologica Opus Antiquissimae Philosophiae Barbaricae variis speciminibus refertissimum, In Qvo Ante ipsam Translationem Libri difficillimi atque in Literatura Hebraica Summi, Commentarii nempe in Pentateuchum, & quasi totam Scripturam V. T. Cabbalist* (Francofurti: Joannis Davidis Zunnerus, 1684); https://archive.org/details/bub_gb_QzBBAAAAcAAJ/page/n6

129 Coudert, "A Quaker-Kabbalist Controversy," 172.

130 Ebd., 176.

Isaac Luria, in der Zeit nach der Renaissance entwickelt hatte, und behaupteten, dass diese herausstreichen würde, dass das Wesen Gottes aus Güte und Liebe bestehe und jeder Mensch schlussendlich mittels mehrfacher Reinkarnation gerettet werde. Der Mensch kehre nicht deshalb in den Himmel ein, weil er während eines Kreislaufes der Wiedergeburt geläutert werden würde, wie es Luria gelehrt hatte, sondern weil ihm die Möglichkeit gewährt werde, während einer dieser Reinkarnationen an Christus zu glauben. Diese Lehre wurde ebenfalls zur Lösung der Schwierigkeit herangezogen, die Merkmale eines liebenden Gottes mit denen eines rachsüchtigen zu versöhnen. Es könne nicht sein, dass Gott viele seiner Kreaturen der ewigen Verdammnis übergibt. Somit konnte ein weiteres Hindernis ausgeräumt werden, das bis dahin die Bekehrung der Juden und Heiden verhindert hatte. Van Helmont und Knorr von Rosenroth weiteten so die Zweckdienlichkeit der Kabbala als geeignetes Mittel zur Bekehrung der Juden aus.[131]

Schon 1670 während seines Aufenthaltes in England hatte Francis Mercurius van Helmont die Lehre der Reinkarnation formuliert. Durch die Vermittlung des Cambridge Platoniker Henry More traf er mit Anne, der Viscountess Conway, zusammen, die ihn von 1670 bis 1679 als ihren persönlichen Arzt anstellte. Lady Conwell war eine äußerst religiöse Dame, die über Jahre hinweg mit vielen Quäkern befreundet war, bis sie sich schließlich selbst zum Quäkertum bekehrte. Sie bestand darauf, van Helmont vielen prominenten Quäkern vorzustellen. Die restlose Seele des Belgiers fand so einige Jahre lang ein geistiges Zuhause bei Quäkern, wie George Keith und Benjamin Furley, die ebenfalls mit der Kabbala aufs Innigste vertraut waren.[132]

---

131 Ebd., 177-178.

132 S. dazu: Joseph Green, „Correspondence of Anne, Viscountess Conway, Quaker Lady, 1675," *Journal of the Friends Historical Society*, VII, no. 1 (January, 1910), 7-17; VII, no. 2 (April, 1910), 49-55.

4.3.3. Spiritueller Enthusiasmus der Ephrata-Kommune

Johann Konrad Beissel[133] (1690-1768) kam 1720 als
deutscher Auswanderer in Pennsylvania an. In seiner
ehemaligen Heimat hatte er großartige Dinge über die
spirituellen Erfahrungen der Kelpius-Gesellschaft gehört,
die man sich in den pietistischen Kreisen Deutschlands
erzählte. Nach seiner Ankunft besuchte Beissel einige der
Gesellschaften in Pennsylvania, die einen ähnlichen Lebens-
stil praktizierten wie die Gruppe mit dem Namen „Frau in
der Wildnis". Peter Cornelius Plockhoy hatte 1662 bei Hoorn
Hill in der Nähe von Philadelphia eine sozialistische Gesellschaft gegründet. Am Kopf des Chesapeake Rivers hatte sich
eine Gesellschaft von Labadisten niedergelassen. Ansonsten
gab es zahlreiche Vereinigungen der Anabaptisten im Grenz-
land von Pennsylvania.

Zusammen mit Isaac van Bebber, einem Niederländer,
dessen Vater ein Mitglied der Kelpius-Gesellschaft war,
besuchte Beissel die Labadisten-Kolonie in Bohemia Manor,
die Petrus Sluyter und Jasper Dankärts 1684 gegründet
hatten. Diese Kolonie benannte sich nach Jean de Labadie
(1610-1674), einem im französischen Bordeaux geborenen
jesuitischen Priester, der die Römisch-Katholische Kirche
verlassen hatte, als er sich der Theosophie zugewandt und
entschlossen hatte, eine spirituelle Gesellschaft nach Vorgabe
der frühen Christen zu gründen. Seine hauptsächliche
Botschaft, die er großen Menschenmassen in Paris, Port
Royal, Toulouse und andernorts verkündete, war das
Erreichen der Vollkommenheit mittels eines kontemplativen
Lebens.[134]

Die Lapadisten-Kolonie praktizierte das Zölibat und
legte Wert auf eine allgemeine Askese. Unter der Führung
ihres Bischofs Sluyters lebten Mitglieder in ungeheizten
Zellen und hatten nur wenige Besitztümer. Es ist wahr-

---

133 S. dazu: Peter C. Erb, Hrsg., *Johann Conrad Beissel and the Ephrata
Community: Mystical and Historical Texts* (Lewiston, NY: Mellen, 1985);
Walter C. Klein, *Johann Conrad Beissel: Mystic and Martinet 1690-1768*
(Philadelphia, PA: University of Pennsylvania Press, 1942).

134 "The Labadists of Bohemia Manor," Maryland Historical Society,
http://www.mdhs.org/labadists-bohemia-manor

scheinlich, dass sich Beissel von der Labadisten-Kolonie in der späteren Gründung seiner eigenen Kommune, die er Ephrata[135] nannte, inspirieren ließ. Nachdem Sluyter kurze Zeit später verstorben war, löste sich seine Kolonie auf. Die amerikanischen Kolonisten machten sich oft lustig über die „Pennsylvania-Religion", weil der spirituelle Enthusiasmus meistens seltsame Blüten trieb. Die religiösen Kommunen waren Zufluchtsstätten, zu denen sich die Theosophen hingezogen fühlten, um ihre bizarren Riten zu praktizieren. Ihre Mitglieder lebten zwar in gemeinschaftlichen Verhältnissen, legten aber ein extrem individualistisches Verhalten an den Tag. Der Werdegang Matthias Baumans, einem ungelernten Landarbeiter aus dem Rheinland, kann als Beispiel genannt werden. Während einer schlimmen Erkrankung empfing er eine Vision, die ihm das Paradies zu offenbaren schien. Erfüllt von der Gewissheit seiner spirituellen Erleuchtung, reiste Bauman 1719 nach Pennsylvania. Sofort begann er damit, die dortigen Bewohner zu instruieren, dass sie völlig sündlos leben könnten, wenn sie sich vom Geiste Gottes erfüllen lassen würden. Im Stand der Sündlosigkeit benötigten sie keine Bibel mehr, noch müssten sie sich einer Kirche anschließen. Soziale Konventionen bräuchten nicht mehr beachtet werden, denn sie lebten in einem Zustand der Unschuld, wie es auf Adam vor dem Sündenfall im Garten Eden zugetroffen hatte.[136] Baumans Nachfolger nannten sich die „Neugeborenen", die sich in alle Himmelsrichtungen

---

135 S. dazu: Oswald Seidensticker, *Ephrata: Eine amerikanische Klostergeschichte* (Cincinnati, OH: Druck von Mecklenborg & Rosenthal, 1883); https://archive.org/details/ephrataeineameri00seid/page/n6; F. Reichmann, E. E. Doll, "Ephrata, as seen by contemporaries," in: *Pennsilvanian German Folklore Society*, Vol. 17 (Allentown, PA, 1953); Martin Lohmann, *Die Bedeutung der deutschen Ansiedlungen in Pennsylvanien* (Stuttgart: Ausland & Heimat, 1923).

136 S. dazu: Everett Gordon Alderfer, *The Ephrata Commune: An Early American Counterculture* (Pittsburgh, PA: University of Pittsburgh Press, 1985) 35, 107ff. (Kap. IX, Recovery of Eden); Julius Friedrich Sachse, *The German Sectarians of Pennsylvania, 1708-1742 (1742-1800): A critical and legendary history of the Ephrata Cloister and the Dunkers*, 2 vols. (Philadelphia, PA: Printed for the author by P. C. Stockhausen, 1899-1900) vol. 1, 73; https://archive.org/details/germansectarian00sachgoog/page/n122

verstreuten, nachdem ihr spiritueller Führer 1727 gestorben war. Das spirituelle Ambiente in Pennsylvania zu jener Zeit muss in Betracht gezogen werden, wenn man sich näher mit Beissels Ephrata-Kommune befasst. Das Wissen um die Geschichte dieser Kommune stützt sich auf detaillierte Berichte von Historikern, wie Sachse, Stoudt, Ernst und Alderfer. Es gibt auch Original-Aufzeichnungen der Kommune selbst, wie beispielsweise die *Chronicon Ephratense*[137].

Diese fast monastisch anmutende Ephrata-Kommune trug viel zur Entwicklung der kolonialen Geschichte Amerikas bei. Das große Spektrum der von ihren Mitgliedern praktizierten esoterischen Traditionen kann unter dem Sammelbegriff „Theosophie" zusammengefasst werden, einschließlich der Alchemie, Astrologie und Magie. Daraus erwuchs eine eigene Variante des „christlichen" Mystizismus. Ein klares Verständnis sollte darüber herrschen, dass sich die Beschäftigung mit der Theosophie vom Umgang mit anderen esoterischen Traditionen deutlich unterscheidet. Die Ephrata-Kommune betrachtete zum Beispiel die Beschäftigung mit Magie als eine heilige Handlung, die ein integraler Bestandteil ihrer theosophischen Weltanschauung war. Die genaue Festlegung der Maßeinheiten, die beim Bau der Ephrata-Gebäude berücksichtig wurden, und die geographische Ausrichtung dieser Häuser beruhte auf der spirituellen Bedeutsamkeit bestimmter Zahlen und Himmelsrichtungen. Am wichtigsten waren die Zahl 40 und die Ostorientierung. Magie habe nur dann richtig angewandt werden können, wenn sie einem spirituellen Zweck diente. Ein solcher konnte zum Beispiel die Aufgabe erfüllen, die Mitglieder und die Gebäude der Kommunen zu beschützen. Um die Potenz der magischen Formeln zu erhöhen, führte man langwierige Rituale an bestimmten Tagen der Woche durch. Beliebt waren auch die Nächte, wenn der Mond am Abnehmen war. Um die Häuser vor dem Niederbrennen zu bewahren, wurden Metallplatten mit magischen Versen aus

---

137 Johann Peter Miller (Lamech), *Chronicon Ephratense: A History of the Community of Seventh Day Baptists at Ephrata, Lancaster ...* (Lancaster, PA: S. H. Zahm & Co., 1889); https://archive.org/details/chronicone-phrat00millgoog/page/n4

der Bibel oder mit Symbolen und Wörter beschriftet, denen eine magische Wirkung zugeschrieben wurden.[138]

Neben der Astrologie und der Magie nahm auch die Alchemie einen bedeutsamen Platz in der Theosophie ein. Die Verwendung von Begriffen wie „Stein der Weisen" stand unmittelbar mit der Vorstellung einer spirituellen Transformation in Beziehung. Die Beschäftigung mit der Alchemie war in theosophischen Zirkeln ein äußerst beliebter Zeitvertreib, wie die Tätigkeiten der sich um Jakob Böhme scharende Gruppe von Anhängern unter Beweis stellten.

Johann Georg Gichtels[139] Buch *Theosophia Practica*[140] fand eine weite Verbreitung in theosophischen Kreisen, obgleich sich der Autor vehement gegen die praktische Alchemie aussprach. Die unterschiedlichen Reaktionen auf diesen Ratschlag machten deutlich, wie Alchemisten mit der

---

138 S. dazu: Sachse, *German Pietists of Provincial Pennsylvania*, vol. 1, 152, 37, 39, 77, 120, 148, 247, 387; https://archive.org/details/germanpietistsof00sach/page/37

139 Johann Georg Gichtel (1638-1710) war ein Mystiker und Spiritualist. Gichtel, Sohn eines Steuerbeamten in Regensburg, studierte zunächst in Straßburg Theologie, wechselte aber später zur Rechtswissenschaft. Nach kurzer Tätigkeit als Advokat in Speyer kehrte er 1664 nach Regensburg zurück. Für seinen weiteren Lebensweg wurde die Begegnung mit dem Juristen Justinian von Welz wichtig. Dieser wandte sich in seiner Schrift De vita solitaria gegen das übliche „Maulchristentum" und vertrat das Ideal eines weltabgewandten Christentums. In den 1660er Jahren forderte von Welz zur Bildung einer neuen Gesellschaft auf, die das Luthertum einigen und den Missionsbefehl Jesu (Mt 28,18-20) umsetzen sollte. Gichtel ließ sich für dieses Vorhaben gewinnen und war zunächst im Auftrag von Welz in Deutschland unterwegs. Weil er sich in Schmähschriften mit der Geistlichkeit Regensburgs und Nürnbergs anlegte, wurde er in Haft genommen und 1665 aus Regensburg ausgewiesen. Gichtel beschäftigte sich fortwährend mit religiösen Schriften. 1682 gab er Jakob Böhmes Werke vollständig heraus. Aufnahme fand er bei dem Pfarrer und Spiritualisten Friedrich Breckling in Zwolle, der schon vielen Gesinnungsgenossen Unterschlupf gewährt hatte. Als Gichtel sich dort für Friedrich Breckling in dessen Auseinandersetzung mit dem Amsterdamer Konsistorium einsetzte, kam er wegen seiner heftigen Kirchenkritik ins Gefängnis und an den Pranger und wurde aus Zwolle ausgewiesen. https://de.wikipedia.org/wiki/Johann_Georg_Gichtel

140 Johann Georg Gichtel, *Theosophia Practica: Halten und Kämpfen ob dem H. Glauben bis ans Ende* (Leyden: [Verlag nicht ermittelbar], 1722); https://gdz.sub.uni-goettingen.de/id/PPN1023457245?tify={„pages":[5],"view":"info"}

Information in einschlägigen Büchern umgingen. Interessanterweise findet man Hinweise in den überlieferten Schriften der Ephrata-Kommune auf die Beschäftigung nicht nur mit der spirituellen Alchemie, sondern auch mit der praktischen. Dasselbe kann man über die Wissahickon Kommune von Johannes Kelpius sagen. Die Entdeckung eines Lebenselixiers war eines der wichtigsten Ziele praktizierender Alchemisten.[141]

Der Umgang mit diesen esoterischen Traditionen in der Ephrata-Kommune und die spirituelle Deutung des täglichen Lebensvollzuges, wie zum Beispiel die mystische Bedeutung der Sabbatheiligung, machte einen deutlichen Unterschied zu anderen Kommunen, wie beispielsweise der Herrnhuter Brüdergemeine des Grafen Nicholas von Zinsendorfs, die anfänglich mit der Ephrata-Kommune in Beziehung treten wollte. Es kam zu keinem näheren Kontakt zwischen diesen beiden Kommunen, nachdem Gerüchte über die Ephrata-Kommune verbreitet worden waren, die sie als Werkzeug des Teufels bezeichneten.[142] Die von der Druckerpresse der Ephrata-Kommune kommenden Bücher stellen die besondere Betonung des Interesses ihrer Mitglieder an der mystischen Spiritualität der Theosophie heraus. Daher lässt sich nachvollziehen, wieso Außenstehende die Befürchtung hegten, dass sich die Kommune auf schwarze Magie eingelassen habe.

Die spirituellen Ursprünge der Ephrata-Kommune liegen in der Theosophie Jakob Böhmes. Johann Konrad Beissel war einer der ersten Schriftsteller, der Bücher über diese Tradition in Amerika schrieb und veröffentlichte. Ihm stand zuerst der Drucker Andrew Bradford zur Seite und später der Verleger Benjamin Franklin. Die erste seiner Veröffentlichungen war *Das Büchlein vom Sabbath*[143] (1728). Einige Zeit später erschien sein Buch *Mysterion Anomias: The Mystery of Lawlessness or, Lawless Antichrist Discover'd*

---

141 Sachse, *German Sectarians of Pennsylvania, 1708-1742*, vol. 1, 112, 207; https://archive.org/details/germansectarian00sachgoog/page/n174

142 S. dazu: Alderfer, *Ephrata Commune*, 78ff.

143 Johann Konrad Beissel, *Das Büchlein vom Sabbath* (Philadelphia, PA: Bradford, 1728).

& *Discloses*[144] (1729). Der Inhalt von *Mysterio Anomias* besteht aus einer sonderbaren Mischung von Sabbatarianismus und Mystizismus.

Die Erklärung der mystischen Bedeutung des Sabbats als eine endzeitliche Epoche, wie sie in diesem Buch dargelegt wird, gibt hinreichend Aufschluss über den Ursprung und Zweck der Ephrata-Kommune. Beissel bedient sich des Stilmittels eines Dialogs zwischen Vater und Sohn, um die einzigartige Bedeutung des Sabbats herauszustellen. Der Jüngling begreift, dass der „Siebende Tag-Sabbat" ein Typus für den „Ewigen Sabbat" sei. Einige Zeilen später sagt der Vater, dass der Antichrist nicht in die „Siebte Zeit oder Zahl" gehöre, sondern in den sechs Arbeitstagen zerstört werde und am siebten in den Feuersee gehen müsse, um dort bis zum „Achten Tag" zu bleiben.[145] Aus diesen Worten lässt sich die Vorstellung Beissels erschließen, dass der Sabbat weit über die Bedeutung eines Ruhetages hinausgeht. Vielmehr symbolisiere er bestimmte numerische und kosmologische Mysterien, die auf die Endzeit hindeuten und die Bedeutung eines „Ewigen Sabbats" annehmen würden. Der Autor setzt bei seinen Lesern ein esoterisches Grundverständnis voraus. Anders sind seine Ausführungen kaum zu verstehen. Diese Interpretationen des Sabbats offenbaren den hauptsächlichen Unterschied zwischen der Ephrata-Kommune und anderen spirituellen Gemeinschaften im kolonialen Amerika. Ein esoterischer Millennialismus hatte das Denken der Mitglieder Ephratas ergriffen.

Die Druckerei der Ephrata-Kommune veröffentlichte viele Bücher über die unterschiedlichsten Themen. Das einzig Gemeinsame war ihr allgemeines Interesse an der Theosophie. Die erste amerikanische Ausgabe von Jakob

---

144 Conrad Beissel [Johann Konrad Beissel], *Mysterion Anomias: The Mystery of Lawlessness or, Lawless Antichrist discover'd and disclosed: shewing that all those do belong to that lawless Antichrist, who wilfully reject the commandments of God, amongst which, is his holy, and by himself blessed seventh-day-sabbath, or his holy rest, of which the same is a type* (Philadelphia: Printed by Andrew Bradford, 1729). Ins Englische übersetzt von Michael Wohlfarth [Welfare].

145 Beissel, *Mysterion Anomias the mystery of lawlessness*, 27, 31.

Böhmes *Christosophia*[146] erwies sich als ein äußerst begehrenswertes Buch. Ohne zu übertreiben, kann behauptet werden, dass die Ephrata-Kommune ein wichtiger Hauptstrom war, der den Entwicklungsfluss der religiösen Absichten vieler amerikanischer Kolonisten entscheidend beeinflusst hat. Der Historiker James Ernst bemerkte über Beissels Engagement zur Verbreitung der Theosophie, dass „er von keinem anderen Religionsführer in den Kolonien übertroffen wurde".[147] Ernst bekundete im Weiteren seine hohe Meinung über Beissel mit dem Hinweis, dass dieser wahrscheinlich die tiefgründigste „Geistesgröße" im kolonialen Amerika gewesen sei. Beissels Nachfolger als Vorsteher der Ephrata-Kommune, Peter Müller (1710-1796), zeichnete sich zwar nicht durch ein bemerkenswertes persönliches Charisma aus, wie man es von seinem Vorgänger zu sagen pflegte. Aber er legte ein besonderes Geschick an den Tag, persönliche Beziehungen mit mächtigen Persönlichkeiten, wie Benjamin Franklin und George Washington, zu unterhalten. Müller machte die Verwirklichung der religiösen Freiheit zu einem seiner wichtigsten Anliegen. In Briefen an prominente Delegierte des Kontinentalen Kongresses reichte er die Petition ein, nicht diejenigen zu bestrafen, die sich aus Prinzipientreue einer Verordnung der Regierung widersetzen. Der unmittelbare Anlass war die Weigerung der in Pennsylvania ansässigen Pietisten, der Einberufung zum Militärdienst während des Unabhängigkeitskrieges Folge zu leisten. Eines der wichtigsten Grundsätze der späteren US-Verfassung war die Gewährleistung der Religionsfreiheit und die Trennung von Kirche und Staat.

Die Tatsache ist keinesfalls unbedeutend, dass das in Pennsylvania gelegene Philadelphia die erste Hauptstadt der neu gegründeten Vereinigten Staaten werden sollte. Ephrata lag nicht unweit davon entfernt; ein Umstand, der nicht nur auf die geographische Nähe zutraf, sondern auch auf die spirituelle Orientierung. Als Washingtons Armee am 11.

---

146 Jakob Böhme, *Christosophia* (Ephrata. PA: Jacob Ruth, 1811-1812).

147 Ernst, *Ephrata*, 341.

September 1777 bei Bradywine eine militärische Niederlage erleiden musste, sandte der General fünfhundert der verwundeten Soldaten zur Genesung nach Ephrata. Die Bewohner der Kommune kümmerten sich unentgeltlich den langen Winter über um diese Verwundeten. Dennoch starben viele von ihnen an Typhus und Scharlach.

Es dürfte erwiesen sein, dass Benjamin Franklins Vorliebe für eine esoterische Spiritualität entscheidende Impulse von den Publikationen der Ephrata-Kommune erhalten hatte. Bradfords Verlag ging nach dessen Fortgang in die Hände Franklins über. Das unermüdliche Eintreten Franklins für die Umsetzung des Prinzips, dass keine Glaubensgemeinschaft vom Staat bevorzugt werden sollte, war eines der wichtigsten Anliegen der Theosophie. Im Gefolge von Johann Georg Gichtel setzten sich die Theosophen, ob nun in Deutschland, Frankreich, den Niederlanden, England oder Nordamerika, für die Gleichberechtigung aller Religionen ein. Sie selbst unterließen es, eine eigene Glaubensgemeinschaft zu gründen. Die einzige Vereinigung von Theosophen, die sich selbst einen Namen gab, war Jane W. Leades Philadelphia Society in England. Dass dies überhaupt geschehen konnte, wurde von anderen Theosophen aufs Schärfste verurteilt. Sie befürchteten, dass eine schriftlich fixierte Lehre an die Stelle der unmittelbaren Kontaktaufnahme mit spirituellen Mächten treten könnte.

4.4. Veredelung des menschlichen Charakters

4.4.1. Göttliche Erleuchtung im Inneren des Menschen

Die Gruppe von Denkern des 17. Jahrhunderts, die man gemeinhin die Cambridge Platoniker nannte und irrtümlicherweise für Christen hielt, lehrten zunächst am Emmanuel College und später am Christ's College der Cambridge University.[148] Zu ihnen zählten ihr Gründer

---

148 S. dazu: Ernst Cassirer, *The Platonic Renaissance in England*, übers. v. James Pettegrove (Edinburgh: Thomas Nelson and Sons, 1953); https://archive.org/details/in.ernet.dli.2015.149587/page/n1; Deotis Roberts,

Benjamin Whichcote (1609-1683), Ralph Cudworth (1617-1688), Henry More (1614-1687), Nathaniel Culverwel (1618?-1651?), John Smith (1618-1652) und John Norris (1657-1711), der letzte Repräsentant dieser Schule. Norris passte ihre Lehren der cartesianischen[149] Philosophie von Nicholas Malebranche (1638-1715) an. Alle entstammten einem puritanischen Milieu, dessen Einfluss sie größtenteils ablehnten. Die Cambridge Platoniker stellten sich einerseits gegen den puritanischen Calvinismus und andererseits gegen Thomas Hobbes' Materialismus[150].

Im Allgemeinen nahmen sie eine konträre Haltung zu den meisten Tendenzen ihrer Zeit ein. Sie waren Gemäßigte in einem Zeitalter der Polarisation, Sympathisanten der niederländischen Remonstranten (Arminianer), nachdem diese im Anschluss an die Synode von Dordrecht (1618-1619) aus der reformierten Kirche ausgeschlossen worden

---

From Puritanism to Platonism in Seventeenth Century England (The Hague: Martinus Nijhoff, 1968).

149 Der Ausdruck „Cartesianismus" (auch Kartesianismus; von Cartesius, lateinisch für Descartes) wird verwendet sowohl für die Philosophie René Descartes' (Cartesianismus im engeren Sinn), die Philosophie seiner Anhänger (Cartesianismus im weiteren Sinn), die Philosophie Descartes' wie die seiner Anhänger. Darüber hinaus spricht man vom Cartesianismus auch in Bezug auf einzelne charakteristische Positionen: die Lehre von dem Dualismus von Leib/Körper einerseits und Seele/Geist andererseits sowie die erkenntnistheoretische Position, dass Erkenntnis nur auf unbezweifelbaren Einsichten gründen soll. Als Prinzipien des Cartesianismus im weitesten Sinn gelten Selbstgewissheit des Ichbewusstseins (cogito ergo sum), Klarheit und Deutlichkeit als Kriterium der Wahrheit, Materie als Raumerfüllung, Dualismus, Korpuskulartheorie, methodischer Zweifel, Rationalismus und die Wertschätzung der Mathematik. https://de.wikipedia.org/wiki/Cartesianismus

150 Der Materialismus ist eine erkenntnistheoretische und ontologische Position, die alle Vorgänge und Phänomene der Welt auf Materie und deren Gesetzmäßigkeiten und Verhältnisse zurückführt. In der Grundfrage der Philosophie grenzt sich der Materialismus von allen anderen Philosophien ab. Der Materialismus geht davon aus, dass selbst Gedanken, Gefühle oder das Bewusstsein auf Materie zurückgeführt werden können. Er erklärt die den Menschen umgebende Welt und die in ihr ablaufenden Prozesse ohne Gott. https://de.wikipedia.org/wiki/Materialismus

waren, und Befürworter der Toleranz in einem Zeitalter der Religionskriege.[151]

Die Bezeichnung „Cambridge Platoniker", die für diese englischen Denker gewöhnlich verwendet wird, ist etwas irreführend. Obwohl in einer bestimmten Hinsicht zutreffend, sollte sie nicht darüber hinwegtäuschen, dass die Mitglieder des Zirkels um Whichcote neben Platon (428/427 v.Chr. - 348/347 v.Chr.) auch andere klassische Philosophen, wie Plutarch, Cicero und Seneca, in der Ausgestaltung ihrer Lehre zurate zogen. Ihre größte Sympathie galt jedoch Plotin (204-270 n.Chr.), dem Gründer des Neoplatonismus. 600 Jahre nach Platon erweiterte der alexandrinische Gelehrte die Philosophie seines Vorgängers in ein Gedankensystem, wonach Gott in der Psyche des Menschen zu suchen sei. Dabei ging er von der Vorstellung aus, dass eine essenzielle Identität zwischen der Vernunft[152] des Menschen und dem großen Geist[153] des Universums, der als „Nous"[154] alles kontrolliert, bestehen würde.[155] Der in Cambridge so geschätzte „Platonismus" war ein von Plotin entlehnter

---

151 Es gibt einige nützliche Bücher, die konkret auf die Cambridge Platoniker eingehen, wie zum Beispiel Rosalie Colie, *Light and Enlightenment: A Study of the Cambridge Platonists and the Dutch Arminians* (New York City, NY: Cambridge University Press, 1957); James D. Roberts, *From Puritanism to Platonism in Seventeenth Century England* (Dordrecht: Springer Netherlands, 1968); Gerald R. Cragg, *From Puritanism to the Age of Reason* (Cambridge: Cambridge University Press, [1950] 2008); Frederick J. Powicke, *The Cambridge Platonists* (London: J. M. Dent and Sons, 1926).

152 oder: „Geist"

153 oder: „Vernunft"

154 Ins Deutsche übersetzt: Verstand, Intellekt, Vernunft (als höchster Teil der Seele), Nus, Demiurg

155 Die beste allgemeine Einführung in Plotins Philosophie ist William Ralph Inge, *The Philosophy of Plotinus*, 2 vols. (New York City, NY: Longmans, Green and Co., [1918] 1948) vol. 1: https://archive.org/details/in.ernet.dli.2015.209465/page/n7; vol. 2: https://archive.org/details/in.ernet.dli.2015.219392/page/n5; Emile Brehier, *The Philosophy of Plotinus* (Chicago, IL: University of Chicago Press, 1958). Inge übersetzt „Nous" als „Spirit" (Geist); Brehier als „Intelligence" (Intelligenz).

Mystizismus[156], der sich besonders in einer natürlichen Spiritualität konkretisierte, die die Seele vergöttlichte. Mittels der Verwendung des menschlichen Verstandes strebten die englischen Philosophen nach Vollkommenheit; über den Weg der Erkenntnis suchten sie die Gemeinschaft mit dem Unerkennbaren.

Unter den Schriften Platons hoben die Cambridge Platoniker die Lehre der Ideen als die wichtigste hervor, wie sie der griechische Philosoph im *Phaedrus*[157] dargelegt hatte. Entsprechend dieser Lehre sind die Objekte, die von unseren Sinnen erfasst werden, lediglich Schatten der ewigen Ideen, die in dem Verstand Gottes ruhen. Wahre menschliche Weisheit bestehe im Verständnis, das sich nicht auf die Schatten bezieht, sondern auf die hinter den Objekten liegende Wirklichkeit. Zu dieser Wirklichkeit gehören die unveränderlichen Prinzipien der Moral und Religion.[158] Die wichtigste Voraussetzung der menschlichen Suche nach Erkenntnis müsse die Anerkennung einer wesensgleichen Beschaffenheit der menschlichen und göttlichen Vernunft sein.

Den Cambridge Platonikern war ein Bibelvers besonders wichtig[159], der in der englischen King James-Übersetzung wie folgt lautete: „The spirit of man is the candle of the Lord, searching all the inward parts of the belly." (Prov. 20:27) Hermann Menge übersetzte diesen Vers ins Deutsche wie folgt: „Eine vom HERRN verliehene Leuchte ist der Geist des Menschen: er durchforscht alle

---

156 Mystizismus: schwärmerische, auf mystischen Gedanken beruhende, rational nicht begründete Einstellung, Weltanschauung. https://www.duden.de/node/100390/revision/100426

157 S. dazu Eberhard Oberg, Hrsg., *Phaedrus – Fabeln*, Tusculum Studienausgaben/Sammlung Tusculum. 2. Auflage (Berlin: Akademie, 2011).

158 John Alexander Stewart & Gertrude Rachel Levy, Hss., *The Myths of Plato* (Carbondale, Il: Southern Illinois University Press, 1960) 432-433, zeigt die Verbindung zwischen Platons *Phaedrus* und den Cambridge Platonikern auf; https://archive.org/details/mythsplato01platgoog/page/n450

159 S. dazu: William Cecil de Pauley, *The Candle of the Lord: Studies in the Cambridge Platonists* (London: Society for Promoting Christian Knowledge, 1937).

Kammern des Leibes (= das gesamte Innere des Menschen)."
(Spr. 20,27) Das in diesem Vers erscheinende hebräische
Wort, welches mit dem deutschen Wort „Geist" (engl. spirit)
widergegeben wird, interpretierten sie im Sinne des
griechischen Begriffs „psyche". Ihrem Verständnis nach war
„psyche" gleichbedeutend mit „Vernunft". Somit war die
Vernunft oder der Verstand das Licht des Herrn, also die
göttliche Erleuchtung im Inneren des Menschen, die ihn vor
den Tücken des Lebens bewahren und sicher den Weg in
eine glorreiche Zukunft weisen würde. Benjamin Whichcote
meinte, dass „ein Mensch genauso das Recht besitzt, sich auf
seine eigene Erkenntnis der Wahrheit zu berufen, nachdem
er sie gründlich analysiert und erwogen hat, wie er dazu
berechtigt ist, seine eigene Augen zu verwenden, um den vor
ihm liegenden Weg zu sehen".[160] In seinen Schriften
vermittelte er die feste Überzeugung, im Geiste Gottes wie
in einem Haus zu leben, und zitierte häufig eine bekannte
Stelle aus Paulus' Predigt auf dem Areopag[161]: „Denn in ihm
leben wir und bewegen wir uns und sind wir, wie ja auch
einige von euren Dichtern gesagt haben: ‚Seines Geschlechts
sind auch wir.'" (Apg. 17,28) Ralf Cudworth behauptete,
dass es eine göttliche Welt-Seele gebe, die die unzähligen
Atome der materiellen Welt in die harmonische Gestalt des
Universums zusammenfügt.[162] John Smith achtete besonders
darauf, den neoplatonischen Panentheismus[163] in den Mittel-

---

160 Benjamin Whichcote, Aphorismus Nr. 40, zit. in Powicke,
Cambridge Platonists, 23.

161 Pauley, *The Candle of the Lord*, 8-9.

162 Ebd., 110.

163 Der Panentheismus bezeichnet die religiöse Auffassung dass das
Universum ein Teil Gottes ist. Im Panentheismus gibt es keinen Dualismus zwischen Schöpfer und Schöpfung wie im klassischen Theismus oder
Deismus. Im Unterschied zum verwandten Pantheismus gilt das Universum aber nicht als Synonym für Gott („alles ist göttlich und Gott ist alles
was ist"). Panentheisten glauben dass Gott über das materielle Universum
hinausgeht. Alles im Universum ist Teil Gottes aber Gott ist mehr als das
Universum. Einen über Schelling und Hegel hinausreichenden Erkenntnishorizont des Panentheismus legte der in Deutschland immer noch zu
wenig anerkannte Universal-Philosoph Karl Christian Friedrich Krause
(1787-1832) vor. Er überwand insbesondere die schweren Mängel des
Hegelschen Systems und entwickelte aus seinem Panentheismus den er

punkt seiner eigenen Weltsicht zu stellen. An einer Stelle schrieb er, dass „das Allgegenwärtige Leben[164], das alle Dinge durchdringt und durchläuft, auf sich selbst beschränkt und vereint ist. Deshalb spricht die antike Philosophie eher davon, dass die Welt in Gott war, als dass Gott in der Welt war".[165] John Norris behauptete, dass die Vernunft das wichtigste Unterscheidungsmerkmal zwischen Mensch und Tier sei. Der Mensch habe an der Religion das größte Interesse. „Deshalb ist es schlüssig, dass der Mensch dazu verpflichtet ist, seine rationale Fähigkeit völlig in den Dienst der Religion zu stellen."[166] Folglich geschah es, dass diese englischen Panentheisten das Christentum mit dem philosophischen Ideal der alten Griechen verwoben.

4.4.2. Mystische Begründung einer inneren Gewissheit

Henry More war einer der bemerkenswerten Studenten Joseph Medes. Seine Studien an der Cambridge University begann am 31. Dezember 1631. Den Rest seines Lebens verbrachte er dort als einer der einflussreichsten Gelehrten seiner Zeit. In einem autobiografischen Abriss gab More bekannt, dass er sich zuerst den Philosophien von Aristoteles,

---

‚Wesenlehre' nannte neue Grundlagen der Mathematik Logik Sprachwissenschaft Naturwissenschaft sowie Grundrisse einer globalen Menschheit in einem Erdstaat neue Grundlagen der Rechts- und Sozialphilosophie und der Kunst die eine Weiterbildung der Wissenschaft Kunst und menschlichen Gesellschaftsformationen ermöglichen könnten. http://www.uni-protokolle.de/Lexikon/Panentheismus.html

164 Smith verwendete große Anfangsbuchstaben für die Bezeichnung „Allgegenwärtiges Leben", um das göttliche Wesen dieses Lebens zum Ausdruck zu bringen.

165 John Smith, "The Existence and Nature of God," in *Select Discourses* (London, 1660), 145, zit. in Douglas J. Elwood, *The Philosophical Theology of Jonathan Edward* (New York City, NY: Columbia University Press, 1960) 100.

166 John Norris, *An Account of Reason and Faith: in Relation to the Mysteries of Christianity* (London: Printed for Edmund Parker, [1697] 1728, 13th edition); erneut herausgegeben in Gerald R. Cragg, Hrsg., *The Cambridge Platonists* (New York City, NY: Oxford University Press, 1968) 153ff.

Hieronymus Cardanus[167] und Julius Scaliger zugewandt hatte. Das meiste, was er in ihren Büchern gelesen hatte, erschien ihm entweder so falsch oder ungewiss zu sein, dass man es als belanglos ansehen müsse, selbst wenn es einleuchtend wäre. Nach vier Jahren des Studiums musste er sich eingestehen, dass alles Philosophieren auf nichts anderes als auf den Skeptizismus hinauslief. In einem zerrütteten Geisteszustand fragte sich More, ob „der Erkenntnisfortschritt wirklich die höchste Glückseligkeit des Menschen darstellt, oder ob es noch einen größeren und glücklicheren Weg gibt".[168] Vielleicht liege das Glück des Menschen darin, das Denken von allen Lastern zu befreien oder eben doch in der Aneignung von Kenntnissen, die dazu dienlich sind, noch viel mehr über die tatsächliche Beschaffenheit der Welt zu lernen? Dem könne er nur dann optimal nachkommen, wenn er Bücher von Autoren liest, die die unterschiedlichsten Meinungen vertreten. Anschließend wandte sich More dem intensiven Studium von platonischen, hermetischen und mystischen Werken zu, die ihm deutlich zu verstehen gaben, dass die Reinigung der Seele der Erleuchtung Gottes – dem Ergreifen umfassender Erkenntnis – vorausgehen müsse. Somit fasste er den Entschluss, sich täglich den kontemplativen Exerzitien hinzugeben, nachdem er „dieses goldene kleine Buch, die *Theologica Germanica*, entdeckt hatte".[169] War nicht auch das Gemüt des jungen Martin Luthers vom Mystizismus zutiefst ergriffen worden[170], als er sich der Lektüre desselben Buches

---

167 auch Gerolamo, Geronimo oder Girolamo Cardano

168 John Worthington, „The Life of the Reverand and most learned Joseph Mede," in John Worthington, Hrsg., *The Works of the Pious and Profoundly-Learned Joseph Mede, B.D., sometime fellow of Christ's Colledge in Cambridge* (London: Printed by James Flesher for Richard Royston, 1664) 12.

169 Ebd.

170 Obgleich die rhetorische Frage von Henry More faktisch richtig ist, sollte dennoch folgende kritische Bemerkung Luthers über die „Theologia mystica" in Betracht gezogen werden. Sicherlich stand Luther in jungen Jahren dem Mystizismus ambivalent gegenüber. In späteren Jahren stellte er sich auf Grundlage seiner Theologie des Kreuzes konkret gegen jeden Mystizismus: „Diese Kritik [am Mystizismus] bezieht Luther 1520 in aller Schärfe auch auf Dionysius Areopagita: „In der ‚Theologia mystica'

zugewandt hatte?[171] Von diesem Moment an legte More seine tief empfundene Melancholie ab und gestattete es ihr nicht mehr, ihn in den seelischen Abgrund zu stoßen. Das mystische Wissen, welches er sich nun systematisch aneignete, instruierte ihn, seinen Eigenwillen völlig aufzugeben, um alles widerspruchslos anzunehmen, was Gott in seiner Souveränität – wie er meinte – für ihn bestimmt hatte. Er gab sich gänzlich dem vermeintlich göttlichen Willen hin, der ihm ein neues Leben – eine Art Wiedergeburt – verlieh. So gewann er „eine größere Gewissheit, wie er es je hätte erwarten können".[172] Unfähig genau erklären zu können, was wirklich mit ihm geschehen war, beließ er es bei der Aussage, dass „sein Gemüt von einem herzerquickenden und lichtvollen Zustand völlig ergriffen worden war".[173]

Als er in sich das Wirken einer vitalen Geistesmacht verspürte, begab er sich sofort an die Aufgabe, die theoretische Basis der Philosophie zu legen, die als Cambridge Platonismus in die Annalen der Geschichte einging. Von Anfang an war sich More im Klaren darüber, dass er seinen ehrgeizigen Vorsatz nur dann in die Praxis umsetzen könne, wenn es ihm gelingt, präzise Leitsätze der

---

[...] ist er auch im höchsten Grade verderblich, denn er treibt mehr den Platonismus als das Christentum [...]. Christus lernst du dort so wenig kennen, dass du ihn, wenn du ihn bereits kennst, wieder verlierst. Ich rede aus Erfahrung. Paulus wollen wir lieber hören, auf dass wir Christus, und zwar als den Gekreuzigten, kennen lernen [1. Kor 2,2]. Der ist nämlich der Weg, das Leben und die Wahrheit: das ist die Leiter, auf der man zum Vater kommt, so wie er gesagt hat: ,Niemand kommt zum Vater, außer durch mich.' [Joh. 14,6]" – Martin Luther, „De captivitate Babylonica ecclesiae praeludium" (Von der babylonischen Gefangenschaft der Kirche), *WA* 6, 562, 8-14, zit. in Sven Grosse, „Der junge Luther und die Mystik. Ein Beitrag zu der Frage nach dem Werden der reformatorischen Theologie", in Berndt Hamm & Volker Leppin, unter Mitarb. v. Heidrun Munzert, Hrsg., *Gottes Nähe unmittelbar erfahren: Mystik im Mittelalter und bei Martin Luther* (Tübingen: Mohr Siebeck Verlag, 2007) 216.

171 Worthington, „The Life of the Reverand and most learned Joseph Mede," in Worthington, Hrsg., *The Works of the Pious and Profoundly-Learned Joseph Mede*, 12.

172 Ebd.

173 Ebd., 15.

Gewissheit[174] aufzustellen, um sie seinen Zeitgenossen so zu vermitteln, dass sie verstanden und angenommen werden.

Alle Cambridge Platoniker hatten die Englische Revolution (1642-1649) hautnah miterlebt. In Zeiten der politischen Unruhe sind ihnen die unterschiedlichen Ansprüche auf Wahrheit von vielen Religionsanhängern zu Ohren bekommen. Die konträren Behauptungen widersprachen sich gegenseitig so sehr, dass sich More und seine Kollegen nicht verwunderten, wieso der Skeptizismus immer weitere Kreise nicht nur in den Hallen der Akademie, sondern auch in den Straßen der Städte zog. In den mittleren Jahrzehnten des 17. Jahrhunderts betrachtete More die Bereitschaft vieler englischer und niederländischer Gelehrter, sich dem Mystizismus Jakob Böhmes vorbehaltlos aufzuschließen, mit berechtigter Sorge. Um seine eigenen Bedenken über die deutsche Theosophie zum Ausdruck zu bringen, schrieb er ein kleines Büchlein mit dem Titel *Philosophia Teutonicae Censura*[175] (1679). Es war ihm bekannt, dass unterschiedliche Religionsbewegungen, die zu seiner Zeit wie Pilze aus dem Boden sprossen, eine große Vorliebe für die theosophischen Schriften Böhmes an den Tag legten. Die Quäker waren die einflussreichste dieser Bewegungen.[176]

Viele Zeitgenossen beriefen sich auf eine völlig subjektive Gewissheit. Die innere Überzeugung stützte sich auf die vermeintliche Möglichkeit, mit einem innewohnenden Geist Kontakt aufzunehmen. Böhme nannte

---

174 Gewissheit bezieht sich auf die Überzeugung einer Person, dass das Wissen wahr ist oder sich so ableiten lässt, dass ohne Probleme die Wahrheit angenommen werden kann. https://de.wikipedia.org/wiki/Gewissheit

175 Henry More, *Philosophia Teutonicae Censura* (London: 1679), in Henrici Mori, *Opera omnia, tum quae latine, tum quae anglice scripta sunt, nunc vero latinitate donata ... impensis ... Johannis Cockshuti, ...* (Londini: Sumptibus J. Martyn et G. Kettilby, 1679) vol. 1, 529-561; http://www.cambridge-platonism.divinity.cam.ac.uk/view/texts/diplomatic/More1679A

176 S. dazu: Margaret Lewis Bailey, *Milton and Jakob Boehme: A study of German mysticism in seventeenth-century England* (New York City, NY: Oxford University Press, 1914) 91-93, Serge Hutin, *Henry More* (Hildesheim: Georg Olms Verlagsbuchhandlung, 1966).

ihn sogar den innewohnenden Gott. More sah sich 1656 in die Verantwortung gestellt, die vielen religiösen Strömungen, die sich landauf landab bemerkbar gemacht hatten, kritisch unter die Lupe zu nehmen. Trotz einer allgemeinen Ablehnung des Schwarmgeistes zeigte er in seiner öffentlichen Kritik weiterhin eine gewisse Zurückhaltung. Der Titel seines Buches lautete *Enthusiasmus Triumphatus: or a Brief Discourse of the Nature, Causes, Kinds and Cures of Enthusiasm*[177] (Triumphierender Enthusiasmus: oder eine kurze Abhandlung über Wesen, Ursprünge, Erscheinungsformen und Heilmittel des Enthusiasmus).

Inspiration (Geisteserleuchtung) und Enthusiasmus (Schwärmerei) bildeten die beiden Gegenpole in Mores Betrachtung. Der Unterschied zwischen diesen antithetischen Prinzipien sei der Folgende:

> Inspiriert zu sein, bedeutet, in einer außerordentlichen Weise durch die Kraft oder den Geist Gottes zum Handeln, Sprechen und Denken über das, was heilig, gerecht und wahr ist, motiviert zu sein. Enthusiastisch zu sein, ruft im Menschen nur eine Überzeugung des Inspiriertseins hervor, die sich aber bei genauerem Hinsehen als falsch erweist.[178]

Man könne sich dieses Unterscheidungskriteriums immer dann bedienen, wenn man feststellen möchte, ob jemand wirklich inspiriert ist. Ohne die von Gott gegebene Inspiration verfalle der Mensch dem Enthusiasmus. Gebe man sich diesem hin, würde dabei schlussendlich nichts anderes als der Atheismus herauskommen. Es ist bemerkenswert festzuhalten, dass More skeptische Zweifel über mathematische Axiome gelten ließ, aber nicht dazu bereit war, an seinen eigenen religiösen Ansichten, die er als von Gott eingegeben ansah, irgendwelche Abstriche zu machen.

---

177 Henry More, Enthusiasmus Triumphatus: or a Brief Discourse of the Nature, Causes, Kinds and Cures of Enthusiasm, in Henry More, A Collection of Several Philosophical Writings of Dr. Henry More (London: Printed by James Flesher for William Morden Book-seller in Cambridge, 1662); https://archive.org/details/collectionofseve00more/page/n243

178 Ebd., Sec. II, 2.

Die beiden Cambridger Platoniker John Smith (1616–1652) und Benjamin Whichcote (1609-1683) versuchten, eine noch konsequentere Differenzierung zwischen dem menschlichen Enthusiasmus und der göttlichen Inspiration vorzunehmen. In seinem Diskurs „Of Prophesie" (Über die Prophetie) bemühte sich Smith, in einer Abhandlung „den Unterschied zwischen dem wahren prophetischen Geist und den enthusiastischen Betrügereien"[179] deutlich zu machen. Der pseudo-prophetische Geist befinde sich nur in der Vorstellungskraft und den minderwertigen Anlagen der Vernunft, wohingegen der wahre prophetische Geist seinen angestammten Platz in den rationalen Fähigkeiten sowie in den Empfindungen habe. Der Verstand erkenne ihn stets als Teil seiner selbst. Die Aufgabe des prophetischen Geistes sei, die so überaus wichtige Funktion der Erleuchtung des Denkens zu erfüllen.[180]

4.4.3. Aufnahme griechischer Philosophie in christlicher Lehre

In den Jahren des Interregnums[181] vom 30. Januar 1649[182] bis zum 29. Mai 1660[183] behielten die Platoniker ihre Professuren in Cambridge und nutzten diese einflussreiche Stellung, um mit den puritanischen Regenten viele persönliche und professionelle Beziehungen zu pflegen. Es entwickelte sich tatsächlich ein reger und anhaltender Gedankenaustausch, der zu einer gegenseitigen Beeinflussung führte. Ein wesentlicher Grund, wieso die Puritaner wichtige Konzepte von der in Cambridge vorherrschenden neoplatonischen Philo-

---

179 John Smith, "Account of the Difference between the true Prophetical Spirit an Enthusiastical impostures", in *Selected Discourses: As also a sermon preached by Simon Patrick ... at the author's funeral; with a brief account of his life and death* (London: Printed by J. Flesher, for W. Morden Book-seller in Cambridge, 1660) Discourse VI, "Of Prophesie", 190.

180 Ebd.

181 Zwischenregierung

182 Datum der Exekution Charles I.

183 Datum der Ankunft Charles II. in London

sophie entlehnt hatten, lag an dem Umstand, dass sie schon zuvor Elemente des von Peter Ramus modifizierten Platonismus in ihre Theologie integriert hatten.[184]

Die Spiritualität der Cambridge Gelehrten fand auch einen starken Nachhall bei den Puritanern in Neuengland, die genug geistige Nahrung in den Werken der Platoniker zu finden meinten und übersahen dabei die von der Bibel abweichenden Lehren. Die Puritaner der Neuen Welt unterhielten ihr eigenes Netzwerk persönlicher Verbindungen zu den Cambridge Platonikern. John Harvard, John Cotton und Thomas Hooker studierten am Emmanuel College. Ralph Cudworths Bruder, James, lebte in Scituate, Massachusetts.

Die allmähliche Verdrängung des Aristotelismus[185] durch den Neoplatonismus an dem Harvard College im späten 17. Jahrhundert ist wohlbekannt.[186] Puritanische Theologen schoben ihre Bedenken zur Seite, griechische Philosophie in ihre christliche Lehre aufzunehmen, als sie

---

184 In Bezug auf den bei Jacobus Arminius vorzufindenden Ramismus, s. Colie, *Light and Enlightenment*, 51.

185 Aristotelismus nennt man das Wissenschaftssystem, das aus dem Gedankengut des griechischen Philosophen Aristoteles entwickelt wurde. Seine Nachfolger werden als Aristoteliker oder Peripatetiker bezeichnet. Aristoteles markiert das Ende einer Generationen währenden Entwicklung philosophischen Denkens und war gleichzeitig Begründer einer neuen Tradition. Er führte die Denker seiner Zeit von den Höhen der platonischen Visionen in die fruchtbaren Niederungen der Erfahrungswissenschaft. Daher rühren wohl auch die widersprüchlichen Urteile über sein Werk in der Folgezeit. Seither studierten und interpretierten Gelehrte seine Arbeiten. Seine Aussagen wurden hochgeschätzt, aber auch missverstanden, mitunter verurteilt oder umgeformt. Aristoteles-Interpreten wirkten zunächst in Griechenland, dem griechisch sprachigen Raum der hellenistischen Zeit, Rom und Nordafrika, später von Persien über Armenien, Syrien, Sizilien, Spanien bis zu den Britischen Inseln, schließlich befassten sich im Spätmittelalter Gelehrte in ganz Europa mit Aristoteles. https://de.wikipedia.org/wiki/Aristotelismus

186 S. dazu Norman Fiering, *Moral Philosophy at Seventeenth-Century Harvard* (Chapel Hill, NC: Published for the Institute of Early American History and Culture, Williamsburg, Va., by the University of North Carolina Press, 1981); Clarence Gohdes, "Aspects of Idealism in Early New England," *Philosophical Review* 39 (1930), 537-555; und Samuel Eliot Morison, *Harvard College in the Seventeenth Century*, 2 vols. (Cambridge, MA: Harvard University Press [1936] 2014) vol. 1, 260-261.

von der mittelalterlichen Theorie hörten, dass Platon womöglich ein Jude gewesen sei oder sich zumindest im Gesetz Mose ausgekannt habe. Die weitverbreitete Theorie, dass Platon gewisse Ideen von mosaischen Quellen entlehnt hatte, bezog sich auf ein hypothetisches „prisca theologica" (Altertümliche Theologie) genanntes Dokument. Die Verwendung von Henry Mores *Enchiridion Ethicum*[187] (1666) als maßgebliches Kursbuch in Moralphilosophie am Harvard College markierte in den 1680er-Jahren einen wesentlichen Wendepunkt in der philosophischen Neuorientierung der Puritaner Neuenglands. Die aristotelische Scholastik hatte ihre Schuldigkeit getan und wurde zu Gunsten der neoplatonischen Sittenlehre allmählich vom Lehrplan gestrichen. Später setzte man dieses den Neoplatonismus besonders herausstellende Buch auf die Liste der Pflichtlektüre am Yale College. Resümierend lässt sich feststellen, dass die amerikanischen Puritaner den griechischen Idealismus der Cambridge Platoniker noch bereitwilliger aufgriffen und verbreiteten als ihre englischen Zeitgenossen.

4.4.4. Notwendige Emanation des göttlichen Wesens

Die religiösen Vorstellungen der Gelehrten Neuenglands in der Zeit kurz vor und besonders nach dem Unabhängigkeitskrieg (1775-1783) waren von einer prägnanten neoplatonischen Ader durchzogen, die ihren Ursprung in den Schriften der Cambridge Platoniker hatte. Diese Feststellung trifft sowohl auf die Theologie Jonathan Edwards (1703-1758) zu als auch auf die seiner unmittelbaren Nachfolger, den Theologen der New Divinity, im Besonderen Samuel Hopkins (1721-1803). Am deutlichsten tritt der Einfluss jedoch in der liberalen Theologie Horace Bushnells in Erscheinung. Beachtet man die weitflächige Verbreitung der dem Neoplatonismus entnommenen panentheistischen Ideen im Nordosten Amerikas, wird ein klareres Licht auf

---

187 Henry More, *Enchiridion Ethicum* (London: Benjamin Tooke, 1666); https://archive.org/details/enchiridionethic00more/page/n7

die Beziehung zwischen dem Unitarismus[188] und Transzendentalismus[189] geworfen.

Der größte der kolonialen Theologen, der in der Traditionslinie der Puritaner stand, war Jonathan Edwards. Norman Fiering und Wallace Anderson untermauerten die These, dass Edwards, der sich auch als Philosoph profilierte, mehr vom Rationalismus des 17. Jahrhunderts beeinflusst war als vom Empirismus[190] des 18. Jahrhunderts.[191] Fiering und Anderson belegten die Schlussfolgerung ihrer Analyse der Philosophie Edwards nicht nur mit Hinweisen auf die erkennbaren Einflüsse des Rationalismus der Cambridge

---

188 Unitarismus (von lateinisch *unitas* „Einheit") bezeichnet eine aus der radikalen Reformation stammende theologische Auffassung, welche die Dreifaltigkeitslehre und die Göttlichkeit des Jesus von Nazareth ablehnt, und weitergehend eine religiöse Bewegung, die geschichtlich aus dieser theologischen Auffassung entstanden ist. War der Unitarismus zunächst allein eine „christliche" Konfession, öffnete sich ein Teil von ihr ab Ende des 19. Jahrhunderts auch für andere religiös-philosophische Strömungen. Die unitarische religiöse Bewegung besteht heute sowohl aus theistischen, insbesondere christlichen Gemeinschaften, die an der nicht-trinitären Gottesvorstellung festhalten (keine Dreifaltigkeit), als auch aus Gemeinschaften, die explizit für Atheisten und Agnostiker offenstehen. https://de.wikipedia.org/wiki/Unitarismus_(Religion)

189 Transzendentalismus (auch Amerikanischer Transzendentalismus) bezeichnet eine in der Mitte des 19. Jahrhunderts unter dem Einfluss von Kant, Schelling und Coleridge in den Vereinigten Staaten von Intellektuellen gegründete neuidealistische Bewegung. Der amerikanische Transzendentalismus vereinigte – auf der Grundlage der Transzendentalphilosophie des deutschen Idealismus – Einflüsse der englischen Romantik, mystische Vorstellungen und indische Philosophien. Mit seiner optimistischen Weltsicht wandte er sich sowohl gegen dogmatische Religionen als auch gegen materialistisches und übertrieben rationalistisches Denken. Die Transzendentalisten traten für eine freiheitliche, selbstverantwortliche und naturzugewandte Lebensführung ein. https://de.wikipedia.org/wiki/Transzendentalismus

190 Der Ausdruck „Empirismus" wird bei Klassifikationen erkenntnistheoretischer Ansätze für Theorien gebraucht, welchen zufolge Wissen, verstanden als gerechtfertigte wahre Erkenntnis, zuerst oder ausschließlich auf Sinneserfahrung beruht (einschließlich der Verwendung wissenschaftlicher Instrumente). https://de.wikipedia.org/wiki/Empirismus

191 Norman Fiering, *Jonathan Edwards's Moral Thought and its British Context* (Chapel Hill, NC: University of North Carolina Press, 1981); Wallace, E. Anderson, Hrsg., *The Works of Jonathan Edwards: Scientific and Philosophical Writings* (New Haven, CT: Yale University Press, [1957] 1980).

Platoniker, sondern auch auf die der Lehren René Descartes und Nicolas Malebranches. Fiering bemühte sich besonders, die Geistesverwandtschaft zwischen Edwards und Malebranche aufzuzeigen. Demnach begegnete Edwards dem Cartesianismus Malebranches erstmals in den Schriften des Cambridge Platoniker John Norris, dessen *Essay Towards the Theory of an Ideal and Intelligible World*[192] Malebranches Philosophie in der englischen Welt bekannt gemacht hatte.[193]

Wenn man die Werke der Cambridge Platoniker durchliest, wird sofort eine bemerkenswerte Ähnlichkeit des Schreibstils, Vokabulars und Gehalts mit den Äußerungen Edwards sowohl in Form als auch Inhalt offensichtlich.[194] Typische Themen, die Edwards in seinen Werken behandelte, griffen philosophische Ansichten auf, die in Henry Mores *Enchiridion Ethicum*[195] enthalten sind und sich auf dessen deduktive Logik[196] stützen. Ralph Cudworths Argument,

---

192 John Norris, *An Essay Towards the Theory of the Ideal Or Intelligible World: Being the Relative Part of it* (London: Printed for S. Manship, [1701] 1704); https://archive.org/details/anessaytowardst00norrgoog/page/n6

193 Fiering, *Jonathan Edwards*, 40-45, 51-52, 341-345, und passim. Die Richtigkeit der These wurde noch umfassender belegt in Norman Fiering, "Rationalist Foundations of Jonathan Edwards's Metaphysics," in Nathan O. Hatch & Harry S. Stout, Hss., *Jonathan Edwards and the American Experience* (New York City, NY: Oxford University Press, 1988], 73-101. S. dazu: Charles McCracken, *Malebranche and British Philosophy* (Oxford: Clarendon Press, 1983) 329-340.

194 S. dazu: Colin Brown, *Christianity and Western Thought* (Downers Grove, IL: InterVarsity, 1990) Vol. 1:273.

195 Henry More, *Enchiridion Ethicum*, in Cragg, Hrsg., *The Cambridge Platonists*, 140-150.

196 Die Deduktion (lateinisch deductio ‚Abführen, Fortführen, Ableitung'), auch deduktive Methode oder deduktiver Schluss, ist in der Philosophie und der Logik eine Schlussfolgerung gegebener Prämissen auf die logisch zwingenden Konsequenzen. Deduktion ist schon bei Aristoteles als „Schluss vom Allgemeinen auf das Besondere" verstanden worden, d. h. der Vererbung von Eigenschaften, die alle Mitglieder einer Gruppe teilen, auf echte Untermengen und einzelne Elemente. Dem stellt Aristoteles die Induktion als Gewinnung von allgemeinen Aussagen aus der Betrachtung mehrerer Einzelfälle, und die Abduktion oder Apagoge gegenüber, die feststellt, dass bestimmte Einzelfälle unter eine gegebene oder noch zu entdeckende allgemeine Regel fallen. https://de.wikipedia.org/wiki/Deduktion

dass „alle erschaffenen Wesen in einem gewissen Sinne nur die Ausstrahlungen der Göttlichkeit sind,"[197] findet seine Entsprechung in Edwards berühmter Abhandlung "Concerning the End for Which God Created the World"[198] (Den Grund betreffend, wieso Gott die Welt erschuf). In seiner Charakterisierung Gottes beruft sich Edwards auf die Analogie der Welt-Seele: „Das ganze Universum [...] sollte im Hinblick auf Gott so vorgehen [...], als ob das ganze System von einer gemeinsamen Seele belebt und geleitet wird, oder als ob ein solcher Vermittler [...], der vollkommene Weisheit und Gerechtigkeit besitzt, die gemeinsame Seele des Universums werden würde."[199] Die Schöpfung sei eine notwendige Emanation[200] des göttlichen Wesens, kein göttlicher Willensakt:

> Wir nehmen an, dass eine Neigung in Gott, die als ursprüngliches Merkmal seines Wesens darauf bedacht war, seine eigene unendliche Fülle als Emanation kund zu tun, den Anreiz gab, die Welt zu erschaffen; und

---

197 Ralph Cudworth, "On Providence and God's Direction of Human Destiny," in Cragg, Hrsg., *The Cambridge Platonists*, 213.

198 Jonathan Edwards, "Concerning the End for Which God Created the World," in Paul Ramsey, Hrsg., *The Works of Jonathan Edwards*, Vol. 8, Ethical Writings (New Haven, CT: Yale University Press, 1989).

199 Ebd., 424-425.

200 Emanation (von lateinisch *emanatio* „Ausfließen", „Ausfluss") ist ein Begriff der Philosophie und der Religionswissenschaft. Er bezeichnet in metaphysischen und kosmologischen Modellen das „Hervorgehen" von etwas aus seinem Ursprung, der es aus sich selbst hervorbringt. Dabei wird metaphorisch an die Vorstellung des Ausfließens von Wasser aus einer Quelle oder der Lichtausstrahlung aus einer Lichtquelle angeknüpft. Modelle, die sich zur Welterklärung der Emanationsvorstellung bedienen, indem sie die Existenz von Dingen auf Emanation aus einer metaphysischen Quelle zurückführen, werden als emanatistisch bezeichnet (Emanationismus oder Emanatismus). Zu den Systemen mit emanatistischen Weltmodellen gehören vor allem der Neuplatonismus und von ihm beeinflusste philosophische und religiöse Lehren. Der Begriff „Emanation" wird nicht nur für das Hervorgehen, sondern auch für das Hervorgegangene verwendet. In diesem Sinne sagt man beispielsweise, die (emanatistisch gedeutete) Schöpfung oder einzelne Wesen seien Emanationen des Schöpfergottes. https://de.wikipedia.org/wiki/Emanation_(Philosophie)

somit bestand seine Absicht darin, dass die Emanation selbst der eigentliche[201] Grund seiner Schöpfung sein würde.[202]

Edwards leugnet jedoch die logische Folgerung, dass seine Emanationslehre ein Defizit in Gott impliziere: „Das Argument, dass eine Quelle dazu tendiert überzufließen, kann nicht dazu dienen, ihr vorzuwerfen, sie sei leer und defekt." Gott, so behauptete er, könne frei und ungezwungen handeln: „Irgendwelche Hindernisse, die der Ausführung seines Willens im Wege stehen, gibt es für ihn nicht." Aber Gottes Wesen kann nicht aufhören, in Liebe und Selbstverherrlichung überzufließen. Deshalb musste er Kreaturen schaffen, die ihn lieben und verherrlichen. „Wäre Gott nicht so gut, wie er ist, könnte er auch nicht so glücklich sein; [...] die Vollkommenheit seines Wesens tendiert dazu, seine eigene Fülle auszuschütten."[203] Somit stand für Edwards fest, dass der Souveränität Gottes die Möglichkeit genommen ist, sich frei zu entscheiden, die Welt zu erschaffen. In einigen seiner philosophischen Aussagen weigerte er sich, dem Universum eine Unabhängigkeit von Gott zuzugestehen. Ein klares Bekenntnis zur absoluten ontologischen Unterscheidung zwischen Schöpfer und Kreatur, wie ihn der klassische Theismus des christlichen Glaubens voraussetzte, sucht man in den Schriften Edwards vergeblich. Seine sich auf die Lehre der Cambridge Platoniker stützende Philosophie ebnete dem später aufkommenden Transzendentalismus in Neuengland den Weg.

Es verwundert deshalb nicht, dass ein dem Neoplatonismus entnommener panentheistischer Grundton die Theologie Edwards durchzieht. Douglas J. Elwood legt überzeugend dar, dass Edwards ein Panentheist gewesen sei, der in einer gewissen Weise die Ansichten Whiteheads und

---

201 Wörtlich: „letztliche"

202 Jonathan Edwards, "Concerning the End for Which God Created the World," 435.

203 Ebd., 447-448.

Hartshornes vorwegnommen habe.[204] Der presbyterianische Kirchenhistoriker John Gerstner gab gleichfalls zu verstehen, dass Edwards ganz bewusst ein christlicher Panentheist war.[205] Robert Jenson hinterfragt zwar die These, dass Edwards ein Panentheist gewesen sei, kann sich aber in der Schlussfolgerung seiner Biographie über den berühmtesten Theologen Amerikas letztlich nicht entscheiden, ob er den klassischen Theismus vertreten oder den Panentheismus bevorzugte habe.[206] In dem Essay "Philospher of the Sixth Way" behauptete Robert Whittemore, dass Edwards ein mystischer Pantheist, kein Panentheist, gewesen sei.[207]

4.4.5. Neoplatonische Idee der Tugendhaftigkeit

Nicht nur Edwards, sondern auch seine kolonialen Widersacher, die liberalen Theologen, waren sich über den Einfluss des neoplatonischen Rationalismus auf ihr theologisches Denken bewusst. Jonathan Mayhew, der den Liberalismus in Neuengland mit großem Eifer verbreitete, bezog sich auf die Ideen von Ralph Cudworth und Samuel Clarke in seiner Beschreibung der Wesensmerkmale Gottes.[208] In bezeichnender Weise berief er sich direkt auf Platon als einen Theoretiker der Bürgerfreiheit. Andere Protagonisten einer freiheitlichen Gesellschaftsordnung sind auch Demosthenes, Cicero, Sidney, Milton, Locke und Hoadley

---

204 Douglas J. Elwood, *The Philosophical Theology of Jonathan Edwards* (New York City, NY: Columbia University Press, 1960).

205 John Gerstner, "An Outline of the Apologetics of Jonathan Edwards (four-part essay)," *Bibliotheca Sacra* 133, no. 529-532 (1976), 3-10, 99-107, 195-201, 291-298.

206 Robert Jenson, *America's Theologian: A Recommendation of Jonathan Edwards* (New York City, NY: Oxford University Press, 1988).

207 Robert Whittemore, "Philosopher of the Sixth Way," *Church History* 35 (March, 1966), 60-75.

208 Jonathan Mayhew, *Two Sermons on the Nature, Extent and Perfection of the Divine Goodness* (Boston, MA: D. and J. Kneeland, 1763); https://archive.org/details/twosermonsonnatu00mayh/page/n7

gewesen.[209] Ebenezer Gay, der liberale Patriarch von Hingham, übte einen richtungsweisenden Einfluss auf seine gelehrten Nachfolger aus, weil er 1759 in der Dudleian Lecture nicht auf die Wunder der Natur hindeutete, um den Beleg einer göttlichen Vorsehung zu liefern, sondern auf die im Inneren des Menschen wirksame *psyche*. „Das göttliche Werk im menschlichen Wesen" war Hauptgegenstand seiner Lobesrede, in der er ferner darlegte, dass Gott den Menschen erschaffen habe, damit dieser die Tugendhaftigkeit praktiziere: „Gott hat eine geheime Freude und Selbstzufriedenheit des Geistes solch einem Tun beigemessen."[210] Indem er dieses Argument unterbreitete, unterlegte Gay der Bedeutung der natürlichen Religion bewusst eine neoplatonische Interpretation. Spätere Liberale würden sich noch expliziter in dieser Hinsicht ausdrücken sowohl im Hinblick auf den Inhalt ihrer Theologie als auch in Bezug auf ihre Quellen.

Auf die Dauer waren die religiösen Liberalen für die weite Verbreitung der neoplatonischen Tradition in Amerika genauso verantwortlich wie die Konservativen. Edwards calvinistische Nachfolger waren sich über das volle Ausmaß seiner Akzeptanz des Neoplatonismus nicht bewusst, denn viele seiner metaphysischen Spekulationen, die er dem Idealismus entnahm, blieben damals unveröffentlicht. Die in Neuengland wirkenden Theologen der New Divinity beriefen sich jedoch spezifisch auf die neoplatonische Idee der Tugendhaftigkeit, die sie von Edwards übernommen hatten. Die liberalen Erben von Ebenezer Gay gingen mit der Zeit immer tiefer auf die platonische und neoplatonische Tradition ihres geistlichen Mentors ein. Im Gegensatz dazu lassen sich keine Spuren der neoplatonischen Philosophie in der Theologie der Old School Presbyterianer, die am Princeton Theological Seminary lehrten, entdecken. Obgleich sie Edwards als Theologe hochschätzten, weigerten sie sich strikt, seine philosophischen Ideen, in denen sie

---

209 Jonathan Mayhew, *The Snare Broken* (Boston, MA: R. & S. Draper, 1766) 35; https://archive.org/details/snarebrokenthank00mayh/page/n5

210 Ebenezer Gay, *Natural Religion as Distinguished from Revealed* (Boston, MA: Printed and sold by J. Draper, 1759) 12.

humanistische Anklänge erkannt zu haben meinten, zu übernehmen.

4.5. Aufflammen des religiösen Enthusiasmus

4.5.1. Außergewöhnliches Werk der göttlichen Souveränität

Kaum einer anderen Geistesbewegung in der Geschichte Amerikas kommt eine ähnliche Bedeutung zu, den religiösen Charakter einer ganzen Nation so nachhaltig geprägt zu haben, wie die der Ersten Großen Erweckung (1739-1743). Nur die Zweite Große Erweckung (1790-1850) brachte ähnliche Nachwirkungen mit sich. Der geringe zeitliche Abstand dieser beiden gewaltigen Erweckungsbewegungen berechtigt uns, beide in einem Atemzug zu nennen, allerdings sollte man die markanten Unterschiede in Form und Inhalt nicht unberücksichtigt lassen. In der Fachliteratur wird ihnen meist eine gewisse Eigenständigkeit zugebilligt. Dennoch ist es angemessen, den aufkommenden Evangelikalismus im angelsächsischen Raum als Erscheinung einer konsekutiven Abfolge von Erweckungen anzusehen, die vor mehr als zwei Jahrhunderten begann und bis in unsere Zeit hineinreicht.

Über den geistlichen Niedergang Neuenglands äußerst schockiert, entschlossen sich einige calvinistische Prediger, dem Nominalismus und Skeptizismus ihrer Zeit mit allem Nachdruck Paroli zu bieten. Im Verkündigen christlicher Lehre legten sie besonderen Wert auf die Exposition reformatorischer Glaubensgrundsätze. Sie forderten ihre Kirchengemeinden auf[211], sich erneut dem Gott des Gesetzes und des Evangeliums zu stellen. Die meisten ihrer Predigtthemen lassen ihr großes Interesse an den zentralen Aussagen der Schrift erkennen. Fast überall bedienten sie sich einer klassischen, biblischen Terminologie. Begriffe, wie Sünde, Gnade, Gericht, Rechtfertigung, Gesetz und

---

211 Unter diesen Kirchen befanden sich solche, die zu den Anglikanern, Presbyterianer, Kongregationalisten und Holländisch-Reformierten gehörten.

Evangelium, nahmen einen wichtigen Platz in den sonntäglichen Predigten ein. Diese begabten Evangelisten meinten, dass der Erfolg ihrer Mission unmittelbar von der apostolischen Verkündigung der souveränen Gnade Gottes abhänge. In ihrem ganzen Tun stellten sie sich selbst völlig in die Abhängigkeit dieser Gnade.

Anfänglich hielten die führenden Erweckungsprediger an ihrer gemeinsamen Glaubensgrundlage, dem Calvinismus des Westminster Bekenntnisses, fest. Allmählich traten jedoch divergente Lehrauffassungen auf. Anstelle der üblichen Betonung des Gnadenbundes als Dreh – und Angelpunkt der Föderaltheologie legten einige Prediger ihren Akzent immer deutlicher auf die subjektive Bekehrung einzelner. Die wachsende Disharmonie unter den führenden Erweckungspredigern trug 1741 zum Austritt der von Gilbert Tennent beeinflussten New Light-Presbyterianern aus dem konservativen Presbyterium in Philadelphia bei. Wenn auch die Konflikte zwischen Old Light- und New Light-Presbyterianer nicht unmittelbar mit den Problemen zu vergleichen sind, die später unter den Old School- und New School-Presbyterianern auftraten, weisen sie doch auf die theologische Auseinandersetzung hin, die ihren Anfang darin nahm, pietistische Ansätze mit reformierter Lehre zu vereinen.

Obwohl die Erste Große Erweckung einen bemerkenswerten evangelistischen, auf biblische Lehre gegründeten Eifer an den Tag legte, traten dennoch enthusiastische Auswüchse an den Tag, die Jonathan Edwards selbst zutiefst bedauerte. In Pamphleten und Büchern, die er zu veröffentlichen pflegte, bemühte sich dieser Kongregationalist besonders, zwischen echten und unechten religiösen Erscheinungsformen zu unterscheiden. Er hob immer wieder mit Nachdruck hervor, dass die Erweckung allein Gottes außergewöhnliches Werk sei und dass sie völlig von der göttlichen Souveränität abhänge. Die Richtigkeit dieser Erkenntnis relativierte Edwards etwas durch seine persönliche Glaubenseinstellung. Als Förderer der Erweckungsbewegung hielt er sich stets innerhalb der Grenzen des pietistischen Emotionalismus auf und tat sich in besonderer

Weise als Befürworter des Postmillennialismus hervor.[212] Seine *Treatise on the Religious Affections*[213] (1746) ist ein klassisches Manifest des pietistischen Glaubens. Der emotionale Grundton dieses Werkes löste sich von der Verankerung des reformierten Bekenntnisses, dem Edwards zumindest formell zustimmte.

Der in England für seine unnachahmliche Eloquenz bekannt gewordene Erweckungsprediger George Whitefield stellte sich ihm zur Seite und erwies sich im Verkündigungsdienst als wertvoller Mitarbeiter. Dennoch mag das Urteil des Kirchenhistorikers Harry S. Stout zutreffend sein, dass gerade Whitefield einiges zu den bedauerlichen Umständen emotionaler Auswüchse beigetragen hatte, die damals bei Massenevangelisationen auftraten.[214] Maßgeblich beteiligt war Whitefield daran jedoch nie. Andere Evangelisten, allen voran James Davenport und die Tennent-Brüder, standen diesbezüglich im Kreuzfeuer der Kritik einiger calvinistischer Publikationen. Wiederholt wurden sie zur Mäßigung aufgerufen. Denn in ihren emotionsvollen Predigten schürten sie das Feuer überschwänglicher Gefühlsausbrüche manchmal bis zur Weißglut und profilierten sich als eigenmächtige Unruheherde in einer sonst positiv zu bewertenden Erweckungsbewegung.

4.5.2. Postmillennialistische Interpretation der Endzeit

Jonathan Edwards gab sich viel Mühe in der Konzipierung einer zumindest in seinen Augen in sich konsistenten Eschatologie, die er sorgfältig mit Belegen aus der Heiligen Schrift und der menschlichen Logik untermauerte. Die Lehre des ewigen Lebens stütze sich auf zwei unverbrüch-

---

212 Eine umfangreiche Historiographie des Millenniums findet sich in David E. Smith, "Millenarian Scholarship in America", *American Quarterly*, 17 (Fall 1965), 535-549.

213 Jonathan Edwards, *Treatise on the Religious Affections* (Boston, MA: J. Loring, [1746] 1821); http://archive.org/details/treatiseonreligi00edwarich

214 Harry S. Stout, *The Divine Dramatist: George Whitefield and the Rise of Modern Evangelicalism* (Grand Rapids, MI: Eerdmans, 1991).

liche Säulen. Die eine Säule sei das rationale Wesen des Menschen und die andere das sittliche Regiment Gottes. In seinen Schriften bediente er sich oft der Sprache biblischer Symbolik, um die zukünftige Bestimmung des Erlösten beziehungsweise des Verdammten plastisch darzustellen.

Edwards Lehre über die letzten Dinge, sofern sie die abschließende Phase der menschlichen Geschichte betrifft, bezieht sich auf Zukunftsvorstellungen, die zu seiner Zeit in vielen calvinistischen Zirkeln für biblisch gehalten wurden. In der Rekonstruktion der Geschehnisse, die dem abschließenden Höhepunkt der Geschichte unmittelbar vorausgehen würden, führte er jedoch eine radikal neue Lehre eine, die entscheidende Konsequenzen für die Zukunft der amerikanischen Christenheit und Gesellschaft mit sich brachten. Diese Neuerungen betrafen seine millennialistischen Spekulationen, die eine ganz andere Sicht als den historischen Chiliasmus[215] vermitteln. Edwards Vorschlag eines immanenten Millenniums, das sich innerhalb der alltäglichen Geschichte abspielt, stellte einen wichtigen Faktor des religiösen Hintergrundes der Idee des Fortschrittes dar.

In seinem Buch *History of the Work of Redemption*[216], legt Edwards die Geschichte der Erlösung vom Anfang der Welt bis zu seiner Zeit dar. Anschließend wendet er sich der

---

215 Chiliasmus: (griech. *chilia*, tausend = Lehre von den tausend Jahren), auf der Grundlage von Offb. 20,1-15 entstandene Lehre über eine tausendjährige irdische Herrschaft Jesu Christi, die dem Ende der Welt vorausgehe. Viele Kirchenväter (besonders zu nennen Irenäus von Lyon † um 202) vertraten den Chiliasmus im Sinn einer realen Hoffnung. Er wurde sachlich wiederbelebt ohne ausdrücklichen Rückgriff auf Offb. 20 durch Joachim von Fiore († 1202), danach durch die Franziskanerspiritualen, die damit die Absage an die verweltlichte Großkirche verbanden. Die reale chiliastische Auffassung wurde durch Augustinus († 430) bekämpft, der das 1000-jährige Reich mit dem in der Kirche bereits gegenwärtigen Reich Jesu Christi identifizierte. Seit der Ablehnung des Chiliasmus durch die Scholastik (Thomas von Aquin † 1274) wird er in der katholischen Theologie nicht mehr ernsthaft vertreten. Neu aktualisiert wurde er in Freikirchen. http://theologie_de.deacademic.com/120/Chiliasmus

216 Jonathan Edwards, *A History of the Work of Redemption comprising an Outline of Church History* (New York City, NY: American Tract Society, [1739]; Neuausgabe: New Haven, CT: Yale University, 1989); https://archive.org/details/historyofworkofr00edwa/page/n7. Das Buch

biblischen Prophetie zu, um aufzuzeigen, welche zukünftigen Geschehnisse noch zu erwarten sein würden.

Dank Stephen Steins sorgfältiger Überarbeitung von Edwards fast vergessenem privaten Kommentar „Notes on the Apocalypse"[217] und der ersten vollständigen Ausgabe seit dem 18. Jahrhundert des Buches *The Humble Attempt*[218] (1748) eröffnen sich neue Einblicke in die Eschatologie[219] des amerikanischen Theologen. Um die Endzeitlehre Edwards richtig begreifen zu können, ist es notwendig, seine spezifische Hermeneutik zu verstehen, die in der Auslegung des Buches Offenbarung zum Zuge kommt. Seine bevorzugte Interpretationsmethode ist die sogenannte historische Schule, die sich seit der Reformationszeit allgemein verbreitet hatte. Entsprechend dieses hermeneutischen Ansatzes prophezeit die Offenbarung den geistlichen Abfall der Römisch-Katholischen Kirche vom echten Christentum; das Papsttum wird mit dem scharlachroten Tier gleichgesetzt, auf dem die große Hure Babylon sitzt (Offb. 17,3). Gott spreche in der Zukunft sein gerechtes Urteil über sie und vollziehe sein vernichtendes Gericht (Offb. 18). Indem Edwards auf dieses Interpretationsschema Bezug nahm, rezipierte er nur den überkommenen protestantischen Glauben. Deshalb ist es verständlich, wenn er die Zeit-

---

wäre sein magnum opus geworden, wenn er das Manuskript noch vor seinem Tod hätte vollenden können.

217 Stephen J. Stein, "A Notebook on the Apocalypse by Jonathan Edwards," *William and Mary Quarterly* (Ser. 3) 29 (1972), 623-634.

218 Jonathan Edwards, *An humble attempt to promote explicit agreement and visible union of God's people in extraordinary prayer for the revival of religion and the advancement of Christ's Kingdom on earth, pursuant to Scripture-promises and prophecies concerning the last time* (Ann Arbor, MI: Text Creation Partnership, 2004-2008). Originalversion: Jonathan Edwards, *An humble attempt to promote explicit agreement and visible union of God's people in extraordinary prayer for the revival of religion and the advancement of Christ's Kingdom on earth, pursuant to Scripture-promises and prophecies concerning the last time*; With a preface by several ministers. Edwards, Jonathan, 1703-1758, Sewall, Joseph, 1688-1769 (Boston, MA: Printed for D. Henchman in Cornhil., 1747 [i.e., 1748]); https://quod.lib.umich.edu/cgi/t/text/text-idx?c=evans;idno=N04757.0001.001

219 Lehre über die Endzeit

abschnitte der christlichen Ära wie folgt umreißt: Von der Auferstehung Christi bis zur Zerstörung Jerusalems; von der Zerstörung Jerusalems bis zur Regentschaft Konstantin; von der Erscheinung des Antichristen bis zur Reformation; von der Reformation bis zur Gegenwart; von der Gegenwart bis zum Fall des Antichristen.

Indem Edwards diese Zeitperiode unter der Rubrik „Notvoller Zustand der Kirche" (suffering state of the Church) subsumiert[220] und die siebte (abschließende) Epoche unter der Überschrift „Florierender Zustand der Kirche" (prosperous state of the Church) einordnet, weicht seine Darlegung entscheidend von der traditionellen Interpretation des Tausendjährigen Reiches – dem Amillennialismus – ab. Das charakteristische Merkmal der historischen Schule ist die Auslassung des Hinweises auf die Wiederkunft des Christus und das Ende der Geschichte. Diese außergewöhnliche Interpretation lässt sich nur dadurch erklären, dass Edwards ein goldenes Zeitalter der Kirche auf Erden vorhersah, das sich in der Diesseitigkeit ausgestaltete. Die wichtigste Voraussetzung, um dieser glorreichen Zukunft entgegen zu gehen, war die Propagierung des Evangeliums in der Macht des Heiligen Geistes. In der Theologie wird diese eschatologische Lehre gemeinhin als Postmillennialismus bezeichnet. In der christlichen Szene Neuenglands, wie sie sich Mitte des 18. Jahrhunderts ausgebildet hatte, stellte Edwards Sicht über das Tausendjährige Reich ein bemerkenswertes Novum dar. Um begreifen zu können, wie der berühmte Theologe zu dieser außergewöhnlichen Ansicht gelangte, wird es notwendig sein, auf Prophezeiungen in der Offenbarung des Apostels Johannes hinzuweisen, die Edwards in der ihm eigenen Art interpretierte: Es handelt sich dabei um das göttliche Gericht über den Antichristen, die weltweite Herrschaft der Kirche und den finalen Konflikt mit dem Bösen.

Laut Edwards wird das goldene Zeitalter unmittelbar nach der Aburteilung des Antichristen beginnen. Im allgemeinen Verständnis ist das Papsttum der Feind. Der

---

220 subsumieren: einem Oberbegriff unterordnen, unter einer Kategorie einordnen, unter einem Thema zusammenfassen

Teufel benütze dieses falsche Religionssystem, um das Christentum mit heidnischem Gedankengut zu durchsetzen, das Kaiser Konstantin zuvor aus dem römischen Imperium beseitigt hatte. Edwards drückte seine diesbezüglichen Gedanken wie folgt aus:

> [...] somit ist das Haupt des Tieres, das Konstantin getötet hatte, in der Person des Antichristen von seiner tödlichen Wunde genesen, Offb. 13,3. Und der Drachen, der ehemals im heidnischen römischen Imperium regierte und von dort ausgestoßen wurde, gibt dem Tier mit den sieben Häuptern und zehn Hörnern, nachdem es aus dem Meer heraufgekommen war, seine Macht, seinen Thron und seine Autorität; und die ganze Welt verwundert sich über das Tier.[221]

Gott gesteht dem Antichristen die Dauer von 1260 Jahre als Regierungszeit zu, nachdem dieser allmählich die Weltmacht an sich gerissen hatte. Die weitgehend im Verborgenen agierende Kirche wird in jener Zeit wie die Frau in der Wildnis unterdrückt.[222] Der Sturz des Antichristen wird in Offb. 16,1f. prophezeit; das Ausgießen der Schalen stellt die Entfesselung des göttlichen Zorns über dem Tier dar. Edwards schreckte nie davor zurück, das Gericht Gottes, wie es im Buch der Offenbarung beschrieben wurde, zu verkündigen. Die außergewöhnlichen Geschehnisse seiner Zeit gaben ihm die Gewissheit, dass die göttliche Zeittafel schon weit vorangeschritten sei.

> Den meisten Theologen zufolge gibt es, wenn überhaupt nur noch wenige Dinge, die der Prophezeiung entsprechend erfüllt werden müssen, bevor das glorreiche Werk Gottes [Millennium] beginnen wird. Einige denken, dass die Ermordung der Zeugen, Offb. 11,7-8, noch nicht geschehen ist. Folglich unterscheiden sich die Theologen hinsichtlich der Aus-

---

221 Jonathan Edwards, *Works of President Edwards* (New York City, NY: Robert Carter and Bros., [1868] 1881) I, 457.

222 Ebd., 456.

gießung der sieben Schalen, über die wir einen Bericht
in Offb. 16 besitzen, wie viele schon ausgegossen sind
oder wie viele noch ausgegossen werden müssen;
obgleich ein späterer Ausleger [Moses Lowman] [...]
die Angelegenheit scheinbar sehr einfach und offensichtlich darstellte, indem er schrieb, dass alle mit Aus-
nahme von zweien ausgegossen sind, nämlich die
sechste über dem Fluss Euphrat und die siebte in die
Luft. Aber ich [...] sage nur, dass dies etwas zu sein
scheint, das den Weg für die baldige Zerstörung des
geistlichen Babylons ebnet.[223]

So wie sich der Aufstieg des Antichristen in langsamen
Etappen vollzogen habe, werde sich auch sein Sturz zutragen.
Edwards gestand gewisse Schwierigkeiten im Festlegen der
jeweiligen Zeitpunkte des Aufstiegs und Sturzes ein, war
sich aber sicher, dass beide 1260 Jahre auseinanderliegen
würden. Ein gewaltiges Ausgießen des Geistes Gottes werde
die Instrumente seines Willens ermächtigen, damit sie dem
Antichristen entschlossenen Widerstand leisten können.
Das Königtum der Dunkelheit werde vor dem Vormarsch
des Lichtes niederstürzen. „Zweifellos wird eine Nation nach
der anderen erleuchtet und bekehrt werden, eine falsche
Religion und verkehrte Art der Anbetung wird sich in Luft
auflösen."[224] In dieser Auseinandersetzung werden die
wahren Christen mit großen Schwierigkeiten konfrontiert
werden, aber

das Königtum des Antichristen wird völlig überworfen
werden. Sein Königtum und seine Herrschaft sind
schon durch die Ausgießung der [fünften] Schale über
seinem Thron während der Reformation geschwächt
worden; aber schließlich wird es gänzlich zerstört
werden. Dann wird hinausgerufen werden: „Babylon
ist gefallen, ist gefallen." Wenn der siebte Engel erklingt,

---

223 Ebd., 480.

224 Ebd., 482.

werden eine Zeit, [zwei] Zeiten und eine halbe Zeit[225] vorüber sein. Anschließend werden sich die Dinge, die über dem Antichristen im 18. Kapitel der Offenbarung geschrieben sind, erfüllen, über dem geistlichen Babylon, dieser großen Stadt Roms oder der abgöttischen römischen Regierung, die über so viele Zeitalter hinweg der große Feind der christlichen Kirche gewesen war, zuerst unter dem Heidentum, dann unter dem Papsttum. Diese stolze Stadt, die sich bis in den Himmel hinauf erhebt, und über Gott selbst in ihrem Stolz und Hochmut, diese grausame, blutrünstige Stadt wird auf den Boden stürzen. [...] Sie wird gewaltsam niedergeworfen werden, wie ein großer Mühlstein in das Meer geworfen wird, und wird nicht mehr wiedergefunden werden und wird die Behausung von Teufeln, zur Unterkunft aller unreinen Geister und zur Unterkunft aller unreinen und verabscheuten Vögel werden.[226]

Die von Edwards gewählte Ausdrucksweise entsprach fast wörtlich der biblischen Passage; die Interpretation, die er diesen Worten beimaß, zwang er in das Korsett seiner postmillennialistischen Sichtweise. Augenscheinlich gibt es auch klare Parallelen zum Wortlaut seiner berühmten Predigt „Sinners in the Hands of an Angry God" (Sünder in der Hand eines zornigen Gottes).

James West Davidon gab in *The Logic of Millennial Thought*[227] Edwards Meinung wieder, dass Gott das Leiden der Christen als Mittel der Reinigung und Vervollkommnung verwenden werde. Dennoch (oder deswegen) würden die mit einer optimistischen Grundhaltung ausgestatteten Christen langsam aber sicher den steilen Berg der Zeitgeschichte emporsteigen, bis sie am Gipfel angekommen sein werden. Jeder Schritt werde sie dem Endziel des

---

225 Edwards zitiert die Worte "a time, and times, and half a time" in Offb. 12,4 (King James Version). Sie bedeuten 3 ½ Jahre.

226 Edwards, *Works of President Edwards*, I, 486.

227 James West Davidson, *The Logic of Millennial Thought: Eighteenth-Century New England* (New Haven, CT: Yale University Press, 1978).

Tausendjährigen Reiches etwas näherbringen. Diejenigen, die diesen beschwerlichen Weg nicht mitgehen wollen, würden bestraft werden; es sei jedoch eine Strafe, die Gott dazu verwenden werde, um die Christen zu animieren, ihren Teil zur Verwirklichung des Millenniums beizusteuern.

In dem Artikel "The Typology of America's Mission" analysierte Sacvan Bercovitch scharfsinnig die im kolonialen Amerika vorherrschende Meinung, dass die Geschichte der Nation schließlich in das Tausendjährige Reich übergehen werde. Gott züchtige zwar von Zeit zu Zeit sein erwähltes Volk, aber selbst Leid und Trübsal könnten die schlussendliche Erfüllung der eschatologischen Vision nicht verhindern. Rückschritte seien demnach eher ein Beweis dafür, dass eine glorreiche Zukunft bevorstehen werde. Der Fortschritt könne nicht aufgehalten werden und das erhoffte Ziel sei bald erreicht.

Davidson unterstreicht nachdrücklich die Tatsache, dass es im Hinblick auf die Lehre der Endzeit allgemein eine große Übereinstimmung unter den Puritanern im Neuengland des 18. Jahrhunderts gab, die sich besonders auf Joseph Medes hermeneutische Sicht stützten, der als einer der ersten Exegeten des Neuen Testaments den über eintausend Jahre alleingültigen Amillennialismus Augustins zugunsten der Erwartung eines zukünftigen Millenniums verwarf. Bercovitch hob hervor, dass ein entscheidender Aspekt in der Ausgestaltung des amerikanischen Postmillennialismus die Zukunftsvision der Puritaner gewesen sei, die von einer besonderen Rolle Amerikas in der Vorsehung Gottes ausgingen. Die nationale Bestimmung sei deshalb einzigartig, weil das prophezeite Millennium in den Vereinigten Staaten seinen Anfang nehmen würde.[228] Edwards bemerkte in *Faithful Narrative* (1737), dass das überraschende Ausbleiben von Leid und Elend zu Beginn der Erweckung in Northhampton diese umso bedeutsamer erscheinen lasse.[229]

---

228 Sacvan Bercovitch, "The Typology of America's Mission," *American Quarterly* 30 (1978), 135-155.

229 C. C. Goen, Hrsg., *The Works of Jonathan Edwards 4: The Great Awakening* (New Haven, CT: Yale University Press, 1972) 133.

Die fünf Pastoren in Boston, die das Vorwort zu Edwards Buch *Humble Attempt* geschrieben hatten, waren sich darin einig, dass Edwards postmillennialistische Interpretation der Offenbarung alles andere als konventionell war. In zwei der sieben Paragraphen des Vorwortes kritisierten sie seine Auslegung der zwei Zeugen in Offenbarung 11. Größte Mühe machte ihnen die von Edwards mit Enthusiasmus vorgetragene Sicht, dass die Menschen kraft ihrer Genialität und ihres Fleißes die Ausbildung des Königreich Gottes fördern könnten. Edwards schrieb dazu folgendes:

> Daher lehrte uns Christus, dass es für seine Jünger angebracht sei, das [Königreich Gottes] über alle anderen Dinge zu suchen und es zum ersten und letzten Anliegen ihrer Gebete zu machen und in jeder Bitte alles andere dem Anliegen des Königreiches und der Herrlichkeit Gottes zu unterstellen.[230]

Im Gegensatz zu seinen späteren Nachfolgern hütete sich Edwards jedoch, die menschliche Fähigkeit als alleinigen Grund zu nennen, dass das Millennium errichtet werden würde. Anstatt sich auf Bildung, Kunst, Wissenschaft und Politik zu verlassen, müssten die Christen unter Verwendung der geeigneten Mittel das Kommen des Tausendjährigen Reiches herbeiführen. Unter „geeigneten Mitteln" stellte er sich hauptsächlich eine universale Gebetsübereinkunft vor, die die Christen aus unterschiedlichen Denominationen zusammenbringen und ermutigen würde. Dieses gemeinsame Gebet sei so motivierend, dass die Christen in einer kommenden siebenjährigen Zeitperiode Großartiges zu leisten imstande sein würden. Was in Amerika prophetisch Postmillennialismus genannt wurde, begann mit dem Aufruf zu einer freiwilligen Gebetsversammlung.

Edwards dachte, den Beginn des Millenniums in dieser Welt auf das Jahr 2000 festlegen zu können. Während dieser Epoche des Friedens und Wohlstandes nehme die Gelehrsamkeit und Weisheit zu. Arbeitserleichternde Geräte,

---

230 Stein, *Works of Jonathan Edwards 5*, 350.

einschließlich neuer Methoden der globalen Kommunikation, würden es den Menschen ermöglichen, sich vermehrt „göttlichen Dingen" zuzuwenden. Alle Menschen würden sich hauptsächlich mit der Religion befassen, während sich das Christentum über weite Strecken ausbreite.[231] Von Edwards Warte aus werde es zirka 250 Jahre dauern, bis sich alle Nationen zu Christus bekehrt hätten. Die dramatischen Erweckungen in Neuengland während seiner Lebenszeit seien ein Vorspiel des Millenniums, das immer noch viele Generationen weit in der Zukunft liege.[232]

Edwards führte ein Tagebuch, um gegenwärtige Geschehnisse im Lichte der apokalyptischen Zeittafel zu interpretieren, die er als wichtige Prophezeiungen von zukünftigen Ereignissen im Buch der Offenbarung zu erkennen meinte. „Edwards Mutmaßungen und Berechnungen über die Apokalypse waren keine nutzlosen Belustigungen, sondern eine ernsthafte theologische Beschäftigung, denn sie brachten seinen Glauben an die göttliche Vorsehung zum Ausdruck."[233] Alle menschlichen Ereignisse müssten ihren Platz in Gottes Heilsplan einnehmen und das Werk Christi bestätigen, unterstützen und fördern. Hierin erblicke man das Zentrum der Theologie Edwards. Stephen J. Stein zufolge bestimmte die Christologie das Geschichtsverständnis von Jonathan Edwards, denn die Dispensationen (Zeitalter) des Alten

---

231 S. dazu: James McDermott, *One Holy and Happy Society: The Public Theology of Jonathan Edwards* (University Park, PA: Pennsylvania State University, 1992) 37-92, besonders das Kapitel mit der Überschrift "That Glorious Work of God and the Pre-millennial Society: The Pre-millennial Age and the Millennium".

232 Ebd., 54. Edwards dachte, dass es eineinhalb Jahrhunderte dauern würde, bis das Christentum „in seiner Macht und Reinheit" die protestantische Welt für sich gewinnen würde, ein weiteres halbes Jahrhundert, um die Oberhand „in der Welt des Papstes" zu gewinnen und ein zusätzliches halbes Jahrhundert, um „die Welt der Mohammedaner" zu unterwerfen und die jüdische Nation herbeizuführen. Ein weiteres Jahrhundert würde nötig sein, um die Heidenwelt zum christlichen Glauben zu bekehren. Somit würde das Millennium 250 Jahre nach seinem Ableben in Erscheinung treten (S. 78).

233 Stephen J. Steins Einleitung von Edwards' *Apocalyptic Writings* (New Haven, CT: Yale University, 1977) 51.

Testamentes endeten mit dem Kommen Christi, und die Zeit der Kirche habe mit seiner Himmelfahrt begonnen. Die Christen nähmen Anteil an dem Leiden und der Herrlichkeit Christi und erfüllten den göttlichen Heilsplan. Massenbekehrungen würden sich überall in der Welt ereignen, bis das Königtum Christi seine optimale Ausdehnung über den ganzen Erdenball gewonnen habe. Anschließend übereigne Christus das Königreich seinem Vater, und das Hochzeitsmahl des Lammes finde im Himmel statt. Stein fügte hinzu, dass diese transzendente Perspektive die Christen nicht davon befreie, ihrer irdischen Verantwortung nachzukommen, sondern sie erhöhe vielmehr den Druck auf das christliche Leben, damit der Heilige Geist das göttliche Erlösungswerk mittels des menschlichen Instrumentariums der Kirche verwirklichen könne.[234]

Man erwartete, dass das allmähliche und doch glorreiche Werk Gottes im Herbeiführen des Milenniums auf einer zweifachen Strategie beruhe. Als erstes gieße Gott den Heiligen Geist in Erweckungen aus, um die Kirche aufzubauen. Indem er „auf die sich jüngst ereigneten, bemerkenswerten religiösen Erweckungen in Neuengland und auf den britischen Inseln" hinwies, ermutigte Edwards die Christen überall, sich in Gebetszusammenkünften zu vereinen, um die allgemeine Ausgießung des Geistes Gottes zu erbitten.[235] Als zweites gieße Gott Schalen des Zorns über den Feinden der Kirche aus. Edwards verstand unter den Schalen spezifische Ereignisse in der Geschichte. Zum Beispiel dachte er über die fünfte Schale (Offb. 16,10), sie sei die Reformation, die über dem Papsttum ausgegossen wurde.[236] Die Zornesschalen schränkten die Herrschaft Satans ein, ohne die Erde dadurch zu zerstören, während Gebet und Erweckung das Erlösungswerk Christi immer mehr Menschen zugute-

---

234 Ebd., 53-54.

235 Jonathan Edwards, "An Humble Attempt to Promote Explicit Agreement and Visible Union of God's People in Extraordinary Prayer for the Revival of Religion and the Advancement of Christ's Kingdom on Earth, Pursuant to Scripture-Promises and Prophecies Concerning the Last Time," in *Apocalyptic Writings*, 363.

236 Jonathan Edwards, *A History of the Work of Redemption*, hrsg. v. John F. Wilson (New Haven, CT: Yale University, 1989) 422.

komme. Edwards zufolge erscheint das Millennium „weder durch den Wiederaufbau des Tempels noch durch seine Zerstörung, sondern durch die Erneuerung des Wesens von denen, die darin wohnen".[237] Nach dem Tausendjährigen Reich kehre Christus schließlich wieder zurück und bringe die letzte Epoche der Geschichte der Erlösung zu einem Abschluss. Edwards machte das Millennium nicht zum endgültigen Ziel der Geschichte, sondern ordnete es dem größeren Plan eines transzendenten Gottes unter.

Obwohl der Hinweis auf den Postmillennialismus einem patriotischen Zwecke dienen konnte, wurde er gelegentlich auch dazu verwendet, Kritik an sozialen Missständen anzumelden. Samuel Hopkins (1721-1803), einem kongregationalistischen Pastor in Newport, Rhode Island, wies auf die zu erwartende Gesellschaftserneuerung hin, die mit dem Beginn des Millenniums einhergehen werde, um auf die Sünden Amerikas aufmerksam zu machen, die das Kommen dieses glorreichen Tages verzögern würden. In seinem 1774 veröffentlichten Werk *Dialogue Concerning the Slavery of the Africans*[238] nennt er die Sklaverei eine große und öffentliche Sünde und deutet auf die schockierende Folgewidrigkeit eines Volkes hin, das sich der englischen Unterdrückung entzogen hatte, aber die schwarze Bevölkerung weiterhin versklave. Hopkins, ein ehemaliger Sklavenhalter, sandte eine Deklaration an den Kontinentalen Kongress, als dieser 1776 in Philadelphia tagte, in der er die Sklaverei eine moralische Freveltat nannte und mahnte, dass Amerika nicht der Vorbote des Millenniums sein könne, wenn es nicht die Prinzipien der „uneigennützigen Wohltätigkeit" (disinterested benevolence) in seinen nationalen

---

237 Alan Heimert, *Religion and the American Mind from the Great Awakening to the Revolution* (Cambridge, MA: Harvard University, 1966) 64.

238 Samuel Hopkins, *A Dialogue concerning the Slavery of the Africans* (New York City, NY: Judah P. Spooner, 1776; New York City, NY: Arno Press, 1970). Untertitel: Shewing it to be the Duty and Interest of the American States to Emancipate All Their African Slaves: with an Address to the Owners of Such Slaves: Dedicated to the Honourable the Continental Congress: to which is Prefixed, the Institution of the Society, in New-York, for Promoting the Manumission of Slaves, and Protecting Such of Them as Have Been, Or May Be, Liberated.

Institutionen umsetzen werde. Hopkins stellte die Nation, die für sich das Recht der Freiheit forderte und doch dieses Recht den Sklaven verweigerte, unter Anklage. Gott werde seinen Zorn in diesem Falle nicht zurückhalten.[239] Einige Jahre später bezog sich Hopkins in *Treatise on the Millennium*[240] auf Jesaja und die Psalmen, um eine im Frieden lebende Welt zu beschreiben, wo alle Nationen gemeinsam Christus erkennen würden. Diese millennialistische Vision brachte nicht nur eine Zukunftshoffnung zum Ausdruck, sondern diente auch als Maßstab, an dem der gegenwärtige Stand der Moral in der neuen amerikanischen Nation gemessen werden konnte. Hopkins gehört somit zu denjenigen Pastoren in der Frühgeschichte der Vereinigten Staaten, die davon Abstand nahmen, die politische Entwicklung der amerikanischen Republik mit dem Millennium gleichzusetzen.[241] Trotz der Tatsache, dass er maßgeblich an der Entwicklung der New Divinity beteiligt war, rief sein Appell zur Buße und Reform die puritanische Tradition Neuenglands ins Gedächtnis. Gott ziehe seine Auserwählten zur Rechenschaft, wie sie ihr privates und öffentliches Leben führten.

---

239 M. Darrol Bryant, „From Edwards to Hopkins: A Millennialist Critique of Political Culture," in *The Coming Kingdom: Essays in American Millennialism & Eschatology*, hrsg. v. M. Darrol Bryant & Donald W. Dayton (Barrytown, NY: International Religious Foundation, 1983) 55-58. S. dazu: H. Richard Niebuhrs Diskussion über Hopkins' Millennialismus in *The Kingdom of God in America* (New York City, NY: Harper & Row, [1937] 1988) 143-146, 159; https://archive.org/details/kingdomofgodinam00nieb

240 Samuel Hopkins, *Treatise on the Millennium, Or, Latter-day Glory of the Church: Compiled Principally From the Productions of Late Eminent Writers upon that Subject* (Boston, MA: Isaiah Thomas and Ebenezer T. Andrews, 1793); http://archive.org/details/atreatiseonmill00danfgoog

241 Bryant, „From Edwards to Hopkins: A Millennialist Critique of Political Culture," in *The Coming Kingdom: Essays in American Millennialism & Eschatology*, 66. McDermott unterzieht Jonathan Edwards' Millennialismus einer Sozialkritik, in *One Holy and Happy Society: The Public Theology of Jonathan Edwards*, 91-92.

4.5.3. Verwirklichung der nationalen Glorifizierung Amerikas

Als Edwards 1758 starb, trat in Amerika eine neue Art des Postmillennialismus in Erscheinung, eine Vision, die die Zukunft Gottes noch mehr mit der Politik in Beziehung setzte. Die zur Zeit der Amerikanischen Revolution kursierende Meinung über den Antichristen war, dass darunter nicht mehr länger der Papst in Rom zu verstehen sei, sondern jede tyrannische und willkürliche Zivilregierung. In *The Sacred Cause of Liberty* identifizierte Nathan O. Hatch eine neue Anordnung der zivilen und religiösen Prioritäten, in der das endgültige Ziel apokalyptischer Hoffnung nicht mehr die Bekehrung aller Nationen zum Christentum war, sondern die nationale Glorifizierung Amerikas als dem neuen Sitz der Freiheit.[242] Der politische Millennialismus diente zur Zeit des Siebenjährigen Krieges in Nordamerika (1754-1763) als Gesprächsstoff in regen Konversationen der Neuengländer. Während der 1750er- und 1760er-Jahre nahm „der Antichrist mehr die Bedeutung des Symbols der Tyrannei als die der Irrlehre an und das Millennium mehr die des Zeitalters der Freiheit als die der Frömmigkeit.[243] 1765 markierte den Erlass des infamen Stamp Act[244] (Stempelsteuergesetz[245]). Von den Kanzeln in Neuengland erklangen deshalb viele Predigen gegen die Tyrannei, die sich schlussendlich gegen Großbritannien richteten. Besteuerung ohne Repräsentation sei ein Prinzip des Teufels. Die Kolonisten betrachteten zusehends die Freiheit als ein sakrales Gut. Man definierte diese als das Vermögen, das eigene private und öffentliche

---

242 Nathan O. Hatch, *The Sacred Cause of Liberty: Republican Thought and the Millennium in Revolutionary New England* (New Haven, CT: Yale University, 1977) 24; https://archive.org/details/sacredcauseoflib-00hatcrich/page/24

243 Ebd. 44; https://archive.org/details/sacredcauseoflib00hatcrich/page/44

244 Am 22. März 1765 verabschiedet das britische Parlament das Stempelsteuergesetz, das ab November 1765 in Kraft trat. Jedes amtliche Dokument, aber auch Zeitungen, Karten – und Würfelspiele mussten in den nordamerikanischen Kolonien mit Steuermarken versehen werden.

245 oder auch „Stempelgesetz", „Stempelakte", „Steuermarkengesetz"

Leben innerhalb der Schranken des Gesetzes zu genießen, ohne der willkürlichen Macht der Herrschenden schutzlos ausgeliefert zu sein.[246]

In der revolutionären Ära interpretierten die Pastoren Neuenglands den Konflikt mit Großbritannien im Lichte prophetischer Passagen wie Dan. 2,31-35, in der König Nebukadnezars Traum von einer großen und schrecklichen Statue geschildert wird. Der Kopf der Statue bestand aus Gold, die Brust aus Silber, der Magen und die Oberschenkel aus Bronze, die Beine aus Eisen und die Füße teils aus Eisen und teils aus Ton. Der Herrscher Babylons träumte ebenfalls von einem Stein, der die Statue an seinen Füßen traf und sie in Stücke zerbrach. Dieser Stein wuchs zu einem großen Berg an, der die ganze Erde erfüllte. Einigen Patrioten Neuenglands meinten zu wissen, was hinter den Symbolen der schrecklichen Statue mit ihren Füßen aus Eisen und Ton und dem Stein steckte. Nichts anderes als die Zerschlagung der Herrschaft Großbritanniens durch eine Revolution konnte die Bedeutung sein. Deshalb könne der große Berg nur die amerikanische Republik sein. In einer Predigt mit dem Titel „The Millennial Door Thrown Open" (Die millennialistische Türe weit aufgestoßen) sagte einer der Pastoren namens David Austin:

> Der politische Stein, der jetzt den tödlichen Stoß dem unteren Teil des babylonischen Bildes verabreichte [...] war er nicht der schwere Stein, den wir alle während des Beginns und der Fortdauer dieser politischen Revolution emporzuheben halfen, durch die wir soeben hindurchgegangen sind?[247]

Obgleich Austins Schriftauslegungen – so Hatch – manchmal exzentrische Neigungen aufwiesen, war seine Interpretation von Daniel eine logische Weiterführung der Darlegungen

---

246 Hatch, *The Sacred Cause of Liberty*, 72; https://archive.org/details/sacredcauseoflib00hatcrich/page/72

247 David Austin, „The Millennial Door Thrown Open." Hatch zitierte diese 1799 gehaltende Predigt in *Sacred Cause of Liberty*, 149.

zahlreicher kongregationalistischer und presbyterianischer Kleriker jener Zeit.

4.5.4. Geschichtsvision eines nahenden republikanischen Millenniums

Nach dem Krieg erblickte man in der neuen amerikanischen Republik den hauptsächlichen Akteur der Heilsgeschichte. Nur eine freie Nation konnte religiöse Freiheit garantieren. Ohne politische Freiheit könnten die Menschen das Evangelium weder verstehen noch annehmen. Deshalb schien die Konstituierung einer republikanischen Regierung eine wichtige Vorbedingung in der Verbreitung des Evangeliums und dem Erscheinen der „Morgenröte des millennialistischen Tages" zu sein. Nathan O. Hatch stellte diesen Sachverhalt deutlich heraus, indem er schrieb, dass die Geschichtsvision, die das Nahen des republikanischen Millenniums wahrnimmt, untrennbar mit einer liberalen politischen Ordnung verbunden sei.[248] Je weiter sich die politische Freiheit und die republikanische Regierungsform über die Welt ausbreiten würden, umso näher komme die Verwirklichung der tausendjährigen Herrschaft, die in Offb. 20,4 prophezeit wurde. Alexis de Tocqueville[249] (1805-1859) bemerkte in den 1830er-Jahren, dass „die Ideen des Christentums und der Freiheit so innig miteinander verbunden sind, dass es fast unmöglich ist, die Amerikaner dazu zu bringen, sich das eine ohne das andere vorzustellen".[250] Amerika begebe sich als erste Nation auf den Weg zum Millennium, denn das Christentum und die Demokratie schritten gemeinsam voran. Ernest Lee Tuveson legte in *Redeemer Nation: The Idea of America's Millennial Role* eine detaillierte Analyse der angeblichen Verbindung zwischen der

---

248 Hatch, *Sacred Cause of Liberty*, 156; https://archive.org/details/sacredcauseoflib00hatcrich/page/156

249 Alexis Charles Henri Clérel, Viscount de Tocqueville

250 Alexis de Tocqueville, *Democracy in America* (New York City, NY: Harper & Row, 1988) 293.

amerikanischen Zukunftsbestimmung und biblischen Prophetie vor.[251]

4.6. Anthropozentrische Ansätze der Neuen Theologie

4.6.1. Permanentes Umgestalten des konfessionellen Calvinismus

Der Puritanismus legte Wert auf die subjektive Ausprägung des Glaubens. Am deutlichsten war diese Tendenz im Kongregationalismus erkenntlich. Hier hob man besonderen die Bedeutung der individuellen Aneignung des Glaubens hervor, die in einen Frömmigkeitsstil mündete, der das Abtreten von aller Weltlichkeit zum obersten Leitsatz machte. Beizeiten verlor man darüber den Blick auf das in Christi Kreuz und Auferstehung angebotene objektive Heil. Der kongregationalistische Pastor Solomon Stoddard (1643-1729) vertrat die damals gängige puritanische Sicht, die dem göttlichen und menschlichen Miteinander in geistlichen Aufbrüchen eine große Wichtigkeit zumaß. Dennoch hielt er an der überbrachten Vorstellung fest, dass Erweckungen ein – in den Worten Edwards – „außerordentliches Werk Gottes" sei. Über Jahrhunderte hinweg hatte sich an dieser Sicht nichts Wesentliches geändert. Schon Johannes Calvin hatte gelehrt, dass das wundersame Wirken der göttlichen Gnade, völlig unabhängig sei von jeder moralischen oder emotionalen Anstrengung der sündigen Kreatur.

Seit die Kontroverse über den Antinomismus[252], die amerikanischen Puritaner 1636 in Unruhe versetzt hatte,

---

251 Ernest Lee Tuveson, *Redeemer Nation: The Idea of America's Millennial Role* (Chicago, IL: University of Chicago, 1968); https://archive.org/details/redeemernation00erne

252 Der Begriff „Antinomismus" (griechisch ἀντί anti ‚gegen', νόμος nomos ‚Gesetz'; sinngemäß „Unvereinbarkeit von Gesetzen") bezeichnet in der Theologie eine Lehre, die die Bindung an das alttestamentliche Gesetz (besonders das Mosaische Sittengesetz) leugnet und die menschliche Glaubensfreiheit und die göttliche Gnade betont. Im Allgemeinen kann Antinomismus auch als gezielte Verletzung eines gesellschaftlichen Tabus bezeichnet werden. https://de.wikipedia.org/wiki/Antinomismus

kennzeichnete ein Auf und Ab das geistliche Leben der Kolonien. Die periodischen Erweckungen wurden begrüßt als willkommene Gelegenheiten, die Missstände in Kirche und Staat auszumerzen. Zu jener Zeit war das explizit Pelagianische[253] an diesen geistlichen Aufbrüchen, wie es sich seit der Zweiten Großen Erweckung immer deutlicher bemerkbar machte, noch nicht kennzeichnend für geistliche Erneuerungen. Dennoch missbilligten die Calvinisten der Old School die mit Erweckungen einhergehenden emotionalen Auswüchse, die von den Befürwortern der New School als Zeichen geistlichen Lebens begrüßt wurden.

Die reformierten Geistlichen Neuenglands hatten sich kurz vor der Ersten Großen Erweckung (1739-1743) theologisch darüber verständigt und wandten sich entschieden vom ursprünglichen puritanischen Calvinismus ab. Jonathan Edwards verlor 1750 sein Pastorat unter anderem deshalb, weil er sich geweigert hatte, die Lehre der völligen Verdorbenheit des Menschen abzuschwächen. Sein Großvater, Solomon Stoddard, propagierte eine Art kulturelles Christentum, das sich an der damaligen Gesellschaftsordnung, dem sogenannten Half-Way Covenant (Bund des halben Weges), orientierte. Die Bedeutsamkeit des puritanischen Anliegens, Sünder zur Bekehrung zu rufen, nahm bei ihm eine geringe Rolle ein. Stoddard hatte sich wie viele ehemalige Calvinisten seiner Zeit dem aufgeklärten Rationalismus geöffnet. Keith J. Hardman identifizierte ihn als Bahnbrecher eines modifizierten Calvinismus:

> Stoddards Methode war von Anfang bis Ende darauf ausgelegt, dass Pastoren und ihre Gemeinden tatsächlich fähig seien, geistliches Feuer [vom Himmel] herunter zu holen, und seine Methodenlehre zeigte als

---

253 Unter Pelagianismus wird im Christentum die Lehre verstanden, dass die menschliche Natur nicht durch die Erbsünde verdorben worden sei, sondern schließlich, als von Gott geschaffen, gut sein müsse, wenn man nicht unterstellen wolle, ein Teil der Schöpfung Gottes sei böse. Im Kern lehrt der Theologe Pelagius also, es sei grundsätzlich möglich, ohne Sünde zu sein (posse sine peccato esse), zugespitzt handelt es sich um eine Lehre der Selbsterlösungsmöglichkeit und -fähigkeit des Menschen. https://de.wikipedia.org/wiki/Pelagianismus

erste die erforderlichen Schritte auf, wie man mit Gott in dieser Angelegenheit zusammenarbeitet.[254]

Die Zitadellen der Gelehrsamkeit in den amerikanischen Kolonien wurden geradezu vom englischen Deismus[255] überrannt. In dieser freigeistigen Atmosphäre konnte sich der orthodoxe Calvinismus nicht mehr wie bis dahin in seiner privilegierten Stellung unter der Bevölkerung halten.

Über die Beurteilung Edwards herrscht in den Gelehrtenstuben Uneinigkeit. Die einen meinen, dass Edwards calvinistische Theologie nur Ausgangspunkt der New Divinity war, die im Nachhinein unter der Bezeichnung „New England-Theology" gemeinhin in den Annalen der Kirchengeschichte einging. Der Historiker Allen C. Guelzo (geb. 1953) charakterisiert die Sühnelehre der New England-Theology wie folgt:

> Die ‚New Divinity' war für Vorstellungen offen, die sich auf die Herrschaft [Gottes] bezogen; denn es war eines der philosophischen Hauptanliegen der von Edwards ausgehenden Theologie zu beweisen, dass Gott kein willkürlicher, sondern ein sittlicher Regent der Schöpfung war.[256]

Es stimmt durchaus, dass Edwards 1750 das Vorwort zu Joseph Bellamys *True Religion Delineated* geschrieben hatte

---

254 Keith J. Hardman, *Charles Grandison Finney: Revivalist and Reformer* (Grand Rapids, MI: Baker and Syracuse University Press, 1987) 19.

255 Als Deismus (‚Gotteslehre', von lateinisch deus ‚Gott') bezeichnet man eine Religionsauffassung, nach der nur Vernunftgründe, nicht die Autorität einer Offenbarung, zur Legitimation theologischer Aussagen dienen können. https://de.wikipedia.org/wiki/Deismus

256 Allen C. Guelzo, "Jonathan Edwards and the New Divinity, 1758-1858," in Charles G. Dennison & Richard Gamble, Hrsg., Pressing Toward The Mark (Philadelphia, PA: The Orthodox Presbyterian Church, 1986). S. dazu: Allen C. Guelzo, *Edwards On the Will: A Century of American Theological Debate* (Middletown, CT: Wesleyan University Press, 1989); Sang Hyun Lee & Allen C. Guelzo, Hrsg., *Edwards in Our Time: Jonathan Edwards and the Shaping of American Religion* (Grand Rapids, MI: Wm. B. Eerdmans, 1999).

und damit – zumindest augenscheinlich – der neuen Theologie seine Zustimmung erteilte. Allerdings räumt Guelzo vor allem durch das Studium von unveröffentlichten privaten Aufzeichnungen Edwards eine Veränderung seiner Versöhnungslehre ein. Er habe sich dem Arminianismus[257] angenähert, wonach der Mensch zu seinem Heil selber beitragen könne. Andere Wissenschaftler gehen weiter und unterstellen Edwards, dass er seinen Nachfolgern Anlass zu einer Gegenreaktion gegeben habe. Sie argumentieren, dass Joseph Bellamy (1719-1790) und Nathaniel W. Taylor (1786-1858) in deutlicher Abgrenzung zu Edwards Theologie den „aufgeklärten" Moralismus des Arminianers Hugo Grotius (1583-1645) für ihre Zeitgenossen wieder entdeckt hatten.[258] Hierin wären sie Samuel Hopkins (1721-1803) gefolgt, der die Sühnelehre hauptsächlich so betrachtete, als sei Gott der "sittliche Regent der Welt". Mit dieser Ansicht war Hopkins zum prinzipiellen Kontrahenten der Princetoner Theologen Archibald Alexander und Samuel Miller avanciert, die den Glauben konfessionell definierten. Edwards Nachfolger hätten somit den Calvinismus ihres Mentors auf den Kopf gestellt.

Es war Jonathan Edwards' Missgeschick, dass er seinen Namen einer Gruppe verlieh, die in Lehrfragen nie in voller Übereinstimmung mit ihm gestanden war und schlussendlich eine Reihe von theologischen Positionen bezog, die er zeitlebens bekämpft hatte. Die persönliche Beziehung der Mitglieder dieser Gruppe zu Edwards war eng. Dazu

---

257 Der Arminianismus basiert auf den Schriften des reformierten Theologen Jacobus Arminius (1560–1609). Sie lehnt die Prädestinationslehre Johannes Calvins entschieden ab und propagiert stattdessen den von Gott befreiten Willen des Menschen. Die Erbsünde ist zwar absolut. Allerdings kann der Mensch zwischen Gut und Böse unterscheiden und sich mit Hilfe der vorauseilenden Gnade Gottes für die Umkehr zu Gott und die Nachfolge Jesu entscheiden. Im Gegensatz zum Calvinismus bestimmt Gott aber nicht vorher, wer als Sünder verdammt oder als geheiligt errettet wird. Der Mensch wird durch Gottes vorauseilende Gnade dazu befähigt, sich selbst zu entscheiden. https://de.wikipedia.org/wiki/Remonstranten

258 S. dazu: Joseph Haroutunians wichtiges Werk, *Piety Versus Moralism: The Passing of the New England Theology* (New York City, NY: Holt, 1932).

gehörten seine Studenten Bellamy und Hopkins und deren Studenten West und Smalley. Emmons studierte unter Smalley. Der bleibende Einfluss Edwards auf diese Gruppe zeigte sich am deutlichsten im Bereich der praktischen, nicht dogmatischen Theologie. Ihre Mitglieder nahmen sich Edwards zum Vorbild in seinem geisterfüllten Enthusiasmus und in seinen aufrüttelnden Predigten. Sie folgten ihm in der Absicht nach, die Kirche mittels praktizierter Kirchenzucht und eingeschränkter Teilnahme am Abendmahl zu reinigen. Das angestrebte Ziel war, dem puritanischen Ideal einer Kirche als Versammlung von Heiligen wieder Gültigkeit zu verschaffen. Indem sie diesbezüglich extremere Positionen einnahmen als Edwards selbst, verursachten die Männer der New Divinity einen vehementen Aufruhr unter den Kirchen Neuenglands. Es gelang ihnen jedoch in den öffentlichen Disputen, sich als wortgewaltige Verfechter ihre Ansichten durchzusetzen. Dennoch erwiesen sie sich als unfähig, ihren theologischen Standpunkt kontinuierlich beizubehalten. Während sie sich in der Verteidigung des althergebrachten Glaubens bewähren wollten, ließen sie sich dazu hinreißen, diesen in neue Formen zu gießen. Dabei übersahen sie den bedauerlichen Umstand, dass sie nicht nur die Form, sondern auch den Inhalt des bisherigen Glaubens veränderten. Die Gruppe zeichnete sich nicht durch eine einheitliche Theologie aus, sondern durch eine gemeinsame Praxis. Die Tatsache konnte nicht geleugnet werden, dass ihr permanentes Umgestalten des theologischen Systems das Resultat unkritischer Reflexion war, die sich dem Humanismus zuneigte und somit den direkten Bezug zum Calvinismus gänzlich verlor. Sie übertrieben die Verwendung von Edwards rationaler Methode, ohne sich auf dem soliden Fundament einer vom reformierten Christentum hergeleiteten Geistesgeschichte zu bewegen, wie es Edwards noch getan hatte. Deshalb verloren sie ihre Verwurzelung im Nährboden der calvinistischen Rechtgläubigkeit und schwangen sich zu Erfindern einer New Divinity auf, die zu Recht als provinzial bezeichnet wurde, weil sie über lange Zeit auf Neuengland begrenzt blieb.

Ein Befürworter der New Divinity, der es zu einem gewissen Ruhm gebracht hatte, war der kongregationalistische

Geistliche Joseph Bellamy. Als Student und Wegbegleiter Edwards hatte er die Erste Große Erweckung miterlebt, vertrat aber – wie der Historiker Stephen E. Berk richtig erkannte – eine pragmatische Glaubensansicht. Bellamy ordnete die Lehre der Praxis unter.[259] Obschon er Edwards Meinung teilte, dass Gottes Souveränität über das Böse triumphieren werde und es deshalb nützlich sei, über die Zulassung des Sündenfalls zu spekulieren, verneinte Bellamy die Erbsündenlehre. Darin stimmte ihm Nathaniel Emmons zu, der die Möglichkeit, ein moralisches Urteil abzugeben, nur über einer willentlich begangenen Tat für legitim hielt. Ein Mensch degradiere sich erst durch sein eigenes Tun zum Sünder. In Folge blieb Bellamy nichts anderes übrig, als die Sühnelehre neu zu definieren. Die Regierungstheorie des niederländischen Gelehrten Hugo Grotius bot sich ihm als die beste Variante an. In völligem Einvernehmen mit Nathaniel W. Taylor vertrat er die Meinung, dass Gott wohl Sünde, aber nicht Sünder bestrafe. Seine Gerechtigkeit sei der bedeutsamste Aspekt im Werk Christi. Deshalb habe die am Kreuz vollbrachte Sühnung nicht die Besänftigung des göttlichen Zorns angesichts der menschlichen Sündhaftigkeit bewirkt, sondern eine Vorführung absoluter Gerechtigkeit. In Übereinstimmung mit der moralischen Einflusstheorie der Sühne zeige sich darin die göttliche Liebe. Strikt lehnten Jonathans Edwards Sohn, Edwards, Jr., Bellamy und Taylor die Theorie eines stellvertretenden Sühneopfers ab, denn Gott fordere keine legale Befriedigung vom schuldigen Sünder. Der Tod Christi solle ihn vielmehr dazu animieren, von seiner Boshaftigkeit abzulassen und sein Leben sittlich umzupolen. Dass dies einem Menschen ohne Wiedergeburt jederzeit möglich sei, verstand sich von selbst. Die New Divinity-Theologen wiesen jedoch den Vorwurf zurück, sie würden davon ausgehen, Gott sei bei der Bekehrung eines Sünders völlig unbeteiligt. Eine Art Überzeugungsfunktion komme Gott schon zu, wie etwa der gute Rat eines Menschen zum positiven Kurswechsel im Leben eines anderen beitrage.

---

259 S. dazu: Stephen E. Berk, *Calvinism Versus Democracy: Timothy Dwight and the origins of American evangelical orthodoxy* (Berkley, CA: University of California Press, 1968; Hamden, CT: Archon Books, 1974) 59-61; https://archive.org/details/calvinismversusd00berk

Im Weiteren unterschied Samuel Hopkins zwischen „natürlicher" und „moralischer" Unfähigkeit. Der nicht wiedergeborene Mensch habe ein „natürliches" Vermögen, das Gute zu tun. Gemessen an der calvinistischen Lehre der völligen Verderbtheit (beziehungsweise absoluten Unfähigkeit)[260] des sündigen Menschen, war dieser Gedanke abwegig. Später mutierte er in den formenden Händen des bekannten Evangelisten Charles Grandison Finney (1792-1875) zum Kernpunkt einer Neubelebung des Pelagianismus, die Lehre von der Selbsterlösung.

Weit entfernt davon, sich in den theologischen Debatten als Verfechter des reformatorischen Glaubens zu bewähren, zum Beispiel in der Verteidigung der Lehre des gebundenen Willens, tat sich Nathaniel W. Taylor als ein Exponent des Semi-Pelagianismus[261] hervor, indem er die Lehre der gegen-

---

260 Der erste der Fünf Punkte des Calvinismus lautet ins Deutsche übersetzt und erklärt wie folgt: "1. Totale Verderbtheit oder Absolute Unfähigkeit: Aufgrund des Sündenfalls ist der Mensch von sich heraus nicht fähig an das Evangelium zu glauben, um zum Heil zu kommen. Der Sünder ist tot, blind und taub den Dingen Gottes gegenüber; sein Herz ist betrügerisch und hoffnungslos verdorben. Sein Wille ist nicht frei, er ist versklavt an seine verdorbene Natur, deshalb will er nicht – de facto kann er nicht – in geistlichen Dingen das Gute gegenüber dem Bösen vorziehen. Daraus folgt, es erfordert viel mehr als die Hilfe des Geistes, um einen Sünder zu Christus zu bringen – es erfordert die Wiedergeburt, bei der der Geist den Sünder zum Leben erweckt und ihm eine neue Natur gibt. Glaube ist nicht das, was der Mensch zu seiner Rettung beiträgt, sondern ist selbst Teil von Gottes Geschenk des Heils – er ist die Gabe Gottes an den Sünder, aber nicht die Gabe des Sünders an Gott." http://www.calvinismus.de/ueber-den-calvinismus/5-punkte.html

261 Semipelagianismus war eine im 5./6. Jahrhundert vor allem in Südgallien verbreitete theologische Lehrrichtung, welche dem Pelagianismus nahesteht, sich jedoch bemüht, ihre Aussagen von dem bereits vom Konzil von Ephesus verurteilten Pelagianismus eines Julianus von Eclanum abzugrenzen. Ausgelöst wurde diese Bewegung durch die harte Verurteilung des Pelagianismus durch Augustinus, durch dessen Anschauungen über Sünde und Gnade sich insbesondere Angehörige monastisch-asketischer Gemeinschaften angegriffen fühlten. Hauptvertreter war der Mönch Johannes Cassianus in Marseille. Im 13. Buch seiner Gespräche mit den Vätern brachte er seine von dessen Prädestinations- und Gnadenlehre differierenden Anschauungen vor, die von Augustinus 428/429 in zwei Schriften – *De praedestinatione sanctorum* (MPL 44, 959–992) und *De dono perseverantiae* (MPL 45, 993–1034) – bekämpft wurden. Darin betont Augustinus, dass nicht nur der Glaube selbst von Anfang an ein Gnadengeschenk Gottes sei, sondern auch das Beharren im

läufigen Willenskraft zur wichtigsten Grundlage seines Theologiesystems machte. Taylor lehnte die von Edwards vertretene Theorie der Tugend als Ausdruck eines allgemeinen Wohlwollens ab und reduzierte allen Edelsinn auf die Verwirklichung der Selbstliebe. Es ist keineswegs übertrieben zu behaupten, dass sich Taylors Vorstellung der Heilslehre in vielerlei Hinsicht als das genaue Gegenstück der calvinistischen Erlösungslehre erwies und sich schließlich den Einflüssen humanistischer Gedanken öffnete; eine Entwicklung, die schon Edwards in seiner Hinwendung zum Neoplatonismus der Cambridge Platoniker vorgezeichnet hatte. Es trifft nicht zu, wie manche Theologen und Kirchenhistoriker meinen, dass Edwards Lehrmeinungen, die von einer reformatorischen Theologie abwichen, intensiv bekämpfte. Allerdings muss ihm zugutegehalten werden, dass er dem Semi-Pelagianismus, wie er im Arminianismus zum Ausdruck gebracht wurde, ablehnte.[262] Kurioserweise betrachtete sich Taylor als getreuer Gefolgsmann des berühmten Theologen. In den verschiedenen aufeinanderfolgenden Entstehungsphasen der New Divinity war der rote Faden die unstrittige Tatsache, dass sie von Theologen ersonnen wurde, die ihre Ausbildung am Yale College erhalten hatten.

Der wachsende Einfluss der New Divinity führte schließlich dazu, dass sie sich zur dominanten Spielart der Theologie in Neuengland etablierte. Anfänglich dauerte es eine gewisse Zeit, bis sie sich bemerkbar machte, aber dann

---

Glauben. Der semipelagianische Streit dauerte die folgenden Jahrzehnte an und wurde erst 529 auf der Synode von Orange (Orange an der Rhône) mit einer Verurteilung des Semipelagianismus beendet. Die Beschlüsse des Arausicanum wurden von Papst Bonifatius II. bestätigt und verwarfen sowohl Pelagianismus als auch Semipelagianismus ganz im Sinne der augustinischen Lehren über Sünde und Gnade. Der freie Wille sei durch die Erbsünde derart geschwächt, dass der Mensch von sich aus Gott weder lieben noch an ihn glauben noch um seinetwillen etwas Gutes tun könne. Auch das Beharren im Glauben sei Gnade. Die Vorstellung einer doppelten Prädestination hingegen (der einen zum Heil, der andern zur Verdammnis) wurde von der Synode verworfen. https://de.wikipedia.org/wiki/Semipelagianismus

262 Iain H. Murray, *Jonathan Edwards: A New Biography* (Edinburgh: Banner of Truth Trust, 1987) 105, 452.

trat sie in relativ rasch aufeinanderfolgenden Schüben der Popularität in der kirchlichen Szene Neuenglands auf. Samuel Hopkins berichtete, dass in der Anfangsphase 1756 nicht mehr als vier oder fünf Theologen die Ansichten der New Divinity vertraten. Jonathan Edwards, Jr. (1745-1801), der Sohn des Pastors von Stockbridge, sprach über die Befürworter dieser Theologie noch im Jahr 1777 als einer kleinen Gruppe. Der Rektor des Yale College Ezra Stiles (1727-1795) war sehr ungehalten über den wachsenden Einfluss der New Divinity und deutete auf die Unterschiede in der Theologie ihrer einzelnen Befürworter hin. Dies veranlasste ihn, über ihr baldiges Ende zu spekulieren. Hierin irrte er sich gewaltig. In der Person von Timothy Dwight (1752-1817), der die Nachfolge von Stiles als Yale-Rektor antrat, erzielte die New Divinity ihre größten Erfolge. Über Jahrzehnte hinweg wurde eine Studenten-Generation nach der anderen in dieser Theologie unterwiesen. Die „Ungereimtheiten", von denen Stiles sprach, machten sich jedoch deutlich bemerkbar. Die Lehrinhalte der New Divinity standen dem Calvinismus diametral gegenüber. Edwards und seine Nachfolger hatten zwar Vorschläge zur Verbesserung der New Divinity gemacht, die sein Sohn sorgfältig in einer Liste zusammenstellte. Bei näherer Betrachtung wird jedoch ersichtlich, dass drei dieser „Verbesserungen" nicht von Edwards, Sr., sondern von den anderen stammten.

4.6.2. Explosives Gemisch der enthusiastischen Begeisterung

Im frühen 19. Jahrhundert brachten schottische und irische Immigranten die Tradition der „Sacramental Seasons" nach Amerika mit. Seit der Reformation übten diese presbyterianischen Festlichkeiten in Schottland eine große Anziehungskraft auf die Bevölkerung aus. Diesen Festtagen fieberte man jedes Jahr begeistert entgegen. Selbst weit entlegene Gemeinden kamen in regelmäßigen Abständen an geeigneten Orten zur christlichen Belehrung und Erbauung zusammen.

Der amerikanische Presbyterianer James McGready griff diese Tradition auf und funktionierte sie mit Hilfe einiger Methodisten und Baptisten in die sogenannten „camp meetings" um. Sünder wie Heilige wurden zur Versammlung in aufgeschlagenen Zelten eingeladen, um sich vom „Erweckungsfeuer" ergreifen zu lassen.

Die erste Erweckung, die von den amerikanischen „camp meetings" ausging, fand im südlichen Kentucky statt. James McGready und zwei weitere Pastoren predigten im Juni 1800 drei Tage lang zu einer versammelten Menschenmenge; am vierten Tag übernahmen zwei reisende Methodistenprediger den Verkündigungsdienst und beendeten ihn mit emotionalen Ermahnungen. Viele der Anwesenden kollabierten unter dem Eindruck ihrer Sündhaftigkeit. In Windeseile verbreitete sich das Gerücht, dass der Heilige Geist in Kentucky wie zur urchristlichen Zeit ausgegossen worden wäre. Ein Monat später rief man eine weitere Zusammenkunft in der Gasper River Church ein, um – wie man vorgab – auf das erneute Kommen des Geistes zu warten. Aus lauter Sensationslust nahmen viele Christen lange und beschwerliche Reisen auf sich, um selbst Zeuge der Geistesausgießung zu werden. Übernachtet wurde in Waggons, Zelten und primitiven Unterkünften. In erwartungsvoller Spannung verhielt man sich ruhig, bis die Erweckung kam. Dann brachen emotionale Bekehrungsschübe über die Versammelten herein, die als Werk Gottes interpretiert wurden. Die Cumberland-Erweckungen nahmen so zur Jahrhundertwende ihren Anfang.

Allmählich bahnte sich die Erweckungsbewegung entlang der Grenzgebiete ihren Weg und entzog sich so effektiv der Aufsicht etablierter presbyterianischer Gemeinden in Neuengland. Die damalige Grenze zum Wilden Westen umfasste im Norden das westliche New York, Vermont und New Hampshire und im Süden Teile Virginias, Kentuckys und Tennessees. Die kontinuierlichen Erweckungsschübe erzeugten eine religiöse Atmosphäre von ungewöhnlicher Konsistenz. Es war nur eine Frage der Zeit, bis sich das explosive Gemisch an enthusiastischer Begeisterung und postmillennialistischer Erwartung in einer gewaltigen Eruption entladen würde. In den Annalen der Erweckungsbewegung[263] nimmt das Cane Ridge Meeting einen besonderen Platz in der Frühphase der Zweiten Großen Erweckung (1790-1850) ein. Es wurde deshalb in einem gewissen Sinne berühmt berüchtigt, weil sich während der Veranstaltungen die emotionale Stimmung so stark erhitzte, dass die Frauen plötzlich in fiebriger Ergriffenheit ihre Haarklammern in die Luft warfen, sich mit den Männern auf die Erde warfen oder im Kreis herumhüpften. Zum Erstaunen der Anwesenden verfielen manche Teilnehmer sogar in tranceartige Zustände, die man später „Heiliges Zucken" und „Heiliges Lachen" nannte.

Um Jahre später den immer weiter um sich greifenden schwärmerischen Auswüchsen Herr zu werden, entzog die Presbyterianische Kirche dem Cumberland-Presbyterium die Zugehörigkeit zum Gemeindeverband. Neben der Schwärmerei gab man als Begründung dieser drastischen Disziplinarmaßnahme die Ordination unqualifizierter Pastoren an. Offiziell rechtfertigte man den Kirchenausschluss der Presbyterianer, die der Erweckung am Cane Ridge neun Jahre zuvor beigewohnt hatten, mit dem Hinweis der dort aufgetretenen Auswüchse geistlicher Verirrung. Die abweichende Haltung der Cumberland Presbyterianer von der reformatorischen Prädestinationslehre stellte einen weiteren Grund für den Ausschluss dar. Infolgedessen formierte sich 1813 die Chumberland Presbyterian Church. In kürzester Zeit mauserte sich diese neue Denomination zur dominierenden Presbyterianer Kirche im Grenzgebiet. Wie ihrer Entstehungsgeschichte zu entnehmen ist, stellte

---

263   Als Erweckungsbewegung werden Strömungen im Christentum bezeichnet, die die Bekehrung des Einzelnen und praktische christliche Lebensweise besonders betonen. Gemeinchristliche oder konfessionelle Dogmen treten hinter ein „ursprüngliches" Verständnis eines direkt aus der Bibel entnommenen Evangeliums zurück. Erweckungsbewegungen gehen davon aus, dass lebendiges Christentum mit der Antwort des Menschen auf den Ruf des Evangeliums zu Umkehr und geistiger Erneuerung beginnt. Gedanklich fußt der Begriff auf Eph 5,14 LUT: „Wach auf, der du schläfst, und steh auf von den Toten, so wird dich Christus erleuchten." Da nur der Glaube ins ewige Leben führe, sei die Existenz des Ungläubigen dem Tode geweiht. Somit erscheint die Hinwendung zum Glauben als Hinwendung zum Leben bzw., in Analogie zur Auferstehung Christi, als Erweckung vom Tode. https://de.wikipedia.org/wiki/Erweckungsbewegung

sie sich den Strömungen schwärmerischer Begeisterung viel aufgeschlossener gegenüber als die sich eng am Westminster Bekenntnis orientierenden Presbyterianer Kirchen des Nordens und Südens. Dennoch konnte die neue Kirche nicht vermeiden, dass sich von ihr wiederum in Kürze eine sektiererische Bewegung unter Leitung Barton Stones abspaltete. Stone sammelte später seine Anhänger in einer separaten Denomination, die er Christian Church (Disciples of Christ) nannte. Kennzeichnend für diese Gruppierung wurde der virulente Anti-Calvinismus ihres Gründers, der meinte, keine Zeit übrig zu haben für Glaubensdogmen und Bekenntnisse. Eigenen Angaben zufolge verabscheute er besonders das Dogma der Dreieinigkeit.

Zu Beginn des 19. Jahrhunderts gerieten die amerikanischen Akademien Amerikas, die vielfach während der Ersten Großen Erweckung gegründet worden waren, unten den Einfluss neu aufflammender religiöser Begeisterung. Die Wahl Timothy Dwight zum Rektor des Yale Colleges (1795) markierte den äußeren Triumph der New Divinity in Neuengland. Niemand anderes hätte dies besser bewerkstelligen können als gerade dieser Theologe, dessen Dogmatik Sermons[264] so populär wurde wie kein anderes Buch dieser Art.

Eine typische Erweckung brach 1802 am Yale College aus, die ein Drittel der Studentenschaft erfasste, ein Umstand, der deshalb so erstaunlicher ist, weil von wenigen Ausnahmen abgesehen alle Studenten entweder nominelle Christen oder Skeptiker waren. Anschließend meinte Dwight, ein Enkel Jonathan Edwards, dass eine echte Erweckung nur auf dem Boden calvinistischer Überzeugung und akademischer Vorzüglichkeit gedeihen könne. Die in der Folgezeit immer deutlicher auseinanderklaffenden Positionen der Old School und New School innerhalb der Presbyterianischen Kirche waren in den Anfangsjahren des 19. Jahrhunderts noch nicht so klar in Erscheinung getreten, als dass sich Dwight hätte qualifizierter ausdrücken müssen.

---

264 Timothy Dwight, *Sermons* (Edinburgh: Waugh & Innes, 1828); http://archive.org/details/sermons00dwiggoog

4.6.3. Anpassung an den Geist der Moderne

Timothy Dwight berief Nathaniel W. Taylor zu seinem Nachfolger als Rektor des Yale College. Jahre zuvor hatte Taylor dort sein Theologiestudium unter Dwights Anleitung abgeschlossen. Obwohl Taylor nie eine Gesamtschau seiner Theologie in einem Buch veröffentlichte, übte er dennoch einen gewaltigen Einfluss auf seine Studenten aus. Seine Vorlesungen bildeten die theoretische Grundlage der Erweckungsbewegung in Neuengland. Taylor war wie Edwards überzeugt, dass sich der Calvinismus mit den brennenden Zeitfragen auseinandersetzen müsse. In markanter Gegensätzlichkeit zu Edwards vertrat er jedoch die Meinung, dass die traditionelle Glaubensauffassung nicht mehr fähig sei, die brennenden Fragen eines aufgeklärten Bürgertums angemessen zu beantworten.

Seit den Tagen der englischen Philosophen und Aufklärer Thomas Hobbes und John Locke waren revolutionäre Gedanken über das Wesen existentieller Freiheit und dem Recht individueller Lebensgestaltung im Umlauf, die ganz gewaltig an der Substanz calvinistischer Lehre nagten. Im *Leviathan*[265] (1651) propagierte Thomas Hobbes (1588-1679) einen dem Calvinismus grundsätzlich konträren, aber oberflächlich betrachtet doch ähnlich erscheinenden materialistischen Determinismus[266], der, wie viele Geistliche meinten, im moralischen Chaos enden werde. Klare Trennungslinien mussten gezogen werden. Im Weiteren ließ die Diskussion über unveräußerliche Menschenrechte, Kantische Ethik und demokratische Freiheit die calvinistischen Dogmen über Gott und Mensch als antiquiert erscheinen. Taylor verabscheute es, eine neue Apologie (Verteidigung) des Althergebrachten zu entwickeln, um den Herausforderungen einer neuen Ära

---

265 Thomas Hobbes, *Leviathan*, hrsg. v. J. C. A. Gaskin (Oxford: Oxford University Press, [1651] 2009); https://archive.org/details/in. ernet.dli.2015.32247/page/n7

266 Der Determinismus (von lateinisch *determinare* ‚festlegen‘, ‚Grenzen setzen‘, ‚begrenzen‘) ist die Auffassung, dass alle – insbesondere auch zukünftige – Ereignisse durch Vorbedingungen eindeutig festgelegt sind. https://de.wikipedia.org/wiki/Determinismus

angemessen begegnen zu können. Ein dringlicheres Anliegen lag ihm auf dem Herzen: Er stürzte sich in die Aufgabe, den Calvinismus weitgehend dem Zeitgeist anzupassen. Um das Christentum einer aufgeklärten Kultur schmackhaft zu machen, wollte er die klaren Aussagen des Evangeliums über die Sündhaftigkeit des Menschen und seiner Erlösungsbedürftigkeit durch das Blut Christi in vollem Umfang verändern. Folgerichtig sah er sich gezwungen, die Lehren der Erbsünde, der Wiedergeburt und der Willensversklavung aus dem reformierten Glaubenssystem zu streichen. Weitere lehrmäßige Veränderungen der christlichen Lehre folgten. Vergebens sucht man in der New Divinity einen Hinweis auf das stellvertretende Sühneopfer Jesu.

Solche Sentiments erhoben sich nicht Phoenix-gleich aus der Asche eines einst leuchtenden Calvinismus. Schon der Puritaner Richard Baxter (1615-1691) hatte sich zwei Jahrhunderte zuvor die Ansichten Hugo Grotius zugeeignet. Die religiöse Atmosphäre des 16. Jahrhunderts war ohnehin von vielen Gerüchten über Irrlehren gesättigt, die so manchen Gläubigen des Antinomismus[267], der Schwärmerei, des Arminianismus und des Sozinianismus[268] bezichtigten. Die Ähnlichkeiten der Ausführungen Baxters (*Catholick Theologie*) und Bellamys (*True Religion Delineated*) im Hinblick auf die Errettungslehre sind so offensichtlich, dass man sie kaum leugnen kann. Baxters graduelle Abkehr vom Calvinismus hatte ihm schon von John Owen die unrühm-

---

267 Der Begriff „Antinomismus" (griechisch ἀντί anti ‚gegen', νόμος nomos ‚Gesetz'; sinngemäß „Unvereinbarkeit von Gesetzen") bezeichnet in der Theologie eine Lehre, die die Bindung an das alttestamentliche Gesetz (besonders das Mosaische Sittengesetz) leugnet und die menschliche Glaubensfreiheit und die göttliche Gnade betont. Im Allgemeinen kann Antinomismus auch als gezielte Verletzung eines gesellschaftlichen Tabus bezeichnet werden. https://de.wikipedia.org/wiki/Antinomismus

268 Der Ausdruck Sozinianismus (Socianismus, Sozianismus) bezeichnet eine antitrinitarische Bewegung, die den Glaubenssatz, dass der auferstandene Mensch Jesus Christus Mensch und Gott zugleich sein könne, für widervernünftig hält. Sie breitete sich im 16. und 17. Jahrhundert in Europa aus und wurde nach ihren bedeutendsten Vertretern, dem italienischen Antitrinitarier Lelio Sozzini und seinem Neffen Fausto Sozzini, benannt. https://de.wikipedia.org/wiki/Sozinianismus

liche Anschuldigung zugetragen, den Irrlehren des Sozinianismus und Arminianismus das Wort zu reden.

In der im Juni 1829 veröffentlichten Ausgabe des *The Quarterly Christian Spectator* gab Taylor zu verstehen, dass er neugeborene Kinder für sündlos halte. Nach der Geburt würden sie schnell zur Selbstsüchtigkeit neigen. Nicht selten verfestige sich dieser egoistische Hang in einer permanenten Neigung. Aus der kantischen Ethik des kategorischen Imperativs schloss Taylor, dass der Mensch die Gebote Gottes erfüllen könne. Die Gültigkeit dieses Grundsatzes sei gewährleistet, sofern man die Fähigkeit der Gesetzes-erfüllung als eine „natürliche" verstehe. In der Natur gebe es kein Prinzip, das dem Menschen die Notwendigkeit des Sündigens auferlegen würde. Sünde rühre nicht von einem konstitutionellen Defekt des menschlichen Wesens her, sondern sei ausschließlich ein „moralisches" Problem. Der Menschen sei eben im Ausüben einer natürlichen Moral inkonsequent, könne aber grundsätzlich dem Gesetz Gottes Folge leisten. Soweit es ihm wünschenswert erscheint, verfüge er über die Willenskraft, den sündigen Neigungen entgegen zu handeln. Eine weitere Lehre Taylors war das Verlangen nach Glückseligkeit, oder – um einen anderen Ausdruck zu verwenden – die Selbstliebe, die als Motivation hinter jeder absichtlichen Handlung stehe.

Jahrzehnte zuvor hatte Jonathan Edwards diesem unverhohlenen Pelagianismus ein schlüssiges Argument entgegengestellt. Doch die religiöse Atmosphäre hatte sich im zweiten Jahrzehnt des 19. Jahrhunderts grundlegend geändert. Den angeblich veralteten Ansichten Edwards schenkte kaum noch jemand Gehör. Taylors idealistische Lehre, die im krassen Gegensatz zur biblischen Lehre von der Sünde (Hamartiologie)[269] stand, setzte sich durch. Der Freimaurer Lyman Beecher (1775-1863), der 1826 den Ruf

---

269 Die Lehre von der Sünde nennt man die Hamartiologie. Im klassischen theologischen Denkgebäude ist die Hamartiologie ein Teil der Anthropologie (die Anthropologie wiederum ist ein Teil der Schöpfungslehre, die Schöpfungslehre ist ein Teil der Dogmatik, die Dogmatik ein Teil der Theologie). Grundsätzlich ist nach der christlichen Theologie jeder Mensch sündig. Jesus von Nazaret wurde allerdings nicht im Zustand der Sünde geboren und sündigte nicht. https://de.wikipedia.org/wiki/Sünde

zum Pastorat der einflussreichen Hanover Church in Boston, Massachusetts, annahm, stellte sich Taylor zur Seite. In diversen Auseinandersetzungen mit konservativen Calvinisten und Episkopalisten[270], ja selbst mit den Unitariern[271], sprachen sie sich allesamt gegen die Erweckungsbewegung aus.

Angesichts ihrer Widersprüchlichkeit wäre die New Divinity wahrscheinlich bald in sich zusammengebrochen, wenn die Theologen am Yale College nicht alles nur Erdenkliche getan hätten, um ihr das Gewand der Rechtgläubigkeit überzustülpen. Hierin wurde sie tatkräftig von Charles G. Finney unterstützt, der seinerseits versuchte, den Pelagianismus auf ganz praktische Weise in den Dienst der Demokratisierung Amerikas zu stellen. John Wesley hielt sich noch an die Lehre der vorlaufenden Gnade, um den häretischen Ansichten und Implikationen des Pelagianismus auszuweichen. Finney machte keinen Hehl aus seiner Befürwortung der Selbsterlösungslehre des irischen Mönchs Morgan (lat. Pelagius), dem theologischen Kontrahenten Augustins, sowohl im Hinblick auf die Heilslehre als auch auf die Heiligungslehre. Inspiriert von der New Divinity schwang Finney sich als Sensationsdarsteller schnell zur Hauptattraktion im westlichen Grenzgebiet auf. Seine neuen Evangelisationsmethoden veränderten das Gesicht des

---

270   Die Episkopalkirche der Vereinigten Staaten von Amerika (englisch Episcopal Church in the United States of America) ist eine Mitgliedskirche der Anglikanischen Gemeinschaft vornehmlich in den Vereinigten Staaten. Sie ist eine der ältesten Kirchen im Gebiet der heutigen USA. https://de.wikipedia.org/wiki/Episkopalkirche_der_Vereinigten_Staaten_von_Amerika

271   Unitarismus (von lateinisch *unitas* „Einheit") bezeichnet eine aus der radikalen Reformation stammende theologische Auffassung, welche die Dreifaltigkeitslehre und die Göttlichkeit des Jesus von Nazareth ablehnt, und weitergehend eine religiöse Bewegung, die geschichtlich aus dieser theologischen Auffassung entstanden ist. War der Unitarismus zunächst allein eine „christliche" Konfession, öffnete sich ein Teil von ihr ab Ende des 19. Jahrhunderts auch für andere religiös-philosophische Strömungen. Die unitarische religiöse Bewegung besteht heute sowohl aus theistischen, insbesondere christlichen Gemeinschaften, die an der nicht-trinitären Gottesvorstellung festhalten (keine Dreifaltigkeit), als auch aus Gemeinschaften, die explizit für Atheisten und Agnostiker offenstehen. https://de.wikipedia.org/wiki/Unitarismus_(Religion)

Evangelikalismus in der westlichen Welt, besonders in den Yankee-Gebieten Amerikas, nachhaltig. Whitney R. Cross würdigte die einflussreiche Rolle der New Divinity in den erfolgreichen Evangelisationskampagnen Finneys:

> Das praktische Leben diente Finney weit mehr als Lehrmeister als irgendeine Person oder Schulmeinung. Seine Verkündigung war in Wirklichkeit Auswuchs eines erprobten Aktivismus; Erfolg konnte man nur an der Zahl der Bekehrten und am klaren Überzeugungs-eifer messen. Deshalb war der wichtigste Beitrag Finneys in den im Staate New York durchgeführten Evangelisationsfeldzügen nicht eine Theologie, sondern eine Vorgehensweise. Die durch ihn eingeführten Maß-nahmen entsprachen voll und ganz den Heraus-forderungen größerer Erweckungsveranstaltungen. Sie dienten dazu, die New Haven-Theologie[272] zu popularisieren und zu beleben.[273]

Die Anpassung an den Geist der Moderne nahm in der Theologie Nathaniel W. Taylors eine immer prominentere Stellung ein, bis sie im Protestantischen Liberalismus des ausgehenden 19. Jahrhunderts ihren vorübergehenden Höhepunkt erreicht hatte.

---

272 „New Haven-Theologie" ist eine alternative Bezeichnung der „New Divinity".

273 Whitney R. Cross, *The Burned-Over District: The Social and Intellectual History of Enthusiastic Religion in Western New York, 1800-1850* (New York City, NY: Harper Torchbooks, 1950) 160; https://archive.org/details/burnedoverdistri00cros/page/n5

Worterklärungen

Agnostizismus: Weltanschauung, nach der die Möglichkeit einer Existenz des Göttlichen bzw. Übersinnlichen rational nicht zu klären ist, also weder bejaht noch verneint wird. https://www.duden.de/node/3507/revision/3533

Anomalie: (griechisch ἀνωμαλία anomalía „Unebenheit, Unregelmäßigkeit")

Antinomismus: Der Begriff „Antinomismus" (griechisch ἀντί anti ‚gegen‘, νόμος nomos ‚Gesetz‘; sinngemäß „Unvereinbarkeit von Gesetzen") bezeichnet in der Theologie eine Lehre, die die Bindung an das alttestamentliche Gesetz (besonders das Mosaische Sittengesetz) leugnet und die menschliche Glaubensfreiheit und die göttliche Gnade betont. Im Allgemeinen kann Antinomismus auch als gezielte Verletzung eines gesellschaftlichen Tabus bezeichnet werden. https://de.wikipedia.org/wiki/Antinomismus

a priori: von der Erfahrung oder Wahrnehmung unabhängig; aus der Vernunft durch logisches Schließen gewonnen; aus Vernunftgründen. https://www.duden.de/node/12025/revision/12052

Arcanum: Das Arcanum oder große Arkanum (abgeleitet von lateinisch arcanum = Geheimnis) bezeichnet im esoterischen Zusammenhang einen Begriff aus der Alchemie. Jakob Böhmes Hinweisen zufolge hatte der Begriff auch die allgemeine Bedeutung einer geheimen und nur besonderen Eingeweihten zugänglichen spirituellen Lehre, die entweder unmittelbar weitergegeben wurde oder aber die eigene Suche für ein probates Mittel der Erkenntnisgewinnung betrachtete („Der Weg ist das Ziel"). Diese Suche war für die Alchemisten gemäß ihrem Verständnis der Transmutation zumindest indirekt gleichzusetzen mit der Suche nach dem „Stein der Weisen". Vielfach wird angenommen, dass diese Suche weniger dem Ziel der Umwandlung wertloser Metalle in Gold als vielmehr der Selbsterkenntnis und Selbstvervollkommnung galt. Ein durchgehendes Thema war dabei offensichtlich die Einheit von Mensch und Kosmos, die die praktizierenden Alchemisten mit der Suche nach einer höheren Selbstidentität verbanden. https://de.wikipedia.org/wiki/Arcanum_(Esoterik)

Arianismus: Der Arianismus war eine theologische Position innerhalb des Frühchristentums, die unmittelbar von ihrem namensgebenden Theologen Arius (ca. 260–327 n.Chr.) und seinen direkten Anhängern vertreten wurde. Arius betrachtete die beispielsweise im Bekenntnis von Nicäa (325) behauptete Wesensgleichheit von Gott/Gott-Vater und Sohn als Irrlehre, da sie dem Monotheismus zu widersprechen schien, bei welchem der Sohn und der Heilige Geist nur in untergeordneter, nicht Gott gleichkommender Stellung und Würde denkbar waren. Positionen wie die im Nicäno-Konstantinopolitanum (381) zum Dogma erhobene Trinität mit einem Gott gleichrangigen Sohn und Heiligen Geist waren aus seiner theologischen Sicht noch ‚häretischer‘. Umgekehrt wurde und wird aus Sicht der damaligen Vertreter der Trinitätslehre von Nicäa bzw. Konstantinopel und der christlichen Gemeinschaften sowie Kirchen, die diese noch heute anerkennen, der Arianismus als Häresie betrachtet (Arianischer Streit). https://de.wikipedia.org/wiki/Arianismus

Aristokratie: Herrschaft der Besten; Herrschaft des Adels

Aristotelismus nennt man das Wissenschaftssystem, das aus dem Gedankengut des griechischen Philosophen Aristoteles entwickelt wurde. Seine Nachfolger werden als Aristoteliker oder Peripatetiker bezeichnet. Aristoteles markiert das Ende einer Generationen währenden Entwicklung philosophischen Denkens und war gleichzeitig Begründer einer neuen Tradition. Er führte die Denker seiner Zeit von den Höhen der platonischen Visionen in die fruchtbaren Niederungen der Erfahrungswissenschaft. Daher rühren wohl auch die widersprüchlichen Urteile über sein Werk in der Folgezeit. Seither studierten und interpretierten Gelehrte seine Arbeiten. Seine Aussagen wurden hochgeschätzt, aber auch missverstanden, mitunter verurteilt oder umgeformt. Aristoteles-Interpreten wirkten zunächst in Griechenland, dem griechisch sprachigen Raum der hellenistischen Zeit, Rom und Nordafrika, später von Persien über Armenien, Syrien, Sizilien, Spanien bis zu den Britischen Inseln, schließlich befassten sich im Spätmittelalter Gelehrte in ganz Europa mit Aristoteles. https://de.wikipedia.org/wiki/Aristotelismus

Arminianismus: Der Arminianismus basiert auf den

Schriften des reformierten Theologen Jacobus Arminius (1560–1609). Sie lehnt die Prädestinationslehre Johannes Calvins entschieden ab und propagiert stattdessen den von Gott befreiten Willen des Menschen. Die Erbsünde ist zwar absolut. Allerdings kann der Mensch zwischen Gut und Böse unterscheiden und sich mit Hilfe der vorauseilenden Gnade Gottes für die Umkehr zu Gott und die Nachfolge Jesu entscheiden. Im Gegensatz zum Calvinismus bestimmt Gott aber nicht vorher, wer als Sünder verdammt oder als geheiligt errettet wird. Der Mensch wird durch Gottes vorauseilende Gnade dazu befähigt, sich selbst zu entscheiden. https://de.wikipedia.org/wiki/Remonstranten

Behaviorismus: Richtung der amerikanischen Verhaltensforschung, die nur direkt beobachtbares Geschehen als Gegenstand wissenschaftlicher Psychologie zulässt. https://www.duden.de/node/19819/revision/19848

Cartesianismus: Der Ausdruck „Cartesianismus" (auch Kartesianismus; von Cartesius, lateinisch für Descartes) wird verwendet sowohl für die Philosophie René Descartes' (Cartesianismus im engeren Sinn), die Philosophie seiner Anhänger (Cartesianismus im weiteren Sinn), die Philosophie Descartes' wie die seiner Anhänger. Darüber hinaus spricht man vom Cartesianismus auch in Bezug auf einzelne charakteristische Positionen: die Lehre von dem Dualismus von Leib/Körper einerseits und Seele/Geist andererseits sowie die erkenntnistheoretische Position, dass Erkenntnis nur auf unbezweifelbaren Einsichten gründen soll. Als Prinzipien des Cartesianismus im weitesten Sinn gelten Selbstgewissheit des Ichbewusstseins (cogito ergo sum), Klarheit und Deutlichkeit als Kriterium der Wahrheit, Materie als Raumerfüllung, Dualismus, Korpuskulartheorie, methodischer Zweifel, Rationalismus und die Wertschätzung der Mathematik. https://de.wikipedia.org/wiki/Cartesianismus

Chiliasmus: (griech. chilia, tausend = Lehre von den tausend Jahren), auf der Grundlage von Offb. 20,1-15 entstandene Lehre über eine tausendjährige irdische Herrschaft Jesu Christi, die dem Ende der Welt vorausgehe. Viele Kirchenväter (besonders zu nennen Irenäus von Lyon † um 202) vertraten den Chiliasmus im Sinne einer realen Hoffnung. Er wurde sachlich wiederbelebt ohne ausdrücklichen Rückgriff auf

Offb. 20 durch Joachim von Fiore († 1202), danach durch die Franziskanerspiritualen, die damit die Absage an die verweltlichte Großkirche verbanden. Die reale chiliastische Auffassung wurde durch Augustinus († 430) bekämpft, der das 1000-jährige Reich mit dem in der Kirche bereits gegenwärtigen Reich Jesu Christi identifizierte. Seit der Ablehnung des Chiliasmus durch die Scholastik (Thomas von Aquin † 1274) wird er in der katholischen Theologie nicht mehr ernsthaft vertreten. Neu aktualisiert wurde er in Freikirchen. http://theologie_de.deacademic.com/120/Chiliasmus

Christliche Kabbala: Die christliche Kabbala war eine Strömung, die meist als Phänomen der Renaissance angesehen wird und die jüdische Kabbala nutzte, um darin nach einem christlichen Sinn zu suchen. https://de.wikipedia.org/wiki/Christliche_Kabbala

Coincidentia oppositorum (lat.; „Zusammenfall der Gegensätze") ist ein zentraler Begriff im Denken des Philosophen und Theologen Nikolaus von Kues (Cusanus). Die Idee des Zusammenfalls (Koinzidenz) der Gegensätze zu einer Einheit ist aus der Tradition des Neuplatonismus hervorgegangen. Einen Anstoß gaben Gedanken des spätantiken Neuplatonikers Pseudo-Dionysius Areopagita und Meister Eckharts, doch handelt es sich um eine von Nikolaus von Kues eingeführte Neuerung. Nikolaus betont, damit eine neue, eigenständige Theorie entwickelt zu haben, die der bisherigen Philosophie gefehlt habe. Er sieht im Koinzidenzgedanken ein Kernelement seiner Betrachtungsweise oder Methode (womit er nicht eine Lehre oder ein System meint). Mit Berufung auf die Neuartigkeit seiner Denkweise distanziert er sich scharf von der aristotelisch geprägten Schulphilosophie der spätmittelalterlichen Scholastik. https://de.wikipedia.org/wiki/Coincidentia_oppositorum

Deduktion: Die Deduktion (lateinisch deductio ‚Abführen, Fortführen, Ableitung'), auch deduktive Methode oder deduktiver Schluss, ist in der Philosophie und der Logik eine Schlussfolgerung gegebener Prämissen auf die logisch zwingenden Konsequenzen. Deduktion ist schon bei Aristoteles als „Schluss vom Allgemeinen auf das Besondere" verstanden worden, d. h. der Vererbung von

Eigenschaften, die alle Mitglieder einer Gruppe teilen, auf echte Untermengen und einzelne Elemente. Dem stellt Aristoteles die Induktion als Gewinnung von allgemeinen Aussagen aus der Betrachtung mehrerer Einzelfälle, und die Abduktion oder Apagoge gegenüber, die feststellt, dass bestimmte Einzelfälle unter eine gegebene oder noch zu entdeckende allgemeine Regel fallen. https://de.wikipedia.org/wiki/Deduktion

Deismus: Als Deismus (,Gotteslehre', von lateinisch deus ,Gott') bezeichnet man eine Religionsauffassung, nach der nur Vernunftgründe, nicht die Autorität einer Offenbarung, zur Legitimation theologischer Aussagen dienen können. https://de.wikipedia.org/wiki/Deismus

Despotismus: Herrschaft der Tyrannen

Determinismus: Der Determinismus (von lateinisch determinare ,festlegen', ,Grenzen setzen', ,begrenzen') ist die Auffassung, dass alle – insbesondere auch zukünftige – Ereignisse durch Vorbedingungen eindeutig festgelegt sind. https://de.wikipedia.org/wiki/Determinismus

Discordia concors, Enantiosis oder Synoeciosis ist ein rhetorisches Stilmittel, das Antonyme (Gegenbegriffe) so miteinander in Beziehung setzt, dass der Kontrast zwischen ihnen deutlich zu erkennen ist. Ein Beispiel ist Kaiser Augustus berühmter Leitspruch „festina lente" (beeile sich langsam).

Egalitarismus: Sozialtheorie von der [möglichst] vollkommenen Gleichheit in der menschlichen Gesellschaft bzw. von ihrer Verwirklichung. https://www.duden.de/node/36696/revision/36725

Emanation (von lateinisch emanatio „Ausfließen", „Ausfluss") ist ein Begriff der Philosophie und der Religionswissenschaft. Er bezeichnet in metaphysischen und kosmologischen Modellen das „Hervorgehen" von etwas aus seinem Ursprung, der es aus sich selbst hervorbringt. Dabei wird metaphorisch an die Vorstellung des Ausfließens von Wasser aus einer Quelle oder der Lichtausstrahlung aus einer Lichtquelle angeknüpft. Modelle, die sich zur Welterklärung der Emanationsvorstellung bedienen, indem sie die Existenz von Dingen auf Emanation aus einer metaphysischen Quelle zurückführen, werden als emanatistisch bezeichnet

(Emanationismus oder Emanatismus). Zu den Systemen mit emanatistischen Weltmodellen gehören vor allem der Neuplatonismus und von ihm beeinflusste philosophische und religiöse Lehren. Der Begriff „Emanation" wird nicht nur für das Hervorgehen, sondern auch für das Hervorgegangene verwendet. In diesem Sinne sagt man beispielsweise, die (emanatistisch gedeutete) Schöpfung oder einzelne Wesen seien Emanationen des Schöpfergottes. https://de.wikipedia.org/wiki/Emanation_(Philosophie)

Empirismus: Der Ausdruck „Empirismus" wird bei Klassifikationen erkenntnistheoretischer Ansätze für Theorien gebraucht, welchen zufolge Wissen, verstanden als gerechtfertigte wahre Erkenntnis, zuerst oder ausschließlich auf Sinneserfahrung beruht (einschließlich der Verwendung wissenschaftlicher Instrumente). https://de.wikipedia.org/wiki/Empirismus

Emotionalismus: Auffassung, nach der alle seelischen und geistigen Tätigkeiten durch Affekt und Gefühl bestimmt sind. https://www.duden.de/node/39855/revision/39884

Enzyklopädisten: Als die Enzyklopädisten werden die 144 Beiträger der Encyclopédie ou Dictionnaire raisonné des sciences, des arts et des métiers bezeichnet. Die Encyclopédie ist die wohl berühmteste frühe Enzyklopädie (Nachschlagewerk) nach heutigem Verständnis. Sie erschien zwischen 1751 und 1765 in Paris in siebzehn Textbänden. https://de.wikipedia.org/wiki/Enzyklopädist_(Encyclopédie)

Erweckungsbewegung: Als Erweckungsbewegung werden Strömungen im Christentum bezeichnet, die die Bekehrung des Einzelnen und praktische christliche Lebensweise besonders betonen. Gemeinchristliche oder konfessionelle Dogmen treten hinter ein „ursprüngliches" Verständnis eines direkt aus der Bibel entnommenen Evangeliums zurück. Erweckungsbewegungen gehen davon aus, dass lebendiges Christentum mit der Antwort des Menschen auf den Ruf des Evangeliums zu Umkehr und geistiger Erneuerung beginnt. Gedanklich fußt der Begriff auf Eph 5,14 LUT: „Wach auf, der du schläfst, und steh auf von den Toten, so wird dich Christus erleuchten." Da nur der Glaube ins ewige Leben führe, sei die Existenz des Ungläubigen dem Tode geweiht. Somit erscheint die Hinwendung zum Glauben als Hinwendung zum Leben bzw., in Analogie zur Auferstehung Christi, als Erweckung vom Tode. https://de.wikipedia.org/wiki/Erweckungsbewegung

Eschatologie: Lehre über die Endzeit

Etatismus (frz. État „Staat") bezeichnet eine politische Annahme, nach der ökonomische und soziale Probleme durch staatliches Handeln zu bewältigen sind. Der Begriff entstand um 1880 in Frankreich. Etatismus kann: die individuelle Privatsphäre rechtlich zugunsten des staatlichen Machtbereichs einschränken; mit zentralistischen Staatsauffassungen verbunden sein, insbesondere auf die Erweiterung bundesstaatlicher Befugnisse gegenüber den Rechten von Gliedstaaten abzielen; bestimmte Positionen der Planwirtschaft bezeichnen, in der die staatliche Kontrolle lediglich in wichtigen Industriezweigen wirksam wird; eine ausschließlich auf das Staatsinteresse eingestellte Denkweise darstellen. https://de.wikipedia.org/wiki/Etatismus

Fideismus: erkenntnistheoretische Haltung, die den Glauben als einzige Erkenntnisgrundlage betrachtet und ihn über die Vernunft setzt. https://www.duden.de/node/47158/revision/47194

Geomantie oder Geomantik ist eine Form des Hellsehens, bei der Markierungen und Muster in der Erde oder in Sand, Steinen und im Boden zum Einsatz kommen. https://de.wikipedia.org/wiki/Geomantie

Große Kette der Wesen: Auf den Gedanken ihrer Vorgänger aufbauend, entwickelten Denker und Naturphilosophen des 17. und vor allem des 18. Jahrhunderts ihre Vorstellung von der „großen Kette der Wesen". Der Gedanke war verwurzelt in den, vor allem in England entwickelten, Vorstellungen des Deismus und der natürlichen Theologie. Ihnen zufolge war es ein Ausfluss von Gottes Güte, dass er jedem Wesen, das existieren kann, auch dem geringsten und niedersten unter ihnen, die Gnade der Existenz geschenkt hat. Jedes Wesen hat so seinen natürlichen Platz in der Ordnung der Dinge. Es kann diesen Platz nicht verändern, da es dann den Platz anderer Wesen einnehmen würde, und Leer- oder Zwischenräume zwischen ihnen undenkbar sind. Damit ist die Welt so vollkommen geordnet, wie es überhaupt möglich

ist. https://de.wikipedia.org/wiki/Scala_Naturae#Die_
große_Kette_der_Wesen

Gnosis aus dem altgr. gnósis: Kenntnis, Erkenntnis. Als
Bewusstseinszustand: Alles erkennend. Aber auch, im
Sinne der historischen Gnostiker, Katharer, Albigenser etc:
Der Atem Gottes, der Logos, der Quell aller Dinge, alles
umfassende Liebe.

Golem: Der Golem ist ab dem frühen Mittelalter in
Mitteleuropa die Bezeichnung für eine Figur der jüdischen
Literatur und Mystik. Dabei handelt es sich um ein von
Weisen mittels Buchstabenmystik aus Lehm gebildetes,
stummes, menschenähnliches Wesen, das oft gewaltige
Größe und Kraft besitzt und Aufträge ausführen kann.
https://de.wikipedia.org/wiki/Golem

Haager Friedenskonferenz: Die Haager Friedenskonferenzen
wurden aufgrund der Anregung des russischen Zaren
Nikolaus II. und auf Einladung der niederländischen
Königin Wilhelmina 1899 und 1907 in Den Haag einberufen
und sollten der Abrüstung und der Entwicklung von
Grundsätzen für die friedliche Regelung internationaler
Konflikte dienen. Der Anlass dieser Entwicklung hin zu
den Konferenzen war das Ergebnis einer pazifistischen
Bewegung im 19. Jahrhundert, die mit der Aufklärung
begonnen hatte. Die Konferenzen waren der erste Versuch der
Staatengemeinschaft, den Krieg als Institution abzuschaffen.
Man wollte den Waffengang verbieten und stattdessen den
Rechtsweg verbindlich vorschreiben. https://de.wikipedia.
org/wiki/Haager_Friedenskonferenzen

Hamartiologie: Die Lehre von der Sünde nennt man die
Hamartiologie. Im klassischen theologischen Denkgebäude
ist die Hamartiologie ein Teil der Anthropologie (die
Anthropologie wiederum ist ein Teil der Schöpfungslehre,
die Schöpfungslehre ist ein Teil der Dogmatik, die
Dogmatik ein Teil der Theologie). Grundsätzlich ist nach
der christlichen Theologie jeder Mensch sündig. Jesus
von Nazaret wurde allerdings nicht im Zustand der Sünde
geboren und sündigte nicht. https://de.wikipedia.org/wiki/
Sünde

Hemisphäre: Welthälfte

Hermaphrodit: Das Wort Hermaphrodit

(„zweigeschlechtliches Wesen") leitet sich von Hermaphroditos ab, einer Figur aus der griechischen Mythologie. Ovid beschrieb in seinen Metamorphosen, wie aus dem Sohn Aphrodites und Hermes' durch die feste Umarmung der verliebten Nymphe Salmakis ein zweigeschlechtliches Wesen entstand, und deutet dies als Ätiologie der Zwitterbildung. https://de.wikipedia.org/wiki/Hermaphroditismus

Hussiten: Unter dem Begriff Hussiten, auch Bethlehemiten genannt, werden verschiedene reformatorische beziehungsweise revolutionäre Bewegungen im Böhmen zusammengefasst, die sich ab 1415 nach der Verbrennung des Theologen und Reformators Jan Hus herausbildeten. https://de.wikipedia.org/wiki/Hussiten

hybride Kreaturen: eine Mischung aus Tier und Mensch

Hybris (altgriechisch ὕβρις hýbris ‚Übermut', ‚Anmaßung') bezeichnet eine extreme Form der Selbstüberschätzung oder auch des Hochmuts. Man verbindet mit Hybris häufig den Realitätsverlust einer Person und die Überschätzung der eigenen Fähigkeiten, Leistungen oder Kompetenzen, vor allem von Personen in Machtpositionen. https://de.wikipedia.org/wiki/Hybris

Iatrochemie: Die Iatrochemie – abgeleitet von griechisch: ιατρός (iatrós = Arzt) und χημεία (chemeia = wörtlich „die Kunst der [Metall]gießerei", „Chemie") – und auch als Chemiatrie, Chemiatrik oder Chymiatrie bezeichnet, ist eine vor allem von Paracelsus im 16. Jahrhundert verbreitete Nutzbarmachung der Alchemie (als Grundlage zur Herstellung möglichst reiner Heilmittel) für die Medizin.

Illuministen: Die Illuministen befassten sich mit alten Lehren, wie der Kabbala, der Alchemie, der Hermetik, der griechischen und ägyptischen Mythologie und der christlichen Theosophie Jakob Böhmes, die sie mit modernen Kosmogonien in Einklang zu bringen versuchten. Sie versuchten, das an Bedeutung verlierende Christentum mit neuen Riten und einer modernen Spiritualität zu erneuern, befassten sich mit der Entwicklung der Seele und mit Geschichte. Den Niedergang des Christentums und allgemein die Säkularisierung, aber auch die Ablehnung der Mystik durch die Kirchen betrachteten sie als Symptome

einer Krise, die sie überwinden wollten. https://de.wikipedia.
org/wiki/Illuminismus

Immanenz (lateinisch immanere, darin bleiben', ‚anhaften')
bezeichnet das in den Dingen Enthaltene, das sich aus ihrer
individuellen und objektiven Existenzweise ergibt. Es ist der
Gegenbegriff zur Transzendenz.

Immaterialismus: Lehre, die die Materie als selbstständige
Substanz leugnet und dagegen ein geistig-seelisches
Bewusstsein setzt. https://www.duden.de/node/70137/
revision/70173

Induktiv: vom besonderen Einzelfall auf das Allgemeine,
Gesetzmäßige zu schließen. https://www.duden.de/
node/70616/revision/70652

Iure uxoris ist ein lateinischer Begriff, der mit „aus dem
Recht der Ehefrau" zu übersetzen ist. Er wird üblicherweise
benutzt, um einen (Adels-)Titel zu bezeichnen, der von
einem Mann geführt wird, dessen Ehefrau diesen Titel aus
eigenem Recht (zum Beispiel aufgrund einer Erbschaft)
besitzt. Der Ehemann einer Erbin wurde der Besitzer der
Güter und Titel seiner Ehefrau „iure uxoris". Im Mittelalter
galt dies durchgängig auch für regierende Königinnen
und Fürstinnen, darüber hinaus wurde der Ehemann der
Monarchin selbst Monarch. Der Titel eines iure-uxoris-
Königs ist nicht zu verwechseln mit dem Prinzgemahl, der
lediglich Ehemann der Königin ist, nicht aber Mitregent.
https://de.wikipedia.org/wiki/Iure_uxoris

Kabbala: Die Kabbala, übersetzt „das Überlieferte", ist eine
mystische Tradition des Judentums. Seit Pico della Mirandola
(15. Jahrhundert) wird die Kabbala auch in nichtjüdischen
Kreisen fortgeführt. https://de.wikipedia.org/wiki/Kabbala

Kongregationalismus: Der Kongregationalismus ist eine
Form der christlichen Gemeindeverfassung, in der die
Autonomie der einzelnen Kirchengemeinden oberste
Priorität hat. Nach diesem System sind die Täuferbewegung,
die Pfingstbewegung, die Baptistengemeinden und die
eigentlichen kongregationalistischen Kirchen organisiert.
Kongregationalistische Gemeindeverfassungen müssen
vom Presbyterianismus unterschieden werden, in dem
die Gemeinde von Ältesten unter der Aufsicht einer meist
nationalen Vorstandsversammlung (Synode) geführt wird,

und vom Episkopalismus, wo dies durch ein hierarchisches Bischofssystem geschieht. https://de.wikipedia.org/wiki/Kongregationalismus

Kontemplativ: verinnerlicht, versunken, in sich gekehrt; https://www.duden.de/node/149545/revision/149581

Kosmogonie: Lehre von der Entstehung des Kosmos, der Welt. Die Unterschiede zwischen der Lehre des Hermes Trismegistus und den antiken Kosmogonien liegt in der umfassenderen Inhaltsfülle der Hermetik.

Levellers: Als Levellers wurden die Angehörigen einer frühdemokratischen, politischen Bewegung in England bezeichnet, die ihren stärksten Einfluss während des Englischen Bürgerkriegs ausübte. https://de.wikipedia.org/wiki/Levellers

Liberalismus: Der Liberalismus (lateinisch liber „frei"; liberalis „die Freiheit betreffend, freiheitlich") ist eine Grundposition der politischen Philosophie und eine historische und aktuelle Bewegung, die eine freiheitliche politische, ökonomische und soziale Ordnung anstrebt. Leitziel des Liberalismus ist die Freiheit des Individuums vornehmlich gegenüber staatlicher Regierungsgewalt, er richtet sich gegen Staatsgläubigkeit, Kollektivismus, Willkür und den Missbrauch von Macht bzw. Herrschaft. https://de.wikipedia.org/wiki/Liberalismus

Logos: Der altgriechische Ausdruck logos (λόγος lógos, lateinisch verbum) hat ein außerordentlich weites Bedeutungsspektrum. Er wird unspezifisch im Sinne von „Wort" und „Rede" sowie deren Gehalt („Sinn") gebraucht, bezeichnet aber auch das geistige Vermögen und was dieses hervorbringt (wie „Vernunft"), ferner ein allgemeineres Prinzip einer Weltvernunft oder eines Gesamtsinns der Wirklichkeit. Darüber hinaus existieren je nach Kontext noch spezifischere Verwendungen, beispielsweise als „Definition", „Argument", „Rechnung" oder „Lehrsatz". Auch philosophische und religiöse Prinzipien werden mit dem Ausdruck lógos bezeichnet, beispielsweise in den Fragmenten Heraklits und in Texten stoischer Philosophie sowie jüdisch-hellenistischer und christlicher Herkunft. https://de.wikipedia.org/wiki/Logos

Materialismus: Der Materialismus ist eine

erkenntnistheoretische und ontologische Position, die alle Vorgänge und Phänomene der Welt auf Materie und deren Gesetzmäßigkeiten und Verhältnisse zurückführt. In der Grundfrage der Philosophie grenzt sich der Materialismus von allen anderen Philosophien ab. Der Materialismus geht davon aus, dass selbst Gedanken, Gefühle oder das Bewusstsein auf Materie zurückgeführt werden können. Er erklärt die den Menschen umgebende Welt und die in ihr ablaufenden Prozesse ohne Gott. https://de.wikipedia.org/wiki/Materialismus

mathesis (griechisch μάθησις mathēsis ‚Lernen, Kenntnisgewinn, Wissenschaft')

Metaphysik: philosophische Disziplin oder Lehre, die das hinter der sinnlich erfahrbaren, natürlichen Welt Liegende, die letzten Gründe und Zusammenhänge des Seins behandelt. https://www.duden.de/node/96344/revision/96380

Monade: (bei Leibniz) letzte, in sich geschlossene, vollendete, nicht mehr auflösbare Ureinheit. https://www.duden.de/node/98550/revision/98586

Monismus: philosophisch-religiöse Lehre von der Existenz nur eines einheitlichen Grundprinzips des Seins und der Wirklichkeit. https://www.duden.de/node/98699/revision/98735

Mystizismus: schwärmerische, auf mystischen Gedanken beruhende, rational nicht begründete Einstellung, Weltanschauung. https://www.duden.de/node/100390/revision/100426

Naometria: Der Begriff „Naometria" bedeutet Tempelmesskunst und nimmt Bezug auf eine Passage im 11. Kapitel der Offenbarung des Johannes.

Neoplatonismus: Plotin gilt als der Schöpfer des Neuplatonismus (Neoplatonismus), doch er betrachtete sich nicht als Neuerer, sondern als treuen Anhänger der Lehre Platons, und auch die späteren Neuplatoniker wollten keine neue Philosophie schaffen, sondern nur Platons Weltdeutung und deren Konsequenzen korrekt darlegen. Ihre Annahmen stützten die Neuplatoniker durch Berufung auf einschlägige Stellen in Platons Werken ab. Dennoch führte der Neuplatonismus zu einer Umformung der

Tradition und war faktisch eine neue Lehre, denn es wurden aus Ansätzen Platons Konsequenzen gezogen, die den Platonismus radikalisierten und neuartig ausgestalteten. Metaphysische Fragen dominierten, während die politische Philosophie, mit der sich Platon intensiv beschäftigt hatte, in den Hintergrund trat. https://de.wikipedia.org/wiki/Neuplatonismus

Nous oder Nus (altgriechisch νοῦς) ist ein Begriff der antiken griechischen Philosophie. In der philosophischen Fachsprache bezeichnet der Ausdruck die menschliche Fähigkeit, etwas geistig zu erfassen, und die Instanz im Menschen, die für das Erkennen und Denken zuständig ist. Außerdem hat das Wort im allgemeinen Sprachgebrauch auch andere Bedeutungen. Im Deutschen wird „Nous" meist mit „Geist", „Intellekt", „Verstand" oder „Vernunft" wiedergegeben. Die gängigste lateinische Entsprechung ist intellectus, doch werden auch mens, ratio und ingenium als Äquivalente verwendet. In metaphysischen und kosmologischen Lehren, die von einer göttlichen Lenkung der Welt ausgehen, wird als Nous auch ein im Kosmos wirkendes Prinzip bezeichnet, die göttliche Weltvernunft. https://de.wikipedia.org/wiki/Nous

Obskurantismus: Bestreben, die Menschen bewusst in Unwissenheit zu halten und ihr selbstständiges Denken zu verhindern, https://www.duden.de/node/104883/revision/104919

Oligarchie: Herrschaft von Wenigen

opus operatum: In der katholischen Lehre bedeutet „opus operatum" eine vollzogene sakramentale Handlung, deren Gnadenwirksamkeit unabhängig von der sittlichen Disposition des vollziehenden Priesters gilt.

Quietismus (lateinisch quietus: ruhig, zurückgezogen), allgemein eine Haltung der Seelenruhe, die religiös oder philosophisch begründet ist. Der Quietismus führt zu einer mystischen Erfahrung und ist nicht auf das Christentum beschränkt, sondern findet sich in jeder Art der Mystik. Quietismus war im Katholizismus im 17. Jahrhundert wirksam und wird heute noch in anderen Religionen geübt.

Palingenese: Wiedergeburt durch Seelenwanderung

Panentheismus: Der Panentheismus bezeichnet die religiöse Auffassung dass das Universum ein Teil Gottes ist. Im Panentheismus gibt es keinen Dualismus zwischen Schöpfer und Schöpfung wie im klassischen Theismus oder Deismus. Im Unterschied zum verwandten Pantheismus gilt das Universum aber nicht als Synonym für Gott („alles ist göttlich und Gott ist alles was ist"). Panentheisten glauben dass Gott über das materielle Universum hinausgeht. Alles im Universum ist Teil Gottes aber Gott ist mehr als das Universum. Einen über Schelling und Hegel hinausreichenden Erkenntnishorizont des Panentheismus legte der in Deutschland immer noch zu wenig anerkannte Universal-Philosoph Karl Christian Friedrich Krause (1787-1832) vor. Er überwand insbesondere die schweren Mängel des Hegelschen Systems und entwickelte aus seinem Panentheismus den er ‚Wesenlehre' nannte neue Grundlagen der Mathematik Logik Sprachwissenschaft Naturwissenschaft sowie Grundrisse einer globalen Menschheit in einem Erdstaat neue Grundlagen der Rechts- und Sozialphilosophie und der Kunst die eine Weiterbildung der Wissenschaft Kunst und menschlichen Gesellschaftsformationen ermöglichen könnten. http://www.uni-protokolle.de/Lexikon/Panentheismus.html

Pansophie: griech. Allweisheit, religiös-philosophische Bewegung des 16.-18. Jahrhunderts, die eine Zusammenfassung aller Wissenschaften und ein weltweites Gelehrten- und Friedensreich anstrebte. https://www.duden.de/node/107871/revision/107907

Paternalismus: Bestreben [eines Staates], andere [Staaten] zu bevormunden, zu gängeln. https://www.duden.de/rechtschreibung/Paternalismus

Pelagianismus: Unter Pelagianismus wird im Christentum die Lehre verstanden, dass die menschliche Natur nicht durch die Erbsünde verdorben worden sei, sondern schließlich, als von Gott geschaffen, gut sein müsse, wenn man nicht unterstellen wolle, ein Teil der Schöpfung Gottes sei böse. Im Kern lehrt der Theologe Pelagius also, es sei grundsätzlich möglich, ohne Sünde zu sein (posse sine peccato esse), zugespitzt handelt es sich um eine Lehre der Selbsterlösungsmöglichkeit und -fähigkeit des Menschen. https://de.wikipedia.org/wiki/Pelagianismus

Phi Beta Kappa ist eine US-amerikanische akademische Ehrengesellschaft, die im Jahr 1776 am College of William and Mary in Williamsburg in Virginia gegründet wurde. Sie gilt als älteste Honor Society bzw. studentische Vereinigung in den Vereinigten Staaten. Die Aufnahme wird von der Phi-Beta-Kappa-Gesellschaft der jeweiligen Hochschule geregelt. (Nur an etwa 10% der höheren Bildungsstätten der USA gibt es solche lokalen Ableger.) In der Regel werden nicht mehr als zehn Prozent der College-Studenten (vor der Graduierung als „Undergraduates") aufgenommen. Dem betreffenden Studenten wird die Mitgliedschaft angeboten, die fast ausnahmslos angenommen wird. Phi Beta Kappa hat zurzeit rund 500.000 lebende Mitglieder. Zu den ehemaligen Mitgliedern der Vereinigung zählen 17 U.S. Präsidenten, 40 Richter am Obersten Gerichtshof sowie 136 Nobelpreisträger. https://de.wikipedia.org/wiki/Phi_Beta_Kappa

Physikotheologie: Die Physikotheologie (auch Naturtheologie) ist eine theologische Richtung, in der der rationalistische Erweis der Existenz Gottes in den Wundern seiner Schöpfung (der Natur, griech. physis) erblickt wird. https://de.wikipedia.org/wiki/Physikotheologie

Pseudo-Dionysius Areopagita (kurz Pseudo-Dionysius, auch der Areopagit, griechisch Dionysios Areopagites) ist ein namentlich nicht bekannter christlicher Autor des frühen 6. Jahrhunderts und Kirchenvater. Er benutzte als Pseudonym den Namen des Dionysius Areopagita, der im 1. Jahrhundert ein Schüler des Apostels Paulus und erster Bischof von Athen war. In den orthodoxen Kirchen halten manche an der Identität des Autors mit dem Apostelschüler fest. https://de.wikipedia.org/wiki/Pseudo-Dionysius_Areopagita

Pyrrhonismus ist die Bezeichnung für eine historische Variante des Skeptizismus, die auf den antiken griechischen Philosophen Pyrrhon von Elis (ca. 362 v.Chr. – 275/270 v.Chr.) zurückgeht. Der Pyrrhonismus, auch „pyrrhonische Skepsis" genannt, ist die älteste in Europa entstandene Form des Skeptizismus. https://de.wikipedia.org/wiki/Pyrrhonismus

Ramismus: Der Ramismus war eine von Petrus Ramus (französisch Pierre de la Ramée; 1515-1572) ausgehende antiaristotelische, durch einen wissenschaftlichen Pragmatismus gekennzeichnete Philosophie des 16. und 17. Jahrhunderts in Frankreich und Deutschland, v. a. aber im angelsächsischen Bereich, die auf die empirischen Wissenschaften Einfluss gewannen und dem Calvinismus neue Impulse vermittelten.

Remonstranten: Die Remonstranten (von lat. remonstrare „zurückweisen"), auch Arminianer genannt, sind eine protestantische Religionsgemeinschaft in den Niederlanden und in Schleswig-Holstein. Der offizielle niederländische Name der Remonstranten lautet Remonstrantse Broederschap (Remonstrantische Bruderschaft). https://de.wikipedia.org/wiki/Remonstranten

Renaissance-Neoplatonismus: Dank des neoplatonischen Stroms, der sich durch die europäische Renaissance hindurch zog, verbesserten sich die der menschlichen Genialität offenstehenden Möglichkeiten erheblich. Die Wiederbelebung dieser letzten Schule der antiken Philosophie des Heidentums brachte eine Einstellung zutage, die die Unterschiede zwischen Materie und Geist verwischte. Anstatt die Erde als eine unbelebte Masse anzusehen, hielt man sie für lebendig. Das Universum beherbergte eine Hierarchie von Geistern und stellte – so dachte man zumindest – alle möglichen okkulten Einflüsse und Sympathien zur Schau. Der Kosmos bestand aus einer organischen Einheit, in der jeder Zeitpunkt der Vergangenheit in einer semiotischen Beziehung zu einem anderen Stand. Selbst Farben, Buchstaben und Zahlen hatten magische Attribute an sich.

Rosenkreuzer: Rosenkreuzer nennt man die Mitglieder einer Ordensgemeinschaft, deren Anfänge im 17. Jahrhundert liegen. Nach der Gründungslegende ist Frater C.R. Begründer dieses Ordens. Besondere Aufmerksamkeit erregte diese Gesellschaft durch die Veröffentlichung dreier gesellschaftskritischer und reformatorischer Manifeste. Das erste Manifest mit dem Titel „Allgemeine und General Reformation der gantzen weiten Welt. Beneben der Fama Fraternitatis, Deß löblichen Ordens des Rosenkreutzes, an alle Gelehrte und Häupter Europä", kurz Fama Fraternitatis, wurde 1614 veröffentlicht. Dabei handelt es sich nicht, wie das Wort „Reformation" nach Luther vermuten ließe, um politische Umwälzungen oder gar religiöse Erneuerung, sondern um eine mystische Vertiefung christlicher Ethik sowie barocker und alchemistischer Symbolik. Danach folgten 1615 die Confessio Fraternitatis und 1616 die Chymische Hochzeit. Als Autor gilt der Theologe Johann Valentin Andreae. – Eugen Lennhoff, Oskar Posner, Dieter A. Binder, Hss., Internationales Freimaurer-Lexikon (Wien: Amalthea-Verlag; Graz: Akademische Druck- und Verlagsanstalt, 1965; München: Herbig, 2015) 716ff.

Scholastik: auf die antike Philosophie gestützte, christliche Dogmen verarbeitende Philosophie und Theologie des Mittelalters (etwa 9.-14. Jahrhundert). https://www.duden.de/node/159646/revision/159682

Semiotik (altgriechisch σημεῖον sēmeîon ‚Zeichen‘, ‚Signal‘), manchmal auch Zeichentheorie, ist die Wissenschaft, die sich mit Zeichensystemen aller Art befasst (z. B. Bilderschrift, Gestik, Formeln, Sprache, Verkehrszeichen). Sie findet unter anderem in verschiedenen Geistes-, Kultur-, Wirtschafts- und Sozialwissenschaften Anwendung. https://de.wikipedia.org/wiki/Semiotik

Semipelagianismus war eine im 5./6. Jahrhundert vor allem in Südgallien verbreitete theologische Lehrrichtung, welche dem Pelagianismus nahesteht, sich jedoch bemüht, ihre Aussagen von dem bereits vom Konzil von Ephesus verurteilten Pelagianismus eines Julianus von Eclanum abzugrenzen. Ausgelöst wurde diese Bewegung durch die harte Verurteilung des Pelagianismus durch Augustinus, durch dessen Anschauungen über Sünde und Gnade sich insbesondere Angehörige monastisch-asketischer Gemeinschaften angegriffen fühlten. Hauptvertreter war der Mönch Johannes Cassianus in Marseille. Im 13. Buch seiner Gespräche mit den Vätern brachte er seine von dessen Prädestinations- und Gnadenlehre differierenden Anschauungen vor, die von Augustinus 428/429 in zwei Schriften – De praedestinatione sanctorum (MPL 44, 959–992) und De dono perseverantiae (MPL 45, 993–1034) – bekämpft wurden. Darin betont Augustinus, dass nicht nur der Glaube selbst von Anfang an ein Gnadengeschenk Gottes sei, sondern auch das Beharren im Glauben. Der semipelagianische Streit dauerte die folgenden Jahrzehnte an und wurde erst 529 auf der Synode von Orange (Orange an der Rhône) mit einer Verurteilung des Semipelagianismus beendet. Die Beschlüsse des Arausicanum wurden von Papst Bonifatius II. bestätigt und verwarfen sowohl Pelagianismus als auch Semipelagianismus ganz im Sinne der augustinischen Lehren über Sünde und Gnade. Der freie Wille sei durch die Erbsünde derart geschwächt, dass der Mensch von sich aus Gott weder lieben noch an ihn glauben noch um seinetwillen etwas Gutes tun könne. Auch das Beharren im Glauben sei Gnade. Die Vorstellung einer doppelten Prädestination hingegen (der einen zum Heil, der andern zur Verdammnis) wurde von der Synode verworfen. https://de.wikipedia.org/wiki/Semipelagianismus

Sezessionskrieg / Absonderungskrieg: Der Krieg von 1861 bis 1865 wird gewöhnlich als „Bürgerkrieg" bezeichnet. Im engeren Sinne war dies jedoch kein Bürgerkrieg, den verschiedene Machtblöcke innerhalb eines Landes ausfochten, sondern ein Militärkonflikt zwischen den Regierungen der Vereinigten Staaten und den Konföderierten Staaten von Amerika. Die Südstaaten wollten das sich ausweitende Machtspektrum der Nordstaaten und die damit verbundenen hohen Zollabgaben nicht mehr länger hinnehmen. Der Begriff „Sezessionskrieg" trifft den historischen Sachverhalt besser. Sezession bedeutet Absonderung.

Skeptizismus: den Zweifel zum Prinzip des Denkens erhebende, die Möglichkeit einer Erkenntnis der Wirklichkeit und der Wahrheit infrage stellende Richtung der Philosophie. https://www.duden.de/node/167229/revision/167265

Solözismus: Ein Solözismus (altgriechisch σολοικισμός soloikismós) ist ein grober sprachlicher Fehler in der Syntax, vermutlich so genannt nach der griechischen Stadt Soloi in Kilikien, deren Einwohner, wohl durch den Einfluss benachbarter Barbarenstämme, ein schwer verständliches Griechisch gesprochen haben sollen. In der linguistischen Betrachtungsweise kommen Solözismen vor allem dann vor, wenn die Satzglieder nicht richtig miteinander verbunden werden. https://de.wikipedia.org/wiki/Solözismus

Sophisten waren Philosophen aus der griechischen Antike, die über besondere Kenntnisse auf theoretischem

(Mathematik und Geometrie) oder praktischem Gebiet (Handwerk, Musik, Dichtung) verfügten, im engeren Sinne vor allem Didaktiker und Rhetoriker, die mit dem Vermitteln ihrer Kenntnisse ihren Lebensunterhalt verdienten. Sie wirkten von etwa 450 v.Chr. bis etwa 380 v.Chr. Der Terminus Sophist bezeichnete ursprünglich „alle, die für ihre Weisheit berühmt waren: Pythagoras, Thales, Staatsmänner, Kulturbringer, Dichter und andere ‚weise Männer'". https://de.wikipedia.org/wiki/Sophisten

Sozialdarwinismus: Soziologische Theorie, die darwinistische Prinzipien auf die menschliche Gesellschaft überträgt und so bestimmte (von anderen als ungerecht empfundene) soziale Ungleichheiten o. Ä. als naturgegeben gerechtfertigt erscheinen lässt. https://www.duden.de/node/168791/revision/168827

Sozinianismus: Der Ausdruck Sozinianismus (Socianismus, Sozianismus) bezeichnet eine antitrinitarische Bewegung, die den Glaubenssatz, dass der auferstandene Mensch Jesus Christus Mensch und Gott zugleich sein könne, für widervernünftig hält. Sie breitete sich im 16. und 17. Jahrhundert in Europa aus und wurde nach ihren bedeutendsten Vertretern, dem italienischen Antitrinitarier Lelio Sozzini und seinem Neffen Fausto Sozzini, benannt. https://de.wikipedia.org/wiki/Sozinianismus

Spagyrik (aus dem Griechischen spao „(heraus)ziehen, trennen" und ageiro „vereinigen, zusammenführen") war ursprünglich bei Paracelsus der wichtigste Grundsatz alchemistischer Arzneibereitung, seit dem 18. Jahrhundert gleichbedeutend mit Alchemie. Im Wesentlichen soll hierbei durch das Trennen und Wiedervereinigen von Wirkprinzipien einer Droge eine Wirkungssteigerung erzielt werden. Es werden pflanzliche, mineralische und tierische Ausgangssubstanzen nach alchemistischer Verfahrensweise zu Spagyrika (Einzahl: Spagyrikum) verarbeitet. Die Verfahrensschritte konzentrieren sich in der alchemistischen Weltanschauung auf die Abtrennung des „Wesentlichen" von seiner stofflichen Erscheinung. Am Schluss steht die Zusammenführung der Zwischenstufen („Konjugation") zur „Quintessenz", der besondere Heilkräfte zugeschrieben werden. https://de.wikipedia.org/wiki/Spagyrik

Stoa: Als Stoa (Στοά) wird eines der wirkungsmächtigsten philosophischen Lehrgebäude in der abendländischen Geschichte bezeichnet. Der Name (griechisch στοά ποικίλη – „bunte Vorhalle") geht auf eine Säulenhalle (Stoa) auf der Agora, dem Marktplatz von Athen, zurück, in der Zenon von Kition um 300 v.Chr. seine Lehrtätigkeit aufnahm. Ein besonderes Merkmal der stoischen Philosophie ist die kosmologische, auf Ganzheitlichkeit der Welterfassung gerichtete Betrachtungsweise, aus der sich ein in allen Naturerscheinungen und natürlichen Zusammenhängen waltendes universelles Prinzip ergibt. Für den Stoiker als Individuum gilt es, seinen Platz in dieser Ordnung zu erkennen und auszufüllen, indem er durch die Einübung emotionaler Selbstbeherrschung sein Los zu akzeptieren lernt und mit Hilfe von Gelassenheit und Seelenruhe (Ataraxie) nach Weisheit strebt. https://de.wikipedia.org/wiki/Stoa

Stufenleiter der Natur: Die Stufenleiter der Natur (lat. Scala Naturae) ist ein Konzept der Naturphilosophie, das über viele Jahrhunderte das europäische Denken über die Natur, und insbesondere über ihren lebendigen Teil, die Lebewesen, prägte. Dieser Idee zufolge können alle Gegenstände, die in der Natur vorkommen, in einer lückenlosen, hierarchisch organisierten Reihe, vom niedersten bis zum höchsten, angeordnet werden. Europäische Denker des Mittelalters und der Renaissance verlängerten diese Reihe dann noch in den übernatürlichen Bereich, wo sie über die Engelshierarchie letztlich bis zu Gott als höchster Stufe führte. https://de.wikipedia.org/wiki/Scala_Naturae

subsumieren: einem Oberbegriff unterordnen, unter einer Kategorie einordnen, unter einem Thema zusammenfassen

Tantrismus: Der Tantrismus ist eine Erkenntnislehre, die auf der Untrennbarkeit des Relativen und des Absoluten basiert. Der Tantrismus betont die Identität von absoluter und phänomenaler Welt. Das Ziel des Tantrismus ist die Einswerdung mit dem Absoluten und das Erkennen der höchsten Wirklichkeit. Da angenommen wird, dass diese Wirklichkeit energetischer Natur ist und Mikrokosmos und Makrokosmos verwoben sind, führt der Tantrismus äußere Handlungen als Spiegel innerpsychischer Zustände aus. https://de.wikipedia.org/wiki/Tantra

Teleologie: Auffassung, nach der Ereignisse oder Entwicklungen durch bestimmte Zwecke oder ideale Endzustände im Voraus bestimmt sind und sich darauf zubewegen. https://www.duden.de/node/180837/revision/180873

Theaitetos: Der Theaitetos (altgriechisch Θεαίτητος Theaítētos, latinisiert Theaetetus, eingedeutscht auch Theätet) ist ein in Dialogform verfasstes Werk des griechischen Philosophen Platon. Darin wird ein fiktives, literarisch gestaltetes Gespräch wörtlich wiedergegeben. Beteiligt sind Platons Lehrer Sokrates und zwei Mathematiker: der junge Theaitetos, nach dem der Dialog benannt ist, und dessen Lehrer Theodoros von Kyrene. Das Thema bilden Kernfragen der Erkenntnistheorie. Erörtert wird, worin Erkenntnis besteht und wie man gesichertes Wissen von wahren, aber unbewiesenen Behauptungen unterscheidet. Dabei stellt sich die Frage, ob eine solche allgemeine Unterscheidung überhaupt möglich ist und überzeugend begründet werden kann. Es soll geklärt werden, unter welchen Voraussetzungen man den Anspruch erheben kann, etwas zu wissen und darüber nachweislich wahre Aussagen zu machen. Benötigt wird ein unanfechtbares Kriterium für erwiesene Wahrheit. https://de.wikipedia.org/wiki/Theaitetos

theologischer Liberalismus: eine Variante der Theologie, die den freien Willen des Menschen betont, der modernen Kultur wohlwollend gegenübersteht, die Wissenschaftsgläubigkeit fördert und der Zukunft im Allgemeinen äußerst optimistisch entgegensieht. Definition von H. Richard Niebuhr.

Theosophie: griech. göttliche Weisheit, religiöse Lehre, nach der eine höhere Einsicht in den Sinn aller Dinge nur in der mystischen Schau Gottes gewonnen werden kann. https://www.duden.de/node/182037/revision/182073

Timokratie: Herrschaft der Angesehenen; Herrschaft der Besitzenden

Transzendentalismus (auch Amerikanischer Transzendentalismus) bezeichnet eine in der Mitte des 19. Jahrhunderts unter dem Einfluss von Kant, Schelling und Coleridge in den Vereinigten Staaten von Intellektuellen gegründete neuidealistische Bewegung. Der amerikanische Transzendentalismus vereinigte – auf der Grundlage der

Transzendentalphilosophie des deutschen Idealismus – Einflüsse der englischen Romantik, mystische Vorstellungen und indische Philosophien. Mit seiner optimistischen Weltsicht wandte er sich sowohl gegen dogmatische Religionen als auch gegen materialistisches und übertrieben rationalistisches Denken. Die Transzendentalisten traten für eine freiheitliche, selbstverantwortliche und naturzugewandte Lebensführung ein. https://de.wikipedia.org/wiki/Transzendentalismus

Unitarismus (von lateinisch unitas „Einheit") bezeichnet eine aus der radikalen Reformation stammende theologische Auffassung, welche die Dreifaltigkeitslehre und die Göttlichkeit des Jesus von Nazareth ablehnt, und weitergehend eine religiöse Bewegung, die geschichtlich aus dieser theologischen Auffassung entstanden ist. War der Unitarismus zunächst allein eine „christliche" Konfession, öffnete sich ein Teil von ihr ab Ende des 19. Jahrhunderts auch für andere religiös-philosophische Strömungen. Die unitarische religiöse Bewegung besteht heute sowohl aus theistischen, insbesondere christlichen Gemeinschaften, die an der nicht-trinitären Gottesvorstellung festhalten (keine Dreifaltigkeit), als auch aus Gemeinschaften, die explizit für Atheisten und Agnostiker offenstehen. https://de.wikipedia.org/wiki/Unitarismus_(Religion)

Utilitarismus: Der Utilitarismus (lat. utilitas, Nutzen, Vorteil) ist eine Form der zweckorientierten (teleologischen) Ethik, die in verschiedenen Varianten auftritt. Auf eine klassische Grundformel reduziert besagt er, dass eine Handlung genau dann moralisch richtig ist, wenn sie den aggregierten Gesamtnutzen, d. h. die Summe des Wohlergehens aller Betroffenen, maximiert. https://de.wikipedia.org/wiki/Utilitarismus

Vitalismus: naturphilosophische Richtung, die im Unterschied zum Mechanismus ein immaterielles Prinzip oder einen eigenen substanziellen Träger alles Lebendigen annimmt. https://www.duden.de/node/198447/revision/198483

Vulgata: allgemein gebräuchliche Fassung der Bibel; https://www.duden.de/node/200866/revision/200902

Bibliographie

Bücher

A

Abraham, Lyndy, *A Dictionary of Alchemical Imagery* (Cambridge: Cambridge University Press, 2001).

Alderfer, Everett Gordon, *The Ephrata Commune: An Early American Counterculture* (Pittsburgh, PA: University of Pittsburgh Press, 1985).

Allchin, Arthur M., *Participation in God: A Forgotten Strand in Anglican Tradition* (London: Darton, Longman and Todd, 1988).

Alstedium, Johannem Henricum (Alsted, Johann Heinrich), *Scientiarum omnium encyclopædiæ*: tomus primus ... (Lugduni: Sumptibus Ioannis Antonii Huguetan Filij, & Marci Antonii Ravaud, viâ Mercatoriâ ad insigne Sphæræ, 1649).

Alstedium, Johannem Henricum (Alsted, Johann Heinrich), *Diatribe De Mille Annis Apocalypticis, non illis Chiliastarum & Phantastarum, sed B. B. Danielis & Johannis* (Frankfurt am Main: Conradi Eifriti, [1627] 1630; engl. Übersetzung, 1642).

Ahlstrom, Sydney, *A Religious History of the American People* (New Haven, CT: Yale University Press, 1972).

Allison, C. FitzSimons, *The Rise of Moralism* (London: Society for promoting Christian Knowledge, 1966).

Ames, William, *Gulielmi Amesii Technometria: omnium & singularum artium fines adæquate circumscribens* (Londini: Milo Flesher, 1633).

A Narrative of the Revival of religion in the Country of Oneida (Utica, NY: Hastings & Tracy, 1826).

Anderson, Wallace, Hrsg., *The Works of Jonathan Edwards: Scientific and Philosophical Writings* (New Haven, CT: Yale University Press, [1957] 1980).

Andreae, Johann Valentin, *Reipublicae Christianopolitanae descriptio* (Argentorati [Straßburg; Strasbourg]: Sumptibus haeredum Lazari Zetzneri, 1619).

Andreae, Johann Valentin, *Die Chymische Hochzeit des Christian Rosencreutz*, gedeutet und kommentiert von Bastiaan Baan (Strassburg: Lazari Zetzners s. Erben, 1616; Stuttgart: Verlag Urachhaus, 2001).

Archer, John, *The Personall Reigne of Christ Upon Earth: in a treatise wherein is fully and largely laid open and proved that Jesus Christ together with the saints shall visibly possesse a monarchiall state and kingdome in this world* ... (London: Printed by Benjamin Allen, 1642).

Arendt, Hannah, *Essays in Understanding, 1930-1954* (New York City, NY: Harcourt, Brace & Co, 1994).

Aristotle, *Politics*, übers. v. Benjamin Jowett (Oxford: Oxford University Press, 1885).

Augustinus, *Vom Gottesstaat* (München: dtv Verlagsgesellschaft, 2007; vollständige Ausgabe in einem Band. Buch 1-10, Buch 11-22).

Ayshford, Robert, *The Dawn of Wisdom (Aurora sapientiae): and, Letters of spiritual direction*, hrsg. v. Arthur Versluis (St. Paul, MN: New Grail Publishing, 2005).

B

Bacon, Francis, *Novum Organum* (1620), übers. v. R. L. Ellis & J. Spedding, hrsg. v. J. M. Robertson, *The Philosophical Works of Francis Bacon* (London: Routledge, 1905).

Bacon, Francis, *The Advancement of Learning*, hrsg. v. Joseph Devey (New York City, NY: P. F. Collier and Son, 1901).

Bacon, Francis, *New Atlantis* (London: J. Crooke, 1627).

Bacon, Francis, *The Great Instauration* (1620), übers. v. R. L. Ellis & J. Spedding, hrsg. v. J. M. Robertson, *The Philosophical Works of Francis Bacon* (London: Routledge, 1905).

Baigent, Michael & Richard Leigh, *The Temple and the Lodge: The strange and fascinating history of the Knights Templar and the Freemasons* (New York City, NY: Arcade Publishers, 2011).

Baillie, John, *The Belief in Progress* (New York City, NY: Charles Scribner's Sons, 1950).

Bailey, Margaret Lewis, *Milton and Jakob Boehme: A study of German mysticism in seventeenth-century England* (New York City, NY: Oxford University Press, 1914).

Barth, Karl, *Christengemeinde und Bürgergemeinde* (München: Chr. Kaiser, 1946).

Barrett, Francis, *The Magus, or Celestial Intelligencer: being a complete system of occult philosophy* (London: Printed for Lackington, Allen and Co., 1801).

Batten, Joseph Minton, *John Dury, Advocate of Christian Reunion* (Chicago, IL: Chicago University Press, 1944).

Beard, Charles A., Hrsg., *A Century of Progress* (New York, NY: Books for Libraries Press, [1932] 1970).

Becker, Carl L., *Progress and Power* (New York, NY: Vintage Books, [1949] 1965).

Beecher, Lyman, *The Autobiography of Lyman Beecher* (New York City, NY: Harper & Brothers, 1864; Cambridge, MA: Harvard University Press, 1961).

Beissel, Conrad [Georg Konrad Beissel], *Das Büchlein vom Sabbath* (Philadelphia, PA: Bradford, 1728).

Beissel, Conrad [Georg Konrad Beissel], *Mysterion Anomias: The Mystery of Lawlessness or, Lawless Antichrist discover'd and disclosed: shewing that all those do belong to that lawless Antichrist, who wilfully reject the commandments of God, amongst which, is his holy, and by himself blessed seventh-day-sabbath, or his holy rest, of which the same is a type* (Philadelphia, PA: Printed by Andrew Bradford, 1729).

Benedikt, Heinrich Elijah, *Die Kabbala als jüdisch-christlicher Einweihungsweg* (Freiburg: Hermann Bauer, 1985; München: Ansata Verlag, 2004).

Bercovitch, Sacvan, *The American Jeremiad* (Madison, WI: University of Wisconsin Press, [1978] 1980).

Berdyaev, Nicholas, *The End of Our Time* (London: Sheed & Ward, 1933; San Rafael, CA: Semantron Press, 2009).

Berk, Stephen, *Calvinism Versus Democracy* (Berkley, CA: University of California Press, 1968).

Bernal, Martin, *Black Athena. The Afro-Asiatic Roots of Classical Civilisation*, vol. 1 (New Brunswick, NJ: Rutgers University Press, 1987).

Blau, Joseph, *Men and Movements in American Philosophy* (New York City, NY: Prentice-Hall, 1952).

Bodin, Jean, *Methodus ad facilem historiarum cognitionem* (Paris: Martin Juven, 1566; Jaccobum Stoer, 1610).

Böhme, Jakob, *Aurora oder Morgenröthe im Aufgang* (Leipzig: Verlag von Johann Ambrosius Barth, [1612] 1832).

Böhme, Jakob, *De incarnations verin* (1620), in Jakob Böhme, *Sämtliche Schriften*. Faksimile-Neudruck der Ausgabe von 1730 in elf Bänden, begonnen von August Faust, neu herausgegeben von Will-Erich Peuckert, Bd. 4 (Stuttgart: Frommann, 1957).

Böhme, Jakob, *De triplici vita hominis* (1620), Teil 3, Kap. 2, Par. 24, in Jakob Böhme, *Sämtliche* Schriften, 2. unveränd. Auflage. Faks.-Neudr. d. Ausg. von 1730 in elf Bänden, begonnen von August Faust, neu herausgegeben von Will-Erich Peuckert, Bd. 3 (Stuttgart: frommann-holzboog, 1989).

Bossuet, Jacques-Benigne, *Discours sur l'Histoire Universelle* (Paris: Christophe David, 1754. Novelle Edition).

Bossuet, Jacques-Benigne, *Einleitung in die Allgemeine Geschichte der Welt*, 7 Bde. (Leipzig: Verlag Bernhard Christoph Breitkopf, 1757).

Boyle, Robert, *Some Considerations Touching the Usefulness of Experimental Natural Philosophy* (Oxford: Printed by Henry Hall, for Ric. Davis, [1663] 1671) vol. 8.

Bozeman, Theodore Dwight, *Protestants in an Age of Science: The Baconian ideal and antebellum American religious thought* (Chapel Hill, NC: University of North Carolina Press, 2012).

Brehier, Emile, *The Philosophy of Plotinus* (Chicago, IL: University of Chicago Press, 1958).

Brightman, Thomas, *A Revelation of the Apocalyps, that is the Apocalyps of S. Iohn, illustrated with an analysis and scolions* (Amsterdam, 1611; zweite Ausgabe: *A revelation of the Revelation, that is, the Apocalyhps of St. John opened* (Amsterdam, 1615; London: Samuel Cartwright, 1644).

Brown, Colin, *Christianity and Western Thought* (Downers Grove, IL: InterVarsity, 1990) vol. 1.

Brown, Louise Fargo, *The Political Activities of the Baptists and the Fifth-Monarchy Men* (New York City, NY: B. Franklin, [1911] 1964).

Brown, Norman O., *Hermes the Thief* (Great Barrington, MA: Steiner Books, [1947] 1990).

Bruno, Giordano, *Die Vertreibung der triumphierenden Bestie*, ins Deutsche übersetzt und eingeleitet von Paul Seliger (Berlin/Leipzig: J. Hegner, ²1904).

Burke, Peter, *Popular Culture in Early Modern Europe* (London: Temple Smith, 1978).

Burlingame, Roger, *Engines of Democracy: Inventions and Society in America* (New York City, NY: Charles Scribner's Sons, 1940; New York City, NY: Arno Press, 1976).

Bury, John B., *The Idea of Progress: An Inquiry into Its Origin and Growth* (London: Macmillan, 1920).

Butler, Jon, *Awash in a Sea of Faith: Christianizing the American People* (Cambridge, MA: Harvard University Press, 1990; Ann Arbor, MI, University of Michigan Library, Scholarly Publishing Office, 1992).

Butler, Samuel, *Evolution, old & new; or, The theories of Buffon, Dr. Erasmus Darwin and Lamarck, as compared with that of Charles Darwin* (New York City, NY: E. P. Dutton & Company, [1914] 1959).

Butler, Samuel, *Erewhon; or, Over the Range* (London: Trübner and Ballantyne, 1872.

C

Calvin, Johannes, *Institutio christianae religionis - Unterricht in der christlichen Religion*, II, 1, 8. Nach der letzten Ausgabe von 1559 übers. und bearb. von Otto Weber, bearb. und neu herausgegeben von Matthias Freudenberg. 2. Aufl. (Neukirchen-Vluyn: Neukirchener Verlag, [1955] 2008).

Campbell, Ted A., *John Wesley and Christian Antiquity* (Nashville, TN: Abingdon Press, 1976).

Capp, B. S., *The Fifth-Monarchy Men: A Study in Seventeenth-Century English Millennarianism* (London: Faber, 1972).

Carver, Thomas N., *Sociology and Social Progress* (New York City, NY: Ginn & Company, 1905).

Cassirer, Ernst, *The Platonic Renaissance in England*, übers. v. James Pettegrove (Edinburgh: Thomas Nelson and Sons, 1953).

Channing, Edward Perkins, *A History of the United States*, vol. 1: *The Planting of a Nation in the New World, 1000-*

1660 (New York City, NY: The Macmillan Company, 1905).

Chapman, George, "Bussy D'Ambois," Act V, scene IV, 11.77-80 in Hazelton Spencer, *Elizabethan Plays* (Boston, MA: Little, Brown, [1933] 1940).

Clendenin, Daniel B., *Eastern Orthodox Christianity: A Western Perspective* (Carlisle, Cumbria, UK: Paternoster; Grand Rapids, MI: Baker, [1994] 2004).

Cochrane, Charles Norris, *Christianity and Classical Culture* (New York City, NY: Oxford University Press, 1957).

Cole, Percival Richard, *Neglected Educator: Johann Heinrich Alsted* (Sydney: William Applegate Gullick, 1910).

Colie, Rosalie, *Light and Enlightenment: A Study of the Cambridge Platonists and the Dutch Arminians* (New York City, NY: Cambridge University Press, 1957).

Collingwood, Robin George, *The Idea of History: with lectures, 1926-1928* (Oxford: Oxford University Press, [1946] 2005).

Comenius, Jan Amos, *Janua Linguarum Reserata, cum Græca versione Theodori Simonii Holsati, innumeris in locis emendata à Stephano Curcellæo qui etiam Gallicam novam adjunxit* (Amsterdam: apud Danielem Elzevirium, [1631] 1665).

Comenius, Jan Amos, *Pansophiae Prodromus, Et Conatuum Pansiphicorun Dilucidatio; ...* (London: 1639; Düsseldorf: Schwann, 1963).

Comenius, Jan Amos, *A Pattern of Universal Knowledge. In a plaine and true Draught; or a Diatyposis or Model of the Eminently Learned and Pious Promoter of Science in Generall*, übers. v. Jeremy Collier (London, 1662; ursprünglicher Titel: *Pansophiae diatyposis, ichnographica & orthographica delineatione totius futuri operis amplitudinem, dimensionem, usus, adumbrans* (Danzig, 1643; Amsterodami: Ludovicum Elzevirium, 1645).

Comenius, Jan Amos, *Naturall Philosophie Reformed by Divine Light: or A Synopsis of Physicks by J. A. Comenius; Exposed to the censure of those that are lovers of Learning, and desire to be taught by God. Being a view of the World in general, and of particular Creatures therein contained, ground upon Scripture Principles; with a briefe appendix touching the diseases of the body, mind, and soul, with their generall remedies, by the same author* (London: Printed by Robert and William Leybourn, for Thomas Pierrepont, at the Sun in Pauls Church-yard, 1651).

Comenius, Jan Amos & Samuel Hartlib, *A Reformation of Schooles: designed in two excellent treatises, the first whereof summarily sheweth, the great necessity of a generall reformation of common learning: what grounds of hope there are for such a reformation: how it may be brought to passe: the second answers certain objections ordinarily made against such undertakings, and describes the severall parts and titles of workes which are shortly to follow* (London: Printed for Michael Sparke Senior, 1642; Menston, Yorkshire: The Scholars Press Limited, 1969).

Comenius, Jan Amos, *Via Lucis, vestigata et vestiganda* (London: 1641/42; veröffentlicht erst 1668); englische Übersetzung: John Amos Comenius, *The Way of Light*, übers. v. E. T. Campagnac (London: The University Press of Liverpool; Hodder & Stoughton, 1938); deutsche Übersetzung: Johann Amos Comenius, *Der Weg des Lichtes. Via lucis*, eingeleitet, übersetzt und mit Anmerkungen versehen von Uwe Voigt (Hamburg: Felix Meiner 1997 (= Philosophische Bibliothek. Bd. 484).

Comenius, Jan Amos, *Comenius in England; the visit of Jan Amos Komenský (Comenius), the Czech philosopher and educationist, to London in 1641-1642; its bearing on the origins of the Royal society, on the development of the encyclopaedia, and on plans for the higher education of the Indians of New England and Virginia*, hrsg. v. Robert Fitzgibbon Young (Oxford: Oxford University Press, 1932; New York City, NY: Arno Press, 1971).

Condorcet, Marie Jean Antoine Nicolas Caritat, Marquis de, *Esquisse d'un tableau historique des progrès de l'esprit humain* (chez Agasse, 1795); *Outlines of an historical view of the progress of the human mind, being a posthumous work of the late M. de Condorcet.* (übersetzt aus dem Französischen) (Philadelphia, PA: M. Carey, 1796).

Condorcet, Marie Jean Antoine Nicolas Caritat, Marquis de, *Entwurf einer historischen Darstellung der Fortschritte des menschlichen Geistes*, 1. Aufl. (Frankfurt am Main: Suhrkamp-Taschenbuch Wissenschaft Bd. 175, Suhrkamp, 1976).

Conte, Gian Biagio, Hrsg., *P. Vergilius Maro. Aeneis* (New York City, NY: De Gruyter, 2009).

Cornford, Francis Macdonald, *From Religion to Philosophy: A Study in the Origins of Western Speculation* (London: Arnold, 1912).

Coudert, Allison P., *Leibniz and the Kabbalah* (Dortrecht: Springer Science & Business Media, 1995).

Coudert, Allison P. & Taylor Corse, Hss., *Anne Conway: The Principles of the Most Ancient and Modern Philosophy* (Cambridge: Cambridge University Press, 1996).

Cragg, Gerald R., *From Puritanism to the Age of Reason* (Cambridge: Cambridge University Press, [1950] 2008).

Cragg, Gerald R., Hrsg., *The Cambridge Platonists* (New York City, NY: Oxford University Press, 1968).

Cross, Whitney R., *The Burned-Over District: The Social and Intellectual History of Enthusiastic Religion in Western New York, 1800-1850* (New York City, NY: Harper Torchbooks, [1950] 1965).

Crusius, Martin, *Diarium*, hrsg. v. Wilhelm Goz, Ernst Conrad, et al., 4 Bde. (Tübingen: Laupp'schen Buchhandlung, 1927-1961) Bd. 2.

Curti, Merle Eugene, *The Growth of American Thought* (New York City, NY: Harper & Brothers Publishers, [1943] 1951).

Curti, Merle Eugene, *The Roots of American Loyalty* (New York City, NY: Russell & Russell [1946] 1967).

D

Dalberg-Acton, John Emerich Edward, 1st Baron Acton, *The Cambridge Modern History* (London: Macmillan and Co., 1902).

Darley, Gillian, *John Evelyn: Living for ingenuity* (New Haven, CT: Yale University Press, 2006).

Darwin, Charles, *The Autobiography of Charles Darwin, 1809-1882: With original omissions restored*, hrsg. v. Lady Nora Barlow (New York City, NY: Norton, [1959] 2005).

Davidson, James West, *The Logic of Millennial Thought: Eighteenth-Century New England* (New Haven, CT: Yale University Press, 1977).

Dee, John, *Monas hieroglyphica Ioannis Dee, Londinensis, ad Maximilianvm, Dei gratia Romanorvm, Bohemiae et Hvngariae regem sapientissimvm* (Francofvrti: Apud Iohannem Wechelum & Petrum Fischerum consortes, 1591).

Descartes, René, *Discours de la méthode pour bien conduire sa raison et chercher la vérité dans les sciences. Plus la dioptrique, les météores et la géométrie, qui sont des essais de cette méthode* (Leyden: Maire, 1637); deutsche Übersetzung: Stephan Meier-Oeser, Hrsg., *Descartes* (München: Eugen Diederichs Verlag, 1997): Von der Methode des richtigen Vernunftgebrauchs und der wissenschaftlichen Forschung.

Diem, Harald, *Luthers Lehre von den Zwei Reichen* (1938), in Gerhard Sauter, Hrsg., *Zur Zwei-Reiche-Lehre Luthers* (München: Chr. Kaiser, 1973).

Dionysius the Areopagite, *The Complete Works* (New York City, NY: Paulist Press, 1987).

Dodds, Eric Robertson, *The Ancient Concept of Progress and Other Essays on Greek Literature and Belief* (Oxford: Clarendon Press, [1973] 1974).

Drummond, Robert Blackley, *Erasmus: His Life and Character as shown in his correspondence and works* (London: Smith, Elder & Co., 1873) vol. II.

Dunne, Finley Peter, *Dr. Dooley at His Best*, hrsg. v. Elmer Ellis (New York City, NY: New York: C. Scribner's, 1938).

Duchrow, Ulrich, *Christenheit und Weltverantwortung. Traditionsgeschichte und systematische Struktur der Zweireichelehre* (Stuttgart: Klett-Cotta, 1970).

Dwight, Timothy, *Sermons* (Edinburgh: Waugh & Innes, 1828).

E

Edelstein, Ludwig, *The Idea of Progress in Classical Antiquity* (Baltimore, MD: Johns Hopkins Press, 1967).

Edwards, John, *A compleat history or survey of all the dispensations and methods of religion, from the beginning of the world to the consummation of all things, as represented in the Old and New Testament* (London: Daniel Brown, Jonath. Robinson, Andrew Bell, John Wyat, and E. Harris, 1699) vol. II.

Edwards, Jonathan, *Treatise on the Religious Affections* (Boston, MA: J. Loring, [1746] 1821).

Edwards, Jonathan, *A History of the Work of Redemption comprising an Outline of Church History* (New York City, NY: American Tract Society, [1739]; Neuausgabe: New Haven, CT: Yale University, 1989).

Edwards, Jonathan, *Apocalyptic Writings* (New Haven, CT: Yale University, 1977).

Edwards, Jonathan, *Works of President Edwards* (New York City, NY: Robert Carter and Bros., [1868] 1881) vol. I.

Edwards, Jonathan, *An humble attempt to promote explicit agreement and visible union of God's people in extraordinary prayer for the revival of religion and the advancement of Christ's Kingdom on earth, pursuant to Scripture-promises and prophecies concerning the last time* (Ann Arbor, MI: Text Creation Partnership, 2004-2008).

Elwood, Douglas J., *The Philosophical Theology of Jonathan Edwards* (New York City, NY: Columbia University Press, 1960).

Erasmus, Desiderius, *Moriae encomium, id est, Stulticiae laudatio, ludicra declamatione tractata* (Basi.eae [i.e. Basel]: Apud Hieronymum Frobenium et Nicolaum Episcopium, [1511] 1540).

Erasmus, Desiderius, *Das Lob der Torheit* (München: Manesse, [1511] 2002).

Erasmus, Desiderius, *De libero arbitrio Diatribe sive collatio* (1524), in Desiderius Erasmus, *Ausgewählte Schriften von Erasmus von Rotterdam* (lateinisch-deutsch), hrsg. v. Werner Welzig, Band 4 (Darmstadt: WBG [Wissenschaftliche Buchgesellschaft], 2016; Basel: Ioannem Frobenium, 1524).

Erasmus, Desiderius, *Discourses on Free Will*, übers. u. hrsg. v. Ernest F. Winter, *Erasmus & Luther* (New York City, NY: Frederick Ungar, 1961).

Erasmus, Desiderius, *Colloquies*, übers. v. Nathan Bailey. Rev. E. Johnson, Hrsg. (London: Reeves and Turner, 1878, Bd. 1).

Erb, Peter C., Hrsg., *Johann Conrad Beissel and the Ephrata Community: Mystical and Historical Texts* (Lewiston, NY: Mellen, 1985).

Ernst, James, *Ephrata: A History* (Allentown, PA: Pennsylvania German Folklore Society, 1963).

F

Fabricius, Johannes, *Alchemy: The Medieval Alchemists and Their Royal Art* (Cockeysville, MD: Diamond Books, 1994).

Faivre, Antoine, *The Eternal Hermes* (Grand Rapids, MI: Phanes, 1995).

Faivre, Antoine, *Access to Western Esotericism* (Albany, NY: State University of New York Press, 1994).

Faivre, Antoine & J. Needleman, Hss., *Modern Esoteric Spirituality* (New York City, NY: Crossroad, 1992).

Faivre, Antoine & Rolf Christian Zimmermann, Hss., *Epochen der Naturmystik: Hermetische Tradition im wissenschaftlichen Fortschritt* (Berlin: Erich Schmidt, 1979).

Ferguson, Sinclair B. & David F. Wright & James I. Packer, Hss., *New Dictionary of Theology* (Downers Grove, Il.: IVP Academic, 2008).

Fiering, Norman, *Moral Philosophy at Seventeenth-Century Harvard* (Chapel Hill, NC: Published for the Institute of Early American History and Culture, Williamsburg, Va., by the University of North Carolina Press, 1981).

Fiering, Norman, *Jonathan Edwards's Moral Thought and its British Context* (Chapel Hill, NC: University of North Carolina Press, 1981).

Finney, Charles Grandison, *Lectures on Systematic Theology* (Boston, MA: Crocker & Brewster, [1846] 1851).

Finney, Charles Grandison, *Lectures on Revivals of Religion* (New York City, NY: F.H. Revell, 1868).

Finney, Charles Grandison, *Memoirs of Rev. Charles G. Finney* (New York City, NY: A. S. Barnes & Company, 1876).

Firth, Katherine R., *The Apocalyptic tradition in Reformation Britain, 1520-1645* (Oxford: Oxford University Press, [1978] 1979).

Fludd, Robert, *Utriusque cosmi maioris scilicet et minoris metaphysica, physica atqve technica historia: in duo volumina secundum cosmi differentiam diuisa* (Oppenhemii: Aere Johan-Theodori de Bry: Typis Hieronymi Galleri, 1617).

Fontenelle, Bernard LeBovier de, *Poesies Pastorales De M.D.F.: Avec Un Traïté sur la Nature de l'Eglogue, & une Digression sur les Anciens & Modernes* (Paris: Guerout, 1688).

Fosdick, Harry Emerson, *Christianity and Progress* (London: Nisbet, 1922).

Franck, Adolphe, *The Kabbala: The Religious Philosophy of the Hebrews* (Secaucus, NJ: Citadel Press, [1843] 1979).

Freising, Otto von, *Gesta Frederici seu rectius Cronica,* hrsg. von Franz-Josef Schmale (Darmstadt, ²1974, ausgewählte Quellen zur deutschen Geschichte des Mittelalters 17, mit deutscher Übersetzung).

Freising, Otto von, *Chronica sive Historia de duabus civitatibus,* hrsg. v. Adolf Hofmeister, MGH SS rer. Germ. (45), Hannover/Leipzig ²1912; mit deutscher Übersetzung hrsg. von Walther Lammers (Darmstadt, ³1974, ausgewählte Quellen zur deutschen Geschichte des Mittelalters 17).

G

Gabriel, Ralph Henry, *The Course of American Democratic Thought* (New York City, NY: The Ronald Press Co., [1940] 1956).

Gänssler, Hans-Joachim, *Evangelium und weltliches Schwert. Hintergrund, Entstehungsgeschichte und Anlass von Luthers Scheidung zweier Reiche oder Regimente* (Wiesbaden: Steiner. Greschat, Martin, 1983).

Gay, Ebenezer, *Natural Religion as Distinguished from Revealed* (Boston, MA: Printed and sold by J. Draper, 1759).

Gibbs, Lee W., „Introduction" in William Ames, *Technometria* (Philadelphia, PA: University of Pennsylvania Press, 1979).

Gichtel, Johann Georg, *Theosophia Practica: Halten und Kämpfen ob dem H. Glauben bis ans Ende* (Leyden: [Verlag nicht ermittelbar], 1722).

Ginsberg, Morris, *The Idea of Progress: A Revaluation* (Boston, MA: Beacon Press, 1953).

Goen, Clarence C., Hrsg., *The Works of Jonathan Edwards 4: The Great Awakening* (New Haven, CT: Yale University Press, 1972).

Greengrass, Mark & Michael Leslie & Timothy Raylor, Hss., *Samuel Hartlib and Universal Reformation* (Cambridge: Cambridge University Press, 1994).

Grotius, Hugo, *Defensio fidei catholicae de satisfactione Christi Adversus Faustum Socinum* (Londini: Excud R. Daniel, [1617] 1661).

Guthrie, W. K. C., *In the Beginning: Some Greek views on the origins of life and the early state of man* (Ithaca, NY: Cornell University Press, [1957] 1965).

H
_____

Hakewill, George, *An Apologie of the Power and Providence of God in the Government of the World. Or an examination and censure of the common errour touching natures perpetuall and universall decay, divided into foure bookes* (Oxford: Printed by John Lichfield and William Turner, 1627).

Hamilton, Alexander, John Jay, & James Madison, *The Federalist,* hrsg. v. George W. Carey & James McClellan (Indianapolis, IN: Liberty Fund, 2001).

Handy, Robert T., *A Christian America: Protestant Hopes and Historical Realities* (London: Oxford University Press, 1971).

Hardman, Keith J., *Charles Grandison Finney: Revivalist and Reformer* (Grand Rapids, MI: Baker and Syracuse University Press, 1987).

Hardwick, Charles, *A History of the Articles of Religion: to which is added a series of documents, from A.D. 1536 to A.D. 1615; together with illustrations from contemporary sources* (London: Cambridge University Press, [1851] 1859).

Haroutunian, Joseph, *Piety versus Moralism: The Passing of the New England Theology* (New York City, NY: Holt, 1932).

Hartlib, Samuel, Hrsg., *A Designe for Plentie by an Universall Planting of Fruit-Trees: Tendred by Some Wel-Wishers to the Publick* (London: Printed for Richard Wodenothe, 1652).

Hartlib, Samuel, *The Reformed Commonwealth of Bees: Presented in Severall Letters and Observations to Samuel Hartlib* (London: Printed for Giles Calvert, 1655).

Hartlib, Samuel, *A Description of the famous Kingdom of Macaria; shewing its excellent government, wherein the inhabitants live in great prosperity, health, and happiness; the king obeyed, the nobles honoured, and all good men respected; vice punished, and virtue rewarded. An example to other nations: in a dialogue between a scholar and a traveller* (London: Printed for Francis Constable, 1641).

Hatch, Nathan O., *The Sacred Cause of Liberty. Republican Thought and the Millennium in Revolutionary New England* (New Haven, CT: Yale University Press, 1977).

Hatch, Nathan O., *The Democratization of American Christianity* (New Haven, CT: Yale University Press, 1989).

Heimert, Alan, *Religion and the American Mind from the Great Awakening to the Revolution* (Cambridge, MA: Harvard University, 1966).

Henrey, Blanche, *British Botanical and Horticultural Literature Before 1800*, 3 vols. (London: Oxford University Press, [1975] 1999) vol. 1.

Heydon, John, *A New Method of Rosie Crucian physick: wherein is shewed the cause, and therewith their experienced medicines for the cure of all diseases ...* (London: Printed for Thomas Lock, 1658).

Hill, Christopher, *World Upside Down* (London: Temple Smith, 1972).

Hill, Christopher, Hrsg., *Winstanley: The Law of Freedom and Other Writings* (Harmondsworth: Pengiun, 1973).

Hill, James J., *Highways of Progress* (Garden City, NY: Doubleday, Page & Co. 1910).

Hirst, Julie, *Jane Leade: Biography of a Seventeenth-Century Mystic* (Aldershot, Hampshire: Ashgate, 2006).

Hobbes, Thomas, *Leviathan, or The Matter, Forme, & Power, of a Common-Wealth Ecclesiasticall and Civill* (London: Printed for Andrew Crooke, 1651).

Hobbes, Thomas, *Leviathan*, hrsg. v. J. C. A. Gaskin (Oxford: Oxford University Press, [1651] 2009).

Hofstadter, Richard, *Anti-Intellectualism in American Life* (New York City, NY: Alfred A. Knopf, 1963).

Holmes, Elizabeth, *Henry Vaughan and the Hermetic Philosophy* (New York City, NY: Russell & Russell, [1932] 1967).

Hopkins, Samuel, *Treatise on the Millennium, Or, Latter-day Glory of the Church: Compiled Principally From the Productions of Late Eminent Writers upon that Subject* (Boston, MA: Isaiah Thomas and Ebenezer T. Andrews, 1793).

Hopkins, Samuel, *A Dialogue concerning the Slavery of the Africans* (New York City, NY: Judah P. Spooner, 1776; New York City, NY: Arno Press, 1970).

Hotson, Howard, *Johann Heinrich Alsted 1588-1638: Between Renaissance, Reformation, and Universal Reform* (New York City, NY: Clarendon Press, 2000).

Hotson, Howard, *Paradise postponed: Johann Heinrich Alsted and the birth of Calvinist millenarianism* (Dordrecht: Kluwer, 2000).

Howe, Frederic Clemson, *The Confessions of a Reformer* (New York City, NY: Quadrangle, 1925).

Hughes, Henry Stuart, *Consciousness and Society: The Reorientation of European Social Thought, 1890-1930* (New York City, NY: Vintage, 1958).

Hull, William Isaac, *Benjamin Furly and Quakerism in Rotterdam* (Swarthmore, PA: Swarthmore College, 1941).

Huxley, Aldous, *Brave New World* (London: Chatto & Windus, 1932; New York City, NY: HarperCollins, 2017).

I
_____

Inge, William Ralph, *The Philosophy of Plotinus*, 2 vols. (New York City, NY: Longmans, Green and Co., [1918] 1948).

Inge, William Ralph, *The Idea of Progress* (Oxford: The Clarendon Press, 1920).

Inge, William Ralph, *The Platonic Tradition in English Religious Thought: The Hulsean lectures at Cambridge 1925-1926* (New York City, NY: Longmans, Green and Co., 1926).

J
_____

Jacob, Margaret C., *Living the Enlightenment: Freemasonry and Politics in 18ᵗʰ Century Europe* (New York City, NY: Oxford University Press, 1991).

James, William, *Pragmatism: The New Name for some old Ways of Thinking* (New York City, NY: Longmans, Green and Co., 1921).

Jameson, John Franklin, *American Revolution Considered as a Social Movement* (Princeton, NJ: Princeton University Press,1968).

Jenson, Robert, *America's Theologian: A Recommendation of Jonathan Edwards* (New York City, NY: Oxford University Press, 1988).

Johnson, Paul E., *A Shopkeeper's Millennium: Society and Revivals in Rochester, New York, 1815-1837* (New York City, NY: Hill and Wang, 1978.

Jones, Richard Foster, *Ancients and Moderns: A study in the Rise of the Scientific Movement in Seventeenth-Century England* (Berkeley, CA: University of California Press, [1961] 1965).

Jue, Jeffrey K., *Heaven Upon Earth. Joseph Mede (1586-1638) and the Legacy of Millenarianism* (Dortrecht: Springer, 2006).

Jung, Carl G., *Psychology and Alchemy and Mysterium coniunctionis*, Collected Works, übers. v. R. F. C. Hull, Vols. 12 and 14 (Princeton, NJ: Princeton University Press, [1953] 1980).

K

Kalkoff, Paul & Wolfgang Stammler, Hrsg., *Martin Luther. Reformatorische und politische Schriften*, 3. Bd., Aus den Tagen des Wormser Reichstags (Georg Müller: München, 1922).

Kvačala, Jan, *Johann Amos Comenius, sein Leben und seine Schriften* (Leipzig: J. Klinkhardt, 1892).

Kearney, Hugh J., *Science and Change: 1500-1700* (New York City, NY: McGraw-Hill, 1971).

Keatinge, Maurice Walter, Hrsg., *The Great Didactic of John Amos Comenius now for the first time Englished with introductions, biographical and historical, by M.W. Keatinge, B.A. late Exhibitioner of Exeter College, Oxford* (London: Adam and Charles Black, 1896).

Kelpius, Johannes, *A Short, Easy, and Comprehensive Method of Prayer*, trans. Christopher Witt (Philadelphia, PA: 1761).

Khunrath, Henricus, *Amphitheatrum Sapientiae Aeternae, Solius, Verae, Christiano-Kabalisticum, Divino-Magicum, Physico-Chymicum, Tertriunum-Catholicon* (Hamburg, 1595; Magdeburg 1608, 1609; Frankfurt 1653; u.ö.). Mit einer Bibliographie der Drucke und Handschriften Khunraths, Namenregister und Konkordanz der beiden Ausgaben sowie der Transkription einer aus dem 18. Jahrhundert stammenden deutschen Übersetzung des Amphitheatrum Sapientiae Aeternae. Herausgegeben von Carlos Gilly, Anja Hallacker, Hanns-Peter Neumann und Wilhelm Schmidt-Biggemann (Stuttgart: Frommann-Holzboog, 2013).

Klein, Jürgen & Johannes Kramer, Hrsg., *Johann Heinrich Alsted, Herborns calvinistische Theologie und Wissenschaft im Spiegel der englischen Kulturreform des frühen 17. Jahrhunderts. Studien zu englisch-deutschen Geistesbeziehungen der frühen Neuzeit* (Frankfurt am Main: Lang, 1988).

Klein, Walter C., *Johann Conrad Beissel: Mystic and Martinet 1690-1768* (Philadelphia, PA: University of Pennsylvania Press, 1942).

Knorr von Rosenroth, Christian, *Kabbala Denudata Seu Doctrina Hebraeorum Transcendentalis Et Metaphysica*

Atque Theologica Opus Antiquissimae Philosophiae Barbaricae variis speciminibus refertissimum, In Qvo Ante ipsam Translationem Libri difficillimi atque in Literatura Hebraica Summi, Commentarii nempe in Pentateuchum, & quasi totam Scripturam V. T. Cabbalist (Francofurti: Joannis Davidis Zunnerus, 1684).

Koestler, Arthur, *The Watershed* (Garden City, NY: Doubleday & Co., Anchor Books, 1960).

Krause, Ernst Ludwig, *Erasmus Darwin*, übers. v. W. S. Dallas (New York City, NY: D. Appleton, [1879] 1880).

Krause, Ernst Ludwig, *Erasmus Darwin und seine Stellung in der Geschichte der Descendenz-Theorie* (Leipzig: Ernst Günther's Verlag, 1880).

Kropotkin, Pjotr Alexejewitsch, *Mutual Aid: A Factor of Evolution* (London: Freedom Press, [1902] 2009).

L

Ladner, Gerhard B., *The Idea Of Reform: Its Impact On Christian Thought And Action In The Age Of The Fathers* (Cambridge: Harvard University Press, 1959).

La Mettrie, Julien Offray de, *Machine Man and other Writings* (Cambridge: Cambridge University Press, 1996).

Lamont, William M., *Richard Baxter and the Millennium* (Kent: Croom Helm, 1979).

Lasky, Melvin J., *Utopia and Revolution* (London: Macmillan and Company, 1977).

Law, William, *A Practical Treatise upon Christian Perfection* (London: William and John Innys, 1728; London: Longmans, Green and Co., 1901).

Leade, Jane Ward, *The Wars of David and the Peaceable Reign of Solomon: Symbolizing the Times of Warfare and Refreshment of the Saints of The Most High God. To whom a Priestly Kingdom is shortly to be given, after the Order of Melchizedeck* (London: Thos. Wood, [1700] 1816).

Leade, Jane Ward, *Sechs unschätzbare durch Göttliche Offenbarung und Befehl ans Liecht gebrachte mystische Tractätlein* (Amsterdam: Henri Wetstein, 1696).

Leade, Jane Ward, *The Heavenly Cloud Now Breaking: The Lord Christ's Ascension-Ladder sent down, to show the way to reach the Ascension, and Glorification, through the Death and Resurrection* (London: Printed for the Author, 1681).

Leade, Jane Ward, *A Revelation of Revelations, Particularly as an Essay Towards the Unsealing, Opening and Discovering the Seven Seals, the Seven Thunders, and the New-Jerusalem State. The which have not hitherto so far been brought forth to light (except by the Spiritual Discerner) to any degree of Satisfaction, as to the understanding of the grand Mystery*, 2nd ed. (London: Printed by J. Bradford, [1683] 1701).

Leade, Jane Ward, *A Message to the Philadelphian Society, ... together with a call to the several gathered Churches among Protestants in this nation of England* (A further Manifestation, ... being a second message to the Philadelphian Society, etc. – The Messenger ... or a third message to the Philadelphian Society), vol. 2: *A Message to the Philadelphian Society, ... together with a call to the several gathered Churches among Protestants in this nation of England* (London: Printed for the Booksellers of London and Westminster, 1696).

Lee, Sang Hyun & Allen C. Guelzo, Hrsg., *Edwards in Our Time: Jonathan Edwards and the Shaping of American Religion* (Grand Rapids, MI: Wm. B. Eerdmans, 1999).

Lennhoff, Eugen, Oskar Posner, Dieter A. Binder, Hss., *Internationales Freimaurer-Lexikon* (Wien: Amalthea-Verlag; Graz: Akademische Druck- und Verlagsanstalt, 1965; München: Herbig, 2015).

Leuenberger, Hans-Dieter, *Das ist Esoterik* (Freiburg: Bauer, 2006).

Levine, Joseph M., *Between the Ancients and the Moderns: Baroque Culture in Restoration England* (New Haven, CT: Yale University Press, 1999).

Lippert, Friedrich Adolf Max, *Johann Heinrich Alsteds Pädagogisch-Didaktische Reform: Bestrebungen und ihr Einfluss auf Johann Amos Comenius* (Meissen: C. E. Klinkicht & Sohn, 1898).

Locke, John, *Two Treatises of Government* (Cambridge: Cambridge University Press, 1963; Dublin: Mentor Books, 1965).

Loewenstein, Hubertus zu, *The Germans in History* (New York City, NY: Columbia University Press, 1945).

Lohmann, Martin, *Die Bedeutung der deutschen Ansiedlungen in Pennsylvanien* (Stuttgart: Ausland & Heimat, 1923).

Lossky, Vladimir, *The Vision of God* (Crestwood, NY: St. Vladimir's Seminary Press, 1997).

Lovejoy, Arthur O., *The Great Chain of Being* (Cambridge, MA: Harvard University Press, 1944).

Lovejoy, Arthur O., George Boas, et al., *A Documentary History of Primitivism and Related Ideas*, Baltimore, MD: Johns Hopkins University Press, 1935; Neuauflage: New York City, NY: Octagon Books, 1965) vol. I: *Primitivism and Related Ideas in Antiquity*).

Löwith, Karl, *Meaning in History* (Chicago, IL: University of Chicago Press [1949] 2016).

Lucretius, *De Rerum Natura*, hrsg. v. H. A. J. Munro (London: Novi Eboraci Apud Harperos fratres, 1883) Buch V.

Luther, Martin, *D. Martin Luthers Werke.* 120 Bände (Weimar: Hermann Böhlaus Nachfolger / Graz: Akademische Druck- und Verlagsanstalt, 1883-2009; Köln: Böhlau, 2009).

Luther, Martin, *De servo arbitrio*, in Wilfried Härle; Johannes Schilling; Günther Wartenberg, Hrsg., *Martin Luther Studienausgabe, Lateinisch-Deutsch: Band 1: Der Mensch vor Gott* (Leipzig: Evangelische Verlagsanstalt, 2006).

Luther, Martin, *Vom unfreien* Willen, in Kurt Aland, Hrsg., *Luther Deutsch. Die Werke des Reformators in neuer Auswahl für die Gegenwart.* Band 3 (Stuttgart/Göttingen: Vandenhoeck & Ruprecht, 1961ff.).

Luther, Martin, *Selections from His Writings*, hrsg. v. J. Dillenberger (New York City, NY: Anchor Books, 1961).

Luther, Martin, *Von weltlicher Obrigkeit*, in Kurt Aland, Hrsg., *Luther Deutsch. Die Werke Martin Luthers. In neuer Auswahl für die Gegenwart*, Bd. 7, 2. erw. & neub. Aufl. (Berlin: Evangelische Verlagsanstalt, 1956-1967) 9-51; [WA 11, 246-280].

Lyons, Henry, *The Royal Society, 1660-1940* (Santa Barbara, CA: Greenwood Press, 1944).

M

Madison, James, *Notes of Debates in the Federal Convention of 1787 Reported by James Madison* (New York City, NY: W. W. Norton, 1987).

Maier, Johann, *Die Kabbalah. Einführung – Klassische Texte – Erläuterungen* (München: Verlag C.H. Beck, 1995).

Mandeville, Bernard de, *Fable of the Bees* (London: Penguin Books, [1705] 1989).

Mantey, Volker, *Zwei Schwerter, zwei Reiche. Martin Luthers Zwei-Reiche-Lehre vor ihrem spätmittelalterlichen Hintergrund* (Tübingen: Mohr Siebeck, 2005).

Marlow, Christopher, hrsg. v. C. F. Tucker Brooke, *The Works of Christopher Marlow* (Oxford: Clarendon Press, 1910).

Mather, Cotton, *The Boston Ephemeris, an Almanack for the Year of the Christian Ära 1683* (Boston, MA: Printed by S.G. for S.S. [i.e., Samuel Green for Samuel Sewall], 1683).

Mather, Cotton, *Magnalia Christi Americana* (Hartford: Silas Andrus and Son, [1702] 1853; Edinburgh: The Banner of Truth Trust, 1979) vol. 2.

Mather, Cotton, *Manuductio ad Ministerium Directions for a Candidate of the Ministry* (Boston, 1726; Nachdruck: New York City, NY: Columbia University Press, 1978).

Mathers, Samuel Liddell MacGregor, Hrsg., *The Greater Keys of Solomon: including a clear and precise exposition of King Solomon's secret procedure, its mysteries and magic rites: original plates, seals, charms and talismans: translated from the ancient manuscripts in the British Museum, London* (Chicago, IL: De Laurence, Scott & Co., [1889] 1914).

Mayhew, Jonathan, *Two Sermons on the Nature, Extent and Perfection of the Divine Goodness* (Boston, MA: D. and J. Kneeland, 1763).

Mayhew, Jonathan, *The Snare Broken* (Boston, MA: R. & S. Draper, 1766).

McCracken, Charles, *Malebranche and British Philosophy* (Oxford: Clarendon Press, 1983).

McDermott, James, *One Holy and Happy Society: The Public Theology of Jonathan Edwards* (University Park, PA: Pennsylvania State University, 1992).

McDowell, Paula, *The Women of Grub Street: Press, Politics, and Gender in the London Literary Marketplace 1678-1730* (Oxford: Clarendon P, 1998).

McKillop, Alan Dugald, *The Background of Thomson's Seasons* (Minneapolis, MN: University of Minnesota Press, 1942).

McLoughlin, William G., Hrsg., *Finneys Lectures on Revivals of Religion* (Cambridge, MA: Harvard University Press, 1960).

Mede, Joseph, *Clavis Apocalyptica ... una cum commentario in Apocalypsin: quibus accessit hac tertia editione conjectura de Gogo et Magogo, ab eodem autore* (Cantabrigiae: R. Daniel, 1627); *The Key to Revelation, searched and demonstrated out of the Natural and proper Characters of the Vision*, übers. v. Richard More (London: By J. L. for Phil. Stephens, 1643); R. Bransby Cooper, *A translation of Mede's Clavis apocalyptica* (London: Printed for J. G. & F. Rivington, 1833).

Mede, Joseph, *Apostacy of the Latter Times. In which, (according to Divine Prediction) the World Should Wonder After the Beast, the Mysterie of Iniquity Should So Far Prevaile Over the Mysterie of Godlinesse, Whorish Babylon Over the Virgin-Church of Christ, ... Revived in the Latter Times Amongst Christians, ... &c. ...* (London: Printed by L. N. for Samuel Man dwelling at the signe of the Swan in Pauls Church-yard, 1644).

Merchant, Carolyn, *The Death of Nature: Women, Ecology and the Scientific Revolution* (New York City, NY: HarperOne, 1980).

Miley, John, *The Atonement in Christ* (New York City, NY: Eaton & Mains; Cincinnati, OH: Jennings & Graham, [1879] 1907).

Miller, Johann Peter (Lamech), *Chronicon Ephratense: A History of the Community of Seventh Day Baptists at Ephrata, Lancaster ...* (Lancaster, PA: S. H. Zahm & Co., 1889).

Miller, Perry, *The New England Mind: The Seventeenth Century* (Cambridge, MA: Harvard University Press, [1939] 1954).

Miller, Perry, *The American Transcendentalists, their Prose and Poetry* (Garden City, NY: Doubleday, 1957).

Mirbt, Carl, *Quellen zur Geschichte des Papsttums und des römischen Katholizismus* I, hrsg. v. Kurt Aland (Tübingen: Mohr [Siebeck], [1901] ⁶1967).

Montague, Basil, übers. und hrsg., *The Works of Francis Bacon, Lord Chancellor of England* (3 Vols.; Philadelphia: Parry and McMillan, [1864] 1859) vol. 3.

Montgomery, John Warwick, *Cross and Crucible: Johann Valentin Andreae (1586-1654): Phoenix of the Theologians*, 2 Vols. (The Hague: M. Nijhoff, 1973).

Morais, Herbert Montfort, *Deism in eighteenth century America* (New York City, NY: Russell & Russell, 1960).

More, Henry, *Enchiridion Ethicum* (London: Benjamin Tooke, 1666).

More, Henry, *Philosophia Teutonicae Censura* (London: 1679), in Henrici Mori, *Opera omnia, tum quae latine, tum quae anglice scripta sunt, nunc vero latinitate donata ... impensis ... Johannis Cockshuti, ...* (Londini: Sumptibus J. Martyn et G. Kettilby, 1679) vol. 1.

More, Henry, *Enthusiasmus Triumphatus: or a Brief Discourse of the Nature, Causes, Kinds and Cures of Enthusiasm*, in Henry More, *A Collection of Several Philosophical Writings of Dr. Henry More* (London: Printed by James Flesher for William Morden Book-seller in Cambridge, 1662).

Morison, Samuel Eliot, *Harvard College in the Seventeenth Century*, 2 vols. (Cambridge, MA: Harvard University Press [1936] 2014).

Mosier, Richard, *The American Temper* (Berkeley, CA: University of California Press, 1952).

Mumford, Lewis, *The Condition of Man* (New York City, NY: Harcourt, Brace and Company, 1944; neue Ausgabe: Mariner Books, 1973).

Murray, Iain H., *Jonathan Edwards: A New Biography* (Edinburgh: Banner of Truth Trust, 1987).

Murray, Iain H., *The Puritan Hope* (London: Banner of Truth, 1971).

Myers, Gustavus, *History of the Great American Fortunes*, 3 Vols. (Chicago, IL: Charles H. Kerr & Company, 1907-1910) Vols. 1 & 2.

N
_____

Nevin, John Williamson, *Catholic and Reformed: Selected Theological Writings of John W. Nevin*, hrsg. v. Charles Yrigoyen, Jr. & George H. Bricker (Pittsburgh, PA: The Pickwick Press, 1978).

Newman, William R., *Gehennical Fire: The Lives of George Starkey, an American Alchemist in the Scientific Revolution* (Cambridge: Harvard University Press, 1994).

Nicholl, Charles, *The Chemical Theatre* (London: Routledge & Kegan Paul, 1980; New York City, NY: Akadine Press, 1997).

Nicolson, Marjorie Hope, *Anne Conway, Sarah Hutton, Henry More, The Conway letters: The correspondence of Anne, Viscountess Conway, Henry More, and their friends; 1642-1684* (Oxford: Clarendon Press, 2004).

Niebuhr, H. Richard, *The Kingdom of God in America* (Middletown, CT: Wesleyan University Press, [1937] 1988).

Niebuhr, Reinhold, *Faith and History: A Comparison of Christian and Modern Views of History* (New York City, NY: Charles Scribner's Sons, 1949).

Niebuhr, Reinhold, *Nature and Destiny of Man* (New York City, NY: Charles Scribner's Sons, 1941) vol. 1.

Nisbet, Robert A., *History of the Idea of Progress* (New York City, NY: Basic Books, 1980).

Nordholt, Jan Willem Schulte, *The Myth of the West: America as the Last Empire*, übers. V. Herbert H. Rowen (Grand Rapids, MI: Wm. B. Eerdmans Publishing Co., 1995).

Norris, John, *An Account of Reason and Faith: in Relation to the Mysteries of Christianity* (London: Printed for Edmund Parker, [1697] 1728, 13. Ausg.).

Norris, John, *An Essay Towards the Theory of the Ideal Or Intelligible World. Being the Relative Part of it* (London: Printed for S. Manship, [1701] 1704).

O

Oberg, Eberhard, Hrsg., *Phaedrus – Fabeln*, Tusculum Studienausgaben/Sammlung Tusculum. 2. Auflage (Berlin: Akademie, 2011).

Orr, John, *English Deism: Its Roots and Fruits* (Grand Rapids, MI: Eerdmans, 1934).

Orwell, George, *Nineteen Eighty Four* (London: Secker & Warburg, 1949).

Oxford Dictionary of National Biography, online edition (London: Oxford University Press).

P

Paine, Thomas, *Common Sense*, hrsg. v. Isaac Kramnick (New York City, NY: Penguin Classics [1776] 1986).

Patrides, C. A. & Joseph Sachse, Hrsg., *The Apocalyse in English Renaissance Thought and Literature* (Manchester: Manchester University Press, 1984).

Pauley, William Cecil de, *The Candle of the Lord: Studies in the Cambridge Platonists* (London: Society for Promoting Christian Knowledge, 1937).

Peck, William F., *History of Rochester and Monroe County, New York* (New York City, NY: The Pioneer Publishing Company, 1908).

Person, Stow, Hrsg., *Evolutionary Thought in America* (Princeton, NJ: Princeton University Press, [1950] 2015).

Peuckert, Will-Erich, *Pansophie. Ein Versuch zur Geschichte der weißen und schwarzen Magie* (Stuttgart: Kohlhammer, 1936; dreibändige erweiterte Ausgabe: Berlin: E. Schmidt, 1956-1973).

Peuckert, Will-Erich, *Das Leben Jakob Böhmes* (Jena: E. Diederichs, 1926).

Plato, *Republic*, hrsg. v. James Adam (Cambridge: Cambridge University Press, 1900), Bk. VIII.

Plato, *The Dialogues of Plato,* trans. by Benjamin Jowett (New York City, NY, Random House, 1937).

Phillips, Kevin, *The Cousins' Wars: Religion, Politics, and the Triumph of Anglo-America* (New York City, NY: Basic Books, 1999).

Pocock, John Greville Agard, *The Machiavellian Moment: Florentine Political Thought and the Atlantic Republican*

Tradition (Princeton, NJ: Princeton University Press, 1975).

Pollard, Sidney, *The Idea of Progress: History and Society* (London: Watts, 1968).

Potter, Francis, *An interpretation of the number 666. Wherein, not onely the manner, how this number ought to be interpreted, is clearely proved and demonstrated, but it is also showed, yet this number is an exquisite and perfect character, truly ... describing that state of government, to which all other notes of Antichrist doe agree. With all knowne objections ... fully answered, yet can be materially made against it* (Oxford: Printed by L. Lichfield, 1642).

Powicke, Frederick J., *The Cambridge Platonists* (London: J. M. Dent and Sons, 1926).

Q
_____

Quinn, D. Michael, *Early Mormonism and the Magic World View* (Salt Lake City, UT: Signature books, 1998).

R
_____

Rauschenbusch, Walter, *Christianity and the Social Crisis* (New York City, NY: Association Press, [1907] 1917).

Reeves, Marjorie, *The Influence of Prophecy in the Later Middle Ages* (Oxford: Clarendon Press, [1969] 2000).

Renouvier, Charles, *Introduction à la philosophie analytique de l'histoire* (Paris, 1896-1897).

Rigault, Hippolyte, *Histoire de la querelle des anciens et des modernes* (Paris, 1859; Nachdruck, New York City, NY: B. Franklin, [1856] 1967).

Roberts, James D., *From Puritanism to Platonism in Seventeenth Century England* (Dordrecht: Springer Netherlands, 1968).

Rogge, Joachim & H. Zeddies, Hrsg., *Kirchengemeinschaft und politische Ethik: Ergebnis eines theologischen Gesprächs zum Verhältnis von Zwei-Reiche-Lehre und der Lehre von der Königsherrschaft Christi* (Berlin: Evangelische Verlagsanstalt, 1980).

Ruppert, Hans-Jürgen, *Rosenkreuzer* (Kreuzlingen/ München: Heinrich Hugendubel Verlag, 2004).

S
_____

Sabine, George H., *A History of Political Theory*, 2d ed. (New York City, NY: Henry Holt and Co., 1950).

Sachse, Julius Friedrich, *The German Pietists of Provincial Pennsylvania for the Chapter* (Philadephia, PA: Printed for the Author, 1895).

Sachse, Julius Friedrich, *The German Sectarians of Pennsylvania, 1708-1742 (1742-1800): A critical and legendary history of the Ephrata Cloister and the Dunkers*, 2 vols. (Philadelphia, PA: Printed for the author by P. C. Stockhausen, 1899-1900) vol. 1, 73.

Sachse, Julius Friedrich, *Benjamin Furly, "an English merchant at Rotterdam," who promoted the first German Emigration to America* (Philadelphia, PA: Reprinted from the Pennsylvania Magazine of History and Biography, 1895).

Samjatin, Jewgeni, *Wir* (Köln: Kiepenheuer & Witsch [1958] 1984; aus dem Russischen von Gisela Drohla).

Sandeen, Ernest R., *The Roots of Fundamentalism: British and Ameican Millenarianism, 1800-1930* (Chicago, IL: University of Chicago Press, 1970).

Santillana, Giorgio de, Hrsg., in Introduction to *The Age of Adventure* (Indianapolis, IN: Houghton Mifflin Company & New American Library of World Literature, Inc., 1956; Neuauflage: New York City, NY: George Barzieller, 1957).

Schaff, Philip, *St. Augustine's City of God and Christian Doctrine* (Nicene and Post-Nicene Fathers [NPNF] 1-02; Edinburg: T. & T. Clark; Bloomsbury Publishing).

Schaff, Philip, *Creeds of Christendom: with a history and critical notes*, vol. 1 (New York City, NY: Harper [1919] 1931).

Schmauk, Theodore Emanuel, *A History of the Lutheran Church in Pennsylvania 1638-1820: from the original sources*, vol. 1 (Philadelphia, PA: General Council Publication House, 1903).

Schneider, Hans, *German Radical Pietism*, übers. v. Gerald T. MacDonald (Lanham, MD: Scarecrow Press, 2007).

Scholem. Gershom, *Die jüdische Mystik in ihren Hauptströmungen* (Frankfurt am Main: suhrkamp Verlag, 1980).

Schrey, Heinz-Horst, Hrsg., *Reich Gottes und Welt. Die Lehre Luthers von den zwei Reichen* (Darmstadt: Wissenschaftliche Buchgesellschaft, 1969).

Schuchard, Marsha Keith, *Restoring the Temple of Vision: Cabalistic Freemasonry and Stuart Culture* (Leiden, Boston, Köln: Brill, 2002).

Schwarzbauer, Fabian, *Geschichtszeit. Über Zeitvorstellungen in d. Universalchroniken Frutolfs von Michelsberg, Honorius' Augustodunensis u. Ottos von Freising* (Berlin, 2005 [=Orbis nediaevalis; 6]).

Scougal, Henry, *The Life of God in the Soul of Man* (Philadelphia, VA: A. Bartram, 1805; Harrisonburg, VA: Sprinkle Publications, [1986] 2005; W. S. Hudson, Hrsg., Minneapolis, MN: Bethany, 1976).

Seidensticker, Oswald, *Ephrata: Eine amerikanische Klostergeschichte* (Cincinnati, OH: Druck von Mecklenborg & Rosenthal, 1883).

Shoham, Shlomo Giora, *Bridges to Nothingness: Gnosis, Kabala, Existentialism, and the Transcendental Predicament of Man* (London: Associated University Presses, 1994).

Smith, Ted A., *The New Measures: A Theological History of Democratic Practice* (Cambridge: Cambridge University Press, 2007).

Sorel, Georges Eugène, *Les Illusions du Progrès* (Paris: M. Rivière et cie, [1908] 1927); ins Englische übersetzt v. John & Charlotte Stanley, *The Illusions of Progress* (Berkeley, CA: University of California Press, 1969).

Spenser, Edmund, *The Complete Poetical Works: The Faerie Queene*, hrsg. v. R. E. Neil Dodge (Boston & New York City, NY: Houghton Mifflin Co., [1590] 1908).

Sperle, Joanne, *God's Healing Angel: A Biography of Jane Ward Lead* (Ann Arbor, MI: University of Michigan Press, 1985).

Spinka, Matthew, *John Amos Comenius: That Incomparable Moravian* (Chicago, IL: The University of Chicago Press, 1943).

Stanley, John & Charlotte, *The Illusions of Progress* (Berkeley, CA: University of California Press, 1969).

Sterne, Laurence, *Life and Opinion of Tristram Shady, Gentleman* (1759-1766), in James P. Browne, Hrsg., *The Works of Lawrence Sterne: In Four Volumes, with a Life of the Author* (London: Bickers and Son, 1873) vol. I.

Stearns, Harold E., *The Street I Know* (New York City, NY: Lee Furman, inc. 1935).

Stearns, Harold E., Hrsg., *America Now: An Inquiry into Civilization in the United States* (New York City, NY: Charles Scribner's Sons, 1938).

Stewart, John Alexander & Gertrude Rachel Levy, Hss., *The Myths of Plato* (Carbondale, Il: Southern Illinois University Press, 1960).

Stout, Harry S., *The Divine Dramatist: George Whitefield and the Rise of Modern Evangelicalism* (Grand Rapids, MI: Eerdmans, 1991).

Sweeney, Douglas A., *Nathaniel Taylor, New Haven Theology, and the Legacy of Jonathan Edwards* (Oxford: Oxford University Press, 2003).

Swift, Jonathan, *The Battle of the Books*, hrsg. v. Sir Henry Craik (Oxford: Clarendon Press, [1704] 1928).

T

Taylor, Sherwood, *The Alchemists: Founders of Modern Chemistry* (New York City, NY: Henry Schuman, 1962).

Teggart, Frederick John, Hrsg., *The Idea of Progress: A Collection of Readings*, rev. Ausgabe von G. H. Hildebrand (Berkeley, CA: University of California Press, 1949).

Thomas, Keith, *Religion and the Decline of Magic: Studies in popular beliefs in sixteenth- and seventeenth-century* (London: Weidenfeld and Nicolson, 1971; London: Folio Society, 2012).

Thompson, Charles John Samuel, *The Lure and Romance of Alchemy* (London: G. G. Harrap, 1932; Detroit, MI: Gale Research Co., 1974).

Thune, Nils Brorson, *The Behmenists and the Philadelphians: A contribution to the study of English mysticism in the 17th and 18th centuries* (Uppsala: Almqvist & Wiksell, 1948).

Tillyard, Eustace Maudeville Wetenhall, *The Elizabethan World Picture* (London: Chatto and Windus, [1943] 1959).

Tocqueville, Alexis de, *Democracy in America* (New York City, NY: Harper & Row, 1988).

Torrance, Thomas F., *Calvins Lehre vom Menschen* (Zollikon/Zürich: Evangelischer Verlag, 1951).

Toynbee, Arnold J., *The Study of History*, 12 vols. (Oxford: Oxford University Press, 1934-1961).

Traill, Henry D., *Social England: A record of the progress of the people in religion, laws, learning, arts, industry, commerce, science, literature, and manners, from the earliest times to the present day* (London: Cassell and Company, 1894; New York City, NY: Greenwood Press, [1903] 1969).

Trevor-Roper, Hugh, *The Crisis of the Seventeenth Century: Religion, the Reformation and Social Change* (Indianapolis, IN: Liberty Fund, [1967] 2001).

Tuchman, Barbara W., *Bible and Sword* (New York City, NY: New York University Press, 1956).

Turgot, Anne Robert Jacques, baron de l'Aulne, *Über die Fortschritte des menschlichen Geistes* (1750), Johannes Rohbeck & Lieselotte Steinbrügge, Hss. (Frankfurt am Main: Suhrkamp Verlag, 1990).

Turgot, Anne Robert Jacques, baron de l'Aulne, *Œuvres de Turgot et documents le concernant* (Paris: F. Alcan, 1913-1923) Bd. 2.

Turnbull, George Henry, *Hartlib, Dury, and Comenius. Gleanings from Hartlib's Papers* (Liverpool: University Press of Liverpool & Hooder & Stoughton, 1947; London: Hodder and Stoughton, 1968).

Turnbull, George Henry, *Samuel Hartlib: A Sketch of his Life and His Relations to J.A. Comenius* (Oxford: Oxford University Press, 1920).

Tuveson, Ernest Lee, *Redeemer Nation: The Idea of America's Millennial Role* (Chicago, IL: University of Chicago, 1968).

Twisse, William, *The doubting conscience resolved. In answer to a (pretended) perplexing question, &c. Wherein is evidently proved, that the holy Scriptures (not the pope) is the foundation whereupon the Church is built. Or, That a Christian may be infallibly certain of his faith and religion by Holy Scriptures* (London: Printed for Thomas Matthews at the sign of the Cock in St Pauls Churchyard, 1652).

Tyler, Alice Felt, *Freedom's Ferment: Phases of American Social History to 1860* (Minneapolis, MN: University of Minnesota Press 1944).

V

Van Doren, Charles, *The Idea of Progress* (New York City, NY: F. A. Praeger, 1967).

Van Dülmen, Richard, *Die Utopie einer christlichen Gesell-schaft: Johann Valentin Andreae (1586-1654)* (Stuttgart: frommann-holzboog, 1978).

Villard, Oswald Garrison, *Fighting Years: Memoirs of a Liberal Editor* (New York City, NY: 1939).

W

Wagar, W. Warren, *Good Tidings: The Belief in Progress from Darwin to Marcuse* (Bloomington, IN: Indiana University Press, 1972).

Waite, Arthur Edward, *Brotherhood of the Rosy Cross: A History of the Rosicrucians* (London: George Redway, 1886; Neuauflage: New York City, NY: Barnes & Noble Books, 1993).

Waite, Arthur Edward, *The Book of Black Magic and of Pacts, including the Rites and Mysteries of goëtic Theurgy, Sorcery, and infernal Necromancy* (Chicago, IL: The de Laurence Co., 1910; New York City, NY: S. Weiser, 1972).

Walker, Daniel Pickering, *Spiritual and Demonic Magic from Ficino to Campanella* (London: Warburg Institute, University of London, 1958).

Walker, Daniel Pickering, *The Decline of Hell: Seventeenth-Century Discussions of Eternal Torment* (Chicago, IL: University of Chicago Press, 1964).

Wallman, Johannes, *Philip Jakob Spener und die Anfänge des Pietismus* (Tübingen: Mohr Siebeck, 1970).

Walsh, Chad, *From Utopia to Nightmare* (New York City, NY: Harper & Row, 1962).

Walzer, Martin, *The Revolution of the Saints: A Study in the Origins of Radical Politics* (New York City, NY: Atheneum Publishers, 1968).

Walzer, Wiliam Charles, *Charles Grandison Finney and the Presbyterian Revivals of Northern and Western New York* (Chicago, IL: University of Chicago, 1944).

Warfield, Benjamin Breckinridge, *Perfectionism*, hrsg. v. Ethelbert Dudley Warfield (New York City, NY: Oxford University Press, 1931; Grand Rapids, MI: Baker, 2000).

Wash, William Thomas, *Philip II* (New York City, NY: Sheed and Ward, 1937).

Watson, Philip S., *Let God be God: An Interpretation of the Theology of Martin Luther* (Philadelphia, PA: Fortress, 1947).

Watson, John Broadus, *Behaviorism* (New Brunswick, NJ: Transaction Publishers [1924] 2009).

Webster, Charles, Hrsg., *Samuel Hartlib and the Advancement of Learning* (Cambridge: Cambridge University Press, [1970] 2010).

Webster, Charles, *The Great Instauration* (London: Duckworth, 1975; New York City, NY: Peter Lang, 2002).

Weisberger, Bernard A., *They Gathered at the River* (Boston, MA: Little, Brown & Co., 1958).

Wentz, Abdel Ross, *A Basic History of Lutheranism in America* (Philadelphia: Muhlenberg Press, [1955] 1964).

Wesley, John, *Throughts on Christ's Imputed Righteousness* (1762), in *The Works of John Wesley*, 14 vols. (London: Wesleyan Conference Office, [1809-1813] 1872) vol. V.

Wesley, John, *A Plain Account of Christian Perfection* (London: J. Paramore, 1728) in *The Works of John Wesley*, vol. 11.

West, Robert Frederick, *Alexander Campbell and Natural Religion* (New Haven, CT: Yale University Press, 1948).

Whalen, William J., *Christianity and Freemasonry* (Milwaukee, WI: The Bruce Publishing Company, [1958] 1987).

White, Michael, *Isaac Newton: The Last Sorcerer* (Reading, MA: Perseus Books, 1999).

White, William Allen, *A Theory of Spiritual Progress* (Emporia, KS: The Gazetto Press, 1910).

Wiebe, Robert H., *The Opening of American Society: From the Adoption of the Constitution to the Eve of Disunion* (New York City, NY: Vintage Books, 1985).

Wild, Philip Theodore, *The Divinization of Man According to Saint Hilary of Portiers* (Mundelein, IL: Saint Mary of the Lake Seminary, 1950).

Wilde, Hans Oskar, *Der Gottesgedanke in der englischen Literatur* (Breslau: Priebatsch's Buchhandlung, 1930).

Williams, William Appleman, *The Contours of American History* (New York City, NY: New Viewpoints, 1961).

Wittreich, John, *A bloody Almanack: To which England is directed by J. Booker, being a perfect abstract of the prophecies proved out of Scripture by Napier, lord of Marchistoun* (London: Printed for Anthony Vincent, 1643).

Wolf, Fred Alan, *The Spiritual Universe* (New York City, NY: Simon & Schuster, 1996).

Woolley, Benjamin, *The Queen's Conjurer: The Science and Magic of Dr. John Dee, Adviser to Queen Elizabeth I* (New York City, NY: Henry Holt and Company, 2001).

Worthington, John, Hrsg., *The Works of the Pious and Profoundly-Learned Joseph Mede, B.D., sometime fellow of Christ's Colledge in Cambridge* (London: Printed by James Flesher for Richard Royston, 1664).

Y

Yates, Frances Amelia, *Giordano Bruno and the Hermetic Tradition* (London: Routledge, [1964] 2015).

Yates, Frances Amelia, *The Rosicrucian Enlightenment* (London and Boston: Routledge & Kegan Paul, 1972).

Yates, Frances Amelia, *The Occult Philosophy in the Elizabethan Age* (London: Routledge & Kegan Paul, 1979).

Young, Robert Fitzgibbon, *Comenius in England: The visit of Jan Amos Komenský (Comenius) the Czech philosopher and educationist to London in 1641-1642: its bearing on the origins of the Royal Society, on the development of the Encyclopaedia, and on plans for the higher education of the Indians of New England and Virginia* (London: Oxford University Press, 1932).

Artikel, Buchkapitel & Ansprachen

A

Acta Philadelphica or Monthly Memoirs of the Philadelphian Society I (March 1697), 1-2.

Adams, John C., "Alexander Richardson's Philosophy of Art and the Sources of the Puritan Social Ethic," *Journal of the History of Ideas* 50 (1989), 227-247.

Ahlstrom, Sydney E., "Theology in America: A Historical Survey," in James W. Smith & A. Leland Jamison, Hss., *Religion in American Life* (Princeton, NJ: Princeton University Press, 1961) 1:251-271.

Althaus, Paul, „Luthers Lehre von den beiden Reichen" und „Zur gegenwärtigen Kritik an Luthers Lehre", in Heinz Brunotte; Otto Weber, et.al., Hrsg., *Evangelisches Kirchenlexikon* (EKL) Bd. 3 (Göttingen: Vandenhoeck & Ruprecht, 1959) 1928-1936.

B

Beard, Charles A., "Introduction" to J. B. Bury, The Idea *of Progress: An Inquiry into Its Origin and Growth* (London: Macmillan, 1932) ix-xl.

Becker, Carl Lotus, "Progress," in *Encyclopedia of Social Sciences*, XII (1949), 495-499.

Becker, Carl Lotus, „Liberalism – a Way Station," In *Everyman His Own Historian* (New York City, NY: Appleton-Century-Croft, inc., 1935) 91-100.

Bercovitch, Sacvan, "The Typology of America's Mission," *American Quarterly* 30 (1978) 135-155.

Bryant, M. Darrol, "From Edwards to Hopkins: A Millennialist Critique of Political Culture," in M. Darrol Bryant & Donald W. Dayton, Hss., *The Coming Kingdom: Essays in American Millennialism & Eschatology* (Barrytown, NY: International Religious Foundation, 1983).

Bush, Vannevar, "Science and Progress?", *American Scientist*, 43:2 (April, 1955), 241-258.

Butler, Jon, "Magic, Astrology, and the Early American Religious Heritage," *American Historian Review*, 84, no. 2 (April, 1979), 317-446.

C

Campbell, Alexander, Hrsg., *The Millennial Harbinger* (1831), 445.

Clauser, Jerome K., „The Pansophist: Comenius," in Paul Nash, Andreas M. Kazamias & Henry J. Perkinson, Hrsg., *The Educated Man: Studies in the History of Educational Thought* (New York City, NY: John Wiley & Sons, 1966).

Colden, Cadwallader, "First Principles of Action in Matter" (1751), in Scott L Pratt, Hrsg., *The Philosophical Writings of Cadwallader Colden* (Amherst, NY: Humanity Books, 2002).

Corduan, W., "A Hair's Breadth From Pantheism: Meister Eckhart's God-Centered Spirituality," *Journal of the Evangelical Theological Society* 37/2 (1994), 269-271.

Coudert, Allison P., "Leibniz, Locke, Newton and the Kabbalah" in Joseph Dan, Hrsg., *The Christian Kabbalah* (Cambridge, MA: Houghton Library of the Harvard College Library, 1997) 149-179.

Coudert, Allison P., "A Quaker-Kabbalist Controversy: George Fox's Readton to Francis Mercury van Helmont," *Journal of the Warburg and Cortauld Institutes*, 39 (1976), 172-178.

Crane, R. S., "Anglican Apologetics and the Idea of Progress, 1609-1745," *Modern Philology*, 31, no. 4 (Chicago, IL: The University of Chicago Press, May, February, 1934), 273-306, 349-382.

Cross, Whitney R., "Creating a City: Rochester, 1824-1830" (Rochester, NY: University of Rochester, 1936) 113-172.

D

Dorwin, Luther J., "Bench and Bar of Jefferson Country:" in Hamilton Child, *Part First, Geographical Gazetteer of Jefferson Country, New York, 1684-1890* (Syracuse: Syracuse Journal Co., 1890) 47-63.

"Dr. Hodge's Misrepresentations of President Finney's System of Theology," *Bibliotheca Sacra*, Band 33 (Andover, MA: Warren F. Draper, April 1876): "Early Editions of Finney's Publications only are quoted, The Old Edition is grossly misrepresented, …", 381-392.

E

Ebeling, Gerhard, „Die Notwendigkeit der Lehre von den zwei Reichen", in *Wort und Glaube*, Bd. 1. (Tübingen: Mohr Siebeck Verlag, 1962) 407-428.

Edwards, Jonathan, "A Rational Account of the Main Doctrines of the Christian Religion Attempted," in Wallace E. Anderson, *Hrsg., The Works of Jonathan Edwards* (New Haven, CT: Yale University Press, 1957-2008) vol. 6.

Edwards, Jonathan, „The 'Spider' Letter," Oct. 31, 1723, und die Bemerkungen des Herausgebers in Wallace E. Anderson, Hrsg., *The Works of Jonathan Edwards* (New Haven, CT: Yale University Press, 1957-2008) vol. 6: *Scientific and Philosophical Writings: The "Spider" Papers, "Natural Philosophy," "The Mind," Short Scientific and Philosophical Papers*, 151-153, 163-169.

Edwards, Jonathan, "Concerning the End for Which God Created the World," in Paul Ramsey, Hrsg., *The Works of Jonathan Edwards*, Ethical Writings (New Haven, CT: Yale University Press, 1989) vol. 8.

F

Fay, Sidney B., "The Idea of Progress," *American Historical Review*, LII:2.

Feinstein, Blossom G., "The Faerie Queene and Cosmogonies of the Near East," *Journal of the History of Ideas*, 29 (1968).

Fiering, Norman, "Rationalist Foundations of Jonathan Edwards's Metaphysics," in Nathan O. Hatch and Harry S. Stout, Hss., *Jonathan Edwards and the American Experience* (New York City, NY: Oxford University Press, 1988], 73-101.

Finley, M. I., "Progress in Historiography," *Dœdalus* (1977), 125-142.

Finney, Charles G., "Letters on Revival – No. 23", in Donald W. Dayton, *Discovering An Evangelical Heritage* (San Francisco, CA: Harper and Row, 1976).

Franklin, Benjamin, "Letter to Jacques Dubourg, April 1773", zit. in Phillips Russell, *Benjamin Franklin: The First Civilized American* (New York City, NY: Brentano's

Blue Ribbon Books, 1926; Neuauflage: New York City, NY: Cosimo, Inc., 2006) 235.

Frothingham, A. L., "Babylonian Origin of Hermes the Snake-God, and of the Caduceus," *Archaeological Institute of America*, 20 (1916), 175.

G
_____

Gerstner, John, "An Outline of the Apologetics of Jonathan Edwards (four-part essay)," *Bibliotheca sacra* 133, no. 529-532 (1976), 3-10, 99-107, 195-201, 291-298.

Gohdes, Clarence, "Aspects of Idealism in Early New England," *Philosophical Review* 39 (1930), 537-555.

Gottfried, Paul, "Liberalism vs. Democracy," *Journal of Libertarian Studies*, 12, 2 (Fall, 1996), 247.

Green, Joseph, „Correspondence of Anne, Viscountess Consay, Quaker Lady, 1675," *Journal of the Friends Historical Society*, VII, no. 1 (January, 1910), 7-17; VII, no. 2 (April, 1910), 49-55.

Greengrass, Mark, „Interfacing Samuel Hartlib," *History Today*, (December 1993), 46.

Guelzo, Allen C., "Jonathan Edwards and the New Divinity, 1758-1858," in Charles G. Dennison & Richard Gamble, Hrsg., *Pressing Toward The Mark* (Philadelphia, PA: The Orthodox Presbyterian Church, 1986).

H
_____

Hagen, Walter, *Magister Simon Studion. Lateinischer Dichter, Historiker, Archäologe und Apokalyptiker*, in *Schwäbische Lebensbilder* (Stuttgart: W. Kohlhammer, 1957) Bd. 6.

Härle, Wilfried, „Luthers Zwei-Regimenten-Lehre als Lehre vom Handeln Gottes", in *Marburger Jahrbuch Theologie I*, Marburger theologische Studien, Bd. 22 (Marburg: Elwert, 1987), 12-32.

Headley, John M., "The Continental Reformation," in Richard L. DeMolen, *Meaning of the Renaissance and Reformation* (Boston, MA: Houghton Mifflin Co., 1974) 162-163.

Heckel, Johannes, „Die Entfaltung der Zwei-Reiche-Lehre als Reichs- und Regimentenlehre", in: Heinz Brunotte; Otto Weber, et.al., Hrsg., *Evangelisches Kirchenlexikon*

(EKL) Bd. 3 (Göttingen: Vandenhoeck & Ruprecht, 1959) 1937-1945.

Hodge, Charles, "Finney's Lectures on Theology," *Biblical Repertory and Princeton Review* (April, 1847), 244-258.

Hopkins, Frank Snowden, "After Religion, What?", zit. in, William H. Cordell, Hrsg., *Molders of American Thought, 1933-1934* (New York City, NY: Doubleday, Doran, 1934) 222-223.

Hudson, Winthrop S., "Mystical religion in the Puritan Comonwealth," *Journal of Religion* (1948), 28:510-556.

I

Iliffe, Rob, "'Making a Shew': Apocalyptic Hermeneutics and the Sociology of Christian Idolatry in the work of Isaac Newton and Henry More," in James E. Force & Richard H. Popkin, Hrsg., *The Books of Nature and Scripture* (Berlin: Springer Science & Business Media, 1994).

J

„Johann Valentin Andreae: Weg und Programm eines Reformers zwischen Reformation und Moderne," in Martin Brecht, Hrsg., *Theologen und Theologie an der Universität Tübingen: Beiträge zur Geschichte der Evangelisch-Theologischen Fakultät* (Tübingen: Franz Steiner Verlag, 1977) 281.

Johnson, Edward, "Wonder-working Providence of Sions Saviour," in Perry Miller & Thomas H. Johnson, Hss., *The Puritans: A Sourcebook of Their Writings*, vol. 1 (New York City, NY: Harper Torchbooks, 1963).

K

Kelpius, Johannes, „Brief an Heinrich Johann Deichmann [engl. Schreibweise: „Heinrich John Deichman], 24. Februar 1697," in „The Diarium of Magister Johannes Kelpius," hrsg. und übers. v. Julius Friedrich Sachse, *Pennsylvania German Society, Proceedings and Addresses*, 30.

L

Lawrence, D. H., "Chaos in Poetry" (1928), in Anthony Beal, Hrsg., *Selected Literary Criticism* (Portsmouth, NH: Heinemann - Houghton Mifflin Harcourt, [1956] 1986).

„Liberal Education in Seventeenth Century Harvard," *New England Quarterly* 6 (1933), 525-551.

Lienemann, Wolfgang, „Zwei-Reiche-Lehre". in *EKL* Bd. 4, 3. Auflage (Göttingen: Vandenhoeck & Ruprecht, 1996) 1408-1419.

Lindsay, A. D., "Individualism," in Edwin R. A. Seligman, Hrsg., *Encylopaedia of the Social Sciences* (New York City, NY: The Macmillian Co., 1932; 8 Vols.) vol. VII: 673.

Loetscher, Lefferts A., "The Problem of Christian Unity in Early 19th Century America," *Church History* 32 (March, 1963), 3-16.

M

Mathews, Donald G., "The Second Great Awakening as an Organizing Process, 1789-1830: An Hypothesis," *The American Quarterly* 22 (Spring, 1969): 23-43.

McArthur Jr., J., „The Enigma of Kelpius' Cave," *Germantown Crier* 3 (summer, 1983), 54-56.

McDowell, Paula, "Enlightenment Enthusiasms and the Spectacular Failure of the Philadelphian Society," *Eighteenth-Century Studies* 35.4 (2002), 516.

Meier, Hugo A., "Technology and Democracy, 1800-1860," *Mississippi Valley Historical Review*, XXXVII:4 (March, 1957), 618-640.

Miller, William, *The Midnight Cry* (17 November 1842), 3.

Müller, Gerhard, „Luthers Zwei Reiche Lehre in der deutschen Reformation", in Gerhard Müller, *Causa Reformationis. Beiträge zur Reformationsgeschichte und zur Theologie Martin Luthers* (Gütersloh: Gütersloher Verlagshaus Gerd Mohn, 1989) 417-437.

P

Priester, Claus, „Alchemie und Vernunft. Die rosenkreuzerische und hermetische Bewegung in der Zeit der Spätaufklärung," in Monika Neugebauer-Wölk, Hrsg., *Aufklärung und Esoterik* (Hamburg: Felix Meiner Verlag, 2016) 305-334.

R

Reichmann, F. & E. E. Doll, "Ephrata, as seen by contemporaries," in: *Pennsilvanian German Folklore Society*, vol. 17 (Allentown, PA, 1953).

Ross, Edward A., "The Post-war Intellectual Climate," *American Sociological Review*, X (October, 1945).

Rozbicki, Michal, "Between East-Central Europe and Britᴇ ain: Reformation and Science as Vehicles of Intellectual Communication in the Mid-Seventeenth Century," *East European Quarterly*, XXX:4 (January, 1997), 401-416.

S
_____

Sachse, Julius Friedrich, trans., "The Diarium of Magister Johannes Kelpius," in *The Pennsylvania-German Society, Proceedings and Addresses*, vol. 25 (Lancaster, PA: 1917) 31.

Shafer, Boyd C., "The American Heritage of Hope, 1865-1940," *Mississippi Valley Historical Review*, XXXVII:3 (December, 1950), 427-450.

Shepard, Thomas, "A Defence of the Answer," in Perry Miller & Thomas Herbert Johnson, Hss., *The Puritans* (Woodstock, GA: American Book Company, 1938) 119.

Smith, David E., "Millenarian Scholarship in America", *American Quarterly*, 17 (Fall, 1965), 535-549.

Smith, John, "Account of the Difference between the true Prophetical Spirit an Enthusiastical impostures", in *Selected Discourses: As also a sermon preached by Simon Patrick ... at the author's funeral; with a brief account of his life and death* (London: Printed by J. Flesher, for W. Morden Book-seller in Cambridge, 1660).

Spinka, Matthew, „Comenian Pansophic Principles," *Church History* 22 (June 1953), 155.

Spitz, Lewis W., "Luther's Ecclesiology and His Concept of the Prince as Notbischof," *Church History*, vol. 22, No. 2 (June, 1953), 113.

Stephen J., "A Notebook on the Apocalypse by Jonathan Edwards," *William and Mary Quarterly* (Ser. 3) 29 (1972), 623-634.

Straight, Michael, "The Ghost at the Banquet," *New Republic*, 131:21 (November 22, 1954), 11-16.

Strout, Cushing, "The Twentieth Century Enlightenment," *American Political Science Review*, XLIX:2 (June, 1955), 321-339.

Swift, Jonathan, "A Tale of a Tub," in Angus Ross and David Woolley, Hss., *The Oxford Authors: Jonathan Swift* (Oxford: Oxford University Press, 1984) 142-143.

T

Thirsk, Joan, "Agricultural Innovations and their Diffusion," 533-589 in Joan Thirsk, Hrsg., *The Agrarian History of England and Wales*, vol. V, 1640–1750, Part II: Agrarian Change (Cambridge: Cambridge University Press, 1985) 550.

Thomas, Hans, „Das Ende des Fortschrittes", in *Die Tat*, XXV (August, 1933), 354-364.

Thomas, Keith, "An Anthropology of Religion and Magic, II," *Journal of Interdisciplinary History*, 6, no. 1 (Summer, 1975), 91-109.

Tozer, Lowell, "A Century of Porgress, 1833-1933, Technology's Triumph over Man," *American Quarterly*, IV:1 (Spring, 1952), 78-81.

Trevor-Roper, Hugh, "Three Foreigners and the Philosophy of the English Revolution," *Encounter. Literature, Arts, Politics* 14 (1960), 3-20.

Turnbull, George H., "Some Correspondence of John Winthrop, Jr. and Samuel Hartlib," *Proceedings of the Massachusetts Historical Society* LXXII (1963), 36-67.

V

Van Helmont, Francis Mercurius, "A Theosophical Epistle from a Learned Gentleman Living Very Remote from London, to One of the Undertakers of these Trans-actions, upon the Receiving the First of Them," *Theosophical Transactions of the Philadelphian Society*, 5 (1697), 269-293.

Versluis, Arthur, "Christian Theosophy and Ancient Gnosis," *Studies in Spirituality* 7 (1997), 228-241.

W

White, Horace B., "Bacon's Imperialism," *American Political Science Review*, 52 (June, 1958), 470-489.

Whittemore, Robert, "Philosopher of the Sixth Way," *Church History* 35 (March, 1966), 60-75.

Wigglesworth, Michael, "God's Controversy with New England," in Conrad Cherry, Hrsg., *Gods' New Israel:*

Religious Interpretations of American Destiny (Englewood Cliffs, NJ, Prentice-Hall, 1971) 42-53.

Wilkinson, Ronald Sterne, "The Alchemical Library of John Winthrop, Jr., 1606-1676," *Ambix* 11.1 (February, 1963), 33-51.

Wilkinson, Ronald Sterne, "The Problem of the Identity of Eirenaeus Philalethes," *Ambix* 12.1 (February, 1964), 24-43.

Wilkinson, Ronald Sterne, "The Hartlib Papers and Seventeenth-Century Chemistry," Part 1, *Ambix* 15.1 (February, 1968), 54-69.

Wilkinson, Ronald Sterne, "The Hartlib Papers and Seventeenth-Century Chemistry," Part 2, *Ambix* 17.2 (July, 1970), 85-110.

Winthrop, John, "A Modell of Christian Charity," in Conrad Cherry, Hrsg., *God's New Israel: Religious Interpretations of American Destiny* (Chapel Hill, NC: University of North Carolina, 1998) 37-41.

Z

Zilsel, Edgar, "The Genesis of the Concept of Scientific Progress," *this Journal*, VI:3 (June, 1945), 325-349.

Stichwortregister

Papst	104-105, 115-117, 120-122, 125-126, 161, 167-168, 407, 425, 501, 511, 538
Julius II.	115
Leo X.	105, 115, 117, 121-122, 125-126
Nicolas V.	116
Papsttum	161, 263, 410, 490-491, 494, 498, 630
Paradies	VIII, X, XI, XII, XIII, 18, 21-22, 51, 185-186, 258-259, 282, 286, 288-289, 342, 350, 385, 445, 461
Pariser Friedenskonferenz	64, 528
Parker, Theodore	472, 566
Paternalismus	534
Patriotismus	57
Paulus	103, 112, 118, 132, 137-138, 140-141, 152, 155, 296, 346, 369, 396, 471, 474, 535
Pelagius	127, 296, 505, 519, 534
Perfektionismus (s. Vervoll-kommnung)	396-397, 399, 634
Philadelphia Society	354-355, 359-361, 363-364, 398, 467
Leade, Jane W.	354-364, 373, 451, 557, 560-561
Philadelphier	XIII, 354-356, 451
Pordage, Dr. John	354-356, 358-359
Philip Jakob Spener	353, 365-370, 372, 573
Philippinen	62

Weitere Bücher von demselben Autor:

Das Tausendjährige Reich

Frühkirchliche Kontroversen

Der Glaube an ein buchstäbliches Tausendjähriges Reich, wie es in Offenbarung 20, 1-10 beschrieben ist, war ein wichtiges Element in der christlichen Endzeitlehre in der Zeit vor dem Konzil von Nicäa im Jahr 325 n. Chr. Die meisten Kirchenväter leiteten ihre Überzeugungen nicht nur von dem Textabschnitt im Buch der Offenbarung ab, sondern auch von der jüdischen Vorstellung eines Goldenen Zeitalters, wie es die hebräischen Propheten beschrieben und die jüdischen Endzeitlehrer weiter ausführten.

Nachdem der christliche Glaube die Gunst des Kaisers Konstantin gewonnen hatte, änderte die Römische Kirche ihre Auffassung über das Tausendjährige Reich grundlegend. Die Hoffnung einer zukünftigen Herrschaft Christi auf Erden wich der Sicht eines Tausendjährigen Reichs, in dem die weltliche Macht dem Papsttum zugefallen ist und das sich vor den Augen der Menschen im Hier und Jetzt verwirklicht. Die Lehre eines buchstäblichen Tausendjährigen Reiches geriet über viele Jahrhunderte in Misskredit, weil einige ihre Befürworter sie falsch dargestellt und ihre Gegner sie absichtlich verdreht haben.

Das vorliegende Buch zeigt die Entwicklung der Entstehung der verschiedenen Sichtweisen auf, stellt die Stärken und Schwächen prägnant dar und plädiert für die ursprüngliche Auslegung von einem buchstäblichen Tausendjährigen Reich, das erst noch kommen wird.

Verax Vox Media
225 Barbours Lane • Greenville, SC 29607 • United States of America
VeraxVoxMedia.com

Veröffentlichungsdatum: 7. Juni 2016
ISBN: 978–069273–561–9

Millennium

Historical & Exegetical Debate

The belief in a literal millennium was an important aspect in the Christian eschatology of the ante-Nicene age. Most of the Asiatic Church Fathers derived their chiliastic convictions not only from the millennial passage of Revelation, but also from the Jewish concept of a Golden Age, as described by the Hebrew Prophets and further developed by Jewish apocalyptic writers. The chiliastic doctrine was challenged, on exegetical and philosophical grounds, by the Alexandrian school of theology in the third century. The Church's elevation to imperial favour by Constantine was followed by a further shift in the understanding of the millennium. The chiliastic hope of a future earthly reign of Christ was substituted with the view of a realized millennium constituting the secular dominion of the Roman Church. The factor which most contributed to this change was Augustine's spiritualized interpretation of the first resurrection. He understood it to mean a resurrection of those dead in sin, raised to spiritual life. In his book, De civitate dei, he advanced the opinion that the kingdom of God was already set up at Christ's first coming and nothing remained to be accomplished before the final judgment except the brief reign of the Antichrist. Thus the teaching of a literal millennium became discredited because it was perverted by some of its friends and misrepresented by its opponents.

Verax Vox Media
225 Barbours Lane • Greenville, SC 29607 • United States of America
VeraxVoxMedia.com

Paperback, 266 pages
Publication Date: 20 January 2016
ISBN: 978-069262-643-6

Der Griff zur Macht

Dominionismus – der evangelikale Weg zu globalem Einfluss

Die Evangelikalen suchen und gewinnen immer mehr Anerkennung und Einfluss in Gesellschaft und Politik. Doch zu welchem Preis? Entspricht dieser Weg dem biblischen Evangelium oder ist er ein Irrweg? Es ist Zeit, dass die Christen die wahren Beweggründe von „besucherfreundlichen Gottesdiensten", „Emerging Church", Rick Warrens Bestrebungen und der „Transformation" von Gemeinden und Gesellschaft erfahren. Dr. Martin Erdmann ist ein profunder Kenner der Zusammenhänge auf christlicher, politischer und wirtschaftlicher Ebene und verdeutlicht hier eine brisante und eklatante Notlage.

Betanien Verlag
Imkerweg 38 • 32832 Augustdorf • Deutschland
https://www.cbuch.de

Paperback, 287 S.
Veröffentlichungsdatum: 17. November 2011
ISBN: 978-393555-897-6

Spiritualisierung der Technologie

Die Suche des Menschen nach Vollkommenheit

Angesichts der rapiden technologischen Weiterentwicklung in der Informatik und der Nanotechnologie und der bereits hitzigen Debatte im Bereich der Gentechnologie wird in der Studie Spiritualisierung der Technologie eine geistesgeschichtliche Analyse des Strebens nach Vollkommenheit aus interdisziplinärer Perspektive vorgelegt. Deutlich erkennbar greifen die philosophischen Wurzeln des Perfektionismus weit zurück in die Zeit der griechischen Philosophie, der Hermetik, des Gnostizismus und des Neoplatonismus. Diese Gedankensysteme beanspruchen für sich, Erben der „prisca theologia", der altertümlichen Theologie, zu sein, die sich das Erlangen der „Göttlichkeit" des Menschen und damit die höchste Stufe der Vollkommenheit, zum höchsten Ziel setzte.

Es wird zum einen aufzuzeigen sein, dass die christliche Vorstellung der Ebenbildlichkeit Gottes im Menschen der bizarren Zukunftsvision einer transhumanistischen Posthumanität widerspricht, und zum anderen wird es wichtig sein, detailliert darzulegen, dass ein wirklicher wissenschaftlicher und technologischer Fortschritt, auch gerade im Bereich der Nanomedizin, auf Grundlage christlicher Ethik am besten realisiert werden kann.

Verax Vox Media
225 Barbours Lane • Greenville, SC 29607 • United States of America
VeraxVoxMedia.com

Paperback, 566 S
Veröffentlichungsdatum: 1. November 2017
ISBN: 978-069267-898-5

Ecumenical Quest for a World Federation

The Churches' Contribution to Marshal Public Support for World Order and Peace, 1919 1945

In his book, *Ecumenical Quest for a World Federation*, Dr. Erdmann deals primarily with John Foster Dulles' participation in the ecumenical movement from 1919 to 1945. Dulles' role in shaping the religious, economic and political policies of the Federal Council of Churches in its support of world order and peace, especially in his function as chairman of the Commission on a Just and Durable Peace, was crowned with success in the founding of the United Nations Organisation in 1945. His personal friends Philip Kerr (Lord Lothian) and Lionel Curtis, the principal leaders of the Round Table Group, come into the pictures at various times. By and large they pursued the same objectives as those of Dulles. The book shows the detailed influence of the Round Table Group and its affiliated organisations – such as the Royal Institute of International Affair (London) and the Council for Foreign Relations (New York City) – on the ecumenical movement, using it successfully for their purpose of creating an international community of nations.

Verax Vox Media
225 Barbours Lane • Greenville, SC 29607 • United States of America
VeraxVoxMedia.com

Paperback, 492 S.
Publication Date: January 2016
ISBN: 978-069261-793-9

Printed in Poland
by Amazon Fulfillment
Poland Sp. z o.o., Wrocław

63328284R00367